好看到放不下的中国史

从三皇五帝到春秋战国

1

派妈丽莎 李秀莲 编著

花山文艺出版社
河北·石家庄

图书在版编目（CIP）数据

好看到放不下的中国史：全六册 / 派妈丽莎，李秀莲编著 . -- 石家庄：花山文艺出版社，2021.3（2022.1 重印）
ISBN 978-7-5511-5441-3

Ⅰ . ①好… Ⅱ . ①派… ②李… Ⅲ . ①中国历史－青少年读物 Ⅳ . ① K209

中国版本图书馆 CIP 数据核字（2020）第 258338 号

书　　名：好看到放不下的中国史（全六册）
HAOKANDAO FANGBUXIA DE ZHONGGUOSHI（QUANLIUCE）
编　　著：派妈丽莎　李秀莲

责任编辑：于怀新
责任校对：郝卫国　卢水淹　董　舸
封面设计：平　平
美术编辑：胡彤亮
出版发行：花山文艺出版社（邮政编码：050061）
（河北省石家庄市友谊北大街 330 号）
销售热线：0311-88643221/29/31/32/26
传　　真：0311-88643225
印　　刷：朗翔印刷（天津）有限公司
经　　销：新华书店
开　　本：710×1000　1/16
印　　张：68.5
字　　数：900 千字
版　　次：2021 年 3 月第 1 版
2022 年 1 月第 2 次印刷
书　　号：ISBN 978-7-5511-5441-3
定　　价：198.00 元（全六册）

目录
Contents

第一章 / 三皇五帝

第二章 / 夏商之治

第三章 / 周朝的建立与春秋争霸的故事

第四章 / 战国纷争

第五章 / 百家争鸣的黄金时代

第一章 三皇五帝

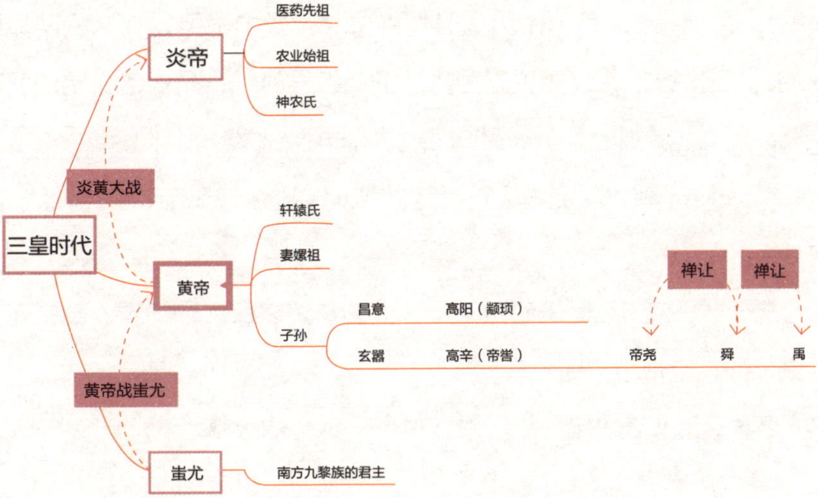

我国历史，确实的纪年起于共和。共和元年，在民国纪元前2752年，公元前841年……尧、舜两代，据《史记·五帝本纪》，尧98年，舜39年。如此，唐尧元年，在民国纪元前4142年，公元前2231年；三皇之世，距今当在5000年左右。

——吕思勉《中国通史》

黄帝的故事

“三皇五帝”，是一个历史时期的总称，是中国原始社会的两段历史时期。“三皇时代”是“以石为兵”的新石器时代，是中华文明的萌芽发展期，同时也是神话时代，即传说中的神统治人类。

“五帝时代”，则是指约公元前3076年到约公元前2029年这一历史时期。

关于“三皇”，历来看法不一，人们普遍将伏羲、神农、黄帝当作中国最早的三位帝王，即“三皇”。

下面，我们就来看一看人文初祖——黄帝的故事。

黄帝战蚩尤

黄帝的父族是远古的有熊氏。传说，他是这个氏族部落首领的儿子，一生下来就很有灵性，出生不久就会说话，幼年时特别聪明机敏，长大后更是诚实勤奋，成年后见闻广博，几乎能知晓万事万物。

二十岁的时候，他继承了父亲的首领之位，成为氏族首领。因为他发明了一种称之为轩冕的车驾，后世也称他为“轩辕氏”。

在黄帝的带领下，有熊氏的势力从姬水向东迅速发展，最终统一了周围的六个部落，占领了中原地区，组成了以熊罴（pí）、貔貅（pí xiū）、貙（chū）虎为图腾的大家族。而太行山以西的炎帝部落和东方的蚩尤部落，则是与其旗鼓相当的两股势力。

黄帝

蚩尤是南方九黎族的君主，是一个好战且善战的人，号称“战神”。他统率的部队作战非常勇猛，在和炎帝争夺黄河下游地区的过程中屡次大败炎帝的部队。频频败北的炎帝无奈之下向黄帝求助。于是，心存统一中原念头的黄帝和炎帝的军队组成了联军，与蚩尤大军在涿(zhuō)鹿一带（今河北张家口涿鹿附近）对峙。

面对庞大的炎黄联军，能征善战的蚩尤不但积极寻求外援，找来了苗族人和夸父的军队助战，而且巧妙地利用阴雨天气，屡次偷袭炎黄联军。炎黄联军因为蚩尤的频繁偷袭吃了不少亏，士气低迷。

面对不利的战局，黄帝主动避其锋芒，在敌方骄气正盛之时精心部署，最终将蚩尤的军队包围。最后，黄帝大获全胜，蚩尤则落了个兵败被杀的下场。

据说，黄帝战胜蚩尤后，率兵进入九黎地区，接着率众在泰山之巅会盟，举行隆重的封禅仪式，告祭天地。各部落拥立他为“天子”，尊称他为“黄帝”。

可以说，涿鹿之战让中原地区得以安定下来，人口的繁衍和生产力的发展也获得了稳定的环境。自此，华夏民族才得以不断繁衍、壮大。

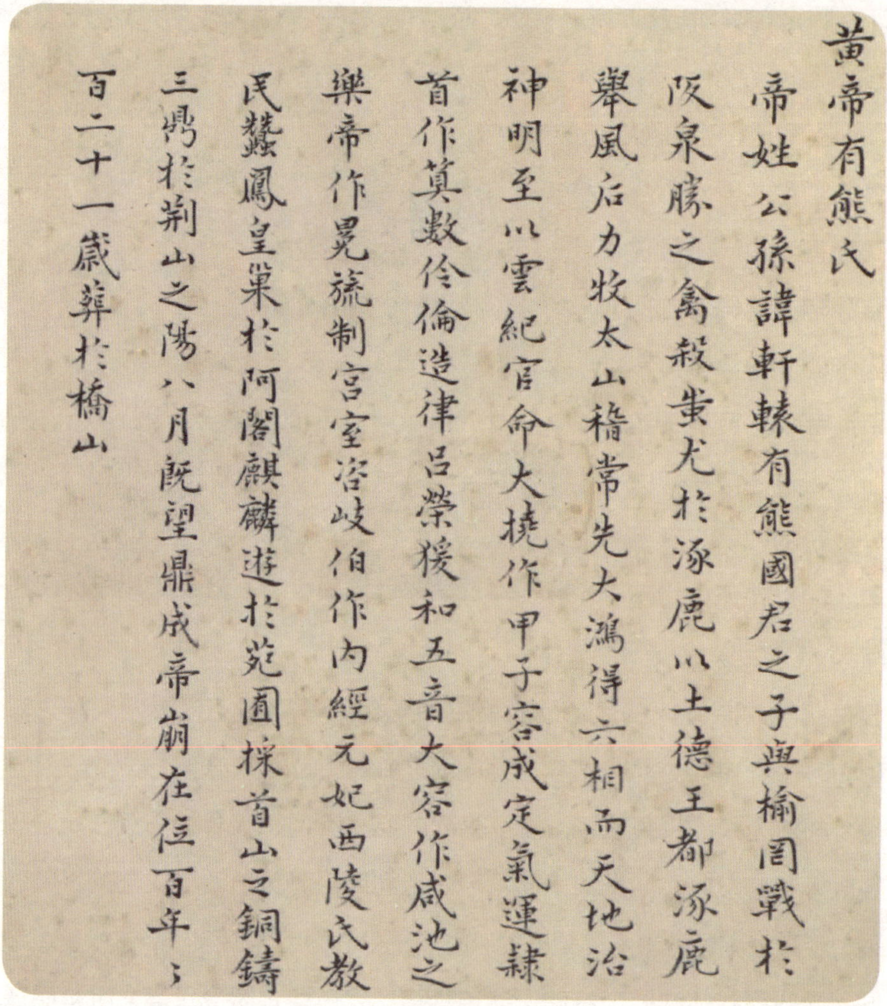

黄帝有熊氏
帝姓公孫諱軒轅有熊國君之子與榆罔戰於
阪泉勝之禽殺蚩尤於涿鹿以土德王都涿鹿
舉風后力牧太山稽常先大鴻得六相而天地治
神明至以雲紀官命大撓作甲子容成定氣運隸
首作算數伶倫造律呂榮猨和五音大容作咸池之
樂帝作冕旒制宮室咨岐伯作內經元妃西陵氏教
民蠶鳳皇巢於阿閣麒麟遊於苑囿採首山之銅鑄
三鼎於荆山之陽八月既望鼎成帝崩在位百年〻
百二十一歲葬於橋山

黄帝评传

炎黄之战

黄帝打败蚩尤后，天下基本稳定，原始农业得到发展，社会经济也繁荣起来。但是，所谓“一山不容二虎”，为争夺“天下之主”的名位，黄帝和炎帝在阪泉（为蒲阪与桑泉地域的合称，在今山西省运城西部与南部，是古代中国重要的战略资源——盐的出产地）展开了一场恶战。

伏羲造人图 〔明〕郭诩绘

神农尝百草 〔明〕郭诩绘

炎帝虽然没有黄帝那样凶猛的军队，但他在民间颇有盛名。例如，他曾亲尝百草，用草药为百姓治病，被称为医药的先祖；他还发明了“刀耕火种”的耕作技术，创造了两种翻土农具，教部落人民垦荒种植粮食作物，被尊为农业的始祖；他还领导部落民众制造出了陶器和炊具等。

战争开始后，黄帝以统帅的身份，手持大纛（dào，军旗），率领着自己的军队对炎帝的军队列阵相迎。炎帝则趁黄帝没有防范之际先发制人，以火围攻轩辕城。双方打得不可开交。但黄帝并不想取炎帝的性命，因为他很需要炎帝的帮助。

为此，当黄帝率兵将炎帝赶回阪泉之后，并没有伤害炎帝的性命。甚至为了让炎帝心服口服，黄帝与炎帝在阪泉河谷中摆开了阵势。最终炎帝一败涂地，被黄帝活捉。炎帝输得心服口服，从此真正臣服于黄帝。双方结成联盟，确立了黄帝的领导地位，建立了一种新的部落联合制度。

名篇精选

轩辕之时，神农氏世[①]衰。诸侯相侵伐，暴虐百姓[②]，而神农氏弗能征。于是轩辕乃习用干戈[③]，以征不享[④]，诸侯咸来宾从[⑤]。而蚩尤最为暴，莫能伐。炎帝欲侵陵诸侯，诸侯咸归轩辕。轩辕乃修德振兵[⑥]，治五气[⑦]，艺五种[⑧]，抚万民，度四方[⑨]，教熊罴貔貅貙虎[⑩]，以与炎帝战于阪泉之野。三战，然后得其志。蚩尤作乱，不用帝命。于是黄帝乃征师诸侯，与蚩尤战于涿鹿之野，遂禽杀蚩尤。而诸侯咸尊轩辕为天子，代神农氏，是为黄帝。

——《史记·五帝本纪》

【注释】

①世：后嗣，后代。②暴虐：侵害，侵侮。百姓：指贵族、百官。百姓在战国以前是对贵族的总称，因为当时只有贵族才有姓。③习：演

习、操练。干戈：古代兵器，指战争。④不享：指不来朝拜的诸侯。诸侯向天子进贡朝拜叫享。⑤咸：全，都。宾从：归顺，归从。⑥修德：修养德行。振兵：整顿军队。⑦五气：五行之气。古代把五行和四时相配：春为木，夏为火，季夏（夏季的第三个月，即农历六月）为土，秋为金，冬为水。“治五气”是指研究四时节气变化。⑧艺：种植。五种：指黍、稷、稻、麦、菽等谷物。⑨度四方：指丈量四方土地，加以规划。度，量长短。⑩熊罴，貔貅，貙虎：都是猛兽名，均为上古不同氏族的图腾。

【译文】

轩辕氏的时代，神农氏的后代已经衰败，各部族间互相攻战，残害百姓，神农氏没有足够力量征讨他们。轩辕部族便习兵练武，去征讨那些不来朝贡的诸侯，各诸侯这才都来归服。蚩尤在各诸侯中最为凶暴，没有人敢去征讨他。炎帝对待诸侯也非常残暴，于是诸侯都归服轩辕氏。轩辕氏修养德行，整顿军旅，研究四时节气变化，种植五谷，安抚民众，丈量四方的土地，训练熊罴、貔貅、貙虎等猛兽，与炎帝在阪泉的郊野交战，先后打了几仗，才征服炎帝，并如愿得胜。此时蚩尤发动叛乱，不听从轩辕氏之命。于是轩辕氏征调诸侯的军队，在涿鹿郊野与蚩尤作战，终于擒获并杀死了他。这样，诸侯都尊奉轩辕氏为天子，取代了此前的神农氏，这就是黄帝。

【词句撷英】

1. 轩辕：指黄帝。

2. 修德振兵：修养德行，整顿军队。后指统治者或管理者，严于律己，严明军纪。

尧舜禹的统治

五帝时代，中国历史由“神治”转为“人治”，与之相伴的是政治上的争霸。在这段历史之上，伴随着英雄时代的到来，三个重要的名字——“尧”“舜”“禹”和一个重要的名词——“禅让制”出现在中国历史舞台上。

尧帝

爱民如子的尧帝

尧，是中国上古时期方国联盟的首领，也是“五帝”之一（上古时代五位部落首领或部落联盟首领。即黄帝、颛顼、帝喾、尧、舜）。他是帝喾（kù）的儿子，品德高尚、学识渊博。除此此外，尧还是一个聪明却不骄横的领导，他虽身份高贵，却从不傲慢地对待身边的人。他经常穿着黑色的衣服，戴着黄色的帽子，乘白马拉着红色的车驾出行。正

帝喾

由于他本人的这种高贵品行，部众都心悦诚服地服从于他。

尧在位时，生活非常俭朴，住茅草屋，喝野菜汤，穿着用葛藤织就的粗布衣。他对百姓充满了仁爱之心，关心百姓疾苦，想百姓之所想，急百姓之所急。当百姓身受疾苦时，他极其自责，深切反省自己的治国之道。为了时刻注意倾听百姓们的意见，以便及时改正自己的不足，也为了方便百姓上谏，他让人在简陋的宫门前设了一面“欲谏之鼓”，谁要是想对他或国家提什么意见或建议，随时都可以击打这面鼓。尧听到鼓声就会马上接见对方，认真听取来人的意见。

尧还让人根据星象的运行确定出了春分、夏至、秋分、冬至，并在二分、二至确定以后，决定以366天为一年，每三年设置一个闰月，用闰月来调整历法和四季的关系，从而让每年的农时准确，不出差误，保障了农业生产的顺畅进行。

除此之外，尧还非常重视人才。担心有人才被埋没，他常常深入穷乡僻壤，到山野之间去寻查细访，求贤问道，察访政治得失，选用贤才。正是由于他对人才的重视，所以在他统治的七十年间，百姓对他十分爱戴，毫无怨言。当然了，尧最为人称道的还是他传贤不传子、禅位于舜的故事。

老年的时候，尧感觉到有必要选择自己的接班人，于是暗中考察自己身边的人。或许在他人看来，尧的儿子丹朱会继承他的衣钵，但尧并不看好丹朱，认为他为人凶顽，不可用，于是他将目光放在了舜身上，开始对他进行多方考察和了解。

尧先派舜负责推行德教，以观察其品行。结果他看到，舜教导臣民以“五典”，也就是用“父义、母慈、兄友，弟恭、子孝”这五种美德来指导自己的行为，臣民也都乐意听从他的教诲，普遍依照“五典”行事。尧又让舜总管百官，处理政务，结果百官都能服从舜的指挥，国内百事振兴，井井有条。

此外，尧还让舜当外交使臣，他在负责接待四方前来朝见的诸侯时，能对他们友好相待，也能让诸侯之间和睦友好地相处，获得了远道而来的诸侯的敬重。尧让舜一个人独闯深山老林，经受大自然的考验。结果，舜就算是身处暴风雷雨中也能找到方向。

为了进一步考察舜，尧将自己的两个女儿——娥皇和女英嫁给他，以观察其德行和处理家事的能力。结果，舜与娥皇、女英共住在沩水河边，做事遵守礼节，博得二女的倾心。

就这样，经过诸多不同类型的考察，尧认定舜的确成熟可靠，而且能力不凡，于是正式将天子之位禅让给舜。

尧以自己高尚的品德影响了舜，并打破了三皇时代“父死子继、兄终弟及”的血统继位制，开创了“禅让”的治国制度——这其实是一种以民主协商的方式推举国家领导人的做法。

舜的故事

尧将王位禅让给了舜，那么舜究竟是一个怎样的人呢？让我们一起来了解他，看一看这个和尧共同开创了“尧舜盛世”的上古君主的故事。

舜

舜姓姚，名叫重华，是黄帝的后代。他小的时候过着特别贫苦又极其不幸的生活。这种贫苦，表现在他家里的生活条件特别艰苦；而不幸表现在他有一个偏心到了极点的父亲。舜很小就失去了母亲，父亲瞽（gǔ）叟又娶了一个妻子。从此，没了母亲的舜也失去了原本不多的父爱。继母进门没多久就生了儿子象，从此父亲和继母就将舜看作眼中钉、肉中刺，对他非打即骂。舜百般讨好父亲和继母，仍得不到他们的喜欢，甚至经常委屈地跑到野外放声痛哭。而且，父亲、继母以及他同父异母的弟弟象一直没打消害死他的心思，而舜每次都凭着自己的聪明巧妙脱险，保全了自己。

就算家人如此对待他，厚道的舜还是始终孝敬父母、友爱弟弟，一点儿也不松懈怠慢。时间一长，舜勤劳智慧和孝顺的美名传到了各地，获得了大家的尊敬和爱戴。在这样的情况下，尧要选择接班人，舜就成了最合适的人选。

舜继帝位后，除了仍旧孝顺父母，疼爱兄弟，还惩罚奸佞，举贤任能，边疆各族都表示臣服，各民族之间和睦相处。他还任命皋陶等二十二位贤人，其中就包括禹。

舜晚年时也开始考虑接班人的问题。他想为这个国家选择一个品德高尚、聪明仁爱的君主。经过考察，舜不避前嫌地任用了禹，并多方考验和观察，确定了他是最合适的下一任君主的人选。随后，他效法尧帝，开始让禹主掌百官，管理国事。后来，舜到南方巡视，不幸死在了苍梧。

大禹治水

大禹

禹，后世又称为大禹。大禹成功地治理了水患，让百姓过上了安定的生活，因此，人们将治理江河、战胜洪灾、风调雨顺等所有美好的愿望都寄托在他身上。

上古时期，洪水泛滥，无边无际的洪水将庄稼和山陵淹没，将人民的房屋摧毁，人民流离失所，很多人不得不背井离乡。水患给人民带来了无尽的灾难。尧继承帝位后，下决心要治理洪水。他先是任命禹的父亲鲧（gǔn）为治水官。鲧采用了堵的方法治水，结果九年过去了，大水还是没有消退，鲧一筹莫展，并开始消极怠工。尧帝极其愤怒，革掉了鲧的职务，还把他流放到羽山，后来鲧就死在了那里。然而，洪水还是要治的。舜继位之后，又寻求治水之人。谁能担此重任呢？在众人的推举下，为人谦逊、待人有礼、做事认真、生活异常简朴的禹成为最佳人选。

伯鲧治水图（绣像画）

大禹会盟（绣像画）

舜在经过慎重考虑后，最终将治水的大任交给了禹。禹和舜一样，也是一个胸怀大志的人，并未因父亲被尧帝处罚而怀恨在心。他欣然接受了治水的重任，并暗下决心要治好水，新婚后的第四天，他就踏上了治水的征程。

他带着助手走遍了当时中原大地的山山水水，即便是穷乡僻壤、人迹罕至之处也没疏忽。每到一处，他必定左手拿着准绳，右手拿着规和矩（古时画圆形和方形的两种工具），随时测量。最终，他发明了疏导治水的新方法，即疏通水道，让水顺利地东流入海。他每发现一个地方需要治理，就到各个部落去发动群众来施工，而且自己和群众共同劳动，挖山掘石，吃在工地，睡在工地，披星戴月地劳作。

为了治好洪水，他多次经过自己的家门也不回家。甚至有一次，他治水路过自己的家门口，听到了儿子的哭声，但他仍然以治水任务为先，噙着泪水不顾而过。凭着这样的毅力，长江以北的大多数河流水泽之畔都留下了他治理水患的足迹。

最终，经过十三年的努力，咆哮的河水被驯服，开始平缓地东流而去，从前被水淹没的山陵成为肥沃的良田，粮食充满了粮仓，人民又可以筑室而居，过上幸福富足的生活。从此九州统一，四海之内的诸侯都来京城会盟和朝觐。

同时，舜帝还在华夏境内、九州之中分封诸侯，赏土地，赐姓氏，并要求诸侯恭敬地把德行放在第一位，遵守天子的各种措施。就这样，东临大海，西至沙漠，从北方到南方，天子的声威教化达到了四方荒远的边陲。舜帝为了表彰禹治水有功，赐给他一块代表水色的黑色玉石，向天下宣告治水成功。

大禹治水，不但造福百姓，也让舜帝看到了他的胸怀、气度、超人的智慧及坚忍不拔的品质。最终，舜帝经过进一步的考察，确定他为继任君主的人选。而大禹也成为中国史籍中功高德劭（shào，高尚）的完美帝王的典范。

名篇精选

虞舜者，名曰重华。重华父曰瞽叟，瞽叟父曰桥牛，桥牛父曰句望，句望父曰敬康，敬康父曰穷蝉，穷蝉父曰帝颛顼（zhuān xū），颛顼父曰昌意：以至舜七世矣。自从穷蝉以至帝舜，皆微为庶人①。

舜父瞽叟盲，而舜母死，瞽叟更娶妻而生象，象傲。瞽叟爱后妻子，常欲杀舜，舜避逃；及②有小过，则受罪。顺事③父及后母与弟，日以笃谨，匪有解④。

舜，冀州之人也。舜耕历山，渔雷泽，陶⑤河滨，作什器⑥于寿丘，就时⑦于负夏。舜父瞽叟顽，母嚚，弟象傲，皆欲杀舜。舜顺适不失子道，兄弟孝慈⑧。欲杀，不可得；即求，尝⑨在侧。

舜年二十以孝闻。三十而帝尧问可用者，四岳咸荐虞舜，曰可。于是尧乃以二女妻舜以观其内，使九男与处以观其外。舜居妫汭⑩，内行弥谨。尧二女不敢以贵骄事舜亲戚，甚有妇道。尧九男皆益笃。舜耕历山，历山之人皆让畔⑪；渔雷泽，雷泽之人皆让居；陶河滨，河滨器皆不苦窳⑫。一年而所居成聚⑬，二年成邑⑭，三年成都⑮。

——《史记·五帝本纪》

【注释】

①微：卑微，指地位低。庶人：平民。②及：赶上。③事：侍奉。④匪：没有，不。解：同“懈”，怠慢。⑤陶：制陶器。⑥什器：指家用器物。什，杂，多种。⑦就时：逐时，乘时，指乘时逐利，即经商做买卖。⑧兄弟：对待弟弟像当哥哥的样子。孝慈：孝敬父母。慈，指双亲。⑨尝：通“常”。⑩妫汭（guī ruì）：妫水弯曲之处。⑪畔：田界。

⑫苦窳（gǔ yǔ）：粗劣。⑬聚：村落。⑭邑：小城镇。⑮都：大都市。

【译文】

虞舜，名叫重华。重华的父亲叫瞽叟，瞽叟的父亲叫桥牛，桥牛的父亲叫句（gōu，勾）望，句望的父亲叫敬康，敬康的父亲叫穷蝉，穷蝉的父亲是颛顼，颛顼的父亲是昌意：从昌意到舜有七代了。自从穷蝉为帝之后一直到舜帝，中间几代地位低微，都是平民。

舜的父亲瞽叟是一个盲人，舜的生母死后，瞽叟又续娶了一个妻子，生下了象，象为人桀骜（jié ào，凶狠倔强）不驯。瞽叟喜欢后妻的儿子，常常想把舜杀掉，舜都躲过了；舜赶上有点小错儿，就会遭到重罚。舜很恭顺地侍奉父亲、后母及后弟弟，一天比一天地忠诚谨慎，没有一点懈怠。

舜是冀州人。他在历山耕过田，在雷泽打过鱼，在黄河岸边做过陶器，在寿丘做过各种家用器物，在负夏做过买卖。舜的父亲瞽叟愚昧，母亲顽固，弟弟象桀骜不驯，他们都想害死舜。舜却恭顺地行事，从不违背为子之道，友爱兄弟，孝顺父母。他们想杀掉他的时候，就找不到他；而有事要找他的时候，他又总是在身旁侍候着。

舜二十岁时，就因为孝顺出了名。三十岁时，尧帝问谁可以治理天下，四岳全都推荐虞舜，说这个人可以。于是尧把两个女儿嫁给了舜来观察他在家的德行，让九个儿子和他共处来观察他在外的为人。舜居住在妫水岸边，他在家里做事更加谨慎。尧的两个女儿不敢因为自己出身高贵就傲慢地对待舜的亲属，很讲究为妇之道。尧的九个儿子也更加笃诚忠厚。舜在历山耕作，历山人都能互相推让地界；在雷泽捕鱼，雷泽的人都能推让便于捕鱼的位置；在黄河岸边制作陶器，那里就完全没有次品了。一年的工夫，他住的地方就成为一个村落，两年就成为一个小城镇，三年就变成大都市了。

【词句撷英】

1. 微：卑微，指地位低。词义扩展：人微言轻。

2. 孝慈：孝敬父母。词义扩展：父慈子孝。

第二章

夏商之治

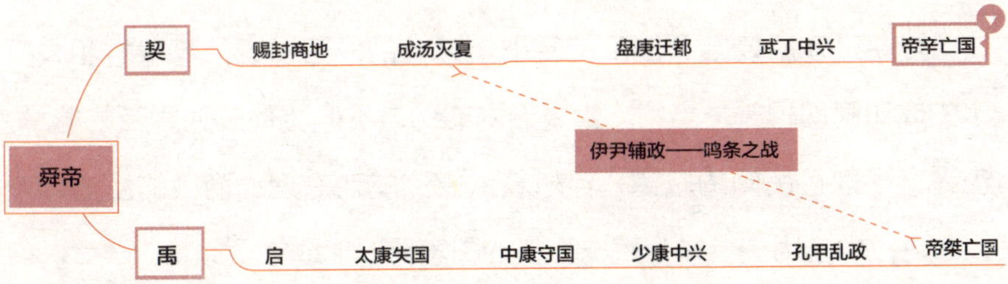

夏为三代之一，其治法大约在春秋战国之世还未全行湮灭。……夏代凡传十开主；据后人所推算，共历四百余年，……商代是兴于西方的。……商代传三十一世，王天下六百余年。其制度特异的，为其王位继承之法。

——吕思勉《中国通史》

夏朝的兴与衰

夏朝是在原始社会制度的基础上建立的，可以说，其建立和大禹治水的成功密切相关。当初，大禹治水成功，不但让他成为舜帝的继承人，也提升了他在民间的威望。伴随着洪灾的成功治理，百姓的生活环境得以改善，中国历史上首个统一王权的国家得以形成。

夏启建国

禹治水有功后，年迈的舜就依照惯例，把王位禅让给他。于是，禹所在的氏族夏后氏就成了当时尊贵无比的氏族。禹年老后，按照禅让制度理应将王位传给皋陶。皋陶虽然只是一位贤臣，但他和尧、舜、大禹齐名，是“上古四圣”之一。但遗憾的是，皋陶没来得及继承王位就去世了，无奈之下，禹又打算将王位禅位给协助自己治水并发明了凿井技术的伯益。然而，这时禹的儿子启的势力越来越大，公然提出“王位要由首领传给儿子，再由家族延续下去，世世代代为王”。为此，他不但排挤伯益，而且借助于家族的力量让自己获得了部落联盟中的最高权位，进而强迫各部落臣服于他。

接着，启以自己家族的姓氏——“夏后氏”作为部落联盟的称号。由此，“父传子，家天下”的中国历史上第一个奴隶制王朝——夏朝——建立了。

然而，启因为打破了自古以来能者居之的禅让制度，引起了其他部族首领的不满。因此，尽管他设宴款待各个部落的首领，希望获得他们的肯定和支持，但这些部落首领还是颇多怨愤。有扈（hù）氏甚至以“王道由天定，非人所能改”为理由，拒不出席。

征扈誓师（绣像画）

启一怒之下，愤而发兵，讨伐有扈氏。结果双方于甘发生了一场激战。由于启拥有中原民众的支持，加之在人数方面占有绝对优势，交战的结果当然是势大的启获胜，有扈氏被灭族。这个血腥的结果让众部落首领认识到问题的严重性，进而权衡利弊，不得不承认了启的地位。就这样，启凭着战争和武力在各首领中建立了威信，进而令他们在夏后氏面前称臣。从此之后，禅让制被世袭制所取代。漫长的原始社会被私有制社会所替代。

启建国后，将夏氏族原来的姓氏“姒（sì）”改为“夏”，与国同姓，以示尊贵。同时，他还取消了“伯”这个称号，改用“后”，自称“夏后启”。随后，启封这些部落首领为诸侯，让他们的部落成为诸侯国，以夏后氏为尊，并且每年要向夏后氏进贡牛羊、粮食和奴隶。从此之后，一种以强力治国的国家制度建立了。在这种新的制度下，统治者们依靠自己的势力强迫奴隶为他们劳动，社会生产得以快速发展，夏王朝呈现出繁荣发展的局面。

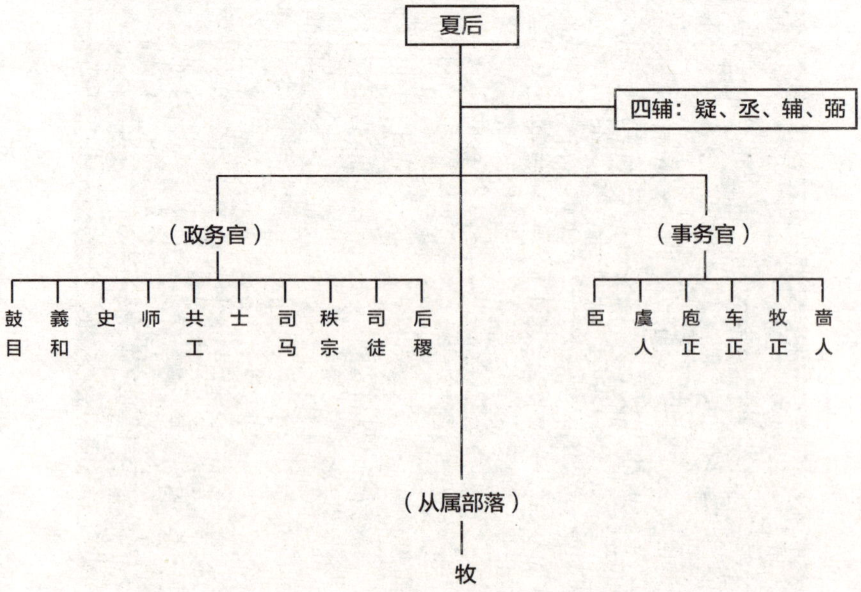

夏朝官职示意图

太康失国

启的统治后期，或许是由于年老昏聩，他过起了奢侈的生活，每天纵情声色，不理朝政。等他一死，他的五个儿子为了争夺王位而发生了激烈的战争。这种王位之争导致的后果就是王室内乱。最后，五个儿子中的太康夺得王位。然而，或许是为了弥补自己在争夺王位过程中的损失，太康继位后，每天醉心于打猎和嬉戏享乐。有人向他直言进谏，劝他以天下百姓为重，做一个勤于政事的君王，太康总是置之不理。他的种种表现，再加上此前王位之争造成的内乱，让朝中众臣对夏后氏极度失望。慢慢地，太康失去了民心，于是一些对王位觊觎（jì yú）已久的诸侯得到了可乘之机，比如后羿。

后羿是黄河下游东夷的有穷氏部落的首领，是一个非常著名的弓箭手，射箭百发百中。著名的“后羿射日”的故事就是他箭术高超的证明。后羿是一个野心勃勃的人，他看到有机可乘，就产生了夺取王位的念头，并很快付诸行动。

一次，太康又跑到洛水南岸去打猎，而且越打越起劲，竟然一百天没回家。后羿获知这个消息后，觉得夺取夏王权力的机会到了。于是他亲自带兵守住洛水北岸，截断了太康的回程之路。结果等到太康带着一大批猎得的野兽兴高采烈地回家时，发现洛水北岸排满了后羿的军队。无奈之下，太康不得不流亡到洛水之南。当然了，在这种见不得光的情况下，后羿是不敢轻易自立为王的。于是他就选中了太康的兄弟仲康，推举对方当了夏王，而他却是国家权力的实际操控者。

不过，后羿虽然获得了实权，但这个人并不比太康高明多少。在获得国家权力后，他也和太康一样，整天沉湎于打猎，而其亲信寒浞（zhuó）却成了国家政事的实际处理者。寒浞是一个外表谦卑，实际上却野心勃勃的人。他是寒国君主伯明的堂侄，因为从小娇生惯养，养成了胡作非为、极其蛮横霸道的性格。他体壮力大，从小就喜欢欺负人，抢夺他人的东西。十三岁时，他已经经常搅得四邻不安。父母无奈之下批评他，没想到他竟然把父母捆了起来。族中人将他的恶劣行径告到国君那里，国君一怒之下下令将他驱逐出境，且永世不得返回寒国。寒浞被逐后没有丝毫的悔意，几经辗转投奔了后羿，并靠着花言巧语取得了后羿的信任。

最终，他不但成为后羿的亲信，而且成为手握大权的重臣。终于有一天，寒浞觉得实力够强了，就暗中将后羿杀死。随后，他就将当时的夏王——仲康之子相杀死，自立为王，改国号为寒。

这就是历史上著名的“太康失国”事件。太康之所以失国，重要的原因在于他一朝为王，却不思进取，安于享乐，不愿意承担身为君主的责任，未能做到在其位，谋其政，最终造成王道不正、无家可归。而随后上位的后羿重蹈了太康的覆辙，自以为箭术超群，天下无敌，对自己不加约束，沉湎于酒色，不问政事，自然也就招致可悲的结局。就这样，依靠强权“家天下”的夏朝才传了两位君王，就权位旁落了。

少康中兴

肆意奴役和剥削民众的夏启落得个无家可归的下场。而他的弟弟仲康之子相也因寒浞担心夏氏家族东山再起而被杀死。然而，天不灭夏，自以为已经把夏王朝的子孙斩尽杀绝的寒浞没有想到，相的妻子后缗（mín）此时已经怀有身孕。为了保住自己和胎儿的命，后缗偷偷地从城墙下的水洞爬了出去，逃到娘家（有仍氏部落），并于第二年将孩子生了下来。这个孩子就是少康。

少康从小聪明过人，母亲后缗时刻以国仇家恨来提点他，严格教育他。在母亲和外祖父的精心培养下，他成长为一个文武双全的人。有着外祖父有仍国君主的保护，尽管失去了父亲，少康仍过着比较安定的生活，且做了有仍氏的牧正，即牧官的头领，主管畜牧。他一面畜牧耕织，一面练兵习武，希望在保护自己的同时养精蓄锐，随时准备复兴夏王朝的政权。

然而世上没有不透风的墙，相的儿子还活着且长大成人的消息最终还是传到了寒浞的耳中。寒浞一直想斩草除根，杀死少康。探听到少康在有仍国的消息后，他就派大臣椒去抓少康，没想到少康在外祖父的安排下逃走，投奔了世代交好的有虞国，并很快在那里谋得了庖正一职。所谓庖正，也就是厨师的头领，负责掌管饮食。

民以食为本，国君也是如此。少康的才华在管理饮食上体现出来。有虞的国君虞思发现了少康的才智，特别欣赏他，于是将女儿嫁给他为妻，还将纶邑封给了少康。这样一来，少康就获得了复兴国家的后盾。心怀国仇家恨的少康在封地广施德政，关心百姓疾苦，收罗夏朝的遗民，安抚属下的官员，与部下一起耕耘、狩猎、习武，深受部下的拥戴。他在安抚人心的同时，还经常向百姓讲述先祖夏禹的功德，鼓舞士兵和争取人们支持他复国。并且，他还把那些流亡在外的夏朝官吏以及被寒浞父子赶出家园的夏族人召集到自己麾下，加以组织和训练，建立了一支精锐的复国大军。

除此之外，为了获得十足的把握，他甚至派女艾去刺探寒浞的情况，可谓首开中国历史上间谍的先河。就这样，少康一步一步地做着准备，让自己的力量越来越壮大。时机成熟时，他打响了复国之战。少康以纶（今河南商丘虞城县）作为自己的大本营，这支复夏大军沿着黄河一路浩浩荡荡，挺进河洛地区，直指夏朝故都，攻入寒浞的老巢。尽管寒浞组织力量顽固抵抗，但为时已晚，最终兵败，被少康捉住后杀死。

少康光复故国的脚步并不曾停止，随后，他在老臣靡的协助下，乘胜追击，横扫寒浞的残余势力。一切尘埃落定后，少康称帝，重新恢复了夏王朝的统治地位。执政期间，少康采取了一系列休养生息的政策，夏朝的社会经济因此得到了长足的发展，出现了“少康中兴”的繁荣局面。

可以说，从太康到少康这差不多一百年的时间里，社会一直处于混战状态。直到少康执政后，夏朝的国力才逐渐恢复过来。就历史意义上看，少康中兴改变了后世帝王的治国之道，使他们认识到：相比富国强兵，或以武力夺取天下，治国更重要的是要凝聚民心。这就为后世的“德政”“仁政”思想的实施埋下了种子。

孔甲乱政

少康之后，他的儿子杼（zhù）也是一位极有建树的君主。他在位期间，曾为了巩固夏朝在东方的势力而将都城从原东迁至老丘。他重视发展武器和制造兵甲，发展兵力，并对一直不臣服于夏朝的东夷进行讨伐。经过一系列的征战，他将夏朝的版图扩张到了东海之滨。可以说，杼在位期间是夏朝最昌盛的时期。杼死后，夏的君主历经槐、芒、泄、不降等，得以不断发展，政治稳定，经济繁荣。然而，到了孔甲在位的时候，夏朝开始由盛转衰。

作为夏王朝少康之后的第八代国君，孔甲性情乖僻，好游乐，每天东游西逛，不务正业。他尤其喜欢打猎和占卜，而对于自己的本职工作——做一位好君主则十分不在意。或许正是出于这个原因，他的父亲不降最初并没有将王位传给他，而是禅让给了自己的弟弟扃（jiōng）。扃去世时，他的儿子廑接任，但这父子二人均缺少治国之才，因此在位期间政绩平平。巧的是，在他们在位期间，国家连年大旱，田地一片干枯，百姓饿死病死无数。古人比较迷信，大家都认为这是由于他们剥夺了原本是孔甲的王位，上天给予的惩罚。于是，在廑死后，孔甲得以称王。

孔甲继位后，首先举行了隆重的祈雨仪式。没想到，几天后竟然真的天降大雨。严峻的旱情顿时缓解了，举国上下欢呼雀跃。大雨过后，万物复苏，夏朝重新走上了繁荣的道路，于是国人均认为孔甲是上天指定的君主，都感念孔甲的恩泽。而孔甲本人则因为威信的与日俱增，更认为是天神在保佑自己，从此对鬼神更是深信不疑。或许正是由于这种心理，他更加沉醉于享乐，每天带领着贴身侍从游山玩水，放鹰逐犬，不理国事。

一天，孔甲与侍从正在一条大河边游玩时，发现河面浮现了两个庞大的怪物。孔甲吓坏了，一个侍从却谄媚地称这是天帝派来侍奉孔甲的雌雄二龙，是神物，它们之所以在孔甲面前现出原形，是为了表示臣服。好话谁都爱听，更何况是身为一国之君的孔甲。孔甲高兴地命人将这两条所谓的“龙”带回宫中，并以重赏征召驯养的人。

尽管重赏之下必有勇夫，但养龙是一件神圣的事，一般人是不敢来应征的。就在两条“龙”奄奄一息之际，有人推荐了一个叫刘累的人，这个人曾跟豢（huàn）龙氏学过养龙术。于是孔甲下令急召刘累入宫。火速来到皇宫的刘累看着眼前所谓的两条“龙”，一时目瞪口呆——因为那明明是两条大鳄鱼！不过，看到孔甲那副深信不疑的样子，刘累不得不将错就错，接受了驯龙的职务。接下来，孔甲让人按刘累的要求修了一个豪华的大水池，将两条鳄鱼放了进去。脱水严重的两条鳄鱼终于恢复了活力。孔甲一看刘累果然有本领，喜不自胜，赏赐了刘累众多财物，并封他为御龙氏。

刘累正为自己的好运得意，突然接到了孔甲的宣召。他连忙进宫听令，这才知道孔甲竟然要让龙为他驾车巡游天下。这下刘累傻了眼——养“龙”容易，驭“龙”难啊。怎么办呢？刘累垂头丧气地回到住处，苦思对策。他围着豪华的“龙池”走来走去，终于想到了办法。

第二天，刘累拜见孔甲，声称要让神龙练习驾车，首先乘坐龙车的人一定要身体强壮，不然会折寿。其次是神龙练习驾车时，周围不能有凡人观看，不然就会前功尽弃。最后，他还给孔甲奉上一盘来自东海的大鱼的精肉，声称这些肉可以补养身体，连吃数日就可以乘坐龙车了。孔甲大喜，又赏给刘累大量财物。

接下来的两天，刘累每天都会亲自送来一盘鱼肉。到了第四天，孔甲苦等刘累送鱼肉来，但刘累迟迟没送来。孔甲内心纳闷不已，但想到刘累的神奇，还是没让人去问。结果又过了七八天，刘累的鱼肉还没送来，孔甲等不下去了，连忙派人去找刘累。去的人很快回来说刘累失踪了，而且连他屋里的贵重物品也不见了。孔甲大吃一惊，随着侍从冲向“龙池”，结果发现雌“龙”不知所去，而雄“龙”早就死了。

孔甲像疯子一样地四处寻找，最后找到了一个“龙”头和一张“龙”皮。他终于明白了，自己吃的所谓的鱼肉，竟然就是“龙”肉！孔甲暴跳如雷，下令全国捉拿刘累，但刘累早就不知所终了。此后，孔甲的性情更加暴躁，且每天沉醉于敬奉鬼神之中。有一天，风雨交加，而风停雨住后，都城外的山林又燃烧起来。孔甲认定这是冤魂在作祟，于是连忙乘马车去祈祷，没想到在回城的路上死在了车上。

夏桀亡国

孔甲虽然死了，但由于他在位时不理国政，结果国家政治特别混乱，国势日益衰弱，诸侯国开始对夏朝的统治产生了异心，夏朝进入了衰落时期。到了桀（jié）在位时，各国诸侯已经不来朝贺了。夏王室内政不修，外患不断，阶级矛盾日趋尖锐，已然是危机四伏。

夏桀这个人可谓文武双全，据说他力气极大，可以空手格杀虎豹。不过，遗憾的是，他本可以选择做一名英明的君主，结果却不思进取，同样热衷于骄奢淫逸的生活，并将自己的聪明才智全用在暴虐、享乐和瞎折腾上，导致老百姓怨声载道，诸侯国甚至起兵反叛。

在即位后的第三十三年，桀率兵征伐有施氏（位于今山东滕州）。有施氏兵败，不得不献上珠宝和美女。妹喜，就是其中的一个美人。夏桀对妹喜一见钟情，不但马上下令撤军，而且回到国都后，征集民夫，专门为妹喜建造华丽的宫殿。这座宫殿高耸入云，好像随浮云游动，如同要倾倒一样，因此，被称为“倾宫”。宫内有琼室瑶台，象牙嵌的走廊，白玉雕的床榻，可谓奢华无比。宫殿建成后，夏桀每日陪着妹喜登倾宫、观风光，尽情享乐。

为了满足自己变态的心理需求，他甚至在宫中修建“酒池肉林”，让饿虎纵行于市中，欣赏人们惊恐逃命的样子……这些暴虐的举动引发了国中百姓的仇恨，而夏桀则对此颇不以为然，扬言自己拥有天下，就像天有太阳一样。天上的太阳完了，自己的国家才会灭亡。而百姓则指着天上的太阳，恨恨地说：“太阳啊，你什么时候灭亡，我们愿意和你一起灭亡！”

看到夏桀的暴政，大臣努力劝谏，贤人伊尹用尧、舜的仁政劝说他，希望他体谅百姓的疾苦，用心治理天下，桀却均置之不理。太史令终古进宫哭谏，他斥其多管闲事；大臣关龙逄（páng）数次劝谏他，他一怒之下竟然下令将其杀死。就这样，夏朝朝政更加腐败，夏桀也失去国人的支持，变得众叛亲离。

就在夏桀肆意挥霍权力时，其下属的一个方国——商——变得越来越强盛。说起这个方国，原本并不起眼，其始祖契据说是其母在洗澡时吃了燕子蛋后怀孕所生，因此有“天命玄鸟，降而生商”的传说。这个小方国在英明的君主带领下势力逐渐发展壮大。加之历代君主都比较重视农业和畜牧业，因此社会财富得以逐步增加，从而成功地由氏族制过渡到奴隶制。在对外发展势力的同时，商的军队掠夺了相当多的奴隶和财物。因此，到了汤的父亲主癸在位的时候，商国已经成为一个具有国王权力的大诸侯国了。

汤从父亲那里继承了君主之位后，先是将国都从商丘（即今河南商丘睢阳区西南）迁到了亳（bó，即今河南商丘虞城县谷熟镇西南）。随后，他在新国都积极积蓄粮草，招集人马，训练军队。等一切灭夏的条件成熟后，商汤率先向夏桀的军队发起了攻击。尽管夏统治着全国，而商国仅七十里的土地，但汤在名臣伊尹的辅佐下，竖起“讨伐残暴的夏桀”的大旗，指挥商军一举灭夏。正所谓“得道多助，失道寡助”，失去民心的夏桀军队人心涣散，战争刚一开始就四处逃窜。最终，商汤兵不血刃地夺得了胜利。夏桀本人被俘获后流放，三年后饿死。至此，夏朝彻底覆亡。

名篇精选

帝舜荐禹于天，为嗣[1]。十七年而帝舜崩。三年丧毕，禹辞辟[2]舜之子商均于阳城。天下诸侯皆去商均而朝禹。禹于是遂即天子位，南面朝天下[3]，国号曰夏后，姓姒氏[4]。

帝禹立而举皋陶荐之，且授政焉，而皋陶卒。封皋陶之后于英、六，或[5]在许。而后举益，任之政。

十年，帝禹东巡狩，至于会稽而崩。以天下授益。三年之丧毕，益让帝禹之子启，而辟居箕山之阳。禹子启贤，天下属意焉[6]。及禹崩，虽授益，益之佐禹日浅[7]，天下未洽[8]。故诸侯皆去益而朝启，曰：“吾君帝禹之子也。”于是启遂即天子之位，是为夏后帝启。

夏后帝启，禹之子，其母涂山氏之女也。

有扈氏不服，启伐之，大战于甘。将战，作《甘誓》，乃召六卿申[9]之。启曰：“嗟。六事之人[10]，予誓告女：有扈氏威侮五行[11]，怠弃三正[12]，天用剿绝其命[13]。今予维共行天之罚。左不攻于左，右不攻于右，女不共命。御非其马之政[14]，女不共命。用命，赏于祖[15]。不用命，僇于社[16]，予则帑[17]僇女。”遂灭有扈氏。天下咸朝。

——《史记·夏本纪》

【注释】

①嗣（sì）：帝位继承人。②辟：同“避”。③南面：登临帝位之意。古代以坐北朝南为尊位，帝王见群臣，面向南而坐，因用以指居帝王之位。朝天下：意思是接受天下人的朝拜。④姓姒氏：以姒为姓。姓，在远古时代本为氏族（部落）的标记，它标明一个人所出生的氏族，与后世的姓不同。氏是姓的分支。战国以后，人们以氏为姓，姓、氏逐渐合一，汉代则通谓之姓。⑤或：有的。⑥属（zhǔ）意焉：倾注心意于他，就是心归向于他的意思。⑦日浅：时间不长。⑧洽：融洽，和谐。这里有顺服的意思。⑨六卿：天子有六军，其首领都是卿，故曰六卿。申：告诫。⑩六事之人：指六卿。⑪威侮：轻蔑。威，王引之以为“威”之误，“威”通“蔑”。（据《尚书易解》引）五行：大约是指“五常”，即仁、义、礼、智、信。⑫怠（dài）弃：不重视。弃，忽忘。三正：《集解》引郑玄曰：“三正，天、地、人之正道。” ⑬剿绝：消灭，灭绝。命：天命，命运。⑭御：驭者，驭手。非其马之政：等于说“非正其马”，意思是不能使车马整齐。政，同“正”。《尚书·甘誓》作“正”。⑮祖：这里指宗庙里的神主。⑯僇（lù）：通“戮”，杀。社：这里指社主。⑰帑（nú）：通“奴”，收为奴婢。

【译文】

舜帝把禹推荐给上天，让他作为帝位的继承人。十七年之后，舜帝逝世。服丧三年完毕，禹为了把帝位让给舜的儿子商均，躲避到阳城。但天下诸侯都不去朝拜商均而来朝拜禹。禹这才继承了天子之位，南面接受天下诸侯的朝拜，国号为夏后，姓姒氏。

禹帝立为天子后，举用皋陶为帝位继承人，把他推荐给上天，并把国政授给他，但是皋陶没有继任就死了。禹把皋陶的后代封在英、六两地，有的封在许地。后来又举用了益，把国政授给他。

过了十年，禹帝到东方视察，到达会稽，在那里逝世。把天下传给益。服丧三年完毕，益又把帝位让给禹的儿子启，自己到箕山之南去躲避。禹的儿子启贤德，天下人心都归向于他。等到禹逝世，虽然把天子之位传给益，但由于益辅佐禹时间不长，天下并不顺服他。所以，诸侯还是都离开了益而去朝拜启，说：“这是我们的君主禹帝的儿子啊！”于是启就继承了天子之位，这就是夏后帝启。

夏后帝启，是禹的儿子，他的母亲是涂山氏的女儿。

启登临帝位后，有扈氏不来归从，启前往征伐，在甘地大战一场。战斗开始之前，启作了一篇誓词叫作《甘誓》，召集来六军将领进行训诫。启说：“六军将领们，我向你们宣布誓言：有扈氏蔑视仁、义、礼、智、信五常的规范，背离天、地、人的正道，因此上天要断绝他的命。如今我恭敬地执行上天对他的惩罚。战车左边的射手不从左边射击敌人，战车右边的剑手不从右边击杀敌人，就是不服从命令。驭手不能使车马阵列整齐，也是不服从命令。听从命令的，我将在祖先神灵面前奖赏他；谁不听从命令，我就在社神面前杀掉他，而且要把他们的家属收为奴婢。”于是启消灭了有扈氏，天下都来朝拜。

【词句撷英】

1. 南面：登临帝位。词义扩展：南面为王。

2. 去：离开。词义扩展：去国怀乡。

商朝的盛衰与变迁

夏商时期，仍然属于中古时期。这一时期开始了中国历史上的“家天下”时期。作为这一时期的两个朝代，夏朝是中国史书中记载的第一个世袭制朝代，而商朝则是中国第一个有直接的同时期的文字记载的王朝。

伊尹辅政

事实上，商汤灭夏是经过一系列精心布置和努力才做到的。而这个过程也是商朝建国的过程。要讲到这个过程，就不能不提到一个关键的人物——伊尹，因为无论是商汤建国还是此后商朝的兴盛，伊尹可谓立下了汗马功劳。

在中国历史上，伊尹可以说是第一位被记载于册的教师。伊尹姓伊，名挚，尹是后来商王封给他的名号。关于他的出生，有着一个动人的故事。

传说，伊尹的亲生母亲是一个采桑养蚕的奴隶。这位采桑女某天在梦里听到一位神仙说：“臼出水而东走，毋顾。”于是第二天，她一发现臼内水如泉涌，就马上通知左邻右舍向东逃奔。等他们逃出二十里后回头一看，原来的村落已经成为一片汪洋。乡亲们得救了，而她则因为违背了神仙的告诫而变成了一棵桑树。后来，有人在桑树中发现了一个婴儿，便将他带回献给了有莘王。有莘王就让自己家的奴隶厨师抚养他。

伊尹从小就聪明颖慧，勤学上进，虽然生活在有莘国的乡村里，但是喜欢钻研尧舜的治国之道。由于养父是厨师，他还掌握了烹调的技术，并将二者巧妙地融合起来，进而深谙治国之道。可以说，这是一个当得了奴隶主的厨师，又做得了贵族子弟的“师仆”(教师)。于是，他因为领悟了三皇五帝和大禹王等英明君王的施政之道而远近闻名。

伊尹

最初，有人将他推荐给残暴的夏桀。但在看到夏桀的残暴且忠言相劝而不被采纳后，伊尹认识到对方并非贤王，于是找机会离开，回到了有莘国。恰好商王汤渴求贤才，听说了伊尹的美名，几次三番上门聘请，但有莘王没答应。最后，商汤以求娶有莘王的女儿为条件，让伊尹以陪嫁奴隶的身份来到自己的身边。

相对夏朝来说，商地仅能称为弹丸之地，汤这个人又是一个心怀仁爱之心的君王，因此他只想将小小的汤地治理好，让自己的子民安居乐业。然而，伊尹却是一个心怀天下的人。因为此前曾服务于夏桀一段时间，所以他知道夏朝的统治已经处于风雨飘摇的阶段，此时正需要一位有号召力的君主来取代夏桀，而汤恰好是最合适的人选。但要让汤来统一天下，首先就要说服他。为此，伊尹决定要先为汤做一锅汤羹。

伊尹到达商国的第二天一早，汤就在朝廷上接见了他。尽管久闻伊尹的美名，汤还是想考一考他。同样地，伊尹也对这位贤王心存考察之心。于是，君臣二人就围绕着伊尹带来的一只汤锅展开了话题。在交谈的过程中，伊尹向汤讲述了尧舜等明君的治国之道，并成功地激起了汤效法尧舜以德治天下的宏伟志向，同时也将自己为救民而伐夏的方略向汤做了阐述。

获得了汤的首肯后，君臣二人达成共识，确定了伐夏的战略。于是，伊尹采取了一系列的策略，先是故意和妹喜结交，获知了夏桀内部的许多重要情报。再采用停止向夏桀纳贡的方式，以测试其精锐部队（即九夷之师）对夏桀的态度。果不其然，夏桀成功地被激怒，指挥九夷之师攻汤。这就让伊尹看到了九夷之师仍旧听从夏桀的指挥。随后，他献计汤暂时恢复向夏桀贡纳，同时积极做好攻夏的准备。经过充分的准备，当伊尹再次建议汤停止向夏桀纳贡时，夏桀尽管再次起兵讨伐汤，但九夷之师已经不愿意听从他的调遣了。这说明夏桀已经完全在政治和军事上陷入孤立无援的困境，也表明灭夏的时机已经成熟。随后，伊尹就协助商汤发起了伐夏的战争。

汤的军队先是陆续灭掉邻近的一些小诸侯国，让汤成为无敌于天下的强国。随后就誓师伐夏，和夏桀的军队决战于鸣条（今河南封丘东），汤军获胜，夏桀战败南逃。随后汤又将夏王朝的三个属国灭掉，挥师西进，很快就将夏王朝的心腹地区——伊洛流域占领。随后，经过诸侯大会，汤被推举为天子，定国号为商，定国都为亳，商朝正式建国。

商朝建立后，伊尹被商王汤封为尹（宰相）。商王以此告诉天下人，伊尹是受汤王之命来辅助他正天下的人，也就是说，他是天下楷模，师范天下，是太上的教师，他的话等同于天意。商汤死后，伊尹历经外丙、仲壬两位君王，又做了汤王长孙太甲的老师。然而，这位太甲不听从伊尹的治国大计。为了教导太甲，他让这位储君在汤王墓葬之地桐宫里生活了三年。在此期间，他和其他大臣一起代为执政。太甲在桐宫生活了三年，不断反思成汤的功业，深刻反省自己，逐渐认识到了自己的过错，悔过向善。这时，伊尹又及时亲自到桐宫迎接他，将王权交还给他，自己仍继续辅佐太甲。在伊尹的耐心教育下，太甲复位后勤政修德，继承了成汤之政，商朝的政治又出现了清明的局面。而太甲也成为一位有为之君，被其后代尊称为“大宗”。

盘庚迁都

商汤建立商朝的时候，最早的国都在亳。但在以后的三百年中，商朝的都城曾搬迁了五次。这其中的原因或是王族发生了内乱，或是自然灾害，比如黄河的水灾。这使得商朝政权一直不能安定。最终经过盘庚迁都，商朝的政局才得以稳定，继而诸侯来朝，逐渐强盛起来。

盘庚是商朝第十九位君主。在他成为君主之前，商族经常迁徙流动，以适应生态环境的改变和政治经济形势的变化。商王仲丁以后，商朝的国势逐渐衰落，王族内部经常发生争夺继承权的争斗，王位宗室出现混乱的局面，导致诸侯都不愿意来朝见。盘庚即位之初，就打算改变政治上这种混乱的局面，选择一处自然灾害小的地方为国都，让族人稳定地生活。为此，在经过充分的调查后，他决定将国都从奄（今山东曲阜）迁到殷（今河南安阳小屯村）。

盘庚此举自然遭到了沉湎于安逸生活的贵族们的强烈反对，甚至一部分有势力的贵族还煽动平民起来反对。尽管事情闹得很大，但盘庚不为所动。他一面用“天命所归”和“先王遗训”两面大旗为自己找到充分的理由，因为在他之前，商朝的君主可没少迁都。另一面，他意识到要想迁都成功，还要争取民心。为此，他将反对迁都的贵族找来，苦口婆心地劝说他们：“你们要明白，我之所以要迁都，是为了让国家安定，让臣民生活无后顾之忧。而作为我的拥趸，你们要谅解我的苦心，不要无谓地惊慌。”最后，他警告他们：“想让我改变主意是办不到的。如果你们坚持反对下去，结果就是‘我乃劓殄灭之，无遗育，无俾易种于兹新邑’。”意思是：“我就把你们斩尽杀绝，不让这孬种遗留在新的都城蔓延、滋长。”

盘庚这种软硬兼施的态度终于让这些贵族妥协了。最终，盘庚得以带着平民和奴隶远渡黄河，搬迁到殷。当一切安定下来，局面得以平定后，盘庚就开始整顿商朝的政治。由此，商朝的政治稳定下来，社会经济和文化获得了更大的发展。因此，客观地说，盘庚迁都不但避开了水患对国家的经济和生活的干扰，而且解决了宗室内部斗争的混乱局面，稳定了商朝中央的统治，为以后的商朝中兴奠定了基础。

武丁中兴

迁都之后，盘庚进行了一系列政治、经济、文化改革，于是商朝的政治、经济和文化都获得很大的进步。在他之后，他的弟弟小辛、小乙先后继承王位，但由于他们放弃了盘庚的治国之策，所以商朝又衰落下去。到了小乙的儿子武丁继位时，商朝的国势越来越衰微。所幸，小乙是一位胸有大志的君王，对儿子武丁从小就着意培养，让他到民间和老百姓一起劳动，体验民生疾苦和稼穑艰难。于是，武丁在位时，商朝再度兴盛起来，出现了“武丁中兴”的盛世。

武丁

武丁是在商王小乙去世后，子承父位，成了新一任商朝君主的。由于早年在民间的历练，他深知百姓疾苦。因此，继位后，他抱着复兴商朝的想法，勤于政事，注意节俭，想有所作为。遗憾的是，他身边缺少得力的辅佐之人。于是在继位后的最初三年里，他索性将一切政事交由冢宰决定，而自己则一方面观察国家的风气，一方面寻找贤才辅佐自己。就这样，他发现了刑徒出身的傅说（yuè），认为傅说有着杰出的治国才能，于是破格任命他为宰相来辅佐自己处理朝政。

傅说被武丁发现的故事也相当神奇。据说，武丁在观察国情的那三年中，有一天突然做了一个梦。他梦见一个贤人，这个人自称自己姓傅名说，是一个囚徒。他还告诉武丁，如果天下间有人能找到他，那么他就不再是一个囚徒了。梦醒之后，武丁对自己的梦境细加分析，他认为“傅”的意思是辅佐，“说”的意思是欢悦。这是不是告诉他天下有一个人不但可以辅佐他，还能让百姓欢悦呢？于是他就让画工按他的口述将梦中的人画了出来，再派人拿着画像到处寻找。最终，人们在北海附近的虞、虢之间的傅岩找到了一个和画像上的人一样的囚徒。这个人被带到都城，武丁亲自召见他，与之交谈了一番，进而确认他就是自己在梦中遇到的那个贤人，就起用他为相。

傅说为相之后，武丁对他言听计从。而傅说也的确不负所望，尽心辅佐武丁。在他的辅佐下，武丁从王室开刀，整治腐败，大力推行新政。

他先后采取了一系列强化王权的措施，这些措施从理论和制度上加强了君主的权力。具体表现为强化君臣秩序，改革用人制度，加强商王对官员的任免权，改革祭祀制度，将神权牢牢掌握到自己的手中——要知道，商代前期和王权对立的贵族主要的倚仗就是神权。可以说，神权旁落是对王权的主要威胁。

傅说

武丁除了在傅说的辅助下在国内采取一系列巩固政策外，还在妇好的辅助下，通过对土方、舌方和羌人等方国部落的一系列战争，消除边患，开拓和发展边疆，借助于战争掠夺大量的财物和奴隶，进而促成了商代奴隶制社会经济前所未有的发展。

妇好是一个怎样的女性呢？她是中国历史上极富传奇色彩的一位女性，也是武丁的王后、将军。河南安阳出土的文物表明，妇好是一位了不起的巾帼英雄。她极具军事才能，能征善战，屡建功勋。她手持重达八九斤的大铜钺，指挥军队征战，先后击败了北土方、南夷国、南巴方以及鬼方等二十多个小国，为商王朝开疆拓土立下了不朽功勋，深受武丁的敬爱和世人的敬仰。

据甲骨文记载，妇好对武丁的事业一直尽其所能给予支持。当初对羌方作战时，武丁考虑到对方实力雄厚，始终犹豫不决。这时，妇好就率领一支三千多人的军队要去攻打对方。于是武丁专门征召了一万人支持她。最终，妇好大胜而归。

就这样，在妇好等一大批猛将的率领下，商军所向披靡，无坚不摧，不但借助于对土方、舌方和羌人等方国部落的一系列战争消除了边患，开拓了周边的大片土地，使商朝疆域得到了极大的扩展：北至河套，南达江淮，西至与羌方接壤的洛渭地区，东至山东半岛东北部，而且通过战争掠夺了大量财物和奴隶，为商代奴隶制社会经济的发展奠定了基础。

在周边的安全威胁解除后，商朝获得了发展的空间和时间。由此，武丁的统治进入了和平发展的新时期。在他的治理下，商朝的经济空前发展，不但文化教育事业取得了巨大进步，而且百姓安居乐业，商王朝国力重新走上了巅峰。此时的商朝，可谓八方宾服，万国来朝，呈现出“天下复兴，商道咸欢”的大好局面。

妇好墓出土的玉凤

著名的妇好鸮（xiāo）尊

在商朝的历史上，武丁以力挽狂澜的姿态，让商王朝得以全面复兴，而他重新开创的伟大盛世，一直持续到他的儿子祖庚、祖甲时期。

武王伐纣

武丁开创的商朝盛世，到了商王帝辛时，开始走下坡路。而这个帝辛，就是著名小说《封神演义》中提到的商纣王。

帝辛是商王帝乙的小儿子，但由于是王后所生，得以继承王位，成为商王朝的最后一位君王。他天生聪颖，极有口才，动作敏捷，而且气力过人，能徒手和猛兽格斗。正是由于格外聪明，所以他总能巧言拒绝大臣的劝谏，总能为自己的过错找到借口，进而在众人面前抬高自己。

同时，帝辛这个人和夏桀一样，也相当好色。作为帝王，他有着众多的妻妾。这其中，一个叫妲己的最为得宠。妲己生得如花似玉，是帝辛在征伐有苏部落时载回的战利品之一。妲己不但貌美，而且言语宛转，因此帝辛特别宠爱她。为了讨妲己欢心，帝辛不但搜罗天下的奇珍异宝供其享用，而且专门耗巨资建了一个鹿台，将天下的奇珍异宝、珍禽异兽陈列其内，专供妲己赏玩。

纣王与妲己（绣像画）

见帝辛如此荒淫无度，大臣纷纷进谏，可是他不但不听，反而远离忠臣，甚至将苦言进谏的忠臣或囚、或杀。微子、箕（jī）子和比干三人就是忠臣的代表。

微子是帝辛的庶兄，看到帝辛如此穷奢极欲，暴虐嗜（shì）杀，于是苦苦相劝，结果帝辛不但将他的话当作耳旁风，甚至数次想杀掉他。微子知道帝辛已经众叛亲离，很快就会自取灭亡，于是弃官远走他乡。

箕子是帝辛的叔叔，是商朝的太师。他看到帝辛暴虐无道，整天酗酒淫乐而不理政，生活上挥霍无度，于是屡次苦言相劝，对于帝辛的作恶行为也多加阻拦。最后，当他意识到自己的言行已经得罪了帝辛，将招来杀身之祸时，为了避祸，他不得不假装得了疯病，不问国事。最后帝辛发现他是装病，就把他贬为奴隶，囚禁在牢狱中。

比干也是帝辛的叔叔。作为殷商王室的重臣，他是商王帝乙的托孤重臣，承担着辅佐帝辛的重任。作为两朝重臣，他忠君爱国，敢于为民请命，直言劝谏。也正因如此，他给自己招来了杀身之祸。

帝辛的行为越来越残暴，忠心的比干看到苦谏的微子和箕子得到了或逃、或囚的下场，不但没有明哲保身，反而进宫痛斥帝辛沉迷酒色、不理朝政的过失。结果他的这一举动惹恼了帝辛，帝辛下令将其心剜出来。

帝辛处罚忠臣的行为让臣子们寒心，却为奸佞之臣提供了机会。这些奸佞之臣不但投其所好，加强了聚敛、搜刮的力度，以满足帝辛的私欲，同时借机中饱私囊。在这些人“助纣为虐”的举动下，帝辛更加残暴。面对朝臣和百姓的反抗，他加重刑罚，甚至设置了“炮烙之刑”，就是在铜柱上涂上油，下面烧起炭火，让受罚者爬铜柱，一般人爬不到另一头就会跌落到火坑里，最终皮焦肉烂，死于非命。

帝辛的暴行激起了诸侯国的反抗。在这些诸侯国中，周国日益强大。周国的第二任君王姬昌是一个明德慎罚、勤于政事的人。他不但生活节俭，而且勤政爱民，重视农业生产，曾亲自到田间劳作。为了治理好国家，他礼贤下士，广罗人才。后来，他在渭水河畔得到了著名的姜尚，并在对方的辅佐下，将周国治理得越来越昌盛。

周国国力的增强壮大，引起商王朝的不安。帝辛不断接到大臣的报告，说姬昌如何到处行善，在诸侯间树立自己的威信，导致诸侯都向往他，长此以往，恐怕不利于商王朝的统治。于是帝辛就将姬昌召到商都，变相软禁起来。

在商都，帝辛为了震慑姬昌，不但杀死了姬昌的大儿子伯邑考，而且将他的肉做成肉羹，赐给姬昌吃。帝辛的残暴激起了姬昌和其国民的仇恨。在姬昌被软禁的两年里，他的臣子多方奔走，想尽办法贿赂帝辛的手下，最终让他获得释放。回到周国后，姬昌一方面更加用心地经营国家，另一方面不断地给帝辛送去财物，摆出一副臣服的架势，迷惑对方。

在接下来的时间里，姬昌在姜子牙等人的辅佐下，不断扩充疆域。周国首先并吞泾、渭平原上的一些部落，继而越过黄河，征服了黎、刊等部落。听闻这一消息，黄河以南的虞、芮等部落也纷纷归顺周国。就这样，西伯姬昌的势力渐渐威胁到商的中心地区，其国都也由歧地（今陕西岐山）迁到渭南的丰邑（今陕西西安市鄠邑区）。在这里，姬昌仁政爱民，建立了一套以卿士为首的官制，健全了政治机构，积聚了一大批卓有才华的贵族，国力迅速强盛起来。

西伯姬昌死后，他的儿子姬发继位。姬发遵从父亲的遗命，对内重用贤良，继续以姜尚为军师，任命弟弟周公旦为太宰，同时任用召公、毕公、康叔、丹季等良臣，邦国内人才荟萃，政治清明。同时，姬发积极对外争取联合更多诸侯国，借以壮大自己的力量，审时度势，为灭商做好准备。

约公元前1046年，姬发趁商朝主力征战在外的时候，联合庸、蜀、羌、彭、濮等部族，以讨伐暴君帝辛的名义向商朝的朝歌发起进攻。最后，联军与商朝军队在牧野（今河南新乡市附近）展开了决战。最终，商朝军队战败，商王帝辛登上鹿台自焚而亡，商朝自此灭亡。

随后，姬发建立了周朝，他追封父亲姬昌为周文王，而他自己就是周武王。由于帝辛的残暴不仁，周武王就给了他一个恶谥——“纣”。

名篇精选

帝乙长子曰微子启，启母贱①，不得嗣②。少子辛，辛母正后，辛为嗣。帝乙崩，子辛立，是为帝辛，天下谓之纣。

帝纣资辨捷疾③，闻见甚敏④；材力⑤过人，手格猛兽⑥；知足以距谏，言足以饰非⑦；矜人臣以能，高天下以声⑧，以为皆出己之下。好酒淫乐，嬖于妇人⑨。爱妲己，妲己之言是从。于是使师涓作新淫声⑩，北里之舞⑪，靡靡⑫之乐。厚赋税以实鹿台之钱，而盈钜桥之粟⑬。益收⑭狗马奇物，充仞⑮宫室。益广沙丘苑台⑯，多取野兽蜚⑰鸟置其中。慢⑱于鬼神。大冣乐戏于沙丘，以酒为池，县⑲肉为林，使男女倮相逐其间，为长夜之饮。

——《史记·殷本纪》

【注释】

①贱：地位低贱。②嗣：继位。③资：天资。辨：通“辩”，聪慧。捷疾：敏疾，指天资。④闻见甚敏：耳目聪明。⑤材力：气力。⑥格：格斗。纣赤手能和猛兽格斗。⑦知：通“智”。距：通拒。饰非：文饰过错。此句谓才智机敏能够拒绝别人的劝谏，能言善辩最会文过饰非。⑧矜（jīn）：矜夸，夸耀。声：声威。此句谓向臣下夸耀自己的才能，向天下抬高自己的声威。⑨嬖（bì）：宠幸。此句谓喜好饮酒淫于逸乐，宠幸妇女。⑩师涓：应作师延，纣时的乐师。作新淫声：谱写新的淫荡乐曲。⑪北里舞：一种放荡的舞蹈。⑫靡（mǐ）靡：颓废。⑬鹿台：

在朝歌城中的大型建筑，相传广三里，高千尺。钜桥：仓库名。此句谓加重赋税来充实鹿台的钱财，而使钜桥仓库装满谷粟。⑭益收：大量地收集。益，增多。⑮充仞（rèn）：充满。仞，通“轫”，充满。⑯益广：大肆扩建。沙丘：地名，在今河北广宗西北太平台。苑（yuàn）：养禽兽植花木以供帝王游乐的场所。台：指供奢侈的馆阁楼台。⑰蜚：同“飞”。⑱慢：怠慢，不敬重。⑲县（xuán）：同“悬”。

【译文】

乙帝的长子叫微子启，但启的母亲出身低贱，因而启不能继承帝位。乙帝的小儿子叫辛，辛的母亲是王后，因而辛被立为继承人。乙帝逝世后，辛继位，这就是辛帝，天下都管他叫“纣”（因为谥法上“纣”意为残暴）。

纣天资聪颖，有口才，行动迅速，接受能力很强，而且气力过人，能徒手与猛兽格斗。他的智慧足可以拒绝臣下的谏言，他的话语足可以掩饰自己的过错。他凭着才能在大臣面前夸耀，凭着声威到处抬高自己，认为天下所有人都比不上他。他嗜好喝酒，放荡作乐，宠幸妇女。他特别宠爱妲己，一切都听从妲己的。他让乐师涓为他制作了新的萎靡颓废的俗乐。他加重赋税，把鹿台钱库的钱堆得满满的，把钜桥粮仓的粮食装得满满的。他到处搜集狗、马和新奇的玩物，填满了宫室；又扩建沙丘的园林楼台，捕捉大量的野兽飞鸟，将之放置在其中。他对鬼神傲慢不敬。他招来大批戏乐，聚集在沙丘，用酒当作池水，把肉悬挂起来当作树林，让男男女女赤身裸体在其间追逐戏闹，饮酒寻欢，通宵达旦。

【词句撷英】

1. 酒肉池林：以酒为池，以肉为林，形容极其奢侈淫欲的场面。
2. 靡靡之乐：指柔弱、颓靡的音乐。

第三章

周朝的建立与春秋争霸的故事

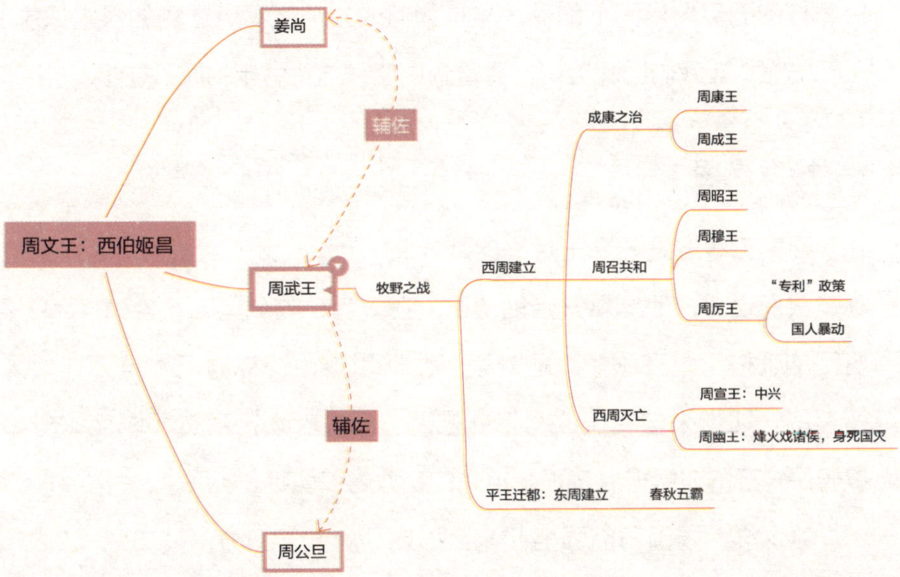

周代，因其国都的迁徙，而分为西周和东周。东周时代的历史和西周时代判然不同。在西周，还同夏、殷一样，所可考的，只有当时所谓天子之国的史事。到了东周时代，则各方面的大国事迹都有可考，而天子之国反若在无足重轻之列。

——吕思勉《中国通史》

周朝的故事

商纣王因其残暴的统治断送了商王朝的命运，而周武王则顺应民心，开启了周王朝的新篇章。那么，这个活动在西北高原的奴隶制王朝又是以怎样的面目统治天下的呢？又是如何成为一个幅员辽阔的强大奴隶制王朝的呢？让我们回溯历史，看看周王朝长达八百年的风云往事。

姬发建国

周武王姬发是周文王姬昌的嫡（dí）次子。文王崩逝后，姬发继位。前文我们说过，他继承父亲的遗命，在姜尚、周公旦、召公奭（shì）等贤臣的辅佐下治理国家。他对臣子虚心以待，谦称自己本是无知之人，所有的一切均来自先祖的德行庇佑，号召大家按各种赏罚制度来办事，以确保先王的遗愿得以实现，祖先的功业得以弘扬。

就这样，周国日益强盛起来，形成了“天下三分，其二归周”的局面。随后，周武王向商的朝歌派遣了探子，密切关注着纣王的动向。当他获知忠心的比干被剖胸挖心，箕子因为装疯被罚为奴，微子因感到无力回天而出走隐居，百姓们怨声载道时，他认为征伐纣王的时机已经成熟。

灭商的时机到了。约公元前1046年，周武王以姜尚为元帅，率精兵渡过黄河向朝歌东进。大军到达孟津时，八百诸侯也率兵前来助战，于是武王就在孟津举行了誓师大会，指出伐纣的原因是“殷纣荒废国政，不敬神道，离弃同胞，天怒人怨”。大军一路势如破竹，很快就打到了距离朝歌仅七十里的牧野。在这里，双方军队摆开了阵势进行决战。最终，纣王临时组成的各路杂牌军在阵前倒戈，而经过严格训练的五万伐纣精兵乘胜追击，杀向朝歌。最终纣王携奇珍异宝自焚于鹿台，存续了六百多年的殷商王朝退出了历史舞台。

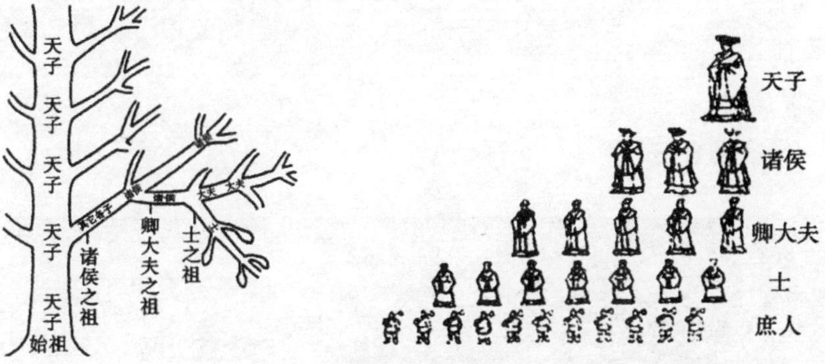

周王室分封示意图

伐纣成功后，周武王还师西归，在镐京（今陕西西安西北）举行盛大典礼，正式宣告建立周朝。周朝建立之初，朝野并不平静，因为商纣及其代表的商朝虽然不存在了，但商朝册封的那些诸侯还不曾臣服。于是在接下来的一段时间里，武王一方面采取相关的措施，安抚商朝遗民，封纣王的儿子武庚到殷地，同时在殷的周边设邶（bèi）、墉（yōng）、卫三国，分别分封给自己的弟弟霍叔、管叔、蔡叔，让他们监视武庚，同时也借这一举动明告天下，自己之所以起兵灭纣是“吊民伐罪”，并不是想商朝绝嗣，从而安抚了东方的商朝遗民。

另一方面，他除了派兵征伐商朝时分封的那些诸侯，同时还论功行赏，调整统治集团的内部关系，实行以周王室为中心的分封政治制度，跟随过周文王的重臣，如姜尚、周公旦、召公奭等都受到分封。

除此之外，武王为了控制广阔的新征服地区，最初沿用商的分封制，将王族、功臣以及先代的贵族分封到各地做诸侯，建立诸侯国。他先后分封了鲁、齐、燕、卫、宋、晋、虢（guó）等七十一个诸侯国。

可以说，周武王是一位心胸宽广、目光深远的君王。他不但有着杰出的领导才华，而且有着极高的人格魅力。而这一切又是建立在他的勤政为民上。据史书记载，周朝建立之初，周武王为了治理国家夙夜忧叹，难以成眠。长期的劳累影响了他的身体健康，使得他仅在位十九年就去世了。

周公旦的故事

周公旦

周武王弥留之际，忧心于天下尚不安宁，担心自己的儿子姬诵年纪太小，缺乏政治经验，无法担起管理天下的重任，于是就将辅政的重任交给了周公旦。那么周公旦是一个怎样的人呢？

周公旦是周文王姬昌的第四个儿子，周武王姬发的同母弟弟。因为他所封的采邑在周，所以被称为周公，或周公旦。周公智慧，能力不凡。早在武王时期，他就辅佐武王处理政事，是武王的辅相。无论是军国大事，还是疑难小事，武王都愿意与他商讨。

除了有大智慧，周公还是一个非常忠厚、仁爱弟兄的人。武王率军灭商两年后，积劳成疾。大家都忧心忡忡，纷纷替他向上苍祷告。周公旦的做法最为虔诚：每次祷告前一定要斋戒沐浴，祷告时还表示愿意用自己的身体去代替武王承受病痛。等武王的病情慢慢好转后，他更深刻地认识到周公的忠诚，于是在临终前就托孤给周公旦。

武王死时，他的儿子姬诵还在襁褓之中。尽管巫官坚持说神示接替武王的应该是周公旦，但周公旦坚持扶持武王的儿子登上了王位。武王的儿子就是周成王。成王年幼，周公旦就代替他担起了治理国家政务的重任。为了管理政务，周公旦甚至忙碌到了“一沐三握发，一饭三吐哺”的程度。

周公旦忠厚、仁爱弟兄，但并非无原则，在大是大非面前，他相当铁面无私。周公旦一心辅佐周成王，为此呕心沥血。这让他的其他心怀鬼胎的兄弟不安——以管叔、蔡叔为首的人认为周公旦有取成王而代之的想法，于是他们在国中散布流言，说周公旦要对成王不利。周公旦唯一能做的就是对辅政的姜尚、召公奭郑重申明自己的态度：为了稳定周朝的大业，自己只在成王年幼的时候这样做。

就在这时，商纣王的儿子武庚在其封地殷联合奄（yǎn）国起兵反叛。周公旦不得不东征，率军灭掉了奄国，同时分封自己的长子伯禽到奄国的故土，沿用他自己的封地“鲁”的称号，建立起鲁国。随后，考虑到天下不稳定，周公旦和召公奭经过商讨，决定分陕（今三门峡一带）而治。两人商定以“陕”为分界线，把周王朝的统治区分为东西两大行政区，周公管理陕之东，召公管理陕之西，并凿了一根高三米五的石柱作为界标——可以说，这是中国最早的界石。

周公、召公分陕而治之后，周公旦得以集中精力用于防备殷商遗民的反叛，稳定东部新拓展的领地；召公奭则集中精力进一步开发黄河中游地区的农业生产，为周朝的发展建立巩固的经济后方，从而为进一步开拓疆土解除后顾之忧。

就在周公旦刚松一口气时，他的同胞兄弟管叔、蔡叔又反叛了。在前文我们说过，这两个人原本是被周武王分封到墉、卫，用以监视武庚的。结果他们竟然勾结武庚，联合东夷部族反叛周朝。周公旦率军开始了第二次东征。这次东征异常顺利，周公旦不但成功地平叛，诛管叔，杀武庚，流放蔡叔，收服商朝的遗民，而且乘胜向东方进军，灭掉了奄等五十多个小国。从此，周朝的势力得以延伸到海边。随后，他又在两年的时间内率军平定了淮夷及东部其他地区。至此，诸侯都归顺于周王朝。

此外，他还在诸侯封国内普遍推行井田制，将土地统一规划，以巩固和加强周王朝的经济基础。

等一切尘埃落定，成王也已经长大了。于是周公旦决定还政于成王。在还政前，周公旦作了《无逸》一书，以殷商的灭亡为前车之鉴，告诫周成王要知“稼穑（jià sè，种植与收割，指农业劳动）之艰难”，勿纵情于声色、安逸、游玩和田猎。随后，他潜心于制礼作乐，完善各种典章法规，以一生的忠诚守护着周王朝的天下。

成康之治

由于武王死时，成王姬诵还是一个襁褓（qiǎng bǎo，包裹婴儿的被子）中的幼儿，因此他是在叔父周公旦的教育下成长起来的。为了使他尽快成长为一名有为的君主，周公旦注意从细节入手，加强对他的教育。“桐叶封弟”的故事可以让我们看到周公旦对成王的教育问题是多么用心。

成王小的时候，经常与弟弟叔虞在宫中的一棵梧桐树下玩耍。一天，二人正在玩耍，一阵秋风吹来，梧桐树上的叶子纷纷飘落在地。成王从地上捡起一片梧桐叶，用小刀切成大臣们上朝时手中所持的“圭”的样子，然后随意地把它送给了叔虞，还开玩笑地说：“这是我封给你的一块土地，拿去吧！”叔虞接过这片用梧桐叶做成的“圭”，高高兴兴地跑去告诉叔父周公旦。

周公旦听后，马上换上朝服，赶到宫中向成王道贺。成王莫名其妙，周公微笑着说自己来是为了祝贺成王封了弟弟叔虞。成王一听，忍不住哈哈大笑，说自己只不过是在和叔虞闹着玩。周公严肃地说：“任何人说话都要以‘信’为重。身为天子，说话更不能随随便便，如同开玩笑一样。因为那样就无法获得人民的信赖，更没有资格做一国的天子。”成王听后特别惭愧，随后他马上决定将叔虞册封于唐地，以示坚守诚信。

除了随时注意对成王作为君主的教育，周公旦还考虑到成王的君主身份不便于直接教训、责罚，于是让自己的儿子伯禽做成王的伴读。一旦成王做得不对或犯错，周公旦就以惩罚伯禽的方式来教育他，以此达到潜移默化的作用。在他的教育下，周成王从小就明了许多为君之道，这些都为他日后治理国家打下了坚实的基础。

在周公旦的精心教育和培养下，亲政后的成王成为一位深谋远虑、仁政爱民、刚柔并举的君主。周公旦摄政七年后，还政于周成王。从周公旦手里接过周王朝的政事时，为慑服商朝遗民而建的东都成周城也已经落成，周朝进入了巩固时期。周成王遵守周公旦的教诲，以守成为主，采取多种措施缓和阶级矛盾，坚守文王和武王的功业。

周成王亲政时，西周的疆域空前广阔，为了进行有效的统治，他开始大规模实行分封制。他采用的方法就是“封土建国”政策，即借助于大封诸侯，加强宗法统治权力，以宗法血缘关系为纽带，建立起周天子统辖下的地方行政系统。他按疆土距离京城的远近，将土地及土地上的人民赐予受封者（这些人大部分是诸侯）。与此同时，他在给予这些受封者相应权利的同时，提出他们必须承担的义务：一方面，受封者掌握着其所在封土的政治、经济、军事等大权，可以实行全面的统治；另一方面，他们要承担起周天子赋予的镇守疆土、出兵勤王、缴纳贡赋、随王祭祀等义务。可以说，这种分封在一定时期内起到了加强周王朝统治的作用，维护了周天子、诸侯、卿、大夫、士这一等级序列的礼制。为了缓和阶级矛盾，他对内推行周公提倡的“以德慎罚”的主张，务求诸事节俭。为了教化民众，他还请还政后的周公制礼作乐，规划各项规章制度，以此奠定了西周王朝的基础。

除了对内巩固统治，在对外关系的处理上，周成王还注意加强对边疆的统治。为此，他不断组织军队攻伐淮夷，并用武力控制，而且也的确取得了很大的胜利。

由于成王采取以上举措，在他统治的二十二年间，周朝境内政治清明，社会安定，人民安居乐业。公元前1021年，在周成王病危之际，他担心儿子姬钊无法胜任国事，托孤于召公奭、毕公高，让他们用心辅佐姬钊。不久，周成王病死，周康王姬钊继位。

牢记周成王遗命的召公奭、毕公高首先带着姬钊去拜谒先王的宗庙，除了遍告诸侯外，还用文王、武王开创周朝王业的艰难反复告诫姬钊：一定要力行节俭，戒除贪欲，专心于国政。他们还专门写下《顾命》一文，要求大臣们尽心辅佐。

周康王是一位守成之君。正所谓“创业难，守业更难”。周康王即位后，马上通告天下诸侯，向他们宣告文王、武王的业绩，还专门写下了《康诰》（gào，告诫），并对此反复加以说明。

周康王继续推行父亲周成王在位期间实行的国策，不施刑罚，宽和仁政，专注于经济的发展。于是在他统治期间，国库丰裕，百姓生活富足，出现了路不拾遗、夜不闭户的安定局面。在对外关系上，他一方面将成周的一部分民众迁到郊区居住，使之成为周都的屏藩；另一方面，他不断攻伐东南各地的部族，掠夺奴隶和土地，分赏给诸侯、大夫，以加强对异邦的控制。其中，康王二十五年对鬼方的作战就是最为典型的事例。

鬼方是古代北方游牧族之一。他们居住在如今陕西西北部、山西北部和内蒙古西部地区。他们经常侵扰中原地区。早在西周初年，周武王在灭商后，就曾将其放逐到泾（jīng）、洛（今陕西泾河、洛河）以北的地方，要求他们按时纳贡。后来，因为周朝内部的一系列事情，如三监之乱、对东部淮夷的进攻等，从而放松了对其的控制。结果鬼方部落乘机作乱，经常侵扰西周西北边境，威胁都城镐（hào）京。周康王二十五年，为了消除这一边患，周康王命大将盂率领大军进攻鬼方。双方进行了两次大规模作战，结果鬼方被斩杀近五千人，首领及其部下一万多人被俘。此后，鬼方又被驱逐到远离镐京的汧陇和岐周以西。至此，周西北边境在很长的一段时间内得到安定。

周康王姬钊在位二十多年，后于周都镐京去世，他的儿子姬瑕继承王位。在周朝的历史上，周成王和周康王父子开创了西周历史上的一段最为繁荣安定的时期。他们对内修明政治，对外开疆拓土，守边卫国，民众安居乐业，史称“成康之治”。

周召共和

经历了成康之治的周朝，原本应该更上一个台阶。但遗憾的是，姬瑕作为一位君王，不但能力差，而且品行也不佳。关于这一点，史书用异常天象加以证明。

昭王十四年（前982年）夏四月初八，都城镐京突然出现异常的自然现象，河、井、泉、池里的水同时上涨，井水溢出井外，宫殿和民宅山川大地都摇晃起来。夜间五色光气入贯紫微星座，洒向四方后变成了青红色，天空中的二十八星宿都消失不见了。于是众人皆认为是王道缺失导致的。

昭王的确王道缺失吗？事实也证明，在国事处理上，昭王的确“王道微缺”。比如，昭王十四年秋七月，其下诸侯国鲁国发生政变，鲁侯的弟弟姬沸将兄长鲁幽公姬宰杀死，并夺取侯位，自称魏公。面对这种明显大逆不道的事情，身为诸侯之主的周昭王竟然不闻不问。这件事情之后，在周天子的统治下，恃强凌弱的现象不断发生，朝纲从此不振，世风日下。到了昭王十六年，不仅周天子的威信在国内缺失，就连边境的部族也开始闻风作乱。这一年，以楚为首的方国部落进犯周朝疆土。于是周昭王不得不集结大军，南征楚荆。没想到，在平乱途中，他不慎淹死于汉水之滨。

随即，他的儿子姬满即位，这就是周穆王。有鉴于父亲此前不修王道造成的不良影响，穆王决心重振王业。他认为问题的根本在于统治阶层，因此首先在朝廷内部拨乱反正，规范朝廷官员的执政行为；命人作《吕刑》，制订五种酷刑，以细致的刑则震慑和威吓臣民。其次，他继续向外扩张，在对北方犬戎进行征伐并大获全胜后，随后又西征昆仑，接着因为东南的徐国趁机作乱，又转战东南，攻打徐国。就这样，经过周穆王的东征西伐，周王朝疆土不断扩大，其统治得以巩固，天下再度安宁，盛世得以延续。

周穆王在位时期，周王朝的统治达到顶峰。然而由于周穆王东征西伐，在让周王朝疆土扩大的同时，也耗资巨大，国家财政出现困难，加之他常年不在朝堂，导致朝政松弛。他崩逝之后，周共王即位。为了维持天子的威仪，周共王不得不将都城附近属于国君的土地陆续分封给诸侯和大夫。这样做的结果是：归国君直接支配的地域在变小，国君的收入也越来越少，周王朝开始衰落下去。到了第十位君主周厉王时，国家经济更加艰难。

周厉王姬胡是周夷王的儿子。他即位后，由于看到朝廷日益窘迫的经济状况，他想尽办法要提高收入。为此，他不但横征暴敛，而且亲近荣夷公等谄媚之臣。荣夷公何许人呢？他是当时周朝下面一个诸侯国的国君。他看到周厉王贪图财利，就投其所好地教唆周厉王对山林川泽的物产实行“专利”，由天子直接控制，不准平民进山林川泽谋生。于是，厉王就任命荣夷公为卿士，置大臣的规劝和平民的反对于不顾，推行“专利”政策。国人（指居住在城邑及附近的人）因此而怨声载道。

为什么国人反应如此巨大呢？这与当时西周的土地制度有关。西周的土地基本制度是井田制。什么是井田制呢？简单地说，就是将土地一共分割成九块，排成“井”字形。最中间那一块田地是公田，归大家共同所有，同耕同作，收获归国家所有；其余八块土地是私田，收获所得归各家所有。周天子是最高的土地所有者，拥有向每一位生活在土地上的贵族和庶民收取贡赋的权力，当然也拥有向接收土地者收回土地的权力。周天子收取贡赋的方法有两种：一是庶民助耕公田，二是诸侯采邑主朝觐贡献。

到周厉王时，由于出现了过多的私田开发，井田制已经遭到破坏。同时，一些异姓诸侯开始乘国家衰微之际生不轨之心，周王朝内部的矛盾也相当激烈。周厉王的“专利”政策，让国人难以再依靠从山林湖泽捕鱼、打猎盈利，等同于将社会财富和资源垄断起来，因此导致国人的不满。面对国人的不满，周厉王无视大臣召穆公的劝谏，竟然派佞臣卫巫监视百姓，将众多不满“专利”的平民逮捕杀死。最后甚至发展到了将很多未曾有过怨言的平民也杀死的程度。结果，这种高压政策让整个国都变得死气沉沉，就连亲友熟人在路上遇见也不敢互相打招呼，仅能以眼神致意。

最终，公元前841年，国人的这种不满以暴动的形式爆发出来。愤怒的国人集结起来，手持棍棒、农具，围攻王宫，要杀掉周厉王。周厉王带着亲信仓皇出逃，余生没能再返镐京，最终病死异乡。

国人没有找到周厉王，就想将怒气发泄在太子姬静的身上。但是太子姬静早就被大臣召穆公藏了起来。于是国人就将召穆公的家围住，令其交出太子。无奈之下，召穆公不得不用自己的儿子替换太子，以此平息国人的怒气。这就是中国历史上著名的“国人暴动”。

终于，国人在周定公、召穆公的劝解下纷纷离去。而混乱的局面也急需收拾。于是，在贵族们的推举下，周定公、召穆公代理君王处理政务，重要政务由六卿合议。这就是历史上著名的“周召共和”，也称“共和行政”——这件事标志着中国历史自此有了确切的纪年。

周幽王烽火戏诸侯

共和十四年（前828年），流亡于彘（zhì，今山西霍县）的厉王死去，姬静在大臣的拥立下即位。他就是周宣王。宣王即位后，看到国人暴动导致了周朝中上层贵族与平民阶层之间的分裂，极大地削弱了西周王朝的统治基础，直接导致了周王室日趋衰微，周王室逐步出现了分崩离析的局面，于是他开始整顿朝政，力图让已经衰落的周朝得以复兴。

对内，针对当时西周王朝吏治败坏、百姓离散的现状，宣王下令修复公室，广进谏言，安顿百姓，修缮武器。同时，他效法先祖周文王、周武王、周成王、周康王，任用召穆公、仲山甫等贤臣辅佐自己治理朝政。对外，他陆续发动对周边部族的战争，使衰落的周王室权威得到恢复，诸侯又重新朝见天子，四夷咸服，于是周朝进入历史上的宣王中兴时期。

可是宣王中兴如昙花一现，很快就消失了。宣王晚年变得独断专行，出现了过分干预诸侯国内政的行为。此外，他还不进忠言，滥杀大臣，于是周王朝重新出现了衰象。宣王死后，他的儿子宫湦即位，他就是周幽王。

据说，周幽王是一个早产儿。他出生前，周宣王向大臣们询问征兆，大臣们说倘若生下的男婴是一个有残缺的孩子，那么国家无碍；倘若生下的男婴身体完好无损，那么国家就会灭亡。所以，周幽王一出生，周宣王就认定他是不祥之兆，还是在大臣的劝说下才让他活了下来。但没想到一语成谶（chèn，预言），周幽王统治下的西周很快走向灭亡。

幽王二年（前780年），西周都城和附近泾水、渭水、洛水地区都发生了地震。同年，三川枯竭，岐山崩塌。周幽王却不关心百姓疾苦，越来越贪婪腐败。他每天沉湎于酒色，不问政事。为了让自己免于政事的打扰，他任用虢石父做卿士，执掌政事。虢石父是一个奸佞乖巧、善于奉承、贪图财利的人。他被重用引起了朝野和百姓的强烈不满，各种社会矛盾急剧尖锐化，政局越来越不稳。

周幽王三年（前779年），周幽王攻打褒（bāo）国，褒国兵败，以美女褒姒乞降。周幽王见了褒姒惊为天人，马上立她为妃。褒姒虽然长得艳若桃李，却冷若冰霜，进宫以来从未笑过一次。周幽王为了博褒姒开心一笑，想尽一切办法，甚至不惜以赏金千两博褒姒一笑，却均未能如愿。后来，虢石父给周幽王出了一个馊主意——烽火戏诸侯。

西周时，为了防备犬戎的侵扰，在镐京附近的骊山（今陕西临潼东南）一带每隔几里地就修筑一座烽火台，累计修了二十多座。一旦犬戎进袭，首先发现的哨兵就会马上将烽火点燃，附近的诸侯见了烽火就知道京城告急，天子有难，就必须起兵勤王，赶来救驾。

昏庸的周幽王采纳了虢石父的建议，带着褒姒，在虢石父的陪同下，登上了骊山烽火台。随后，他命人点燃烽火，一时间，狼烟四起，烽火冲天，诸侯们果然率部赶来救驾，结果到了骊山脚下，只闻乐声阵阵，不见一个敌人，不由得面面相觑。看着诸侯惊慌失措的样子，褒姒哈哈大笑，周幽王也得偿所愿，只有被戏弄的诸侯含怒而去。从此之后，周幽王多次点燃烽火戏弄诸侯，以博美人一笑。次数多了，诸侯们就不愿意应召而来了。

周幽王四年（前778年），褒姒生下儿子伯服。周幽王对她更加宠爱，甚至产生了废长立幼的念头。尽管他的这一想法遭到大臣的极力反对，但幽王还是我行我素，最后废嫡立庶，废黜了王后申后和太子宜臼（jiù），改立褒姒为王后，立褒姒所生的姬伯服为太子。不仅如此，他还屡次加害宜臼，企图置他于死地。公元前771年，屡受迫害的宜臼和申后不得不逃到申国。虢石父趁机向周幽王进谗，说什么申侯心怀怨恨，打算造反。周幽王大怒，准备兴兵伐申。

申侯看到女儿和外孙狼狈地逃回来，又恨又气，真想杀了周幽王。但考虑到自己一个小小的诸侯国，力量不足以抗衡周王室，申侯选择了隐忍。没想到，周幽王要兴兵讨伐申国的消息却传来了。于是，怒不可遏的申侯下定决心要杀死幽王，扶立自己的外孙为王。

申侯明白，凭自己一个小小的侯国的力量是无法与幽王抗衡的，只能借助外力。他将目光放在了周边的部族势力身上。周朝在分封建国的时候，周边生存着相当多的游牧民族。到了西周末年，其中的犬戎、白狄、林胡、山戎等族越来越活跃，和周朝的秦、晋、中山、燕等边缘诸侯国之间有着相当密切的关系。于是，申侯就联合申国旁边的缯（zèng）国和犬戎，共同起兵伐周。

周幽王十一年（前771年），申国、缯国、西夷、犬戎联合攻打周幽王。周幽王急忙命人点燃烽火，但是由于他多次戏弄诸侯，结果诸侯都没应召而来。于是镐京被攻下，幽王不得不带褒姒逃到骊山，结果被犬戎人在山下杀死。至此，西周灭亡。

平王东迁

周幽王死后，姬宜臼在外公申侯和鲁侯、许文公等诸侯的拥立下，即位为王，他就是周平王。宜臼虽然做了君王，但处于内外交困的境地。一方面，幽王虽然死了，但由于他是外祖父申侯勾结外族人拥立上位的，这相当于间接弑父。而这在古代是极其严重的罪名。因此，诸侯们不愿意对他提供保护。另一方面，支持他的申侯实力大损，可是犬戎的势力却日益猖獗，在镐京大肆烧杀掳掠，于是曾经繁荣富庶的王都化为了人间地狱。此时的周平王手上已没有一支可以对抗犬戎的力量，不但无法自保，更谈不上抗拒外族的入侵，只能无助地看着眼前的惨剧。

就在周平王四顾茫然之际，一支来自秦邑的军队在秦襄公的带领下首先来到镐京，与犬戎展开了殊死的较量。与此同时，晋国、郑国的勤王之师也开赴镐京。最终，犬戎军队败走。然而，此时的镐京及王畿（jī，都城附近）已经因为战争的烽火而残破不堪，于是平王就在秦襄公与晋文侯、郑武公等诸侯的护送下迁都成洛邑（就是现在的洛阳）。这就是历史上著名的平王东迁。

平王东迁后，开始给支持自己的诸侯以回报。首先回报的就是第一个站出来帮助他的秦国。当初，秦襄公的祖父秦仲战死于讨伐犬戎的战斗中，他的父亲庄公即位。周宣王给了庄公兄弟五人一支七千人的兵马，让他们讨伐犬戎。经过浴血奋战，他们大败犬戎。为此，周宣王封秦庄公为西垂大夫。从周孝王时期起，秦国就以功臣的身份被分封在秦地，但实际上并没有诸侯的地位。结果，此次秦襄公第一个站出来攻打犬戎并且护送周平王东迁到洛阳。于是，他不但被正式分封为诸侯，还得以和周平王签订了一个协定，即秦国在关中夺回被犬戎占领的土地就归秦国所有。

就这样，秦国正式成为了诸侯，拥有了封邦建国的权利。后来，秦国慢慢壮大起来，进而统一关中地区，拿到了统一天下的根据地。

除了秦国，晋国也因为扶持平王而获益良多。晋文侯入朝辅政，掌控了一部分周王室的主导权。此后，晋国努力扩张自身的领土和国力，并凭借在周王室的话语权，让自己不断合法地兼并土地和其他诸侯，进而向着霸主的地位发展。

当然，郑国也是平王东迁中的获益者。郑国原本就处于东都洛阳附近，经过郑国三代国君的扩张，已经拥有了中原地区庞大的土地。平王东迁后，它更是凭借着自身的实力，加之三代国君在周王室的重要职位，在极短的时间内掌握了周朝的国政，从而成为春秋初期最有实力的诸侯国。

平王东迁后，东周的统治拉开了序幕，同时周王室也彻底丧失了天子的权威和复兴的最后希望。从此，诸侯之间的角力开始，中国历史进入了春秋时期。

名篇精选

武王已克[①]殷，后二年，问箕子殷所以亡。箕子不忍言殷恶，以存亡国宜[②]告。武王亦丑[③]，故问以天道[④]。

武王病。天下未集，群公惧，穆[⑤]卜，周公乃祓斋[⑥]，自为质[⑦]，欲代武王，武王有瘳[⑧]。后而崩，太子诵代立，是为成王。

成王少，周初定天下，周公恐诸侯畔周，公乃摄行政当国[⑨]。管叔、蔡叔群弟疑周公，与[⑩]武庚作乱，畔周。周公奉成王命，伐诛[⑪]武庚、管叔，放蔡叔[⑫]。以微子开[⑬]代殷后，国[⑭]于宋。颇[⑮]收殷余民，以封武王少弟封为卫康叔。晋唐叔得嘉谷[⑯]，献之成王，成王以归[⑰]周公于兵所。周公受禾东土，鲁[⑱]天子之命。初，管、蔡畔周，周公讨之，三年而毕定，故初作《大诰》，次作《微子之命》，次《归禾》，次《嘉禾》，次《康诰》《酒诰》《梓材》，其事在《周公》之篇。周公行政七年，成王长，周公反[19]政成王，北面就[20]群臣之位。

——《史记·周本纪》

【注释】

①克：打败，战胜。②存亡国宜：存国与亡国的事宜。宜，事宜，适宜的事。③丑：感到羞惭，不好意思。④天道：指自然规律。⑤穆：恭敬地。⑥祓（fú）：古代习俗，为去灾除邪而举行仪式。斋：斋戒，指在举行祓除仪式之前清身洁心，以示庄敬。⑦质：抵押品，这里是指周公自己愿意代替武王生病。⑧瘳（chōu，抽）：病愈。⑨摄行：代理执行。政：指国政。当国：主持国事。⑩与：联合。⑪伐诛：诛杀，杀死。⑫放：流放。按：诛管叔、放蔡叔。⑬开：本为“启”，这里是避汉景帝刘启讳改作“开”。⑭国：这里是立国、建国的意思。事详《宋微子世家》。⑮颇：尽，皆。⑯嘉谷：《集解》引郑玄曰：“二苗同为一穗。” ⑰归（kuì，馈）：通“馈”，赠送。⑱鲁：嘉美，颂扬。⑲反：同“返”，这里是交还的意思。⑳北面：古代君主面南而坐，臣子朝见君主则面北，所以谓称臣为北面。就：归就。

【译文】

武王战胜殷朝之后二年，向箕子询问殷朝灭亡的原因。箕子不忍心说殷朝的不好，就向武王讲述了国家存亡道理。武王也觉得不太好意思，所以又故意询问了天地自然规律的事。

武王生了病。这时，天下还没有统一，王室大臣非常担心，虔诚地进行占卜；周公斋戒沐浴，祷告上天，为武王消灾除邪，愿意用自己的身体去代替武王，武王病渐渐好了。后来武王逝世，太子诵继承了王位，这就是成王。

成王年纪小，周又刚刚平定天下，周公担心诸侯背叛周朝，就代理成王管理政务，主持国事。管叔、蔡叔等弟兄怀疑周公篡位，联合武庚发动叛乱，背叛周朝。周公奉成王的命令，平复叛乱，诛杀了武庚、管叔，流放了蔡叔。让微子开继承殷朝的后嗣，在宋地建国。又收集了殷朝的全部遗民，封给武王的小弟弟封，让他做了卫康叔。晋唐叔得到一种二苗同穗的禾谷，献给成王。成王又把它赠给远在军营中的周公。周公在东方接受了米谷，颂扬了天子赐禾谷的圣命。起初，管叔、蔡叔背叛了周朝，周公前去讨伐，经过三年时间才彻底平定，所以先写下了《大诰》，向天下陈述东征讨伐叛逆的大道理；接着又写下了《微子之命》，封命微子继续殷后；写下了《归禾》《嘉禾》，记述和颂扬天子赠送嘉禾；写下《康诰》《酒诰》《梓材》，下令封康叔于殷，训诫他戒除嗜酒，教给他为政之道。那些事件的经过记载在《鲁周公世家》中。周公代行国政七年，成王长大成人，周公把政权交还给成王，自己又回到群臣的行列中去。

【词句撷英】

当国：主持国政。

春秋五霸

平王东迁在历史上是东周春秋时代的开始，华夏大地却迎来了一个异彩纷呈的时代。原本用以保护周王室的同姓诸侯，由开始的唯唯听命到反客为主，而彼此之间也相互吞并，中国历史由此进入了一个只讲强权不讲公理的时代。在这个时代，先后出现了五位霸主，他们就是齐桓公、宋襄公、晋文公、秦穆公和楚庄王。

齐桓公：成也由人，败也由人

春秋五霸中，齐桓公可谓其中的翘楚。齐桓公，姓姜名小白，是周初重臣姜尚的第十三代孙。当初，周武王灭商后，将齐国营丘封给了姜尚。姜尚到齐国后，修明政事，采取一系列的措施，积极发展工商业，发展本地渔业、盐业优势，齐地很快兴盛起来。周成王时，齐国发展成为一个大国，获得了可以征讨各诸侯国的权力。

然而，第十四位君主齐襄公不但荒淫无道，而且昏庸无能、气量狭小。他出于个人私利将鲁桓公杀死，又在诸侯盟会上将郑国国君郑子亹（wěi）杀死。他的倒行逆施最终为自己招来了杀身之祸。公元前686年，齐襄公的堂兄公孙无知联合大臣连称、管至父发动叛乱，自立为王。于是，齐襄公的两个弟弟——公子纠和公子小白分别出逃。公子纠在大臣管仲和召忽的保护下逃到鲁国外祖父家，弟弟公子小白在鲍叔牙的保护下逃到莒国。从此，兄弟二人分别在他国过着寄居的生活。

后来，齐国内乱越来越严重。自立为王的公孙无知被杀，新的君主人选就要从兄弟二人中产生。为此，得到信儿的公子纠和公子小白分别从鲁国和莒国回国。因为两人都清楚，谁先到达齐国，谁就能成为国君。于是他们不但与时间赛跑，还在双方谋士的帮助下，一路上不停地给对方设置障碍，欲置对方于死地。保护公子纠的管仲企图射杀公子小白，但只射中了小白的衣扣，小白马上倒地装死。

公子纠一行认为公子小白已死，以为己方稳操胜券，于是不紧不慢地向着齐国行去。没想到，小白却乔装打扮一番，提前赶回齐国即位。这位公子小白，就是后来的齐桓公。

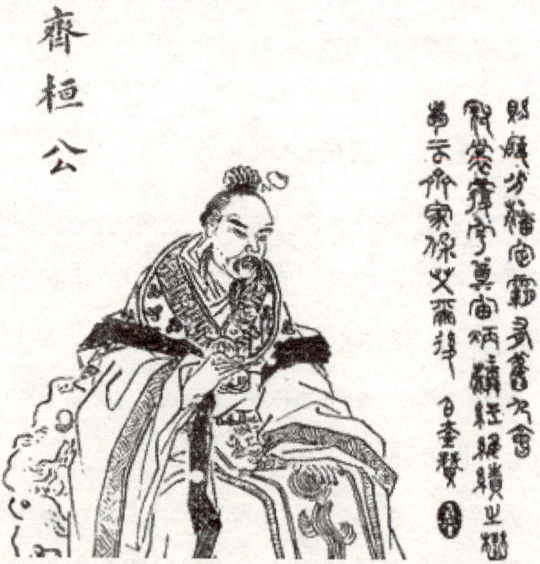

齐桓公

齐桓公即位后，与鲁国展开了一场激战。结果鲁国失败，不得不按齐桓公的要求，杀死了公子纠，还将射了齐桓公一箭的管仲送回齐国。管仲原以为自己因为曾射过齐桓公一箭，必死无疑。没想到的是，齐桓公之所以要将他索要回来，只是因为鲍叔牙称赞他的才华。鲍叔牙告诉齐桓公，自己的才华是无法辅助他成就霸主之业的，而管仲则可以，因为他是一个人才，拥有他的国家，一定能强大。结果管仲回到齐国后，齐桓公不但不追究当年的射杀之罪，而且厚礼相待，任命他为大夫，主持政务。

就这样，齐桓公以宽厚待臣下，获得的也是臣下的忠诚。在管仲和鲍叔牙等能臣的辅佐下，齐国君臣同心，励精图治，对内整顿朝政、例行改革，齐国一步一步强大起来，开始了称霸诸侯之路。

齐桓公八年（前678年），已经在诸侯国之间享有极大影响力的齐王又约鲁、宋、陈、卫、郑、许、滑、滕等国国君在幽地会盟。在这次大会上，齐桓公被推举为盟主，其霸主地位得到诸侯的承认。

可以说，齐桓公的霸业，源于他宽以待下，重用大量有能之士，使人尽其才。这是这位霸主的一个最大的优点，正是他的这种宽宏使其获得了臣子的忠心，也使得自己成就宏图大业。但遗憾的是，这种宽广的胸怀一旦发展为过度的不在意，就会断送其霸业。

桓公四十一年（前645年），一生忠于齐桓公的管仲重病，齐桓公去探病时，问他何人可以在他之后为相，先问鲍叔牙行不行，管仲说鲍叔牙“为人刚愎（bì）而上悍，刚则犯民以暴，愎则不得民心，悍则下不为用，其心不惧，非霸者之佐也”。意思是说，鲍叔牙为人刚愎自用，强硬固执而且凶悍。刚硬就会粗暴地侵犯民众，固执就会不得民心，凶悍就会使下级不愿为他出力，因此不是辅佐霸主的人。接着，齐桓公又提出自己看好的另三个人：易牙、开方、竖刁。管仲都一一予以否定，并指出其身上的问题。然而，或许是无人可用，或许是老年昏聩，齐桓公没能对管仲之言一以贯之，最后还是任用了这三人，也因此葬送了自己的霸业。

对于易牙，管仲认为此人以杀掉自己的孩子来讨好君主，做事不合乎人情，是一个心机叵测之人。事实如何呢？实际上，易牙原本是一个厨师，非常善于调味，被后世尊为厨师的祖先。他不但善于调味，满足齐桓公的口腹之欲，而且还特别会讨好齐桓公，因此成为他宠幸的近臣。据说，齐桓公一次无意中说自己尝遍了天下美味，唯独没吃过人肉，真是一件憾事。结果易牙就记在心中，并找机会将自己四岁的儿子杀死，用儿子的肉做了一小鼎肉汤献给齐桓公品尝。这件事感动了齐桓公，认为他爱国君胜过爱自己的孩子，所以格外宠信他。

开方，也就是卫开方，是卫国的太子。齐桓公成为霸主后伐卫，开方就追随在齐桓公的身边，甚至十五年不曾回家。因此，齐桓公认为他忠诚可信。管仲却认为他以背弃亲人来讨好君主，功利心过重，不是一个可以信赖之人。后来的事实也表明，管仲一点儿也没说错。

竖刁是齐桓公贴身的宦官令，也就是宦官头领。当初，他为了向齐桓公表达忠心，愿意追随其一生，自己主动成为宦官。他善于揣摩人的心理，因此很会投齐桓公所好，所以也受到齐桓公的宠信。而管仲对他的评价是："人情莫过爱其身者，竖刁不爱其身，岂能爱君乎？"意思是没有人不爱惜自己的身体，竖刁却主动阉割自己来讨好君主，连自己的身体都不爱惜，又怎能忠君爱国？

然而，这位"宽宏"的齐桓公将这三人驱离身边三年，就感觉吃也吃不好，住也住不舒服，于是将三人又召回身边。没想到，这三人早就心生怨愤，并结成了同盟。就在三人回到齐桓公身边的第二年（前643年），齐桓公患上了重病，无法处理政事。这三人趁机造反了。

齐桓公后宫姬妾众多，生有三十多个儿子。然而，多子并没带来多福。在他晚年生病时，公子无亏、公子昭、公子潘、公子元、公子商人开始争权夺利。趁着没人搭理齐桓公，易牙、开方、竖刁三人里应外合，趁机将宫门堵上，将齐桓公关在寝殿，不给他吃任何东西。随后，他们还假传君命，不让任何人进宫。幸好有两个宫女乘人不备，越墙入宫，发现了正饿得发慌的齐桓公。于是宫女就将易牙、竖刁作乱，堵塞宫门的事情告诉了齐桓公。齐桓公这才深为自己不听管仲的话而后悔不已，但为时已晚。

随后，他的五个儿子为争夺王位发动了战争，齐国一片混乱。愤怒的齐人忍无可忍，起来将作乱的公子无亏杀死，拥太子昭为新君，也就是齐孝公。等一切尘埃落定时，一代霸主齐桓公早就饿死在宫中，尸体都长了蛆虫。经过这场内乱，齐国开始衰落。随后，中原霸主之位转移到了晋国。

晋文公：绝地翻盘的流亡君主

晋文公重耳是春秋时期晋国的第二十二任君主，此人文治武功卓著，与齐桓公并称“齐桓晋文”。这个重耳，堪称绝地反转的流亡君主。他成为一代霸主的经历，可以说真正实践了孟子“天将降大任于是人也，必先苦其心志，劳其筋骨”的名言。

还记得前文讲过的周成王桐叶封弟（叔虞）的故事吗？叔虞的儿子燮（xiè）就是最早的晋侯。晋侯二十八年（前679年），齐桓公开始称霸。曲沃武公灭晋，改号为晋武公。他死后，遗腹子诡诸即位，这就是晋献公。重耳就是晋献公的众多儿子之一。

重耳出生的时候，诡诸还不是太子，到诡诸成为太子的时候，重耳已经长大了。重耳从小就喜欢交友，到晋献公即位的时候，二十一岁的重耳已经交到了很多朋友。其中，赵衰（cuī）、狐偃、贾佗、先轸（zhěn）、魏犨（chōu）五人不但品德高尚，而且才能出众。晋献公五年（前672年），晋国讨伐骊戎，骊戎人献上骊姬和骊姬的妹妹二人，晋献公对她们十分宠爱。随后，骊姬生下奚齐。于是，晋献公要废掉太子申生，让骊姬的儿子奚齐做太子。相比周幽王，晋献公就聪明得多了。他没有直接废掉太子，而是将骊姬的儿子奚齐和她妹妹的儿子卓子留在都城绛（jiàng）城，将其余的几个儿子都派到外地去。其中，素有贤名的太子申生被派到了曲沃，公子重耳、夷吾分别被派到蒲和屈邑。

晋献公二十一年（前656年），骊姬和中大夫在申生从曲沃祭祀后带回献给献公的胙肉（祭祀时供神的肉）中下毒，陷害太子申生。申生上吊自杀。随后，骊姬又开始设计要除掉重耳和夷吾。重耳和夷吾得知消息后纷纷出逃，重耳逃回了蒲城，夷吾逃回了屈城。晋献公因为重耳与夷吾的不辞而别而大怒，认定他们一定有阴谋，于是派人去讨伐他们。被派到蒲城的是宦官勃鞮（dī）。重耳考虑到不能违抗兼为君王和父亲的晋献公的命令，于是命令手下不得抵抗，自己则翻墙逃走。于是，重耳在狐偃、赵衰等人的陪同下开始了逃亡生活。这一逃就是十九年。

开始的时候，重耳流亡到了自己母亲的国家翟（dí）国，逃避父亲晋献公的追杀。晋献公二十六年（前651年）九月，献公去世，公子奚齐继位。支持太子申生的卿大夫里克等人趁机聚众作乱将奚齐刺死。随后，继任的卓子也被里克等人杀死，骊姬也被鞭打死在朝堂上。之后，里克等人派狐偃的兄长狐毛到翟国迎接重耳，打算拥立他。重耳坚辞不受，理由是父亲在世时，自己流亡在外，父亲去世，自己也不曾按儿子的礼仪侍候丧事。于是里克等人就将流亡在梁国的公子夷吾接回，拥立他为王。夷吾在回国即位之前，他的谋臣吕省、郤芮（xì ruì）出于安全的考虑，就以把晋国河西之地送给秦国为条件，获得了秦国对夷吾归晋的支持，同时还承诺一旦即位就把汾阳之邑封给里克。就这样，晋惠公元年（前650年），夷吾回到晋国即位，他就是晋惠公。

晋惠公即位后，出尔反尔，不兑现给秦国和里克的承诺。这就让晋人产生了他不守信用的印象，进而对他不信服。晋惠公由此特别担心晋人将重耳迎回来取代自己，于是像父亲一样派人追杀重耳。接受这个任务的还是同一个人——勃鞮。勃鞮再次追杀重耳。在翟国住了十二年的重耳则不得不又一次踏上逃亡之路。

这次的逃亡之地，重耳选择了齐国，他的理由是：原来选择逃亡在翟国，不仅是因为它可以给自己帮助，而且是因为它距离晋国近。现在自己想到齐国去，是听说齐桓公喜好善行，有志称霸，体恤诸侯，正在寻找贤能的人辅佐。于是，重耳一行踏上了去齐国的路途。一路上，重耳饱尝辛酸，看到了人情百态。在卫国，面对落魄的重耳一行，卫文公甚至都不曾好好招待他们。当一行人路上向村民讨要吃的时，得到的竟然是土块。重耳特别生气，但同行的赵衰则对他说，村民给重耳土块，表示对他的臣服，他应该行礼接受它。于是，重耳真的拜谢村民，还将土块装在车上后继续向齐国进发。

到了齐国后，齐桓公对他盛情相待，让他过上了安稳的生活。晋惠公八年（前643年），齐桓公去世，齐国发生了内乱。齐国的霸主地位丧失，国家处于内忧外患之中。而在这里住了五年的重耳已经娶妻生子，忘记了自己的鸿鹄（hóng hú）之志，沉醉于眼前安逸的生活。赵衰、狐偃看到他的这种状况，着急不已，就商量着如何让重耳离开齐国。最后他们不得不用计灌醉了重耳，用车载着他强行离开了齐国。醒来后的重耳无论如何愤怒，都只好接受前行的命运。

随后，重耳一行到达了曹国。据说重耳的肋骨长得和一般人不一样，它们紧密相连形成了一个整体。而曹共公对这一点特别好奇，就想趁机偷看。这是一种相当无礼的行为，于是重耳一行就离开曹国，前往宋国。宋襄公久闻重耳的贤明，尽管自己刚吃了败仗，又受了伤，还是以国礼接待他。但考虑到宋国太弱小，无法帮助到他们，重耳一行只好再次流亡。在此期间，他们又受到了郑文公的无礼相待，但同样也受到了楚成王隆重的诸侯之礼，重耳均得体地加以应对，并向楚成王承诺，今后一旦楚国和晋国开战，晋国会退避三舍（九十里）。在楚国住了几个月后，晋惠公十四年（前637年）秋，重耳受秦穆公之邀，到了与晋国相邻较近的秦国，秦穆公把女儿文嬴嫁给了他。

晋惠公十四年（前637年）九月，晋惠公病逝，太子圉（yǔ）继位，史称晋怀公。晋怀公害怕秦国讨伐，就命令跟随重耳逃亡的人都必须按期归晋，否则就要诛其家族。这其中就包括了重耳的外公一家。由于重耳的舅舅狐偃和狐毛都跟随着重耳，没听命回国，所以晋怀公杀死了重耳的外公狐突。当年十一月，晋惠公下葬。十二月，晋国大夫栾枝、郤谷等人劝说重耳率众回国。可以说，这时重耳的内应相当多。于是，秦穆公就派出一支军队护送重耳回到了晋国。重耳回国后即位，即晋文公，晋怀公逃亡。随后，重耳派人将晋怀公杀死。接着，企图放火杀害晋文公的吕省、郤芮等人也被勃鞮告密，被秦穆公在黄河边诱杀。

晋文公继位后，对内讲求仁义，减免赋税，布施恩惠，救济贫困，鼓励发展农业和边贸，让晋国的经济发展起来。对外，晋文公在坚守诸侯对周天子义务，获得了周天子的支持，为自己争夺霸权寻求道义上的支持。

随后，这位流亡了十九年的君主开始了自己图霸中原的计划。晋文公四年（前633年），晋文公编制三军讨伐楚国的盟友曹国、卫国，并将攻下的原邑封赏给功臣赵衰。晋文公五年（前632年）春，晋军迂回从南渡过黄河再次攻打曹国，讨伐卫国，结果不战而胜，后又攻入曹国。为了援救宋国，晋文公把获得的曹、卫的土地分给宋国，以此解除了楚国对宋国的攻击。随后，晋军与楚将子玉率领的楚军相遇。在战场上，晋军对楚军退避三舍，一方面报答从前楚成王给予的礼遇，一方面诱敌深入，最终楚军兵败，子玉逃回楚国后自杀。楚国的盟友郑文公向晋国求和，晋文公和郑文公订立了盟约。在获得一系列的胜利后，晋文公不但在践土为周襄王造了一座行宫，而且把楚国的俘虏献给周襄王，并由于自己信守承诺，有恩报恩，有仇报仇的品格，赢得了诸侯和周天子的信任。

晋文公五年（前632年）冬，晋文公以周天子之命，召集齐昭公、宋成公、鲁僖公、蔡庄侯、郑文公、卫叔武等诸侯国君会盟于践土，继齐桓公之后成为春秋时期的第二代霸主。

宋襄公：是非功过任人评说

宋襄公是春秋时期宋国第二十任国君。他是宋桓公的第二个儿子，名叫兹甫。其母是宋桓公的正妻，因此他是身份高贵的嫡子。在他上面有一个兄长叫目夷，但目夷的母亲是宋桓公的妾侍，因此是身份较低的庶子。

周襄王元年（前652年），宋桓公病重，按当时的规定，兹甫理应继位。但他恳求父亲，让兄长目夷继位，理由是目夷比自己年长，且忠孝仁义。结果目夷听说后，为了躲避弟弟的让贤逃到了卫国。由此可见，宋襄公兹甫可谓当时诸侯王中的一朵奇葩，而他的这种谦谦君子之风既成就了他的霸业，也终止了他的霸业。

宋襄公继位后，封兄长目夷为相，让其主管军政大权，以贤臣公孙固为司马，二人共同辅佐自己处理朝政。他内修国政，以仁义治国，让国力获得了较大的提升。他对外参加了齐桓公号召的葵丘会盟，接受相应的盟约，与齐桓公修好，接受其委托——照顾齐国太子昭。

宋襄公答应了齐桓公，也践行了自己的诺言。周襄王九年（前643年），齐桓公重病，他的五个儿子争夺王位，太子昭失败，逃到宋国，向宋襄公求救。尽管当时的宋国是一个相当弱小的国家，但宋襄公因为此前承诺过齐桓公，因此还是尽全力帮助太子昭。周襄王十年（前642年），宋襄公通知各国诸侯，请他们和自己一起护送公子昭回齐国。不过由于宋国弱小，缺乏号召力，结果只有卫、曹、邾（zhū）三个小国响应号召，派了一些人马。于是宋襄公就率领着这四国的军队向齐国进发。

当时齐国的贵族对公子昭心存同情，加之不清楚联军的实力，于是将公子无亏与竖刁杀掉，将易牙赶走，将公子昭迎接到国都临淄。公子昭顺利成为齐国的国君，就是齐孝公。因为这件事，宋襄公在诸侯中获得了很高的名望。

齐桓公死后，诸侯霸主之位出现了空缺，于是国小力微的宋襄公打算效仿齐桓公，成为诸侯中的霸主。哥哥目夷劝说他：如果硬要冒充大国来组织诸侯会盟，会给自己招来祸患的。可是宋襄公不听。

周襄王十一年（前641年），宋襄公先是扣押了滕宣公，接着邀曹、邾两国在曹南会盟，随后，他又命邾文公把鄫国国君当作祭品押到睢水郊外去祭祀，以此威胁东夷臣服。同年秋天，他又因为曹国不服，发兵包围曹国。结果，也是在这一年的冬天，陈、蔡、楚、郑等国在齐国结盟。如此一来，诸侯中就形成了相互对峙的两大集团。但这两大集团的实力对比是如此鲜明：一方是以楚、齐、郑、陈、蔡等国构成的大集团，一方是以心存称霸之志的宋襄公为首的卫、邾、曹、滑等小国。最终孰胜孰败，不言自明。

周襄王十三年（前639年）春，宋襄公在鹿地第一次组织诸侯会盟，齐、楚两国国君相聚在一起，宋襄公摆出一副盟主的架势，齐君和楚王顿时不满。宋襄公无视对方的不满，又约定于当年的秋天再次在盂地会合诸侯。

哥哥目夷再次提醒他，当心招来祸患。宋襄公一意孤行。盂地之行前，目夷劝他带上军队，以防有变，因为楚国人的不讲信用是有目共睹的。结果宋襄公认为，既然自己提出来不带军队，那么自己就要坚守信用。于是他真的不带一兵一卒去赴会。

到了约定的那天，楚、陈、蔡、许、曹、郑等六国的国君都来了。宋襄公没想到的是，楚国其实早就埋伏好了军队，只等着宋襄公入瓮。当宋襄公和楚成王为争当诸侯霸主而发生争议时，楚成王先发制人，将宋襄公抓住，带回楚国囚禁起来，以此威胁宋国。最终，在鲁僖公的斡旋下，宋襄公才得以被释放。

宋襄公回国后，虽不齿于楚国的行径，却丝毫不放弃自己的霸主梦。当他听说郑国支持楚成王做诸侯霸主时，就决定攻打郑国。目夷苦口婆心地劝阻他，可宋襄公执意不听。在公元前638年冬，宋襄公发兵攻打郑国，楚国大将成得臣为解救郑国而攻打宋国国都，宋襄公担心国内有失不得不从郑国撤退，双方在泓水展开激战。

战争一开始，楚军就渡过泓水河向宋军冲杀过来，目夷认为楚兵多，宋军少，因此不妨趁他们渡河之机消灭他们。可宋襄公却认为宋军是仁义之师，不能乘人之危，一定要等对方渡河后再打。结果楚军过河后在岸边布阵时，目夷又说可以进攻了，而宋襄公却要等楚军列好阵后再进攻。没想到楚军一布好阵就蜂拥而上，宋军因此战败，宋襄公也被楚兵射伤了大腿。

宋襄公的谦谦君子之风导致了宋国惨败。臣子们纷纷埋怨宋襄公不听公子目夷的意见，可宋襄公却认为，一个有仁德之心的君子，就算是在作战时也不能攻击已经受伤的敌人，不能攻打头发已经斑白的老年人。就算是宋国灭亡了，他也不忍心去攻打没有布好阵的敌人。

泓水之战失败后，宋襄公撤退到宋国襄邑的行宫里养伤。当年，晋国公子重耳经过宋国，刚刚吃了败仗且国力衰微的宋襄公还是对重耳热情相助，送给重耳八十匹马。次年夏，宋襄公伤病不治。伴随着他的去世，这位并不曾真正实现霸主梦的君主留给后人的是关于谦谦君子仁义之风与战争胜败之间孰轻孰重的讨论和思考。

秦穆公：义利权衡，成就霸业

秦穆公，名任好，是秦德公的小儿子，秦宣公、秦成公的弟弟，也是春秋五霸之一。他的成功，源于在义与利的面前很好地做出了权衡，既成就了他人，也成就了自己的霸业。

秦国是由于秦襄公协助周平王东迁成功，从而受封为诸侯，进而建立起来的国家。然而，在中原各国看来，这个来自西方的边陲小国尽管变得强大了，但还属于戎狄一族，因此不让秦王参与盟会。但秦国坚持一方面在戎族地区扩充土地，一方面与中原各国来往、通婚，汲取中原文化，逐步发展成为强国。

秦穆公成为君王，并非如同中原诸侯一样是“子承父业”，而是“兄终弟及”。他的哥哥秦宣公去世后，另一个哥哥秦成公继位。秦成公在位四年去世，于是秦穆公就接了哥哥的班，成为秦国的君主。秦穆公继位时，国家动荡，国力较弱，雄心勃勃的秦穆公却早已确立了成为诸侯霸主的雄心壮志。于是，他开始积极筹划，并付诸实施。

首先，他对内积极发掘和任用人才。秦穆公可以说是一个异常清醒的君主，他知道贤才良臣对于自己成就霸业的重要性。于是他特意召见善于相马的伯乐，向他请教相马的秘诀，从而获得感悟：要重视人才的能力，而不要关注其样貌、地位等。因此，他派人四处搜罗人才，并重用来投奔他的客卿。最后，他可以说几乎网罗了天下的能人：“西取由余于戎，东得百里奚于宛，迎蹇（jiǎn）叔于宋，来丕豹、公孙支于晋”。

尤其是能臣百里奚，他原本是虞国的大夫，被晋献公俘虏后，成为秦穆公夫人的陪嫁奴隶。但秦穆公不因其奴隶身份而轻贱他，更不因其已经年过七十而忽视他，反而在百里奚逃跑被捉后以重金将其赎回，并待之以礼，最后与之交谈三天而打动对方，获得百里奚的忠心辅佐。随后，在百里奚的推荐下，秦穆公用重礼到宋国迎来蹇叔，后来更是从晋国获得丕豹、公孙支的帮助。在这些谋臣武将的辅佐下，秦穆公一方面大力发展经济，强大国家；另一方面注重训练军队，秦国因此拥有了一支兵强马壮的精锐雄师。

其次，他在权衡利弊的前提下，采用发展自己的力量，后看准时机各个攻破的策略，拓展自己的疆域，提升自己在诸侯国中的威望。

西戎诸部落对于秦国的历代君主来说，都是一个强劲的对手。秦国的祖先秦仲，当年就是葬身于西戎人之手。其后的几代君主，一直和西戎人进行着你死我活的斗争。到了秦穆公时，他总结经验教训，在国家经济和军事实力发展起来后，采纳谋士的策略，对西戎采用了“擒贼先擒王”“温水煮青蛙”等策略，一步一步瓦解和统一了西戎诸部族。

当时的西戎包括众多部落和小国。这些部落和小国生产落后，每个部族都过着披发衣皮的生活，但又各有所长。相对来说，势力较强的是绵诸（今甘肃天水市东）、义渠（今甘肃宁县北）和大荔（今陕西大荔东）三个小国。秦穆公先从与秦疆土相接的绵诸入手，实施统一策略。

他隆重接待了绵诸王派来的使者由余，引导他参观秦国的宫殿，向他展示秦国丰厚的后备物资，在震慑住对方之后，再与之交好，促膝长谈，从谈话中了解西戎的地形、兵势。接下来，他摆出一副和好的架势，不但将由余留在秦居住，还为绵诸王送上擅长歌舞的美女。生活在荒蛮之地的绵诸王为此大开眼界，很快就沉迷于声色享乐之中，不理政事。

等获知绵诸国内一片混乱时，秦穆公再让由余回国劝谏绵诸王主动归顺西秦。占山为王的绵诸王当然不会同意，由余不得不向秦国投诚。秦穆公对由余相当礼遇，在他的建议下确定了统一西方戎族的策略。接下来，秦国依据由余的建议制订计划，一步一步将西方戎人建立的国家收入囊中，顺理成章地统一了西方戎族，从此称霸西戎。秦穆公能收服困扰着周朝的戎人，这于周王来说的确是一件可喜可贺的事情。周王不但特意向他表示祝贺，还赐给他金鼓，以激励他继续向戎人进攻。

收服了西戎，秦穆公在周王心目中“刷足”了存在感，也向诸侯国展示了自己的实力。接下来就是要在诸侯中称霸了。秦穆公采用了先讲义后谈利的原则，开始了自己的称霸之路。

秦穆公四年，他将目光投向了自己称霸之路上的一个重要的对手——晋国。对于晋国，秦穆公采取了积极结交修好、先义后利的手段。他亲自向晋献公提亲，娶了晋太子申生的姐姐；他派兵应公子夷吾之求，护送他回国，继位成为国君；在晋国遭遇大旱时，应晋国之求，从水陆两路为晋国送去粮食；在晋公子重耳流亡到秦时，以礼相待，并派人护送重耳回到晋国；在晋文公的霸主之路上，秦穆公积极予以支持，率兵帮助晋文公护送周襄王回朝，帮助晋文公包围了郑国。就这样，在帮助晋国的过程中，秦穆公表现出了作为姻亲的极大仁义，也为自己在诸侯中赢得了号召力。

当晋文公去世的消息传来时，秦穆公认为自己是时候和晋国争夺霸主地位了。于是他决定趁晋国举行国丧，发兵攻打晋国。老臣百里奚、蹇叔认为大军远道奔袭不利，趁对方国丧出兵不仁，苦劝不止，但秦穆公固执己见。就这样，由百里奚的儿子孟明视、蹇叔的儿子西乞术和白乙丙率领的秦军在两位老臣的哭泣中出发了。结果，秦军在崤山（今河南洛宁）中了晋军的埋伏，三位将领被活捉，其余秦军全部被歼。所幸晋文公的夫人是秦穆公的女儿，经她斡（wò）旋，三位将领被释放回国。

他们回到秦国之后，秦穆公不但没因为他们打了败仗而责怪他们，反而极为自责，为全军阵亡将士穿孝，亲自去城外迎接他们，对他们多加抚慰。秦穆公的这种做法反而激发了将士们雪耻的决心。

接下来的两年中，孟明视等将领更加勤奋地操练兵马，伺机再战。两年后，孟明视再次率领秦军和晋襄公率领的晋军在秦国西部的彭衙交锋，结果秦军又一次失败。随后，为了遏制秦国势力东进，巩固晋国的霸主地位，晋襄公命令大夫先且居率军联合宋、陈、郑军再度攻秦，先后攻克秦邑汪和彭衙。

两次惨败让秦穆公彻底清醒了，他意识到自己过于急功近利。在接下来的两年时间里，为了洗刷耻辱，他苦心修整军队。两年后，以秦穆公为主帅，以孟明视为将军，秦军第三次攻晋。为了激发将士的决心，秦穆公在全军渡河后命令将渡船焚毁，以此向将士们表明必胜的决心。果然，秦晋之间的第三次争斗，秦国赢了，秦军一举收复失地，并攻到了崤（xiáo）山。至此，秦穆公如愿称霸诸侯。

楚庄王：谋事而定，一鸣惊人

在春秋五霸中，楚庄王熊旅可谓极具个性的一位。熊旅是楚穆王之子。即位的时候还不到二十岁。关于他，有许多相关的历史故事流传下来。那么，他是怎样的一个人呢？

还记得晋文公重耳流亡到楚国时款待过他的楚成王吗？他就是楚庄王的祖父。楚庄王的父亲是楚成王的长子商臣，即楚穆王。当初，身为太子的商臣在获知父亲企图废掉自己的太子之位时，就率兵围困王宫，迫使楚成王上吊自杀，自己做了楚国的国君。楚穆王在位的十二年间，努力改变楚国因城濮（pú）之战造成的不利局面，积极开拓疆域，提升楚国的影响。为此，他先后灭亡了江、六、蓼（lù）等国，进一步控制了江淮地区（今安徽中、西部）；攻打并迫使郑国与楚国请和；攻占陈国壶丘；平定斗宜西、仲归叛乱，使楚国成为当时数一数二的强国。在楚国历史上，他是当之无愧的一代明君。

楚穆王去世后，楚庄王熊旅即位。楚庄王即位时，楚国的霸主地位正在被削弱，楚国内外均存在诸多困境，国内形势相当不稳定，楚国大权掌握在斗克和公子燮（xiè）手里，两人为所欲为，甚至曾劫持楚庄王，发动叛乱。此时，大家都盼着楚庄王出手掌控国事。然而，让众人大跌眼镜的是，楚庄王即位后，竟然三年不曾向国内发布任何政令，不问政事，一味地寻欢作乐。一些忠诚的老臣急在心头，实在忍无可忍之际，忠臣伍举以献隐语的方式冒死进谏："有鸟在于阜，三年不蜚（同飞）不鸣，是何鸟也？"楚庄王回答道："三年不蜚，蜚将冲天；三年不鸣，鸣将惊人。举退矣，吾知之矣。"

原来，伍举问的是："有一只鸟落在土山上，三年不飞不鸣，这是什么鸟呢？"庄王的回答是："三年不飞，一飞冲天；三年不鸣，一鸣惊人。你下去吧，我知道你的意思了。"伍举一听，知道楚庄王并不是真的昏庸，而是胸中有谋略。可是没想到，接下来的几个月，楚庄王还是老样子。于是大夫苏从再次进谏。随后，楚庄王就变了。他一改之前的颓靡之态，提拔忠诚可用的臣子，任用冒死进谏的伍举和苏从管理政务。楚国的面貌顿时焕然一新。人们这才明白，原来在过去的三年中，楚庄王是在韬光养晦、以静制动，为的是分忠辨奸、蛰伏待机。在这一点上，楚庄王绝对是一个智谋过人的君王。

楚庄王在位的二十三年间，不但表现出高超的领导智慧，而且好战而不残暴，有血性而讲道义，以自己的能力和人格魅力获得了诸侯的认可，毫不逊色于其父楚穆王。

凡是英明的君主无不善于发现人才、任人唯才，楚庄王也不例外。

他在位期间发现和任用了许多人才，除了前文提到的伍举和苏从，还有虞丘子、子孔、孙叔敖、子重、子反等文武官员。尤其是孙叔敖，可谓文武全才。他一肩担起了兴修水利、发展生产、制订法令、稳定国家、训练军队、增强国防力量等重任，为楚庄王实现霸业立下了汗马功劳。

明代小说《东周列国志》中的楚庄王像

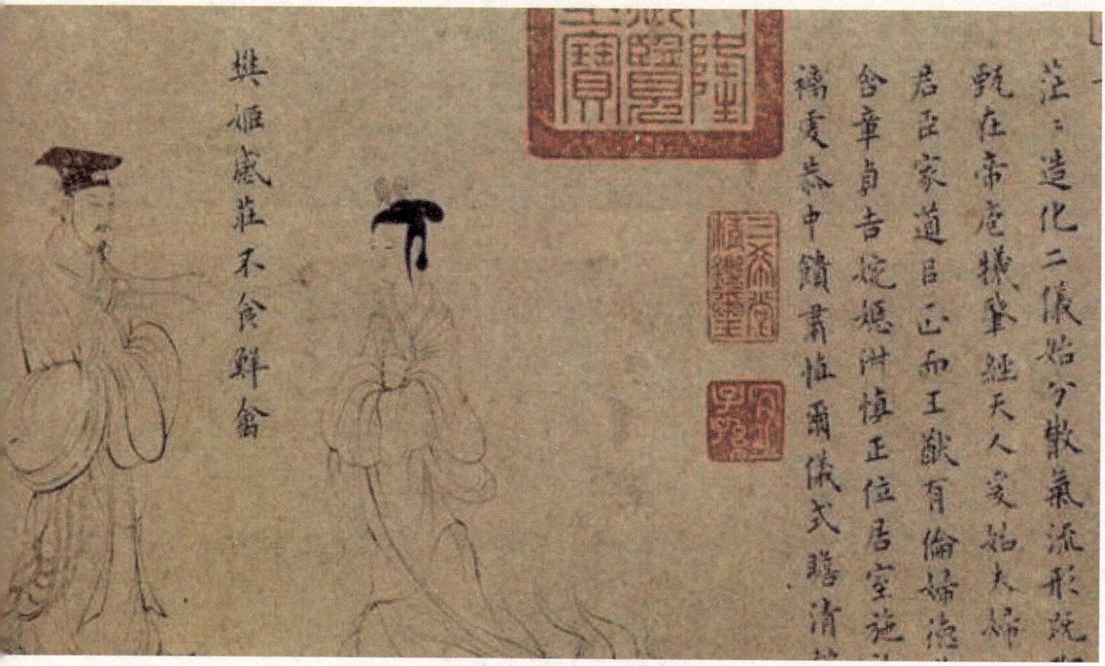

楚庄王夫人樊姬（南宋摹本《女史箴图》）

当然，千里马要驰骋千里，也要伯乐发现并给予其合适的条件。孙叔敖之所以能如此恪尽职守，还因为楚庄王有宽广的心胸，能包容和接纳他人。楚庄王的这种心胸，一方面表现在他能广开言路，虚心纳谏，尊重每一个敢于进言的人，而且知错即改；另一方面表现在他能宽以待人，能给犯错的下属机会，因此获得了下属的忠诚。著名的“熄灯摘缨”故事就是他这一特点的体现。

据说，楚庄王在平定叛乱后大宴群臣，让他的宠姬出席为大家助兴。宴至黄昏，楚庄王就让人点烛继续夜宴，并让最为宠爱的美人许姬和麦姬轮流向文臣武将们敬酒。突然，宴席上的蜡烛被一阵风吹灭，许姬感到有人拉住了自己的手，于是拼命挣扎，最后把衣袖撕断才得以解脱，当然，她同时也将对方帽子上的缨带抓了下来。随后，许姬就向楚庄王告状，想让楚庄王点亮蜡烛查找那个无礼之人。没想到，楚庄王竟然下令不要点燃蜡烛，还请全体人员去掉帽缨继续尽兴饮酒。宴罢，君臣尽欢，只有许姬不高兴。但楚庄王却告诉她，宴请的目的是融洽君臣关系，而且酒后失态是人之常情，如果一定要追究责任，就会大煞风景。这件事就这样轻描淡写地过去了。

三年后，晋楚大战，一个将士冲锋在前，悍不畏死地数次与敌交锋并战胜敌人。楚庄王一问原因才知道，这个人就是当时醉后失礼轻薄许姬的人。正是由于楚庄王的宽宏大度，让他深感惭愧，于是他愿意以死回报庄王的不杀之恩。

楚庄王这种为人君者的智慧与人格魅力，使得楚国的君臣上下一心，国家越来越强大，有了称霸诸侯的资本。楚庄王在走向霸主的路上，尽管也在运用武力，但他能将征服与宽容、道义和王道巧妙地结合起来。

楚国和晋国是劲敌，在两国之间是陈、郑两国。因此，楚庄王想称霸诸侯，就要与晋国相争，那么首先就要拿下这两个国家。因此在国内政治稳定，经济发展，国力增强后，楚国首先北上攻陈伐郑。楚庄王十六年（前598年）夏，楚国讨伐陈国，将杀死陈灵公后自立为王的陈国国主夏徵舒杀死，恢复了陈国，迎回陈灵公的儿子太子午，推举他做了陈国的国君，即陈成公。这种灭陈后又复陈的做法，获得了诸侯的普遍称赞。

楚庄王十七年（前597年）春，楚军向郑国发起攻击。三个月后，郑国的都城被攻破，郑国国君郑伯赤裸着上身、牵着羊来见楚庄王，恳求他不要灭了郑国。尽管众臣都劝说楚庄王不要听信郑伯的话，但他还是给予郑伯相应的尊重，亲自指挥部队后撤三十里，再以平等的姿态与郑国结盟。因为他认为：“其君能下人，必能信用其民，庸可绝乎”，意思是说郑国有这样的为保国，谦下于人的国君，他也一定可以对民众讲信用，因此不能灭绝这样的国家。他的这一不恃强凌弱的举动让郑国人心服口服，也是一种以德服人的大智慧的体现。

楚庄王二十年（前594年），楚庄王领兵伐宋，宋国向晋国求救。但是晋国正忙着和秦国作战，无暇援救，晋国大夫解扬受命去宋国送信，于途中被楚军捉住。楚庄王厚待解扬，让他劝宋国投降。没想到，原本答应的解扬反悔，向郑国人传达了晋军马上就到的信息。庄王尽管因为解扬言而无信非常生气，但敬重他忠于职守，是一个忠烈之人，干脆将他礼送回晋国。

这两件事，表现了楚庄王的霸主气度和胸襟。这样的君王又怎么能不获得臣子的敬重，赢得对手的佩服呢？

楚庄王十七年（前597年），楚国和晋国两个当时南北并峙的强国在邲（bì，今河南荥阳东北）展开了一场激战，晋国大败。战后，按当时的传统，战胜方可以将战败方将士的尸首堆积起来，填土成丘，形成所谓“京观”，以此夸耀武功、威慑敌人。当大将潘党建议也这么做时，楚庄王说：“夫文，止戈为武。”什么意思呢？他认为，晋国军卒于为国而战，没有什么错，不能用他们的尸体做京观，战争不能以杀敌的数量多少作为武德。这种给予对手以应有的尊重的战争观，其实是一种“不战而屈人之兵”的思想，更是一位王者最高的风仪和品格。

由此可见，楚庄王之所以能将楚国一步步地推向巅峰，成为春秋时期第一位来自周王朝权力系统外的霸主，并不仅仅因为楚国强大的武力和国力，还源于他身上的那些高贵品格。

名篇精选

庄王即位三年，不出号令，日夜为乐，令国中曰：“有敢谏者死无赦！”伍举[1]入谏。庄王左抱郑姬，右抱越女，坐钟鼓之间。伍举曰：“愿有进隐[2]。”曰：“有鸟在于阜[3]，三年不蜚[4]不鸣，是何鸟也？”庄王曰：“三年不蜚，蜚将冲天；三年不鸣，鸣将惊人。举退矣，吾知之

矣。”居数月，淫益甚。大夫苏从乃入谏。王曰：“若不闻令乎？”对曰：“杀身以明君，臣之愿也。”于是乃罢淫乐，听政，所诛者数百人，所进者数百人，任伍举、苏从以政，国人大说[5]。是岁灭庸。六年，伐宋，获五百乘。

八年，伐陆浑戎，观兵[6]于周郊。周定王使王孙满劳[7]楚王。楚王问鼎[8]小大轻重，对曰：“在德不在鼎。”庄王曰：“子无阻[9]九鼎！楚国折钩之喙[10]，足以为九鼎。”王孙满曰：“呜呼！君王其忘之乎？昔虞夏之盛，远方皆至，贡金九牧，铸鼎象物，百物而为之备，使民知神奸[11]。桀有乱德，鼎迁于殷，载祀六百。殷纣暴虐，鼎迁于周。德之休明[12]，虽小必重；其奸回昏乱，虽大必轻。昔成王定鼎于郏鄏，卜世三十，卜年七百，天所命也。周德虽衰，天命未改。鼎之轻重，未可问也。”楚王乃归。

——《史记·楚世家》

【注释】

①举：伍举在康、灵之世，事庄王者乃其父伍参，此与《伍子胥列传》同误。②隐：《集解》曰：“‘隐’谓隐藏其意。” ③阜（fù，副）：土山。④蜚：通“飞”。⑤说：通“悦”。⑥观兵：检阅军队。⑦劳：犒劳。⑧鼎：九鼎，古代传国的重宝。⑨阻：倚仗。⑩钩：剑一类的兵器。喙（huì）：指刀剑上的刃尖。⑪神奸：鬼神怪异之物。⑫休明：美好清明。

【译文】

庄王即位三年，从未在国内发布过政令，日夜寻欢作乐，还向国内下了道诏令：“有敢进谏的格杀勿论！”伍举入宫进谏，见庄王左手抱着郑姬，右手抱着越女，坐在歌舞乐人中间。伍举说：“希望向您进献一个隐语。”接着又说：“有一只鸟落在土山上，三年不飞不鸣，这是什么鸟呢？”庄王说：“三年不飞，一飞冲天；三年不鸣，一鸣惊人。你下去吧，我知道你的意思了。”过了几个月，庄王更加放纵。苏从大夫入宫进谏。楚庄王说：“你没有听到我的诏令吗？”苏从回答说：“舍身而使您贤明，这是我的夙愿。”于是楚庄王停止淫逸作乐，开始处理政务，杀死了几百个罪人，擢升了几百个有功之臣，任用伍举、苏从管理政务，举国上下十分拥护。当年楚国灭亡庸国。六年（前608年），楚国讨伐宋国，得到五百辆战车。

楚庄公八年（前606年），楚国讨伐陆浑戎，到达洛，在周都郊外阅兵。周定王派王孙满犒劳楚王。楚庄王向王孙满询问鼎的大小轻重，王孙满答说：“统治国家在于道德，不在于宝鼎。”楚庄王说：“你不要倚仗九鼎！楚国只要销毁刀剑上的刃尖便可以铸成九鼎。”王孙满说：“啊呀！君王忘记这些了吗？过去虞夏昌盛时，边远的国家都来朝贡，让九州的长官进贡金属，铸成九鼎，其上绘了许多山川物体，各种怪异之物都具备，好让百姓知道怪物为害情况。桀道德败坏，鼎便被迁到殷朝，殷延续了六百年。殷纣王残暴狂虐，鼎又被迁到周朝。如果天子道德美好，鼎虽然很小，却重得移不动；如果天子道德败坏，鼎即使再重也能移走。过去，周成王把九鼎安置在郏鄏（jiá rǔ），占卜说可以传世三十代，立国七百年，这是上天的意旨。如今周王室虽然衰微，但上天的意旨却难以改变。问鼎轻重，确实不可以啊。”楚王这才撤军回国。

【词句撷英】

1. 一鸣惊人：用以比喻平时没有特殊的表现，一下子做出惊人的成绩。

2. 问鼎中原：问，询问；鼎，古代煮东西的器物，三足两耳；中原，黄河中下游一带，指疆域领土。比喻企图夺取天下。

第四章

战国纷争

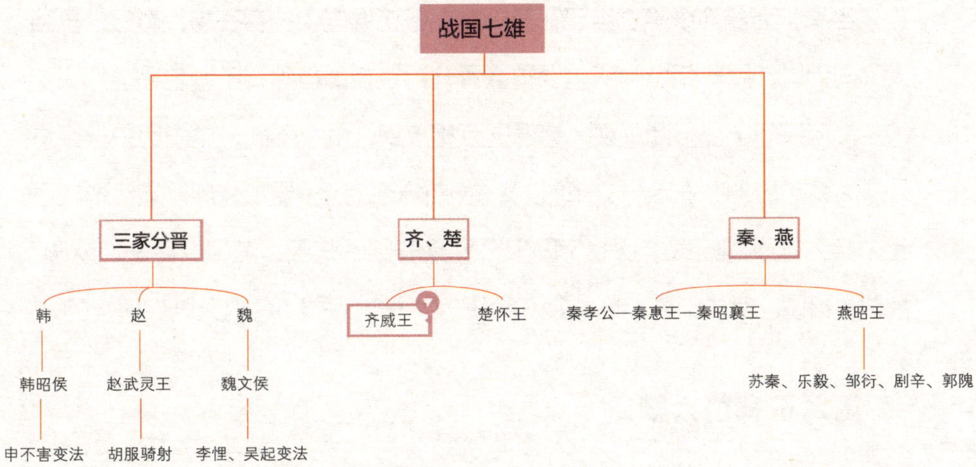

战国七雄，谁都知道以秦为最强。然而当其初年，实以秦为最弱。秦处关中，本杂戎狄之俗，其文化和生活程度，都较东方诸国为低。……秦国的民风，本较六国为强悍，而其风气亦较质朴。秦国的政令，又较六国为严肃。所以秦兵一出，而六国都不能敌。

——吕思勉《中国通史》

三家分晋

当春秋五霸陆续确立自己在东周时期各诸侯国中的存在感，彰显自己强大的国力时，周王朝境内的诸侯国数量开始锐减，虽然周王室名义上为天下共主，但实际上已形同灭亡，诸侯国互相攻伐，战争不断，中国历史开始进入了大变革时期。在这一变革时期，各诸侯国的纷争更加激烈，最终形成了七个实力雄厚的国家。这七个国家分别是齐国、楚国、燕国、韩国、赵国、魏国、秦国。其中，韩、赵、魏三个国家，是大臣们“合伙分赃”建立的。

尾大不掉的六卿

从前文我们知道，晋国在晋献公为君时崛起，达到了“并国十七，服国三十八”的威势，成为诸侯国中的最强者。晋文公在城濮之战中大败楚国，晋国由此一战而称霸于诸侯。晋襄公时期，晋国又先后在崤之战和彭衙之战中大败秦国，由此成为中原霸主。但到了晋景公时，晋国在邲之战中败给老对手楚国，不得不将发展的方向调转到北方，并将目光瞄向了邻国齐国。

当时，齐国出于扩展其疆域面积的目的讨伐鲁国和卫国。这两个小国只好向大国晋国求助。晋景公八年（前592年），晋国的郤克和鲁、卫两国使者一同出使齐国。齐顷公的母亲站在城楼上看到郤克驼背，鲁国使者跛足，卫国使者一只眼瞎，于是忍不住笑了出来。而齐顷公竟然派出残疾人为来使们做引导。郤克因此发誓要一雪耻辱。回国后，他请求晋景公攻打齐国，但遭到晋景公的拒绝。后来，执掌国家政权的魏文子年迈辞职，郤克执掌了国家政权，于是伺机报复。

晋景公十一年（前589年）春，齐国讨伐鲁国。鲁、卫两国贿赂郤克，请晋国援助。于是晋景公就派军与鲁、卫组成联军，共同伐齐。当年夏天，双方在鞌（ān）交战。齐军大败，最后双方议和。经此一役，齐楚联盟被打破，齐国站到了晋国一方。此后，晋国又攻入楚国本土，进而完胜楚国。到了晋厉公时期，晋国又先后打败了秦国、犬狄，并在鄢陵之战再败楚国，复霸天下。到了晋悼公在位时，晋国的国势鼎盛，拥有军车万乘，独霸中原，晋国的霸业达到了巅峰。

所谓盛极必衰，晋国发展到了高峰，其管理层的问题就表现出来了。那就是把握着晋国军政大权的六卿之间发生了纠纷。何为六卿？这是中国最早的内阁制度，是晋文公时出于军事扩张和政治发展的需要而设立的。当初，晋文公重耳流亡在外十九年，陪伴他的是心腹狐偃、赵衰、颠颉（jié）、魏犨、胥（xū）臣等人。等他回国为君之后，这些人和先轸、栾枝等异姓大臣共同成为辅佐他成就霸业的建设者。公元前633年，晋文公创建三军，每军设将、佐各一名，依次为中军将、中军佐、上军将、上军佐、下军将、下军佐，其中中军将为正卿，执政晋国，六卿出将入相，掌管晋国军政大事。

六卿采用世袭制，主要由狐氏、先氏、郤氏、胥氏、栾氏、范氏、中行氏、智氏、韩氏、赵氏、魏氏等十一个世族把持，并按“长逝次补”的原则轮流执政。

晋阳之战

然而，渐渐地，晋国国君的权力越来越弱，异姓卿族的力量越来越强。这些卿之间为了生存，为了争权夺利，展开了一轮又一轮的竞争。春秋中期

以后，原本的十多家卿大夫控制了晋国政局。春秋晚期，经过激烈的兼并，只剩下赵、魏、韩、范、智、中行氏六家，被称为“六卿”。可是，就是这六家也不消停，各打着自己的小算盘，互相攻伐。晋文公的孙子晋平公在位时，韩、赵、魏、智、范、中行氏六卿相互倾轧，范、中行氏被赵氏灭掉。这样一来，晋国只剩下智、赵、韩、魏四家卿大夫，其中以智氏最强，智家的七世祖智伯瑶执掌晋国国政，是晋国的执政大臣。

这时，历史的车轮已经转到了春秋末期，此时的越王勾践已经在卧薪尝胆，准备一雪前耻。而智伯瑶执政后，面对晋国日益衰落的局面，也打算重振国威。于是他主张智、赵、魏三家分别献出一部分自己的封邑。为此，他召集三家大夫赵襄子、魏桓子、韩康子，以身作则，主动献出一个万户封邑。随后，他要求另三家也献出同样的数量。这三家大夫都担心失去土地后自家的实力会下降，不愿献出封邑，但韩、魏两家畏于智伯瑶的权势，答应献出同样数量的封邑，而赵襄子则坚决不同意。智伯瑶再三规劝后，赵襄子还是不答应，于是智伯瑶就在晋出公的同意下，联合韩、魏两家发兵攻打赵家。由此爆发了晋阳之战。

公元前455年，智伯瑶率领中军，韩家的军队担任右路，魏家的军队担任左路，三队人马直奔赵家。赵襄子清楚自己寡不敌众，于是便带着兵马退守晋阳（今山西太原）。很快，智伯瑶率领的三家人马将晋阳城团团围住。赵襄子吩咐将士们坚守城池，拒不出战。而一旦对方攻城，城内就箭如飞蝗。三家人马寸步难行。就这样相持了两年多，三家始终没能攻入晋阳城。

一天，智伯瑶去城外察看地形时，城东北的那条晋水让他忽然有了主意：引晋水淹城，让城不攻自破。想到就做，他马上吩咐兵士在晋水旁边另外挖一条直通晋阳的河，然后在河的上游筑起堤坝拦水。当时恰好是雨季，没过多久，水坝里的水就满了。伴随着一声令下，大水从水坝上打开的豁口冲出，直灌晋阳城。没想到，就算是房子被淹，老百姓不得不跑到房顶上去避难，不得不把锅挂起来做饭，赵家还是不肯投降。

但糟糕的是，智伯瑶自认为聪明的计策，却让韩康子、魏桓子心惊胆寒。唇亡齿寒，推人及己，他们想到自己家的封邑旁边也各有一条河，将来是不是也会落得相同的下场？一旦存了戒备之心，自然就会想得更多。恰在此时，城里的赵襄子派手下的张孟谈私下找到他们，约他们一起反攻智伯瑶。就这样，三家一拍即合。

次日深夜，正在酣睡的智伯瑶被一片喊杀声惊醒，发现自己的大营竟然被水淹了！随着水势渐大，士兵们都乱了。就在智伯瑶惊慌不定之时，伴着战鼓声，韩、赵、魏三家的士兵驾着小船、木筏从四面一齐冲杀过来。最后，智伯瑶全军覆没，自己也身死人手。

随后，韩、赵、魏出于斩草除根的目的，将智氏封邑围住，将智伯瑶家族二百余口屠尽。就在他们要坐地分赃，将智家的土地平分时，“傀儡国君”晋出公不干了，从齐、鲁两国借来军队讨伐三家。韩、赵、魏三家又联手攻打晋出公。最终，晋出公被迫出逃，后来病死在路上。而这三家不但瓜分了智家的封邑，还将晋君留下的其他土地也瓜分了。

公元前403年，韩、赵、魏三家派遣使者去洛邑参见周威烈王，要求周天子把他们三家封为诸侯。面对既成的事实，余威不存的周威烈王只好做了一个顺水人情，正式封三家为诸侯。

名篇精选

十五年，赵鞅（yāng）使邯郸大夫午，不信[1]，欲杀午，午与中行寅、范吉射亲攻赵鞅，鞅走保晋阳。定公围晋阳。荀栎、韩不信、魏侈与范、中行为仇，乃移兵伐范、中行。范、中行反，晋君击之，败范、中行。范、中行走朝歌，保之。韩、魏为赵鞅谢晋君，乃赦赵鞅，复位。

二十二年，晋败范、中行氏，二子奔齐。

……出公十七年，知（通智）伯与赵、韩、魏共分范、中行地以为邑。出公怒，告齐、鲁，欲以伐四卿。四卿恐，遂反攻出公。出公奔齐，道死[②]。故知伯乃立昭公曾孙骄为晋君，是为哀公。

哀公大父雍，晋昭公少子也，号为戴子。戴子生忌。忌善知伯，蚤[③]死，故知伯欲尽并晋，未敢，乃立忌子骄为君。当是时，晋国政皆决知伯，晋哀公不得有所制。知伯遂有范、中行地，最强。

哀公四年，赵襄子、韩康子、魏桓子共杀知伯，尽并其地。

十八年，哀公卒，子幽公柳立。

幽公之时，晋畏，反朝韩、赵、魏之君。独有绛、曲沃，余皆入三晋。

十五年，魏文侯初立。十八年，幽公淫妇人，夜窃出邑中，盗杀幽公。魏文侯以兵诛晋乱，立幽公子止，是为烈公。

烈公十九年，周威烈王赐赵、韩、魏皆命为诸侯。

——《史记·晋世家》

【注释】

①不信：据《左传》记载，赵鞅要求邯郸午把卫国进贡的五百家还给他，把他们迁移到晋阳去。邯郸午答应了，回去告诉了他的父老兄长。父老兄长都不同意，邯郸午没能按赵鞅的要求去做，故曰不信。②道死：死于途中。③蚤：通“早”。

【译文】

十五年（前497年），赵鞅与邯郸大夫午约定，要将卫贡五百家迁徙到晋阳，邯郸父兄不答应，赵鞅便认为午不诚实，想杀死午，午和中行寅、范吉射亲自攻打赵鞅，赵鞅逃到晋阳防守。定公包围了晋阳。荀栎、韩不信、魏侈与范吉射、中行寅有仇，就调军队攻打范吉射、中行寅。

范吉射、中行寅反叛，晋军攻打他们，打败了范吉射、中行寅。范吉射、中行寅逃到朝歌，据城自保。韩不信、魏侈替赵鞅向晋君道歉，于是晋君赦免了赵鞅，恢复了他的地位。二十二年（前490年），晋国打败了范吉射、中行寅，两人逃到齐国。

……出公十七年（前458年），知伯（即智伯）与赵鞅、韩不信、魏侈共同瓜分了范吉射、中行寅的领地归入自己的采邑。出公很生气，求告齐国、鲁国，想借机讨伐四卿，四卿很恐慌，于是反击攻打出公。出公逃往齐国，半路上死去。所以知伯就立昭公曾孙骄做了晋君，这就是哀公。

哀公的祖父雍是晋昭公的小儿子，名为戴子。戴子生下了忌。忌与知伯关系密切，但早死，所以知伯想吞并晋国，没敢动，就立了忌的儿子骄做晋君。当时，晋国的政务全部由知伯决定，晋哀公不能控制朝政。于是，知伯占有了范吉射、中行寅的领地，在六卿中最强大。

哀公四年（前453年），赵襄子、韩康子、魏桓子共同杀死了知伯，吞并了他的全部土地。

十八年（前439年），哀公逝世，儿子幽公柳即位。

幽公当政时，晋君由于衰弱而畏惧卿大夫，反而朝拜韩、赵、魏的君王。晋君只占有绛、曲沃，余下的都并入三晋。

十五年（前423年），魏文侯初即位。十八年（前420年），幽公奸淫妇女，夜间私自出城，强盗杀死了他。魏文侯派兵诛灭晋国的内乱，立幽公儿子止，这就是烈公。

烈公十九年（前401年），周威烈王赐封赵国、韩国、魏国，赐封他们为诸侯。

【词句撷英】

尽并其地：吞并了其全部土地。

魏国的崛起

三家分晋后，魏国正式成为诸侯，其君主就是历史上有名的魏文侯。这是一个野心勃勃的诸侯，也是一个具有雄才大略的诸侯。正是他，让魏国成为战国七雄中第一个开始实行变法的国家，从而让魏国得以广泛延揽人才，并走上强盛之路。

魏文侯，名斯。三家分晋时，魏氏的领袖是魏文侯的爷爷魏驹，即魏桓子。魏桓子去世后，孙子魏文侯继位。当时的魏国地处中央之地，西边一河之隔是秦国，北边是强大的赵国，东边是新兴的韩氏，南边越过中条山和黄河是秦、楚、郑国拉锯争夺的陕地。可以说，魏国的周边强邻环伺。

魏文侯认为，国家若不强大，早晚有一天得被灭掉。于是他打定主意要富国强兵。而要富国强兵，就少不了可以辅佐自己的人才。为此，他礼贤下士，先后招揽了诸多才华出众之士如李悝（kuī，又名李克）、西门豹、乐羊、翟璜（zhái huáng）、吴起、段木干等人。他给予这些文臣武将以充分的尊重和信任，让他们得以尽情施展自己的才华。此后，魏文侯采取了一系列措施，改革内政外交，发展经济，训练军队，让魏国一步步兴盛起来。

李悝变法图强

魏国之所以能在七雄中脱颖而出，首先富强起来，和“李悝变法”

是密不可分的。关于李悝的生平，并没有相关的详细资料。今天，我们所能知道的就是，李悝在被魏文侯任命为丞相之前，长期担任上地郡守一职。这个上地郡管辖着现在陕西洛河以东、黄梁河以北，东北到子长、延安一带的地区。而上地郡的西边又和秦国紧挨着。所以，这里可以说是魏国的边防要地，魏、秦两国经常在此地发生军事冲突。

李悝从这里的特殊地理位置入手，狠抓当地军民的射箭技术，甚至以射箭来判决诉讼案件，即“中之者胜，不中者负”。这样一来，当地人争相练习射技，日夜不停，射技自然高超。自此之后，当地军民在和秦国人作战时，总能大败秦军。正是由于这个原因，李悝的名字得以传入魏文侯耳中，最终被求才若渴的魏文侯任用为相，得以在政治、经济和法制诸多方面实施改革。

在政治方面，李悝提出“选贤任能，赏罚分明”的基本国策，建议魏文侯废止世袭贵族特权，要求“食有劳而禄有功，使有能而赏必行，罚必当”。此举一方面大大削弱了魏国的“世卿世禄”制度，让以后的封君在封国食邑内没有治民之权，仅能获得衣食租税；另一方面，让官吏制度有所改善，政治情况转好。

在经济方面，李悝推行“尽地力”和“善平籴（dí）”的政策，鼓励农民精耕细作，增加产量。国家在丰年以平价购买余粮，荒年以平价售出，以平抑粮价。他还主张同时播种多种粮食作物，以防灾荒。这些举措极大地促进了魏国农业生产的发展，使魏国因此而民富国强。

此外，李悝还汇集各国刑典，著成《法经》一书，让魏文侯予以公布，使之成为魏国的法律，进而达到以法律的形式肯定和保护变法的目的。李悝变法的各项举措让众多人才汇集到魏文侯手下，更让魏国在短期内实现了“大治”，国力迅速强大，进而成为战国时期的第一个强国。

吴起

吴起训兵，御外安内

魏国的政治、经济因为李悝变法而得以发展起来。不过，从军事上讲，魏国还不够强大，邻国秦国仍然威胁着魏国的安全，两国之间摩擦不断，时有大规模战事发生。而齐、楚两国也会趁火打劫，伺机侵略魏地。为了解除秦国的威胁，公元前413年，魏文侯率军主动攻击秦国，原本大败秦军，结果由于齐、楚两国乘虚而入，不得不回师相救，不但使对秦作战的胜利成果被齐、楚两国的入侵抵消，而且让魏国陷入腹背受敌的困境。由此，魏文侯深刻地认识到富国还要强兵的重要性。就在这时，吴起受到魏国“选贤任能”国策的召唤，来到了魏文侯门下。

吴起出生于卫国一个富有的家庭。他从小就心怀大志，力图建功立业，为此不断四处奔走，求人引见，结果却是家资耗尽而一无所获。由此，他遭到乡人的讥笑，甚至有人恶语中伤他。吴起一怒之下愤而杀人。为此，他只好远走他乡避祸。临行前，他跪在母亲面前发誓：“不当卿相，决不回卫。”离家之后，吴起先是投到孔门弟子曾参的儿子曾申门下，学习儒术。后来，在母亲去世时，他没有回家奔丧，曾申认定他不孝，不配做孔门弟子，将他逐出师门，并与之断绝关系。不得已，吴起只好弃儒学兵。没想到，这条路却让他得以实现自己的夙愿。

后来，吴起到了鲁国投靠了季孙氏，但一直没得到出头的机会。公元前412年，齐宣公发兵攻打鲁国。鲁穆公想任用吴起，有人就说吴起的妻子是齐国人，不可信。鲁穆公就犹豫了。吴起听到这个消息后，为了获得功成名就的机会，就干脆将妻子杀掉，以此向鲁穆公表达自己的决心。鲁穆公非常高兴，就任命他做将军，率大军与齐军作战，结果大败齐军。

事后，有的人认为，吴起是一个残忍凉薄的人。因为他不孝敬母亲，曾申与之断绝关系。现在他又将妻子杀掉，可见其为人无情无义。鲁穆公细细一想，还真是这样，于是就罢免了吴起的官职。吴起感到心灰意冷。就在这时，他所依靠的季孙氏被其门客所杀，而魏文侯招纳贤才的消息也传到了各地，于是吴起就干脆离开鲁国，去了魏国。

由于吴起通晓兵家、法家、儒家三家思想，因此，无论是在内政还是军事上他都有极高的成就。到了魏国后，他得到了魏文侯的重用，被任命为将军。吴起觉得自己终于可以大展拳脚了。他在魏国创立了“武卒制”，即先是将魏国沿用的春秋时代的动员兵制改革为募兵制，实现兵农分离，然后将专业士兵作为魏国军队的基础，以此逐渐取代战时的临时动员兵。可以说，武卒制达到了精兵战略的目的，真正培养出了精锐善战的士兵。而这样的士兵在经过严格的军事考核后，不但可以享受免除全家徭役的待遇，出色者还可以被提拔为中下级军官。因此，士兵的从军热情被大大激发起来。

同时，吴起还注意在管理中做到以身作则、公平公正。他和最下等的士兵同甘共苦，穿一样的衣服，吃一样的食物，睡觉时不铺席子，行军时不骑马，亲自裹扎士兵背的粮草，为士兵分担劳苦。甚至，有的士兵生了毒疮，他亲自为士兵吸吮毒疮。此外，对于士兵，他能按其所长安排任务。他根据士兵在考核中的表现，将他们编入各种不同作用的战术分队，像近战队、弓箭队、攀爬队等。战前，可以依据战术的需要，将各队士兵临时搭配使用。

就这样，吴起为魏国打造了一支“居有礼，动有威，进不可挡，退不可追”的劲旅。正是这支军队在吴起的率领下在与秦的战斗中直击要害，攻占了渭河平原，控制了秦国的粮食生产地，甚至直攻到咸阳等地，造成了随时攻灭秦国的趋势，令秦人闻风丧胆。

魏文侯爱民守信，凝聚人心

战国是一个乱世，但乱世之中的人反而更注重诚信，都将诚信当作做人、立国之本。魏文侯更是深谙此理。经过李悝变法、吴起训兵，魏国快速崛起于众多诸侯国之间。魏文侯本人更是以身作则，注重在内政外交中树立自己的诚信之名，进一步扩大了魏国的影响力。

就内政方面，魏文侯深知“皮之不存，毛将焉附”的道理，注重爱惜民力，珍惜民力，以仁君的标准来要求自己。他在任用人才上，更关注的是对方是否做到了有功于民，并以此来衡量臣子的能力。

官员解扁在年终考核时，因财政收入增加而获得好评，主管人员请求魏文侯嘉奖他。文侯却问：解扁所任职的地方土地未增加，人口也未增加，何以财政收入却增加了呢？当主管官员告知是由于解扁让治下的百姓将农闲时间利用起来，冬闲时存木，春闲时贩木所得。魏文侯却认为，春种夏锄秋收冬闲原本就是百姓的生活方式，如果连冬天也不让百姓休息，那么百姓就会疲惫不堪。如此一来，就算是财政收入增加了，又有什么意义呢？为此，他专门召集官员，要求他们一定要珍惜民力，爱惜民众。

除了仁政爱民，魏文侯还特别注意在民众间树立自己的诚信，以证明君无戏言。他曾经和一个管理山林的小官员约好一起去狩猎。结果，到了约定的那天，天下起了大雨。魏文侯竟然要冒着雨前去赴约，于是臣子们纷纷劝阻。但魏文侯说，自己和人家约好了，就要遵守约定，不能因为天气或自己的心情而爽约。最终，他还是冒雨去赴约了。

在外交上，魏文侯更是在与诸侯国的交往中坚持诚信以待，以扩大魏国在各诸侯国中的威信。

三家分晋之后，韩、赵、魏约定，从此不再互相攻伐。可是，这种平和的局面没过多久就被打破了。韩国向魏国借兵，想攻打赵国。此时魏国的国君就是魏文侯，他委婉地拒绝了，原因是“寡人与赵，兄弟也”。过不多久，“兄弟”国赵国又来借兵了，要打韩国，魏文侯用同样的理由也拒绝了。韩、赵两国都吃了闭门羹，后来两方一沟通，知道魏文侯拒绝的理由是相同的，顿时又羞愧、又感动，从此“皆朝于魏”。就这样，魏国不但为自己扬了名，更赢得了外交发展空间。

魏国正是由于有了这位思想开明、富有雄才大略的君主，才能积极改革，富国强兵，于乱世之中在短时间内迅速崛起，并在战国纷争的最初成为最强者，位列战国七雄之一。

名篇精选

文侯受子夏经艺①，客段干木，过其闾②，未尝不轼③也。秦尝欲伐魏，或曰：“魏君贤人是礼④，国人称仁，上下和合，未可图也。”文侯由此得誉于诸侯。

任西门豹守邺，而河内⑤称治。

魏文侯谓李克曰：“先生尝教寡人曰‘家贫则思良妻，国乱则思良相’。今所置非成则璜⑥，二子何如？”李克对曰：“臣闻之，卑不谋尊，疏不谋戚。臣在阙门⑦之外，不敢当命。”文侯曰：“先生临事勿让。”李

克曰："君不察故也。居⑧视其所亲，富视其所与⑨，达⑩视其所举，穷视其所不为，贫视其所不取，五者足以定之矣，何待克哉！"文侯曰："先生就舍，寡人之相定矣。"

——《史记·魏世家》

【注释】

①艺：又称六艺，即《六经》，"经艺"即指经书。②闾：里巷的大门，也指里巷。③轼：车前的横木。这里是指在车上扶轼，表示敬意。④贤人是礼：礼敬贤人。⑤河内：春秋战国时期称黄河以北地区为河内。⑥成：魏成子。璜：翟璜。⑦阙门：古代宫殿前两边建有楼观，两楼观之间即为阙，或称阙门。也代指宫殿。⑧居：平时。⑨与：交往。⑩达：得志，显贵。

【译文】

文侯师从子夏学经书，以客礼对待段干木，经过他的乡里，没有一次不敬礼的。秦国曾想进攻魏国。有人说："魏君对贤人特别敬重，魏国人都称赞他的仁德，上下和谐同心，不能对他有什么企图。"文侯因此得到诸侯的赞誉。

又任命西门豹为邺郡郡守，河内地区在他的治理下变得清平而安定。

魏文侯对李克（即李悝）说："先生曾经教导寡人说'家贫就想得贤妻，国乱就想得贤相'。如今要安排宰相，不是成子就是翟璜，这两个人您看怎么样？"李克回答说："我听说，卑贱的人不替尊贵的人谋划，疏远的人不替亲近的人谋划。我的职责在宫门以外，不敢承担这个使命。"文侯说："先生面对此事就不要推辞了。"李克说："这是您不注意考察的缘故。平时看他亲近哪些人，富有时看他结交哪些人，显贵时看他推举哪些人，不得志时看他不做哪些事，贫苦时看他不要哪些东西，有这五条就足能决定谁当宰相了，何须问我呢！”文侯说：“先生回家吧，宰相的位置我已经有决定了。”

【词句撷英】

1. 卑不谋尊，疏不谋戚：卑贱的人不替尊贵的人谋划，疏远的人不替亲近的人谋划。

2. 居视其所亲，富视其所与，达视其所举，穷视其所不为，贫视其所不取：平时看他亲近哪些人，富有时看他结交哪些人，显贵时看他推举哪些人，不得志时看他不做哪些事，贫苦时看他不要哪些东西。

齐国的霸业

齐桓公六年（前357年），使齐国成为“春秋五霸”之一的齐桓公去世，齐惠公即位。自此，伴随着先王去世而引发的王位之争也就结束了，齐国国力迅速衰落，在晋、楚争霸的过程中，不得不成为晋国的跟班。等齐惠公死时，齐国的日子更加艰难。前面我们提到过，齐顷公在位的时候，晋国的郤克出使齐国，齐顷公的母亲嘲笑他的残疾，从此为齐国埋下了祸根。结果在郤克的操纵下，晋国在鞌（ān）之战中打败齐国，齐国从此不得不尊晋国为霸主。此后，齐国的几代君主和辅臣无不渴望变法图强，再造霸业。

晏氏名相的强齐之路

提到齐国的霸业，有一对父子是不能不提的。这父子二人在齐国由弱到强的发展过程中，尽管位极人臣，却以高尚的品格和过人的才智辅佐齐国灵、庄、景三位君主，为齐国奉献了一生。这对父子就是晏弱和晏婴。

晏弱，也就是晏桓子。作为春秋时期齐国的大夫，他在齐顷公、齐灵公时担任正卿一职。何为正卿？这一官职相当于执政大臣和军事最高指挥官。无论是古代还是现代，这都可以称之为要职。从关于他的不多的史料中可以看出，晏弱是一个极具才能且目光远大的人。

据史料记载，齐顷公七年（前592年），晏弱作为齐国的外交大臣到晋国会盟，结果半路上被晋国抓去了，后来他巧妙地说服了晋人，使自己得以被放回。这可以看出他的外交才华。齐灵公在位时，晏弱不但表现出外交才能，也表现出军事才能。齐灵公继位后，尽管在强晋面前臣服，但一直想扩张自己的势力。

齐灵公十五年（前567年），齐灵公因小国莱（今龙口市东南）不应召来见，于是晏弱和叔夷为将军，率兵灭莱。同年冬，晏弱率军破莱国，占领了现在山东省平度的大部分土地，莱国从此成为齐国的一个城邑。可以说，这一时期的齐国呈现了中兴之势。为此，周天子不但封赐齐国，还向齐灵公求联姻。极具政治眼光且深谋远虑的晏弱力劝齐灵公，借助于联姻加强齐国的政治影响。可以说，尽管晏弱辅政时，齐国相对衰弱，但他凭着过人的谋略让齐国于强晋的压迫下仍得以不断发展。

齐灵公二十六年（前556年），晏弱病死，他的儿子晏婴继任为上大夫。从走进齐国朝堂的那一天起，晏婴先后辅佐了灵公、庄公、景公三位国君。所谓“虎父无犬子”，相比于他的父亲晏弱，晏婴做到了“青出于蓝而胜于蓝”。在辅政五十多年的时间里，对内，他以独特的胆识和人品，敢犯颜直谏，匡正君过，尚俭倡廉，勤政爱民；对外，他以过人的机智周旋于各诸侯国之间，推行“弭兵息战”的睦邻主张。作为一名千秋传颂的名相，晏婴以高尚的人格使国君显赫于世，为齐国在诸侯中发挥影响起到了巨大作用。

我们来看晏婴在辅佐齐君在对内统治中发挥的作用。首先，他敢于犯颜直谏，从而让君主保持清醒，使君主得以矫正过错，让齐国的政治能保持清明。晏婴上任时，已经是齐灵公在位的后期。灵公是怎样的一个人呢？就历史上的描述来看，这是一位特别喜欢玩乐的君主，而且爱好比较独特——他喜欢身边的女性都穿男装。正所谓“上有所好，下必甚焉”。齐灵公的这种喜好传播到了民间，结果全国上下的女性都开始穿男装了。

无奈之下，齐灵公就派官吏去禁止，甚至明确规定：“女子而男子饰者，裂其衣，断其带”。意思是，如果女子穿了男子的衣服，那就要撕破她的衣服，割断她的腰带。遗憾的是，即便是这样的禁令，也没能禁止民间女性对于穿男装的热爱。年轻的晏婴随即犯颜进谏，指明原因：禁令之所以没人遵守，恰恰是因为国君当面一套，背后一套——你不让民间妇女这样穿，可王宫内却提倡宫女着男装，这当然不能服众了。他明确地告诉齐灵公，要想让民间不再女着男装，首先就要从整肃宫廷开始。齐灵公听从晏婴的谏言，下令让宫女停止穿男装。果然，民间女性穿男装的行为就停止了。

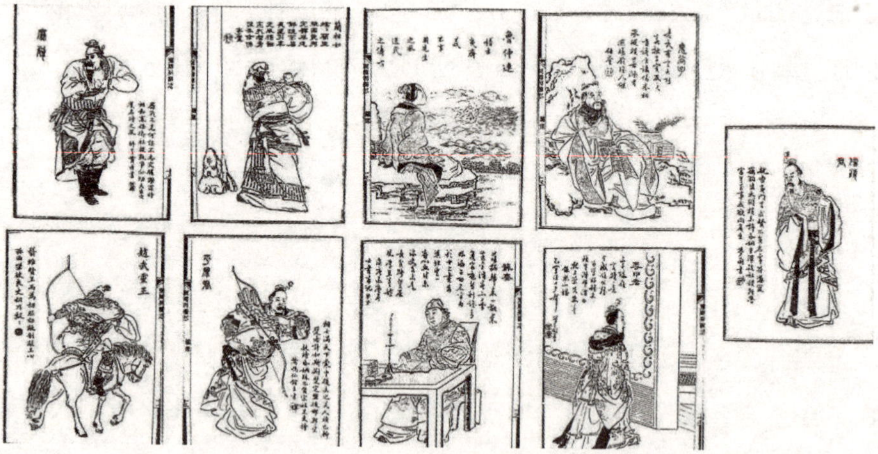

《东周列国志》人物（绣像画）

这是晏婴首次直言进谏，齐灵公虚心纳谏了。由此，开始了君臣相得的佳话。正是由于齐灵公能采纳晏婴的谏言，齐国不但得以在尊晋国为霸主的前提下生存，而且还得以拓展自己的疆域。

齐灵公在攻灭莱国以后的数年里，变得极其骄纵，对复兴齐国霸业充满期待。于是，他开始对势力不如自己的小国施加压力。与齐国邻近的鲁国首先受到冲击。然而，鲁国虽然国力逊于齐国，但由于是周礼的源起国，因此在当时的诸侯国中有着相当尊崇的地位。当齐国进攻鲁国时，晋国率领诸侯联军火速驰援，反而将齐国军队追赶到临淄城下。这下子，齐灵公意识到自己犯了严重的政治错误。一面是以晋国为首的诸侯大军的围攻，一面是在晋国为人质的公子光被争权夺利的大夫崔杼偷偷接回，被拥立为太子。随后，齐灵公羞愤之下病死。

齐庄公二年，晏婴劝谏齐庄公到澶渊与晋平公会盟，双方达成和平盟约，重新确立了晋国与齐国的盟友关系。这一策略暂时稳定了齐国政局，使齐国得以获得喘息。

齐庄公死后，他的弟弟公子杵臼即位。这就是齐景公。景公时，身为上大夫的晏婴主持国政。他生活节俭，谦恭下士，对内匡辅国政，屡次劝谏景公，拔擢贤才。齐景公在位五十八年，是齐国历史上统治时间最长的国君。他使齐国在短短的几年间由乱入治，人民生活得到了较大的改善，综合国力得到提高，这些都与晏婴的直言进谏密不可分。

在外交上，晏婴更是在出使他国时，机敏善辩，不辱使命，使齐国名扬于诸侯。

齐景公统治时期，晋国谋划攻打齐国，于是派大夫范昭出使齐国，以查探齐国的形势。在齐国盛宴款待范昭的席间，范昭借着酒劲要求齐景公给自己一杯酒喝，齐景公让侍从将酒倒在自己的杯中给他。没想到，范昭毫不客气地就着齐景公的酒杯将酒一饮而尽。就当时的礼节而言，君臣应是各自用各自的酒杯，臣子用君主的酒杯喝酒，是极其无礼的行为，是对君主的不敬。一旁的晏婴厉声命令侍从马上将酒杯扔掉，再为齐景公换一个。范昭这样做的目的就是试探对方的反应。没想到，晏婴识破了他的伎俩。于是，范昭回国后告诉晋平公，此时不是攻打齐国的时机，因为齐国有晏婴这样的贤臣，己方没有胜利的把握。这件事正是晏婴机谋的真实写照。

此外，晏婴在出使诸侯国时，更是以自己的随机应变，多次不辱使命，维护了齐国的尊严。一次，晏婴奉命到楚国出使。在当时，楚国可谓诸侯中的霸主。楚国君臣针对晏婴身高不足五尺这一特点，想借羞辱他以羞辱齐国，于是，当晏婴到达楚国时，楚国人不开城门，而是让他从城门边的狗洞中进来。晏婴一笑，告诉楚国人，出使狗国的人从狗门出入，出使人国的人从人门出入。然后反问对方，自己究竟出使的是人国还是狗国呢？结果楚国人为了不自取其辱，不得不大开城门，迎接晏婴入城。

以人为宝，终圆霸主梦

自齐桓公开始，田氏的势力越来越大。公元前490年，齐景公病逝。不久，田乞发动宫廷政变，拥立公子阳生为国君，这就是齐悼公。公元前485年，田乞的儿子田恒唆使大夫鲍息将齐悼公杀死，公子壬即位成为国君，他就是齐简公。公元前481年，田恒发动政变，拥立齐简公的弟弟公子骜为国君，这就是齐平公。从此之后，田恒独揽齐国大权，田氏家族在此后的齐平公、宣公、康公三代中成为实际上的统治者。公元前357年，那位讳疾忌医的田齐桓公去世，田因齐继位，他就是齐威王。

齐威王在史书上以善于纳谏、任用能人、励志图强而著称。他在位时，任用邹忌为相，田忌为将，孙膑为军师，进行政治改革，针对卿大夫专权、国力不强之弊，赏罚分明，齐国的国力日强，后经桂陵、马陵两役，大败魏军，齐国开始称雄于诸侯，成为战国七雄之一。下面，我们就一起来看一看，齐威王是如何以人为宝，进而称雄诸侯的。

邹忌原本是齐国的一名琴师。后来，齐威王想改革图强，就四处招揽人才，于是邹忌就鼓琴自荐，后被齐威王任命为相国。邹忌不但长相出众，而且富有才干，极具君子之风。同时，他还特别擅长劝谏。他不但劝说齐威王奖励群臣吏民进谏，而且力主修订法律，监督官吏，严明赏罚，并选荐得力大将坚守四境，因此愈发受到齐威王的信任。要知道，良药苦口，忠言逆耳。历史上不少臣子尽管忠诚，但不擅劝谏，结果死于帝王之手。邹忌之所以可以劝谏齐威王采纳忠言，就在于他在劝谏时极其委婉，让齐威王接受并认同。下面这个耳熟能详的故事，就表现了他擅于劝谏的特点。

一次，邹忌照镜子的时候，问他的妻子，自己和国都内著名的美男子徐公相比，哪一个更美？妻子说当然是他了。他又问自己的妾同样的问题，妾说徐公根本比不上他。他又用相同的问题问来拜访的客，对方也说他比徐公美多了。晚上，邹忌躺床上想啊想，想明白了一个道理：妻子说自己美，是因为偏爱自己；妾说自己美，是害怕自己；客人说自己美，是因为有求于自己。

于是第二天，他面见齐威王时，就将这件事讲给齐威王听，然后劝谏齐威王，说自己是一个臣子就受到这么多的蒙蔽，那么作为一国之君，齐威王受到的蒙蔽肯定更多了。于是，齐威王采纳了他的建议，鼓励臣子百姓指出自己的过错，并给予相应的奖励。自此，齐威王不断修明政治，不但国内清明，还让诸侯敬服。

田忌是齐威王手下的一员大将，他一生勇猛善战，知人善任，宽宏大量，是齐国的中流砥柱。可以说，齐国能成为战国七雄之一，田忌贡献巨大。作为一名军事统帅，田忌并非一味地勇猛，而是特别善于思考。著名的田忌赛马的故事就体现了他的这一特点。

公元前354年，赵国攻伐魏国的盟国卫国，魏国为了帮助卫国，就派兵包围了赵国的首都邯郸（今河北邯郸）。赵国派人向齐威王求救。齐威王命田忌、孙膑率军援救。一方面，孙膑采用“围魏救赵”的计策，率军围攻魏都大梁，使得魏将庞涓赶回援救。另一方面，孙膑却在桂陵设下埋伏，大败魏军，生擒庞涓。这就是著名的桂陵之战。

桂陵之战虽然让魏国元气大伤，但并未动摇其根本。经过几年的休养生息，魏国又开始了对外扩张，打算一雪前耻。公元前343年，魏国为了补偿在桂陵之战中的损失，发兵攻打韩国。这一次，魏军的领军人物又是庞涓。韩国战败，急忙向齐国求援。齐国答应了，但还在寻找合适的时机。然而，得到齐国承诺的韩国人则信心倍增，于是和魏军再次交战，结果惨败。情急之下，韩国再次向齐告急，恳请齐国赶紧发兵。此时，齐威王和孙膑都认为魏、韩双方均已人困马乏，出兵的时机到了。于是，齐威王任命孙膑为军师，田忌为主将，直取大梁。

对于一而再，再而三破坏自己好事的齐国，魏国人这回决定要好好教训一下他们，以免以后他们又来坏自己的好事。于是，魏军放过韩国，直扑齐军。孙膑在认真研究了战场地形条件之后制订了“减灶诱敌，设伏聚歼”的作战方针。在马陵之战中齐军大败魏军，庞涓羞愤之下自尽，太子申被俘。

此战之后，魏国遭受重创，不但动摇了其国本，其军事实力也被削弱，同时由于秦国的趁火打劫，使其彻底失去了独霸中原的能力。无奈之下，魏国不得不选择与韩等诸侯国联盟而一同抵抗齐国和秦国的进攻。不同于魏国，齐国不但因此战而威望上升，同时在此战之后迅速发展起来，成为当时数一数二的强大国家，再次称霸于东方。

名篇精选

晏平仲婴者，莱之夷维人也。事齐灵公、庄公、景公，以节俭力行重①于齐。即相齐，食不重肉②，妾不衣③帛。其在朝，君语及之④，即危言⑤；语不及之，即危行。国有道，即顺命⑥；无道，即衡命⑦。以此三世显名于诸侯。

越石父贤，在缧绁[8]中。晏子出，遭之涂，解左骖[9]赎之，载归。弗谢，入闺[10]。久之，越石父请绝。晏子戄然[11]，摄[12]衣冠谢曰："婴虽不仁，免子于厄[13]，何子求绝之速也？"石父曰："不然。吾闻君子诎于不知己而信[14]于知己者。方吾在缧绁中，彼不知我也。夫子既已感寤[15]而赎我，是知己；知己而无礼，固不如在缧绁之中。"晏子于是延入为上客。

晏子为齐相，出，其御之妻从门间而窥[16]其夫。其夫为相御[17]，拥[18]大盖，策驷马，意气扬扬，甚自得也。既而归，其妻请去[19]。夫问其故。妻曰："晏子长不满六尺，身相齐国，名显诸侯。今者妾观其出，志念[20]深矣，常有以自下者。今子长八尺，乃为人仆御，然子之意自以为足，妾是以求去也。"其后夫自抑损[21]。晏子怪[22]而问之，御以实对。晏子荐以为大夫。

——《史记·管晏列传》

【注释】

①力行：努力工作。重：重视。②重肉：两味肉食。③衣：穿。④语及之：问到他。⑤危言：正直地陈述己见。⑥顺命：服从命令去做。⑦衡命：斟酌命令的情况去做。⑧缧绁：拘系犯人的绳子。引申为囚禁。⑨骖（cān）：古代一车三马或四马，左右两旁的马叫骖。⑩闺：内室。⑪戄然（jué rán）：惊惧、慌张的样子。⑫摄：整理。⑬厄：灾难。⑭诎：通"屈"，委屈。信：通"伸"，伸展，伸张。⑮感寤：感动醒悟。寤，通"悟"。⑯御：车夫。门间：门缝。窥：暗中偷看。⑰御：驾车。⑱拥：遮、障。⑲去：离开。此指离婚。⑳志念：志向、抱负。㉑抑损：谦恭、退让。抑，谦下；损，退损。㉒怪：感到奇怪。

【译文】

晏平仲，名婴，是齐国莱地夷维人。他一生辅佐了齐灵公、庄公、景公三代国君，由于俭朴又努力工作，在齐国极受民众尊重。他做了齐国宰相，食不兼味，妻妾不穿丝绸衣服。在朝廷上，国君说话提到他，就正直地陈述自己的意见；国君的话不涉及他，就正直地去办事。国君能行正道，就顺着他的命令去做，不能行正道时，就对命令斟酌着去办。因此，他在齐灵公、庄公、景公三代，名声显扬于诸侯国之间。

越石父是个贤才，因犯罪被囚禁。晏子外出，在路上遇到他，就解开拉车的马，将他赎出来，用车拉回家。晏子没有向越石父告辞，就走进内室，过了好久都没出来，越石父就请求与晏子绝交。晏子大吃一惊，匆忙整理好衣帽道歉说：“我即使说不上善良宽厚，也总算帮助您从困境中解脱出来，您为什么这么快就要求绝交呢？”越石父说：“不是这样的，我听说，君子在不了解自己的人那里会受到委屈，而在了解自己的人面前意志就会得到自由伸张。当我在囚禁之中，那些人不了解我。你既然已经信任我，把我赎买出来，这就是了解我；了解我却不能以礼相待，还不如在囚禁之中。”于是晏子就请他进屋待为贵宾。

晏子做齐国宰相时，一次坐车外出，车夫的妻子从门缝里偷偷地看她的丈夫。她丈夫替宰相驾车，头上遮着大伞，挥动着鞭子赶着四匹马，神气十足，洋洋得意。不久回到家里，妻子就要求离婚，车夫问她离婚的原因，妻子说：“晏子身高不过六尺，却做了齐国的宰相，名声在各国显扬，我看他外出，志向思想都非常深沉，常有那种甘居人下的态度。现在你身高八尺，才不过做人家的车夫，看你的神态，却自以为满足，因此我要求和你离婚。”从此以后，车夫就谦虚恭谨起来。晏子发现了他的变化，感到很奇怪，就问他，车夫也如实相告。晏子就推荐他做了大夫。

【词句撷英】

1. 意气扬扬：神气十足，洋洋得意。
2. 自以为足：自以为很满足。

楚国的兴衰

正所谓“枪打出头鸟”，桂陵之战让齐国趁势崛起，也让南方霸主楚国感到自己的地位被挑战，于是楚国迅速出兵击败了齐国，而且迫使齐国求和。楚国凭什么如此气势逼人呢？楚庄王之后，楚国又经历了怎样的发展历程呢？让我们一起来看一看楚国的复兴之路。

吴起变法楚复兴

前文我们说过，春秋时期，楚庄王任用孙叔敖等贤臣让楚国具备了问鼎中原的能力，随后于邲之战大败晋国，进而楚国称霸，由此开创了春秋时期楚国最鼎盛的时代。楚庄王二十三年（前591年），楚庄王去世。在他之后的楚共王、楚康王、楚灵王、楚平王均无大的建树，这导致楚国在之后的几十年中国力直线下降。到了楚昭王、楚惠王、楚简王时期，经历了吴师入郢之乱的楚国，经楚昭王治理开创了中兴的局面，又经过楚惠王和楚简王的努力，国势得以迅速复苏，继而成为一方强国。然而，到了楚声王时，由于君主的无能和穷兵黩（dú）武，造成社会动荡不安，国事积弊日深。

楚悼王继位时，楚国已经处于极度困窘的境地。对外，赵、韩、魏三国先后联手，于楚悼王元年（前401年）和楚悼王十一年（前391年）进攻楚国。楚国为了自保，不得不与秦国联手，与这三国联军进行了拉锯战。而赵、韩、魏三国也转而与齐国联手，从而严重地威胁到了楚国的安全。对内，屈、景、昭三家大贵族身居要职，却不能帮其分忧，楚悼王缺少可以为其分忧的能臣。在这种情况下，想到昔日祖父楚惠王在位时楚国的盛况，心怀一腔抱负的楚悼王渴盼着良才，以助自己摆脱眼下的困境。就是在这样的情况下，吴起出现了。

你可能会问：这个吴起和前文提到的魏国的那个吴起是同一个人吗？他不是在魏国吗，怎么又跑到了楚国呢？没错，就是那个吴起。说起来，吴起之所以从魏到楚，其中颇有一番波折。

吴起在魏国创建了武卒制，让魏国的军事力量大增，进而使魏文侯拥有了一支无敌劲旅。吴起本人率领着这支劲旅不但抵御了秦国对魏国的进攻，而且还对外讨伐齐国，维护魏国的尊严。可以说，一时之间，他在魏国是风头正劲。然而，“木秀于林，风必摧之”，很快，吴起就继在鲁国被逐后，不得不再一次离开了魏国。

吴起是一个特别有野心的人。魏武侯时期，魏国设立了国相一职，首任国相就是号称“战国四君子”之一的孟尝君田文。吴起本人文武双全，自认为自己可以担此重任。为此，他曾心存不服地与田文当面争论，而田文告诉他，唯有自己才能帮魏文侯建立起威信，吴起的资历还不行。吴起细想的确如此，便心服口服地做了一名领兵的将军。田文去世后，公叔痤继任国相。当时的吴起任西河（今陕西渭南合阳一带）郡守，具有极高的威望，负责固守西河，屏障魏国，拒秦军于国门之外的重任。

公孙痤（cuó）这个人虽有知人之明，为人却比较自私。他非常嫉妒吴起，担心他有朝一日会危及自己的地位，就想除掉这个潜在的对手。于是公叔痤采用了一个手下的建议，告诉当时的魏国国君魏武侯，声称吴起有大才，魏国国小，不一定能留住他。国君若想将吴起长期留在魏国，不妨将一位公主许配给他。魏文侯欣然允诺。

随后，公孙痤邀请吴起到自己的家中做客。公孙痤的夫人就是魏国的公主。当吴起来到公孙痤家时，公孙痤故意让吴起看到公主发怒时轻慢他的样子。结果，当魏武侯提出要将公主嫁给他的时候，吴起想到了在公孙痤府上见到的那一幕，因此辞谢了魏武侯。因为有公孙痤此前的一番话，魏武侯便开始怀疑吴起，并不再信任他。高傲的吴起也因为拒绝了魏武侯的好意，担心魏武侯降罪于自己，于是就主动离开魏国，投奔了楚国。

吴起的到来让求贤若渴的楚悼王大为惊喜。他先是任命吴起为宛城太守，一年后提拔他做了令尹。令尹，是春秋战国时代楚国的最高官职。身居此位的人对内主持国事，对外主持战争，总揽军政大权于一身。可以说，这是一个一人之下万人之上的职位。身居此位的吴起如鱼得水，开始针对楚国的现状进行了政治、法律、军事等方面的改革。

吴起在魏国亲眼看到了李悝变法对魏国崛起的意义，深知法治的重要性，于是在变法中首先制订相应的法令，并将之公布于众。其次，吴起根据自己在做宛城太守一年间的调查，认为楚国贫国弱兵的根源是“大臣太重，封君太众”。简单地说，就是贵族势力太强大，官员无所作为。于是，他改革的第二项内容就是削减贵族的爵禄，废除贵族世卿世禄制，将国内贵族充实到地广人稀的偏远之处；淘汰并裁减无关紧要的官员，削减官吏的俸禄，将节约的财富用于强兵；大力整顿吏治，纠正楚国官场损公肥私、谗害忠良的不良风气，使楚国群臣将个人荣辱与国家紧密关联起来，进而一心为国效力。最后，他还加强军事训练，提高军队的战斗力，打造了一支勇敢善战的军队。

总之，他要在楚国打造一个公而忘私、富有战斗力的全新的统治机构。在楚悼王的支持下，吴起变法很快取得了成效，楚国政局立时为之一变。

经过吴起变法后的楚国国力大增。随后，楚国一方面开始了开拓疆域的行动，向南攻打百越，将疆域扩展到洞庭湖、苍梧郡一带。另一方面，楚国加强与各国之间的关系。公元前383年，赵国进攻卫国，卫国大败，差一点儿亡国。无奈之下，卫国向魏国求救。第二年，魏国出兵攻打赵国，援助卫国，夺取了卫国的河东之地，进而攻到了黄河。赵国向楚国求救，楚军和赵军联手，大败魏军，震动了各国诸侯，达到了“兵震天下，威服诸侯”的效果。各诸侯看到了楚国的强大，产生畏服之心，从而使楚国成为战国七雄之一，也成就了楚悼王的霸业。

吴起的变法挽救了楚国的危亡，让楚国在经济、军事等方面得到了一定发展，国力逐渐强盛，尤其是在军事上。然而，吴起变法也让吴起本人招致楚国贵族的怨恨，给自己埋下了杀身之祸。公元前381年，楚悼王病死，旧贵族发动叛乱，吴起死于乱箭之下。

怀王轻信误楚兴

楚悼王去世后，继任楚国君主的是他的儿子楚肃王。楚肃王在位仅十一年就去世了，之后他的弟弟楚宣王即位。楚宣王在位三十年，在位期间他虚心纳谏，在国内持续进行改革，增加国家的财力，采取休兵息民的政策，保持楚国的实力。对外，他密切关注形势，抓住一切有利时机，开展激烈的兼并战争，不断扩大楚国的疆域。可以说，他在位时，楚国达到战国时期最强盛的局面，为后来的楚威王和楚怀王进行的争霸打下了坚实的基础。

楚宣王去世后，楚威王继位。他以恢复楚庄王时代的霸业为志业，力图使楚国冠绝诸国之首。他在位期间，楚国的经济、军事得到了迅速的发展，疆域得到了空前的扩张。楚怀王即位时，楚国经过前几位君主的开疆拓土和将近六十年的休养生息，成了当时国土面积最大的诸侯国，也是物产最丰富、人口最多、军队最强盛的国家，国势达到顶峰，和先后崛起的齐、秦两国并列为战国时期的三大强国。

刚继位时，楚怀王充满了雄心壮志，希望楚国在他的治理下更富强。当时，楚国的世族贵胄中又形成了昭、屈、景三大家族。这三大家族把持朝政，触角延伸到楚王廷的内部，形成尾大不掉之势。面对这种现状，楚怀王决定任用屈原等人进行改革，抑制楚国的贵族集团。

屈原　傅抱石绘

屈原为楚国的左徒，他出身于屈氏世家，少年时受过良好的教育，博闻强识，志向远大。公元前320年，身为县丞的屈原应楚怀王之召进京，从此成为楚怀王的左徒，处理楚国的内政外交，深得楚怀王信任。多次出使他国的经历让屈原认识到，相比中原国家，楚国的政治体制过于落后，其中存在太多的弊端，不利于楚国的生存和发展。因此，楚国要富国强兵，得到进一步的发展壮大，就必须改革。于是，他积极支持楚怀王改革的想法。

公元前317年，屈原开始进行变法改革，并制订了各种法令。这些法令包括：奖励耕种，以增加赋税；加强军事战备，富国强军；举荐贤能，破除官员与百姓之间的沟通障碍，以便君主可以清晰明快地了解民生疾苦；禁止官员之间结党营私；移风易俗，以法律的形式杜绝不良风气。

屈原的改革使楚国一度出现了国富兵强的局面，但如同吴起变法一样，改革再次触动了贵族和世家的利益，遭到了贵族们的抵抗。为了阻止屈原改革，他们施展各种手段污蔑诋毁屈原。而楚怀王这个人脾气随和，缺乏一个君主应有的杀伐决断，而且做事过于优柔寡断，极易受朝臣的蛊惑。他听信了这些谗言，开始慢慢疏远屈原。最终，遭贵族排挤毁谤的屈原被贬谪、流放。

楚怀王统治晚期，诸侯间的合纵连横形势更加紧迫，楚国除了要与齐国和秦国竞争，还要面对众多邻国的侵扰。由于楚国势力强大，其他诸侯国就采取合纵的策略，联手打击楚国，因此楚国的处境日益艰难。公元前301年的垂沙之战中，齐、韩、魏三国联军进攻楚国方城（今河南叶县）。双方对峙了半年后，楚将唐昧放松了警惕，被三国联军钻了空子，导致楚军大败，自己战死。与此同时，他的部下庄蹻（qiāo）乘机率众起义，攻破郢都（今湖北江陵市）。至此，楚国四分五裂，由此衰落了下去。

公元前300年，因为楚国攻打韩的庸氏，秦国派兵攻打楚国，楚军惨败，失去了战略要地襄城（今河南襄城）。楚怀王心生恐惧，不得不与齐国修好，甚至将太子横派到齐国做人质。与此同时，秦国也在讨好齐，将秦昭王的亲弟弟泾阳君派到齐国做人质，结果秦、齐两国由对立转为交好。

这下，楚国陷入了尴尬的境地。楚怀王三十年（前299年），秦国在

稳住了齐国后，就开始对楚国采取软硬兼施的政策。秦国一方面手持大棒，对楚国攻城略地；另一方面与楚国修好，不断追忆两国曾经的“甜蜜时光”，进而邀请楚怀王到武关会盟，共商两国友好大计。犹豫不决的楚怀王听信了令尹子兰不能违背秦国好意的建议，赴武关会盟，结果被劫持到了秦都咸阳，被要挟先割地，后结盟。楚怀王断然拒绝，遂被秦国扣留。

楚国国内闻知此信，在君王拘于秦，太子质于齐的情况下，不得不诈称楚怀王死，向齐国报丧，将太子横迎回楚国，立为新君，这就是楚顷襄王。此后，秦国出于报复心理，发兵出武关攻楚，楚国大败，再次受到沉重打击，丧失了战国七雄的地位。

名篇精选

吴起为西河守，甚有声名。魏置相，相田文。吴起不悦，谓田文曰：“请与子论功，可乎？”文曰：“可。”起曰：“将三军，使士卒乐死，敌国不敢谋，子孰与起①？”文曰：“不如子。”起曰：“治百官，亲万民，实府库，子孰与起？”文曰：“不如子。”起曰：“守西河而秦兵不敢东乡②，韩赵宾从③，子孰与起？”文曰：“不如子。”起曰：“此三者，子皆出吾下，而位加④吾上，何也？”文曰：“主少国疑⑤，大臣未附，百姓不信，方是之时，属⑥之于子乎？属之于我乎？”起默然良久，曰：“属之子矣。”文曰：“此乃吾所以居子之上也。”吴起乃自知弗如田文。

——《史记·孙子吴起列传》

【注释】

①子孰与起：您跟我比，哪一个更好？孰与，与……比，哪一个……。②不敢东乡：不敢向东侵犯。乡，同“向”，面对着。③宾从：服从、归顺。实为结成同盟。④加：任，居其位。⑤主少国疑：国君年

轻，国人疑虑。⑥属：同“嘱”，委托、托付。

【译文】

吴起做西河太守时，取得了很高的声望。魏国设置了相位，任命田文做国相。吴起很不高兴，对田文说：“请让我与您比一比功劳，可以吗？”田文说：“可以。”吴起说：“统率三军，让士兵乐意为国去死战，敌国不敢图谋魏国，您和我比，谁好？”田文说：“不如您。”吴起说：“管理文武百官，让百姓亲附，充实府库的储备，您和我比，谁行？”田文说：“不如您。”吴起说：“拒守西河而秦国的军队不敢向东侵犯，韩国、赵国服从归顺，您和我比，谁行？”田文说：“不如您。”吴起说：“这几方面您都不如我，可是您的职位却在我之上，是什么道理呢？”田文说：“国君还年轻，国人疑虑不安，大臣不亲附，百姓不信任，正当处在这个时候，是应把政事托付给您呢，还是应当托付给我？”吴起沉默了许久，然后说：“应该托付给您。”田文说：“这就是我的职位比您高的原因。”吴起这才明白自己这方面不如田文。

【词句撷英】

主少国疑：国君还年轻，国人为此疑虑不安。

赵国的称霸之路

王国维在《宋元戏曲考》中称，元代戏剧家纪君祥的《赵氏孤儿》“即列于世界大悲剧中，亦无愧色也”。这部杂剧究竟何以感动世人，讲述了一个怎样的悲情故事呢？实际上，这个故事取材于《史记》中记载的春秋战国时期发生的一个悲壮的故事。这个故事不但可以让我们看到忠、勇和义，更让我们看到赵国兴起的铁血历史。

那么，作为战国七雄之一，赵国是如何一步步称霸诸侯的呢？

赵武灵王胡服骑射

当初，赵襄子坚持让三家分晋，之后赵氏得以发展。赵襄子死后，他的弟弟赵桓子、侄子赵献子先后做了国君。直到赵献子的儿子赵籍继位，赵国才算正式立国。赵籍就是赵烈侯。赵烈侯可以说是一位贤明的君主。他在位时重用公仲连等良臣，在他们的辅助下，赵烈侯举贤任能，施行仁政，使赵国得以不断发展。

赵烈侯去世后，他的弟弟赵武侯和儿子赵敬侯先后在位。尤其是赵敬侯在位初期，尽管他安于享乐，却由于深谙用人之道，因此赵国的国内和国外都相当平稳，而且还通过对卫国、魏国的一系列战争积极向外扩展，进一步巩固了都城邯郸的地位。在他之后的赵成侯，更是开展了向周围邻国大规模扩张的行动。赵成侯去世后，太子赵语继位，他就是赵肃侯。

赵肃侯不但对内平定叛乱，而且对外征战他国。他戎马一生，连续征战近二十四年，以能征善战闻名于诸侯，让赵国在狼烟四起的战国兼并战争中稳住局势，基本保全基业，俨然成了北方的霸主。对于赵、韩、魏三家而言，他于魏国的百年霸业日渐衰落之时，将三晋的领导大旗扛起，从而挡住了齐、楚、秦的进攻，因此，对当时的各个诸侯国而言，他是一个值得尊重的同盟或对手。其后，属于赵武灵王的新篇章悄然开启。

赵肃侯戎马一生，为其子赵武灵王树立了为人君的榜样。因此，当赵武灵王继位后，他如同他父亲一样，大刀阔斧地进行了改革，让赵国顺利称霸。

赵武灵王继位时，赵国正面临着一场由魏国主导的危机。原来，赵肃侯在世时，听从说客苏秦的建议，借助于合纵的策略多次打击魏国。此举虽然削弱了魏国的势力，但也为赵国进军中原之路设置了一个沉重的障碍。因此，当他死后，魏国联合楚、秦、燕、齐，各带一万精兵，借着参加葬礼的名义伺机攻袭赵国。

当时，只有十五岁的新君赵武灵王在托孤重臣肥义的帮助下，采取了针锋相对的强硬措施，面对这些居心叵测的吊唁使者摆出了决战之势。对内，赵武灵王宣布全国进入戒严状态，准备随时战斗；对外，赵国一面联合位于秦、魏、楚、齐之间的韩、宋两国，使来犯的这四个国家处于两面受敌或者三面受敌的被动局面，一面以重金贿赂越王无彊、楼烦王，使之分别攻打楚国和燕、中山（中山是齐国的傀儡），分散楚、齐两国的注意力。

如此一来，赵、韩、宋联军仅需应对魏、齐、秦集团就可以了。当来参加葬礼的五国军队到达赵国边境时，他们受到合乎礼节的接待，但仅被允许携带各国国君的吊唁之物入境。最终，这五国的来使看到赵国重兵待客，戒备森严，局势于己方不利，就打消了火中取栗的企图。

年少的赵武灵王经受住了身为君王的第一次考验。而对这次考验的应对，也展现了这位君王的睿智和雄才大略，也使各诸侯国意识到赵国不可小觑。紧接着，赵武灵王不负所望地让诸侯们看到他是如何一步步清除祸患、拓展疆域的。

赵武灵王首先将目光锁定了中山国。前文我们提到，中山国是齐国的傀儡。这个小国如同钉子一般楔在赵国的心脏地带，除东北角一小块与燕国接壤外，其余部分都被赵国环抱着。它的存在，使得赵国的代郡、邯郸、上党郡与旧都晋阳（今山西太原西南）隔开，难以沟通，导致赵国的领土处于四分五裂的状态。同时，中山是一个游牧民族建立的国家，有“千乘之国”之称，其骑兵特别彪悍凶猛，给赵国的国家安全和统一带来了极大的威胁。加之它与邻近的齐国、燕国相勾结，使赵国几代君王的图强大业受限。早在赵武灵王的父亲赵肃侯时，赵国就在解决中山的问题上受挫。现在赵武灵王认为，是时候拔掉这个钉子了。

考虑到中山国的优势在骑射上，赵武灵王进行了历史上有名的“胡服骑射”改革。什么是胡服骑射？顾名思义就是穿胡服，学习骑射技术。如前文所说，赵国的几代君主都苦于灭中山而未果，赵武灵王本人也曾率军与中山国打仗，屡战屡败。他经过仔细分析研究发现，胡人穿窄袖短袄，打仗的时候用骑兵、弓箭，相比中原的长衣和兵车、长矛，在两兵相接时更为灵活机动。于是，他也尝试性地组建了一支穿胡服、使用弓箭的骑兵。然后，他率领着这支人数不多却相当精锐的骑兵与中山国、楼烦和林胡等游牧民族骑兵发生过多次战斗，结果无一败绩。这一结果为胡服骑射的优势做了有力的宣传，大大地增强了赵国国民进行胡服骑射改革的信心。

紧接着，赵武灵王开始在全国提倡胡服骑射。当然，这期间肯定会遭到一些守旧老臣的阻挠，比如他的亲叔叔——宗室贵族集团的首领公子成。赵武灵王耐心地分析了胡服骑射的益处：一方面，胡服骑射可以改变赵国被动挨打的处境，更好地保护自己的国土和人民免受侵略；另一方面，胡服骑射可以一雪历代赵王之耻，报败于中山国的仇，在当前诸侯国之间战争不断的处境下，能更好地增强军事力量，应对变故。

结果，公子成第二天就穿胡服上朝。至此，赵国全国人民都接受了这项改革。随后，赵武灵王正式颁布法令：赵国全境实行胡服骑射，以能任官，国人抛弃长袍宽袖，改穿胡服；军队淘汰战车，改为练习骑马射箭。在此过程中，大批出身低贱和有戎狄背景的胡人受到重用。

在胡服骑射的改革过程中，赵武灵王招募大量胡人充实骑兵队伍，同时遵循以能任官的原则，借组建骑兵、选拔骑兵的机会，对赵国的步兵系统也进行了一次从上到下的大整顿，亲自选拔步兵将领，让许多有能力的人都得到了任用，将大批尸位素餐的宗室贵族裁撤，进而稳固地控制了赵国的军权，打造了一支战斗力强悍的精锐军队。

与此同时，赵武灵王的改革也让赵国的经济、政治发生了巨大的变化。在经济上，胡服骑射对赵国的经济结构造成了很大的影响，使之更趋近于游牧经济。在政治上，胡服骑射减轻了胡汉之间的隔阂，胡汉之间开始通婚，没有复杂背景且易于控制、出身于戎狄且能力超过宗室成员的大臣成了赵武灵王最重要的一批助手。而为了适应骑兵供给的需要，赵武灵王命人对全国的户籍和牛、马等大型牲口进行了普查，建立了可靠的管理体系。

在此过程中，还清查出宗室贵族和地主隐瞒的人口，扩大了国家掌握税源和劳动力的资源，极大地打击了赵国原有宗室贵族的荫亲体系，提升了王权，解决了赵国华夏族大臣与有戎狄背景的外族大臣之间的矛盾，消除了内部的矛盾冲突，减轻了对王权的威胁。经过一番励精图治，赵国最终成了名副其实的强国，位列战国七雄，并在信都的信宫（今河北邢台）大会天下诸侯，以昭示赵国的强大。

赵武灵王十九年（前307年），秦武王死，秦国内部因王位继承问题发生了纷争，楚国和越国之间爆发了战争，齐国和越国联手攻打楚国，结果楚国战胜齐越联军，齐国忙于应对楚国。秦、楚、齐、韩、魏、越等国处于连续混战的状态。赵武灵王乘势开始开疆拓土。他首先进军中山国，彻底控制了太行山的重要孔道井陉。接着，他又趁秦国人忙于内战的机会，西渡黄河，攻取了秦国与林胡接壤的榆中地区，由此对秦国形成压迫之势，获得了大量的良马，招募了大量的林胡勇士充实自己的骑兵。随后，他北向进军胡地，先是插手燕国内政，帮助在韩国做人质的燕国公子职（后来的燕昭王）回到燕国成为新的燕王，进而与燕建立稳固的联盟，破坏燕国与韩国对赵国的夹击盟约。此后在相当长的时间里，燕国都是赵国和秦国的稳固盟友。

前文说过，秦武王死后，赵武灵王除了趁机攻取了榆中地区，还一直密切关注秦国内部的局势，寻找插手秦国内政的机会。赵武灵王二十一年（前305年），秦国的内乱以宣太后的胜利而告终，赵武灵王认为插手秦国内政的时机到了。他派人告诉宣太后，他打算迎立宣太后的长子公子稷（jì）为新一任秦王。宣太后迫于形势，只好同意了赵武灵王的意见，立公子稷为新的秦王（即秦昭襄王）。但宣太后为了不让秦王稷受赵武灵王的摆布，将朝政掌握在自己的手里。

这一做法让赵武灵王插手秦国内政的想法付之东流。赵武灵王非常生气。此时，赵国已经占有了秦国北边的榆中、云中地区，而北部边境正是秦国国防上的软肋，赵武灵王打算从此进攻秦国。为了做到知己知彼，公元前298年，赵武灵王乔装打扮，随赵国的使臣入秦地考察，对秦国的朝臣和国内的情况进行了深入的了解。他甚至故意随使臣见了宣太后和当时在位的秦昭襄王。但赵国使臣对他恭敬的态度和他本人非凡的气度让宣太后母子产生了怀疑。尽管他动作迅速，还是差一点儿被秦国派出的精锐骑兵追上，结果一路狂奔回到赵国。

赵武灵王没有想到的是，此次潜入秦国考察，虽然自己真实地了解了秦国的情况，但也让宣太后和秦昭襄王对他忌惮不已，从而为赵国覆灭埋下了隐患。

赵武灵王二十五年（前301年），赵武灵王的第二任王后孟姚病逝。伤心欲绝的赵武灵王答应了她临终的请求：废掉长子——太子章，立她生的儿子王子何为太子。过了两年，赵武灵王传位于王子何（即赵惠文王），自号主父。他这样做的目的，是想让儿子担起国家的政治管理，而自己则可以专注于对外征战。

赵惠文王虽然年龄不大，却相当聪慧。在赵武灵王安排的辅政大臣肥义的教导下，经过三年的实践，赵惠文王治理国家已经有声有色。然而，赵武灵王的“神来一笔”却令其枉送了性命。

赵武灵王是一位杀伐决断的君主。然而，到了晚年，他却变得多愁善感起来。这直接导致他在对待公子章的问题上犯了大错。实际上，相比年幼的赵王何，公子章更像赵武灵王。他和赵武灵王一样体魄健壮，性格强悍，勇猛善战。在赵武灵王二十一年，不到十五岁的公子章就在赵武灵王的亲自指挥下统率中军取得了攻打中山的大胜利。此后，他多次随从赵武灵王出征，屡立战功，深受国人称颂。就算是被剥夺了太子之位，他也不曾抱怨，甚至比从前更加孝顺。

正是因为这些，赵武灵王目睹公子章在比自己小十几岁的弟弟面前俯首称臣，精神萎靡颓废时，倍感痛心。为了补偿公子章，赵武灵王不但经常和公子章同吃同住，让他享受和赵王何几乎相同的待遇，甚至封公子章为安阳君，派重臣田不礼辅佐公子章。

但赵武灵王没有想到的是，田不礼（原为齐国的失势贵族）竟然一直在寻找东山再起的机会。当他受任辅佐公子章时，他认为时机到了。于是，他经常对公子章言说，赵武灵王废长立幼的做法有违正道，经常对公子章表示同情。由于他不断煽风点火，原本已经接受了现实的公子章对赵武灵王产生了刻骨的仇恨，暗下决心要夺回原本属于自己的一切。

赵惠文王四年（前295年），正值壮年的赵武灵王产生了做中原霸主的想法。然而，此时，他手中已经没有了实权。为了获得重掌朝政的机会，赵武灵王怂恿公子章反抗赵惠文王。然而，这一切都被大臣肥义识破。最后，公子章被杀，赵武灵王被软禁于沙丘的王宫。三个月后，赵武灵王被活活饿死。

英武一世的赵武灵王就这样死于争位斗争中，然而，也正是他所建立的高度中央集权的体制牢固地保卫了赵王何的王权，让这次夺位之争不至于演变成全国性的叛乱，保存了赵国的实力。

将相合力辅明主

一生文治武功的赵武灵王就这样退出了历史舞台，尽管其结局令人扼腕，但历史不会因他的离去而驻足。在他之后，赵惠文王广召天下有才之士，从谏如流，赏罚严明，使得原本弱小的赵国在相当长的时期内在与强秦的较量中立于不败之地。例如，他破格提拔出身卑微的蔺相如为上卿，重用宗亲平原君、赵奢、大将廉颇等，对内整顿税收，使得“国赋大平，民富而府库实”；对外则对邻国不断用兵。

公元前283年，廉颇攻取了齐国昔阳（今河北晋州西北）。公元前270年，赵奢歼灭秦军八万，攻取齐麦丘（今山东商河西北）；公元前276年，廉颇于几邑（今河北大名东南）大败秦军，攻取了魏国的几邑。可以说，赵国在赵惠文王统治期间，成为在兼并战争中唯一能与秦国相抗衡的国家。而他之所以能做到这一切，是因为他是一位知人善任、善纳忠言的贤明君主，能在个人安危和国家利益发生冲突的时刻虚心听取臣下的谏言，以国事为重。由此，他获得了臣子的忠诚相待，最终才能君臣团结一心，一致对外，将赵国治理得井井有条，使赵国进入鼎盛期。

让我们一起来看一看他手下的一对文臣武将是如何冰释前嫌，合力辅佐明主，成就赵国霸业的。

蔺相如完璧归赵（绣像画）

蔺相如原本是宦官头领缪（miào）贤的门客。公元前283年，秦国的使者给赵国送来了一份秦昭襄王的国书。在国书中，秦昭襄王表示想用十五座城换赵国收藏的一块珍贵的“和氏璧”。实际上，秦国一直以来就是赵国的对手。答应对方要求的话，众人害怕上当；不答应的话，众人又怕激怒秦国，赵国君臣举棋不定。这时，缪贤就推荐了自己的门客蔺相如，说他是一个极有见识的人。于是，赵惠文王召见了蔺相如，向他寻求对策。蔺相如主动请缨，愿意带和氏璧去秦国，并表示了人在璧在的决心。结果，蔺相如果不负赵惠文王所望，机智勇敢地与秦王周旋，最终以“宁为玉碎，不为瓦全”的态度保全了和氏璧，也保全了自己，向秦国展示了赵国君臣的决心和力量，做到了“完璧归赵”。

由于蔺相如完璧归赵，不辱使命，赵惠文王封他为上大夫。秦昭襄王借玉生事的目的没达到，没过多久，就兴兵侵入赵国边境，甚至占领了一些地方。公元前279年，他又摆出一副和解的姿态，请赵惠文王到秦地渑池（今河南渑池县西）会见。除了大将廉颇，只有蔺相如主张赵惠文王赴约，理由是赵国不能向秦国示弱。于是，赵惠文王欣然决定冒险。蔺相如与他同行。在临出发前，除了安排重兵屯兵边境，以便接应，赵惠文王还接受廉颇的建议：“倘若自己三十日不还，则请立太子为王”，以此断绝了秦国扣留赵王作人质来要挟赵人的念头。

随后，赵惠文王在预定会见的日期与秦王在渑池相会。双方举行了宴会，一派和平地喝酒谈天。席中，秦昭襄王假借醉意，请赵惠文王给大伙弹支曲子，活跃活跃气氛。不但这么说，他还让人将瑟拿上来。赵惠文王推辞不过，只好勉强弹了一首曲子。没想到的是，秦国的史官竟然将这件事记录下来，还声称是秦王令赵王弹瑟。这种行为无异于将赵国置于秦国之下，是对一国之君的侮辱。然而，身为一国之君，赵惠文王就算再生气也不能发作。这时，蔺相如却拿了一个叫缶（fǒu）的乐器到秦昭襄王面前，执意请秦昭襄王敲几下助兴。秦昭襄王勃然变色，不理他。结果蔺相如厉声指责秦国欺人太甚，表示自己要血溅五步，刺杀秦王。无奈之下，秦昭襄王只好胡乱敲了几下缶。于是，蔺相如转过头，让赵国的史官将这件事记录为“秦王给赵王击缶”。秦赵双方的大臣就此争吵了起来。结果双方谁也没占到便宜。秦国纵然想武力相向，但一想到赵国陈兵边境，也不得不吞下这口恶气。

如果说完璧归赵中蔺相如的表现是传言，自己不曾亲见。这件事却是赵惠文王自己实实在在看到的。他更加欣赏蔺相如的胆识和才华，提拔他做了上卿（相当于宰相）。此举让老将廉颇很不服气，扬言要找机会侮辱蔺相如。

廉颇是赵国赫赫有名的战将，有“攻城野战之功”，脾气却很暴躁。他和秦国的白起、王翦，赵国的另一名大将李牧并称“战国四大名将”。赵惠文王十六年（前283年），廉颇带赵军伐齐，深入齐境，攻取阳晋（今山东郓城县西，这里原本是卫国领地，后来成为齐国的属地），威震诸侯，得以官拜上卿。赵惠文王二十二年（前276年），廉颇再次率赵军伐齐，攻陷几邑。第二年，廉颇攻魏，攻占了防陵（今河南安阳南二十里）、安阳城（今河南安阳县西南四十三里），可谓战功显赫。

蔺相如仅凭着嘴皮子利索，官位就能居于自己之上，对于廉颇来说，是可忍，孰不可忍。消息传到蔺相如那里，蔺相如并不因自己得到赵王的恩宠而骄傲，相反，他开始处处回避廉颇。然而，他的这种行为在别人眼中就是软弱的表现。结果，他手下的门客受不了了，纷纷向他请辞。蔺相如问明原因后，坦言自己之所以这么做全是出于国家利益的考虑，因为强秦之所以不敢进攻赵国，就是因为他和廉颇在。

这番话传到廉颇的耳中，廉颇感到特别不好意思，就赤裸着上身，背着荆条，在宾客的引导下到蔺相如的门前请罪——这就是历史上有名的“负荆请罪”的故事。经过这番变故，廉蔺二人不但和好，而且成为生死与共的朋友，全心全意地辅佐赵王，赵国“尝抑强齐四十余年，而秦不能得所欲”。什么意思呢？就是说赵国曾压制了齐国四十多年，而在此期间秦国却不能对赵国为所欲为。

父子昏庸，一朝皆失

赵惠文王三十三年（前266年），赵惠文王去世，太子赵丹即位，即赵孝成王。赵孝成王继位时，由于太过幼小，由其母赵威后掌权。相比赵惠文王在位时，赵国尽管还有蔺相如、廉颇、平原君辅助，但国力已经远非昔日。就在这一年，秦国再次向赵国用兵，攻取了赵国的三座城池。无奈之下，赵国不得不答应齐国的要求——以赵孝成王的弟弟长安君为质，换得齐国的帮助。两年后，赵威后去世。紧接着，赵国进入了风雨飘摇的时期。

赵孝成王四年（前262年），秦军进攻韩国，截断了上党郡（今山西长治）和韩国都城的联系，上党的形势相当危急。上党的郡守冯亭不愿向秦国投降，就把上党献给了赵国。到嘴边的肥肉被夺，秦国自然愤恨不已。赵孝成王六年（前260年），秦军包围上党。赵孝成王派老将廉颇率领二十多万大军去解救。廉颇屯兵长平，一面接应从上党逃出来的百姓，一面采取防御作战方式，任凭秦军如何挑衅，始终坚守长平不出。赵孝成王对廉颇此举非常不满，多次派人责备他，但廉颇不听令。秦国获知了这个消息，就派人到赵国施行反间计，扬言秦国不怕廉颇，就怕赵括。

赵括是谁？他是老将赵奢的儿子。此人从小就熟读兵书，但缺乏战场经验，不懂得灵活应变，实在无法担当大任。但赵孝成王中了秦人的反间计，临战换将，让赵括取代廉颇。而秦国这里则偷偷换上了老将白起做主帅。结果，好胜心切的赵括出兵作战，中了白起的诈败之计，全军被分割包围。在断粮四十多天后，赵括于突围中被射死，四十万赵军也在投降秦国后被活埋。

长平之战让赵国元气大伤，赵国岌岌可危。国内兵力缺乏，国外秦将白起正试图进攻赵都邯郸，攻灭赵国。此时，秦国的内斗又救了赵国。原来，当时秦国的宰相范雎忌惮白起的功劳，就以秦军疲劳，理应休整为理由，劝说秦王要求韩国割让垣雍、赵国割让六城，双方和解，秦昭襄王考虑后同意了。秦国的使者来到赵国，提交了秦国的停战和约。

赵孝成王打算按和约割让六城。大臣虞卿坚持认为，割地给秦不能挽救赵国的命数，因为赵“地有尽而秦之求无已”。他建议用这六城贿赂齐国，联齐抗秦。接下来，赵国采取了一系列外交措施，挽国家于危亡之中。在诸侯国间，赵孝成王一方面派虞卿出使齐国，和齐国商讨合纵抗秦计划；一方面和魏国订立盟约，将灵丘封给楚相春申君黄歇，结好楚国，对韩、燕极力示好。在国内，他积极发展生产，重整军备，准备抗秦。秦国见赵国不但不割让六城，还和东方诸国联手要对付自己，便在公元前259年派兵直攻赵国都城邯郸。

老将廉颇率赵军顽强抵抗，相国平原君赵胜则将家财分给士卒，甚至将妻妾也编到队伍中抗敌，鼓励军民共赴国难。结果，秦军历时两年都无法取胜，秦国不得不增兵十万来继续围攻邯郸。最后，邯郸城内粮食耗尽，赵孝成王不得不派平原君赵胜出使魏、楚两国，寻求救兵。

公元前258年，平原君赵胜带着二十名文武双全的随行人员出使楚国，其中就有毛遂（平原君的门客，“毛遂自荐”的故事就发生在他身上）。一行到了楚国后，平原君陈述了关于合纵抗秦的利害，加之毛遂振聋发聩的斥责，终于让楚考烈王与赵国“歃血而定纵”。随后，楚国出兵十万救赵。就在这时，接到赵国求救的魏安釐（xī）王也派军十万救赵。

秦昭襄王派人威胁他，声言诸侯中谁敢救赵，秦国就在打败赵国后先攻打谁。魏安釐王因为恐惧而令大军持观望态度。与春申君黄歇、孟尝君田文、平原君赵胜并称为“战国四公子”的信陵君魏无忌上演了一出“窃符救赵”，盗取兵权，率八万精兵进击秦军，救助赵国。就这样，楚国的军队、魏国的军队于赵孝成王九年（前257年），先后进抵邯郸城郊，共同进击秦军。赵国守军也配合城外两国军队出城反击。秦军在三国军队内外夹击之下大败，一部分秦军逃走，两万多秦军投降。邯郸之围得解。

与此同时，魏楚联军乘胜追击，秦军不得不退回河西（今山西、陕西交界处的黄河南段）。韩国也趁机来抢收胜利果实，加入合纵联军，向秦国发起进攻。于是赵、魏、楚、韩四国先后将魏国的河东郡和安阳，赵国的太原郡和皮牢、武安，韩国的上党郡和汝南地区一一收复。

于赵国而言，邯郸之战解除了当下的困顿，一雪长平之战的耻辱；于秦国而言，邯郸之战令其实力大耗，造成近三十万将士阵亡，其统一六国的大业被推迟，不得不改变策略；于当时的东方各诸侯国而言，这是合纵抗秦的首次胜利，让各诸侯国得以从秦国的打击中获得短暂的缓冲时间。

邯郸之战仅仅让各诸侯国暂时联合起来，很快，利益的争夺就占了上风。此时的赵国也进入了良相名将青黄不接的时期。长平之战期间，蔺相如病逝，平原君赵胜随后也辞世了。赵孝成王的身边没了良相的辅佐，朝政越来越昏聩。

赵孝成王十五年（前251年），妄图趁赵国国力受挫之机火中取栗的燕国，派出两支军队袭赵，分别进攻鄗城和代地。老将廉颇和乐乘分别率八万和五万人于鄗邑、代地迎击来犯之敌，燕军大败。由此，廉颇受到赵孝成王的封赐，号信平君，升任为假相。所谓假相，就是副相国。第二年，乐乘被封为武襄君。随后，廉颇和乐乘反击燕军，迫使燕国厚礼向赵求和，双方还互换国土，以示言和。可以说，此时的赵国除了廉颇和乐乘，还有李牧，因此尚处于一时无忧的境地。

赵孝成王二十一年（前245年），赵孝成王去世，太子赵偃在相国郭开的支持下即位，他就是赵悼襄王。第二年，赵悼襄王就任命郭开为相国，加封他为建信君。郭开一朝得势，首先报复廉颇。因为早在赵孝成王时，性情耿直的廉颇就由于看不惯郭开的吹牛拍马，在一次宴会上公开斥责了他。郭开一直想伺机报复。这回机会来了。他暗中向赵悼襄王进谗言，赵悼襄王听信他的话，派乐乘取代廉颇。

廉颇盛怒之下，不但不交出兵权，还率兵攻打乐乘，乐乘被他吓跑回了邯郸，他自己也不得不投奔魏国的大梁，以客卿的身份寄居。赵悼襄王此举让赵国一下子失去了两员大将，万幸的是还有一个李牧可用。所以，在他统治期间，赵国虽然日渐衰弱，但还能勉力维持。

公元前236年，赵悼襄王去世，赵幽缪（mù，同“穆”）王继位。赵幽缪王从小在宫中长大，为人骄横任性，品行不端。相国郭开是他在朝中最信任的人。他继位后，赵国的名将庞煖（xuān）、乐乘、乐间相继去世，可用的名将，一个是流亡在魏国的廉颇，另一个就是李牧。于是，赵幽缪王派人到魏国请回廉颇。郭开听说后，重金收买使者，赵幽缪王获得的消息是廉颇老了，不中用了。万幸，李牧还在。

赵幽缪王七年（前229年），趁赵国发生天灾，秦国对赵国发动大规模战争。秦军在邯郸遭到武安君李牧率领的赵军的顽强抵抗。为此，秦国重金贿赂郭开，郭开就在赵幽缪王面前诬陷李牧私通秦国，预谋叛赵。赵幽缪王偏听偏信，罢免了李牧的兵权，将为李牧上书的司马尚贬为庶民。随后，李牧被杀害。秦国随即向赵国发起进攻，兵临邯郸城下。赵幽缪王在郭开的劝说下向秦军递上降书。至此，赵国灭亡。

名篇精选

赵惠文王时，得楚和氏璧。秦昭王闻之，使人遗[1]赵王书，愿以十五城请易璧。赵王与大将军廉颇诸大臣谋：欲予秦，秦城恐不可得，徒见欺[2]；欲勿予，即患秦兵之来。计未定，求人可使报秦者，未得。宦者令缪贤曰："臣舍人蔺相如可使。"王问："何以知之？"对曰："臣尝有罪，窃计欲亡走燕[3]，臣舍人相如止臣，曰：'君何以知燕王？'臣语曰：'臣尝从大王与燕王会境上，燕王私握臣手，曰愿结友。以此知之，故欲往。'相如谓臣曰：'夫赵强而燕弱，而君幸[4]于赵王，故燕王欲结于君。今君乃亡赵走燕，燕畏赵，其势必不敢留君，而束君归赵矣。君不如肉袒伏斧质[5]请罪，则幸得脱矣。'臣从其计，大王亦幸赦臣。臣窃以为其人勇士，有智谋，宜可使。"

于是王召见，问蔺相如曰："秦王以十五城请易寡人之璧，可予不？"相如曰："秦强而赵弱，不可不许。"王曰："取吾璧，不予我城，奈何？"相如曰："秦以城求璧而赵不许，曲[6]在赵。赵予璧而秦不予赵城，曲在秦。均之二策，宁许以负秦曲[7]。"王曰："谁可使者？"相如曰："王必无人，臣愿奉璧往使。城入赵而璧留秦；城不入，臣请完璧归赵。"赵王于是遂遣相如奉璧西入秦。

——《史记·廉颇蔺相如列传》

【注释】

①遗（wèi）：送。②徒见欺：白白地被欺骗。③亡走燕：逃到燕国去。④幸：宠爱。⑤肉袒（tǎn）伏斧质：解衣露体，伏在斧质上。袒，脱衣露体。质，同"锧"，承斧的砧（zhēn）板。⑥曲：理屈，理亏。⑦宁许以负秦曲：宁可答应，而让秦国承担理亏的责任。

【译文】

赵惠文王得到了楚人的和氏璧，秦昭王听说了这件事，就派人给赵王送来一封书信，表示愿意用十五座城池交换和氏璧。赵王同大将军廉颇以及诸大臣们商量：如果把宝玉给了秦国，秦国的城邑恐怕也得不到，白白地受到欺骗；如果不给他，又恐怕秦国来攻打。找不到合适的解决办法，寻找一个能到秦国去回复的使者，也未能找到。宦官令缪贤说：“我的门客蔺相如可以出使。”赵王问：“你是怎么知道他可以出使的？”缪贤回答说：“微臣曾犯过罪，私下打算逃亡到燕国去，我的门客相如劝阻我不要去，问我说：‘您怎么会了解燕王呢？’我对他说：‘我曾随从大王在国境上与燕王会见，燕王私下握住我的手，说愿跟您交个朋友。因此了解他，所以打算投奔燕王。’相如对我说：‘赵国强，燕国弱，而您受宠于赵王，所以燕王想要和您结交。现在您是从赵国逃亡到燕国去，燕国惧怕赵国，这种形势下燕王必定不敢收留您，而且还会把您捆绑起来送回赵国。您不如脱掉上衣，露出肩背，伏在斧刃之下请求治罪，这样也许侥幸被赦免。’臣听从了他的意见，大王也开恩赦免了为臣。为臣私下认为这人是个勇士，有智谋，应该可以出使。”

于是，赵王立即召见蔺相如，问他：“秦王用十五座城池请求交换我的和氏璧，能不能给他？”相如说：“秦国强，赵国弱，不能不答应。”赵王说：“得了我的宝璧，不给我城邑，怎么办？”相如说：“秦国请求用城换璧，赵国如不答应，赵国理亏；赵国给了璧而秦国不给赵国城邑，秦国理亏。衡量一下两种对策，宁可答应它，使秦国来承担理亏的责任。”赵王说：“谁可以前往？”相如说：“大王如果无人可派，臣愿捧护宝璧前往出使。城邑归属赵国了，就把宝璧留给秦国；城邑不能归赵国，我一定把和氏璧完好地带回赵国。”赵王于是就派遣蔺相如带上和氏璧，西行入秦。

【词句撷英】

完璧归赵：把和氏璧完整无损地归还赵国。

秦国的统一之路

公元前621年，秦穆公去世，太子罃（yīng，同“婴”）继位，他就是秦康公。由于当时流行的殉葬制，很多杰出的人才死于非命，人才的缺乏导致其后的几代秦王没有得力的臣子辅佐，均未能有大的作为。

秦孝公：商鞅变法，奠定富强根基

公元前364年，流亡魏国达二十九年的秦公子连拒绝了魏武侯的帮助，趁秦国内政不稳，回到秦国夺回君位，他就是秦献公。由于流亡于魏国时，秦献公目睹了变法给魏国带来的巨大变化，所以刚一登基，他就励精图治，一心要发展秦国经济。

他首先下令废止了在秦国实行了三百多年的活人殉葬制度，而且将都城从雍城迁到栎阳（今陕西省西安市），以摆脱奴隶主贵族的束缚。随后，为了发展秦国的政治和经济，他又采取扩大商业活动、编制户籍和推广县制等改革，使得秦国的经济实力倍增，军队的军事素质有很大的提高。随后，针对国内地主阶级和奴隶主贵族之间的矛盾，他发动了数次战争，以转移紧张的国内矛盾，缓解国内对土地的强烈需求。

公元前362年，秦献公去世，二十一岁的秦孝公继位。此时，秦国在齐、楚、韩、魏、赵、燕六个强国的眼里，只不过是个落后地区的弱国，没有资格参与大国间的诸多会议，被排斥于权力核心之外。秦孝公目睹此情此景，决心要整顿内政，提升国力，让秦国变得强大起来。为此，他以恢复秦穆公时期的霸业为己任，广施恩德，救济孤寡，招募战士，明确论功行赏的法令，并在国内颁布了著名的求贤令，命国人、大臣进献富国强兵之策。就这样，秦国历史上，也是中国历史上的一个重要人物——商鞅登上了历史舞台。

商鞅本是卫国人，他年轻时就格外喜欢刑名法术之学，推动魏国改革的李悝和吴起对他的影响极大，他立志自己也要成就一番大业，青史留名。最初，他投身于魏国的国相公叔痤，做了他手下的中庶子，也就是侍从官，负责处理公叔家族内部的事务。在处理这些事务的过程中，公叔痤发现了他过人的才华，打算找机会向当时的魏国国君魏惠王推荐他。由于公叔痤这个人私心较重，因此，尽管他很欣赏商鞅，但还是担心自己一旦将他推荐给魏惠王，可能会被其取而代之，于是这件事就被搁置了下来。

公元前361年，公叔痤病重，魏惠王亲临其家中探望，并询问他一旦发生不测，什么人可以接替他的位置，帮助自己管理江山社稷。这时，公叔痤就向魏惠王推荐了商鞅，并说商鞅虽然是中庶子，但有过人的才华，因此魏惠王可以放心地将国事交给他治理。魏惠王没回应。公叔痤又说，如果不任用商鞅，就一定要在他离开魏国前将其杀死。

魏惠王虽然当时没表态，但他认为公叔痤竟然让自己听从一个名不见经传的年轻人的话来治理国家，真是太荒谬了。公叔痤看到魏惠王的表现，知道自己的推荐无效，于是将商鞅叫来，告诉他自己的所作所为，并督促商鞅赶快离开。商鞅劝他放心，原因是魏惠王既然不会因为公叔痤的话任用他，当然也不会因为他的话而杀死他。最终，商鞅在公叔痤去世后，得知秦孝公在张榜求贤，于是携带李悝的《法经》向西投奔秦国。

商鞅到秦国后投奔的是他的老朋友景监。景监此时已经是秦孝公的宠臣，在秦孝公的身边颇有脸面。于是，在景监的引见下，商鞅见到了秦孝公。据史书记载，这君臣二人的第一次会面颇有戏剧性。

或许是自从求贤榜张贴后，接见了太多令自己失望的所谓的“人才”，秦孝公最初对商鞅并不感兴趣。当商鞅对他讲帝道、王道之术的时候，他竟然听得打起了瞌睡，而且随后责备景监，竟然向自己引见了这样一个自高自大的人。第二次，景监又找到机会向秦孝公推荐商鞅，商鞅向秦孝公讲了霸道之术，秦孝公听后虽然态度有所改变，但并不曾重用他。君臣二人第三次见面时，商鞅对秦孝公畅谈富国强兵之策，秦孝公一听，这正是自己需要的啊，顿时喜上眉梢。于是，两人连续几天畅谈后，秦孝公决定任用商鞅实行变法。

商鞅

公元前359年，商鞅变法前，秦孝公担心国内的舆论，于是召开朝臣大会，商议变法事宜。果不其然，变法的想法虽然遭到了一些朝臣的反对，但商鞅的一番关于变法图强的言论还是为变法做了思想上的准备。紧接着，商鞅被秦孝公任命为左庶长（秦国官名，也是最有实权的官职），开始了变法。

为了变法的顺利实施，商鞅采取了“徙（xǐ）木立信”的方式取信于民。他命人在国都集市的南门外竖起一根三丈高的木头，然后张贴告示，声明如果谁能将这根木头搬到集市北门，那么就可以获得十两黄金的奖励。百姓们感到特别奇怪，不敢相信，没有人敢来搬动。于是，商鞅又让人贴出第二份布告，声明如果有人能搬动这根木头，就可以获得五十两黄金的奖励。重赏之下，必有勇夫，终于有人怀着半信半疑的心理，将木头搬到了集市北门。没想到的是，商鞅马上让人给了他五十两黄金。这样一来，老百姓就相信了商鞅的话。

这还不够，秦孝公为了稳妥起见，先在国内颁布《垦草令》，作为全面变法的试水。这项法令旨在刺激国民投身农业生产，积极从事商业活动，进而削弱贵族、官吏的特权，促使这些人也加入农业生产。此外，还实行统一的税租制度。

见一切进展顺利，秦孝公认为变法的时机到了。从公元前356年至公元前350年，商鞅在秦国循序渐进地进行了两次变法。第一次变法，商鞅吸取了李悝、吴起等法家在魏、楚等国实行变法的经验，结合秦国的具体情况，制定连坐法；废除旧世卿世禄制，奖励军功，禁止私斗；重农抑商，奖励耕织，特别奖励垦荒；焚烧儒家经典，禁止游宦之民；强制推行个体小家庭制度。

变法开始一年多后，秦国民众反应强烈，对于旧贵族阶级的控诉众多。在这一敏感时期，太子嬴驷（sì）触犯了禁条，对太子这一违反新法行为的处置关系着变法的成败。结果，商鞅态度坚决地认为王子犯法与庶民同罪。然而，太子不能受刑，那么就要用相同的刑法处罚他的老师。结果，太子的两个老师公子虔和公孙贾都被治了罪，一个被割掉了鼻子，一个被在脸上刺了字。此举震慑了全国，新法也得以顺畅推行。但商鞅也因此得罪了太子。

经过这次变法，秦国的农业和工商业得到了很大的发展，扩大了国家赋税和兵徭役来源，军队的战斗力增强，秦国由此更加强盛起来。公元前358年，秦国击败韩国。公元前357年，秦楚联姻。公元前355年，秦孝公与魏惠王会盟，从此，秦国获得了参与中原诸侯会盟的权力。

变法让秦国得以富强，但也因为触犯了旧贵族的利益，遭到他们的强烈反对。好在，有秦孝公的支持，新法得到全方位推行。加之变法为秦国赢得了实实在在的好处，于是不但新法得以继续实行，商鞅还在秦孝公十年时从左庶长被提升为大良造（相当于当时的一国之相兼将军）。

公元前350年，秦孝公为便于向函谷关以东发展，命令商鞅征调士卒，按照鲁国、卫国的国都规模修筑宫廷，营造新都，命令商鞅进行了第二次变法。这次变法是对第一次变法的深入，包括：废除贵族的井田制，“开阡陌封疆”，废除奴隶制土地国有制，实行土地私有制，允许自由买卖；普遍推行县制，设置县一级官僚机构；迁都咸阳，修建宫殿；统一度量衡制，颁布度量衡的标准器；编订户口，五家为伍，十家为什，规定居民要登记各人户籍，开始按户按人口征收军赋；革除残留的戎狄风俗，禁止父子、兄弟同室居住，推行小家庭政策，规定凡一户之中有两个以上儿子到立户年龄而不分居的，加倍征收户口税。

经过商鞅变法，秦国的旧制度被彻底废除，法治思想得以在秦国确立，经济得到了发展，国家变得越来越富强，且社会安定，百姓富裕充足，勇于为国家作战，社会秩序越来越好。秦国发生了天翻地覆的改变，逐渐成为战国七雄中实力最强的国家。

秦惠文王：能臣辅助下的辉煌时代

公元前338年，秦孝公去世，秦惠文王继位。这是一位不逊色于其父亲的君王，在一大批能臣的辅佐下，他统治期间的秦国北伐义渠，西平巴蜀，东出函谷，南下商於，为统一中国打下了坚实的基础。

秦惠文王即位后，首先就将目标定位在铲除当时已经权倾朝野的商鞅。在前文我们讲过，商鞅在变法的过程中，为了严明法纪，曾处罚了当时身为太子的秦惠文王的两个老师，这件事让秦惠文王牢记在心。现在，自己终于掌权了，当然要一雪前耻。但当时，由于商鞅变法为秦国带来了实实在在的好处，秦孝公为了兑现自己在“求贤令”中的诺言——“与之分土”，不但封商鞅为大良造，还封他为商君，将商於（wū）之地的十五个城市分封给他。

此时，因为变法的成功，商鞅不但手握巨大的权力，还享受着无上的荣誉，而且在民间极有威信。要除掉影响力如此巨大的人物，秦惠文王还是有所顾忌的。于是，那位被处罚的公子虔就纠集一帮人，造谣说商鞅要造反。秦惠文王就以此为借口将商鞅车裂而死，还利用商鞅制定的连坐法，族灭他的家人，从而巩固了自己的权力和地位。

在巩固了自己的权力之后，秦惠文王扩疆拓土，壮大秦国的实力。他首先要做的就是要将苏秦搞出来的六国合纵策略破坏掉。提到这个苏秦，秦惠文王内心相当不愉快。当初，苏秦首先找到的是他，向他提出了统一天下的宏图大略。但或许是因为商鞅给他留下了阴影，秦惠文王对于这些持奇谈怪论的人并不感兴趣，便将苏秦拒之门外。没想到的是，这个苏秦竟然转了一圈，凭着三寸不烂之舌，游说了燕、赵、韩、魏、齐、楚六国，形成了攻守同盟。这种攻守同盟严重影响了秦惠文王的大计。不过，好在他身边还有张仪，正好可以利用他帮助自己化解所谓的六国联盟。

张仪和苏秦是同门师兄弟。他们二人都是鬼谷子的学生，都精于游说之术。简言之，就是说服他人的本领。而张仪来到秦国，也是应苏秦所托。最初，苏秦刚刚游说魏国成功后，秦国就发兵攻打魏国，导致魏国四万大军溃败。苏秦得到了消息，担心自己的合纵之策被破坏，所以就劝说好友张仪去了秦国，还帮助他见到了秦惠文王。苏秦没想到的是，张仪被秦惠文王赏识并任用为客卿后，为了回报知遇之恩，开始尽心尽力地帮助秦惠文王破坏苏秦的合纵策略。

公元前328年，张仪受秦惠文王派遣，和公子华率兵围攻魏国的蒲阳。占领蒲阳后，张仪针对诸侯合纵联盟的现状，劝说秦惠文王将蒲阳还给了魏国，还派公子繇到魏国去做人质，以宽容之策笼络魏国。当然，魏国随后就给了秦国回报——将上郡十五县和少梁献给了秦国。秦惠文王大喜，感到张仪果真有才华，于是任命他为相国，参与军政要务及外交活动。

秦惠文王十三年（前325年），魏、韩两国结盟，共同对抗秦国。秦惠文王命张仪率军讨伐魏国，将魏国的陕（今河南三门峡市陕州区）占领，但秦惠文王是不会干赔本的买卖的，他将城池收入囊中，却不替魏国养人，把生活在那里的魏人悉数交还给魏国。随后，他命张仪在那里修筑了上郡要塞。秦惠文王二年（前323年），张仪受命与齐、楚两国的相国在啮桑会盟。

这次会盟回来后，张仪被免去秦国相国之职，到魏国做了相国，以借机游说魏惠王退出合纵盟约。然而，令张仪和秦惠文王失望的是，无论是魏惠文王还是后来的魏襄王，均拒绝了张仪的提议。无奈之下，秦国不得不对魏国武力相逼。不甘心的魏国就联合韩国、赵国、燕国、齐国以及匈奴人一起进攻秦国。可怕的秦国再次显示出其强大的军事实力——诸侯的联军被击败，八万士卒被杀。这次，张仪的游说成功了。魏国退出南北合纵，并由张仪做中间人和秦国达成和解，而张仪则得以再次回到秦国做相国。

当然，魏国并不甘心永远做秦国的臣子，中间曾背叛秦国再次加入合纵盟约，不过秦国都凭着武力让魏国重新称臣。

魏国之后，楚国是张仪分裂瓦解合纵盟约的第二个目标。因为齐、楚两国于秦惠王十二年（前313年）缔结了合纵盟约。于是张仪出使楚国，以商於一带六百里的土地利诱楚怀王和齐国断绝往来，解除盟约。楚怀王轻信了他的话，不但和齐国断绝了关系，废除了盟约，还授予张仪楚国相印，然后派人跟随张仪去秦国接收土地。

当然，让秦国送给楚国土地是根本不可能的，楚怀王一怒之下兴兵攻打秦国。没想到秦、齐两国竟然联手共同攻打楚国，楚军大败，不但失去了丹阳、汉中的土地，还不得不割让两座城池和秦国缔结和约。楚怀王对张仪恨之入骨，发誓要报仇。于是，当秦国提出用武关以外的土地交换黔中一带的土地时，楚怀王提出用张仪来换的条件。张仪说服秦惠文王，只身去了楚国，借助于怀王的宠姬郑袖的枕边风，再次成为楚怀王的座上宾，还成功地说服楚怀王背离合纵盟约，和秦国结盟亲善。

成功瓦解了魏、楚两国后，张仪又先后成功游说韩宣惠王、齐湣王、赵武灵王、燕昭王与秦国建立连横关系，成为盟友。

就这样，秦惠文王在位期间，任用张仪连横破合纵，让他以诡诈的辩术游说于诸侯之间，在秦与列国间复杂的邦交斗争中多次逆转危势，最终让秦国展现出强大的王者之势，成为诸侯中的霸主。

秦昭王：文治武功的决胜时代

秦惠文王更元十四年（前311年），秦惠文王薨，秦武王即位。秦武王身高体壮，孔武好战，对张仪这种靠着嘴巴吃饭的人并不喜欢，认为张仪是反复无常的小人。他继位后，在政治上，设置丞相官位，设左右丞相各一人，成功地将张仪驱逐到了楚国，还与魏国结盟，联越制楚。军事上，他宠爱重用任鄙、乌获、孟说等人，对外攻拔宜阳，设置三川，平定蜀乱。经济上，他命左丞相甘茂等更修田律、修改封疆、疏通河道、筑堤修桥，发展经济。可以说，他刚一继位就展现出了问鼎中原的志向。然而，遗憾的是，喜好比武角力的他，却因为与人比试举鼎时失手身亡。其异母弟秦昭襄王即位，也称秦昭王。

秦昭王统治初期，由于年龄小，加之是在赵武灵王和宣太后博弈中登上的王位，因此他是在母亲宣太后的影响下管理秦国，可以说差不多大半辈子没能亲政。但这并不能否定他统治期间的成果。

秦昭王即位三十六年时，秦国已经在南面夺取了楚国的鄢（yān）、郢（yǐng）等重镇，楚怀王也已被囚禁而死；在东面攻破了齐国，还多次围攻韩、赵、魏三国。可以说，在此期间，秦国的连横政策得以延续，秦国周旋于诸侯国之间，不断扩充自己的土地。然而，秦昭王的母亲宣太后任用其弟穰（ráng）侯魏冉、芈戎以及儿子公子悝、公子芾（fú）等四人主政，使得秦昭王的权力受到极大的限制，甚至形成了秦国国内只知有太后和四贵，不知有秦王的局面。就在这时，秦昭王得到了范雎（jū）的支持。

范雎是魏国人，也像苏秦、张仪一样，满怀一腔抱负地周游于各国之间，希望可以遇到赏识自己的明主，一展自己的志向。他在周游列国无果后，不得不回到魏国，做了魏国中大夫须贾的门客。一次，他陪同须贾去齐国，齐襄王特别赏识他的口才，就专门赠送给他一些礼物。这让须贾怀疑他通齐，以至于使他回国后遭到严刑拷打，险些送了命。好在范雎够机灵，在魏国人郑安平的帮助下，装死而逃出魏国。

这时，恰好秦昭王的使臣王稽在魏国寻访贤能之士，于是郑安平就假扮差役，向对方推荐了化名张禄的范雎。范雎与王稽见面后，经过一番交谈，王稽确认他的确是贤才，于是偷偷地将他带回了秦国。然而，秦昭王却因为张仪的事情对于说客之类的人格外排斥。所以，直到一年之后，范雎才得以见到秦昭王。

在这次见面中，范雎故意摆出一副“秦国只有太后和穰侯”的嘴脸，激怒秦昭王。而聪明的秦昭王当然明白范雎的意思，于是真诚地向他道歉，并请他赐教。范雎为秦昭王分析了他建功立业的有利因素，即地利、人和，不利因素，即臣子不称职。这些话正合秦昭王的心愿，于是君臣相得，共谋秦国发展大业。

秦昭王采纳范雎的建议，对外先拉拢韩国，对内加强王权，废弃了宣太后，把穰侯、高陵君以及华阳君、泾阳君驱逐出国都。随后，他授予范雎相国之职，将应城封给他，赐其封号为应侯。当秦昭王实权在握后，他开始采纳范雎的策略，对诸侯国创造性地实施了“远交近攻”和“近交远效”的策略。

公元前265年，秦国向东进发，攻占了韩国的少曲和高平；公元前264年，秦国攻占了韩国的汾陉（xíng）。公元前260年，秦昭王采用范雎的谋略，实行反间计，在长平大败赵国军队，进而围攻赵国的都城邯郸。公元前259年，韩国割垣雍城（今河南新乡原阳）、赵国割六座城给秦国以求和。公元前256年，秦国攻占了韩国的阳城（今河南郑州登封市），进而攻打赵国。随后，因为周赧（nǎn）王姬延密谋联合燕国、楚国等国订立合纵盟约攻秦，秦国起兵攻打周国，将姬延虏获到秦国后再释放，达到威慑诸侯的效果。

公元前255年，范雎辞去丞相一职。公元前254年，秦国攻打魏国，攻占吴城（今山西运城平陆），魏国臣服，成为秦国的属国。公元前251年，在位五十六年的秦昭王去世。

可以说，秦昭王是秦国君王中在位时间最长的君王，他重用范雎、白起等人，在政治、军事等多方面均建立了卓越的功勋，为秦国的发展做出了突出的贡献。因此，他统治时期和秦孝公时代以及后来的秦始皇时代，均成为秦国发展史上极为重要的时代。

名篇精选

秦欲伐齐，齐楚从亲，于是张仪往相楚。楚怀王闻张仪来，虚上舍而自馆之[①]。曰：“此僻陋之国，子何以教之？”仪说楚王曰：“大王诚能听臣，闭关[2]绝约于齐，臣请献商於之地六百里，使秦女得为大王箕帚之妾[3]，秦楚娶妇嫁女，长为兄弟之国。此北弱齐而西益秦也，计无便此者。”楚王大说[4]而许之。群臣皆贺，陈轸独吊[5]之。楚王怒曰：“寡人不兴师发兵得六百里地，群臣皆贺，子独吊，何也？”陈轸对曰：“不然，以臣观之，商於之地不可得而齐秦合，齐秦合则患必至矣。”楚王曰：“有说乎？”陈轸对曰：“夫秦之所以重楚者，以其有齐也。今闭关绝约于齐，则楚孤。秦奚[6]贪夫孤国，而与之商於之地六百里？张仪至秦，必负[7]王，是北绝齐交，西生患于秦也，而两国之兵必俱至。善为王计者，不若阴合而阳绝[8]于齐，使人随张仪。苟与吾地，绝齐未晚也；不与吾地，阴合谋计也。”楚王曰：“愿陈子闭口毋复言，以待寡人得地。”乃以相印授张仪，厚赂[9]之。于是遂闭关绝约于齐，使一将军随张仪。

——《史记·苏秦张仪列传》

【注释】

①上舍：上等的馆舍。馆之：安排他留宿。②闭关：闭塞关门。引申为断绝往来。③箕帚之妾：嫁女谦辞。箕帚，簸箕扫帚。指做洒扫清除之类的事。④说：同“悦”，高兴，喜欢 。⑤吊：伤悼。⑥奚：何，为什么。⑦负：违背，背弃。⑧阴合而阳绝：暗中合作而表面上假装断绝关系。⑨赂（lù）：馈赠财物。

【译文】

秦国想要攻打齐国，然而齐、楚两国缔结了合纵相亲的盟约，于是张仪前往楚国出任国相。楚怀王听说张仪来，空出上等的馆舍，亲自到宾馆安排他住宿。说：“这是个偏僻鄙陋的国家，您用什么来指教我呢？”张仪游说楚王说：“大王如果真要听从我的意见，就和齐国断绝往来，解除盟约，我请秦王献出商於一带六百里的土地，让秦国的女子作为服侍大王的侍妾，秦、楚之间娶妇嫁女，永结兄弟盟国，这样向北可削弱齐国而西方的秦国也能得到好处，没有比这更好的策略了。”楚王非常高兴地应允了他。大臣们来向楚王祝贺，唯独陈轸为他伤悼。楚王很生气地说：“我用不着调兵遣将就得到六百里土地，臣子们向我祝贺，唯独你为我伤悼，这是为什么？”陈轸回答说：“不是这样，在我看来，商於一带的土地不仅不能得到，而且齐国和秦国可能会联合起来。齐、秦联合起来，那么一定会祸患临头。”楚王说：“能说明理由吗？”陈轸回答说：“秦国之所以重视楚国，是因为楚国有结盟的齐国。如今和齐国断绝往来，废除盟约，那么楚国就孤立了。秦国为什么不满足地追求一个孤立无援的楚国，而给它六百里土地呢？张仪回到秦国，一定会背弃对大王的承诺，这是向北和齐国断绝了外交关系，又从西面的秦国招来祸患，两国的军队必然会一块打到楚国。我妥善地替大王想出了对策，不如暗中和齐国联合而表面上断绝关系，并派人跟随张仪去秦国。假如秦国给了我们土地，再和齐国断交也不算晚；假如秦国不给我们土地，那就符合了我们的策略。”楚王说：“希望陈先生闭上嘴，不要再讲话了，等着我得到土地。”楚王把相印授给了张仪，还馈赠了大量的财物。楚国便和齐国断绝了关系，废除了盟约，派了一位将军跟着张仪到秦国去接收土地。

【词句撷英】

1. 箕帚之妾：箕帚，指做洒扫清除之类的事。意思是持箕帚的奴婢，借作妻妾的谦称。

2. 阴合阳绝：指暗中合作而表面上假装断绝关系。

第五章 百家争鸣的黄金时代

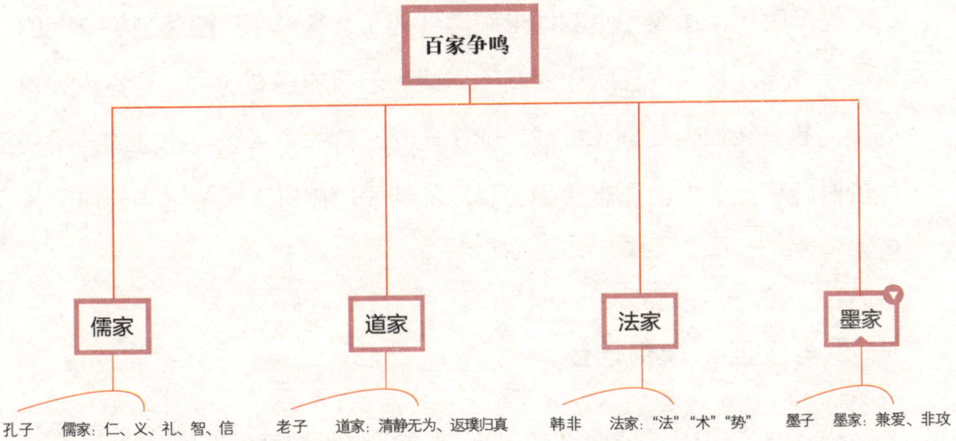

儒家，偏于伦理政治方面。道家，偏于哲学。阴阳家、古代的宗教家，包括天文、律、历、算数学等。法家，偏于政治法律方面。名家，近乎伦理学。墨家，也在伦理政治方面。

——吕思勉《中国通史》

孔子：儒家的开创者

先秦时代，贵族和士的地位超然。到了春秋末期，随着中华文明的进一步发展，社会内部阶级之间不可调和矛盾的日渐加剧，这些人独享的文化教育特权也受到了挑战。就在此时，有一个人以一己之力，用一生的时间将“仁”的思想和平民教育的种子播撒进人们的心中，这个人就是孔子。

儒者生涯，坎坷仕途

孔子，在中国可谓家喻户晓。据《史记》记载，他出生于鲁襄公二十二年（前551年），姓孔，名丘，字仲尼。他之所以叫丘，是由于他刚出生时头顶是凹下去的。孔子处于社会下层，从小就对祭祀非常感兴趣，经常在游戏的时候摆起各种祭器，学做祭祀的礼仪动作。这可能是他后来对礼仪高度重视的原因。年龄略大后，他就开始发愤求学，不过最喜欢研究的还是古代的礼乐法度。因此，当时的很多人把他视为儒士。

在西周及春秋时期，周王朝及其所属的诸侯国将一国所属的全部人口按职业不同，分成士、农、工、商四种。其中，士、工、商属于有城市户口的人，称之为“国人”，居住在城市；农属于有农村户口的人，被称为“野人”，也称“庶人”，居住于农村。在这些人中，只有士人才有资格接受教育。

士人们在接受教育时所用的教材，就是《诗》《礼》《乐》《令》《语》《故志》《训典》等。从公元前7世纪起，周朝的封建统治开始没落，皇族子弟的教师以及皇族成员开始散落到民间，将教授经书作为谋生的手段。这些人中有些人由于谙习礼仪从而成为主持婚丧嫁娶、祭祀或其他礼仪的司仪，便被称为“儒”。

鲁国大夫釐子特别尊重孔子。他在临终前告诫儿子懿（yì）子，孔丘是商汤的后代，虽然他现在年少，但他好礼，将来一定会有大成就。他叮嘱儿子在他死后拜孔子为师。于是，釐子死后，他的儿子孟懿子和鲁国人南宫敬叔就一起到十七岁的孔子那里学礼。

成年后，为了养家糊口，孔子先后做过管理仓库和牧场的小吏，后来因为工作成绩不错，就升任主管营建工程的司空，负责水利、营建的事情。后来，他辞官归家，专心于自己的学术。随着他的名气一天天变大，各地的学者纷纷来拜他为师。而孔子也十分愿意做这种传道授业的工作。

鲁昭公二十年（前522年），孔子三十岁。这一年，齐景公在晏婴的陪同下来到鲁国，慕孔子之名，向孔子询问治国之道，孔子借秦穆公与百里奚的故事向他说明，要成就霸王之业，重在任用贤才。齐景公表示很敬服。

孔子三十五岁的时候，鲁国发生了变乱，孔子就去了齐国。在齐国，孔子再次与齐景公谈论治国之道，提出了“君君，臣臣，父父，子子”（意思是国君要像国君的样子，大臣要像大臣的样子，父亲要像父亲的样子，儿子要像儿子的样子）的观点以及提倡节俭的为政之术。但由于晏婴对儒者的不良评价，齐景公疏远了他。于是孔子离开齐国，回到了鲁国。

回到鲁国后，孔子先后做过中都宰（中都的地方官）、司空（主管礼仪、教化、祭祀等）、大司寇（最高司法长官），甚至在鲁定公与齐景公会见的时候代理宰相一职，随同前行。在这次会面的时候，他凭着严格的礼仪，让齐景公自愧弗如，并使齐景公归还了从前侵占的鲁国的一些地方。这样一来，他就更得鲁定公的信任，并继续代行宰相一职。

孔子讲学　徐悲鸿绘

鲁定公十四年（前496年），孔子五十六岁。在这段时间里，孔子以礼义治国，不但杀了搅乱国家政事的大夫少卯，让鲁国臣民对他的威德心悦诚服，还让鲁国得以大治，百姓知礼义，国内出现了路不拾遗、宾至如归的景象。齐国获知这种情况，特别害怕，就故意为鲁定公送上厚礼，使鲁定公沉迷酒色，三天不理朝政。孔子失望之极，就在弟子的陪同下离开了鲁国，周游列国，向其他国君宣讲自己的治国之道。

周游列国，创立儒学

孔子先到了卫国，由于卫灵公听信他人的谗言，于是孔子不得不离开，去了陈国。结果在去陈国时，途经匡城，由于孔子的长相和残害过匡城人的鲁国人阳虎相像，结果被围困了整整五天，好不容易才得解脱。一个多月后，一行人终于返回了卫国。

这次来到卫国，孔子认识到卫灵公的所作所为不合乎君主的礼仪，于是心生厌恶，经曹国去了宋国。在宋国，司马桓魋要害他，孔子又不得不快速离开了那里。后来，孔子又和弟子离散，如丧家之犬一般经郑国到达陈国。在陈国居住了三年，恰好遇上晋楚两国争霸，轮番攻打陈国，孔子看不得陈国的衰弱现状，于是又离开陈国回到了卫国。由于在卫国得不到任用，失意的他打算西去晋国见赵简子。走到半路时，他听说赵简子杀了晋国两位贤德的大夫，孔子顿时感慨万千，放弃了去晋国的打算，最后经卫国回到陈国，又转道去了楚国。

孔子取道楚国的消息传了出去，陈、蔡两国的大夫害怕他被楚王所用，也连忙派人去接他。结果，孔子及其弟子被陈、蔡两国的兵马围困在了陈、蔡之间。最后，还是弟子子贡偷偷突围到楚国求救，楚昭王动用武力才将他迎到楚国。

鲁哀公六年（前489年），六十三岁的孔子回到了鲁国。他游历列国十四年，却未得到任何王侯的重用。这番经历让他意识到，自己的才能是不会被醉心于王霸大业的国君们重视的，不如潜心学术，著书立说。于是，他一面编修古代的《书经》《诗经》，制订礼乐制度，编订《春秋》一书；一面专注于教育事业，希望将弟子们培养成栋梁之材，将自己的思想传播到四方。为此，他用经书里的各种知识教诲学生，教学内容包括了学问、行为、忠恕、信义四个方面，这些内容就是其儒家思想的主要体现。

那么，儒家的主张包括哪些内容呢？孔子在总结、概括和继承夏商周三代传统文化的基础上，形成了自己完整的思想体系，这一思想体系的核心就是“仁”。何为仁？仁即爱人，孔子认为，它是一个人身上最高的道德标准和道德境界。基于当时社会发展的现状以及个人切身经历的感悟，孔子将这种仁的思想首先在教育上体现出来，即“有教无类”的平等教育观念。他认为，世上的每个人都有受教育的权利。于是，他广开私学，对于前来学习的学生不分贵贱，一视同仁。例如，出身寒门的颜回、子路等人，就是他最喜欢的弟子。

孔门圣迹图

在政治上，他同样强调仁恕之道，而且曾周游列国向各国诸侯宣传这种仁治的思想，即“为政以德”，用道德和礼制来治理国家，以达到长治久安的目的。当然，这就需要注重礼，要提升人们的道德水平。

基于以上仁的核心，他在教育中宣传“亲亲”“尊尊”的思想，严格地以仁、义、礼、智、信的标准来要求人们，要求人们提升自己的道德水平，培养上下尊卑的观念，遵循严格的礼仪，行为要讲义、信、忠、孝、悌（tì）。所谓义，即“宜”，意思是行为举止符合思想道德的行为准则；所谓信，是指待人处事诚实不欺，言行一致；所谓忠，是指与人交往中忠诚老实的态度；所谓孝，是指对父母的赡（shàn）养及对父母和长辈的尊重；所谓悌，是指对兄弟姊妹的敬爱之情。

义、信、忠、孝、悌，就是儒家的“五常”，其中“信”是“仁”的重要体现，是贤者必备的品德。

后来，跟着孔子学习的人越来越多，他的弟子达到了三千人，精通六艺的有七十二人。这就是著名的孔门七十二贤人。这些学生继承了孔子的儒家思想，也使儒家思想得到广泛的传播。直到今天，孔子的思想还深刻地影响着中国人的为人处世和治国方针。

名篇精选

明年，孔子自蔡如叶。叶公问政，孔子曰：“政[1]在来远附迩。”他日，叶公问孔子于子路，子路不对。孔子闻之，曰：“由，尔何不对曰‘其为人也，学道不倦，诲人不厌，发愤忘食，乐以忘忧，不知老之将至’云尔。”

去叶，反于蔡。长沮、桀溺（nì）耦而耕[2]，孔子以为隐者，使子路问津[3]焉。长沮曰：“彼执舆[4]者为谁？”子路曰：“为孔丘。”曰：“是鲁孔丘与？”曰：“然。”曰：“是知津矣。”桀溺谓子路曰：“子为谁？”曰：“为仲由。”曰：“子，孔丘之徒与？”曰：“然。”桀溺曰：“悠悠[5]者天下皆是也，而谁以易[6]之？且与从辟人之士[7]，岂若从辟世之士[8]哉？”耰[9]而不辍。子路以告孔子，孔子怃然[10]曰：“鸟兽不可与同群[11]。天下有道[12]，丘不与易也。”

——《史记·孔子世家》

【注释】

①政：治国。②耦（ǒu）而耕：两人一起耕田。③津：渡口。④执舆：手拉马缰绳。⑤悠悠：《论语》作“滔滔”。⑥以：与。易：改变。⑦辟（bì）人之士：指孔子。⑧辟世之士：指隐士。⑨耰（yōu）：农具名。这里做动词，用耰击碎土块，覆盖种子。⑩怃（wǔ）然：失望的样子。⑪这句的意思是说，我们不能做隐士隐居山林与鸟兽同处。⑫天下有道：指天下太平，走上轨道。

【译文】

第二年，孔子从蔡国前往叶地。叶公问孔子为政的道理，孔子说：“为政的道理在于招纳远方的贤能，使近处的人归服。”有一天。叶公向子路问孔子的情况，子路不回答。孔子听说这件事后就对子路说：“仲由，你为什么不对他说：‘他这个人呀，学习起道理来不知疲倦，教导人全不厌烦，发愤学习时忘记了吃饭，快乐时忘记了忧愁，以至于衰老将要到来也不知道。’”

孔子离开楚国的叶地回到蔡国。在路上遇见长沮、桀溺两人并肩耕田，孔子以为他们是隐士，就叫子路前去打听渡口在什么地方。长沮说：“那个拉着马缰的人是谁？”子路回答说：“是孔丘。”长沮又问：“是鲁国的孔丘吧？”子路说：“是的。”长沮说：“那他应该知道渡口在哪儿了。”桀溺又问子路：“你是谁？”子路说：“我是仲由。”桀溺说：“你是孔丘的门徒吗？”子路说：“是的。”桀溺说：“天下到处都在动荡不安，而谁能改变这种现状呢？况且你与其跟着那逃避乱世的人四处奔走，还不如跟着我们这些躲避乱世的人呢。”说完，就继续不停地耕田。子路把此话告诉了孔子，孔子失望地说：“我们不能居住在山林里与鸟兽同群，要是天下太平，我也用不着到处奔走想改变这个局面了。”

【词句撷英】

1. 诲人不厌：教导人全不厌烦。

2. 发愤忘食：发愤学习时忘记了吃饭。

3. 乐以忘忧：快乐时忘记了忧愁。

墨子：墨家的首任巨子

春秋战国是思想和文化最为辉煌灿烂的时代。这一时期，经济、政治、文化、军事等方面的发展推动了科学技术的进步，生产力的发展最终导致各国的变革运动。而新的社会制度的确定又引发了社会变革，进而促成了思想的空前活跃和文学艺术的繁荣发展。生活在这一时期的知识分子的思想比较开放，形成了持不同观点的政治、学术派别，被后世称为“百家争鸣”。

墨子创立的墨家，就是在各家流派争奇斗艳的过程中产生的。

墨家学说的探究

墨子，名翟（dí），生于春秋战国交替之际的宋国，战国时期著名的思想家、教育家、科学家、军事家，还是中国历史上唯一一个农民出身的哲学家。由其创立的墨家学说在先秦时代影响很大，与儒家并称“显学”。

虽然出身于农民家庭，但墨子的先祖却源于殷商王室。所以，作为没落的贵族后代，他也接受了必不可少的文化教育。因此，他不同于普通的农民，具有很高的文化知识，属于比较接近工农小生产者的士人。少年时期的墨子做过牧童，学过木工，可谓心灵手巧。据说，他制作守城器械的本领比木工的祖师爷鲁班（公输般）还要高明。成年后，尽管出身微末，墨子却心怀恢复先祖荣光的志向，决心出去拜访天下名师，学习治国之道。于是，他穿着草鞋，步行到各地游学。

墨子

墨子先是向儒者学习儒家的《诗》《书》《春秋》等典籍，但在学习过程中，他认为儒家所讲的都是些华而不实的废话，认为儒者对待天帝、鬼神和命运的态度不正确，认为厚葬久丧和奢靡享乐的行为是错误的。于是，他转而创立了自己的墨家学说。

墨家学说的内容

墨家学说以兼爱为核心，提倡“兼以易别”，反对儒家强调的社会等级观念。他提出“兼相爱，交相利”，将“尚贤、尚同、节用、节葬”作为治国方法。他反对兼并战争，提出非攻的主张。他否定天命的说法，却又承认鬼神的存在。

就这样，墨子一边周游各国，一面聚众讲学。他曾先后到达齐、郑、卫，最后还打算到越国，但没能实现。他在步行天下的过程中，曾阻止鲁阳文君攻打郑国，说服鲁班止楚攻宋。他还多次访问楚国，献书给楚惠王。他也曾拒绝了楚王赐给他的封地，并试图劝告越王接受他的政治主张。晚年的时候，他曾去齐国劝止项子牛讨伐鲁国，但没有成功。尽管他的游说没能获得太多的成功，但他在各地的聚众讲学，以激烈的言辞抨击儒家和各诸侯国的暴政，吸引了大批手工业者和下层士人。这些人忠心耿耿地追随墨子，进而形成了与儒家相对立的墨家学派。

这一学派的人多来自社会下层，以“兴天下之利，除天下之害”为目的，极为看重艰苦实践，经常穿短衣草鞋参加劳动，且组织纪律严明。其最高领袖称为“矩子”（巨子），成员都称为“墨者”，代代相传，所有墨者都服从巨子的指挥和指导，甚至可以“赴汤蹈火，死不旋踵（zhǒng，脚后跟）”。正是因为这个特点，墨家门徒勇于战斗，充满了“侠义”精神。

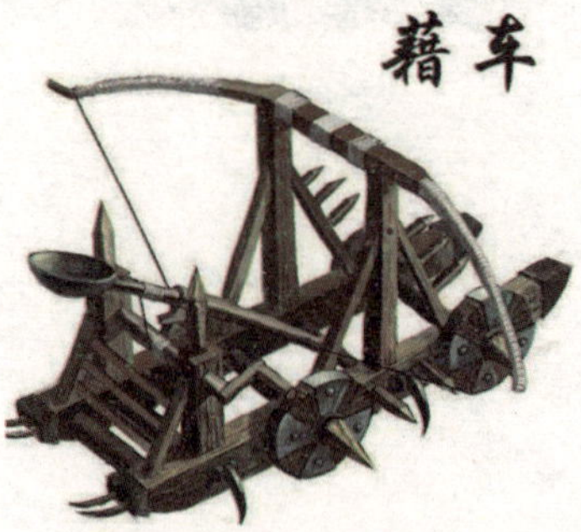

墨家机关术——藉车示意图

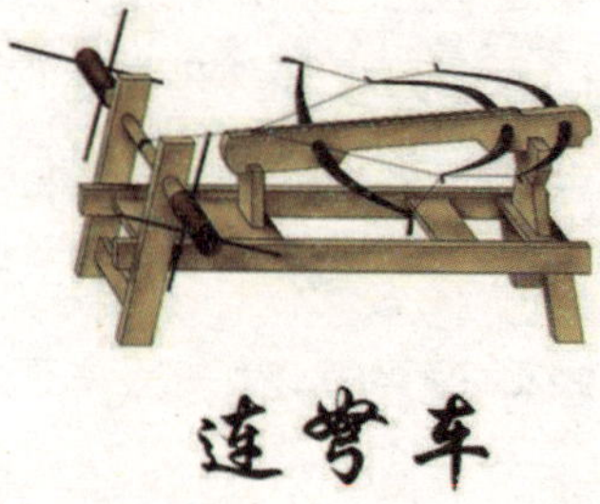

墨家机关术——连弩车示意图

墨家机关术示意图

墨子还极为重视哲学、科学技术方面的研究和探索，例如，墨子在逻辑学、辩证法方面的成就领先西方一千余年。而我们今天所熟知的小孔成像、光线直射、光影成像和杠杆原理等一系列科学成果，也都是墨子最早发现并提出的。

在《墨经》一书中，墨子详细记载了世界上最早的针孔成像实验，阐述了光的直线传播原理，解释了小孔成像的现象，同时阐明了平面镜、凸面镜、凹面镜成像的基本原理，甚至还论述了杠杆平衡问题、斜面问题和浮力问题。此外，墨子不仅总结了点、线、面、体、圆等几何学概念，还发明了十进制算法，这是中国对于世界文明的一个重大贡献。

墨子晚年的时候，墨家已经和儒家齐名。他死后，墨家弟子仍旧“充满天下”“不可胜数”，所以，战国时期墨家和儒家并列成为百家之首。

名篇精选

子墨子曰：国有七患。七患者何？城郭沟池不可守而治宫室，一患也；边[1]国至境，四邻莫救，二患也；先尽民力无用之功，赏赐无能之人，民力尽于无用，财宝虚于待客，三患也；仕者持禄，游者爱佼[2]，君修法讨臣，臣慑而不敢拂，四患也；君自以为圣智而不问事，自以为安强而无守备，四邻谋之不知戒，五患也；所信者不忠，所忠者不信，六患也；畜种菽粟不足以食之，大臣不足以事之，赏赐不能喜，诛罚不能威，七患也。

以七患居国，必无社稷；以七患守城，敌至国倾。七患之所当，国必有殃。

——《墨子·七患》

【注释】

①边:“敌”字之误。②佼:通“交”。

【译文】

墨子说:国家有七种祸患。这七种祸患是什么呢?内外城池壕沟不足守御而去修造宫室,这是第一种祸患;敌兵压境,四面邻国都不愿来救援,这是第二种祸患;把民力耗尽在无用的事情上,赏赐没有才能的人,(结果)民力因做无用的事情而耗尽,财宝因款待宾客而用空,这是第三种祸患;做官的人只求保住俸禄,游学未仕的人只顾结交同党,国君修订法律以诛戮臣下,臣下畏惧而不敢违拂君命,这是第四种祸患;国君自以为神圣、聪明,而不过问国事,自以为安稳、强盛,而不作防御准备,四面邻国在图谋攻打他,而尚不知戒备,这是第五种祸患;所信任的人不忠实,而忠实的人不被信任,这是第六种祸患;家畜和粮食不够吃,大臣对于国事不胜使令,赏赐不能使人欢喜,责罚不能使人畏惧,这是第七种祸患。

治国若存在这七种祸患,必定亡国;守城若存在这七种祸患,国都必定倾毁。七种祸患存在于哪个国家,哪个国家必有祸殃。

【词句撷英】

无用之功:把民力耗尽在无用的事情上。

老子：无为而治的道家

春秋时期，与儒家对立的，除了墨家，还有道家。道家的创始人是老子。老子姓李，名耳，字聃，出生于楚国苦县厉乡曲仁里（今河南省鹿邑县东太清宫镇），是春秋时期杰出的思想家、哲学家，被后来的道教奉为教主或教祖。

百家争鸣

守藏室史生涯

公元前551年，老子进入周王室，成为守藏室史，也就是周王室的图书管理员。在此之前，他跟随精通商周礼乐的贤者商容学习知识。老子跟着商容学习三年后，商容认为自己会的都已经教给了他，于是就安排老子出门远游。商容知道周都保存着如海的典籍，那里贤士云集，只有到那里博览群书，跟随贤者研习历代典籍，方能成大器。于是，老子就被商容介绍到了周朝的一位太学博士那里。就这样，他成了王室图书管理员。

史书记载，孔子曾经向老子问礼，赞叹说："吾今日见老子，其犹龙邪。"老子晚年在陈国居住，后来赴秦国讲学。到函谷关时，当时守关的长官尹喜对他十分敬佩，想方设法挽留住老子。在百般挽留无果的情况下，尹喜就请老子留下一部著作。老子就在函谷关住了几天，写下五千字左右的《老子》(也称《道德经》)一书交给尹喜，然后就骑着青牛飘然远去。从此，世人"莫知所踪"。

老子出关　徐悲鸿绘

《道德经》及道家思想

老子在《道德经》一书中用“道”来说明宇宙万物的演变，提出了“道生一，一生二，二生三，三生万物”，以及“天下万物生于有，有生于无”的观点。强调人们在思想上、行为上应“效法自然”。他还抨击当时的统治者：“天之道，损有余而补不足；人之道则不然，损不足以奉有余。”他提出的“祸兮福之所倚，福兮祸之所伏”等哲学理念，充满着朴素辩证法的思想光辉。

老子还主张清静无为，认为儒家的礼乐法度是让人有所作为，使人贪图名利，会导致天下的人为名利而互相争夺，以至于无法太平。要想让天下获得真正的太平，就要解除人民身心上的束缚，让人民发展固有的天性，使之返璞归真。

可以说，这一思想和儒家思想完全相反。正因为如此，道家和儒家在政治上针锋相对。自老子开创道家这一学说之后，后来的庄子继承了老子的思想，并进一步发展，从而成为影响中国人最大的哲学流派之一——老庄哲学。

名篇精选

孔子适[1]周，将问礼于老子。老子曰：“子[2]所言者，其人与骨皆已朽矣，独其言在耳。且君子得其时则驾[3]，不得其时则蓬累而行[4]。吾闻之，良贾深藏若虚[5]，君子盛德、容貌若愚。去子之骄气与多欲，态色与淫志[6]，是皆无益于子之身。吾所以告子，若是而已。”

孔子去，谓弟子曰：“鸟，吾知其能飞；鱼，吾知其能游；兽，吾知其能走。走者可以为罔[7]，游者可以为纶[8]，飞者可以为矰[9]。至于龙吾不能知，其乘风云而上天。吾今日见老子，其犹龙邪！”

——《史记·老子传》

【注释】

①适：往，到……去。②子：古时对男子的尊称。③时：机会，时

运。驾：坐车，引申为外出去做官。④蓬累而行：像飞蓬飘转而行。蓬，一种根叶俱细的小草，风吹根断，随风飘转。⑤贾：商人，古代指坐商。深藏若虚：隐藏其货，不让别人知道，好像空虚无物的样子。比喻有真才实学的人，不露锋芒。⑥态色：情态神色。淫志：过大志向。淫，过分。⑦罔：同“网”。捕具。⑧纶：钓鱼的丝线。⑨矰（zēng）：系有丝绳，用以射鸟的短箭。

【译文】

孔子前往周都，想向老子请教礼的学问。老子说：“你所说的礼，倡导它的人和骨头都已经腐烂了，只有他的言论还在。况且君子时运来了就驾着车出去做官，生不逢时时就像蓬草一样随风飘转。我听说，善于经商的人把货物隐藏起来，好像什么东西也没有，君子具有高尚的品德，他谦虚得看上去像愚钝的人。抛弃骄气和过多的欲望，抛弃做作的情态神色和过大的志向，这些对于您自身都是没有好处的。我能告诉您的，就这些罢了。”

孔子离去以后，对弟子们说：“鸟，我知道它能飞；鱼，我知道它能游；兽，我知道它能跑。会跑的可以织网捕获它，会游的可制成丝线去钓它，会飞的可以用箭去射它。至于龙，我就不知道该怎么办了，它是乘着风飞腾升天的。我今天见到的老子，大概就是龙吧！”

【词句撷英】

1. 蓬累而行：蓬草遇小风顺势而动，遇大风则断根，随风转移。形容人行踪无定。

2. 深藏若虚：把宝贵的东西藏起来，好像没有这东西一样。比喻人有真才实学，但不爱在人前卖弄。

韩非：法家思想的集大成者

在群雄争霸、弱肉强食的战国时代，有一个学者博学多才、思维敏捷、善于著述，堪称当时首屈一指的大思想家。然而，他缺乏流利的口才。故而，在游说之风盛行的时代，他无法发挥其过人的才华。然而，他最终以其出色的才华和思想影响了历史的发展，甚至间接促成了中国历史上第一个统一王朝的出现。这位大思想家就是韩非。

周游求学，成就一家

韩非，也称韩子、韩非子，出生于约公元前280年，是战国末期韩国诸公子（国君之子）之一。他出生时，恰值六国纷争，战争不断。当时的韩国虽然也号称为七雄之一，但相较于其他六国，韩国的实力最弱，不得不主动或被动地依附其他强国而生存，后来更是逐渐被秦国吞并。在韩非成长的岁月里，韩国正一步一步被秦国吞并，失去了外交上的自主权，成为秦国扩张道路上的工具。小小年纪的韩非亲眼看着自己的国家积弱难振，看到秦国不断加快对韩国吞并的脚步，立志要振兴家国，抵御强秦。

成年后，他外出周游列国，努力学习各家的思想。他先是拜荀卿（即荀子）为老师，和日后的秦国丞相李斯是同窗。荀子虽然是儒家学派，但是在倡导道德教育的同时也强调司法制度的惩罚作用。在跟从荀

韩非

子学习的过程中，韩非不但吸纳了荀子的“性恶论”观点，而且不断学习商鞅等前人的思想，进而慢慢地形成了自己的看法和主张，认为教育和道德难以约束“性之恶”，唯有严明法纪，才能强民兴国——“国无常强，无常弱。奉法者强，则国强；奉法者弱，则国弱”。可以说，虽然同为荀子的学生，但韩非更精于“刑名法术之学”。他文笔出众，就连李斯也自叹不如。

当时的秦国已经相当强大了，问鼎中原的野心也不再掩饰。相反，韩国却格外衰弱，甚至可以用一塌糊涂来形容，在秦国面前卑躬屈膝，如同秦国的郡县，可谓“出则为扞敝，入则为席荐”，简直形同奴婢。韩非深入研究了老子的《道德经》，同时针对战国后期韩国积贫积弱的现状，多次上书给韩王，为改变国内法制混乱、养非所用、用非所养的情况提出非常多的建议。

他认为，韩国的失败与衰落是因为内政不修。当时的韩国政治都被那些“无令而擅为，方法以利私，耗国以便家，力能得其君”的人掌控。他称这些人是“重人”。而这些掌权之人依靠着国君的信任，操纵着国家大事，颠倒黑白，混淆是非，胡作非为。结果就是有功的人无依无靠，身死田夺；无功的人，可以随心所欲，为所欲为。这样一来，整个国家势必日益衰微。

因此，他认为，国家要想强大起来，君王就一定要具有识别忠奸的能力，否则就必定会出现“朋党比周以蔽主”，破坏富国强兵的局面。针对这些弊病，韩非以极大的胆略大力倡导法术之学，旨在“立法术，设度数，所以利民便众庶之道也”。

然而，他的这些观点并没有得到韩王的重视。失望之余，他将自己的观点整理后著书论述。他先后写出了《孤愤》《五蠹（dù）》《内外储》《说林》《说难》等著作。他的作品《韩非子》一书，更是其法家思想的集大成之作。

一人之争，身死遗著

韩王没想到的是，自己珠玉在侧而不识，而这枚珠玉却被他人看到了。韩非的著作传到秦国，秦王嬴政读了之后相当赞赏，发出了倘若可以得到这个人才，纵死而无憾的感叹。而恰好韩非的同窗好友李斯在秦王的身边。于是，他马上告诉秦王，这本书是韩非所著，并详细地介绍了韩非的情况。

随即，秦王立刻派军前往韩国，逼韩王交出公子韩非。韩国面临大兵压境的窘境，韩王本来非常害怕。当他获知秦王退兵的条件是获得韩非这个人时，马上把韩非拱手相送。

秦王得到韩非后非常高兴，立即撤兵。韩非到了秦国后，秦王每天和他就治国方略进行交谈。韩非对“法”“术”“势”等观念和方针的阐释与秦王的想法一拍即合，秦王为此产生了相见恨晚的感觉，并产生了拜韩非做客卿的想法。所谓客卿，就是非本国人在他国担任高级官员的人。

然而，韩非没想到的是，自己的到来会让昔日的同窗李斯格外不安。李斯在和韩非共同求学时，就认识到自己的才华不及韩非。现在，韩非到了秦国，他感到自己的地位岌岌可危。恰巧在这时，韩非针对秦王的宠臣姚贾对燕、赵、吴、楚采用贿赂的手段，直言不讳地予以批评，称对方浪费了国家的财物，甚至还嘲笑他出身寒微。于是，姚贾对他怀恨在心。李斯则趁机和姚贾联手，想要除去韩非。

随后，这两个人不断地在秦王面前诋毁韩非，说什么韩非是韩国的公子，那么面对秦国要吞并诸侯的目的，他一定会维护韩国，不会真心帮助秦国强大起来……这样一来，秦王慢慢对韩非起了疑心，变得不再信任韩非。接着，他们怕韩非回韩国，放虎归山，于是又对秦王说，倘若将韩非放回韩国，那么无异于纵虎归山，最好的方法就是找个理由把韩非杀掉。秦王觉得他们的话有道理，就借故将韩非关进监狱。

就这样，韩非落到了负责刑狱的李斯手里。韩非临死前想见秦王，当面提出申诉。然而，在李斯的特殊“关照”下，韩非的申诉状根本无法递到秦王的面前。相反，李斯和姚贾安排人故意让秦王每天听到韩非辱骂秦王、一心回国的消息。终于，有一天，秦王对韩非失去了耐心，于是默许了李斯处死韩非的想法。

李斯怕秦王改变主意，马上派人将毒酒送到韩非面前。韩非对此心知肚明，知道自己生还无望，于是微笑着端起毒酒一饮而尽。临终前，他告诉李斯，世事有道，命运无常，不要落得和他一样的下场。结果，韩非刚咽气，秦王的使者就赶到了。

原来，秦王后悔下令处死韩非，马上派人前来阻拦，结果晚了一步。尽管内心无比惋惜，但韩非之死既然已成事实，秦王只好转而深入研究韩非的理论，并将他的“法、术、势”思想发挥得淋漓尽致。此后，秦王嬴政指挥大军“横扫六合”，开疆拓土，建立起了大一统的秦王朝，成就了“前无古人”的宏伟霸业。

名篇精选

昔者弥子瑕见爱于君。卫国之法，窃驾君车者罪至刖[1]。既而，弥子

之母病，人闻，往夜告之，弥子矫驾君车而出②。君闻之而贤之曰：“孝哉，为母之故而犯刖罪！”与君游果园，弥子食桃而甘③，不尽而奉君。君曰：“爱我哉，忘其口而念我！”

及弥子色衰而爱弛④，得罪于君。君曰：“是尝矫驾吾车，又尝食我以其余桃⑤。”故弥子之行未变于初也，前见贤而后获罪者，受憎之至变也⑥。故有爱于主，则知当而加亲；见憎于主，则罪当而加疏。故谏说之士不可不察爱憎之主而后说之矣。

夫龙之为虫⑦也，可扰狎⑧而骑也。然其喉下有逆鳞径尺，人有婴⑨之，则必杀人，人主亦有逆鳞，说之者能无婴人主之逆鳞，则几⑩矣。

——《韩非子·说难》

【注释】

①刖（yuè）：断足酷刑。②矫：擅称君命。③甘：感到甜美。④弛：松缓，松懈。这里有疏淡、减退的意思。⑤食：给吃。余桃：咬剩下的桃子。⑥至变：最大的改变。至，最、极。⑦龙之为虫：古人认为龙属虫类。⑧扰狎：驯熟。扰，驯养；狎，亲近，戏弄。⑨婴：碰，触犯。⑩几：近。

【译文】

从前，弥子瑕被卫国君主宠爱。按照卫国的法律，偷驾君主车子的人依法当断足。不久，弥子瑕的母亲病了，有人知道这件事，就连夜通知他，弥子瑕就诈称主的命令驾着君主的车子出去了。君主听到这件事后反而赞美他说：“多孝顺啊，为了母亲的病竟甘愿犯下断足的罪！”弥子瑕和卫君到果园去玩，弥子瑕吃到一个甜桃子，没吃完就献给卫君。卫君说：“真爱我啊，自己不吃却想着我！”

等到弥子瑕容色衰退，卫君对他的宠爱也疏淡了，后来得罪了卫君。

卫君说："这个人曾经诈称我的命令驾我的车，还曾经把咬剩下的桃子给我吃。"弥子瑕的德行和当初一样没有改变，以前被认为孝顺而后来被治罪的原因，是由于卫君对他的爱憎有了极大的改变。所以说，被君主宠爱时就认为他聪明能干，愈加亲近；被君主憎恶了，就认为他罪有应得，愈加疏远。因此，劝谏游说的人，不能不体察君主的爱憎态度之后再游说他。

龙属于虫类，可以驯养、戏弄、骑它。然而它喉咙下方有一尺长的逆鳞，人要触动它的倒鳞，一定会被它伤害。君主也有倒鳞，游说的人能不触犯君主的倒鳞，就差不多算得上善于游说了。

【词句撷英】

色衰爱弛：容色衰退，宠爱也疏淡了。比喻男子喜新厌旧。

派妈丽莎 李秀莲 编著

好看到放不下的中国史

一统天下的秦汉大帝国

2

花山文艺出版社
河北·石家庄

目录
Contents

第一章 一统天下的秦

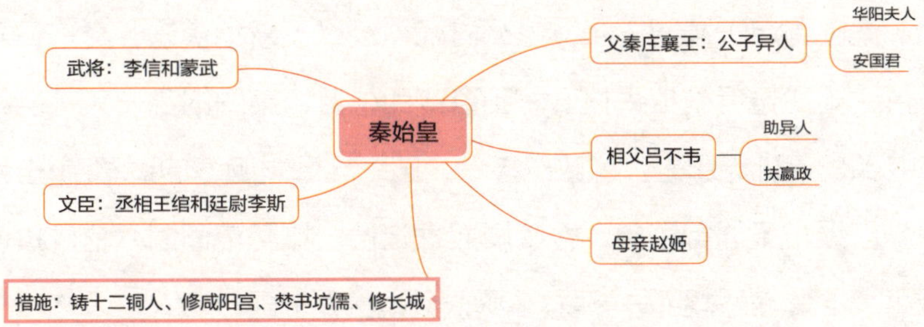

谁都知道，统一是始于秦的。其实统一是逐渐进行的……然而统一的完成，确在前211年，即秦王政的二十六年。积世渴望的统一，到此完成，措置上自然该有一番新气象。

——吕思勉《中国通史》

秦王嬴政的“制霸”之路

秦国崛起于秦昭王和秦孝公时代，经过不断地变法，经济得到极大发展，国力也得到很大提升。到嬴政即位时，秦国的统一大势已经具备了扎实的基础。于是，嬴政统率令六国之人闻之胆寒的秦军，“奋六世之余烈，振长策而御宇内，吞二周而亡诸侯，履至尊而制六合，执敲扑而鞭策天下”，威震四海，建立了统一天下的大帝国。

那么，这位秦王嬴政经历了怎样的成长过程，又是如何开创了名震千古的宏图伟业呢？

扫清障碍，大权在握

公元前247年，秦庄襄王驾崩，十三岁的嬴政被立为秦王——也就是后来的秦始皇。嬴政是秦孝公的四世孙秦庄襄王的儿子，他刚即位的时候，秦国并不太平。

首先，嬴政面前的秦国，实际掌权者是相国吕不韦。吕不韦本是一个商人，早年间在阳翟经商，往来各地，借助于商品买卖的差价积累起庞大的身家。一次，他到赵国的都城邯郸去做生意，无意中与当时的秦国质子异人相识——异人就是后来的秦庄襄王。不过，那时的异人只是秦王庶出的孙子，由于在国内不受重视，成了秦国派到赵国的人质。随着秦、赵两国关系的恶化，他在赵国过着十分拮据的生活。

当吕不韦获知这个异人就是秦国的公子时，内心狂喜万分。作为一个精明的商人，他知道，人世间最大的买卖就是拥立一个国君上位。如此一来，拥立者就能获得巨大的政治资本，天下的财物宝货自然能唾手可得。于是，吕不韦开始了一生中最大的政治投资——积极鼓励异人回国继承王位。他不但出钱打点公子异人的生活，提升其生活待遇，而且不断激起异人深藏于内心的欲望和野心。随后，他积极推动异人参与权贵之间的社交，积极结交有识之士和有用之人。

另外，吕不韦本人也不断为异人拉拢关系，助其铺平回国的道路。他几经考虑，决定借助于秦孝文王的王后——华阳夫人的娘家，为异人回国寻求帮助。他西去秦国，先后见到华阳夫人的弟弟（阳泉君）和姐姐，借他们之手为华阳夫人送去珍奇玩物，并让尚无子嗣的华阳夫人明白：异人是一个可以投资且知恩图报的人。

最为重要的是，他让华阳夫人知道，异人除了聪明而贤良，而且将来会把夫人当作亲生母亲一般侍奉。或许，正是这一点打动了华阳夫人，她开始在当时的安国君——也就是后来的秦昭襄王面前为异人说好话。

华阳夫人除了让安国君知道自己在赵国有一个能干的儿子，还向他表达了自己希望异人成为安国君的继承人，以便自己日后有个依靠的愿望。安国君不但答应了，而且还刻下玉符，确定了异人的继承人地位。

接下来，安国君和华阳夫人就为远在赵国的异人赐送厚礼，还让吕不韦成为他的老师。这样一来，吕不韦就光明正大地由一个商人成为未来国君的辅臣。在吕不韦的成功运作下，公子异人的名声在诸侯中越来越大，最后成功地回到秦国，进而成为国君。

当初，异人无意中在吕不韦的家中见到了一个美丽而善舞的姬妾，并对她一见钟情。吕不韦看透了他的想法，就把这个姬妾转送给了异人——

这个姬妾就是嬴政的母亲赵姬。

嬴政即位的时候，吕不韦权倾朝野，和太后赵姬一起掌握着秦国的最高权力，被嬴政尊为仲父（古时候称父亲的大弟为仲父）。随着年龄的增长，嬴政发现这位看似忠厚慈祥的长辈不但与自己的母亲私通，甚至不愿意将朝廷的掌控权还给自己。于是，他就开始想办法亲政。

不过，这条路嬴政走得并不顺畅——首先就遇到了母亲赵姬的阻挠。

当时，吕不韦为了控制赵姬，千方百计地讨赵姬的欢心，甚至让自己的一位门客嫪毐（lào ǎi）假扮成太监来到赵姬身边，从而巩固自己在朝廷中的权力。不过，吕不韦没想到的是，自己送到赵姬身边的这个嫪毐，竟然坏了自己的事。

嫪毐和赵姬厮混在一起后，颇得赵姬青睐，甚至在太后赵姬的帮助下被封为了长信侯。渐渐地，嫪毐凭着太后的宠爱愈发狂妄自大，甚至在一次醉酒后吹嘘自己是嬴政的假父。这话传到了嬴政的耳朵里，嬴政大怒，决定除掉他。

嫪毐发现自己和太后的不当关系败露，已为自己招来了杀身之祸，索性策划造反。他把谋反的日子选在了嬴政举行冠礼的那一天。这一天，嫪毐借秦王玉玺和太后玺的权威，领兵攻向蕲年宫。然而，早有准备的嬴政已暗暗布下精兵，对嫪毐的叛军来了一个守株待兔。嫪毐在蕲年宫遭遇突袭，损兵折将，不得已又转攻咸阳宫，但嬴政在那里也已部署好军队。最终，嫪毐的叛军惨败，嫪毐一人仓皇出逃。

嫪毐最终还是被秦军抓住，被施以车裂之刑，并将其尸首示众。愤怒的秦王随即软禁了“为母不尊”的赵姬，并在一年后免除了吕不韦的宰相职位，并将他发配至偏远的巴蜀地区。吕不韦清楚，自己再也不可能重获嬴政的原谅，就在绝望中饮毒酒自尽了。

罢免了吕不韦，嬴政就扫清了执政的最大障碍。随后，为了避免再次出现门客乱政的事情，嬴政下令驱逐六国门客。但此时，吕不韦的门客之一李斯向秦王进献了《谏逐客书》，认为秦国若是将各国门客全部驱逐出境，将会没有能人来辅佐国政，必将对秦国的发展产生不利的影响。嬴政看了之后，认为李斯说的有道理，并没有将六国门客全部逐出，甚至重用了曾经是吕不韦门客的李斯。

秦代士兵复原图

事实证明，嬴政当时虽然年少，但已经有了独到的识人眼光。他所选中的李斯，就像秦朝滚滚前行的车轮上一颗关键的铆钉，在其后来一统天下的道路上发挥了举足轻重的作用。

一统六国，万世基业

在镇压叛乱、稳定朝政之后，嬴政开始逐渐显露出自己知人善任的一面。他任命尉缭为国尉，李斯为廷尉，开始着手推行自己的统一战略。

公元前236年，也就是吕不韦被罢免的一年后，赵国与燕国发生了战争。嬴政假借援助燕国的名义出兵攻打赵国，并成功占领了赵国在漳水流域的土地。

两年之后，也就是公元前234年，秦国再次向赵国发动进攻，这一次在赵国被攻占的土地上建立了自己的城邦。之后又过了三年，秦国愈发强大，魏国和韩国迫于秦的威压，将自己的部分国土献出以求和平，然而这种绥靖政策并没有换得秦朝的同情。公元前230年，秦朝派遣内史腾带兵攻打韩国，并俘虏了韩王，至此，韩国灭亡。

在灭亡韩国后，秦朝鲸吞天下的脚步变得更加迅速。同年，赵国正逢旱灾，秦国借机出兵赵国。公元前229年，秦国彻底攻破赵国，赵王被俘，而赵国的公子嘉率领其族人出逃至代郡，并在那里自立为代王。

公元前227年，秦国大军直逼易水，燕国危在旦夕。燕国太子丹决心以刺杀秦王的方式，进行殊死一搏。太子丹说服了由于兵败而逃至燕国的前秦将领樊於期，让刺客荆轲以他的首级作为信物，得以接近秦王行刺。然而，荆轲的行刺并不成功，他的助手秦武阳在秦王面前的畏怯最终断送了二人的性命，也令太子丹的救燕计划失败。燕太子竟然试图行刺自己，这件事大大激怒了嬴政，于是秦国的精锐部队如同暴风雨前的黑云一样直逼燕国边境，并于公元前223年俘虏了燕王喜，燕国宣告灭亡。

在攻打燕国的同时，嬴政也并没有因此而搁置下自己吞并其他四国的计划。在公元前225年，嬴政派出将军王贲（bēn）攻打魏国，并引黄河水倒灌魏国都城。三个月之后，魏国都城大梁被冲坏，魏王迫不得已出城投降，并被秦军俘虏，魏国灭亡。

同年，秦王嬴政对楚国发动战争。嬴政派出李信和蒙武两位大将，带领二十万秦军兵分两路进攻楚国。楚国奋起抗击，但终究抵不过军备实力雄厚的秦国。楚将项燕被逼自杀后，秦国一举攻破了楚国的首都寿春（今安徽寿县），并俘虏了楚王，楚国灭亡。

公元前222年，秦王在出兵攻打齐国的同时，北上攻打代国，并俘虏了代王嘉。公元前221年，秦将王贲领兵南下，攻打齐国，此时齐国孤立无援，已经无力抵抗猛虎一样的秦军。同年，齐王被俘，齐国灭亡。至此，战国时代宣告落幕，诸侯纷争的局面结束，秦王嬴政完成了在他以前从未有君主做到过的事情——中国在历史上第一次真正意义上的统一。

名篇精选

于是太子预求天下之利匕首，得赵人徐夫人[1]之匕首，取之百金[2]，使工以药[3]淬之。以[4]试人，血濡[5]缕，人无不立死者。乃为装遣荆轲。

燕国有勇士秦武阳，年十二，杀人，人不敢与忤视[6]。乃令秦武阳为副。

荆轲有所待，欲与俱[7]，其人居远未来，而为留待。顷之[8]未发，太子迟之[9]。疑其有改悔，乃复请之曰："日以尽矣，荆卿岂无意哉？丹请先遣秦武阳！"荆轲怒，叱太子曰："今日往而不反者，竖子[10]也！今提一匕首入不测之强秦，仆所以留者，待吾客与俱。今太子迟之，请辞决矣[11]！"遂发。

太子及宾客知其事者，皆白衣冠以送之。至易水上，既祖[12]，取道。高渐离击筑[13]，荆轲和而歌，为变徵之声[14]，士皆垂泪涕泣。又前而为歌曰："风萧萧兮易水寒，壮士一去兮不复还！"复为慷慨羽声[15]，士皆瞋目，发尽上指冠[16]。于是荆轲遂就车而去，终已不顾。

——《战国策·燕策三》

【注释】

①徐夫人：战国时期的一名铸剑大师。②取之百金：倒装句，正常的语序应该是"以百金取之"，用百两黄金买下了它。③药：这里指毒药，用毒药淬炼匕首。④以：这里省略了一个宾语，应当是"以之试人"，用它尝试去割伤人。⑤濡（rú）：濡湿，流出。⑥忤（wǔ）视：对视。⑦欲与俱：这里是省略句，应当是"欲与之俱往"，想要同他一起去。⑧顷之：一会儿。⑨迟之：正常的语序应当是"以……为迟"，这里

是倒装，“认为……晚了”。⑩竖子：古代一种对人的侮辱性叫法，意思和现在的废物、没用的人差不多。⑪请辞决矣：决，这里有诀别的意思。这句话是说，荆轲已经做好了诀别的准备。⑫祖：古代出发之前祭祀路神，以求平安的仪式。⑬筑：弦乐器，战国时期的筑只有五根弦，后来逐渐增加到十三根。⑭变徵（zhǐ）之声：乐曲中的降调，一般来说用这种曲调谱写的曲子都较为凄凉。⑮羽声：乐曲中的一种声调，用羽声谱写的曲子一般声调激昂。⑯发尽上指冠：头发都向上竖起，把帽子都顶起来了，形容人极度愤怒的样子。

【译文】

于是，燕太子丹先在全天下搜寻锋利的匕首，最后找到了徐夫人的一把匕首，用百两黄金买下了它。（又）让工匠们用毒药淬炼刀刃。用这把匕首割伤人进行试验，只要流出一点鲜血，被割伤的人就会立刻中毒身亡。于是燕太子丹将这把匕首送给荆轲，让他作为刺秦的装备。

燕国有一名武士叫作秦武阳，刚满十二岁的时候就杀过人了，寻常人都不敢与他对视。太子丹又让秦武阳作为荆轲的助手同往。

荆轲本想再等一个能和他一起刺杀秦王的朋友一同前往秦国，但那位朋友住在很远的地方，还没有赶到燕国。（因为等待那位朋友）等了一阵子，太子丹觉得荆轲出发得有些迟，便怀疑荆轲有反悔的意思，于是又去催促荆轲道：“太阳已经完全落下去了，荆轲先生您还不想动身吗？不如我先派遣武阳（入秦）。”荆轲听了之后大怒，呵斥太子道：“今天去了而不能好好地回来复命的人，是没用的废物。现在只拿着一把匕首进入不可预料的强大秦国，我之所以还留在这里，是为了等我一位客人与我同去。现在太子嫌我出发晚了，那么就请允许我（现在就）告别吧！”于是他就出发了。

太子以及知道这件事情的宾客们，都穿着白色的衣服，戴着白色的帽子送别他们。到了易水上，祭祀完路神之后就要上路。高渐离击筑伴奏，荆轲应声而歌，唱出变徵这样悲壮的音调，宾客们都流着眼泪小声哭泣。荆轲又上前唱道："风声啊，萧飒悲凉；易水啊，寒冷彻骨。壮士这一去啊，就永远不再回还！"歌声又从苍凉的徵调转为慷慨激昂的羽调。宾客们都（因为悲愤）而睁大了眼睛，头发竖起，将帽子都顶了起来。荆轲随即便上车离去，自始至终都没有回头再看一眼。

【词句撷英】

终已不顾：直到最后都没有回头看。

煊赫一时的秦帝国

公元前221年，嬴政终于完成了他一统六国的伟业。接下来，这位千古一帝采取了一系列措施，打造了一个煊赫（xuān hè）一时的帝国。那么，为了打造这个帝国，他采取了哪些措施呢？让我们一起来看一看秦国当时的举措。

开创帝制，彰显功绩

一统天下后，秦王嬴政开始了巩固王权之路。他深知，强化帝王之威的重要性，于是就想为自己取一个不同于历代君王的称号。为了与自己创立的功绩匹配，他召集丞相王绾、御史大夫冯劫、廷尉李斯等人，提出更改名号，以便让秦国统一六国的功绩流传千古。

于是这三人智囊团几经商议，最后联名上书，说了如下这番话：“过去的五帝所管辖的土地也不过千里，诸侯也并不统一朝贡；如今您的疆土覆盖整个天下，朝廷的命令至高无上，这是前所未有的，连五帝都不能企及您的功绩；古代有天皇、地皇和泰皇，其中以泰皇最为尊贵，因此我们斗胆建议，大王您可以将名号改为泰皇，自称‘朕’，以后您下的命令就称为‘制’和‘诏’。”

简言之，这几人将嬴政的功绩大书特书了一番，然后建议嬴政将名号改为泰皇，自称“朕”，并将自己下达的命令称为“制”和“诏”，以彰示其功绩远超上古时期的五帝。

听完这些人的建议，嬴政认为用和古代的三皇（即天皇、地皇、泰皇）中的“泰皇”来称呼自己，还是比较能说明自己的功绩的，但“泰”字不好，不如去掉，再加上古代的“帝”字，以“皇帝”来称呼自己。

秦始皇像

从此，嬴政就为自己确立了新名号——皇帝，而且让后世的君王均以此为名号，自己当然就是“始皇帝”了。

严明法制，控制国民

修改名号之后，秦始皇号令全国的百姓聚集饮宴以示庆贺。随后，为了加强对国民的控制，他下令收缴了全天下的兵器，统一运到咸阳后熔化，铸成了若干口大钟和猛兽形的镰，还另外浇铸了十二尊近十米高的铜人，每一尊铜人的重量都超过了三十吨。秦始皇让人将这些铜人放置在宫廷中，以此象征自己的权力和威势。

除了这些气势逼人的铜人外，秦始皇还在咸阳城北的山坡上模仿自己消灭的每一个诸侯国宫殿的模样建一座宫殿，并将从战争中获得的珍奇宝藏和美人安置在那里。于是，这些六国的宫殿从雍门宫一直建到了泾河与渭河的交汇处。倘若按照今天的市区规划来看的话，这些宫殿就相当于从西到东横跨了后世的咸阳和西安。

秦始皇所建宫殿

秦始皇在吸取过去历代国君的经验和教训的基础上，充分地认识到守业的重要性。他认为，如果没有统一的规定和强硬的制度，犯上作乱的事情会不断出现，那么自己创下的这个帝国最终会毁于一旦。于是，他询问了李斯等人的意见。

李斯作为法家学说的代表，自然以法家的理念向秦始皇提出了治国理政的意见。李斯认为，没有规矩便不成方圆，当前最重要的是将诸侯割据时期，不同地区混乱的方言、衡量标准以及法律规定统一起来。秦始皇认可了他的看法，于是规定：全国上下书写时必须使用统一的小篆，所有的车子轴距都必须一致，这样才能方便修建道路。除此之外，秦始皇还下令全国所用的衡量单位必须统一，这样就避免了在贸易和建造时可能会出现的种种问题。

可以说，秦始皇的这些做法是相当具有前瞻性的，在秦始皇之后的皇帝们想要统一天下、稳定朝纲的时候，几乎也都采取了类似的做法。

除了在客观存在的事务上进行统一之外，秦始皇对于思想方面的统一也是相当严格的。作为法家思想的贯彻者，李斯认为，战国时期之所以混乱，是由于学者们所秉持的学说不统一，大家莫衷一是，甚至还有学者以邪门歪道进谏君王，以达到为自己谋私利的目的。为了避免这种情况再次发生，李斯建议始皇帝将除了法家学说之外的其他流派学说的典籍全部焚毁，只留下农业、医药等必要的书籍。秦始皇认同了他的建议，于是便发生了历史上著名的“焚书坑儒”事件。

当然，这种做法的确统一了思想，维持了秦国统治的稳定性。但是从长远来看，这种行为破坏了中华文化的传承，让许多不同的学说流派就此失去了踪迹。

除了以上措施，为了防御匈奴，秦始皇还在公元前215年，下令在北方大规模修筑长城，以消除来自外部的威胁。为了控制广阔的国土，尤其是六国旧境，秦始皇还修建从首都咸阳通往全国各地的驰道，其范围东到燕齐旧境，南到吴楚故地。

为了加强北方的防务，秦始皇还在公元前212年修筑了从咸阳经过云阳（今陕西淳化西北）直达九原（今内蒙古包头西）的直道。他还命人在西南地区修筑了五尺道（今四川宜宾以南至云南昭通），并于附近设官署进行统治。

名篇精选

分天下以为三十六郡，郡置守、尉、监。更名民曰“黔首①”。大酺。收天下兵②，聚之咸阳，销以为钟鐻③，金人十二，重各千石，置廷宫中。一④法度衡石丈尺。车同轨。书同文字。地东至海暨朝鲜，西至临洮、羌中，南至北向户，北据河为塞，并阴山至辽东。徙天下豪富于咸阳十二万户。诸庙及章台、上林皆在渭南。秦每破诸侯，皆仿其宫室，作之咸阳北阪⑤上，南临渭，自雍门以东至泾、渭，殿屋复道周阁相属⑥。所得诸侯美人钟鼓，以充入之。

——《史记·秦始皇本纪》

【注释】

①黔（qián）首：中国战国时期和秦代对百姓的称呼。②兵：兵器。③鐻：发音同“巨”，是古代一种放置在编钟旁边，形状类似野兽的乐器。④一：这里是“统一”的意思。⑤阪：山坡。⑥相属：互相连接。属，连接。

【译文】

于是将天下分为三十六个郡。每郡都设置郡守、郡尉、郡监。将人民改称为“黔首”。(秦始皇）下令全国，特别允许聚众饮酒作乐表示欢庆。(秦始皇）将天下的兵器都收集起来，统一运到咸阳，熔化之后铸成了大钟和兽形的鐻，以及十二个铜人，（这十二个铜人）每个都重达十二万斤，放置在宫廷里。(秦始皇还）统一了法令以及度量衡的标准。并统一车辆两轮间的宽度。规定书写时必须使用统一的文字。(秦朝的）领土东至大海和朝鲜，西至临洮、羌中，疆域最南端直到北向户地区，向北据守黄河作为要塞。(整个疆域）沿着阴山往东一直到达辽东郡。(秦始皇还）迁徙全天下的富裕人家一共十二万户到咸阳居住。各祖庙及章台宫、上林苑等宫殿庙宇都在渭水南岸。秦国每灭掉一个诸侯，都按照该国宫殿的样式，在咸阳北面的山坡上进行仿造，南边濒临渭水，从雍门宫往东直到泾、渭二水交会处，宫殿之间有天桥和长廊互相连接。从诸侯那里虏得的美人和钟鼓乐器等等，都放到那些宫殿里面。

【词句撷英】

车同轨，书同文：轨，是指车子两个轮子之间的轴距。这句话的意思是，车子的轴距一致，书写的字体也一致。

秦王朝的崩毁

秦统一后，在十几年的时间里，秦始皇就创建了一支庞大的军队和官僚机构，并完成了一系列巨型国防和基础设施建设，借以巩固秦王朝的统治。然而，再如何完备的管理和制度，倘若失去了百姓的支持，终将“尘归尘，土归土”。当民怨沸腾到来时，秦王朝的统治也就土崩瓦解了。

巡游求仙，激起变乱

和历史上很多统治者一样，秦始皇在江山逐渐稳固之后，开始变得好大喜功。借助强大的统治，秦王朝广泛的疆域得到严格的管理，而秦始皇本人则多次沿着建设的驰道巡游郡县，并在沿途刻石记功，以示威强。

公元前220年，秦始皇去巡视陇西地区，在渭水之南下令建造了极庙，象征天空中的北极星。又从极庙修路直达骊山，并建造了甘泉殿。同年，秦始皇下令在全国修筑四通八达的驰道，以供自己巡查全国时使用。

公元前219年，秦始皇向东巡视自己的郡县。路过邹县峄（yì）山时，登上山顶，并在山顶立碑。这件事也许给了秦始皇启发，他开始与齐鲁地区的儒生们商讨祭天祭地的事情，并希望能够在名山大川上立碑，将自己的丰功伟绩写成碑文铭刻其上。

于是，秦始皇在泰山举行了祭天仪式，又在梁父山举行了祭地的仪式，并在山顶立碑，用碑文记载了自己的功绩。在祭完天地后，秦始皇沿着渤海岸，继续向东巡游，途经成山和之罘（fú）山，也同样登上山顶，并在山顶立碑记载后离去。

之后，秦始皇的巡游方向转为南方。行至琅琊（láng yá）山时，秦始皇对这里非常满意，于是在琅琊山停留了三个月，并将三百户百姓迁至琅琊山附近居住，免除了他们十二年的徭役。而后，修建琅琊台，并在琅琊台上立碑，碑文同样极尽歌功颂德之能事。在琅琊台修筑完毕后，秦始皇回到了都城。

人物故事图之一——《吹箫引凤》〔明〕仇英绘

在这次巡游之后，有人便开始向秦始皇进言说：“在东海之上，有蓬莱、方丈和瀛洲三座仙岛，上面居住着仙人，有不老不死的灵药。”当然，所谓的仙山和灵药不过是无稽之谈，但不老不死的说法正中希望自己能够长生不老的皇帝的心思。于是，秦始皇多次派人去打听仙人的消息，却始终一无所获。

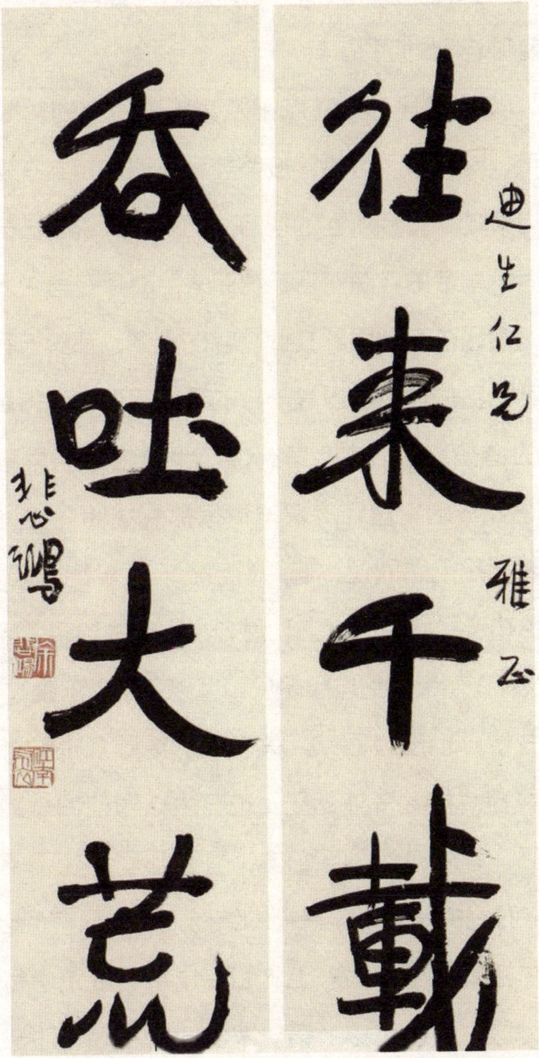

徐悲鸿书法

这时，方士中有一位叫卢生的人对秦始皇说道：“我们屡次寻找仙山未果，应该是有什么东西伤害了他们。我们认为，皇帝您应当经常秘密出行，以驱赶恶鬼，恶鬼避开后，神仙自然就会来到了。而且您居住的地方也不能够让臣子们知道，如果居所不够清净的话，也会妨害到神仙，因此我们希望您所住的宫室不要告诉其他的臣子，这样的话，也许神仙就会来了。”

秦始皇于是对大臣们说道：“我啊，羡慕神仙真人，以后我的自称就是真人，不再称呼自己为朕了。”

除此之外，秦始皇还下令在咸阳及其周边所有的宫殿之间修建甬道和回廊，将钟鼓、美人以及帷幔等按照登记在册的方式在每一间宫殿内安置好，不可擅自移动。皇帝所到的地方，如果有人说了出去，就治那个人死罪。从此之后，皇帝的行踪变得诡秘起来，除了在身边服侍的近仆，再也没人知道秦始皇居住在哪里。文武百官的上奏，都统一在咸阳宫进行。

就这样，秦始皇的性情在日复一日的求仙问药中变得越来越怪异。

在秦始皇的诸多方士之中，有一位方士是相当富有奇幻色彩的，那就是徐福。据说，秦始皇曾经屡次派遣徐福寻找仙岛和灵药。结果可想而知，徐福每次都是无功而返。他知道自己一直没能完成始皇帝的任务，而且每次寻药都花费了巨大的人力和财力，害怕秦始皇会怪罪到自己的头上，于是便提议，让皇帝赐给自己船只和童男童女，东渡大海寻找灵药。

徐福这一去便再也没有回来。关于他的结局众说纷纭，有人认为他最终没有找到灵药，被皇帝处死了，也有人认为他偷偷地逃跑了。另外还有一种说法是，徐福东渡到了日本，并在那里居住了下来。但历史的真相已经淹没在时间的长河中，徐福的结局大概也只有他自己才知道。

秦朝的结局在秦始皇的大兴土木和追求不老的荒唐行为中，已经逐渐变成了定局。这个中国历史上第一次统一的王朝在短暂的繁荣后气数即将耗尽，平静的外表下正酝酿着风起云涌的变化。

沙丘之祸，祸患顿生

李斯画像

或许是频繁的出巡耗尽了秦始皇的体力，又或者是这位曾经挥斥方遒（qiú）的帝王确实气数已尽，秦始皇的身体状况江河日下，在最后一次出巡到达平原津（今山东德州南）时病倒了。他知道自己时日无多，于是给长子扶苏留下了一封信，通知他回咸阳参加自己的葬礼，并表达了自己想安葬在咸阳的愿望。然而，他没想到的是，这封连同玉玺一起交由宦官赵高保管的书信，最终却成了扶苏的催命符，也成了秦王朝的催命符。

公元前210年，秦始皇在沙丘（今河北广宗境内）病逝。为了避免皇帝驾崩的消息引起混乱，随行的丞相李斯没有将皇帝逝世的事情发布出去，而是将棺材放在既通风又能遮蔽视线的辒辌（wēn liáng）车中，让过去受到始皇帝宠爱的宦官做陪乘，每到一个地方就像平时那样供奉饭食，百官也像平时那样向辒辌车中的皇帝奏事，由宦官在车中假装成皇帝下诏，批改文书。只有随行的公子胡亥、李斯、赵高以及几个颇受信赖的宦官才知道秦始皇已经死了的事实。

其中，赵高是秦始皇生前十分信任的人。这个人是一个非常有野心的人，他知道秦始皇是想将皇位传给贤明能干的大儿子扶苏，而秦始皇的小儿子胡亥由于是他一手带大的，二人之间有着深厚的感情。赵高很清楚，一旦公子扶苏继承皇位的话，自己在朝廷中的地位必然会下降。他不想失去已经握在手中的权力，当然希望无比信赖自己的胡亥做皇帝。于是他就和胡亥商议，想篡改遗诏，让胡亥继承皇位。胡亥自然乐意之至。

在获得了胡亥支持后，赵高深知如果想要将胡亥推上帝位的话，没有丞相李斯的支持是不行的。李斯既是秦朝的开国元老，又协助始皇帝理政多年，在朝中的威望无人能及。于是，赵高找到了李斯，开门见山地说：“我们应该修改遗诏，让胡亥取代扶苏继承皇位，现在始皇帝的遗诏和玉玺都在我手里，这事情能不能办成就全凭我们一句话。”

李斯闻言大惊，怒斥赵高说：“你怎么能说这种会亡国的话？我李斯本来是一介平民，都是始皇帝赏识我，才让我有了如今的地位和成就，篡改遗诏这种大逆不道的事情怎么能做？”

但赵高是何等的人物，他清楚地知道如何用别人的弱点来攻击对方。赵高听完后，不仅没有沮丧发怒，反而继续劝说道：“丞相，依您所见，公子扶苏身边的蒙恬和您相比，谁更受扶苏的信任？谁又更具有治理国家的能力？”

李斯听后便沉默了下来，良久才道：“我认为蒙恬这两点都比我做得更好。”

赵高于是继续说道：“那么扶苏即位之后，蒙恬必然会取代您成为新的丞相，到时候您想要怀揣相印返回故乡的理想就化作泡影了。何况，秦朝素来有诛杀前朝宰相的传统，如果真让扶苏继承了王位，恐怕您的性命也不保呀！而胡亥仁慈宽厚，也是有资格成为皇位继承人的，关于这件事情，还希望您慎重地考虑一下。”

李斯最终被赵高说动了。获得了李斯和胡亥两个人支持的赵高欣喜若狂，他立刻与李斯一起修改了诏书，将胡亥定为皇位继承者；又篡改了秦始皇的遗诏，派使者送往扶苏所在的上郡。只不过，这封诏书的内容是斥责扶苏和蒙恬“不忠不义”，并让他们自尽。

扶苏接到诏书后，悲痛难当，当即便转身进入帐篷，拔出剑来要自杀。而蒙恬作为陪伴在始皇帝身边许多年的人，对秦始皇的为人非常了解，他对这封奇怪的诏书产生了怀疑，于是便拦住了扶苏，说道："陛下如今正出巡在外，又没有确立太子，想必各位公子都对皇位虎视眈眈。皇帝派我们作为监军驻守边疆，足见对我们有相当的信任。如今突然下诏，以不忠不义之名让我们自裁，这实在是说不通，也许其中有诈也未尝可知。不如先向陛下提出恳请，弄明白缘由再自裁也不迟。"

而那送信的使者早就接受了赵高的贿赂，他见蒙恬有所怀疑，便更加急切地催促扶苏自裁。扶苏作为秦始皇信赖的长子，岂能看不出来诏书有假？但自从扶苏被发配边疆后，就认为父亲已经无意让自己接手皇位，如今除他之外，能继承皇位的大概只有幼子胡亥。他因此认为，想必皇帝是害怕在立胡亥为太子后，自己曾经的声望和威势会对弟弟不利，想替胡亥铲除他这个障碍。扶苏于是向蒙恬说了自己的看法，表示不愿让父亲担忧，随后便挥剑自尽。

秦兵马俑（将军俑）

秦杜虎符

扶苏虽然自尽而亡，但蒙恬并不肯不明不白地死去，于是赵高派来的使者便将他囚禁在阳周，剥夺了他的兵权，并安排李斯的亲信看守他，这才回去复命。

直到出巡的车队回到咸阳城后，始皇帝去世的消息才公之于众。

“熊孩子”败家，秦朝二世而亡

公元前209年，秦始皇在骊山下葬，胡亥依据伪造的遗诏即位，史称秦二世。这位秦二世，可以说是历史上最败家的“熊孩子”了。在秦始皇众多的子女中，他原本没希望继承皇位。不过，谁让他有一个好老师呢！作为秦始皇最小的儿子，秦二世从小就跟随着中车府令赵高学习法律。虽然他本人没什么本事，但赵高却并非庸人。

秦二世即位后，只想着享乐，因此，实际的皇权掌握在丞相李斯和赵高手中。尤其是后者，因为深得他的信任，因此得以大胆地专权。为了争宠，李斯和赵高之间明争暗斗，极尽所能地满足秦二世的享乐心理。

看到赵高拥有得天独厚的便利条件，李斯产生了极强的危机感。为了避免自己失宠，他挖空心思地讨好秦二世。当他得知秦二世担心自己不能永享天下时，就专门写了一篇文章建议胡亥在治国上采取独断专权、酷法治民的方法，借助于督察与治罪的方式来治理国家，以达到巩固中央集权，镇压百姓的反抗与违法的目的。

这种暴虐的统治，导致百姓生活悲惨，相当多的人“穿牛马之衣，吃犬彘之食”。这种治理国家的方法更加激化了社会矛盾，一些百姓甚至在暴吏酷刑的逼迫下，逃亡山林，举行暴动。

秦二世为了满足个人的私欲，进一步加重对农民的剥削和压迫。他发民远戍，耗巨资修建阿房宫和骊山墓地。农民生活因此困苦到了极点，大规模的农民起义一触即发。

公元前209年，一队开赴渔阳（今北京密云）的闾左戍卒九百人，遇雨停留在大泽乡（今安徽宿县境内），无法如期赶到渔阳戍地。按照秦法，“失期当斩”，戍卒们面临着死刑的威胁。于是这支部队在陈胜、吴广的领导下，在大泽乡起义——这是中国历史上首次大规模的农民起义。这次起义虽然只有半年就失败了，但是由此掀起的反秦浪潮却继续不断地冲击着秦朝的统治。

就在反秦起义不断爆发的同时，秦二世胡亥却在不断做出摧毁秦王朝根基的事情。除了上文提到的采用暴虐的统治手段，残酷地压迫百姓外，还在赵高的唆使下，在统治阶级上层大开杀戒。他在赵高的建言下，先后逼杀了为秦始皇统一六国立下汗马功劳的蒙恬、蒙毅兄弟二人。接着，他又羞辱右丞相冯去疾和将军冯劫，使他们为免遭羞辱而自尽。公元前208年，赵高为了除掉和自己争宠的李斯，使自己享受一人之下万人之上的地位，不断在秦二世面前说李斯的坏话。最终，秦二世对李斯也产生了怀疑之心，准许赵高对李斯抓捕后严刑拷问。赵高想方设法地罗织罪名诬陷李斯。最终，李斯及其家人被处死。

当将秦二世身边的那些足以威胁到自己的人除掉后，赵高就开始了除掉秦二世的行动。为了确保自己能进一步控制朝中的大臣，赵高甚至演出了一幕“指鹿为马”的故事：赵高故意在一次朝会上让人牵来一只鹿献给胡亥，并声称是一匹好马。胡亥一看，明明是鹿嘛！于是，二人就是鹿还是马争论起来。最后，胡亥问在场的大臣，大部分人惧于赵高的权势而随声附和是马，只有少数人说是鹿。这件事之后，赵高将说是鹿的人找借口全部杀死，而将说是马的人归入自己的阵营。此时，赵高大权在握，对朝中大小政事独断专行。秦二世成了名存实亡的傀儡。

当勇将章邯被项羽的起义军击败，走投无路，不得不投降了项羽后，秦朝社稷危在旦夕。赵高对秦二世开始动手了。公元前207年秋，赵高先是谎称有病不去上朝，接着派亲信攻入王宫，逼秦二世自杀。随后，赵高召集大臣，将诛杀秦二世的事情告知大家，由于无法获得群臣和将领们的支持，不得不迎立王孙子婴为帝。不过，他借口六国故地相继起事，秦已失去对整个华夏大地的控制权，去掉了子婴的帝号，称其为秦王。随后，子婴设计将赵高杀死，诛其三族。

当年十月，刘邦率军攻入咸阳，子婴到军前投降，并献上秦国的玉玺、兵符。至此，存在仅十多年的中国第一个大一统王朝——秦朝灭亡了。

名篇精选

至平原津而病。始皇恶言死，群臣莫敢言死事。上病益甚，乃为玺书①赐公子扶苏曰："与丧②会咸阳而葬。"书已封，在中车府令赵高行符玺事所，未授使者。七月丙寅，始皇崩于沙丘平台。丞相斯为上崩在外，恐诸公子及天下有变，乃秘之③，不发丧。棺载辒辌车④中，故幸宦者参乘⑤，所至上食。百官奏事如故，宦者辄从辒辌车中可⑥其奏事。独子胡亥、赵高及所幸⑦宦者五六人知上死。赵高故尝教胡亥书及狱律令法事，胡亥私幸之。高乃与公子胡亥、丞相斯阴谋破去始皇所封书赐公子扶苏者，而更诈为丞相斯受始皇遗诏沙丘，立子胡亥为太子。更为书赐公子扶苏、蒙恬，数以罪，赐死⑧。语具在《李斯传》中。行，遂从井陉抵九原。会暑，上辒车臭，乃诏从官令车载一石鲍鱼，以乱其臭。

——《史记·秦始皇本纪》

【注释】

①玺书：加盖了皇帝玉玺的信。②与丧：参加葬礼。与，指参加；丧，葬礼。③乃秘之：于是隐瞒了这件事。秘，这里做动词，"将……隐瞒"。④辒辌车：古代一种四周有帘子，可以拉起来或者放下的车子，拉起来则车内通风阴凉，放下则车内能够保温。后来专做灵车使用。⑤参乘：陪同乘车的人。古代乘车时，尊者坐在左边，驾驶者在中间，右边另有一位陪同乘车的人，也叫作车右。⑥可：批阅，批示。⑦幸：这里做宠幸、喜爱解释。⑧赐死：命令某人自杀。

【译文】

（秦始皇）到了平原津地区就生病了。皇帝厌恶别人谈论死，（于是）大臣们都不敢说与死相关的事情。直到皇帝的病情越发沉重了，才以加盖玉玺的信写给公子扶苏，信中道：“回咸阳来参加丧事，在咸阳安葬。”书信已经封好了，存放在中东府令赵高兼掌印玺事务的办公处，并没有将信给使者。七月丙寅日的时候，秦始皇在沙丘平台驾崩。丞相李斯考虑到皇帝在都城之外趋势，害怕各位皇子会因此而引发变故，于是便将这件事情隐瞒了起来，秘不发丧。（将）始皇帝的棺材放在辒辌车里，让曾经颇受始皇帝宠爱的宦官们与棺材同乘，每到一个地方就如常送上食物。而文武百官（并不知道始皇帝已经去世）仍然像平时那样禀报奏章，宦官就在车中对所奏事务进行批示。只有皇帝的儿子胡亥、赵高以及所宠爱的几个宦官五六人知道秦始皇已经死了的事情。

赵高从前曾经教导胡亥书法写作以及刑法律令的事情，胡亥私下里非常青睐他。赵高于是与公子胡亥、丞相李斯偷偷密谋将始皇帝赐给长子扶苏的诏书拆开，谎称丞相李斯在沙丘接受了始皇帝的遗诏，要立胡亥为太子。并将变更了的书信内容交给公子扶苏和蒙恬，在信中列数了他们的罪状，并赐死二人。这些话都在《李斯列传》中有记载。出巡的队伍继续前行，又从井陉到达了九原。适逢暑天，装载着始皇帝尸体的辒辌车开始发出恶臭，（赵高）于是让随从的官员买了一石（dàn）鲍鱼装载在车上，用鲍鱼的腥臭气息来掩盖尸体的臭味。

【词句撷英】

乃秘之，不发丧：“秘”在这里做隐藏解释，这句话的意思是“于是将这件事隐藏起来，不发丧”，后来演变成了“秘不发丧”这个成语。

第二章

西汉的崛起

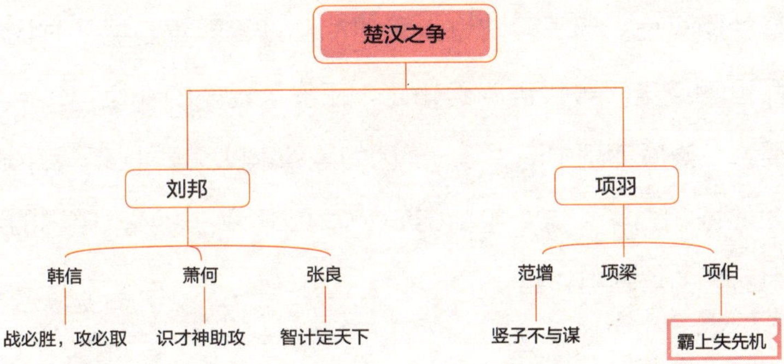

自从陈涉发难，六国之后，纷纷自立；秦亡之后，项羽又大封诸侯；到这时候，又都烟消火灭了。这要算“封建的反动力”第一次失败。

豪杰亡秦，要算中国平民革命第一次成功。以前汤放桀，武王伐纣，秦灭周，都是以诸侯革天子的命。三家分晋，田和篡齐，是以大夫革诸侯的命。

——吕思勉《中国通史》

汉高祖的传奇人生

秦朝覆灭后，天下再次进入了混乱动荡、群雄割据的时代。人们常说，乱世出英雄，事实也的确如此。在群雄逐鹿的乱世中，一个呱呱啼哭的婴孩在暴风骤雨中降生了——因为是刘家的第三个孩子，所以父亲刘太公为他取名为季。这个老实的农民怎么也不会想到，自己的这个孩子会成为后来的汉高祖刘邦。

心怀壮志，厚积薄发

刘邦的家位于沛县（今江苏丰县）家境极其普通。据说他是母亲刘媪（ǎo）某次在大泽岸边休息的时候，在梦中与下凡的天神孕育的。当时，风雨大作，电闪雷鸣，天空现出异象；他的父亲刘太公去寻找妻子时，看到有一条龙盘旋在刘媪身上。不久之后，刘媪就怀孕了，生下的孩子就是刘邦。

刘邦相貌英俊，鼻梁高挺，额头饱满，还留着一把漂亮的胡须。尽管出身于平常人家，但他从小就表现出了与众不同之处。他志向远大，不愿意在家里从事务农之类的活计，因此经常被父亲刘太公训斥，而他每次都笑嘻嘻地说自己将来会比哥哥创下的基业大；他乐善好施，性格十分开朗，平时不拘小节，经常和他人开玩笑，有时还会搞恶作剧。

长大后，刘邦曾外出谋求更大的发展，但最后还是不得不回到家乡沛县，谋得泗水亭长一职（亭长是管十里以内地方治安的小官）。在任期间，他的身上表现出三大恶习：一是喜欢作弄他人，当时他手下的人几乎没有不被他戏耍嘲弄的；二是喜欢喝酒；三是贪恋美色。

他在那段时间经常去王媪和武负的店中赊账买酒，喝醉了就在店中睡觉。说来也奇怪，王媪和武负发现，刘邦睡着的时候头上经常盘绕着龙，而且每次只要他来店里喝酒，店里的生意就比往常要红火，酒也能比平时多卖好几倍。因此，这二人将刘邦看成是非同凡响的人物，在年终的时候，都会免掉刘邦的欠账。

如果排除这些神乎其神的异常现象，当时的刘邦也不过是个普通人而已。不过，他虽然有一身流氓习气，但心地还算仁厚，且内心深处的远大志向也一直存在着。有一件事可以证明。一天，刘邦在服徭役的时候，恰巧秦始皇出巡，看着那绵延的车队，浩大的气势，刘邦满怀羡慕嫉妒，于是他说："这才是大丈夫应该有的样子啊！"当时周围的人只是将他看作一个好做白日梦的年轻人，并没有将他这句话当回事。后来，刘邦结识了为避仇搬家到沛县的吕公一家。吕公因为刘邦气宇轩昂，与众不同，相信他将来必定会出人头地，于是主动提出将自己的女儿吕雉（zhì）嫁给了他。

刘邦从事的亭长一职，就相当于村长，工作比较繁杂，不但要管理着治安工作，还要治理民事。当时，相当多的老百姓被征集去骊山修筑秦始皇陵寝。然而，有太多的人死在了那里，埋骨他乡。一次，刘邦负责押送徒役去骊山时，很多人在半路上逃跑了。等到了骊山，刘邦一看自己押送的役伕们也跑得差不多了，自己也会因为看管不利而治死罪。他想，与其让这些人去送死，不如放他们远走高飞，自己也逃走。于是，等队伍走到丰邑西边的沼泽地带时，他就让大家停下来休息，还分给大家酒喝。等到夜晚降临的时候，他就让队伍里面剩下的人各自逃跑了。

随后，刘邦和役伕中的十几个年轻小伙子一起逃走。他们趁夜上路，横穿沼泽。刘邦派了一个人在前面探路。过了一会儿，探路的人回来报告说前面有一条白色的巨蛇横在路中间，将路挡了个严实。他建议大家换条路走。刘邦不以为意，借着酒劲拔出剑冲到前面，将白蛇一剑斩成两段。随后，大家跨过白蛇的尸体继续上路。又走了几里路后，刘邦才醉倒在地上。走在队伍后面的人经过刘邦斩蛇的地方，看到一个老妇人在地上悲泣，就上前询问。老妇人告诉他们，刘邦所斩的蛇是白帝的儿子的化身，而刘邦是赤帝的儿子。众人听了老妇人说的内容，都觉得荒唐可笑，没想到老太太竟然在众目睽睽之下消失了。

等后面的人追上刘邦的队伍时，刘邦的酒已经醒了。他听别人描述路上碰到那个老太太的事情，心中暗暗高兴，觉得自己可能真的不是一般人。跟随他的人们听说了这件怪事，也更加尊重畏惧他了。

刘邦释放役伕这件事过去没有多久，陈胜和吴广就在蕲县大泽乡起兵反秦了。他们带兵占领了陈县，自立为王，国号“张楚”。其他地区的人们听说这件事之后，也纷纷杀死自己郡县的官吏们以示响应。沛县的县令害怕了，也想率领百姓起义响应陈胜。但大吏萧何和曹参不赞成，他们对县令说：“您可是秦朝的官员，现在想带领百姓起义叛秦，恐怕百姓不会信服。不如您把那些逃亡在外的人召回来，这样可以凑齐上百人，用他们来挟持民众造反，恐怕那时就没人会不听您的了。”县令觉得有道理，于是便派樊哙（kuài）去找刘邦回来，而此时刘邦身边已经聚集了上百个人，相当有规模了。

沛县县令虽然同意了让刘邦进城带兵起义，却是个胆小怕事之徒。他看到樊哙跟着刘邦回来之后，害怕刘邦有二心，又反悔了。于是关起城门，并想杀掉萧何和曹参两人。萧何、曹参看出了他的企图，于是便偷偷翻越城墙，投奔了刘邦的队伍。刘邦用绸子写了一封信，让人绑在箭上射进城里，信上说道："沛县城内的父老乡亲们，天下人苦于秦的暴政已经很久了。现在大家虽然还在替沛县县令守城，但各地的诸侯都已经起兵，如果你们继续守城的话，沛县很快就会被屠城的。如果现在各位杀掉沛县的县令，另选自己的子弟来主事，以响应起义军，各位的家室还可以保全。否则的话，等起义军攻入城内，全城老少都会被杀光，那时可就什么都晚了。"

沛县的百姓看过信后，非常赞同刘邦的说法，于是率领自己的年轻子弟，冲进县衙杀掉了县令，打开城门迎接刘邦进来，并想将他选为新县令。刘邦却说："如今天下大乱，诸侯纷争，如果将领选错了人，军队就会一败涂地。如今我刘某不敢顾惜自己什么，只是担心我的能力不够，无法保全各位乡亲，还请你们再另选更合适的人吧。"

于是众人便把目光投向了萧何和曹参两人，但二人都是秦朝的文官，对起义有所顾忌，担心万一事情不成的话，自己就要被满门抄斩，便还是坚持让刘邦来担任首领。沛县的百姓对于刘邦的各种奇闻逸事也有所耳闻，认为刘邦是有帝王之气的人，于是又说道："关于谁应该当县令这件事，我们也进行过占卜了，结果就是您最吉利啊。"刘邦又再三推辞，但也没有其他愿意出头的人，最终还是被拥立做了沛公。

他们直接在县衙中祭祀了黄帝和蚩尤，杀掉牲畜，用血涂抹战鼓和军旗，军旗都统一为红色。这是因为从前刘邦在斩杀白蛇的时候，那位老妇曾经说过，白蛇是白帝子，而杀它的刘邦是赤帝子，所以以红色为尊。之后，曹参、樊哙、萧何等人利用自己原先为官时的威望，召集了两三千人，带领他们去攻打了胡陵和方与，得胜后又回来继续驻守沛城。

至此，刘邦的势力已经初成气候。这个出身平凡、职位低微的小人物终于在乱世中找到了属于自己的道路，一步一步走上了枭雄的角斗场。

群雄逐鹿，锋芒初现

秦二世二年（前208年），项梁和项羽叔侄在会稽起兵抗秦，诸侯也自立为王，天下重新回到了群雄割据的混战时代。此时，秦朝泗川郡监也带兵攻到了丰邑，刘邦率军出城迎战，大败秦军。之后，刘邦决定乘胜追击，于是命令雍齿驻守丰邑，自己带了精锐部队去追赶泗川郡监的部队，并最终在戚县杀掉了他。

但刘邦没有想到的是，他留在丰邑的雍齿是一个有二心的人。在刘邦带兵出城之后，陈胜的部队派了一个人来劝降雍齿，说：“如果你愿意投靠我们的话，我们不仅不杀你，还要封你为侯；如果你不投降的话，我们就把整个丰邑城的人杀光。”雍齿本来就不服刘邦的统治，听了这话之后，立即答应投降。刘邦发现雍齿背叛后，又气又急，转头攻向丰邑，但未能成功，而刘邦此时也因为气愤和连日行军的劳累而病倒了。在康复之后，刘邦知道自己已经不能再指望将丰邑作为自己的根据地了，于是带领士兵一起投奔了当时气势如日中天的项梁。

刘邦投奔项梁的时候，身边只有一百来人。项梁看重刘邦的胆气和能力，又另外给了他五千人以及将领十人。刘邦得到项梁的支持后，带兵攻回了丰邑，并最终夺回了这座城池。

在投奔项梁一个多月后，项羽也攻下了襄城，回来与叔父的军队汇合。又休整了几个月后，项梁率军向北攻打亢父，又命令刘邦和项羽去攻打咸阳。刘邦和项羽的军队气势如虎，打得秦军节节败退，秦军最后退入濮阳城内，引水到护城河中，阻止刘邦军队的进攻，借此坚守濮阳。

而项梁这边，由于与秦军对战次次得胜，变得有些傲慢自大起来。他无视了宋义的谏言，明知秦军日渐增多，却自恃强大而不为所动。哪知道秦二世将全部秦军增派给了章邯，章邯趁夜色偷袭了项梁的军队，秦军的士兵为了不在行军中发出声音，都在口中横着咬了一根小木棍。就这样，这支部队如同幽灵一样无声无息地潜入了楚军在定陶的驻地。这一战，项梁战死，楚军惨败。

项梁战死的消息传到了楚怀王的耳朵里，楚怀王害怕了。他把国都从盱台迁到了彭城，又把项羽的军队和楚国另一位将军吕臣的军队合在一起，由他亲自率领，并给刘邦、项羽和吕臣各自加官晋爵。

汉高帝元年十月（前206年），刘邦的军队在各路诸侯当中最先到达霸上（一作灞上。因地处霸水以西的高原上而得名，在今陕西西安市东郊）。秦国最后的皇帝子婴架着由白马拉着的白车，带着封好的玉玺和符节，脖子上挂着丝绦，亲自到刘邦军前投降。刘邦的下属中有人建议刘邦杀掉子婴，但刘邦说道："当初怀王之所以派我入关，就是看中了我宽厚仁慈的这一点；何况秦王现在已经投降了，还要杀掉人家，这样做是不吉利的。"于是刘邦便安排子婴做了一个当地的小官，之后便西行进入了咸阳。

到达咸阳后，刘邦本想在宫殿中住下，稍做休整。但随行的樊哙和张良都认为这样做实在是有些鲁莽，于是便劝阻刘邦，让他把宫殿中的奇珍异宝都封存好，存放补给的仓库也不要动，退出来驻扎在霸上；并且刘邦将各县德高望重的人召集在一起，与他们约法三章——除了不许杀人抢劫外，前秦各种严苛的律令都被废除，新法令以安抚民、休养生息为主。

各县的百姓听到新法令颁布的消息，都高兴非常。他们争相送来牛羊等食物慰劳刘邦的军队，刘邦却以不想增加百姓负担为理由谢绝了。这下，关中的百姓更加感动，认为刘邦是一位爱民的领导者，大家都发自内心地希望立他为王。

与关中百姓的热情高涨相反的是，此时在另一路作战的项羽心里却非常不平。楚怀王与各位将军立下谁先入关，谁便可以称王的誓约之后，却将项羽派去援助赵国，因而使项羽错失了进入关中的先机。

项羽在协助赵国击败秦国后，立刻调转部队直奔关中腹地。到了函谷关后，发现城门紧闭，防守森严。此时的局势是项强刘弱，刘邦的左司马曹无伤害怕项羽攻入关后自己会被牵连，于是派人来对项羽说："刘邦想要在关中称王，并把秦朝宫室里的金银财宝都据为己有。"曹无伤以为，通过这种方式向项羽示好可以在项羽攻下函谷关后获得封赏，却没料到项羽在鸿门宴上，把他对自己所说的话向刘邦和盘托出，因此招来杀身之祸。

尽管项羽并没有在鸿门宴之后追杀刘邦，但刘邦心里非常清楚，他的势力已经成长为项羽心中的一根刺，一天不拔便一天不安。于是，在之后的几年里，刘邦尽可能地低调行事，韬光养晦，对项羽提出的各种不公平的分封安排也安然接受——他一直等待着一个时机，一个项羽因为滥杀无辜和连年征战而失去民心、根基动摇的时机。

此时的刘邦已经知道，自己与项羽再也不是曾经一同奋战的伙伴了。在偌大的华夏版图上，项羽和他就是隔着楚河汉界对弈的两个棋手，而这一次，注定了不会再有和棋的可能。

绝地反击，创建汉朝

公元前205年四月，刘邦认为反击的时机已经成熟，随即便趁楚军攻打齐国的时候，率领五十六万精兵对楚国的都城彭城发动了奇袭，并大获全胜。首战告捷的喜悦让汉军放松了警惕，没有预料到项羽在听闻都城受袭后，竟快马加鞭，仅带了三万精锐部队对汉军发动了反攻。这场突如其来的反扑让汉军阵脚大乱，刘邦的父亲和妻子也在这场战争中被俘，刘邦仅仅带领了十余个骑兵狼狈出逃。

但这次失败并没有让刘邦气馁。一个月之后，重整旗鼓的刘邦与项羽在战略要地成皋（今河南荥阳汜水镇）发动了新的战争，这一次的战争却与以往任何一场诸侯混战不同，它历时两年零三个月，是一场不折不扣的拉锯战，也是楚军和汉军互相博弈的最后一块战场。刘邦采取了四面围困配合正面出击的方式，一边牵制住项羽的主力军，一边派出韩信带兵攻打楚国周围的小诸侯国，让楚国逐渐进入到孤立无援的境地。

汉高祖刘邦

在劝降燕国，击破齐国之后，楚国彻底到了唇亡齿寒的地步。项羽命爱将龙且率二十万兵力支援齐国，却被韩信在潍（wéi）河一带用水攻的方法击败，史称“潍河之战”。这一战让项羽损失了一名得力部下，并且军队元气大伤，只能退回垓下，依靠工事进行防守。

是夜，刘邦手下的谋士让汉军唱起楚国的民歌，项羽在军帐中听得四面传来的都是楚地的腔调，心神震动，以为汉军已经彻底拿下了楚国，只得带领少部分精锐骑兵连夜出逃。刘邦乘胜追击，一路将项羽和他的属下逼到了乌江（今安徽和县东北）江畔，此时跟随项羽的属下也死伤惨重，仅剩下寥寥几人。

项羽眼见大势已去，知道自己再无回天之力，索性在江边自刎，以一种悲壮慷慨的姿态结束了他的一生。项羽的死亡，标志着刘邦在诸侯混战中最后一个强敌的倒下。楚军溃败后，刘邦的军队势如破竹，很快横扫了整个华夏大地。

汉高帝五年（前202年），西楚王朝覆灭，中国历史上的第二个大一统王朝——汉朝正式建立。

在建国之后不久，刘邦在洛阳南宫举办酒宴。席间，刘邦问道：“爱卿们，我希望你们能诚实地回答我：我是因为什么才能夺取天下的？而项羽又是因为什么而失去天下的呢？”

众人面面相觑，最后，有两位大臣回答说：“陛下您虽然傲慢又爱侮辱别人，但是您每攻下一个区域，就将它分封出去，与天下人共享利益。而项王虽然仁厚而爱民，但他心胸狭隘，嫉贤妒能，不仅不奖励有功之人，有时甚至还要因此而打压他们，这就是项王之所以失去天下的原因。”

刘邦听完后摇了摇头，说道：“你们都是只知其一，不知其二啊！要我说的话，运筹帷幄这件事，我不如张良；镇守国家社稷，保护百姓这件事，我做的不如萧何；带兵打仗这件事，我又比不上韩信。这三位都是难得的人才，而我能够让他们的才能充分地发挥出来。项羽虽然有范增这样一位贤臣，却不懂得听取他的意见，这才是我得天下而他失天下的原因啊！”刘邦称帝后，听从张良等人的建议，将国都从洛阳迁至长安，六月，大赦天下。

刘邦的统治一共延续了十二年，在这期间，西汉王朝注重民生，奉行无为而治的政策，极大地缓解了之前因为诸侯混战而给百姓造成的苦难。在刘邦统治的最后一年（前196年），淮南王起兵发难，势头惊人，已经年过半百的刘邦不得不亲自领兵出战。在凯旋之时，刘邦想起征战沙场的种种，不仅感慨守国不易，于是作诗唱道：“大风浩荡啊，浮云飞扬。我统一了天下啊，现在衣锦还乡。哪里才能找得到猛士啊，能为我守卫四方！”在这次平叛后不久，刘邦便病逝在了长乐宫，谥（shì）号高皇帝，庙号太祖。

刘邦的一生不可谓不精彩，他从一介布衣，凭借着时运和过人的胆气一步步走到了权力的顶端，甚至远远超过了出身名门、家室显赫的诸侯后裔。有人认为刘邦冷血无情，流氓习气，在自己的父亲被威胁烹煮时仍然一副无赖的态度，在当时可谓是震惊天下；也有人认为成大事者不拘小节，刘邦作为一代霸主，有着常人难以比拟的眼光和气魄，也正因为如此，他在儿女私情的问题上显得相当冷漠。但不论功过如何，刘邦建立的西汉王朝都成为了中华文化蓬勃发展的一个重要助力。汉朝的影响之深远，从我们自称“汉民族”就可见一斑。

名篇精选

召诸县父老豪桀①曰：“父老苦秦苛法久矣，诽谤者族②，偶语者弃市③。吾与诸侯约，先入关者王之④，吾当王关中。与父老约法三章耳⑤：杀人者死，伤人及盗抵罪。余悉除去秦法。诸吏人皆案堵如故⑥。凡吾所以⑦来，为父老除害，非有所侵暴，无恐！且吾所以还军霸上，待诸侯至而定约束耳。”乃使人与秦吏行县乡邑，告谕⑧之。秦人大喜，争持牛羊酒食献飨⑨军士。沛公又让⑩不受，曰：“仓粟多，非乏⑪，不欲费人。”人又益喜，唯恐沛公不为秦王。

——《史记·高祖本纪》

【注释】

①豪桀：豪杰，才能出众的人。②族：诛杀全族。③弃市：指在人众集聚的闹市，对犯人执行死刑。以示为大众所弃的刑罚。④王之：以之为王，立……做王。⑤耳：仅仅，只。⑥案堵如故：同“安堵”，安居；如同原来一样安居乐业。⑦所以：……的原因。⑧告谕：通知，告诉。⑨

献飨（xiǎng）：犒赏；献酒食来款待人。⑩让：推辞。⑪乏：缺少。

【译文】

（于是）刘邦召来各县的父老和有才德名望的人，对他们说：“乡亲们苦于秦朝的苛政已经很久了，批评朝政得失的要灭族，相聚谈话的要处以死刑，我和诸侯们约定，谁首先进入关中就在这里做王，所以我应当做关中王。现在我和大家只约定三条法律：杀人者处死刑，伤人者和抢劫者依法治罪。其余凡是秦朝的法律全部废除。所有官吏和百姓都像往常一样，安居乐业。总之，我到这里来，就是要为父老们除害，不会对你们有任何侵害，请不要害怕！此外，我把军队撤回霸上的原因，是想等着各路诸侯到来，共同制定一个规约。”随后便派人和秦朝的官吏一起到各县乡去巡视，向民众讲明情况。秦地的百姓都非常喜悦，争着送来牛羊酒食，犒劳士兵。刘邦推让不肯接受，说：“仓库里的粮食很多，并不缺乏，不想让大家破费。”人们（于是）更加高兴，唯恐刘邦不在关中做秦王。

【词句撷英】

约法三章：指事先约好或明确规定的事。泛指订立简单的条款，以供遵守。

西楚霸王的慷慨悲歌

秦朝末年，秦二世昏庸无能，赵高跋扈专权，秦王朝就如同一只垂垂老矣的雄狮，再也无力守护属于它的疆土。而此时的各路诸侯，就如同在狮子身旁虎视眈眈的各类野兽，其中有想要分一杯羹的鬣（liè）狗，也有想要彻底取代它的年轻狮王。比起刘邦，西楚霸王项羽更像是在野心和魄力的驱动下演绎了一段英雄末路的故事。

少年立志，逐鹿中原

项羽，原名项籍，字羽。他可谓出身名门，其家庭是楚国的武将世家。他的叔父项梁是抗秦起义军中的大将，祖父是楚国名将项燕。项羽从小在叔父项梁的抚养下长大，继承了家庭勇猛尚武的传统，不愿读书而热爱习武。

项羽年少的时候，叔父项梁曾经教他读圣贤之书，但项羽毫无兴趣，不肯学习。项梁又尝试教他剑术，项羽又显得很不耐烦，经常三天打鱼两天晒网，项梁因此很生气。项羽却解释说：“念书的话，能用来记住人名就够了；练剑的话，只能与一人对抗，不值得去学。我想要学能和万人对敌的本领。”项梁对他说的话感到有些惊诧，但还是同意了，便转而开始教授他兵法方面的知识，然而项羽在学了个大概后，也不用心钻研。

项羽除了在学习方面让家人特别操心，在其他方面表现得极具主见，自幼表现出了非凡的野心。一次秦始皇出巡到会稽，庞大的车队乘船渡江，周围的百姓都过来看热闹。项梁也带着项羽去观看，没想到项羽看了却说："彼可取而代也。"意即秦始皇是可以被取代的。项梁听了他这句没轻没重的话，大惊失色，急忙捂住项羽的嘴，警告他不要口出狂言，为全族招来祸患。

话虽这么说，但经过这两次事件后，项梁隐隐有一种预感，他的这位侄子可能真的并非等闲之辈，这位野心勃勃的少年将来注定要成就一番事业。事实证明，项梁的预感是正确的。

时间一天天过去，项羽逐渐长成了一个高大英武的年轻人。他身高八尺有余，力大如牛，据说可以扛起沉重的铜鼎。除了武艺过人，项羽还有丰富的军事知识，这让他的同乡人都非常敬佩、畏惧他。平静的日子没有过多久，项羽的叔父项梁因为杀了人而不得不搬家到吴中郡，以躲避刑法。在吴中郡生活了一段时间后，那里的人们发现项梁是个非常有才华的人，甚至连很多士大夫都比不上他。那段时间，当地举行一些大型的徭役或者葬礼之类的事情时，都会找项梁来主持，而项梁也因此在民众中逐渐有了威望。

秦二世元年（前209年），陈胜、吴广等人于大泽乡起义。这一年的九月，会稽郡守殷通找到项梁，分析了秦朝的现状，认为天要亡秦，所以怂恿他一起造反，因为做事情比别人提前一步的人，更容易抢占先机；比别人落后一步的，就要被别人所控制。而且他明确提出，希望项梁和桓楚能担任将军。

项梁听了之后，沉思了一会儿，提出自己的顾虑："现在桓楚正在外逃亡，要是让他来做将军的话，首先得把他找回来。现在只有我的侄子项羽知道他藏在哪里，不如让我去问问他，让他说出桓楚在哪儿。"

郡守同意了，项梁就走到外面，和项羽说几句之后，就让项羽持剑在门口守候，自己回去禀报郡守说："我们不如直接把项羽叫进来，让他奉命去追回桓楚。”郡守点头应允，于是项梁便把项羽叫了进来。过了不大一会儿，项梁对侄子使了个眼色，疾声说：“可以动手了！”郡守还没反应过来是怎么回事，只见项羽暴起，剑光如同闪电一般划了过来，接着郡守便被项羽斩下了头颅。

国殇　徐悲鸿绘

刺杀郡守后，项梁挂上了郡守的官印，又将滚落在地上的人头拿起来，提在手里，堂而皇之地走到了门外。郡守的部下一看到长官还在滴血的头颅，吓得大惊失色，没有人敢再动弹一下。

项羽见众人都已经臣服，便收起了宝剑，带着满身鲜血走回了叔父身边——二人就这样加入了秦末豪杰争霸的时代激流中。

意气风发，一战成名

在夺取了会稽郡的兵权之后，似乎连命运也开始偏向项梁一方，他们在与秦军的交战中频频取得胜利。之后，军队来到了东阳郡，那里的郡守陈婴为了保全自己，表示甘愿归顺项梁。另外的军阀和小头目也纷纷投诚，就这样，在到达下邳时，项梁的军队已经从原来的八千多人扩充到了六七万人。

此时，陈胜派系的一位将军秦嘉反水，在彭城立景驹为新一任楚王，想要借此阻挡项梁军队的前进。项梁打出秦嘉背叛陈王不仁不义的旗号，一举攻破了楚军的守卫，诛杀了秦嘉和景驹。又派出侄子项羽进攻襄城，以确认陈胜是否已经失势。项羽带兵围困襄城，襄城百姓不肯投降，据城坚守，项羽因此非常恼怒，在攻入城内后，将城中男女老少全部活埋。之后他折返回项梁身边，向叔父报告陈胜的确已经身亡的消息。项梁在确认了陈胜的死讯后，认为现在是笼络同盟、树立反秦大旗的时机了，于是便向各路英豪发出消息，邀请他们来薛庄会面，共商大事。刘邦也在受邀的名单上，至此，刘邦与项氏叔侄的命运就交织在了一起。

居鄛有一位叫范增的谋士，在听说了项梁军队的事迹后，认为项梁是难得的英才。他于是找到项梁游说道：“在秦朝灭掉的六个国家中，楚国最是无辜。楚怀王被骗入秦，一去无回，这件事让楚国的百姓现在仍在惦念他。因此楚南公才说：‘就算楚国只剩下了三户人家，灭亡秦国的也一定是楚国。’陈胜在领兵抗秦的时候，没有立楚国的后代为王，而是自己称王，这显然不得民心，国运也一定不会长久；如今您在江东起义，却有那么多的前楚将士归顺于您，正是因为您世世代代都是楚国的大将，大家认为您一定能够复兴楚国。因此，如果您想要笼络民心的话，就应当立楚王的后人为王。”

项梁认为他说的有道理，于是便派人四处寻找楚王的后裔。最终找到了楚怀王的嫡孙熊心，这时的熊心早已经没了前朝贵族的模样，只是一个普普通通的牧羊人。项梁在找到熊心后，就沿用了他祖父的谥号，立熊心为楚怀王，又让第一个归顺自己的陈婴做了楚国的上柱国，赏赐给他五个县作为封地，让他辅佐这位新楚王建立国都；而项梁自己则以开国元老的身份，号称武信君。

这时的项梁和项羽可谓是如日中天，既有实权，又有地位，风头一时无匹。刘邦此时正遭到背叛，来投奔项氏叔侄，这样一位有能之士的加入更是让项梁二人的军队如虎添翼，在与秦军的战斗中接连取得胜利。

俗话说，骄兵必败。项梁在一次又一次的胜利中变得有些飘飘然起来，他开始不愿意听从谋士的谏言，疏于厉兵秣马，自信满满地认为秦军已经没有什么实力与自己对抗了。而很快，他就付出了轻敌的代价——秦王不惜倾举国之力进行反扑，组织了大批精锐军人漏夜行军，将毫无准备的项梁部队杀得措手不及，而项梁本人也在此次突袭中身亡。

项梁战败的消息传到盱眙，震惊了楚怀王。他害怕秦军会再次突袭，便急忙将都城从盱眙迁到了彭城，又给三位信任的将军赏赐了封号，让他们在身边进行护卫。

而另一边，当时曾经预言过项梁失败的谋士宋义，却因为深谋远虑而被楚怀王召见。楚怀王与宋义对谈后，对他的才华非常欣赏，于是任命他为上将军，并让项羽担任副将辅佐，领兵援助赵国。宋义接任后，并没有立即去攻打秦军，而是在安阳停留了四十六天。项羽对宋义的决策感到不满，而宋义却反过来斥责项羽不如自己懂得运筹决策，并预备让自己的儿子宋襄去齐国为相。在饯别的那天，天气寒冷，天空中还下着瓢泼大雨，将士们只能狼狈地等在外面，而宋义和自己的儿子却在帐内大宴宾客。项羽看在眼中，怒在心头，于是对将士们说道："我们此行，是为了攻打秦军。如今正赶上青黄不接的荒年，大家都吃不起馒头和米饭，只能用芋头掺着豆子勉强果腹，而他竟然大宴宾客。而且，现在秦军和赵军在巨鹿城僵持不下，正是我们进攻的好时机；宋义不但不着急渡江，反而说什么'要等秦军攻打完赵国后，利用他们的疲惫发动突袭'。以秦国的实力，灭掉赵国之后只会更加强大，哪里还会给我们发动进攻的机会？更何况我军刚刚打了败仗，国库空虚，这次是倾举国之力对抗秦军，可宋将军却不体恤将士们的辛苦，只想着要把自己的儿子送去齐国做宰相，这种只想着谋取私利的人，怎么可能是国家的贤良之臣？"

这一番话说得慷慨激昂，也获得了不少受冻挨饿的将士们的支持。于是在第二天早晨，项羽假借参见上将军的名义进入军帐，手起刀落砍掉了宋义的头。除掉宋义之后，他径直走出军帐外，对周围的士兵朗声说道："宋义与齐国密谋叛楚，我这是奉陛下的密令除掉他。"

项羽在军士中的威望向来很高，再加上他昨天的一番话，将领们不仅没有反抗他，反而纷纷拥戴他做代理上将军，说："项氏家族自古以来就是楚国的股肱之臣，如今您又替怀王除掉了图谋不轨之人，我们认为您更有资格领导我们。"

于是，项羽就这样毫无阻碍地取得了上将军的位置。他在派人除掉宋义的儿子之后，才向楚怀王禀报事情的始末。怀王虽然生气，但也毫无办法，最后只得向项羽妥协，任他为上将军，并让他统领之前归宋义管辖的军队。

项羽诛杀宋义后，声名远扬，威震楚国。但此时，楚军的形势并不容乐观，项羽可以说是临危受命。面对强大的秦军，楚军唯有殊死一搏才有取胜的可能。于是项羽率军渡黄河，过河之后，又命人将渡河用的船只全部凿沉，锅碗全都砸破，只带上了三天用的口粮。

士兵们看到这些举动，都领悟了项羽决一死战的信念。在巨鹿一战中，楚国的将士们如同猛虎下山，每个人都热血沸腾、目眦欲裂，秦军很快便被凶猛的楚军打破了阵形，数次交战，节节败退。最终，楚军杀死了秦军将领苏角，活捉了王离；另一位秦军将领涉间拒不投降，为表示抗楚决心，竟然自焚而死。就这样，楚军一举击溃了强秦，将赵国从被围困的境地中解救了出来。

同时来援助巨鹿城的其他诸侯也见证了这场战斗。战场上，楚军士兵的战吼声几乎震动了大地，人人都因为这高涨的士气而战栗。战争结束后，项羽召见各位诸侯将领，当他们进入军门时，全部都跪下膝行前进，几乎没有一个人敢抬头与项羽对视。经过这场援助巨鹿的战役，项羽在各诸侯中树立了威信，这之后几乎没有人再质疑他上将军的名号。这一战可谓项羽人生中的“高光时刻”。

鸿门失机，英雄末路

在项羽一路高歌猛进时，楚王麾下的另一员大将也没有闲着，他就是曾经投靠项梁的刘邦。在楚王为他封爵后，他领命去征服关中地区。临行之前，楚王与他和项羽约定，谁先进入汉中，谁就可以成为汉王。

如此巨大的诱惑摆在面前，当然难以抵挡。刘邦便听从了手下谋士的建议，在项羽与秦军战于巨鹿城时，抢先攻下咸阳城，然后派人驻守函谷关。项羽打完仗，想要向关中地区进军时，在函谷关遭到了刘邦布下的守军的阻截，又听人说，刘邦早已进入汉中地区，恐怕是想自立为王，气得怒发冲冠，带领手下冲破关卡，这才进入了关中。此时，刘邦的军队正驻扎在霸上，没有能和项羽相见。

项羽的谋士范增说："刘邦早年在山东做官的时候，爱饮酒，贪财好色。而如今入了关，却分文不取，洁身自好，看他的势头，恐怕野心不止于此啊！而且我让人观望他的气势，都呈现为五彩斑斓的龙虎形状，这是要做天子的征兆啊！如果您想要除掉刘邦，现在就是最好的时机，等到他的势力发展起来，想要再遏制他恐怕就没那么容易了。"

项羽觉得范增说得在理，于是就准备用计杀刘邦。但他没想到的是，他们这场对话被自己的叔父项伯听去了。项伯早年曾经杀人，多亏了张良出手相助才免于死罪，如今张良投靠了刘邦，若是刘邦被杀，张良也难免一死。项伯不忍自己的救命恩人惨死，于是连夜骑上快马，偷偷溜出项羽军队的驻地，向霸上奔去。

等到了刘邦的驻地，项伯便将事情的始末对张良和盘托出，并劝张良赶紧和自己一同离开，以免招来杀身之祸。张良听闻此事后大为震惊，但却坚定地拒绝了项伯邀他同走的计划。张良说："我是奉韩王之命来护送沛公的，现在沛公有难，我若是丢下他逃跑，岂不是太不仁义了！这件事情我必须告诉他。"

说罢，张良转身进入军帐，将自己知道的事情一五一十地告诉了刘邦。刘邦听闻后，非常吃惊，于是便问张良说："依您看，我现在该怎么办呢？"

张良反问道："当初是谁建议您派兵驻守函谷关的？"

刘邦避而不答，只模糊地说："是一个见识浅薄的小人。"

张良见刘邦没有直说的意思，便也没有继续追问下去。他对刘邦说："您的兵力是远远比不上项王的。依我看，现在只有让我去告诉项伯，您没有背叛项王的意思，才是最好的办法了。"

刘邦有些惊讶地问道：“可是您怎么会跟项伯有交情呢？”

张良于是便将自己与项伯从前的过往向刘邦解释了一下，刘邦听完后问道：“阁下与项伯，谁更年长一些？”

张良道：“项伯。”

刘邦便说：“那麻烦您替我将项伯请进来，他是我的恩人，我要用像对待兄长那样的礼仪来侍奉他。”

张良于是出了军帐，将在外等候的项伯请进来。刘邦一见到项伯，便快步迎上前去，态度毕恭毕敬。之后又举起酒杯为项伯祝寿，并和项伯定下了儿女姻亲。刘邦对项伯说道：“我啊，自从进了函谷关后，关中的资源和财宝丝毫都不敢动；又让人给官民登记造册，查封各类仓库，就等着项将军入关了，哪里敢谋反啊！我之所以派兵守关，是为了防止流窜的窃贼和强盗，还希望您帮我向将军解释清楚，我是绝无二心的。”

项伯答应了刘邦的请求，并嘱咐他第二天早点去向项羽道歉，之后便连夜赶回了项羽的驻地，将刘邦所讲的话对项羽复述了一遍，并劝说道：“沛公提前入关，为我们入关打好了基础，是有功之人，您现在却要诛杀他，这是不合道义的，不如好好对待人家，这样以后还能为我们争取一位盟友。”项羽便答应了。

第二天一大早，刘邦便轻装简从，仅仅带了百人来见项王。到了鸿门之后，刘邦立刻向项羽赔罪说：“我与将军从前就一起合力抗击秦国，而后分开，将军转战河北，而我在河南，没想到我却先一步攻进咸阳，这才能在这里重新见到将军。如今和将军之间产生了嫌隙，想必是有什么小人在其中挑拨离间吧！”刘邦话里有话，但项羽却没有多想，见刘邦态度诚恳，便道：“是您的左司马曹无伤这么告诉我的，不然我哪里会这样！”

冰释前嫌后，项羽便当即留刘邦在鸿门参加宴会。席间，范增好几次对项羽使眼色，又频频举起身上的玉玦（jué），暗示项羽是时候动手了。项羽却只是沉默，并没有再做出别的举动。范增无计，只得起身离席，叫出作陪的项庄悄悄道：“大王宅心仁厚，不忍动手。一会儿你假装舞剑助兴，趁机杀了沛公，不然的话，我们这些人以后就会变成他们的俘虏了！”

项庄听后就返回了宴席，过了一会儿，项庄借祝寿之由，提出为宴会舞剑助兴。项羽应允了他的提议，项庄拔出宝剑，边舞边靠近刘邦；坐在刘邦身边的项伯见此，也起身舞剑，并一直用身体掩护刘邦，让项庄始终没有得到近身的机会。见此情景，张良出了一身冷汗，他急忙出门找到了樊哙，对他说了宴会上的情况。樊哙一听便说道：“这简直太危险了！让我进去，我要与沛公同生共死！”说罢，便提起盾牌和佩剑直往营帐而去。项羽的护卫试图阻拦他，都被他用盾牌打倒在地。樊哙进入营帐后，就面朝西方站定，对项羽怒目而视。

项羽见他来者不善的样子，一只手已经压在了自己的佩剑上，微微坐起身来，对樊哙说道：“来者何人？”

樊哙没有说话，张良替他回答道：“这位是沛公的护卫樊哙。”

项羽说：“好！真是一位壮士，来人赐他酒喝！”于是左右手下递给樊哙一大杯酒，樊哙拜谢过之后，一饮而尽。项羽又说：“赐他一只猪肘！”樊哙又接过了一整只生猪肘，将盾牌反扣在地上，拔出剑来边切边吃。项羽见他豪爽，忍不住赞道：“好一位壮士！还能再喝酒吗？”

听到这句话，樊哙却突然停下了吃喝的动作。他直视着项羽，厉声说道：“我连死都不怕，一杯酒又有什么可推辞的！秦王虎狼之心，杀害有贡献的贤臣，听信奸佞小人。如今怀王与二位将军约定，先入关者为王，沛公入关后，关内的财富分毫未动，又关闭了秦王的宫室，带着军队撤回霸上，甚至还派人把守函谷关，防止有盗贼进入。这一切都是为了项王您着想！如今，我的主公不仅没有因为他的所作所为受到赏赐，甚至还要被杀头。项王您难道是想要走秦王的老路吗！我个人认为您这样一位贤明的君主，是不会有这种想法的。”

项羽被樊哙这一席话说得无言以对，只能尴尬地说：“坐，快坐。”于是樊哙挨着张良坐了下来。过了不一会儿，刘邦起身去上厕所，顺便也叫走了樊哙。

其实刘邦哪里是要上厕所？他只不过是看出了项羽想要杀他的意图，想要寻机逃走。还在犹豫的时候，项羽派来叫刘邦的人也过来了，刘邦对樊哙说：“我现在走的话，还没有来得及与项王辞别，我怕他日后会因为这一点对我心声怨怼。”樊哙急得要命，催促他说：“干大事的人不会在小事上面纠结，如今人家可是刀和砧板，我们就是砧板上那块鱼肉，不快点走命都没了，还在意什么告辞不告辞！”

于是刘邦便和亲信几人一起抄小路迅速离开了项羽的驻地，只留了张良一人致歉。张良见刘邦等人走远了，便带着来时准备的一对玉璧和一双玉斗回到营帐里，恭敬地说：“沛公酒量不好，刚才多喝了点，感觉不适，让我代替他向将军您道歉。”

项羽听了之后沉默了一会儿，问道：“那现在沛公人在哪里？”

张良回答说：“沛公听闻将军您有意责怪他，已经提前离开了，现在大约应该到达军营了吧？”说罢，将白璧和玉斗奉给项羽和范增二人。

项羽接过玉璧，放在了旁边的座位上。范增接过了玉斗，却突然起身将玉斗摔在地上，又拿剑把它砍成几块，愤怒地说道：“唉，不成器的小子！已经没办法和他们共事了，今天放跑了刘邦，明天谋取项王天下的就一定是他了！我们这群人都会成为他的阶下囚的！”

刘邦回去之后，立刻斩杀了左司马曹无伤。

至今，史学家始终不知道，鸿门宴上项羽最终放走了刘邦，到底是出于傲慢自大，还是对昔日战友的惺惺相惜？但可以确定的是，在那一次表面风平浪静，实际却暗流涌动的聚会之后，项羽和刘邦两个人的人生轨迹都发生了重要的改变。历史的车轮已经启动，这一次，无人能够阻止它前进。

在鸿门宴之后没几天，项羽便率军西行，彻底攻破了咸阳城，并诛杀了秦朝的最后一位皇帝，烧毁了阿房宫。至此，秦朝这个仅仅延续了十五年的短命王朝彻底宣告灭亡。

之后，项羽向楚怀王禀报发生的事情，怀王也遵守了之前与项羽、刘邦的约定。但楚国朝廷中的人都清楚，怀王不过是个没有实权的傀儡，真正称王的，其实是项羽本人。项羽给楚怀王封了一个空有名分的称号，称其为义帝。之后，又将国土分封给各个在抗秦之战中立过战功的诸侯们。在封地时，项羽手下的两位谋士还因为担心刘邦仍然想要起兵造反，干脆给刘邦分封了一块道路最为艰险的区域，让他去汉中之地做汉王。而项羽则自立为西楚霸王，为九郡之君，定都彭城。

但项羽的本性注定了他不会在称王后安稳地休养生息。在自封西楚霸王之后，项羽先是逼迫原先的楚怀王、现在的义帝迁至琛县，之后又诛杀了在抗秦战争时没有军功的韩王。项羽暴虐的行为很快让原先跟随他的诸侯王产生了不满，各地逐渐开始有了非议声。

而此时的刘邦，显然也不满足于只做一个小小的汉中之王。在重整旗鼓之后，他再次进军关中，这一次他没有像上回那样保守，而是直接攻下了三秦地区，并继续东进。项羽听说刘邦兼并关中的消息后，暴跳如雷。然而，此时赵王和齐王都因为他先前不仁不义的举动而失望至极，再也不愿意配合项羽的命令。项羽只得临时指派了几位信任的属下，让他们去夺回关中，自己则带兵讨伐反叛的赵国和齐国。

但这一次，似乎命运不再站在项羽这边了。

项羽先是请求九江王支援，九江王推脱自己身体抱恙，不肯亲自带兵打仗，仅仅派了几千人去充个样子；之后，项羽攻打齐国的过程中，屠城毁地的行为招致了百姓的怨恨，在项羽攻下了北海之后，齐国人民忍无可忍，干脆组织大家一起造反；而被项羽打败的齐国将军田荣的弟弟田横此时也集结兵马，重新杀了回来，与项羽在城阳打得难解难分，楚军一时之间陷入了苦战。

在项羽忙着平定叛乱的时候，刘邦也没有错过这个浑水摸鱼的最好时机。他多次组织进攻，又多次被项羽击溃，自己也险些成了对方的阶下囚；但正是这一次又一次的战争，让刘邦得以积累了大量实战的经验，而项羽的军队也因为连年征战而疲惫不堪，胜利的天平已经逐渐向汉军的方向倾斜了。

楚军和汉军的长久战争渐渐耗尽了项羽的耐心。而此时，淮阴侯韩信接连攻下两国的消息也传到了项羽的耳朵里，项羽不敢轻敌，便派出爱将龙且应战，却没想到汉军的另一名将军灌婴也闻声赶来支援，龙且大败，而韩信借此机会自立为王。龙且战败的消息让与汉军苦战的项羽感到了惧怕，于是派人去游说韩信，希望能劝说他联楚背汉，然而韩信拒绝了项羽的提议。

此时，汉军的另一名将领彭越又带兵切断了楚军的粮草运输线。项羽被迫离开与汉军正面交锋的战场，独自带领一支队伍去与彭越交战，以便恢复楚军的军粮供给。临走之前，项羽嘱咐守城的大司马曹咎说，如果汉军派人来挑衅的话，千万不要贸然应战，只要阻止他们东进就可以，至于剩下的事情，等自己带兵回来再做商量。

事实证明，项羽的吩咐是正确的。在项羽离开之后，汉军频频在楚军阵地前挑衅，曹咎置之不理。后来汉军又派人去阵前辱骂，这样一连骂了五六天，曹咎终于忍无可忍，打开城门，派兵出去与汉军交战。而这正中了刘邦的圈套，在楚军还没有行进到汉军营地时，早已等候多时的汉军潮水一般冲了出来，将楚军士兵杀得丢盔弃甲。曹咎见自己守城失败，有辱使命，于是自刎而死。

曹咎战败的消息让刚结束战斗的项羽不得不掉头支援本部。但此时的楚军已经是山穷水尽、兵马疲惫，项羽迫不得已，与刘邦签下“鸿沟之约”，平分天下。

在和约签订之后，楚汉迎来了较为和平的几年。然而，刘邦很快意识到，如果项羽的势力不被消灭的话，他就像把悬在头上的利剑，随时威胁自己。为了避免养虎为患，汉高帝五年（前202年），刘邦撕毁了之前与项羽平分天下的协议，联合韩信和彭越两位诸侯国首领，对楚军发动了势若山崩的突袭。

楚军在经过连年的鏖（áo）战之后，已经是士气低落了。而此时的汉军，在联合了韩信和彭越的军队之后，越发兵强马壮、所向披靡。楚军被逼无奈，只能在垓下筑垒安营，试图进行最后的反击。

这天夜里，项羽在帐中独坐，突然听见外面传来的楚地的民歌，这声音逐渐由四面八方汇集而来，调子凄楚悠扬。项羽闻声大惊，他心想，难不成汉军已经尽数攻下了楚地？不然为什么有这么多楚国人在唱歌呢？

大势已去的想法让项羽悲从中来。他望着与自己相伴多年的战马以及常伴身侧的美人虞姬，忍不住唱道：“我力量可拔山啊，气魄冠绝世间。可时运不济啊，骏马也再难奔驰。骏马不能奔驰又能怎么样呢？虞姬啊虞姬，我该拿你如何是好啊！”

虞姬感受到了项羽的悲痛之意，随即起舞相和，唱道：“汉军已然攻城略地，四面八方都是楚地的歌声。大王既然气数已尽，那我苟活着也没有什么意义了！”唱罢，虞姬自刎而死。

项羽并没有消沉太久，因为他明白，虞姬自尽是为了让他能够毫无后顾之忧地离开。于是，趁着夜幕的掩护，项羽带着麾下的八百多名壮士，绕过汉军的层层封锁向南逃去。汉军等到天蒙蒙亮时才发现楚王已经出逃的事情，骑将灌婴急忙带着五千精兵前去追赶。

而项羽这边，随行的勇士们也因为路途艰难而不断掉队；等到项羽渡过淮河时，部下仅剩下了一百多人，到达阴陵后，又因为陷入沼泽而被汉军追杀。最终，当他行至东城时，原先随行的八百壮士已经减少到了寥寥二十八人。

项羽明白，自己是无法逃脱汉军的追捕了，于是便对剩余的部下说道："我从带兵起义到现在已经八年了。其间，我经历了七十多场战役，没有一场失败的，因此才能称霸天下。而如今却被困在这里，这是上天要亡我啊！今日，我抱定必死的决心，愿意带领诸位打一场痛痛快快的仗，一定要胜他三回，让诸位知道，这绝不是我作战的过错。"

于是，项羽便把他的勇士们分成四队，分别面朝四个方向。汉军如潮水般围拢过来的时候，项羽大喝一声："看我给你们拿下一名汉将！"随即驱马冲锋，所过之处，汉军如同草木般倒伏溃败，等冲到东边的山上，项羽已经斩下了一名汉将的头颅。之后，项羽又出阵击杀了另一名汉军都尉，并杀死了百余名汉军，而项羽这方仅仅折损了两个人。

此时，项羽已经战到了乌江边上。乌江亭长正停船等在岸边，见项羽前来，便劝说道："江东虽然是个小地方，但土地也有千余里，民众几十万，足以让大王您称王。现在只有我这里有船，希望您赶快渡江，这样汉军即使追到了江边也无法过去。"

项羽却笑了笑，说道："如今我气数已尽，还渡江做什么？何况当年，我带领八千多江东子弟渡江西征，而如今没有一个人能够回来。就算江东的父老乡亲们怜悯我，拥立我为王，我又有什么脸面去面对他们呢？"

于是项羽将跟随自己征战多年的爱马送给了乌江亭长，又命令随行的战士们下马，手持刀剑与追兵短兵相接。项羽勇猛无比，以一敌百，但自己也身受重伤。这时，他在汉军中看见了自己过去的一位老相识，于是便朗声笑道：“我听说汉军用黄金千斤、封邑万户来悬赏我的人头，看在我们相识一场的份儿上，这份厚礼就送给你吧！”说罢便自刎而死。周围的汉军见项羽倒地，蜂拥而上争抢尸体，以至于项羽的躯体都被扯得四分五裂，而因为争抢肢体互相践踏而死的汉军超过了百人。最终，汉军中的五名将领分别得到了项羽的一部分遗体，并因为这遗体而被加官晋爵。

项羽死后，由于他曾经被楚怀王封为鲁公，刘邦便按照这个封号的礼仪将项羽下葬了。下葬的时候，刘邦也来到了现场，并为项羽哭泣。这哭泣到底是作秀，还是出于曾经一同征战天下的惺惺相惜？我们已无从得知了。

就这样，项羽极具戏剧性的一生结束了，一代天骄最终殒命于乌江江畔。司马迁在《项羽本纪》中这样评价这位西楚霸王：“项羽发迹时没有借助任何权柄，短短三年时间内，就率领原先的诸侯国灭掉了秦朝，这样的豪杰是从古至今都没有过的。但项羽同时又是一个优柔寡断、刚愎自用、让情感凌驾在理智上的人。最终，他却拿上天要亡我这种事当作借口，实在是太荒谬了。”

名篇精选

居数日，项羽引兵西屠咸阳，杀秦降王子婴，烧秦宫室，火三月不灭；收其货宝妇女而东。人或说项王曰：“关中阻山河四塞[1]，地肥饶，可都以[2]霸。”项王见秦宫室皆以烧残破，又心怀思欲东归，曰：“富贵不归故乡，如衣绣[3]夜行，谁知之者！”说者曰：“人言楚人沐猴而冠[4]耳，果然。”项王闻之，烹[5]说者。

项王使人致命[6]怀王。怀王曰：“如约[7]。”乃尊怀王为义帝[8]。项王欲自王，先王诸将相。谓曰：“天下初发难时，假立诸侯后⑨以伐秦。然身被坚执锐首事，暴露于野三年，灭秦定天下者，皆将相诸君与籍之力也。义帝虽无功，故当分其地而王之。”诸将皆曰：“善。”乃分天下，立诸将为侯王。

项王、范增疑⑩沛公之有天下，业已讲解⑪，又恶负约⑫，恐诸侯叛之，乃阴谋⑬曰：“巴蜀道险，秦之迁人⑭皆居蜀。”乃曰：“巴蜀亦关中地也。”故立沛公为汉王，王巴、蜀、汉中，都南郑。而三分关中，王秦降将以距塞⑮汉王。

——《史记·项羽本纪》

【注释】

①阻：倚仗。四塞：四面要塞。②都：建都。以：而。③衣绣：穿锦绣衣服。④沐猴而冠：猕猴却戴上人的帽子。这是讥讽项羽徒具人形，不悟人事。⑤烹：放在锅里煮死。是古代一种酷刑。⑥致命：报告。⑦如约：指按先前所说“先破秦入咸阳者王之”的约定办。如，按照，遵循。⑧义帝：意思是假帝、名义上的帝，而不是真正的帝。⑨假立：暂时封立。诸侯后：指六国诸侯的后代，如韩成、田假、赵歇等。⑩疑：怀疑，疑心。一说，同“儗（ài）”，恐。⑪讲解：和解。⑫恶：讨厌，不乐意。负约：背约。⑬阴谋：暗中谋划。⑭迁人：被流放的人。⑮距塞：遮断，堵住。

【译文】

过了几天，项羽率兵西进，屠戮咸阳城，杀了秦降王子婴，烧了秦朝的宫室，大火三个月都不熄灭；劫掠了秦朝的财宝、妇女，往东走了。有人劝项王说：“关中这块地方，有山河为屏障，四方都有要塞，土地肥沃，可以建都成就霸业。”但项王看到秦朝宫室都被火烧得残破不堪，又思念家乡想回去，就说：“富贵之后不回故乡，就像穿了锦绣衣裳而在黑夜中行走，别人谁知道呢？”那个劝项王的人说：“人说楚国人像是猕猴戴了人的帽子，果真是这样。”项王听见这话，把那个人扔进锅里煮死了。

项王派人向怀王禀报破关入秦的情况。怀王说：“就按以前约定的那样办。”于是项王给怀王一个徒具虚名的尊贵称号叫义帝。项王打算自己称王，就先封手下诸将相为王，并对他们说：“天下发动起义之初，暂时立诸侯的后代为王，为的是讨伐秦朝。然而身披坚甲，手持利兵，带头起事，暴露山野，三年在外，灭掉秦朝，平定天下，都是靠各位将相和我项籍的力量啊。义帝虽说没有什么战功，但分给他土地让他做王，本来也是应该的。”诸将都说：“好。”于是就分封天下，立诸将为侯王。

项王、范增担心沛公据有天下，然而鸿门之会已经和解了，又不乐意违背当初的约定，怕诸侯背叛，于是暗中谋划道：“巴、蜀两郡道路险阻，秦朝流放的人都居住在蜀地。”又说：“巴、蜀也算关中的地盘。”因此就立沛公为汉王，统治巴、蜀、汉中之地，建都南郑。又把关中分为三块，封秦朝三名降将为王以阻断汉王的东出之路。

【词句撷英】

被坚执锐：穿坚固甲胄，握锐利武器。指为上阵战斗或做好战斗准备。

“三杰”文治武功谋天下

汉高祖刘邦的成功，除了其本人的人格魅力和管理才华，重要的还在于他身边的三位杰出的人物——这三个人就是号称“汉初三杰”的张良、萧何和韩信。他们三人从文治武功两个角度，在争霸大业中联手助其成功。下面，我们就一起来看一看“汉初三杰”张良、韩信、萧何的故事。

张良智计定天下

提到汉高祖刘邦的辅臣张良，相当多读了西汉历史的人都要感叹一声：那可是一个聪明人呀！为什么这么说呢？因为只有他知进退，明智地保全了自己和家族。当然，这与他的成长经历有密切关系。

张良是韩国人，出身于贵族之家。他的祖父和父亲都曾是韩国的高官，祖父和父亲生前都曾官居韩国的国相（百官之首）一职，一共侍奉过五代韩王。因为受过五代韩王的恩惠，秦灭韩后，原本应该是“官六代”的张良失去了优越的社会地位，也失去了事业的根基。为此，他仇恨秦国，想寻机报复秦国。当燕太子丹派刺客荆轲刺秦王的消息传来时，张良颇受启发，也决定效法。为此，他为自己弟弟的丧礼都没舍得花钱，而将全部家产变卖，耗巨资寻找可以谋刺秦王的人。

几经辗转，张良找到一个大力士。他特意为这个大力士打造了一个一百二十斤重的铁锤，并四处打听秦始皇的行踪，寻找刺杀的机会。秦

张良

始皇二十九年（前218年），张良获知东巡的秦始皇车队就要到达阳武县（今河南原阳县东半部），于是，他就让这个大力士埋伏到去阳武县的必经之地——古博浪沙。苍天不负有心人，终于，张良和大力士远远地看到车队由西而来，并推断车队中间的那辆最豪华的车就是秦始皇所乘。大力士举起铁锤向那辆车击去，将车上的人击毙。张良看到刺杀成功了，就趁乱逃离了。然而遗憾的是，因被刺杀的次数多了，秦始皇早就采取了预防措施，在东巡途中不断变换座驾，大力士击中的只是副车而已。于是，秦始皇下令全国缉捕刺客。尽管明知查无可查，张良还是赶紧逃跑了。因为这件事，张良名声大振。

逃到下邳（今江苏睢宁）躲藏起来的张良，结识了改变他人生的两个重要的人物：一个是西楚霸王项羽的叔父项伯，一个是号称“圯上老人”的黄石公。张良和项伯的相识，可谓“同是天涯沦落人”，都是为了避祸而到了下邳，张良是躲避秦始皇的搜捕，项伯则是因为犯下杀人罪。张良和黄石公的相识则是闲极无趣、苦思人生出路的偶遇。

那天，他在下邳桥上低头徘徊时，遇到一个布衣老者。老人走到张良面前时，故意把脚上的鞋子甩到了桥下，然后冲着张良嚷，让他去给自己捡起来。张良本想不理他，但他本着尊老的心态，到桥下捡起鞋。但令他没想到的是，这老头竟然把脚一伸，让张良给他穿鞋。张良本想把鞋子一丢走人，但想到捡都捡上来了，也不差这一步，就真的蹲下身，替老人穿上了鞋。结果老人连声谢也不说，扬长而去。张良无奈地摇头，打算继续思考人生。没想到老人去而复返，对张良说“孺子可教”，还让张良在五天后天刚亮时到这里来找他。

张良感到很困惑，但想到天下奇人无数，说不定这个人就可以让自己找到人生的出路！于是，五天后，张良在拂晓前到达桥上，没想到老人已经在那里了。因为嫌他到得晚，老人什么也没说，让他过五天再来。第二回，张良在鸡叫时就到达了桥头，结果还是迟到了。第三回，张良干脆半夜到了桥头守候。老人对张良很满意，赠送给他一本书，并告诉他认真研读，可以成为帝王之师。这位老人就是传说中隐身岩穴的高士黄石公，这本书就是有名的《太公兵法》。

得到书后，张良刻苦钻研，学习诵读，逐渐成为一个深明韬略、文武兼备、足智多谋的“智囊”。陈胜、吴广在大泽乡起义的消息传来，张良积极响应，也拉起了一支一百多个青年组成的队伍。考虑到人单力薄，张良打算寻找组织，就在这时，他遇到了刘邦。一番交谈下来，张良认识到一个具有文韬武略的统帅固然重要，一个善纳谏的统帅更重要。于是他欣然留下，加入刘邦的队伍，成为刘邦的谋士。

秦二世二年（前208年）六月，项梁、项羽叔侄成为反秦起义军中最大的一支，他们拥立楚怀王的孙子熊心为王，同时召集各路义军首领到薛城（今山东滕州东南）共商大事。刘邦在张良的陪同下，欣然前往。在这里，张良和项梁相识，二人因为都是名门之后，因此很快在公、私两方面建立相当不错的关系。时刻不忘复兴韩国的刘邦，建议项梁立韩王成为王，用以笼络人心，扩大力量。项梁就派张良去找到韩王成，将他立为韩王，同时还任命张良为韩王的司徒（即丞相），给了他一千多人的兵马，和韩王一起向西攻打，虽然最终夺得原来韩国的几座城邑，但由于力量太弱，最后还是被秦军夺了回去。如此一来，双方就和秦军在颍川一带开展了拉锯式的战争，一直没能打开局面。

秦二世三年（前207年）七月，刘邦率兵攻占颍川。韩王和张良的兵马就和刘邦会合了。随后，张良随刘邦南下。攻打南阳郡的宛城时，张良为刘邦献上良策，采用潜行包围的方式，最终兵不血刃获胜，兵威大振，让南阳郡的其他许多城池望风而降，从而解除了西进的后顾之忧。攻打通往秦都咸阳的咽喉要塞峣（yáo）关（今陕西商州西北）时，张良又献上妙计，一方面以珍宝财物诱降峣关的守将献关，另一方面发动突然袭击，从而于蓝田大败秦军，快速西进。最终，刘邦的军队比项羽的军队早到达霸上（今西安市东25里处），接受了秦王子婴献上的玉玺和符节。

进入咸阳城后，面对秦宫内豪华的宫殿、美貌的宫女和珍宝异藏，又是张良让刘邦那颗悸动的心静下来。张良不像武将樊哙那样冒死强谏，而是用平和的语气为刘邦分析了当前的形势，引导刘邦将目光放长远，立足于得天下，而不是得一城。他的话打动了刘邦，最终刘邦愉快地接受了张良的规劝，封存秦朝宫宝、府库、财物。在军队驻扎在霸上期间，严明军纪，安抚百姓，获得了秦地百姓的好评，争得了民心。这为他后来经营关中、和项羽争雄天下奠定了良好的政治基础。

汉高帝元年（前206年）十二月，项羽率诸侯兵攻破函谷关（今河南灵宝东北），进驻新丰、鸿门（今陕西临潼东北），并设下鸿门宴，打算除掉刘邦。此时，患难与共的好兄弟项伯出场了。项伯顾念和张良的旧情，背着项羽和项梁，夜奔位于霸上的刘邦大营，通知张良和他一起离开。结果张良以偷偷离开为不义的借口，面见刘邦，将这件事告诉了他，并为他出了一个釜底抽薪的主意：拉拢项伯，和对方结为儿女亲家，获得项伯的帮助。项伯果然中计，不但和刘邦称兄道弟，而且拍着胸脯承诺帮助刘邦。

果不其然，随后项伯连夜回到鸿门，将刘邦的话转告给了项羽，并为刘邦说尽好话，动摇了项羽杀刘邦的决心，为次日刘邦脱身打下了基础。而张良则为刘邦分析项羽的特点，打消其投身虎口的顾虑，让他以谦恭的态度去赴宴。他本人更是亲自陪同前往。在宴会上，张良更是密切观察宴席上的情况，发现项庄舞剑意在刘邦时，及时调樊哙护驾，进而避免刘邦血溅宴席的下场。当项羽的注意力被樊哙转移，紧张的气氛得到缓解时，张良急忙安排刘邦火速离开，自己留下善后。可以说，在这次生死攸关的较量中，张良凭着自己的大智大勇，巧妙地帮助刘邦安全脱离虎口。

随后，张良请刘邦进一步示弱，于是刘邦不但主动请项羽入咸阳城，而且面对项羽分封自己到偏僻荒凉的巴蜀一带做汉王时，他选择隐忍不发。同时，张良将汉王刘邦赐给自己的黄金百镒、珍珠二斗送给了项伯，请他在项羽面前替刘邦周旋，进而让刘邦获得了汉中地区，占据了秦岭以南巴、蜀、汉中三郡之地。为了进一步消除项羽对刘邦的防备之心，张良建议刘邦烧掉到汉中的一路栈道，向项羽表明自己不再回来，同时在汉中地区养精蓄锐，等待时机，再展宏图。刘邦这么做后，项羽果然戒心大减。

随后，张良离开刘邦，回到韩王成的身边。当时，项羽一直对韩王成心存猜忌，因此不让他回国。于是张良只好和韩王成一起伴随在项羽的身边。后来，为了防止韩王成作乱，项羽干脆将韩王成害死，并想将张良收为己用。但韩王成的死，让张良复国兴家之梦破灭，他当然不会帮项羽了。于是张良逃离项羽的身边，投奔了刘邦。

回到刘邦的身边后，张良以谋士的身份，死心塌地辅佐刘邦，将自己作为一名极具远见卓识的政治家和洞察秋毫的谋略家的特点淋漓尽致地展现了出来。汉高帝二年（前205年），取得一系列胜利的刘邦被战事的轻松冲昏了头脑，得意忘形。终于，刘邦在彭城败于项羽的军队之手，不得不和张良等十几个人，抛下父母妻儿仓皇出逃。正是在这次失败之后，张良为刘邦献计联兵抗楚的计策：游说九江王黥（qíng）布，联络彭越，建立自己的同盟，共同对抗项羽。这个以弱胜弱的计划就是著名的“下邑之谋”，它使得内外联合共击项羽的军事联盟最终形成，扭转了楚汉战争的局势，使刘邦由战略防御转为战略进攻。

汉高帝三年（前204年），汉王刘邦被项羽的军队围困在荥阳，陷于粮草匮乏，难撑危机的境地。张良及时制止郦食其“饮鸩止渴”的馊主意，并用筷子打比方，让刘邦打消了分封激励的想法，从而减少了后来汉王朝统一承受的压力和阻力。但面对大将韩信居功要挟，想自立为假王的试探，张良反而劝刘邦做个顺水人情，与其逼反韩信，影响楚汉战争的胜利，不如暂时妥协，笼住韩信，避免内部权位矛盾影响大局。此举果然稳住了韩信，让楚汉战争发生了根本的变化。

汉高帝四年（前203年），楚军已慢慢被汉军包围起来。楚军开始和汉军讲和，双方以鸿沟为界划分天下，楚据东，汉据西，双方停战，以后各不相犯。这是楚汉相争的重要转折点。张良意识到这是灭楚的最佳时机，不能放虎归山，于是他提出灭楚的主张。随后，为了稳住拥兵自重、野心勃勃的韩信和彭越，张良又建议刘邦与这二人共分天下，以此解燃眉之急。韩、彭二人果然派来了援兵，各路兵马齐集垓下，结束了四年之久的楚汉之争，刘邦最终赢得了天下。

可以说，在汉高祖刘邦和项羽以天下为彩头的豪赌中，张良以自己的谋略和眼光，协助他一步一步攻城略地，最终满盘皆赢。因此，刘邦后来才有“夫运筹策帷幄之中，决胜千里之外，吾不如子房”的评语。

萧何识才神助攻

“汉初三杰”中的萧何，在汉高祖刘邦开创帝业的过程中，以不同于张良的慧眼识才之能，为刘邦的帝王之业助力，从而让刘邦获得实力，成就霸业。因此可以说，萧何是刘邦成就帝业的神助攻，而他助攻的方式就是识得人才，选拔人才，维护人才。

秦二世元年（前209年）七月，陈胜、吴广大泽乡起义的消息传到沛县时，沛县的一名姓萧的功曹在和几个人不停地碰头，密切关注着天下的变化，并且时时向外送去消息。沛县的老百姓不清楚的是，这个萧姓功曹就是日后西汉著名的“开国第一侯”。

下面，我们来说说萧何的几大功勋：

功勋一：深谋远虑，保存秦朝的律令图书档案

秦二世二年（前208年），刘邦在张良等人的谋划下，采用避实就虚，剿抚并用的策略，领先项羽一步，进入关中。这时，萧何的身份是丞督事，坐镇于地方，负责督办军队的后勤供应。正所谓“兵马未动，粮草先行”，足见萧何工作的重要性。这一年的十月，刘邦大军兵临咸阳，秦王子婴向刘邦投降。随后，进入咸阳城的起义军将士，被秦都宫殿的巍峨、街市的繁华所迷惑。就连刘邦本人也难以自持。此时，萧何却异常冷静。他一不贪恋金银财物，二不迷恋美女，反而赶到秦丞相府和御史府，令士兵将府邸立刻包围保护起来，不准许任何人出入。这是为什么呢？

原来，依据秦朝的典制，丞相的工作是辅佐天子，处理国家大事；御史大夫的工作是对外监督各郡御史，对内接受公卿奏事。可以说，这两个职位是除了军权外差不多可以总揽一切朝政的职位。因此，两处一定保存着重要的文件。萧何为官多年，自然清楚这些文件资料的重要性。随后，他选择忠实可靠的人把秦朝有关国家户籍、地形、法令等档案进行分类清查，再登记造册，最后统一收藏起来。

萧何让人收集并珍藏起来的这些秦朝的律令档案，对刘邦了解天下的关塞险要、户口多寡、强弱形势、风俗民情等有很大的帮助，从而为制定正确的方针政策和律令制度找到了可靠的依据，进而对后来西汉政权的建立和巩固起到了巨大的作用。试想，倘若当时没能收藏起来，后来刘邦建立西汉后，要费多少心力才能完善管理？刘邦在楚汉之争中，又怎么能对天下形势做出正确的估计呢？这也足见萧何的深谋远虑。

功勋二：慧眼识韩信

相比武力值超强的项羽阵营，刘邦的军队中实在缺少军事力量强的人才。于是，刘邦在急匆匆地向巴、蜀进发的路上，开始广招人才，其中包括许多其他诸侯王军中的兵士。一次偶然的机会，萧何结识了其中的一个人——韩信。在交流中，他发现这是一个不可多得的有胆识的人才。于是他就不停地找机会向刘邦推荐，但刘邦对韩信实在不感兴趣，并没有对韩信赋予重任。这让韩信很失望，于是决定离开汉营。萧何得知这个消息后，上演了千古流传的“月下追韩信”的故事，硬是不辞辛苦，花费一天的时间将韩信追了回来。

刘邦以为萧何在自己落难的时候弃自己而去，正在暗自懊恼，看到萧何将韩信追了回来。面对刘邦的责问，萧何细说了韩信的才能和重要性，指出韩信是当今数一数二的杰出人才，倘若刘邦要夺得天下，就一定要重用韩信。于是刘邦征求萧何的意见，让韩信做了大将军。他命人造起一座拜将台，选定一个好日子，沐浴更衣，戒斋数日后，隆重地举行了拜将仪式。韩信成为大将军后，在楚汉战争中发挥了巨大的作用，不但率汉军度陈仓，战荥阳，而且破魏平赵，收燕伐齐，连战连胜，最后在垓下设下十面埋伏，将项羽全军歼灭，为刘邦平定天下立下汗马功劳。这一切的背后，倘若没有当年的萧何识才的慧眼，没有他月下的苦追，天下最终归于谁手，实未可知。

功勋三：坚如磐石，稳定后方

汉高帝元年（前206年），刘邦采纳了张良、韩信的“明修栈道，暗度陈仓”之计，挥师东进。萧何负责留守巴、蜀，征税供粮，做好军需官的角色。等汉军占据了三秦之地后，萧何紧随大军的步伐，率后勤军到达彭城。

楚汉战争已经让关中满目疮痍，残破不堪，秦都咸阳被项羽的一把火尽毁。萧何全力收拾关中的残破局面，一面安抚百姓，一面抓紧时间恢复生产。他首先重建已经散乱的统治秩序，利于事情的管理；同时还要对饱经战乱的百姓施以恩惠，以稳定民心。他颁布实施的新法，让汉初的统治秩序得以运转，又修建宫廷、县城等，重建了统治机构。此外，他还采取必要的措施与民休养生息，比如开放了原来秦朝的皇家苑囿园地，让百姓耕种，赐给百姓爵位，减免租税等。

为了教化百姓，他让每乡百姓民主推举一名五十岁以上、有德行、能做表率的人，任命其为“三老”，再让各乡里的三老做县三老，辅佐县令教化民众。这些人享受免徭役的优待，且在每年的年末得到朝廷赐给的酒肉。由于萧何处事有方，施政方式得当、利民，汉初的农业生产得到快速恢复。如此一来就为汉军建立了稳固的后方，提供了必要的军需，进而保障了前线作战的需要。

汉高帝二年（前205年），惨败的刘邦带着数十骑残兵败将逃回荥阳。而此时的关中，壮丁多数已被征发，萧何还是想尽办法，调拨老弱及不到服役年龄的少年到荥阳增援。好在韩信也收兵及时和刘邦会师，刘邦才得以重整旗鼓，继续与项羽大军作战。楚汉战争中，在汉军和楚军相持阶段，萧何坐镇关中，不断征发兵卒送至前线，及时为前线运送粮草，保证汉军的供应。同时，他还要侍奉太子，制定相关的法令规章，建立宗庙秩序。最难得的是，办事谨慎的他每次坚持将有关事项报呈刘邦后，刘邦总是允许照办。即便是来不及报告的事情，他也会依据具体情况先行执行，等刘邦回来再作报告。

可以说，在楚汉战争中，刘邦几次处于兵败险地，倘若后方的萧何不能对他忠诚如一，刘邦必死无疑。而萧何总是尽其所能，使刘邦得以重新振作，转危为安。相比项羽一方最终因为连年战争陷入兵尽粮绝的困境，刘邦一方则由于萧何的谋划有方而获得源源不断的粮食和兵力补给，最终能凭着兵强粮多令项羽陷于绝境，最后自刎于乌江。

而刘邦在一统天下，创立西汉后，更是给了萧何高度的评价："镇国家，抚百姓，给馈饷，不绝粮道，吾不如萧何。"

韩信战必胜，攻必取

"汉初三杰"之一的韩信，出身于底层的平民家庭。他性格放纵而不懂礼节，这在当时极其重视礼节的人们看来，是品德不好的表现，因此他一直没能得到做官的机会。加之他又不懂经商之道，于是经常赖在别人家里吃闲饭，人们都非常不喜欢他。

不过，韩信虽然穷到了要靠他人的救济糊口，但有一些人却仍认为他是一个有大志向的人。其中一个就是当时下乡南昌亭的亭长。这个亭长认为韩信不是凡夫俗子，一心和他交好，就默许了韩信到他家中吃饭。结果韩信一连几个月都在亭长家吃"白食"，这让亭长的妻子特别不高兴。于是亭长的妻子故意早早把饭煮好，等韩信到饭点来吃饭时，发现人家根本没给他准备饭食。一连几次之后，韩信就明白了对方的意图，一气之下再也不去了。

没了固定的饭食来源，自己又没谋生手段，怎么办呢？困苦不堪的韩信饿着肚子来到河边，打算钓几条鱼充饥。结果尝试了很多次，他也没钓上一条鱼。一位在河边洗衣服的大娘（漂母）看到了这一幕，她看韩信面黄肌瘦的样子，就拿出自己的饭和他分享。韩信填饱了肚子，从此天天来河边找大娘要饭吃。一连几十天后，韩信在一次吃饭时，向大娘承诺自己将来会报答她。大娘生气地说，自己是看他身为一个大丈夫，竟然不能养活自己，实在是可怜，所以才给他饭吃，并不图他的回报。听了大娘的话，韩信如五雷轰顶，自己一个堂堂男子汉，竟然被一个洗衣服的妇女可怜，他感到无比羞愧。

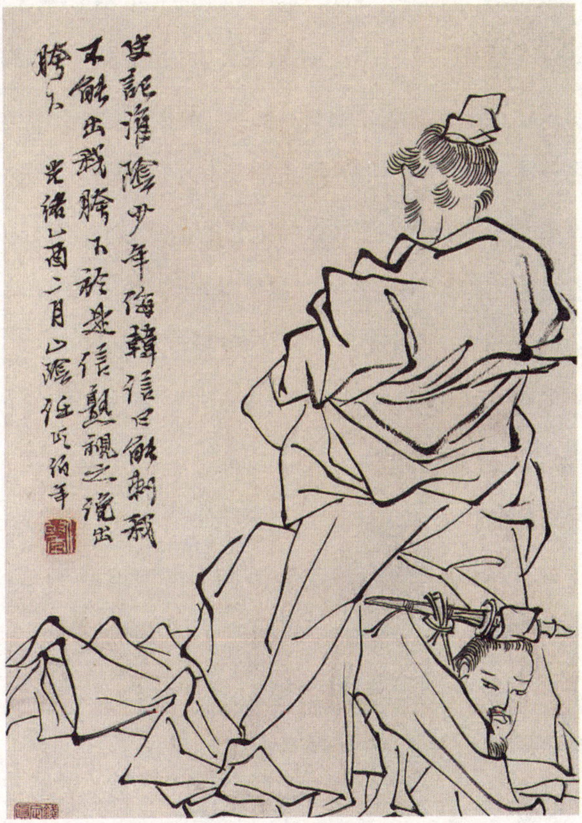

韩信　〔清〕任伯年绘

这件事之后，韩信开始思考自己的人生。接下来发生的一件事，让韩信决定彻底改变自己。这天，韩信在街上遇到了淮阴当地的一个年轻的杀猪匠，对方当街嘲笑韩信虽然长得人高马大，身上佩着剑，但却胆小如鼠。他还故意挑衅，说韩信宁愿从自己的胯下钻过去，也不敢用剑杀死他。韩信仔细地看了这个杀猪匠很久，最终选择忍辱从这个人的胯下爬了过去。这件事之后，韩信无法在家乡待下去了，他也不想再在家乡待下去，决定远走他乡。

恰好，当时项梁和项羽叔侄的军队渡过淮河，经过韩信的家乡，于是韩信就参加了项梁的军队。后来，他到了项羽的帐下，努力寻找机会表现自己，几次向项羽献计，但项羽根本没理他。等刘邦的军队进入关中，韩信听说了汉王的好名声，就想参加他的军队，或许能得到重用。没想到，刘邦只让他做一个管粮的小官，也没重用他。

韩信倍感失意，所幸在机缘巧合之下认识了萧何，两人经常一起聊天，萧何发现韩信的确是一名军事奇才，经常向刘邦推荐他。韩信等了很久，刘邦也没重用他，失望之下，决定离开。

事实上，韩信没能顺利离开，是因为萧何把他追回来了。在萧何的推荐下，刘邦不但任命他为大将军，还举行了隆重的拜将仪式。这让韩信倍感受重用，他为刘邦制定了东征以夺天下的方略，决心用尽自己的才华忠于刘邦，帮他打天下。

汉高帝元年（前206年），楚汉战争爆发，韩信率领着汉军，采用明修栈道、暗度陈仓之计，一面让先锋樊哙、周勃率万余大军大张声势地抢修栈道，吸引章邯等三秦王的注意力，一面自己亲率军队潜出故道，翻越秦岭，袭击陈仓（项羽所封雍王章邯的属地），最终经过连续作战，分兵略地，汉军迅速占领关中大部，平定三秦，取得对楚的初战胜利。

汉高帝二年（前205年），刘邦联合齐王田荣、赵王歇共同击楚获胜，短暂的胜利让刘邦冲昏了头脑，导致随后受到重挫。韩信收复溃败的汉军，和刘邦在荥阳会师，阻击楚国的追兵，并在京索之战中大败楚军，使汉军得以重整旗鼓。同年，因为魏王豹叛汉与楚约和，韩信被封为左丞相，率兵击魏。韩信采用疑兵计，声东击西，大败魏王豹，平定了魏国，改魏为汉朝的河东郡。接着，韩信和张耳一起率兵向东进发，向北攻击赵国和代国，打垮了代国军队，生擒了夏说。接着，韩信顺势攻克了魏国，摧毁了代国。

代国灭亡后，韩信手下精锐部队被刘邦调走，只余十几万人。这给韩信突破井陉（xíng）口，继而攻打赵国造成了极大的困难。井陉口，是太行山有名的八大隘口之一，在它以西有一条长约几十公里的狭窄驿道。此地易守难攻，不利于大部队的行动。而赵军扼守着井陉口，居高临下，加之兵精粮足，很难被攻下。

这时，韩信杰出的军事才华表现出来。他在进行了详细的侦察之后，制定了出奇制胜、一举破赵的良策。他让部队在距井陉口三十里的地方扎营，于半夜时分，派遣两千名轻骑手持汉军的红色战旗，由偏僻小路迂回到赵军大营侧翼潜伏下来，以乘隙袭占赵军大营，断敌归路。同时，他又以一支一万人的部队为前锋，趁着夜深人静越过井陉口，列阵绵蔓水（今河北井陉县境内）东岸迷惑调动赵军，增长其轻敌情绪。天亮时，一切准备就绪，韩信亲率汉军与井陉口东边的赵军厮杀，随后佯败后撤，与背水列阵的部队会合，将来势汹汹的赵军击溃。而此时，潜伏的两千精兵已经趁机偷袭赵营。于是，腹背受敌的赵军全部被歼。

这就是著名的“井陉口之战”，是古代军事史上著名的以少胜多的战例。

井陉口之战的胜利，消灭了北方战场上最强劲的敌手，使得汉军在战略全局上逐渐获得优势，为下一步“不战而屈人之兵”、兵不血刃地平定燕地创造了声势和前提，也为东进击齐铺平了道路，进而使项羽处于孤立的态势。

井陉口之战后，韩信的威势震动了燕国，在他派来的游说之士的说服下，燕国投降。韩信向刘邦请求封张耳为赵王，以安抚赵国。但此举却让刘邦心生怀疑。汉高帝三年（前204年），刘邦秘密到达张耳的军中，调动诸将的位置，命令张耳备守赵地，任命韩信为相国，东进攻打齐国。齐国向楚国求救，项羽派大将龙且率军救援。双方隔潍水（山东境内的潍河）东西摆开阵势。韩信采用诱敌深入，引潍水淹敌的计策，最终龙且被杀，齐楚联军四散奔逃，楚军全都被俘，齐王田广逃走后被杀，齐地全部平定。

在灭魏、徇赵、胁燕、定齐之后，韩信出于稳定局势的需要，派人向刘邦上书，请求立自己为代理齐王。而刘邦虽然极度愤怒，但出于安抚的目的，在谋士张良等人的建议下，不但立他为齐王，还调集他的部队攻打楚军。随后，韩信率军与楚王项羽的军队对峙。项羽因为龙且之死，被韩信的军事才华折服，派人以三分天下游说韩信，遭到拒绝。接着，齐人蒯（kuǎi）通假借相面之术提醒韩信功高震主很危险，韩信尽管动了心，但自恃功高，刘邦不会动自己，仍然站在刘邦的阵营。

汉高帝五年（前202年），楚汉之争的决战时刻到来。汉高祖刘邦为了调动手下大将的积极性，为将帅划分封地，韩信以齐王之位，获得了陈（今河南淮阳）以东至海广大地区的封地，其他获得封地的将领战斗力和热情也分外高涨。在刘邦的指挥下，各路汉军与项羽于垓下决战。面对毫不畏死的楚军，汉军接连失利，最终韩信命汉军士卒夜唱楚歌，瓦解了楚军的军心，才得以击败楚军，逼得项羽自刎乌江。至此，波澜壮阔的楚汉战争结束了。

纵观整个楚汉战争，韩信在其中的作用不可低估，甚至可以说他决定了战争的结局。因此，汉高祖刘邦赞叹“连百万之军，战必胜，攻必取，吾不如韩信”。

名篇精选

信至国[①]，召所从食漂母，赐千金。及下乡南昌亭下，赐百钱，曰：

“公，小人也，为德不卒。”召辱己之少年令出胯下者以为楚中尉。告诸将相曰：“此壮士也。方辱我时，我宁不能杀之邪？杀之无名②，故忍而就于此。”

项王亡将钟离眛家在伊庐，素与信善。项王死后，亡归信。汉王怨眛，闻其在楚，诏楚捕眛。信初之国，行③县邑，陈兵出入。汉六年，人有上书告楚王信反。高帝以陈平计，天子巡狩会诸侯④，南方有云梦，发使告诸侯会陈：“吾将游云梦。”实欲袭信，信弗知。高祖且至楚，信欲发兵，自度无罪，欲谒上，恐见禽。人或说信曰：“斩眛谒上，上必喜，无患。”信见眛计事。眛曰：“汉所以不击取楚，以眛在公所。若欲捕我以自媚于汉，吾今日死，公亦随手亡矣。”乃骂信曰：“公非长者！”卒自刭。信持其首，谒高祖于陈。上令武士缚信，载后车。信曰：“果若人言：‘狡兔死，良狗烹；高鸟尽，良弓藏；敌国破，谋臣亡。’天下已定，我固当烹！”上曰：“人告公反。”遂械系信。至雒阳，赦信罪，以为淮阴侯。

——《史记·淮阴侯列传》

【注释】

①国：都城。指下邳。②无名：没有意义。③行：巡视，巡察。④巡狩会诸侯：天子数年到各诸侯国巡行视察一次，所到之处，各国诸侯要到指定地点朝见天子。

【译文】

韩信到了下邳，召见曾经分给他饭吃的那位漂母，赐给她黄金千斤。轮到下乡南昌亭亭长，赐给百钱，说：“您，是小人，做好事有始无终。”召见曾经侮辱过自己，让自己从他胯下爬过去的年轻人，任用他做了楚中尉，并告诉将相们说：“这是位壮士。当侮辱我的时候，我难道不能杀死他吗？杀掉他没有意义，所以我忍受了一时的侮辱而成就了今天的功业。”

项王部下逃亡的将领钟离眛，家住伊庐，一向与韩信友好。项王死后，他逃出来归附韩信。汉王怨恨钟离眛，听说他在楚国，诏令楚国逮捕钟离眛。韩信初到楚国，巡行所属县邑，进进出出都带着武装卫队。汉六年，有人上书告发韩信谋反。汉高帝采纳陈平的计谋，假托天子外出巡视会见诸侯，南方有个云梦泽，于是高帝便派使臣通告各诸侯到陈县聚会，说：“我要巡视云梦泽。”其实是要袭击韩信，韩信却不知道。高祖将要到楚国时，韩信曾想发兵反叛，又认为自己没有罪，想朝见高祖，又怕被擒。有人对韩信说：“杀了钟离眛去朝见皇上，皇上一定高兴，就没有祸患了。”韩信去找钟离眛商量。钟离眛说：“汉王所以不攻打楚国，是因为我在您这里，你想逮捕我取悦汉王，我今天死，你也会紧跟着死的。”于是骂韩信说：“你不是个忠厚的人！”终于刎颈身死。韩信拿着他的人头，到陈县朝拜汉高帝。皇上命令武士捆绑了韩信，押在随行的车上。韩信说：“果真像人们说的‘狡猾的兔子死了，出色的猎狗就遭到烹杀；空中的飞禽猎光了，优良的弓箭收藏起来；敌国破灭，谋臣死亡’。现在天下已经平安，我本来应当遭烹杀！”皇上说：“有人告发你谋反。”就给韩信带上了刑具。到了洛阳后，高帝赦免了韩信的罪过，改封其为淮阴侯。

【词句撷英】

1. 狡兔死，良狗烹：指狡猾的兔子死了，出色的猎狗就遭到烹杀，比喻给统治者效劳的人事成后被抛弃或杀掉。

2. 高鸟尽，良弓藏：鸟捕尽了，弓也就藏起来不用了。比喻事情成功之后，把曾经出过力的人一脚踢开。

第三章

强盛的西汉

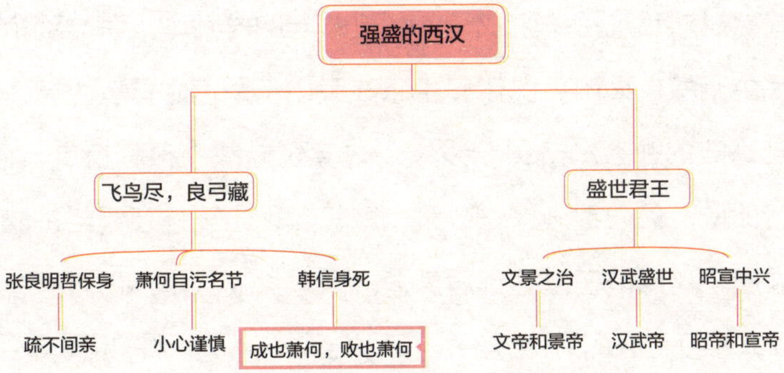

高祖初定天下。这时候，还沿着封建思想，有功之臣，与高祖同定天下的，其势不得不封，而心上又猜忌他。于是高祖听娄敬的话，徙都关中，想借形胜以自固。又大封同姓之国，以为屏藩。

——吕思勉《中国通史》

盛世君王兴强汉

汉高祖刘邦几乎一生戎马，在位八年的时间里，考虑到楚汉战争造成的民生凋敝，采用与民休养生息政策，于是百姓得以生息，民心得以凝聚，残破的社会经济得到发展，封建统治秩序得到稳定。他去世后，汉惠帝即位，仍旧实施这一政策，减轻赋税，于是社会经济繁荣，文化得到发展。汉惠帝在位七年后病逝，吕后执政八年，仍旧沿袭与民休息的国策，实行无为而治的政治，汉朝的经济进一步平稳发展。

可以说，这十五年休养生息政策的延续，为后来“文景之治”的出现奠定了坚实基础。此后，西汉历史上先后出现了一系列盛世明君。

文景之治

历经汉惠帝、吕后时期的统治，西汉的经济平稳发展。到了后来的汉文帝和汉景帝期间，西汉出现了多年未有的稳定富裕的景象，人民的生活水平得到极大提升，国库得以丰盈，中国历史上经济文化飞速发展的一个伟大时代——文景之治——出现了。所谓文景之治，指的就是汉文帝和汉景帝统治期间的盛世局面，也是中华文明迈入的第一个盛世。

公元前180年，吕太后病逝，刘氏皇族集团和吕氏外戚集团经过一场流血斗争，最终刘氏得以重掌天下，代王刘恒继承帝位，这就是汉文帝。汉文帝是汉高祖刘邦的第四个儿子，出生于汉高帝四年（前203年）的河南宫内成皋台。汉高帝十一年（前196年），八岁的刘恒被汉高祖封为代王。此后，为人宽容平和的刘恒一直在封地与民休息，发展生产，恭俭作则，代地因此得到发展，境内百姓安乐，而他宽厚仁慈的好名声也在代地流传。在此期间，无论是朝廷政治风云如何变幻，刘恒都在复杂的政治环境下保持低调，由此形成谨慎、沉静的性格。这种性格也让他即位后得以成功地应对功臣问题，明确施政方向。

吕后去世后，刘邦的旧臣丞相陈平和太尉周勃、朱虚侯刘章三人经过仔细地商量，确定了请名声较好的刘恒继位。汉文帝继位时，国家财力严重不足，人民生活极其困顿。导致这种贫困状况的原因则是农民遭受着残酷的剥削，淫侈之风特别严重。于是汉文帝决心尽快整合皇权体制，恢复和加强国家政权的运转能力。

他首先将军权收回，任用自己的心腹，加强皇宫、京城的守卫，以确保自己的人身安全。随后，他考虑到自己在朝廷没政治基础，于是采取了一系列恩威并施的措施以收拢人心。

首先，对于那些拥立自己做皇帝的功臣们，汉文帝或赏赐，或封官晋爵，功劳格外突出的周勃、陈平和灌婴，分别被封为右丞相、左丞相和太尉，并由这些人组成新的朝廷中枢。对于被吕后贬斥的刘姓王，汉文帝恢复了他们的爵位和封地，而对于跟随汉高祖刘邦开国的功臣们，也分别给予赏赐或分封。

继施恩之后，汉文帝开始威压。经过调查分析，他针对性地开始削夺个别重臣手中的大权。这其中就包括周勃。由于汉文帝继位，周勃有拥立之功，于是他在汉文帝面前总是摆出一副骄横的样子，这让汉文帝很不高兴。但汉文帝不动声色，依然对他以礼相待，下朝时目送他离去。后来，周勃在下属的提醒下意识到自己的问题后，开始收敛自己的言行，汉文帝竟然严肃以对。最后，周勃主动辞去右丞相一职。一年后，时任左丞相的陈平去世，汉文帝任命周勃做丞相。十个月后，针对当时相当多居住在长安的列侯增加了京城粮食供应的负担，汉文帝下诏命列侯回归封地。许多人找借口不想走，于是汉文帝罢免了周勃的相职，让周勃率先示范，回到自己的封地。

当时，由于汉文帝的继位导致刘姓皇室内部形成了尖锐的矛盾冲突，各地坐大的诸侯王严重威胁了皇权。汉文帝三年（前177年），镇压了济北王刘兴居的叛乱，三年后又镇压了淮南王刘长的叛乱。汉文帝十六年（前164年），采纳贾谊的建议，分割诸侯王国势力，以强化中央集权。不过，这只是暂时缓和了矛盾，并没从根本上解决问题。

在不断调整统治阶级内部矛盾的同时，汉文帝以秦亡为鉴，时刻提醒自己躬行节俭、励精图治、体察百姓疾苦，推行重农抑商的国策。汉文帝十二年（前168年），采用晁错的建议，推行入粟拜爵，也就是用公开招标的方式来卖爵位，将获得的收入用来充实边防军粮，以免除天下的田租。这一方法在一定程度上改善了农民的处境。

针对租税过高，农民纷纷弃田的现象，汉文帝以减轻田租税率的办法吸引农民归农，从而激发农民的生产积极性，改变背本趋末的社会风气。此外，汉文帝还减轻徭役，“丁男三年而一事”，也就是说成年男子每三年服一次徭役；开放原来国家所有的山林川泽，准许私人开采矿产，利用和开发渔盐资源。此举促进了副业生产和盐铁生产事业的发展。

汉文帝后元七年（前157年）六月初一，四十七岁的汉文帝去世，太子刘启即位，这就是汉景帝。汉景帝在做太子的时候，和吴王刘濞（bì）的儿子刘贤下棋时发生争执，结果失手将刘贤打死。由此导致吴王刘濞的怨恨。

汉景帝即位后，任用昔日的太子家令晁错为御史大夫，并在晁错的建议下，决定削藩。由于吴王刘濞四十多年来一直心怀丧子之恨，不断积蓄力量，以图谋反，于是汉景帝削藩首先落到了刘濞的头上。汉景帝前元三年（前154年），吴王刘濞联合各地诸侯王，打着“诛杀晁错、安定国家”的旗号反叛作乱——这就是著名的“七国之乱”。平定“七国之乱”之后，汉景帝趁机将各诸侯王国的权力收回中央，随后大量裁撤诸侯国的官吏数量，取消了诸侯王的行政权和司法特权，最终彻底解决了诸侯王的割据问题，但此举并没有彻底解决诸侯王的势力。

政治上保持安定的同时，汉景帝努力抓经济建设，继续推行“重农抑商”的国策，一方面允许农民选择土地肥沃、水源丰富的地方从事垦殖，用法律手段打击擅用民力的官吏以保证农业生产；另一方面采取无为而治的手段，实行轻徭薄赋、与民休息的政策，促进多年战争造成的巨大破坏得以恢复，减轻人民的负担。

到汉景帝后期，国家的粮仓丰盈起来，府库里的大量铜钱多年不用，以至于穿钱的绳子烂了，散钱多得无法计算。

经过汉文帝和汉景帝时期的治理，西汉的生产日渐恢复并且迅速发展，社会经济水平显著提高，统治秩序日益巩固，出现了多年未有的稳定富裕景象，人民的生活水平得到了很大程度的提升，人口数量显著增加，中华文明迈入第一个盛世。

汉武盛世

汉景帝后元三年（前141年），四十八岁的汉景帝病故，十六岁的太子刘彻即皇帝位，这就是中国历史上著名的汉武帝。汉景帝前元四年（前153年），刘彻被封为胶东王。汉景帝前元七年（前150年）夏四月，刘彻被立为太子。汉武帝登基时，汉朝的国祚已经延续了六十多年，经过文景之治，天下安定，国家非常稳定，为汉武帝施展自己的抱负打下了坚实的物质基础。

汉武帝即位之初，窦太后把持着朝政。建元六年（前135年），窦太后去世，汉武帝才真正掌握大权。管理天下需要大量人才，因此汉武帝格外注重选贤任能。他采用多元化的官吏任用方针，提拔为人方正、敢于直言进谏的人，并亲自策问，选拔人才。他唯才是举，在位期间曾先后于元光元年及元封五年两次颁布求贤诏。正是因为如此，汉武帝时，西汉王朝人才济济，这其中不但有出身贫寒、精通纵横之术的主父偃、出身商人之家的桑弘羊等文臣，还有出身于皇亲的卫青、霍去病等武将。

鉴于汉景帝虽然平定了七国叛乱，但是侯王及其子弟依旧独霸一方，拥有各种特权，成为政治上极其不安定的因素。元朔二年（前127年），汉武帝采纳大臣主父偃的建议，颁布“推恩令”，规定诸侯王死后，嫡长子继承王位，同时可以推恩将王国的部分土地分给其他子弟，使之成为列侯，从而使诸侯王的封地不得不自我缩减。元鼎五年（前112年），汉武帝为祭宗庙，要求列侯献金助祭，随后借口列侯所献的助祭金分量和成色均不足，夺爵（取消贵族爵位）一百零六人。至此，王侯虽然还存在，但仅能“衣食税租”，却不能过问封国的政事，封土却不能治民。这些举措进一步加强了中央集权，基本上结束了汉初以来诸侯王割据的局面，巩固和发展了大一统的局面。

为了进一步加强君权，汉武帝先是用御史监督地方的豪强、官吏。元封五年（前106年），汉武帝设刺史，将全国划分为十三个监察区，每个区有一名刺史监察。这些刺史的地位等同于钦差大臣，长年驻扎在所在监察区，充当着皇帝的眼睛。

在中央政权得以巩固的同时，汉武帝注重发展经济，继续推行重农抑商的国策。元狩三年（前120年），汉武帝采纳郑当时的建议，下令实施盐铁官营政策，将原属少府管辖的盐铁划归大农令。元鼎二年（前115年），汉武帝提拔“精于心算”的伴读桑弘羊为大农丞；元封元年（前

110年），汉武帝任命桑弘羊为治粟都尉，并代理大农令，推行盐铁官营制度和均输法，创立平准法。自此，在汉武帝的支持下，桑弘羊等人推行盐铁官营等措施，打击囤货盈利的商人，将冶铁、煮盐、酿酒等民间生意编成由中央管理，禁止诸侯国铸钱，使得财政权集于中央。

汉武帝画像

经济发展的同时，汉武帝注重思想教育。为巩固政府的权威和显示皇权的地位，他采用董仲舒“罢黜百家，独尊儒术”的建议，为儒学教育在中国古代的特殊地位铺平了道路，在长安创立专门的儒学教育——太学，是当时的最高学府。此举对广大百姓宣扬儒道以示政府的怀柔，从思想上统治和管理人民。

在国力蒸蒸日上的前提下，汉武帝积极发展军事力量，平定了南方闽越国的动乱，派名将卫青、霍去病三次大规模出击匈奴，收河套地区，夺取河西走廊，封狼居胥，将当时汉朝的北部疆域从长城沿线推至漠北。在对匈奴作战的同时，采取和平手段和军事手段令西域诸国臣服。

汉武帝晚年，沉迷于长生之术，许多方士和各类神巫聚集在京师长安，以左道旁门的奇幻邪术迷惑众人，无所不为。一些女巫甚至进入宫中，教宫中美人在每间屋里都埋上木头人，进行祭祀，以躲避灾难。晚年的汉武帝格外多疑，一次梦到被木头人攻击，从此感到身体不适。邯郸人江充和太子刘据有仇，于是借机以巫术为由，怂恿汉武帝搜查后宫。

江充带人搜查卫皇后和太子刘据的住处，把事先准备好的木头人拿出来陷害太子。太子刘据出于恐惧，将江充杀死后逃亡。汉武帝震怒，令人搜捕太子，太子畏惧自杀。

这件事之后，汉武帝的身体每况愈下，于后元二年（前87年）病逝，享年七十岁。尽管汉武帝晚年沉迷于长生之术，曾经掀起了三次巫蛊(gǔ)之祸（巫蛊，即利用诅咒去陷害他人），进而引发了政局混乱。但必须承认，他是中国古代王朝中最杰出的君主之一，正是他奠定了汉王朝强盛的局面。在他统治时期，西汉成为中国封建王朝的第一个发展高峰，也是他在位时开辟了辽阔的疆域，奠定了中国的基本疆域。

昭宣中兴

汉武帝死后，西汉历史进入了汉昭帝、汉宣帝当政时期，出现了“昭宣中兴”。所谓昭宣中兴，是指汉昭帝和汉宣帝时代恢复稳定及发展阶段。

汉昭帝刘弗陵是汉武帝的小儿子，即位时刚刚八岁。他在汉武帝临终时授权的霍光、金日磾（mì dī）、上官桀、桑弘羊四人的辅佐下，沿袭武帝后期政策，与民休息，加强北方戍防。其中，大将军霍光主持国政、领尚书事，车骑将军金日磾、左将军上官桀为其副手。

始元元年（前86年），金日磾（本是匈奴休屠部太子，兵败归降霍去病，得到汉武帝的宠爱，赐姓为金）病逝，霍光掌握了汉朝政府的最高权力。始元四年（前83年），因为十二岁的汉昭帝的婚事，互为姻亲的霍光和同为辅政大臣的上官桀发生了冲突。加之此前霍光以“无功不得封侯”为由驳回了上官家族将丁外人封为列侯的提议，又曾多次阻止上官家族其他亲戚封官，双方结怨，成为政敌。另一辅政大臣御史大夫桑弘羊由于替自己的子弟求官遭到霍光拒绝，且二人的政治主张存在严重分歧，因此也怨恨霍光。辅政大臣之间的矛盾冲突被燕王刘旦利用，共同谋划要杀掉霍光。然而，他们的阴谋被此时已经十四岁的汉昭帝识破，霍光得到汉昭帝的信任，其辅政地位得以稳固。

霍光

此后，霍光得到汉昭帝的全面信任，不但权倾朝野，“威震海内”，而且其家人占据着重要的职位，由此形成了一个盘根错节、遍布朝廷的庞大势力网，而霍光本人实质上成为西汉的最高统治者。霍光和汉昭帝君臣的信任，使得他们在朝廷安危的关键时刻，得以平定政变，保持了西汉王朝的稳定。

从此，汉昭帝在霍光的辅政下，沿用汉武帝末期的严刑峻法制度，对内严格吏治，选派官员了解百姓疾苦，督办民间冤案，核查官吏职等，因此处置了一批官员；并先后四次选贤举能，任用了一批贤明精干的官员。

汉昭帝延续了汉武帝末期与民休息的政策，对内继续休养生息，他不但数次要求郡国官员将劝勉农桑作为首要政务，且本人还曾亲自到钩盾弄田、上林苑耕种，以身示范，调动农民从事农桑生产的积极性。为了减免穷困百姓的负担，汉昭帝还多次颁布了减免田租、口赋及其他杂税的诏令，废除了律外苛税，逢郡国遭受水旱及地震灾害还免除当年的租赋徭役。

汉昭帝还停止了酒类专卖，免去酒类专卖官吏。在解决这一问题时，还曾爆发了历史上著名的“盐铁之议”。汉武帝时期施行的盐铁官营、酒榷（què）均输等经济政策，是在反击匈奴、财政空虚的特定情况下推行的，当时的确起到了充裕国家财政的效果，也的确为汉武帝的文治武功奠定了经济基础。然而，这些政策也导致大官僚、大地主及大商人掌握着西汉的一部分财富，而中小阶层则受到苛刻盘剥的局面。

为了保证与民休息政策的实行，始元六年（前81年），汉昭帝责成丞相田千秋、御史大夫桑弘羊召集郡国所举贤良文学（即指通经达变之士）就民间疾苦产生的根源这一问题进行调查，御史大夫桑弘羊和贤良文学意见不统一，双方在民间疾苦的原因、对匈奴的政策、施政方针和治国理念等多方面爆发了激烈的冲突。此次会议尽管不曾得出明确的结论，却对汉王朝的统治政策产生了积极的影响。此后，贤良文学提出的“行仁政，以德治国”的意见在国家的一些政策中得以体现。

一是使得与民休息的措施得以进一步推行，使贫民获得公田进行民耕种，得到国家提供的有偿种子、口粮，免除了部分赋税、徭役，降低了盐价；二是缓解了西汉与匈奴之间的关系，使双方保持友好的关系。这就让贤良文学感受到了朝廷的重视，进而使之对国家充满了希望，积极参与到国家政治中，成为一股活跃的力量。

总之，在汉昭帝一系列措施下，汉武帝时期造成的“海内虚耗，户口减半”的形势得到明显的扭转，出现了“百姓充实，四夷宾服”的繁盛局面。

元平元年（前74年）四月，二十一岁的汉昭帝因病驾崩，霍光等人迎立昌邑王刘贺为帝，但二十七天后，刘贺就因为言行不合礼制而被废黜。七月，流落在民间的皇孙刘病已先被封为阳武侯，后即皇帝位，他就是汉宣帝。

汉宣帝的经历比较曲折。他本是汉武帝的太子刘据的孙子，原本应该生长于皇宫之中，接受最为严格的教育。但汉武帝后期的巫蛊之祸，造成了刘病已的祖父——太子刘据的自尽，父亲刘进等人被赐死，而尚在襁褓中的刘病已则被囚在官狱里。由于得到当时的廷尉监丙吉的关照，刘病已得到了不少人的照顾。刘病已不到五岁时，汉武帝大赦天下，从此，他成为名正言顺的皇孙。汉昭帝即位后，丙吉将刘病已送到其祖母史良娣家里。刘病已小时候喜好游侠、斗鸡走马，因为经常游走于民间普通百姓之间，结交了不同阶层的人，深切地体会了民间疾苦，因此学会了辨别闾（lǘ，二十五家为一闾）里奸邪，探查吏治得失。

继位为君后，汉宣帝就清楚地意识到霍光的权力之重，霍氏党派亲族连成一体，盘根错节地占据了朝廷，所以这位曾混迹于市井间的皇帝明白，仅凭自己的皇帝之称是无法与霍光相抗衡的，唯有保持最大的克制，慢慢地发展起自己的势力，再寻求有利时机，夺回属于自己的最高统治权，才能实现自己的目的。所以，他在登基之初，选择了隐忍，就算霍光提出还政于他，还是明确表示对霍光的信任，将国家大事交到霍光手上，同时专门下诏褒奖霍光，益封七千户。甚至每次上朝时，汉宣帝都给予霍光以极高的礼遇。

果然，汉宣帝的这一系列行为消除了霍光的猜忌和提防之心，缓和了朝廷内部潜伏的政治危机，进而为他顺利亲政创造了良好的政治气氛。

地节二年（前68年），霍光去世，汉宣帝开始亲理朝政，任用自己的亲信，逐渐把权力收归到自己手中。随后，他先发制人，通过一系列步骤，削夺了霍家把持的权力，把权力掌握在自己手中。在彻底清除了霍氏的势力后，汉宣帝大刀阔斧地推行了自己的施政方针。

他深知，吏治的好坏对百姓的生存发展与社会的和谐稳定的影响，认为“吏不廉平则治道衰”。于是他自亲政后，一方面恢复了汉初丞相的职位和实权，建立了一套对官吏的考核与奖惩制度，严格地方长吏的选拔和考核，下大力气整顿吏治。由此，一大批官员因政绩突出而得到奖励或重用，而一些不称职或有罪的官吏则受到处罚，由此逐渐造就了一大批“良吏”，为施行统治准备了力量。另一方面，汉宣帝虽然执法严明，但为政却相当宽简。他在任用地方官时，除起用了一些精明能干的能吏去严厉镇压不法豪强外，还同时任用了一批循吏去治理地方，从而改变了吏治苛严和破坏的现象，大大缓和了社会矛盾，安定了政治局面。

他还对冤狱深恶痛绝，因此坚决废除苛法，平理冤狱，为了从制度上保证执法的严肃性和公正性，他在朝廷增加了四名廷尉平一官，专掌刑狱的评审和复核。后来，他还下诏废除了首匿连坐法，赦免因上书触犯他名讳的人，为让百姓避讳更容易，改名刘询，先后多次下令大赦天下。

三高图　傅抱石绘

吏治清明的同时，汉宣帝重视国家的经济建设。他总结了汉武帝和汉昭帝时期推行经济政策的经验教训，继续推行与民休息的政策。他继续执行汉武帝时期的工商官营政策，并针对其中的一些弊端，如官吏徇私枉法、贪污腐败等问题，采取相应的措施，使之在一定时期内得到有效抑制，进而有利于百姓休养生息。针对“富者田连阡陌，贫者无立锥之地”的土地兼并现象，他除了继续奉行汉昭帝时期的轻徭薄赋方针，还先后三次诏令迁“赀百万者”的豪强到平陵、杜陵等地，将这些人的土地或者充为公田，或者分给无地、少地的贫民。他还将国家苑囿或郡国的公田借给少地或无地的贫民耕种，使他们可以摆脱豪强的控制。

此外，他和汉昭帝一样重视农业生产，派“劝农使”到全国巡视和指导农业生产，因此在他统治的后期，国内经济繁荣，农业连年丰收。他还设立“常平仓”以调节粮价，储粮备荒，供应官需民食，调剂粮食供应，发挥稳定粮食的市场价值的作用，因此当时的谷价创造了汉代的最低价。

在文化上，汉宣帝继汉昭帝时期霍光主持召开盐铁会议之后，又在甘露三年（前51年），在石渠阁召开了盛大的儒家经学会议，讲论“五经”同异问题。从此，《穀梁》学大为兴盛。这种宽松的政治氛围，为加强思想的进一步统一迈出了重要的一步。

除了对内政治、经济和文化统治，汉宣帝时的对外关系也取得了极大的进步。汉宣帝统治期间，西汉王朝联合乌孙国大破匈奴，使得匈奴呼韩邪单于率众来汉称臣；西汉军队平定西羌，汉政府设置金城安置降羌，设立西域都护府监护西域各国，并正式把西域纳入大汉版图。

黄龙元年（前48年）十二月，刘询因病崩于未央宫。这位中国历史上有名的贤君在位期间，政治清明，社会和谐，经济繁荣，四夷宾服，西汉的综合国力最为强盛，因此后世称为“孝宣之治”。而他和汉昭帝统治的这段时期，国力衰退的西汉王朝又兴盛起来，史称“昭宣中兴”。

名篇精选

是时，上春秋[①]高，疑左右皆为蛊祝诅；有与无，莫敢讼其冤者。充既知上意，因胡巫檀何言：“宫中有蛊气；不除之，上终不差[②]。”上乃使

充入宫，至省中，坏御座，掘地求蛊；又使按道侯韩说、御史章赣、黄门苏文等助充。充先治后宫希幸③夫人，以次及皇后、太子宫，掘地纵横，太子、皇后无复施床处。充云：“于太子宫得木人尤多，又有帛书，所言不道；当奏闻。”太子惧，问少傅石德。德惧为师傅并诛，因谓太子曰：“前丞相父子、两公主及卫氏④皆坐此，今巫与使者掘地得征验，不知巫置之邪，将实有也，无以自明。可矫以节收捕充等系狱，穷治其奸诈。且上疾在甘泉⑤，皇后及家吏请问皆不报；上存亡未可知，而奸臣如此，太子将不念秦扶苏事⑥邪！”太子曰：“吾人子，安得擅诛！不如归谢，幸得无罪。”太子将往之甘泉，而江充持太子甚急；太子计不知所出，遂从石德计。秋，七月，壬午，太子使客诈为使者，收捕充等；按道侯说疑使者有诈，不肯受诏，客格杀说。太子自临斩充，骂曰：“赵虏！前乱乃国王父子⑦不足邪！乃复乱吾父子也！”又炙⑧胡巫上林中。

——《资治通鉴·汉纪十四》

【注释】

①春秋：年纪。②差（chài）：病除。③希幸：很少受到宠幸。④前丞相父子、两公主及卫氏：指公孙贺及其子敬声、诸邑公主、阳石公主和卫伉，都是公孙贺巫蛊案中牵连的人，其中公孙贺之妻为卫皇后的姐姐卫君孺，诸邑公主、阳石公主是汉武帝的女儿，是卫皇后所生。卫伉则是卫青之子。⑤甘泉：甘泉宫，在今陕西淳化县城北的甘泉山南麓。⑥秦扶苏事：扶苏，秦始皇太子，始皇死后，遗命扶苏即位，赵高联络李斯，矫诏立始皇幼子胡亥，并逼迫扶苏自尽。⑦乱乃国王父子：指赵国太子丹和其父赵王刘彭祖。⑧炙（zhì）：烧。

【译文】

此时汉武帝年事已高，怀疑左右都用巫蛊诅咒他，而当时的人不管做了还是没做，都不敢因为这种事诉冤。江充知道了皇帝的心思，就让胡巫檀何说："宫中有蛊气，不清除，皇上就不会痊愈。"汉武帝于是派江充入宫，到省中，拆掉御座，掘地搜蛊。汉武帝又派了按道侯韩说、御史章赣、黄门苏文等人帮着江充查。江充先在后宫不受宠的夫人那里找，再找到皇后和太子宫里在地上横挖竖掘，太子、皇后想找一块平稳的地方安放床榻都不行。江充回奏说："在太子宫找到的木人最多，还有帛书，写的都是大逆不道的话，应当向皇上奏明。"太子害怕了，问少傅石德应该怎么办。石德怕身为太子师傅会一起牵连被杀，就对太子说："前丞相父子、两公主及卫氏家族的人都因巫蛊获罪，现在胡巫和使者掘地找到这些东西，不知是他们放在那里的，还是那里真有，这样的情形太子是无法分辩清楚的。不如假传圣旨，收捕江充等关押起来，把他们的奸诈阴谋追查清楚。况且皇上在甘泉宫卧病，皇后及东宫家吏请安都没有回音；皇上存亡与否尚未可知，奸臣如此弄权，太子就没想到秦扶苏的往事吗？"太子说："我身为皇上之子，怎么能擅自诛杀官员？不如去皇上那里谢罪，也许侥幸无事。"太子将要前往甘泉宫，而江充追究太子很是急迫；太子一时想不出对付的办法，就听了石德的计策。秋季，七月壬午，太子派人假装为使者，收捕江充等人。按道侯韩说怀疑使者有诈，不肯奉诏，太子派去的人就杀了韩说。太子亲自监斩江充，骂道："赵虏！你以前在赵国害国君父子还不够吗！还要害我们父子！"又在上林苑中烧死了胡巫。

【词句撷英】

掘地纵横：在地上横挖竖掘。

第四章

走向东汉

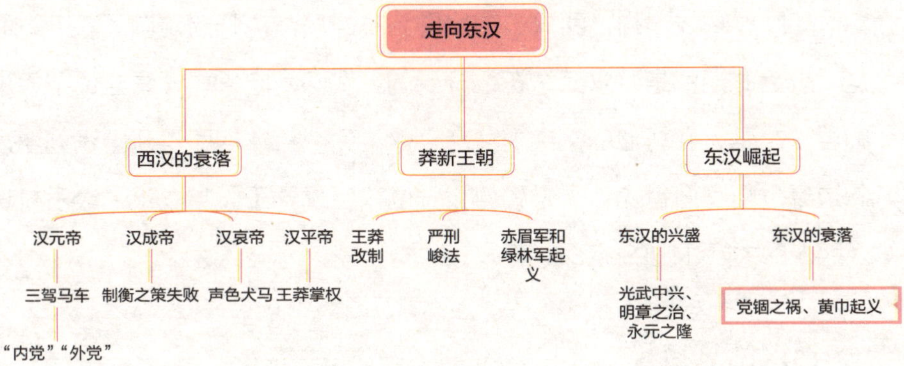

莽末之乱，其经过约二十年。虽然不算很久，然而蔓延的范围很广，扰乱的情形，也十分厉害。所以民生的凋敝，更甚于秦汉之间。光武帝平定天下后，亦是以安静为治。内之则减官省事，外之则拒绝西域的朝贡，免得敝中国，以事四夷。而又退功臣，进文吏，留心于政治。所以海内日渐康宁。明、章两代，也能继承他的治法。这三朝，称为后汉的治世。

——吕思勉《中国通史》

莽新王朝的出现

如同抛物线一样，西汉王朝发展到高峰后，也开始走向了衰落。而这一衰落时期就是从汉元帝在位开始的。我们一起来看一看这位不靠谱的君王，是如何将他的父亲汉宣帝及数位先帝打造的西汉江山送到崩溃的边缘，而其后世子孙又是如何被一位权臣玩弄于股掌之下，最后断送了西汉的大好江山的。

西汉的衰落

黄龙元年（前48年），汉宣帝驾崩，太子刘奭（shì）继位，他就是汉元帝。说起刘奭能成为太子，成为皇帝，还要感谢他的生母——许平君。当初，刘询因为祖父戾太子刘据的事情，被寄养于掖庭（宫中官署名），与暴室啬夫（官职名，为暴室长官，暴室是汉代宫中的织作染练工厂）许广汉同室而居——这位许广汉就是许平君的父亲。后来，在掖庭令张贺——戾太子刘据的家吏的帮助下，刘询于元凤六年（前75年）娶了许平君，第二年生下了儿子刘奭。

刘询于元平元年（前74年）即位为帝后，于同年十月册封许平君为皇后。本始三年（前71年），许平君怀孕即将分娩时，霍光的夫人为了让自己的女儿霍成君成为皇后，背着霍光买通女医淳于衍毒死了许平君。事后，霍光向汉宣帝坦诚此事，出于隐忍，汉宣帝追封许皇后为“恭哀皇后”，并对淳于衍不予追究。正是由于对于原配惨死的内疚，汉宣帝在明知刘奭个性平庸、不会成为一名合格的君王的时候，仍旧将他封为太子，并在死前安排“三驾马车”（即以乐陵侯史高为主，太子太傅萧望之、少傅周堪为辅）辅政。汉元帝继位初期，汉朝还是比较强盛的。最初的时候，汉元帝对于父亲给他留下的三位辅政大臣还是相当信任的。加之汉元帝是一个“柔仁好儒”的人。在做太子的时候，他就因为汉宣帝动辄对臣子施以刑罚相当不满，甚至为此劝诫汉宣帝多多任用儒生。一旦自己做了皇帝，他果真就开始大量任用儒臣。对此，萧望之、周堪等儒臣自然十分乐见。此后，儒臣的影响力在朝廷中与日俱增。这一切的变化让武将出身的史高心生失落感，进而导致他与萧望之等人产生了矛盾。如此一来，西汉朝廷就被权力斗争的阴影笼罩着。

为了摆脱困境，史高采用了和宦官里外呼应合作的方式，阻止萧望之改革。史高的做法被萧望之看在眼里，他深切忧虑这样下去会造成外戚随性而为，宦官擅权，于是他向汉元帝建议：中书是国家政事之本，应由贤明公正之士掌管，汉武帝优游饮宴于后庭，任用宦官掌管中书，不合乎国家旧制，且违反“古不近刑人之义”，必须予以纠正。然而，性情柔弱、缺乏主见且初即位的汉元帝对于这项提议久久不能做出调整。宦官中书令弘恭、仆射石显等人对萧望之恨之入骨，他们联合史、许两姓外戚，最终逼得萧望之饮毒酒自杀。

然而，萧望之之死没能令汉元帝清醒和振奋，他仍旧对外戚和宦官宠信如故。他没有想到的是，自己要推行仁政，儒臣是主要依靠力量。而自己放纵宦官逼死萧望之，放逐其他儒臣，等同于自废武功，自断臂膀。就这样，在外戚、儒臣、宦官三种势力角逐的过程中，宦官成为最后的大赢家。最后，汉元帝一朝出现了天子在朝却由宦官执掌权柄的现象——以宦官石显为首的“内党”，勾结外戚、拉拢见风使舵的儒臣结成的“外党”，双方内外呼应，兴风作浪，党同伐异。就这样，汉元帝统治期间，自然灾害不断，社会危机日深，土地兼并之风盛行，昭、宣二帝的中兴之业就此走向衰败。

竟宁元年五月壬辰（前33年7月8日），四十二岁的汉元帝去世，太子刘骜（ào）登基，他就是汉成帝。汉成帝年轻时爱读经书，喜欢文辞，宽博谨慎，深得祖父汉宣帝的喜爱。然而随着年龄的增长，他终日沉湎于玩乐，不思进取。汉成帝登基后，他的母族王氏家族登上了西汉的政治舞台。统治初期，汉成帝也认识到外戚和宦官的势力在不断坐大，于是他试图利用制衡之术加以调解。为此，他先利用外戚打击宦官势力，又利用外戚之间的矛盾，让一派外戚和朝臣联手抑制另一派外戚。然而，由于他的制衡之策不成功，结果太后王氏一族势力不断壮大，以至于朝中再无可以节制王氏一族的力量。而这就为后来的王莽篡汉创造了条件。

绥和二年三月丙戌（前7年4月17日），汉成帝病逝。由于汉成帝无子，于是他的侄孙刘欣即位，即汉哀帝。汉哀帝即位初期，面对土地兼并越来越严重的现象，时任大司马、左师军的师丹曾提出限田限奴的建议，但是遭到了把持朝政的权贵的反对。加之汉哀帝本人对于这项提议并不支持，于是最后限田、限奴令成了一纸空文。接着，汉哀帝还下达了一系列纠正社会风气的命令，但最后都成了一纸空文。尽管朝政得行不畅，但汉哀帝本人仍过着声色犬马的生活。于是汉哀帝统治期间，无数农民破产流亡，自然灾害频繁发生，整个西汉王朝陷入水深火热之中。

元寿二年六月二十七戊午日（前1年8月15日），在位七年的汉哀帝刘欣驾崩。汉哀帝死后，一直低调隐忍、保全实力的太皇太后王政君所属的王氏家族又活跃起来。王政君召侄子王莽入宫，料理汉哀帝的后事。王莽名义上进宫辅助汉哀帝的男宠董贤料理丧事，实际上是来夺取董贤的大司马一职的。很快，董贤自杀，王莽成为大司马，掌丞相事。在清除了汉哀帝朝的相关核心人物之后，王莽派人迎立九岁的中山王刘衎（kàn）还朝，并于元寿二年九月初一辛酉日（前1年10月17日）推其登上帝位，史称汉平帝。

汉平帝年幼，由太皇太后王政君垂帘听政，大司马王莽主持国政，刘氏王朝实际上由王莽掌管。这段时期的西汉，贤明之臣受到迫害，地主豪强的势力越来越大，土地兼并日益严重，平民生活十分困苦，各地接连爆发起义，西汉王朝的统治处于风雨飘摇之中。

莽新王朝

元始五年十二月丙午（实际上十二月没有丙午日），在位五年的汉平帝刘衎去世，大司马王莽取而代之，莽新王朝的统治开始。

王莽是太皇太后王政君为首的西汉外戚王氏家族的重要成员。由于少年丧父，他是跟随着自己的叔父们长大的。王氏家族先后有九人封侯，五人担任大司马，可谓权倾朝野。在这样的家族里，太多的人过着声色犬马的生活，彼此之间互相攀比，而王莽却过着清淡、简朴的生活，为人谦恭，勤劳好学。对内，他孝敬长辈；对外，他喜交贤士，因此被称为当时的道德楷模，声名远播。

王莽的伯父王凤官居大司马，一向对王莽特别欣赏，就算是临终之际，还要求妹妹王政君对他多加照顾。于是，有太后的照顾，加之王莽名声在外，他的官位不断提升。到三十岁时，他已经被封为新都侯、骑都尉、光禄大夫侍中（皇帝侍卫近臣）。就算是这样，王莽依旧礼贤下士、清廉俭朴，不但将自己的俸禄分给门客和平民，而且为了救济他人，一度还要将自己的马车卖掉。慢慢地，他的名声超越了他的那些大权在握的叔伯。绥和元年（前8年），三十八岁的王莽成为大司马。不过，他不但不骄不躁，反而更加谦逊，平易近人，把自己所受赏赐和邑钱都用来款待名士，生活更加俭朴。汉哀帝即位后，为了避开其祖母定陶王傅太后与丁皇后的家族势力，王莽卸职隐居，韬光养晦，等待时机。他的这步以退为进，博得了当时众多官吏和平民的同情。汉哀帝迫于舆论，不得不做出让步，召王莽回京城侍奉王太后，但没为他官复原职。

汉哀帝去世后，九岁的汉平帝继位，王莽的机会来了。如前文所说，王莽开始成为大司马，录尚书事，兼管军事令及禁军，代理政务，权倾朝野。此后，王莽的政治野心一步一步暴露出来。他先是排斥异己，扶植和培养自己的势力，逼迫姑姑王政君赶走自己的叔父王立，之后提拔那些依附顺从他的人，将那些触犯怨恨他的人找机会处死。他甚至为了自己扬名，不惜将儿子王宇毒杀，以示大义灭亲。元始三年（3年），王莽的大女儿王嬿成为汉平帝的皇后，王莽更具备了得天独厚的条件。

元始五年十二月（6年），汉平帝病死，王莽为了便于自己把持朝政，立只有两岁的汉宣帝玄孙刘婴（也就是孺子婴）为皇太子，而他本人则代理天子朝政，臣民则称他为“摄皇帝”。这时的王莽可谓势力如日中天，除了一顶冠冕，他几乎等同于皇帝。他的这一系列所为引起了以刘氏宗室为主的反对派的反对。他们不断起事反对王莽。王莽不断调动大军加以镇压。在这一过程中，王莽开始产生了称帝之心。

王莽借助于西汉后期天灾不断以及当时人们内心严重的封建迷信思想，认为灾异是上天对人君失德的谴责，让人献上符命，称他为真命天子。初始元年十二月癸酉朔（9年1月15日），王莽逼迫皇太后王政君交出传国玉玺，接受孺子婴禅让后称帝，改国号为“新”，改长安为常安，开创了中国历史上通过（符命）禅让做皇帝的先河。

王莽称帝后，采取了一系列缓和阶级矛盾的措施。这其中包括：将天下田改曰王田，以王田代替私田；奴婢改称私属，与王田一样，均不得买卖。其后，改革币制、官制，规定盐铁官营，山川河流收归国有；同时，与民休息。这些举措史称“王莽改制”。

王莽改制让莽新王朝收获了一定的民心，但未能在根本上解决问题。在遭到激烈反对后，王莽又企图通过严刑峻法强制推行，进而加剧了社会的动荡，引发了天下各豪强和平民的不满。

天凤四年（17年），全国发生蝗灾、旱灾，饥荒时，各地农民纷纷起义，其中赤眉军和绿林军是两大重要的军事势力。地皇四年（23年），绿林军攻入长安，王莽被起义军战士所杀，莽新王朝灭亡。

名篇精选

初，上闻褒有俊才，召见，使为《圣主得贤臣颂》。其辞曰：“夫贤者，国家之器用也。所任贤，则趋舍省而功施普；器用利，则用力少而就效众。故工人之用钝器也，劳筋苦骨，终日矻矻[①]；及至巧冶铸干将，使离娄督绳，公输削墨，虽崇台五层、延袤百丈而不溷[②]者，工用相得也。庸人之御驽马，亦伤吻、敝策而不进于行；及至驾啮膝、骖乘旦，王良执靶，韩哀附舆，周流八极，万里一息，何其辽哉？人马相得也。故服絺绤[③]之凉者，不苦盛暑之郁燠[④]；袭貂狐之暖者，不忧至寒之凄怆。何则？有其具者易其备。贤人、君子，亦圣王之所以易海内也。昔周公躬吐捉之劳，故有圉空之隆；齐桓设庭燎之礼，故有匡合之功。由此观之，君人者勤于求贤而逸于得人。人臣亦然……”

——《资治通鉴·汉纪十八》

【注释】

①矻矻（kū kū）：辛勤劳作的样子。②延袤：绵亘；绵延伸展。溷（hùn）：本意是指混浊，也指混乱。③絺绤（chī xì）：葛布的统称。④郁燠（yù）：郁，蕴积；燠，热甚。指郁火内盛。

【译文】

当初，汉宣帝听说王褒很有才干，召见他，命他作了一篇《圣主得贤臣颂》。文中说道：“贤才，是国家的工具。任用的官吏贤能，办事进退简易，又能普遍获得良好的功效；使用的工具锋利，花费很少的力量就能取得很多的成果。所以，如果工匠使用的工具不够锋利，会劳筋动骨，终日辛苦；而使用精巧的工具，则能铸造出‘干将’宝剑。假使派眼神好的离娄负责测量，鲁班砍削木材，测量百丈面积，修建五层高台也不会失误，这是因为用人得当。蠢人骑劣马，即使勒破马嘴，抽坏马鞭，也不能前进；而由精于骑术的王良骑乘名种良驹，由善于改进车辆的韩哀侯驾驶快疾的宝马拉着马车周游天下，即使是万里之遥，也不过喘口气的工夫就能到达，为什么这么快呢？因为人马相得益彰之故。所以，身穿凉爽的麻葛布衣的人，不苦于盛夏的暑热；身穿温暖柔软的貂、狐皮衣的人，不担忧严冬的寒冷。原因何在？因为他们拥有相应的工具而易于防备。贤人、君子，也正是圣明的君王易于治理天下的工具。从前，周公为了接待宾客，常常要吐出口中的饭，多次中断洗澡，所以才会出现监狱空闲的盛世；齐桓公在庭中燃起火炬，为的是不分昼夜地接待贤士，所以才能九合诸侯，称霸天下。由此看来，作为君王，只有首先不辞辛苦地访求贤才，然后才能享受所得贤才给他带来的安逸。作为人臣也是如此……”

【词句撷英】

劳筋苦骨：劳动繁重，使筋骨疲劳痛苦。

东汉的兴盛

西汉末年，社会矛盾空前激化。伴随着莽新王朝的成立，以刘氏宗室为主的起义不断发生。其中，新莽天凤年间爆发的绿林、赤眉起义声势最为浩大。汉朝宗室刘秀趁势而起，继西汉之后，又一个大一统的中原王朝——东汉——崛起。

光武中兴

东汉王朝的开国皇帝光武帝刘秀，以其卓越的才华，开创了“光武中兴”的盛世局面。刘秀是汉高祖刘邦的九世孙，受“推恩令”的影响，他的父亲刘钦只是一名小小的济阳县县令。西汉建平元年（前6年），刘秀出生。恰好父亲刘钦房前长出了三株谷子，每株一根茎九个穗，比一般谷穗要长一二尺，于是就为他取名“秀”。

刘秀平时喜欢做农活，处事极为谨慎，善于审时度势。而他的同母哥哥刘縯（yǎn）则个性刚毅，慷慨有大节，喜欢结交豪杰。王莽篡汉后，刘縯经常愤恨不已，一心想恢复刘氏天下。此时，刘秀也和宛城（南阳郡治，即今河南南阳）豪族李通关系比较亲近，双方互相约定，定下了起义计划。

地皇三年（22年）十月，刘縯集合子弟宾客七八千人，在舂陵举起了反莽的大旗。刘秀和李通的从弟李轶等人以“复高祖之业，定万世之秋”为口号，从宛城起兵，至舂陵投奔大哥刘縯。

汉光武帝刘秀

刘氏兄弟二人的军队称为春陵军，其主力是南阳的刘氏宗室和本郡的豪杰，可谓兵少将寡，更不用说装备了，当时刘秀甚至骑着牛上阵杀敌。

后来，为了壮大声势，加强反莽力量，春陵兵与新市、平林、下江这三支绿林军中的最大的主力进行了联合，并先后于沘水、育阳等地与新莽的征讨大军激战，大破莽军。更始元年（23年），西汉宗室刘玄被绿林军的主要将领拥立为帝，建元“更始”，刘玄就是更始帝。刘縯被封为大司徒，刘秀则被封为太常偏将军。刘縯和南阳刘姓宗室虽然特别不满，但迫于形势和己方的力量薄弱，不得不暂且隐忍。同年五月的昆阳之战，刘秀率军英勇抵抗，在天时、地利、人和的条件下，大败新朝号称百万大军的主力。

昆阳之战，刘氏兄弟二人威名远扬，更始帝刘玄感到了威胁。地皇四年（23年），更始帝刘玄以抗命为由，将刘縯与同宗的刘稷同时杀害。正在马不停蹄地南下攻城略地的刘秀获知噩耗，化悲痛为力量，隐忍负重。经过不断苦心经营，刘秀的部队发展到了“跨州据土，带甲百万”。更始三年（25年）六月，刘秀在众将拥戴下于河北鄗（hào）城（今河北省邢台市柏乡县固城店镇）称帝，当年十月，定都洛阳。随后，从建武元年（25年）到建武十二年（36年），登基后的刘秀用十二年的时间平定天下，让自新莽末年以来四分五裂、战火连年的中国再次归于一统。

统一后光武帝，面对着中原之地饱受战乱，百姓民不聊生，天下人口“十有二存”的惨淡现实，意识到当下的重中之重就是要尽快恢复和发展中原地区。为此，他实行与民休养生息政策，多次发布释放奴婢和禁止残害奴婢的诏书，极大地改善了西汉末年以来大量失去土地的农民沦为奴婢的问题，也解决了由于战乱大量土地荒芜而人口不足的问题；实行轻徭薄税，经常向百姓发救济粮；注重发展农业生产，兴修水利，严明吏治，罢免贪官污吏，合并郡县，加强中央集权，极大地减轻了人民的负担。

鉴于土地兼并现象日益严重，直接导致地方豪强势力的崛起，既威胁皇权也影响百姓生活，于是光武帝下诏令各郡县丈量土地，核实户口，采取镇压与安抚并用的手段对付豪强势力，使得垦田、人口都有大幅度的增加。到光武帝统治末期，全国人口数量达到了两千多万，比初期增长了一倍还多，经济也得到了极大的发展，国势昌隆，故这一段时期被称为“光武中兴”，也称为“建武盛世”。

明章之治

建武中元二年（57年），光武帝驾崩，皇后阴丽华所生的四皇子刘庄继位，他就是汉明帝。汉明帝小时候就特别聪慧，十岁就通晓《春秋》，十二岁时就能一针见血地回答光武帝关于陈留核查土地事件的问题，十六岁时就机智地平息了数次民间变乱。

刘庄登基后，提倡节俭，宫廷生活不尚奢侈，对内统治上，继续奉行光武帝在位时期为巩固东汉统治而推行的各项政策，整顿吏治，严惩作威作福的外戚、大臣。他脾气暴躁，对地方官吏进行严格的考核，不但拒绝了姐姐替外甥求郎官做的要求，而且曾亲自手持木杖责打惩罚犯错的尚书郎，直到尚书台长官以惩罚自己管教失职之罪来求情，才平息愤怒。他一改光武帝时期对外戚和豪强的怀柔政策，而是大刀阔斧地限制、约束和处理外戚、豪强。功臣、大司空窦融不善于约束自己的家人和子弟，子孙多不法行为，汉明帝不但因此斥责窦融，而且将窦氏全部迁回故郡。正是由于他对臣下的态度严厉、督责苛刻，进而有效地保证了东汉朝廷纲纪整肃、吏治谨严，行政效率提高，中央地方政绩明显。

除此之外，他继续推行与民休息的政策，曾多次下诏减免赋税徭役，减轻刑罚；令官吏劝督农桑，治理病虫害；并以公田赐予贫民；大力兴修农田水利，尤其是对黄河的治理，保障了黄河中下游农业生产的正常进行。

汉明帝刘庄统治后期，经济发展，国力增强，民安其业，在不到二十年的时间里，东汉人口激增到三千四百多万。

永平十八年（75年）八月六日，四十八岁的汉明帝刘庄去世，十九岁的皇五子刘炟（dá）继位，这就是汉章帝。汉章帝刘炟小的时候就为人宽容，爱好儒术，因此极受喜欢崇尚儒学的父亲汉明帝的喜爱。汉章帝和父亲汉明帝一样，注重农桑，兴修水利，衣食朴素；注重选拔官吏，任用廉能之吏以保证政治清明；打击豪强地主兼并土地，采取优惠政策募民垦荒，鼓励人口增殖，减轻徭役赋税。永平十八年（75年），中原一带发生了大瘟疫，京师洛阳及三州大旱，汉章帝就曾下诏免除兖州、豫州、徐州的田租，开仓赈济灾民。

但不同于汉明帝的严苛，汉章帝为人忠厚仁义，因此在位时推行仁政，政令刑罚比较宽疏，甚至因此出现了行事无原则的事例。比如他取消了官员贪污要禁锢（gù）三世，即三代人都不准为官的制度，对官员和贵族进行赏赐时常常超过规定的限额，从而给国家财政造成困难，加重人民的负担。他取消了从前一人犯谋逆等大罪则亲属皆受牵连的禁令，改为将罪人减刑迁到边境地区，废除刑罚残酷的条文五十多条。

由于汉章帝还实行“与民休息，好儒术”的政策，因而东汉呈现出思想活跃、政治清明、经济繁荣的局面。汉明帝和汉章帝统治时期，继承了光武帝的施政方针，励精图治，经济发展，社会稳定，国力强盛并

汉宫春晓（局部）　〔明〕仇英绘

走向鼎盛，出现“大治”景象，因此这一时期被合称为“明章之治”。

永元之隆

章和二年（88年）二月三十日，汉章帝去世，皇太子刘肇（zhào）继位，他就是汉和帝。刘肇本是梁贵人所生，原本不能继承帝位，后来，汉章帝的皇后窦后害死了太子生母宋贵人，废掉了太子刘庆，并将养子刘肇推上皇位。

汉和帝继位时，因为年幼，于是窦太后临朝称制。窦太后分别安排自己的哥哥窦宪做掌管朝廷机密、发布诰命的侍中，安排自己的弟弟窦笃做统领皇帝侍卫的虎贲中郎将，让自己的弟弟窦景、窦环任负责传达诏令和统理文书的中常侍，将政权统于自己一人之手，独断专横。此外，窦太后还安排大批窦氏家族子弟和亲朋故友在朝内或地方做官，从而使窦氏族人上下勾结，专权放纵，报复打击，为所欲为。可以说，当时的东汉名义上是刘家的，但实际上却成了窦家的。

随着年龄的增长，汉和帝对窦家的权倾朝野越来越不满，但苦于自己手中无实权，窦宪兄弟掌握大权，无法和内外臣僚亲身接近和商议，于是不得不选择利用身边的宦官来除掉窦家。汉和帝观察中常侍兼钩盾令郑众，发现此人谨慎机敏而有心计，不谄事窦氏集团，于是就和他密谋，决定除掉窦宪。

永元四年（92年）六月二十三日，汉和帝刘肇临幸北宫，下诏令执金吾和北军五校尉领兵备战，驻守南宫和北宫；关闭城门，将郭璜、郭举、邓叠、邓磊逮捕后全部送往监狱处死；收回窦宪的大将军印信绶带，改封他为冠军侯，令其和窦笃、窦景、窦瑰一起返回各自的封国，随后令其全部自杀。因为窦太后的缘故，汉和帝没有正式处决窦宪，而是选派严苛干练的封国宰相对其进行监督。

在一举扫灭了窦氏戚族的势力后，十四岁的汉和帝正式亲政。从此，他每天早起临朝，深夜批阅奏章，勤于政事。汉和帝深感吏制建设对一个政权的重要性，因此非常重视官吏的选拔任用，积极招纳贤士。据记载，他在当政时期曾四次专门下诏纳贤。汉和帝虚心纳谏，“每有灾异，辄延问公卿，极言得失”。汉和帝在法制上主张宽刑，对有过失之人，也能根据情况，从宽处理。比如，对于窦太后，在她死后，就算是知道了自己的身世，汉和帝念及窦太后对自己的养育之恩，不降尊号，尊其为章德皇后。

汉和帝在位时，经常发生自然灾害，他体恤民情，关心人民疾苦，曾多次减免赋税，下诏赈济灾民，安置流民，要求各地官员勿违农时，并告诫各级官吏认真思考造成天灾人祸的自身原因。

刘肇亲政后，东汉国力达到了极盛，永兴元年（105年），垦田面积达七百三十二万多顷，为东汉之最，户籍人口达五千三百二十五万多人。这一时期被称为“永元之隆”。

名篇精选

陈留董宣为雒阳令。湖阳公主苍头[①]白日杀人，因匿主家，吏不能得。及主出行，以奴骖乘[②]，宣于夏门亭候之，驻车叩马，以刀画地，大言数主之失；叱奴下车，因格杀之。主即还宫诉帝，帝大怒，召宣，欲棰杀[③]之。宣叩头曰："愿乞一言而死。"帝曰："欲何言？"宣曰："陛下圣德中兴，而纵奴杀人，将何以治天下乎？臣不须棰，请得自杀！"即以头击楹[④]，流血被面。帝令小黄门持之。使宣叩头谢主。宣不从，强使顿之，宣两手据[⑤]地，终不肯俯。主曰："文叔为白衣时，藏亡匿死，吏不敢至门；今为天子，威不能行一令乎？"帝笑曰："天子不与白衣同！"因敕："强项令出！"赐钱三十万；宣悉以班诸吏。由是能搏击豪强，京师莫不震栗。

——《资治通鉴·汉纪三十五》

【注释】

①苍头：指奴仆。②骖乘：陪乘或陪乘的人。骖，通"参"。③棰杀：用棍棒打死。棰，短木棍。④楹：厅堂前部的柱子。⑤据：按着。

【译文】

陈留人董宣担任洛阳令。刘秀的姐姐湖阳公主的奴仆白天杀人，就藏在公主家里，官吏无法逮捕他。后来，公主出门，让这奴仆陪同乘车。董宣在夏门亭等候，叫车停下，上前扣住了马缰绳，用刀划着地，大声数落公主的过失，怒喝那奴仆下车，接着就杀死了他。公主立即回宫告诉了刘秀。刘秀大怒，召董宣前来，要用刑杖把他打死。董宣叩头说："我请求说句话再死。"刘秀说："打算说什么？"董宣说："陛下圣德，复兴汉室，却放纵奴仆杀人，将怎么治理天下呢？我不等着被打死，请让我自杀吧！”就以头撞柱，血流满面，刘秀命太监拽住他。后来，又让董宣叩头向公主道歉，董宣不服从。刘秀就叫人使劲按他的脑袋，董宣两手撑着地面，怎么也不肯低头。公主对刘秀说：“你当平民百姓的时候，窝藏逃犯，官吏不敢上门来找；现在当了皇帝，威权就不能行使在一个县令的身上吗？”刘秀笑着说：“天子跟平民不同！”接着命令：“硬脖子县令出去吧！”刘秀为此赏钱三十万，董宣都分给了手下官吏。从此，董宣能够打击豪强，京城的人无不震惊害怕。

【词句撷英】

藏亡匿死：收留过逃亡的人和犯死罪的人。

东汉的衰落

元兴元年（105年）十二月二十二日，二十七岁的汉和帝病死于京都洛阳的章德前殿。这位在位仅十七年的皇帝在亲政后使得东汉的国力达到顶峰，出现了“永元之隆”的盛世景象。这一时期和此前的光武中兴、明章之治一起，构成了东汉的全盛时期。然而，从汉和帝之后，东汉开始进入了衰落时期。为什么会出现这样的变化呢？

党锢之祸

东汉中叶以来，政治腐败，经济凋敝，阶级矛盾日趋尖锐，外戚与宦官之间争权夺利愈演愈烈，东汉政权处于摇摇欲坠之势。汉桓帝时期，以李膺（yīng）、陈蕃（fán）为首的官僚集团，与以郭泰为首的太学生联合起来，结成朋党，猛烈抨击宦官的黑暗统治。宦官则依靠皇权，两次向党人发动大规模的迫害活动，并最终使大部分党人终身不得做官，史称“党锢之祸”。

汉章帝虽然为人宽和，但由于重用外戚，种下了导致后来东汉衰落的“种子”。不同于光武帝和汉明帝都对外戚给予相当多的限制，汉章帝喜欢儒学，而儒家注重亲情的思想对他影响极深。在他看来，外甥照顾舅舅是理所应当的事情。于是，他即位后，对外戚大加封赏和重用。他不但大力提拔了养母马太后的兄弟马廖、马光、马防等人，还打算进一步加封马氏兄弟的官爵，幸亏马太后及时制止。

这位马太后并不是一个一般的女人，她是伏波将军马援的女儿。当年马援功高位重，在讨伐五溪蛮时身染重病不幸逝世后，遭人构陷，不但所封的新息侯印绶被光武帝刘秀收回，而且死后尸身被草草埋葬，妻儿家小景况凄凉。马太后当年亲身经历了这种近乎家破人亡的惨状，因此知道低调做人。她认为自己的这些兄弟对国家没有一点功劳，不能和辅佐汉室中兴的阴、郭两家相比，因此不能给予过多的封赏。于是汉章帝暂时平息下这番热情。

然而，当马太后于建初四年（79年）去世后，汉章帝册立了已故大司徒窦融的曾孙女为皇后，同时大封窦氏外戚，窦氏一族鸡犬升天。然而，窦皇后不同于马太后，她原本就出身豪门世家，其曾祖父是前大司徒窦融，当父亲窦勋因获罪而家道中落后，窦氏一族遍尝世态炎凉，他们将这些归结于失去权势。所以，窦皇后及其家人对权势极度渴望，对于汉章帝的封赏是来者不拒，多多益善。就这样，凭着外戚的身份，窦家迅速崛起，进而目空一切，甚至欺凌刘姓诸王、公主以及前朝皇后阴、马诸家。这足以见到汉章帝时外戚的势力之大。汉章帝去世后，将外戚这一大毒瘤留了下来。

汉和帝时，窦皇后成了窦太后，窦家更是权倾朝野，“窦氏父子兄弟并居列位”，“刺史、守令多出其门”，最终逼得宦官势力走上了政治舞台。

最初，东汉政府为了加强中央集权，在宫廷内设置了中常侍、黄门侍郎、大黄门、小黄门等宦官职务。这些宦官只是负责掌管传达皇帝的号令和诏书，阅览尚书进呈的文书。汉和帝时，中常侍钩盾令郑众由于直接参与策划和实施了汉和帝夺回政权的斗争，因此被汉和帝封为鄛乡侯，参与政事。郑众死后，他的养子继任，由此打破了宦官不能世袭爵位的旧制。从那时开始，宦官得到重用，国家一些大政方针的决策较多地掺杂了宦官的力量。此后，外戚和宦官之间的斗争越演越烈。

汉殇（shāng）帝时，以邓太后的兄长邓骘（zhì）为代表的邓氏一族掌权。汉殇帝去世后，邓氏扶持汉安帝继位。后来，汉安帝在邓太后死后亲政，借助于其周围已形成的以乳母王圣、中黄门李闰、江京为首的宦官集团，一举扫灭邓氏，于是宦官集团由此得势。与此同时，因为汉安帝宠爱阎皇后，也导致阎氏外戚开始专权。汉安帝死后，阎氏戚族拥立刘懿（yì）为帝，把持朝政，作威作福。刘懿即位二百多天后，因病去世，宦官孙程等人合谋诛杀阎显兄弟和江京，迎立济阴王刘保为帝。刘保就是汉顺帝。汉顺帝的皇位是靠宦官得来的，所以大权自然也落在宦官手中。宦官又与外戚梁氏勾结，弄权专横，导致汉朝政治更加腐败，阶级矛盾日益尖锐，百姓怨声载道。到了汉质帝时，外戚梁冀的权力达到巅峰，他长期把持朝政达二十多年。后来，汉质帝被毒杀后，汉桓帝即位。

公元159年，汉桓帝联合宦官一起诛灭了梁氏集团。事后，汉桓帝把和他同谋的五个宦官都封为侯爵，世称“五侯”。从此，宦党开始干政。然而，宦官干政的危害比外戚更加严重，他们利用接近皇帝的便利条件，假传圣旨，飞扬跋扈（bá hù），到处安插亲信，在中央和地方培植自己的势力，形成了一个强有力的政治集团。这导致士大夫阶层的严重不满，他们转而和外戚联合起来，共同抵抗宦官。

延熹九年（166年），宦官赵津、侯览知道汉桓帝将大赦天下，于是纠集其党羽与张泛、徐宣等人为非作歹，以期逃脱惩罚。朝中官员成瑨、翟超、刘质、黄浮等将这些为非作歹之徒捉拿归案，且在大赦之后按律处置了他们。结果宦官就在汉桓帝面前说这些官员的坏话，偏听偏信的汉桓帝为此重处了这些官员。当时，太尉陈蕃、司空刘茂是朝中的重臣，他们一起向汉桓帝进谏，招致汉桓帝的不悦。刘茂退缩了，陈蕃却仍旧坚持上书劝谏，甚至引经据典劝说汉桓帝，替受罚的官员们辩解，要求汉桓帝清除宦官乱政的不正之风。然而，此举不但没能劝服汉桓帝，反而招致宦官集团的报复。这些人不敢加害陈蕃，就对其他士人大加报复。许多大臣和官员被免官，有些人不得不逃亡，甚至有的被下狱害死——河南尹李膺就是其中的一位。

李膺是个敢于主持正义的有骨气的人，他不怕“五侯”的威胁利诱，并与之进行针锋相对的斗争。他当了司隶校尉（汉至魏晋监督京师和地方的监察官）以后，执法如山。宦官张让的弟弟张朔（shuò）在任县令时，不但肆意贪污勒索，甚至残杀怀孕的妇女。李膺亲自到张让家中，将躲藏在这里的张朔逮捕入狱，审讯属实后，当即处决。他的举动得罪了张让，于是指使其手下上书诬陷李膺等人“养太学游士，交结诸郡生徒，更相驱驰，共为部党，诽讪朝廷，疑乱风俗”。汉桓帝大怒，诏告天下，逮捕并审理党人。太尉陈蕃认为“罪名不章”，拒绝平署诏书。汉桓帝索性跳过司法程序，直接让宦官负责的北寺狱审理此案。结果李膺、陈寔（shí）、范滂（pāng）等人被捕入狱，并遭受酷刑。公元167年，国丈窦武上书为士人求情。与此同时，士人的刚正不屈也感动了负责审理此案的宦官王甫等人，不再对他们施以酷刑。

最重要的是，李膺等人故意在狱中供出宦官子弟，宦官集团为了避免牵连到自己，不得不劝说汉桓帝大赦天下。于是在汉桓帝大赦天下后，被捕的党人得以获释，但都被放归田里，终身罢黜。这就是东汉的首次“党锢之祸”。

永康元年（167年），汉桓帝刘志驾崩，皇后窦妙临朝问政。由于汉桓帝无子，于是窦皇后与其父窦武等拥立刘宏登基，这就是汉灵帝。窦皇后被尊为皇太后。窦武因身为皇太后父亲而被任命为大将军，窦氏外戚权倾一时。接着，陈蕃再度被任命为太尉，和窦武、司徒胡广一起掌握朝政。陈蕃大量启用在首次党锢之祸时受到处罚的士人，名士李膺、杜密、尹勋、刘瑜等人得以重新被起用。人们大多认为，贤人在朝，太平盛世快要来了。

然而，宦官首领曹节、王甫等人在窦太后面前谄媚侍奉，怂恿窦太后乱下命令。于是陈蕃、窦武等人趁日食的天象上书太后，指出宦官参政是为乱政，要求革除宦官参政的现象，窦太后认为从汉元帝时就有宦官参政是正常现象。虽在窦武等人建议下处死了宦官管霸、苏康等，却保护了曹节等人，不愿士人处罚他们。

无奈之下，窦武、陈蕃二人密谋铲除宦官。建宁元年（168年）九月，二人的计划泄露，众宦官歃（shà）血为盟，发动政变，并取得政变的全面胜利，窦武、陈蕃等人均被灭族，那些没被处死的族人则被流放到交州。窦太后则被迁徙到南宫云台居住。从此，汉灵帝信任宦官的程度远胜汉桓帝，甚至将朝政也交给宦官处理，政局更加恶化。

建宁二年（169年），中常侍侯览回乡为母亲扫墓时铺张扰民，因此遭到山阳郡督邮张俭的弹劾，张俭还将侯览所建房屋甚至祖坟拆毁，由此惹怒侯览。侯览遂指使同乡人朱并上书弹劾张俭等二十四位山阳郡名士结党，图谋不轨。汉灵帝见到奏章后不知如何处理，问计于宦官曹节。曹节借题发挥，解释说党人危害社稷，要求扩大到全国范围清剿党人，得到汉灵帝的批准。结果掀起一场政治灾难，导致大量士人逃亡，六七百人被迫害致死。史称第二次“党锢之祸”。

可以说，汉灵帝刘宏在位的二十年时间，是宦官在汉朝历史上最长的统治时期。宦官的编制名目繁多，有增无减。汉灵帝甚至突破常制，一次就册封了十二位中常侍（皇帝近臣，职掌顾问应对），史称“十常侍”。其中，中常侍王甫、曹节深受他信任。后来王甫被司隶校尉阳球害死，曹节病死。建宁二年（169年），在曹节病重时，刘宏将其任命为车骑将军。在曹节病死后又追赠其为车骑将军。曹节去世后，张让与赵忠就成了汉灵帝宠信的宦官，汉灵帝甚至将二人比作自己的父母。

两次党锢之祸后，东汉朝廷中清正的官员所剩无几，宦官更加为所欲为，残害百姓，士大夫、豪强离心，进而激起民变，酿成“黄巾之乱”。此后，各地豪强群雄并起，东汉王朝最终走向了灭亡。

黄巾起义

东汉末年，朝廷腐败，宦官、外戚争斗不止，边疆战事不断，对西羌战争持续数十年，花费巨大，为此徭役、兵役繁重，民不聊生，国势日趋疲弱。汉灵帝中平元年（184年），全国大旱，颗粒无收，可是官府的赋税一点儿也不减少，最终引发了黄巾起义。

黄巾起义的头领是巨鹿人张角。东汉末年，因朝廷和地方政令混乱不堪，农民生活困苦，许多人患病无力医治。张角和张梁、张宝三人利用自身的医术，结合奇书《太平要术》，在各地传教并为人医病，由此获得大量的信徒。公元184年，张角率众以“苍天已死，黄天当立，岁在甲子，天下大吉”为口号兴兵反汉。因为起义者头绑黄巾，所以被称为“黄巾军”。

黄巾军势如破竹，其所到之地，州郡失守，吏士逃亡，在短短一个月内就震动了东汉朝廷。汉灵帝急忙一边调兵镇守京师，一边命各州郡召集义军、整点武器、训练士兵、准备作战。在朝廷内大臣的建议下，为了避免黄巾军与党锢之祸相勾结，汉灵帝大赦党人，解除党禁。同时，汉灵帝还发精兵镇压各地叛乱。

黄巾军在取得最初的胜利后，因为汉军主动的进攻而步步后退。后来，张角病死，张梁和张宝率领黄巾军继续与汉军作战。东汉中平二年（185年）十月，张梁率军在广宗和东汉大将皇甫嵩指挥的军队激战，结果兵败，张梁和三万多黄巾军被杀。十一月，在曲阳之战中，皇甫嵩与巨鹿太守郭典率军斩杀了张宝。至此，黄巾起义失败。

黄巾起义是在汉灵帝令各郡自行募兵守备后被成功地镇压的，但此举无异于饮鸩止渴，导致地方州郡长官拥兵自重，进而埋下了东汉末期军阀割据的祸根。汉灵帝去世，汉少帝刘辩继位后，外戚何进掌控朝廷，铲除宦官势力，遭到何太后的反对，由于事情泄露，何进被宦官杀死。随后，应士大夫领袖袁绍提出建议，让董卓率领西北军进京，攻入皇宫，屠杀宦官，宦官张让自杀，外戚和宦官的势力同归于尽，董卓控制了朝政。

再到后来，董卓为了树立威望，废掉汉少帝，立陈留王刘协为汉献帝，后又杀汉少帝和何太后，由此引起中原地方诸侯势力的不满，进而遭到以袁绍为盟主的关东联军的讨伐。然而，由于关东军内讧，结果盟军决裂，讨伐失败。初平元年（190年），董卓作乱，朝廷大权旁落。由此，汉末军阀混战的局面揭开了序幕，朝廷的威望荡然无存。

公元192年，大臣王允与董卓的部将吕布合谋，将董卓杀死，董卓之乱结束。很快，王允也被董卓的部将李傕（què）、郭汜（sì）所杀，东汉朝廷再度失控。此后，伴随着李傕、郭汜二人的内斗，以汉献帝刘协为首的东汉朝廷不得不逃到洛阳，陷入窘迫的境地。到了建安元年（196年），曹操挟天子以令诸侯，逐渐掌握东汉朝廷权力。公元220年，曹操的儿子曹丕篡（cuàn）汉，曹魏政权建立，东汉灭亡。

名篇精选

上欲封爵诸舅，太后不听。会大旱，言事者以为不封外戚之故，有司[①]请依旧典。太后诏曰："凡言事者，皆欲媚朕以要福耳。昔王氏五侯同日俱封，黄雾四塞，不闻澍雨[②]之应。夫外戚贵盛，鲜不倾覆；故先帝防慎舅氏，不令在枢机[③]之位，又言'我子不当与先帝子等'，今有司奈何欲以马氏比阴氏乎！且阴卫尉，天下称之，省中御者至门，出不及履，

此蘧伯玉[4]之敬也；新阳侯虽刚强，微失理，然有方略，据地谈论，一朝无双；原鹿贞候，勇猛诚信；此三人者，天下选臣，岂可及哉！马氏不及阴氏远矣。吾不才，夙夜累息，常恐亏先后之法，有毛发之罪吾不释，言之不舍昼夜，而亲属犯之不止，治丧起坟，又不时觉，是吾言之不立而耳目之塞也。

“吾为天下母，而身服大练，食不求甘，左右但著帛布，无香薰之饰者，欲身率下也。以为外亲见之，当伤心自敕；但笑言‘太后素好俭’。前过濯龙门上，见外家问起居者，车如流水，马如游龙，仓头衣绿褠（gōu），领袖正白，顾视御者，不及远矣。故不加谴怒，但绝岁用而已，冀以默愧其心；犹懈怠无忧国忘家之虑。知臣莫若君，况亲属乎！吾岂可上负先帝之旨，下亏先人之德，重袭西京败亡之祸哉！”固不许。

——《资治通鉴·汉纪三十八》

【注释】

①有司：指主管某部门的官吏；泛指官吏。②澍（shù）雨：及时雨，比喻恩泽。③枢机：指中央政权的机要部门或职位。④蘧（qú）伯玉：春秋卫国大夫、孔子朋友，主张以德治国，执政者以自己的模范行为去感化、教育、影响人民。

【译文】

汉章帝打算赐封各位舅父，但马太后不同意。适逢天旱，有人上书说是因为未封外戚的缘故，于是有关部门奏请依照旧制赐封。马太后下诏说：“那些上书建议封外戚的人，都是要向我献媚，以谋求好处罢了。从前，王氏家族一日之内有五人一起封侯，而当时黄雾弥漫，并未听说有天降好雨的反应。外戚富贵过盛，很少有不倾覆的。所以，先帝对他的舅父慎重安排，不放在朝廷要位，还说：‘我的儿子不应与先帝的儿子等同。’如今有关部门为什么要将马家同阴家相比呢！况且卫尉阴兴受到天下人的称赞，宫中的使者来到门前，他连鞋都来不及穿，便急忙出迎，如同蘧伯玉一样恭敬有礼；新阳侯阴就虽然性格刚强，略失规矩，然而胸有谋略，朝中无人能与他相比；原鹿贞侯阴识勇敢忠诚而有信义。这三个人都是天下群臣中的出类拔萃者，难道能比得上吗？马家比阴家差远了。我没有才干，日夜因恐惧而喘息不安，总怕有损先后订立的法则。即便是细小的过失，我也不肯放过，日夜不停地告诫他们。然而我的亲属们仍然不断犯法，丧葬时兴筑高坟，又不能及时察觉错误，这表明我的话没有人听，我的耳目已被蒙蔽。

“我身为天下人之母，然而身穿粗丝之服，饮食不求香甜，左右随从之人只穿普通帛布，不使用熏香饰物，目的就是要亲身做下面的表率。本以为娘家人看到我的行为，当会痛心自责，但他们只是笑着说‘太后一向喜爱节俭’。前些时候，我经过濯龙门，看见不少人到我娘家问候拜访，门前车辆如流水不断，马队如游龙蜿蜒，奴仆身穿绿色单衣，衣领衣袖雪白。回视我的车夫，比那些人差得远了。我之所以对娘家人并不发怒谴责，而只是裁减每年的费用，是希望能使他们内心暗愧。然而他们仍然懈怠放任，没有忧国忘家的觉悟。最了解臣子的，莫过于君王，更何况他们是我的亲属呢！我难道可以上负先帝的旨意，下损先人的德行，重蹈前朝外戚败亡的灾祸吗！”她坚持不同意赐封。

【词句撷英】

1. 不舍昼夜：白天和黑夜不停留。

2. 忧国忘家：因忧虑国事而不考虑自己的家事。

3. 车如流水，马如游龙：车子接连不断像流水一样驰过，马匹络绎不绝像龙一样蜿蜒。形容车马往来，繁华热闹的场面。

汉宫春晓之二 〔明〕仇英绘

第五章 两汉的对外交往

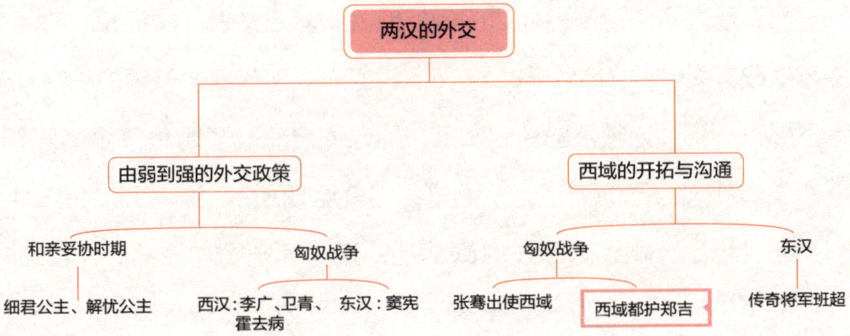

战国以前，本国人本和戎狄杂居的，用这种“婚姻”“赂遗”的政策，以求一时之安或为欲取姑与之计的，是很多。……然而这时候的匈奴，已经变做大国，不是前此杂居内地的小部落，暂时敷衍，将来就可以不战而屈的。所以他这种政策毕竟无效。……武帝和匈奴启衅（xìn，争端），事在公元前133年，……从此以后两国就开了兵衅。

——吕思勉《中国通史》

由弱到强的外交政策

西汉建立不久，来自北边的匈奴族就不断对其进行骚扰和威胁，当时的匈奴在冒顿单于（mò dú chán yú，匈奴人对部落联盟首领的称呼）的统治下拥有一支实力超群的游牧骑兵，他们慢慢征服了周边各个游牧部族，不断发展壮大自己的力量，从而进入强盛时期。

与其相比，刚经历了长时间战乱的汉王朝则国力疲弱。在汉高祖对匈奴战争失败后，西汉王朝不得不采取了妥协的和亲政策，以换来暂时的和平。后来，随着西汉的强盛，和亲政策被战争取代，继而汉朝在与匈奴的关系中由弱变强。

下面，我们就一起来看一看西汉对外交往中的传奇人物。

流芳百世的女外交家

汉高祖刘邦建立汉朝后，大封同姓王和异姓王，韩王信（不是淮阴侯韩信）被封在了颍川。后来，针对匈奴冒顿单于不断带领手下侵扰西汉边界，下诏命韩王信迁移到太原以北地区以防备抵抗匈奴。没想到，韩王信在强大的匈奴骑兵面前屡屡受挫，甚至被包围攻打，最终投降了匈奴，甚至联合匈奴打到了太原城下。

汉高祖一怒之下，率三十万大军御驾亲征。没想到冒顿单于先示弱引诱汉军，继而拉长战线令汉军疲于应对，在平城（今山西大同）白登山将刘邦大军围困了七天。最后，刘邦采纳了陈平的建议，让人贿赂冒顿单于的阏氏（yān zhī，汉时匈奴单于正妻的称号），阏氏为其说情，才得以脱离困境。这次被困让刘邦意识到，匈奴在双方的对抗中处于优势地位。然而，值此百废待兴之际，汉王朝需要休养生息，而不是继续战争。随后，西汉与匈奴议和，采取了和亲的政策，笼络匈奴、维护边境安宁。

匈奴骑兵

西汉步兵

就这样，从此之后，一些真正或冒名的公主被远嫁到匈奴，或是与别的少数民族首领联姻，以纤弱之身充当了双方的和平使者。

这些和亲公主大多默默无闻地死在边塞，湮没于历史长河中。然而，她们中也有一些名垂青史。其中，有远嫁乌孙，“愿为黄鹄兮还故乡”的刘细君，有“巾帼不让须眉”的解忧公主等。

吾家嫁我兮天一方，远托异国兮乌孙王。

穹庐为室兮旃为墙，以肉为食兮酪为浆。

居常土思兮心内伤，愿为黄鹄兮还故乡。

这是一首扣人心弦、催人泪下的思乡曲。作这首曲子的女子，就是第一位名留史册的汉朝和亲公主刘细君。刘细君是西汉江都王刘建的女儿，汉武帝的侄孙女。刘建于元狩二年（前121年）因谋反未成后自杀，刘细君和母亲被判弃市（在闹市对犯人执行死刑）。由于年幼，她得以幸免于难。后来，汉武帝在对抗匈奴的过程中，为了联合处于匈奴右侧的乌孙的力量，于元封六年（前105年）封她为公主，令其远嫁年事已高的乌孙王昆莫。

乌孙，是汉代连接东西方草原交通的最重要民族之一，其首领称为“昆莫”或“昆弥”。乌孙一族北邻匈奴，原本居住在祁连山附近，后被匈奴赶到现在新疆维吾尔自治区境内的温宿、伊犁一带，因此和匈奴人之间有世仇。匈奴人听到乌孙与汉朝联姻的消息后，也派了一个匈奴公主和乌孙联姻。乌孙王畏惧匈奴，于是就让刘细君做了右夫人，匈奴公主做了左夫人（因为匈奴人以左为贵）。

为了交好乌孙，刘细君嫁到乌孙时，汉武帝安排了数百名随嫁人员，这些人有乐工、裁缝、能工巧匠。这些人在乌孙传播汉族的文化和先进的手工技艺，尤其是金属冶炼、武器加工、房屋修建等技艺，推动了乌孙国经济的发展。

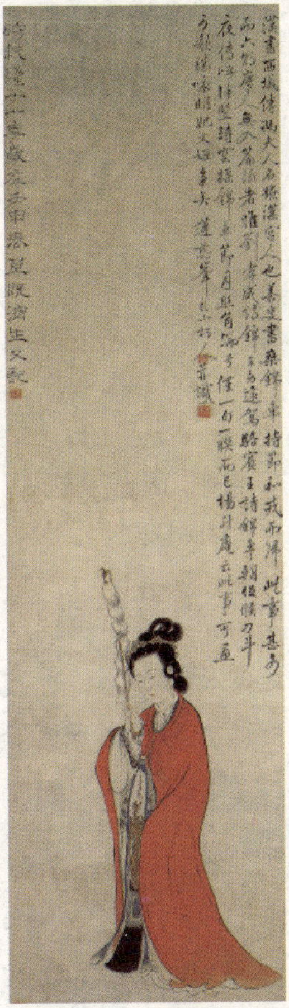

持节仕女图

刘细君是一个美貌多才的女子，她能诗善文，精通音律，但她的性格柔弱忧郁，自从到乌孙后一直水土不服，加之语言不通，因此极为苦闷。但她深知自己所负的重任，还在尽自己所能，将房屋修建、树木种植、墓冢修建等技艺传播到乌孙。加之她喜好音律，为了排遣思乡之情，她还让人研究制作了琵琶这种乐器。在乌孙国期间，刘细君还利用自己的身份积极联络乌孙上层贵族，从而让乌孙与汉朝建立了巩固的军事联盟，初步实现了汉王朝联合乌孙遏制匈奴的战略目标，为加强西汉王朝与乌孙的友好关系做出了重要贡献。

昭君出塞

后来，乌孙王昆莫去世，按乌孙族的习俗，丈夫去世后，妻子可以改嫁丈夫的兄弟、子孙或其他亲属。细君就改嫁了昆莫的孙子军须靡(mí)。尽管这种习惯在汉朝人看来是不合伦理的，但为了实现与乌孙合力对付匈奴，汉政府命刘细君按乌孙习俗改嫁。个性柔弱的刘细君和军须靡成婚后，原本的思乡之情又添加了一种羞耻之情，一直郁郁寡欢。

太初二年（前103年），刘细君生下了一个女儿，不久就病逝了。随后，汉武帝又派遣解忧公主出塞，与乌孙王继续和亲。

和刘细君一样，解忧公主也是罪臣之女，但不同于刘细君，这位性格开朗、聪慧乐观、身体健康的和亲公主经历四朝三嫁，以自己柔弱的女子之身影响了乌孙国的几代国王，守护了汉朝边境达五十年之久。

刘解忧是曾雄踞一方的楚王刘戊（wù）的孙女。当初，刘戊参与“七国之乱”兵败身亡，其家族遂成为罪人。其孙女刘解忧也毫不例外地成为罪臣之后，处境之艰难自不必说。太初二年（前103年），刘细君去世。同年，到长安的乌孙国使者带来了乌孙国王岑陬（zōu）求娶汉家公主，延续乌汉联盟的请求国书。汉武帝下达了一纸诏书，刘解忧就成了继刘细君后又一位和亲公主。

不同于刘细君，刘解忧不但有着不输须眉的勇敢和刚强，而且对于汉朝的和亲政策有着充分的理解。她认为，身为汉室子孙，理当为国分忧，因此并不畏惧和亲公主肩负的重任。被封为解忧公主的刘解忧就这样来到了乌孙的夏都特克斯草原，下嫁乌孙国王岑陬。和刘细君一样，她做了国王岑陬的右夫人，左夫人是一个匈奴公主。

最初，解忧公主或许是无法适应当地的风俗人情，因此在岑陬面前，她远远不如那位左夫人得宠。后来，岑陬病危，匈奴公主所生的儿子泥靡虽然是名义上的王位继承人，但年龄太小，于是岑陬的堂弟翁归靡继承了王位。解忧公主按乌孙习俗，就此成为这位号称“肥王”的乌孙新国王的右夫人。

改嫁翁归靡以后，解忧公主和新王翁归靡之间感情深厚，翁归靡对她关怀备至，言听计从。解忧公主不但为他生了三子两女，而且由此站稳脚跟，成为名副其实的乌孙国母，而且凭着自己的坚忍，极力维护汉朝和乌孙的联盟，同时致力于乌孙国的兴国之路，一点一滴地苦心经营。

她积极参与政事，经常到各个部落中视察民情、访贫问苦；每逢国中发生了自然灾害，她都奔赴前线，和牧民们并肩战斗。

她还在乌孙国大力植树造林，发展农业，积极支持贤臣的建议，说服乌孙王和乌孙长老开通了从乌孙通往大宛、康居和塔里木城邦诸国的通商口岸。在她的努力下，乌孙的经济发展很快，官办的商业和民间的自然经济都得到长足的发展，乌孙和四邻国家的关系胜过从前。与此同时，乌孙和汉之间往来不断，相亲相近，同进同退，和匈奴日益疏远。随后，解忧公主的长子元贵靡被立为乌孙王储，次子万年成为西域小国莎车的国王，长女弟史被龟兹（qiū cí）国王降宾迎娶为妻。可以说，在解忧公主的努力下，和亲政策达到了预期的效果。

解忧公主在乌孙的风光和乌孙的亲汉激怒了匈奴王庭，匈奴王在数次向乌孙施压无果后，悍然发兵威胁乌孙，要求交出解忧公主，断绝与汉朝的一切往来。最后，解忧公主和翁归靡指挥下的乌孙军与汉将霍光率领的汉军联手，大败匈奴军，使得匈奴全国人口损失了十分之三，国力极大削弱，各属国土崩瓦解，从此一蹶不振。

就在乌孙国和汉的关系更加亲密之时（汉家公主刘相夫就要嫁给解忧公主的长子元贵靡时），乌孙王翁归靡骤然离世，按照上代国王岑陬的遗愿，已经长大的号称“狂王”的泥靡继位。为了遵从乌孙习俗，更为了维护汉在乌孙的势力，解忧公主决定再嫁泥靡。然而，解忧公主和泥靡之间关系相当紧张，就算是生了一个儿子也无法消除。最后，解忧公主利用匈奴公主与翁归靡所生的儿子乌就屠，联合出使乌孙的汉朝使者，打算除掉倒行逆施、众叛亲离的“狂王”。最后事败，乌就屠逃奔匈奴。解忧公主的儿子元贵靡将乌孙一分为二，乌孙国暂时归于平静。两年后，元贵靡去世，乌就屠统一了乌孙，解忧公主无奈地返回汉朝，在长安生活了两年后去世。

仕女图 傅抱石绘

解忧公主远嫁乌孙，稳固了汉朝边界的安全，促进了汉王朝和乌孙之关系，为汉王朝和乌孙的发展做出了重要贡献。而她的成功与一位奇女子的支持密不可分。这个女子就是解忧公主的侍女冯嫽（liáo）。

太初四年（前101年），当解忧公主下嫁军须靡时，跟随她到乌孙的陪嫁人员中就有一个侍女冯嫽。虽然出身低微，但冯嫽知书达礼，聪慧而富有见识，尤其能言善辩，沉着稳健，写得一手好隶书，深得解忧喜爱，两人亲如姐妹。在陪解忧公主时，冯嫽以她的聪慧给解忧公主以慰勉，陪伴解忧公主安居乌孙，完成汉家的使命。在居住乌孙期间，冯嫽经常纵马在牧场驰骋，出入牧民的毡帐间，而且仅用几年就学会了西域的语言文字，掌握了那里的风俗习惯。因此，她代表解忧公主访问乌孙的邻国，在与各国君臣交谈时，她不但举止大方谦恭，善于辞令，甚至连翻译都不用。乌孙国右大将倾慕冯嫽，冯嫽从两国友好大局出发，征得解忧公主的同意，便嫁给了他。从此，她与解忧在宫廷内外互相支持，被尊称为“冯夫人”。

解忧公主的第二任丈夫乌孙王翁归靡离世后，解忧公主和乌孙王国面临着巨大的危机：匈奴公主与翁归靡所生的儿子乌就屠等亲匈奴派打算夺取乌孙全境。这时，乌就屠等亲匈奴派和汉朝西域都护府大军之间的战争一触即发。当此危急时刻，出于民族大义，冯嫽挺身而出，她冒着生命危险亲自到匈奴劝说乌就屠。

冯嫽利用丈夫右大将与乌就屠关系密切的条件，凭着自己卓越的见识、出色的口才以及多年来对西域诸国形势的了解，为乌就屠分析当前形势，揭穿匈奴挑拨离间的诡计，让他认清其中的利害，同时用汉朝强大的军事力量对乌就屠施加压力。最终，乌就屠放弃攻打乌孙全国，进而维护了汉与乌孙多年来的“兄弟之邦”之盟。随后，冯嫽在乌孙国亲匈奴派和亲汉派之间斡旋，与汉朝沟通，最终使乌孙全国上下愿意接受汉朝的安排——乌孙国一分为二，解忧公主的长子元贵靡为乌孙大昆弥（昆弥即国王），统六万户；乌就屠为小昆弥，统四万户。

这样一来，一场笼罩于乌孙全国的战争风云消弭了，乌孙上下相安无事，汉与乌孙的边境再次迎来平静安宁。

这件事之后，汉宣帝下诏冯嫽到长安，对她予以嘉奖，并委任她为正式的汉朝使节，可以乘坐锦车，持汉朝节仗，代表皇帝出使乌孙及西域诸国。

甘露三年（前51年），汉宣帝派出的汉使迎回解忧公主和冯嫽，对冯嫽以厚禄优礼相待，使之得以安享晚年。然而，冯嫽虽身居长安，却心系乌孙。当她听说解忧公主的孙子星靡由于生性懦弱，继位后治国无方，导致乌孙局势再起动荡后，她上书汉元帝，以年逾古稀的高龄再次出使乌孙。她凭着自己的威望和才干，游说乌孙各方，使之消释嫌隙，精诚团结，从而帮助星靡治国安民，使乌孙国泰民安，延续了汉朝和乌孙之间的友好关系。

汉匈对峙四百年

汉初的和亲政策，不但要送去汉家的女子，还要为匈奴送去大量的粮食、酒及其他奢侈用品等，这种近似进贡形式的和亲政策带有极大的屈辱性，体现了当时的西汉政权对匈奴的某种妥协的态度。然而这种妥协式的外交，导致汉匈双方关系的不平衡，缺少约束力，很难从根本上消除匈奴对西汉的威胁，因此双方仅仅维持着一种表面上的和平共处关系。

当大汉王朝国力日益强盛，政权逐渐巩固，经济日趋繁荣，军事力量大为增强，尤其是骑兵队伍迅速发展后，一种强硬的外交手段——战争——自然就出现了。在对匈奴的战争中，涌现了很多名扬千古的将领和外交家。

我们先来看汉武帝时的“飞将军”李广。李广是秦朝名将李信的后人，他身材高大，长臂，由于家族世代传习射箭，因此李广有着高超的箭术。李广这个人寡言少语，经常喜欢在地上画作战阵图，平时喜欢和他人比射箭，输了就喜欢罚酒喝。他淡泊名利，不追求享乐。他在生活中与士兵同甘共苦，平时得到赏赐必定会分给部下，从不想着为自己和后代积攒财富，因此家里并没有多余的财富。

汉文帝十四年（前166年），匈奴大举入侵萧关，李广以良家子弟的身份从军抗击匈奴，凭着高超的箭术，斩杀匈奴多人，因此被任命为汉中郎。汉景帝即位后，李广任陇西都尉，后又改任骑郎将。七国之乱时，李广调为上谷太守，天天和匈奴交战，每次交战都喜欢与敌肉搏，令敌人闻风丧胆。

李广的才气，可谓天下无双。他不但英勇善战，而且极富谋略。当初匈奴大举入侵上郡时，李广整训军队，身边跟随着汉景帝派来学习的一名宦官。一次，这位宦官带了几十名骑兵纵马驰骋时遇到三个匈奴人。三个人匈奴人射箭伤了这名宦官，将那几十名骑兵也全部射杀了。死里逃生的这位宦官跑到李广那里，李广判断对方是射雕的高手。于是，他就带着一百名骑兵追赶那三个匈奴人。追上之后，李广让骑兵分散从左右两面包抄，最后亲自射死二人，活捉一人。就在他们要撤离时，数千

李广射石图　〔清〕任伯年绘

匈奴骑兵赶到了。面对数倍于自己的敌人，李广临危不惧，命令手下的一百名骑兵前进到离匈奴阵地约二里的地方下马解鞍，迷惑敌人。匈奴骑兵上当，没敢袭击。在此期间，李广不但和十几名骑兵奔驰敌阵射杀了一名白马将军，还再次返回自己的一方，下马解鞍随便躺卧。直到半夜时分，匈奴兵因为担心汉军有伏兵、怕遭到夜间袭击而全部撤走，李广才领着自己的人在天亮后顺利到达营地。

李广历任七个郡的太守，前后四十多年的时间里，一直善待下属，与士兵同饮同食，家不存余财。专门以射箭作游戏。带兵行军，遇到断粮缺水时，见了水，士兵不全喝到水，他不近水边；士兵不全吃上饭，他不尝一口饭。他对待士兵宽厚不苛，因此士兵喜欢替他办事效力。他射箭，看见敌人逼近，不到几十步之内，估计射不中就不射，一旦射击就务必令敌人应弦而倒。元狩四年（前119年），汉武帝发动了漠北之战，此时，李广已经年迈。但他仍极力争取，最终获得和卫青、霍去病一同出战的机会，担任前将军之职。这次远征，汉军要跨大漠远征匈奴本部。考虑到李广的年龄问题，大将卫青不想让他单独和匈奴单于对阵，于是故意让李广率军走东路，以迂回前进。李广非常愤怒，于是不遵从安排就率队出发，结果在大漠中迷了路，没能及时与卫青的大队会合，从而导致此次远征的失利。李广一力担下所有的责任，自刎谢罪。

汉武帝时抗击匈奴的大将，除了李广，还有卫青和霍去病舅甥二人。卫青是汉武帝的第二任皇后卫子夫的弟弟。他是父亲郑季和平阳侯的侍妾卫媪私通所生。长大后，他不得不从平阳侯府返回自己的父亲家中，因此备受同父异母兄弟们的歧视，经历了很多艰难困苦。长大后，他主动返回平阳侯府，做了平阳公主的骑奴。直到他的同母异父的姐姐卫子夫被汉武帝宠幸，才得以进入建章宫当差。后来，随着卫子夫地位的提升，卫青先后做了建章监、侍中、太中大夫，跟伺皇帝左右，与之一起听闻朝政，深得汉武帝的信任。

汉代士兵

汉武帝元光二年（前133年），汉武帝在马邑（今山西省朔州市朔城区）策划了一场对匈奴的诱敌歼灭战，结果由于守卫烽火台的亭尉通敌，导致匈奴人逃脱。从此，西汉开始与匈奴大规模交战。元光六年（前129年），匈奴兴兵南下，入侵上谷郡（今河北张家口怀来），汉武帝亲自部署，汉军分四路出击匈奴。卫青被任命为车骑将军，率领一万骑兵，直出上谷，迎击匈奴。这次征战是卫青首次出征，相比其他三路军，他果敢冷静，深入险境，直捣匈奴祭天圣地龙城（今蒙古人民共和国鄂尔浑河西侧的和硕柴达木湖附近），俘虏七百人，获得胜利，被封为关内侯。这就是汉朝历史上著名的“龙城之战”，也是自汉初以来对战匈奴的首次胜利，揭开了汉匈战争反败为胜的序幕，为以后汉朝的进一步反击打下了良好的基础。

卫青为将，用兵敢于深入，为将号令严明，对将士爱护有恩，跟过卫青的部将评价他，不但“材干绝人”，而且“众将皆乐为大将军所用”。同时，虽然贵为皇后卫子夫的弟弟，但卫青从不骄横待人，对同僚大度有礼，宽容相待。当初，伴随着卫青在朝野的威望越来越高，汉武帝曾要求群臣对他行跪拜之礼，大臣汲黯却不听从，依然对卫青行揖礼，卫青不但不生气，反而对他更加尊重，经常拿国家和朝中的疑难之事向他请教，待他远胜于平时结交的很多人。

苏建是卫青的老部下，跟从卫青征战匈奴。扫荡漠南时，苏建率领的三千骑兵被匈奴大单于上万主力击溃，苦战一天后，苏建只身逃回。卫青没有随意斩杀苏建立威，而是将其押送回朝，这实际上相当于饶了苏建，因为汉代有以钱赎命的法律。结果苏建被汉武帝贬为庶人，得以活命。

或许正是由于卫青身上的这些美德感染、影响着他身边的人，因此在他率领将士出征时，大家都英勇善战，舍身忘我。卫青也因此被称为常胜将军，他七战七捷，并收复河朔、河套地区，击破单于王庭。

元朔元年（前128年）秋，卫青为车骑将军出雁门，率领三万骑兵，长驱而进，斩杀匈奴数千人。元朔二年（前127年），面对入侵上谷、渔阳，甚至攻破辽西，杀死辽西太守，打败渔阳守将韩安国，虏走两千多百姓的匈奴人，卫青率大军采用“迂回侧击”的战术，西绕到匈奴军的后方，迅速攻占高阙（今内蒙古杭锦后旗），切断了驻守河南地的匈奴白羊王、楼烦王同单于王庭的联系，又分兵南下，形成了对白羊王、楼烦王的包围。最终，汉军活捉数千匈奴兵，夺取数百万头牲畜，控制了河套地区，卫青被封为关内侯。

苏武牧羊　〔清〕任伯年绘

这次战役之后，西汉朝廷得以在此地修筑朔方城，设朔方郡、五原郡，从内地迁徙十万人到此定居，修复了秦时蒙恬所筑的边塞和沿河的防御工事。可以说，卫青这次对匈奴作战的胜利，就本质上来说不但解除了匈奴骑兵对长安的直接威胁，而且进一步建立起反击匈奴的前方基地。

汉代骑兵

元朔五年（前124年）春，身为车骑将军的卫青率领三万骑兵，配合其他两路汉军共同攻打匈奴。这次战役中，汉军俘虏匈奴贵族十多人，男女一万五千余人，牲畜达千百万头。卫青被封为大将军，成为军队的直接指挥者。元朔六年（前123年）春、夏，身为大将军的卫青先后两次率领十万骑兵出击匈奴，歼敌过万。此后，卫青又率大军，出征一个月，斩获匈奴军一万多人。汉武帝赐卫青千金。也是在这次战役里，卫青的外甥霍去病得以显露锋芒。

霍去病是平阳公主府的女奴卫少儿与平阳县小吏霍仲孺的儿子。由于霍仲孺不敢承认霍去病的身份，所以霍去病和自己的舅舅卫青一样，也是私生子。或许由于经历相同，霍去病深得舅舅卫青的喜爱，加之他勤奋好学，小小年纪就精通骑马、射箭、击刺等各种武艺。

就是在元朔六年（前123年）的这次战役中，十七岁的霍去病以骠姚（biāo yáo）校尉的身份，跟随舅舅卫青远去漠南攻击匈奴。在战斗中，霍去病率八百轻勇骑远赴数百里，斩捕匈奴两千多人，其中包括匈奴的一些高官和皇亲，因此被封为冠军侯。可以说，从此之后，舅甥二人开始了共同抗击匈奴的征途。

元狩二年（前121年），十九岁的霍去病被汉武帝任命为骠骑将军，于春、夏两次率兵出击占据河西（今河西走廊及湟水流域）地区浑邪王、休屠王部，歼敌四万余人，俘虏匈奴王族五人，高级官员一百二十多人。同年秋，霍去病奉命斩杀降汉中途变乱的匈奴人，使匈奴浑邪王带着四万余众顺利归汉。自此之后，汉朝得以控制河西地区，为打通西域奠定了基础。

元狩四年（前119年）春，卫青和霍去病各率骑兵五万，数十万步兵，分两路，跨漠长征出击匈奴。这就是著名的“漠北之战”。这次战役，汉军以巨大的代价，将匈奴人在漠南荡涤，匈奴单于逃到漠北，“匈奴远遁，而漠南无王庭”，匈奴人不得不慢慢向西北迁徙，十几年内再无南下之力。可以说，这次战役的胜利，长久地保障了西汉北方长城一带，即在漠南地区的边境安全，成为汉朝进击匈奴最远的一次。

元狩四年（前119年），卫青、霍去病都加官为大司马，两人共同掌握汉朝日常的军政事务，可以说权倾一时。元狩六年（前117年），二十四岁的霍去病病逝，谥封景桓侯。元封五年（前106年），卫青逝世，谥号烈侯。

可以说，卫青和霍去病这对舅甥，虽然贵为外戚，却以卓越的功勋流芳百世。

窦宪：燕然石勒无人问

在东汉历史上，窦宪可谓毁誉参半。然而，回顾东汉的对外征战中，窦宪的功绩却不可抹杀。这位和卫青、霍去病一样以外戚身份跻身朝堂的将军，北击匈奴，以功赎罪，以自己的赫赫战功稳定了东汉的边关，影响了中国历史，也间接推动了欧洲的历史进程。

窦宪是汉章帝的皇后的哥哥。汉章帝在世时，他以外戚的身份，不断升官，最后做到了侍中、虎贲（bēn）中郎将的职位。章和二年（88

年），汉章帝病故，十岁的汉和帝继位，其母窦太后临朝称制，窦宪总管朝政大权。因为他性情果断急躁，加之心胸狭窄，睚眦（yá zì，发怒时瞪眼睛，指极小的仇恨）必报，最后和窦太后发生了严重的冲突。永元元年（89年），窦宪干脆派刺客去刺杀窦太后的宠臣刘畅。东窗事发后，窦太后一怒之下将窦宪囚禁在皇宫内。

建武二十四年（48年），匈奴内部为争王位发生动乱，匈奴贵族之间相互残杀。匈奴再次分裂成南、北二部，南匈奴依附东汉，北匈奴公然反汉，南、北匈奴之间经常发生战争。汉和帝即位后，以窦太后为首的东汉统治集团心存让东汉恢复汉武帝时的强盛的雄心壮志，而此时恰好班超在西域地区节节胜利，北匈奴集团不断发生内讧，南匈奴想趁北匈奴内乱统一匈奴，向汉朝请求发兵援助。于是，被囚于皇宫内的窦宪想将功赎罪，自愿请求出击匈奴。朝廷任命窦宪为车骑将军，为其配备相关属员，率领十二郡骑士和羌胡兵出塞抗击匈奴。

永元元年（89年），窦宪和耿秉各领四千名骑兵，与南匈奴左谷蠡（lí）王的一万名骑兵从鸡鹿塞（今内蒙古杭锦后旗西）出发，与同时讨伐北匈奴的另两路大军在涿邪山（今蒙古国境内满达勒戈壁附近一带）会师，随后向北匈奴发起了猛烈的进攻。北匈奴大败，其单于逃走，窦宪率军紧紧追击，最后追至私渠比鞮（dī）海（今蒙古国乌布苏泊），斩杀匈奴名王以下人一万三千余人，缴获牲畜百万余头，北匈奴八十一部中的二十万人投降。随后，窦宪、耿秉率军一直北进到燕然山（今蒙古国杭爱山），出塞达三千余里，登上燕然山，命令五十八岁的中护军班固刻石建立功碑，撰写《封燕然山铭》一文，以记录东汉的国威和恩德，然后大军才凯旋。

由于北匈奴单于已经逃到远方，于是窦宪一面派人携带金帛继续追寻北匈奴单于，打算对他进行招降，一面率大军回师，最后驻扎在五原。

这个时候的北匈奴，可谓人心离散，因此窦宪派去招降的人在所到之处宣扬汉朝的国威，于是陆续有一万多人归降。最后，他们在北海（今贝加尔湖）西北的西海追上了北匈奴单于。在他们的劝说下，北匈奴单于率领部下回到私渠海，然后派他的弟弟随汉使到洛阳，向东汉朝廷称臣纳贡，并留下来做了人质。窦宪认为北匈奴单于本人不曾亲自到洛阳，认为他尚乏诚意，于是上奏朝廷，将北匈奴单于的弟弟打发回去，然后打算二次征讨北匈奴。

永元二年（90年），看到汉王朝将自己的弟弟打发回来了，北匈奴单元知道坏了事。于是他就又派手下到居延塞拜见窦宪，声称要向汉朝称臣，并表示想入洛阳朝见汉和帝。窦宪向朝廷上表请示，经朝廷同意后，派班固、梁讽去迎接。然而，就在这时，南匈奴单于乘机上书东汉朝廷，建议趁此机会将北匈奴单于消灭，进而使得南北匈奴统一后归汉。东汉朝廷同意了他的建议。于是，南匈奴单于率兵进攻北匈奴，结果元气没能恢复的北匈奴大败，北匈奴单于重伤后逃走。窦宪认为这时的北匈奴单于势力微弱，正好可将其一网打尽，便于永元三年（91年）派右校尉耿夔（kuí）、司马任尚、赵博等率兵出居延塞，在金微山（今阿尔泰山）打败北匈奴单于率领的军队，斩首匈奴五千多人，北匈奴单于负伤逃走。

窦宪对北匈奴的两次大战，几乎彻底歼灭了北匈奴主力，而归顺汉朝的南匈奴单于此后或是由东汉政府所立，或是经东汉政府认可，等同于内地诸侯王了。由此，汉王朝彻底解决了持续三百年之久的匈奴之患。此后，残余的北匈奴人西迁到黑海北岸，使得原住民西哥特部落西侵入多瑙河上游，迫使多瑙河上游的原住民汪达尔部落向西侵入罗马帝国，最终导致西罗马帝国的灭亡。

名篇精选

青壮，为侯家骑[①]，从平阳主。建元二年春，青姊子夫得入宫幸上[②]。皇后，堂邑大长公主女也，无子，妒。大长公主闻卫子夫幸，有身[③]，妒之，乃使人捕青。青时给事建章，未知名。大长公主执囚青，欲杀之。其友骑郎公孙敖与壮士往篡取[④]之，以故得不死。上闻，乃召青为建章监，侍中，及同母昆弟[⑤]贵，赏赐数日间累千金。孺为太仆公孙贺妻。少儿故[⑥]与陈掌通，上召贵掌[⑦]。公孙敖由此益贵。子夫为夫人。青为大中大夫。

元光五年，青为车骑将军，击匈奴，出上谷；太仆公孙贺为轻车将军，出云中；大中大夫公孙敖为骑将军，出代郡；卫尉李广为骁骑将军，出雁门：军各万骑。青至茏城，斩首虏数百。骑将军敖亡七千骑；卫尉李广为虏所得，得脱归：皆当[⑧]斩，赎为庶人。贺亦无功。

元朔元年春，卫夫人有男，立为皇后。其秋，青为车骑将军，出雁门，三万骑击匈奴，斩首虏数千人。明年，匈奴入杀辽西太守，虏略[⑨]渔阳二千余人，败韩将军军。汉令将军李息击之，出代；令车骑将军青出云中以西至高阙。遂略[⑩]河南地，至于陇西，捕首虏数千，畜数十万，走[⑪]白羊、楼烦王。遂以河南地为朔方郡。以三千八百户封青为长平侯。

——《史记·卫将军骠骑列传》

【注释】

①骑：骑士。②幸上：被皇上宠爱。③有身：通“有娠（shēn）”，身怀有孕。④篡取：抢夺。⑤昆弟：兄弟。⑥故：从前。⑦贵掌：使陈掌显贵。⑧当：判罪。⑨虏略：掳掠。⑩略：攻取。⑪走：逃跑。这里指赶跑，使逃跑。

【译文】

卫青长大后当了平阳侯家的骑士，时常跟随平阳公主。汉武帝建元二年（前139年）的春天，卫青的姐姐卫子夫进入皇宫，受到汉武帝的宠幸。皇后陈阿娇是堂邑大长公主刘嫖（piāo）的女儿，没有生儿子，却嫉妒别人。大长公主听说卫子夫受到汉武帝宠幸，且有了身孕，很嫉妒她，就派人逮捕了卫青。当时卫青在建章宫供职，尚不出名。大长公主囚禁卫青后还想杀死他。卫青的朋友、骑郎公孙敖就和一些壮士把他抢了出来，正因如此，卫青幸免于难。汉武帝听到这消息，就召来卫青，任命他当建章监，加侍中官衔，连同他的同母兄弟们都得到显贵，皇上给他们的赏赐，数日之间竟累积千金之多。卫孺（卫青的长姐）做了太仆公孙贺的妻子。卫少儿（卫青的二姐，霍去病的母亲）原来同陈掌私通，汉武帝便召来陈掌，也使其得到显贵。公孙敖因此也越来越显贵。卫子夫做了汉武帝的夫人。卫青升为大中大夫。

元光五年（前130年），卫青当了车骑将军，讨伐匈奴，由上谷出兵；太仆公孙贺做轻车将军，由云中出兵；大中大夫公孙敖做骑将军，由代郡出兵；卫尉李广当骁骑将军，由雁门出兵；每军各有一万骑兵。卫青领兵到达茏城，斩杀敌人数百人。骑将军公孙敖损失七千名骑兵；卫尉李广被敌人俘获，逃脱而回：公孙敖和李广都被判为死刑，但都交了赎金，免了死刑，成为平民。公孙贺也没有功劳。

元朔元年（前128年）春天，卫子夫生了男孩，被立为皇后。这年秋天，卫青当车骑将军，从雁门出境，率领三万骑兵攻打匈奴，斩杀敌人几千人。第二年，匈奴侵入边境，杀死辽西郡的太守，掳掠渔阳郡二千多人，打败了韩安国将军的军队。汉朝命令李息将军攻打匈奴，从代郡出兵；又命令车骑将军卫青从云中出发，向西去攻打匈奴，直到高阙。于是卫青率军攻取了河南地区，直到陇西，捕获敌人几千名，缴获牲畜十万头，赶走了白羊王和楼烦王。汉朝就把黄河以南地区改设为朔方郡，并划定三千八百户，封卫青为长平侯。

【词句撷英】

同母昆弟：母之姊妹之子，即姨表兄弟。

西域的开拓与沟通

自汉代以来，西域是指对玉门关、阳关以西地区的总称。这一地区生活着三十六个国家，其中包括匈奴、大宛（yuān）等古国。这些国家在西汉初年时分布在今新疆境内的天山南北及部分中亚地区，后来分裂为五十多个。西汉初时期，汉高祖、汉文帝至汉景帝一直奉行委公主为匈奴妻的“和亲”政策以换取边境的安宁。到了汉武帝时，“和亲”之策停止，改为武力战争，并由此促进了汉朝与西域各国之间的联系与交流。

张骞出使西域

汉武帝时，伴随着对匈奴战争的深入，西汉朝廷认识到联合西域其他小国攻打匈奴的重要性。于是汉武帝决定“通西域，以断匈奴右臂，隔绝南羌、月氏（zhī）”，联合大月氏（前2世纪以前居住在中国西北部，后迁徙到中亚地区的游牧民族政权）夹击匈奴。自此，中国历史上一位著名的外交家横空出世，他就是张骞（qiān）。

汉武帝刘彻即位时，张骞只是他的一名侍从官。不过，他“为人强力，宽大信人”。什么意思呢？就是说，他具有坚忍不拔、心胸开阔，并能以信义待人的优良品质。或许正是出于这个原因，当汉武帝决定沟通与西域的联系，联合大月氏夹攻匈奴时，张骞就成了第一个人选。从此，张骞以坚忍不拔的精神，三次踏进西域，成为西汉和西域之间的信使。

建元二年（前139年），张骞率领一百多名随行人员，由匈奴人堂邑父做向导，从长安出发，前往西域。这是他的首次西域之行。一行人在穿过河西走廊时被匈奴的骑兵队抓获，送到了匈奴王庭（今内蒙古呼和浩特附近）。当时的军臣单于获知张骞要出使月氏后，表示绝对不允许。于是张骞一行就此被扣留了十年之久。在此期间，为了打消张骞出使月氏的念头，匈奴单于用尽手段，软硬兼施，但均无效。张骞始终“不辱君命”，“持汉节不失”，牢记自己的神圣使命。

元光六年（前129年），张骞趁匈奴人的监视有松弛，带领其随从逃出了匈奴人的控制区。不过十年的时间，人际沧桑，西域的形势发生了变化，月氏人在敌国乌孙的攻击下，不得不西迁了。张骞在了解到这一情况后，决定绕道大宛去大月氏。张骞一行历经大戈壁的飞沙走石，灼人热浪，体味了葱岭（今帕米尔高原）的皑皑冰雪，刺骨寒风，风餐露宿，饥寒交迫，最后不得不靠堂邑父射杀禽兽填饱肚子。在不少随从人员丧命后，张骞一行终于到达了大宛。

张骞的到来，让渴望和汉朝互通来往的大宛王特别高兴。他答应了张骞请求大宛派人相送的要求，在对张骞一行热情款待后，派向导和译员护送张骞等人到康居（今乌兹别克斯坦和塔吉克斯坦境内），随后张骞一行又在康居王遣人护送下到达了大月氏。不过，让张骞失望的是，迁移后的大月氏已经不再对匈奴作战，尽管张骞等人在这里逗留了一年多，最终还是没能说服月氏人和汉朝联盟。元朔元年（前128年），张骞不得不返回西汉。中途通过青海羌人地区时，又被匈奴骑兵俘虏，被扣留一年多。直到元朔三年（前126年）初，匈奴发生内乱，张骞才和堂邑父逃回长安。这时，同行的一百多人，仅剩下张骞和堂邑父二人。

张骞第一次出使西域，虽然没能达到和大月氏建立联盟以夹攻匈奴的目的，但促进了西域同内地的联系，使汉朝的影响直达葱岭以西，进

张骞出使西域图（敦煌壁画）

而让西汉同中亚、西亚，以至南欧建立起直接而密切的联系。与此同时，这次出使，张骞还对广阔的西域进行了实地的调查研究工作，留下了中国和世界上对于这些地区的首次最为翔实可靠的记载，成为世界上研究西域地区和国家的古地理和历史的最珍贵的资料。张骞因此被汉武帝封为太中大夫，堂邑父被授为“奉使君”。

为了招纳乌孙东归故地，断匈奴右臂，也是为了宣扬国威，劝说西域诸国与汉联合，元狩四年（前119年），被任命为中郎将的张骞率三百多名随员，携带价值数千万的财物、万头牛羊，二次使西域。然而，这次出使，正好赶上乌孙内乱，因此劝说乌孙东归的目的没能达到，于元鼎二年（前115年）返抵长安。这次出使，张骞的副使们分别访问了中亚的大宛、康居、大月氏、大夏等国，扩大了西汉王朝的政治影响，增强了相互间的了解，促进了中西经济文化交流。此后，汉朝和西域各国经常互派使者，双方贸易得到发展，形成了“商胡贩客，日款于塞下”的景象。

元鼎二年（前115年），从随张骞至长安的使者口中获知汉王朝的强盛后，乌孙王昆莫派使者到长安请求与汉和亲。元封六年（前105年），刘细君作为公主嫁给乌孙。刘细君死后，解忧公主嫁给了乌孙王岑陬。这两次和亲巩固了汉与乌孙的友好关系，使乌孙成为汉在西方牵制匈奴的一支重要力量，对于发展双方经济、文化交流等，起到了积极作用。

可以说，张骞出使西域，使汉朝与西域各国建立了友好关系，西域第一次与内地联系成一体，促进了西域社会的进步，也丰富了中原的物质生活，天马、汗血马等良种马传入汉朝，葡萄、核桃、苜蓿、石榴、胡萝卜和地毯等传入汉朝，丰富了汉族的经济生活。汉族的铸铁、开渠、凿井等技术和丝织品、金属工具等传到了西域，极大地促进了西域的经济发展。尤其是中国的丝和丝织品，从长安往西，经河西走廊、西域运到安息（今伊朗高原和两河流域），再从安息转运到西亚和欧洲的大秦（罗马），开拓了历史上著名的“丝绸之路”。因此，史学家司马迁称赞张骞出使西域的行为是“凿空”，意即“开通大道”。

西域都护府的建立

公元前60年，汉宣帝刘病已下令在西北边疆设立西域都护府。西域都护府的设立，使得西汉的政令第一次贯彻到了西域诸国，对当时的西汉和西域各国产生了极其重要的影响。

很多人不知道，有一个人对于西域都护府的建立发挥着重要的作用，他就是郑吉，西汉第一任西域都护。《汉书·郑吉传》说："汉之号令班西域矣，始自张骞而成于郑吉。"

郑吉是西汉会稽郡（今江苏苏州吴中区）人。在他还是一名士兵的时候，郑吉就经常随军出征到西域。后来，也出于这个原因，他升任郎官，也就是护卫。汉宣帝时，郑吉做了侍郎。公元前68年，为人坚韧刚毅且熟悉西域各国事务的郑吉被选为"使者"，和校尉司马熹一起，率领三千士卒在西域三十六国之一的渠犁国（今新疆维吾尔自治区库尔勒市附近）屯田。

到达渠犁国的这一年，针对车师国对汉朝不友好的态度，郑吉征发西域各国三万名士兵和屯田的一千五百人，联合攻击车师国，迫使车师王降汉。随后，他依据来自渠犁国的经验，派三百名士兵屯田车师国。因为这件事，郑吉被晋升为卫司马，受命成为护鄯（shàn）善以西南道使者。

神爵二年（前60年）九月，匈奴日逐王派使者到渠犁国找到郑吉，表达了归属汉朝的意愿。郑吉调查得知，原因匈奴发生了内乱。于是郑吉调动渠犁屯田军和龟兹等国的五万人马迎接日逐王及其随从，并将他们护送到京师。

从此，郑吉的威名就在西域诸国威震四方。汉朝于是在乌垒城（今新疆维吾尔自治区巴音郭楞蒙古自治州轮台县）设置了西域都护府，而郑吉被汉宣帝任命为西域都护。这一官职相当于内地的郡太守，是西汉王朝派驻西域的最高军政长官，直属汉朝中央政府领导。西域都护除了直接掌握并领导汉朝在西域的驻军，奏请朝廷批准，还可以调遣西域各国的军队，以维护地方安宁，保障丝绸之路畅通。

郑吉任西域都护期间，西域屯田规模达到空前，轮台屯田区的士卒达到三千人，成为汉朝在西域的著名粮仓之一。屯垦事业的发展，不但减轻了西汉政府和当地人民的负担，还解决了军队的后勤供应，增强了西域的防守能力。

从郑吉之后，汉王朝共任命了十八任西域都护。历任西域都护组织和领导西域各国对匈奴侵袭的抗击，调整和加强西域各国之间的关系，密切和形成西域各族与中原其他各族之间的政治、经济、文化的联系，在我国西北民族关系史的发展中起着重要的作用。

班超：投笔从戎奇男子

东汉前期，中央政权进一步加强与地方势力的融合，使国家趋于稳定。在一百九十五年的时间里，无论是外交，还是经济、文化，都取得了突出的成就。尤其是对外交流更加频繁，留下了许多传奇故事。其中，传奇将军班超的故事，至今依然为人津津乐道。

班超出生于东汉扶风安陵（今陕西咸阳东北）一个官宦之家。父亲班彪是著名的史学家，号称“通儒”，哥哥班固同样是著名的历史学家，妹妹班昭也是一名杰出的文学家。班超是这个家中最小的男孩，受家庭影响，也很喜欢读书，尤其喜欢阅读《春秋公羊传》。他从小就有大志向，做事不拘细节，内心孝敬恭谨，审察事理，最难得的是有一副好口才。

永平五年（62年），班超的哥哥班固被召入京任校书郎。为了帮补家用，班超就跟着哥哥在洛阳帮官府抄书。一天，抄着书的班超有感于当下这种碌碌无为的生活，于是投笔在案，叹息着说：“大丈夫无他志略，犹当效傅介子、张骞立功异域，以取封侯，安能久事笔研（通‘砚’）间乎？”后来，他果然找到机会，投笔从戎，并显露出非凡的军事才能。

自从王莽篡汉之后，西域诸属国就脱离了东汉朝廷的管辖，成为北匈奴的附属。北匈奴在获得西域的人力、物力后，实力大增，进而屡次进犯河西诸郡，边地人民因此痛苦不堪。汉明帝看到天下安定，就想效仿汉武帝，恢复与西域各国的联系，西击北匈奴。于是永平十六年（73年），班超以假司马（代理司马）的身份，跟随奉车都尉窦固等人出兵攻打北匈奴。在征途中，班超的才华，尤其是审察事理的能力和不凡的口才，让窦固特别赏识，于是派他和郭恂一起出使西域，招降西域诸国。

班超和郭恂一行三十六人，首先到达了鄯善国（西域古国名，本名楼兰，故址在今新疆鄯善县东南），受到了鄯善王的热情招待。可是没想到，几天后，敏锐的班超感受到鄯善王的态度变得异常冷淡，于是他经过了解，获知匈奴也派了使者来到了鄯善国，因此鄯善王不知道应该归顺哪一方。胆识过人的班超干脆将接待他们的鄯善国侍者找来，单刀直入地问北匈奴使者的驻地在哪里。在得到准确信息后，班超就将侍者关押起来，随后召集自己的三十六名部下，先开了动员大会，激励大家只有拼死一搏，才能获得富贵荣华，否则就会成为北匈奴人的阶下囚。随后，他率领着部众趁着月黑风高直奔北匈奴使者的驻地。

当天晚上恰好刮大风，班超安排十人持鼓躲藏在北匈奴人驻地的后方，相约见到火光就猛敲战鼓，大声呐喊。接着安排余下的人手持刀枪弓弩埋伏在门两边。一切准备就绪后，班超趁着风势放起了火，随后，大家前后鼓噪，声势喧天。北匈奴人惊慌之间，被杀死大部分，余下的都葬身火海。

第二天，班超带着匈奴使者的首级拜见鄯善王，鄯善王又惊又惧。经班超好言抚慰，鄯善王下定决心归附东汉朝廷，并且将自己的王子送到汉朝作为人质。

班超率众回师后，向窦固汇报了经过，得到了窦固和汉明帝的欣赏。汉明帝认为他勇敢有韬略，是难得的人才，于是下诏提拔班超担任军司马，让他继续完成出使的任务。在拒绝上司窦固给他增加人手的提议后，班超带着原班人员，开始了第二次西域之行。

这次，班超一行到达了于阗（tián）国（今新疆和田）。这个小国长期处于北匈奴人的监视下，北匈奴在这里驻扎着使者，掌握着于阗国的大权。当时的于阗王广德在天山南北特别有名，班超一行到达时，他刚刚攻破莎车国（今新疆莎车），因此特别倨傲，对汉使班超一行的到来并不热情。当时，巫术巫风在于阗国相当兴盛，被北匈奴人控制的巫师借故向于阗国王索要汉使手中一匹嘴黑毛黄的马来祭祀天神！于是于阗宰相私下里向班超讨要。班超在了解到具体情况后，干脆地答应了，不过条件是巫师本人来牵。结果，巫师一到，班超就把他杀死了。在将巫师的脑袋送还于阗王的同时，班超向其分析了其中的利害，并以道义责备他。这时，于阗王已经获知了班超在鄯善国诛杀匈奴使者的事，感到十分惶恐，马上下令杀死北匈奴使者，重新归附汉朝。班超重赏了于阗王及其臣子，成功地镇抚了于阗国。

班超像

这件事传开后，西域各国都派各自的王子入汉朝为人质，于是西域与汉朝中断了六十五年的关系得以恢复。

永平十七年（74年）春天，班超获知匈奴人扶立的龟兹国（今新疆库车市城东郊）攻破疏勒国（今新疆喀什市），而且杀死了疏勒王，另立新君。于是他带着手下人由小路去疏勒国。班超先派手下的官员去招降新任疏勒国国君，并叮嘱一旦对方不同意就将其扣押起来。果然，疏勒国新国君根本没打算投降，结果被班超的手下劫持。班超随即亲临现场，招集疏勒文武官员，向他们陈说龟兹国的诸多不合理的行径，并宣布另立被杀掉的疏勒国君的侄儿当国王，于是疏勒乱局得以平定。

就这样，班超凭着智慧和勇气，两次成功出使西域，使鄯善、于阗、疏勒三个国家与汉朝恢复了臣属关系。此后，班超在西域三十一年，平定叛乱，安抚附属国，立下了赫赫功勋。

永平十八年（75年），汉明帝驾崩，焉耆（qí）国（今新疆焉耆回族自治县）趁机围攻西域都护府，并将时任都护陈睦杀害。处于盘橐（tuó）城（今喀什市东南郊的吐曼河岸边）大本营的班超孤立无援，但仍旧和汉朝属国疏勒互相支持。在一年的时间里，他顶住了龟兹、姑墨（今新疆温宿、阿克苏一带）等国的屡屡进攻，抗击匈奴，安抚了西域诸国。

永元六年（94年）秋天，已成为西域都护的班超调发龟兹、鄯善等八个属国的部队共七万人，进攻焉耆、危须、尉犁，斩杀五千多人，俘获一万五千人，马畜牛羊三十多万头。至此，西域五十多个国家都重新归附了汉王朝，班超立功异域的理想得以实现。第二年，班超被封为定远侯，食邑千户，后人称其为“班定远”。

永元十二年（100年），六十九岁的班超上书汉和帝，请求回归故乡。永元十四年（102年）八月，去国离乡多年的班超回到故里，并于当年病逝。

这位传奇将军以其非凡的政治和军事才能驻守西域三十一年，联络西域各附国，分化、瓦解和驱逐匈奴势力，维护了东汉的安全，加强了东汉与西域各属国的联系，达成了汉武帝“断匈奴之臂，张中国之掖”的梦想，不愧为“古今未有奇智神勇而能此者”。

名篇精选

自骞开外国道以尊贵，其吏士争上书言外国奇怪利害，求使。天子为其绝远，非人所乐，听其言，予节，募吏民无问所从来，为具备人众遣之，以广其道。来还不能无侵盗币物，及使失指[①]，天子为其习之，辄

复按致重罪，以激怒令赎，复求使。使端无穷，而轻犯法。其吏卒亦辄复盛推外国所有，言大者予节，言小者为副，故妄言无行之徒皆争相效。其使皆私县官赍物[②]，欲贱市以私其利[③]。外国亦厌汉使人人有言轻重[④]，度[⑤]汉兵远，不能至，而禁其食物，以苦汉使。汉使乏绝，责怨，至相攻击。

楼兰、姑师小国，当空道[⑥]，攻劫汉使王恢等尤甚。而匈奴奇兵又时时遮击之。使者争言外国利害，皆有城邑，兵弱易击。于是天子遣从票侯破奴将属国骑及郡兵数万以击胡，胡皆去。明年，击破姑师，虏楼兰王。酒泉列亭障至玉门矣。

——《汉书·张骞李广利传》

【注释】

①失指：乖天子指意。②私县官赍（jī）物：将天子送给西域各国的礼物据为己有。③欲贱市以私其利：企图以交易贱价上报而私吞其利。④轻重：意谓轻重不实。⑤度：估计。⑥空道：孔道。

【译文】

自从张骞开辟了通往西域的道路而获得尊贵的地位，那些吏士争着上书谈论外国物产的稀奇古怪以及通使的利害关系，请求出使。汉武帝因为西域偏僻遥远，并非人人都乐意去，便接受他们的言论，给予出使的符节，招募官吏和百姓而不问应募者的身份资历，为这些人准备好随行人员打发他们出使，以此扩大出使西域人员的来源。这些人回来时，难免有劫掠和盗窃来的财物以及执行使命时违背汉武帝的旨意，汉武帝因为他们熟悉西域的情况，就每每审查他们并致以重罪，以激发他们发愤去立功赎罪，再次请求出使西域。出使西域的缘由无穷无尽，且轻视犯法。那些吏卒也每每一再地推崇外国的物产，夸张程度大的，被给予符节，为正使。夸张程度小的为副使，故无稽之谈者及无良好品行之徒都争相仿效。使者们大多将天子送给西域各国的礼物据为己有，想以较低的价格卖出以从中牟利。外国人也厌恶汉使人人言语轻重不实，估计路远汉军不能到达，便断绝汉使的食物供应，使他们陷于困苦的境地。汉使生活穷困，谴责抱怨，以至于相互攻击。

楼兰、姑师等小国，因地处交通要道，攻击、劫掠汉使王恢等尤为厉害，且匈奴奇兵更是时时截击汉使。使者们争相谈论征服这些国家对汉朝有利，不讨伐它则对汉朝有害，这些国家都有城邑，军队战斗力弱，易于攻击。于是，汉武帝派从票侯赵破奴率领西域各属国骑兵及各郡兵力数万人反击匈奴，匈奴兵全部逃窜。第二年，赵破奴率军击败姑师军队，俘虏了楼兰王。汉朝从酒泉郡起布列了边防哨所，直至玉门关。

【词句撷英】

贱市以私其利：以交易贱价上报而私下侵吞谋利。

第六章

两汉的文化成就

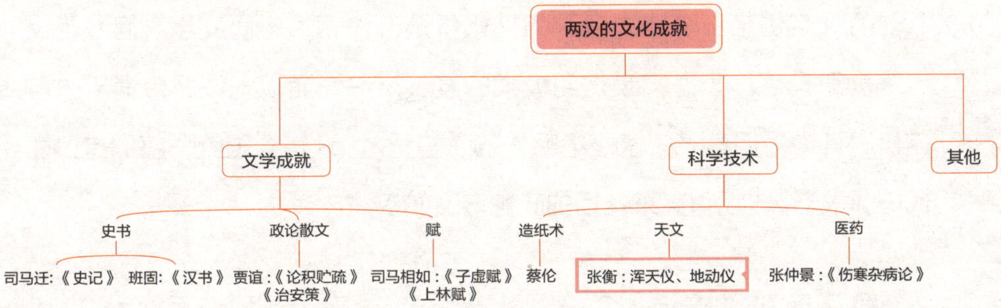

不论什么事情，都有创业和守成的时代。创业时代，诸家并起，竞向前途，开辟新路径；到守成时代，就只是咀嚼、消化前人所已发明的东西了。两汉时代的学术，正是如此。

——吕思勉《中国通史》

传诵千古的文学成就

两汉文化是一个博大精深的文化体系，汉朝人崇尚文学，喜欢用文学来歌舞升平，于是文学得到极大的发展，进而涌现出许多传诵千古的佳作。其中不但有“史家之绝唱”的《史记》，还有中国第一部纪传体断代史《汉书》，还有文采飞扬的政论散文和汉赋。

司马迁和《史记》

司马迁，字子长，是西汉时期夏阳（今陕西韩城南）人。他出生在一个小康之家，从小就跟从父亲司马谈习字读书，十岁的时候就已经可以阅读诵习古文《尚书》《左传》《国语》《系本》等书。后来，父亲司马谈去了长安做太史令（掌管天文历算等），司马迁就在家乡边读书，边耕田放牧。等年龄再大一些，已经学有所成的他离开家乡去了长安。

在父亲的指示下，二十岁时，司马迁开始游历名山大川，遍访文化古迹，了解风俗，搜集古代的历史文化知识，采集风土传闻。几经游历后，司马迁再回长安，担任郎中（帝王的侍从官）一职，并于元鼎六年（前111年）随汉武帝东行，紧接着出使西南，承担巴、蜀以南新郡的筹划建设工作，并于元封元年（前110年）春天赶往泰山参加汉武帝的封禅大典。也就在这时，他见到了生命垂危的父亲司马谈，从此接下了太史令一职。

司马迁

在长安做太史令一职期间，司马迁结识了会聚于长安的天下贤能之士，认识了董仲舒与孔安国，并深受他们的思想影响。太初元年（前104年），时任太史令的司马迁参与了《汉历》的制作。五年后，将军李陵自请率五千人护送汉军进攻匈奴的粮草，结果遭遇匈奴人的围攻，在后援无继、粮尽矢绝之后，李陵最终降敌。司马迁站在公正的角度，分析李陵降敌的原因，认为李陵是诈降，于是替李陵辩解，因而触怒了汉武帝。随后，他被定为诬罔（wū wǎng，诬陷）罪，按律当斩，但考虑到自己正在写的史书，于是他选择以宫刑（古代阉割男性生殖器的残酷刑罚）代替死刑。此后，身体残缺的司马迁在坚忍与屈辱中，于征和二年（前91年）完成了光照千秋的史学巨著——《史记》。

就内容而言，《史记》分为本纪、世家、列传、书、表五部分，记载了上自中国上古传说中的黄帝时代，下至汉武帝元狩元年，共三千多年的历史。全书包括十二本纪、三十世家、七十列传、十表、八书，共一百三十篇，五十二万六千五百余字。

就结构而言，《史记》是一部纪传体史书。其杰出的成就对后世史学和文学的发展都产生了深远影响，在中国文学史上有举足轻重的地位。

就写作手法而言，全书采用第三人称的客观叙述方式，“寓褒贬于叙事之中”，再现了三千多年历史上波澜壮阔的场景和人物活动。其中的很多传记是用一系列故事展开的，书中故事有不少极富戏剧性。书中还塑造了众多具有鲜明个性的人物形象，不但有帝王将相，还有平民百姓，让人印象深刻的人物形象达百人之多。

这些人物形象之所以刻画得如此生动，源于司马迁塑造人物时将人物外貌和神情描写、生活细节的刻画、人物对话的运用、戏剧性场景的设置等方法的灵活运用。更重要的是，其语言艺术极其精湛，采用的是汉代通行的语言，因而文字浅显流畅。司马迁的高尚人格和所秉持的实录精神深刻地影响到后世作家的创作态度和创作方法，因而开创了中国传记文学的先河。其笔法也直接影响到唐宋古文家，成为他们行文遣词的规范，对唐传奇乃至明清小说和戏剧创作也有深远的影响。以至于鲁迅评价其为“史家之绝唱，无韵之《离骚》”——这也是《史记》一书问世两千年来获得极高赞誉的原因。

班固和《汉书》

在中国文学史上，《汉书》作为继《史记》之后的又一部重要的史书，开断代史修撰之先河，为记载中国历史找到了最好的表现形式。其作者东汉的班固也因此名垂青史。

班固是传奇将军班超的哥哥。他从小就接受伯父班嗣（sì）的教导，九岁就能写文章，诵读诗赋。由于父亲班彪和伯父班嗣作为著名学者，声名远播，家中经常有人来拜师或讨教学问，班固耳濡目染，开阔了眼界，提升了学业。尤其是父亲班彪晚年潜心撰写《史记后传》，让他也开始留意史事。随着年龄的增长，班固开始将关注点扩大到儒学世家的家庭教育之外，为了获得进一步深造，十六岁的时候，他到洛阳进入太学学习。在这里，他博览群书，深入钻研，博采百家之言，尤其精通儒家经典和历史。到了二十三岁时，他已经具备了较高的文化修养和著述能力。

建武三十年（54年），父亲班彪去世，为了家里的生计考虑，班固回到家乡扶风郡安陵（今陕西咸阳市东）。在家乡，他立志继承父亲未竟之业，利用家藏的丰富图书，对父亲已经完成的《史记后传》进行修改，甚至重新编写。同时，他也开始了《汉书》的编写。

永平五年（62年），有人上书揭发班固“私修国史”，班固因此被关进京兆监狱，《汉书》书稿因此被官府查抄。为了营救班固，弟弟班超骑快马赶赴京城洛阳上书汉明帝，替他申冤。汉明帝特旨召见班超核实情况。当汉明帝获知了班彪、班固父子两代人几十年修史的辛劳以及宣扬“汉德”的目的后，不但亲自阅读了书稿，而且对班固大加赞扬，称其所著的书是一部奇书。随后，班固被释放，并进入京都洛阳皇家校书部，任职兰台令史，负责掌管和校定皇家图书。

此后，由于班固与陈宗等同心协力完成了《世祖本纪》的修撰，又完成了光武帝一朝的史事的撰写。在此过程中，班固卓越的才华得到汉明帝的认可和赏识，于是汉明帝认为他具有独立修撰汉史的能力，特下诏准其继续完成所著史书，以期进一步宣扬“汉德”。从此，班固名正言顺地全身心投入到史书的撰写中。

汉明帝驾崩后，对经学文章怀有浓烈兴趣的汉章帝对班固更加欣赏，于是班固不但可以和汉章帝一起读书，还有机会参与公卿大臣的讨论。建初七年（82年），班固基本上完成了《汉书》的撰著。这部从永平元年（58年）开始，历时二十五年，寄托着父子两代人心愿的史学著作《汉书》得以完成。

《汉书》记述了上起汉高帝元年（前206年），下至新朝王莽地皇四年（23年），共二百三十年的史事。全书包括纪十二篇，主要记载西汉帝王的事迹；表八篇，主要记载汉代的人物事迹等；志十篇，专述典章制度、天文、地理以及各种社会现象；传七十篇，主要记载各类人物的生平以及少数民族的历史等。书中通过叙述西汉盛世各类人物的事迹，全面地展现了西汉盛世的繁荣景象和时代精神风貌。在语言风格上，《汉书》不同于《史记》，全书行文谨严有法，叙事于平铺直叙中寓含褒贬、预示吉凶，言语典雅古奥，比较艰深，但分寸把握得相当准确。

贾谊的政论散文

西汉王朝建立之初，一些文学家生于当下，胸怀雄心壮志，遂将自己的一腔抱负与现实政治紧密联系起来，使其作品具有强烈的时代特征，因而成为文采飞扬的政论散文。在这些文学家中，最杰出的当推贾谊。

汉高祖七年（前200年），贾谊出生于洛阳。他小小的年纪就表现出过人的才华，在当地相当有名气。十八岁时，他因为文章写得好而被当地人称赞。河南郡守吴公因此把他招为门生，给予特别的厚爱。贾谊也以自己的才学辅佐吴公，使其治理的河南郡成绩卓著，社会安定，被评为天下第一。

汉文帝登基后，二十一岁的贾谊被汉文帝征召为博士之职。由于每每在汉文帝出题讨论中见解独到而精辟，他进一步得到汉文帝的欣赏，一年之内就升任为太中大夫。从此，贾谊开始为汉文帝出谋划策。汉文帝二年（前178年），针对当时弃农经商、奢侈糜华的现象，贾谊写了《论积贮疏》。这篇政论散文紧密围绕“积贮”这一论题，从正反两面论证加强积贮于国计民生的重要性，主张发展农业生产，加强粮食贮备，预防饥荒。他在此文中的建议被汉文帝采纳，促进了当时的社会生产，利于当时经济的发展、国防的巩固和人民生活的安定，无论是对于维护汉朝的封建统治，还是维护人民利益，均起到积极的作用。尤其是文中提倡重视农业生产，提倡积贮的思想，至今仍有借鉴意义。

《过秦论》是贾谊最著名的政论散文。这篇政论散文分上、中、下三篇。上篇运用渲染和夸张的艺术手法开篇，描述了秦国逐渐走向强盛的过程，当时六国诸侯集中庞大的军事力量和最优秀的人才想消灭秦国，结果自取灭亡。秦国可谓天下无敌，然而它“仁义不施”，最后反而被农民起义军所灭亡，前后反差极大。中篇和下篇则围绕秦二世和子婴的一意孤行、暴虐无道，进而失去民心进行论述，给西汉王朝提供教训。

汉文帝四年（前176年），因受到绛侯周勃、灌婴、东阳侯、冯敬等人在汉文帝面前进言诽谤，汉文帝将贾谊外放为长沙王太傅。在赴任途中，贾谊写就《吊屈原赋》，抒发自己的愤懑（mèn）之情。同时，针对绛侯周勃被捕系狱，贾谊上疏《阶级》，建议汉文帝以礼对待大臣。汉文帝五年（前175年），贾谊针对私人铸钱导致币制混乱，上疏《谏铸钱疏》，建议汉文帝禁止私人铸钱。谪居长沙三年后，贾谊被重新调回长安，任汉文帝最小的儿子梁怀王太傅。在此期间，他就匈奴侵边等问题上疏《治安策》，陈述内外政事。

贾谊一生中所著的政论散文均表现出说理透辟，逻辑严密，感情充沛，气势非凡的特点，且内容围绕着深刻的政治思想和高瞻远瞩的治国方略加以论述，体现了汉初知识分子在大一统封建帝国创始时期积极用世的人生态度和昂扬向上的精神风貌。因此，这些政论散文标志着中国散文发展的一个新阶段，也代表了汉初政论散文的最高成就，对后世的散文写作产生了极为深远的影响。

司马相如的汉赋

汉代文学中，除了政论散文，还有一种新的文体——赋。赋作为汉代文学的代表，是在楚辞的基础上发展而成的。汉赋通常分为直接模仿屈原《离骚》体的骚体赋和汉代新创的散体大赋两种，后者成为汉赋的主体。在汉代，汉赋作家有很多，其中以枚乘和司马相如最为著名。下面，我们来了解一下司马相如和他的汉赋作品。

汉宫春晓图局部 〔明〕仇英绘

司马相如是西汉蜀郡成都人，原名司马长卿，由于对战国时的赵国名相蔺相如充满仰慕之情而改名司马相如。他少年时代喜欢读书、练剑，二十多岁的时候用钱换了个官职——汉景帝的武骑常侍（即皇帝的近侍护卫）。然而这一官职不是他喜欢的，因此经常有不得志之感。后来，司马相如结识了梁孝王刘武手下的邹阳、枚乘、庄忌等辞赋家，如同遇见知音，以至于因病退职后到梁地做了梁王的宾客，为的是和这些志趣相投的文士共事。在做梁王的宾客期间，他为梁王写了著名的《子虚赋》，以铺陈的手法表现诸侯打猎的情景。

汉武帝即位后，看到这篇《子虚赋》后特别喜欢。于是，经过狗监杨得意的介绍，司马相如进京面君，并写了《上林赋》。在《子虚赋》中，司马相如设计了“子虚”“乌有先生”“亡是公”三个虚拟人物，在问答的过程中，极力铺写。可以说，这篇赋不但表达了维护国家统一和反对帝王奢侈的主旨，而且歌颂了汉武帝时统一大帝国前无来者的形象，又表达了对统治者的讽谏。它开创了汉代大赋的一个基本主题。

因为《上林赋》，司马相如被汉武帝封为郎官。建元六年（前135年），冒险家唐蒙征发数万名巴、蜀两郡的民工和士卒修筑通往夜郎国的通道。由于大量民众死伤，引发民怨沸腾。汉武帝派司马相如前往巴蜀安抚民众，司马相如采用恩威并施的手段，很好地解除了危机。随后，他又被任命为中郎将，令持节出使，笼络西南夷。在这里，他写出了名作《难蜀父老》。

作为汉代很有成就的散文名家，司马相如在文学史上一直享有极高的声望，产生了深远的影响，司马迁的《史记》中仅有两篇文学家的传记，其一就是司马相如。后世的名家如班固、刘勰（xié）则称其为“辞宗”，王应麟、王世贞等学者将他称为“赋圣”。

名篇精选

司马相如者，蜀郡成都人也，字长卿。少时好读书，学击剑[①]，故其亲名之曰犬子[②]。相如既学[③]，慕蔺相如之为人，更名相如。以赀为郎[④]，事孝景帝，为武骑常侍，非其好[⑤]也。会景帝不好辞赋，是时梁孝王来朝，从游说之士齐人邹阳、淮阴枚乘、吴庄忌夫子之徒，相如见而说之，因病免[⑥]，客游梁。梁孝王令与诸生同舍，相如得与诸生[⑦]游士居数岁，乃著《子虚之赋》。

会梁孝王卒，相如归，而家贫，无以自业[⑧]。素与临邛（qióng）令王吉相善[9]，吉曰："长卿久宦游不遂[10]，而来过[11]我。"于是相如往，舍都亭[12]。临邛令缪[13]为恭敬，日往朝[14]相如。相如初尚见之，后称病，使从者谢吉[15]，吉愈益谨肃。临邛中多富人，而卓王孙家僮[16]八百人，程郑亦数百人。二人乃相谓曰："令有贵客，为具[17]召之。"并召令。令既至，卓氏客以百数。至日中，谒[18]司马长卿，长卿谢病[19]不能往，临邛令不敢尝食，自往迎相如。相如不得已，强往[20]，一坐尽倾[21]。酒酣，临邛令前奏[22]琴曰："窃闻长卿好之，愿以自娱。"相如辞谢，为鼓一再行[23]。是时卓王孙有女文君新寡，好音，故相如缪与令相重[24]，而以琴心挑[25]之。相如之临邛，从车骑[26]，雍容闲雅甚都[27]；及饮卓氏，弄琴，文君窃从户窥之，心悦而好之，恐不得当[28]也。既罢，相如乃使人重赐文君侍者通殷勤[29]。文君夜亡奔[30]相如，相如乃与驰归成都。家居徒[31]四壁立。卓王孙大怒曰："女至不材[32]，我不忍杀，不分一钱也。"人或谓王孙，王孙终不听。文君久之不乐，曰："长卿第俱[33]如临邛，从昆弟假贷犹足为生[34]，何至自苦如此！"相如与俱之临邛，尽卖其车骑，买一酒舍酤酒[35]，而令文君当炉[36]。相如身自著犊鼻裈[37]，与保庸[38]杂作，涤器于市中。卓王孙闻而耻之，为杜门[39]不出。昆弟诸公更[40]谓王孙曰："有一男两女，所不足者非财也。今文君已失身于司马长卿，长卿故倦游[41]，虽贫，其人材足依也。且又令客[42]，独奈何相辱如此！"卓王孙不得已，分予文君僮百人，钱百万，及其嫁时衣被财物。文君乃与相如归成都，买田宅，为富人。

——《史记·司马相如列传》

【注释】

①击剑：投剑击物的技术。或以为是刺杀斩击的技术。②犬子：犹言"狗儿"，这是司马相如最初的名字，饱含着父母对儿子的亲昵之情。③既学：完成学业。④以赀（zī）为郎：因为家中资财多而当上了郎官。以，因；赀，通"资"，钱财；郎，郎官，是汉代的宫廷宿卫侍从之官。

按汉朝法律，功臣的子弟、二千石（dàn）以上的显宦高官子弟，皆可凭恩荫为郎。另外家财超过四万的良家子弟，也可以被选为郎，称为“赀郎”。司马相如当郎官即属此类。⑤好：喜爱。⑥因：趁、借。免：辞官。⑦诸生：指梁孝王的诸多门客。⑧自业：自为生计。⑨素：一向。令：县令。相善：互相友好。⑩宦游：离乡在外，求官任职。遂：官运通达。⑪过：拜访。⑫都亭：指临邛城内之亭。都，城；亭，人停集之处。⑬缪：通“谬”，诈，佯装之意。⑭朝：拜访。⑮谢吉：就是拒绝王吉的拜访，以提高自己的身份。谢，拒绝。⑯家僮：私家奴隶。⑰为具：备办酒席。具，馔也，指饭菜。⑱谒：请。⑲谢病：以病推辞。⑳强往：勉强前去。㉑一坐尽倾：在座的客人都惊羡司马相如的风采。㉒奏：进献。㉓鼓：弹奏。一再行：一两支曲子。再，第二；行，指乐曲。㉔相重：相互敬重。㉕琴心：指琴声中蕴含的感情。挑：通“誂(tiǎo)”。指司马相如用琴声诱发卓文君的爱慕之情。㉖从车骑：车马跟随在后边。从，随。㉗雍容闲雅：仪表堂堂，文静典雅。甚都，很大方。㉘当：通“党”。《方言》：“党，知也。”“不得当”犹言不了解我。㉙通：传达。殷勤：殷切诚恳之情。㉚亡奔：逃出卓家私奔相如。亡，逃跑；奔，男女不经所谓合法手续而私自结合。㉛家居：家中存放之物。居，放置。徒：空。㉜至：极。不材：不成材。㉝第：但、只。俱：一同。㉞从：向。昆弟：兄弟。假贷：借贷。为生：维持生活。㉟酒舍：酒店。酤（gū）酒：卖酒。㊱当炉：主持卖酒之事。炉，通“垆”，堆土成台，四面隆起，中置酒瓮以热酒。㊲犊鼻裈（kūn）：形似牛犊之鼻的围裙。或说是形如牛犊之鼻的短裤。㊳保庸：雇工，共同操作。㊴杜门：闭门。㊵诸公：父辈们。此指临邛的年长者。更：交相。㊶故：本来。倦游：对宦游已厌倦。㊷令客：县令的客人。

【译文】

司马相如是蜀郡成都人，字长卿。他少年时喜欢读书，也学习剑术，所以他父母给他取名犬子。司马相如完成学业后，很仰慕蔺相如的为人，就改名相如。最初，他凭借家中富有的资财而被授予郎官之职，侍卫孝景帝，做了武骑常侍，但这并非他的爱好。正赶上景帝不喜欢辞赋，这时梁孝王前来京城朝见景帝，跟他来的善于游说的人，有齐郡人邹阳、淮阴人枚乘、吴县人庄忌先生等。相如很喜欢他们，因此就借生病为由辞掉官职，旅居梁国。梁孝王让相如这些读书人一同居住，相如才有机会与读书人和游说之士相处了好几年，于是写了《子虚赋》。

正赶上梁孝王去世，相如只好返回成都，然而家境贫寒，又没有可以维持自己生活的职业。相如一向同临邛县令王吉相处得很好，王吉说："长卿，你长期离乡在外，求官任职，不太顺心，可以来我这里看看。"于是，相如前往临邛，暂住在城内的一座小亭中。临邛县令佯装恭敬，天天都来拜访相如。最初，相如还是以礼相见。后来，他就谎称有病，让随从去拒绝王吉的拜访。然而，王吉却更加谨慎恭敬。临邛县里富人多，像卓王孙家就有家奴八百人，程郑家也有数百人。二人相互商量说："县令有贵客，我们也备办酒席宴请他。"一并把县令也请来。当县令到了卓家后，卓家的客人已经上百了。到了中午，去请司马长卿，长卿却推托有病，不肯前来，临邛令见相如没来，不敢进食，还亲自前去迎接相如。相如不得已，勉强来到卓家，满座的客人无不惊羡他的风采。酒兴正浓时，临邛县令走上前去，把琴放到相如面前，说："我听说长卿特别喜欢弹琴，希望聆听一曲，以助欢乐。"相如辞谢一番，便弹奏了一两支曲子。这时，卓王孙有个女儿叫文君，刚守寡不久，很喜欢音乐，所以相如佯装与县令相互敬重，而用琴声暗自诱发她的爱慕之情。相如来临邛时，车马跟随其后，仪表堂堂，文静典雅，甚为大方。待到卓王孙家喝酒、弹奏琴曲时，卓文君从门缝里偷偷看他，心中高兴，特别喜欢他，又怕他不了解自己的心情。宴会完毕，相如托人以重金赏赐文君的侍者，以此向她转达倾慕之情。于是，卓文君乘夜逃出家门，私奔相如，相如便同文君急忙赶回成都。（卓文君）进门一看，家中空无一物，只有四面墙壁立在那里。卓王孙得知女儿私奔之事，大怒道："女儿极不成材，我不忍心伤害她，但也不分给她一文钱。"有的人劝说卓王孙，但他始终不肯听。过了好长一段时间，文君感到不快乐，说："长卿，只要你同我一起去临邛，向兄弟们借贷也完全可以维持生活，何至于让自己困苦到这个样子！"相如就同文君来到临邛，把自己的车马全部卖掉，买下一家酒店，做卖酒生意，并且让文君亲自主持垆前的酌酒应对顾客之事。相如穿起犊鼻裤，与雇工们一起操作忙活，在闹市中洗涤酒器。卓王孙听到这件事后，感到很耻辱，因此闭门不出。有些兄弟和长辈交相劝说卓王孙，说："你有一个儿子两个女儿，家中所缺少的不是钱财。如今，文君已经成了司马长卿的妻子，长卿本来也已厌倦了离家奔波的生涯，虽然贫穷，但他确实是个人才，完全可以依靠。况且他又是县令的贵客，为什么偏偏这样轻视他呢！"卓王孙不得已，只好分给文君家奴一百人，钱一百万，以及她出嫁时的衣服被褥和各种财物。文君就同相如回到成都，买了田地房屋，成为富有的人家。

【词句撷英】

1. 雍容闲雅：指神态从容不迫，举止文雅大方。

2. 家徒四壁立：只有空空的四面墙壁竖立在那里。形容家中十分贫穷，一无所有。

泽被后世的科学技术

科学技术是一个国家强大的根本。汉朝也不例外。无论是东汉还是西汉，在先后经历的六个盛世阶段，均于科学技术上取得巨大的突破。就这一方面而言，汉朝当时的科学技术已经远远领先于世界，有的技术比欧洲领先一千年左右。

蔡伦和造纸术

作为中国的四大发明之一，造纸术的作用不可估量。它的发明让书写变得方便、快速，世界各地的文明进程也因此得到推动和提升。

蔡伦，字敬仲，是东汉桂阳郡人。他出身于铁匠世家，后因东汉朝廷在桂阳设置铁官而与朝廷发生了联系。小时候的蔡伦就读于乡学，不但勤学《论语》《礼记》等知识，而且了解了冶炼、铸造、种麻、养蚕等相关知识。

长大后，他成为一个满腹经纶、才华横溢的人。汉明帝永平十八年(75年)，十八岁的蔡伦经人推荐进皇宫做了宦官，在后宫嫔妃居住的掖庭当差。几年后，随着才华的逐渐显露，他升任小黄门，经常出入皇宫、传递诏令。汉和帝即位后，他做了中常侍，传达诏令，掌理文书，参与朝政。随后，心性秉直的他因看不惯外戚的跋扈，于是参与大宦官钩盾令郑众的谋划，夺取了外戚权力，巩固了汉和帝的政权。

汉代造纸工艺流程图

后来，蔡伦做了主管皇宫制造业的尚方令（词语延伸：“尚方宝剑”就是尚方制作的宝剑，后来成为最高权力的象征）。从此，蔡伦得以施展其个性、爱好以及工程技术方面的过人天资。永元九年（97年），他大幅度地改进刀剑等器物的制作工艺，进而树立了兵器品牌。

在监管武器制造的同时，蔡伦还主管监督制造宫中用的各种器物。元兴元年（105年），蔡伦向汉和帝献上纸张。这种纸是他安排人挑选出树皮、破麻布、旧渔网等，再由工匠们把它们切碎剪断，放在一个大水池中浸泡。过了一段时间后，其中的杂物烂掉了，纤维却因为耐腐烂而得以保留下来。接着，他让工匠们将这些浸泡过的原料放在石臼中持续地搅拌，使之成浆状物，最后再把这些黏糊糊的东西用竹篾挑起来，待其干燥后揭下来就成了纸。

从此，蔡伦的造纸之术在全国推广。九年后，他被封为龙亭侯。他所发明的纸张因此被称为蔡侯纸。

此后，蔡伦承担着监管校正各种典籍的读书人的任务，辅助核实确定经史传记等文字的内容。直到汉安帝亲政后，他因为当年协助窦太后迫害死汉安帝的祖母宋贵人，不得不服毒自杀。

蔡伦发明造纸术，促使了纸质书的出现，使得人类文明的传播速度更便捷、成本更低，极大地推动了人类文明的进程。

伟大的发明家张衡

提到月球背面的张衡环形山和太阳系中的张衡星，人们都会不由自主地想到我国东汉时期伟大的发明家张衡。之所以称其为伟大的发明家，是因为他对中国天文学、机械技术、地震学的发展做出了杰出的贡献，发明了浑天仪、地动仪，被后人尊称为“科圣”。

张衡，字子平，是东汉南阳西鄂（今河南南阳市石桥镇）人。张家是当时的世家大族，张衡的祖父张堪从小就因为志高力行而被赞为圣童，成年后曾任蜀郡太守，在平定内乱中立下功勋，而且在对匈奴的战争中受到嘉奖，因品行高洁而被人称颂。

张衡和其祖父一样，从小就聪明好学，兴趣广泛，通五经、贯六艺。尤其喜欢研究算学、天文、地理和机械制造等。他也喜欢文学，尤其是诗歌、辞赋、散文。虽然博学多才，才高于世，但为人谦虚，待人平和，处事从容淡泊。十六岁之后，张衡离开家乡到外地游历。这段游历经历为他后来写成《二京赋》《归田赋》等作品提供了素材。

他不喜欢从仕，因此他曾拒绝被推举为孝廉（汉代选拔官吏的科目之一，始于汉武帝时期，意为“孝顺亲长、廉能正直”），也曾拒绝大将军邓骘（zhì）的多次征召。他虽不从政，却十分关心国家的发展，针对当时的王公贵族过于奢侈等现象，他仿照班固的《两都赋》，用十年时间写成《二京赋》，讽谏朝廷。

直到永元十二年（100年），他才在南阳太守鲍德的诚意相请之下，替他做了八年的主簿，掌管太守府的文书。等鲍德调任京师后，他辞官归隐。

汉安帝登基后，听说张衡擅长机械，特别是天文、历算等学问，于是下旨征召他入京。永初五年（111年），张衡被拜为郎中，后升任太史令。在任太史令期间，他发明了最早的地动仪，也就是候风地动仪。这种地动仪用精铜铸成，圆径八尺长，顶盖好像酒樽一样突起，上面装饰着篆（zhuàn）文山龟鸟兽的形象。中间是一个大柱子，旁边开了八条通道，其中是动力装置。地动仪有八个方位，每个方位都有一条口含铜珠的龙，每条龙的下方都有一只蟾蜍与其仰首相对。

倘若一方发生地震，那么这一方位的龙口中所含的铜珠就会落入蟾蜍的口中，由此可以判断什么方位发生了地震。

尽管候风地动仪的功能只能测知地震的大概方位，但却超越了西方科技约一千八百年之久。

后来，张衡对西汉耿寿昌发明的浑天仪加以进一步研究，创制了更精确、更全面的“浑天仪”，即漏水转浑天仪。这种浑天仪是在一个直径四尺多的铜球上刻上二十八星宿、星官以及黄道、赤道、南北极、二十四节气、恒显圈、恒隐圈等，从而形成一个浑象，再用一套转动机械将浑象和漏壶相结合，用漏壶流水对浑象进行控制，使之和天球同步转动，从而显示星空的周日视运动。这一浑天仪上还安装了瑞轮冥荚（jiá）——这是一种机械日历，借助于传动装置和浑象相连，利用流水的推力，从每月初一开始，一天出现一片叶子，到满月出齐十五片，然后每天再收起一片，到月末为止，如此循环开合。作为一位博学多才之士，张衡在天文学、文学、史学、数学、机械等诸多方面均有过人的成就。在天文学上，除了候风地动仪和浑天仪，张衡还制造了指南车，创造了计里鼓车等。张衡在文学方面也有着不俗的成就，除了著名的《二京赋》，他还全面地继承了前代赋家的表现手法，写出了《思玄赋》和《归田赋》。

张仲景和《伤寒杂病论》

提到东汉的科技成就，医学的发展和成就也是不可低估的一个方面。其中，被后人尊称为“医圣”的张仲景与其传巨著《伤寒杂病论》是这一时期的典型代表。

张仲景，字仲景，是东汉南郡涅（niè）阳县（今河南省南阳）人。张仲景的家族是当时的一个世家望族，他的父亲张宗汉在朝廷做官。因此，他在很小的年纪就接触到相当多的典籍。加之他本人笃实好学，小小年纪就博览群书，尤其喜爱医学书籍。张仲景对做官没有什么兴趣，甚至厌恶官场。相反，百姓的病痛之苦，反而使他萌发了学医救民的愿望，并以神医扁鹊为榜样，立志成为一代医学大师。汉桓帝延熹四年（161年），他拜同郡医生张伯祖为师，学习医术。

他学医非常用心，不管是外出诊病、抄方抓药，还是上山采药、回家炮制，从不怕苦，也不怕累。因此，张伯祖将自己毕生行医积累的丰富经验倾囊相授。加之他博览医书，仔细研读《素问》《灵枢》《难经》等古代医书，广泛吸收各医家的经验用于临床诊断，因此进步很大，没多久名气就超过了老师张伯祖，成为一个知名度极高的医生。

东汉末年，社会极为动荡，从外戚和宦官两大集团不停地争斗而出现的“党锢之祸”，到军阀、豪强的争霸斗争，再到此起彼伏的农民起义，使得这一时期的社会动荡不安，天灾和人祸接连不断。据史书记载，这一时期的疫病不断发生，其中汉桓帝时发生了三次大疫，汉灵帝时发生了五次大疫，汉献帝建安年间疫病更加严重。疫病的不断流行，造成成千上万的人死亡，甚至出现了“十室九空”的惨相。

汉灵帝在位时，从公元171年到公元185年的十四年间，每隔几年就发生一次大规模的瘟疫，张仲景的家乡南阳地区更是瘟疫流行的重灾区，原本是大家族的张家，也因为疫病由原来的二百多人剧减了三分之二。

面对瘟疫的肆虐，张仲景决心潜心研究诊治伤寒病的方法。他在认真钻研前人研究成果的基础上，对“辨证论治”这一传统治病原则进行认真的研究，确定了伤寒是一切热病的总名称，即一切因为外感而引起的疾病。他广泛搜集各方面的资料，包括古今治病的有效方药，甚至各种民间验方，探寻着治疗伤寒的方法。

因其父曾在朝廷做官，本人又有才学，为人正直，张仲景被州郡举为孝廉，不得不进入官场。做到长沙太守时，他仍千方百计为百姓解除病痛。

按封建时代的规定，做官的人是不能随便进入民宅、接近百姓的。但是如果不能接触百姓，就无法替他们治疗，更不能让自己的医术获得提升。做官后的张仲景为了解决这个问题，决定每月的初一和十五两天在衙门坐诊。随后，他让衙役贴出安民告示，把这一消息告诉老百姓。

消息一传出，当地的老百姓高兴极了。于是每逢农历初一和十五的日子，张仲景的衙门便聚集了来自各方求医看病的群众，甚至有些人带着行李远道而来。张仲景则一身素袍，端坐于大堂上，为每一个有病的百姓仔细诊治。这就是后来人们将坐在药铺里给人看病的医生称为“坐堂医生”的原因。

经过数十年笔耕不辍，他于建安十五年（210年）写成了《伤寒杂病论》十六卷（又名《伤寒卒病论》）。这本书被奉为“方书之祖”，系统地概括了“辨证施治”的理论，为我国中医病因学说和方剂学说的发展都做出了重要贡献。后世之人将它整理成为《伤寒论》和《金匮要略》两本书，张仲景也被后人称为“医圣”和“经方大师”。

名篇精选

张衡，字平子，南阳西鄂人也。衡少善属文，游于三辅，因入京师，观[1]太学，遂通五经，贯[2]六艺。虽才高于世，而无骄尚之情。常从容淡静，不好交接俗人。永元中，举孝廉不行，连辟[3]公府不就。时天下承平[4]日久，自王侯以下，莫不逾侈。衡乃拟[5]班固《两都》作《二京赋》，因以讽谏。精思傅会[6]，十年乃成。大将军邓骘奇[7]其才，累召不应。

衡善机巧[8]，尤致思[9]于天文、阴阳、历算。安帝雅闻衡善术学[10]，公车[11]特征拜郎中，再迁为太史令。遂乃研核阴阳，妙尽璇机[12]之正，作浑天仪，著《灵宪》《算罔论》，言甚详明。

顺帝初，再转[13]复为太史令。衡不慕当世，所居之官辄积年不徙。自去史职，五载复还。

阳嘉元年，复造候风地动仪。以精铜铸成，员径八尺，合盖隆起，形似酒尊，饰以篆文山龟鸟兽之形。中有都柱，傍[14]行八道，施关[15]发机。外有八龙，首衔铜丸，下有蟾蜍，张口承之。其牙[16]机巧制，皆隐在尊中，覆盖周密无际。如有地动，尊[17]则振龙，机发吐丸，而蟾蜍衔之。振声激扬，伺者因此觉知。虽一龙发机，而七首不动，寻其方面，乃知震之所在。验之以事，合契[18]若神。自书典所记，未之有也。尝一龙机发而地不觉动，京师学者咸怪其无征。后数日驿至，果地震陇西，于是皆服其妙。自此以后，乃令史官记地动所从方起[19]。

时政事渐损，权移于下，衡因上疏陈事。后迁侍中，帝引在帷幄，讽议左右。尝问天下所疾恶者。宦官惧其毁己，皆共目之，衡乃诡对而出。阉竖恐终为其患，遂共谗之。衡常思图身之事，以为吉凶倚伏，幽微难明，乃作《思玄赋》以宣寄情志。

永和初，出为河间相[20]。时国王骄奢，不遵典宪；又多豪右[21]，共为不轨。衡下车㉒，治威严，整法度，阴知奸党名姓，一时收禽㉓，上下肃然，称为政理。视事三年，上书乞骸骨，征拜尚书。年六十二，永和四年卒。

——《后汉书·张衡传》

【注释】

①观：看，引申为游历，游学。②贯：贯通，精通。③辟：征召。④承平：相承，平安。⑤拟：模仿，模拟。⑥傅会：亦作“附会”，指文章的语言修辞组织结构等。⑦奇：形容词的意动用法，认为张衡才能奇特。⑧机巧：指机械方面制造的巧妙。⑨致思：极力钻研。致，极。⑩雅：常，素。术学：指关于天文历算、历法的学问。⑪公车：汉代用公家车马送贤良方正之士赴京就职，形成制度。这里指朝廷负责征召贤士的机构。⑫璇机：也写作“璇玑”。璇，美玉。镶嵌玉石的测天仪，也称璇机。⑬转：改任别的官职，也称平级调动。⑭傍：通“旁”。⑮施：设置。关：枢纽，关键。⑯牙：发动机件的枢纽。⑰尊：酒器。⑱合契：符合，相合。⑲从方起：从哪个方位起。⑳相：诸侯王的辅佐，实际上行使诸侯王所辖区域的施政权。㉑豪右：秦汉时以右为贵，贵族富豪住城市的右边，故称豪门大族 为豪右。㉒下车：指官员到任。㉓禽：通“擒”。

【译文】

张衡，字平子，（东汉）南阳郡西鄂县人。张衡年轻时就擅长写文章，曾到“三辅”一带游学，接着进了洛阳，在太学学习，通晓五经，贯通六艺。尽管他才华高于世人，但并不骄傲自大。他总是举止稳重、神态淡泊宁静，不喜欢与一般的世俗之人交往。永元年间，他被推举为孝廉，却不应荐，多次被公府征召，也都不曾就任。这时社会长期太平无事，从王公贵族到一般官吏，都过度奢侈。于是张衡模仿班固的《两都赋》写了《二京赋》，用以讽喻规劝朝廷。写这篇赋时，他精心构思润色，花费了十年的时间才完成。大将军邓骘因此认为他是奇才，多次征召他入朝为官，他都没应召。

张衡善于器械制造方面的巧思，尤其在天文、气象和历法的推算等方面很用心。汉安帝常听说他擅长天文历法等方面的学问，命公车特地征召他，任命他为郎中，两次升迁为太史令。于是，张衡就精心研究阴阳之学，精辟地研究出测天文仪器的运行之道，制作浑天仪，著成《灵宪》《算罔论》等书籍，论述极其详尽。

顺帝初年，张衡两次转任，又做了太史令之职。张衡不趋附当时的那些达官显贵，他担任了官职多年得不到提升。自他从太史令上离任后，过了五年，又回到这里。

顺帝阳嘉元年，张衡又制造了候风地动仪。这个地动仪是用纯铜铸造的，直径有八尺，上下两部分相合盖住，中央凸起，样子像个大酒樽，外面用篆体文字和山、龟、鸟、兽的图案装饰。内部中央有根粗大的铜柱，铜柱的周围伸出八条滑道，还装置着枢纽，用来拨动机件。外面有八条龙，龙口各含一枚铜丸，龙头下面各有一个蛤蟆，张着嘴巴，准备接住龙口吐出的铜丸。仪器的枢纽和机件制造得很精巧，都隐藏在酒樽形的仪器中，覆盖严密，没有一点缝隙。如果发生地震，仪器外面的龙就震动起来，机关发动，龙口吐出铜丸，下面的蛤蟆就把它接住。铜丸震击的声音清脆响亮，守候在机器旁的人因此就能得知发生地震的消息。地震发生时只有一条龙的机关发动，另外七个龙头丝毫不动，按照震动的龙头所指的方向去寻找，就能知道地震的方位。用实际发生的地震来检验仪器，彼此完全相符，真是灵验如神。在古籍记载中还不曾看到有这样的仪器。有一次，一条龙的机关发动了，可是洛阳并没有感到地震，京城的学者都怪它这次没有应验。几天后，驿站传送文书的人来了，证明果然在陇西地区发生了地震，大家这才都叹服地动仪的绝妙。从此以后，朝廷就责成史官根据地动仪记载每次地震发生的方位。

当时政治昏暗，中央权力向下转移，张衡于是给皇帝上书陈述这些事。后来他被升为侍中，皇帝让他进宫，在皇帝身边对国家政事提意见。皇帝曾经向张衡问起天下人所痛恨的是谁。宦官害怕张衡说出他们，都给他使眼色，张衡于是没对皇帝说实话。但那些宦党终究怕张衡成为祸患，于是一起诋毁他。张衡常常思谋自身安全的事，认为福祸相倚，幽深微妙，难以看清，于是写了《思玄赋》表达和寄托自己的情思。

顺帝永和初年，张衡调离京城，担任河间国国相。当时，河间王骄横奢侈，不遵守制度法令，又有很多豪族大户与河间王一起胡作非为。张衡上任之后治理严厉，整饬法令制度，暗中探得奸党的姓名，迅速将其逮捕、拘押，于是国中上下对其敬畏恭顺，称赞他政事处理得好。张衡担任了三年河间国国相后，给朝廷上书，请求辞职回家。朝廷任命他为尚书。张衡活了六十二岁，于永和四年去世。

【词句撷英】

1. 才高于世：才华高于世人。

2. 从容淡静：举止稳重、神态淡泊宁静。

好看到放不下的中国史

英雄辈出的魏晋南北朝

3

派妈丽莎 李秀莲 编著

花山文艺出版社
河北·石家庄

目录
Contents

第一章 / 三国之争

第二章 / 西晋的统治

第一章

三国之争

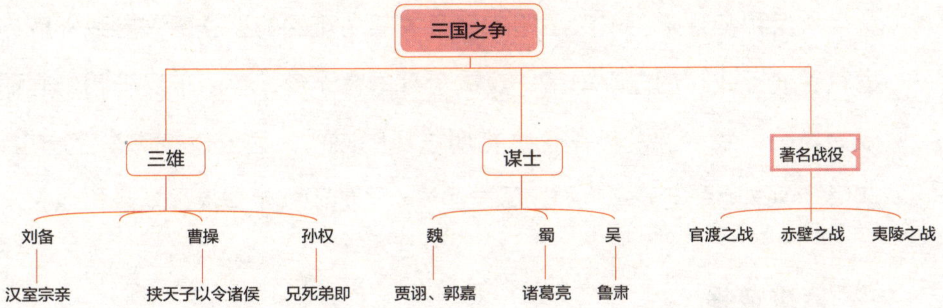

柳宗元说汉代“有叛国而无叛郡”，这是因为郡的区域太小了，其势不足以反抗中央。到了后汉末年，把刺史改成州牧，所据的地方，大过现在的一省，其情形就大不相同了。

当曹操主持中央政府，把汉献帝迁到许都时，天下正是纷纷割据。

——吕思勉《中国通史》

三雄并立逐天下

从汉和帝开始，东汉王朝的皇帝大都为年幼的孩子，这导致外戚与宦官轮流干政。加之汉桓帝、汉灵帝等昏庸无道，致使东汉王朝中后期政治黑暗，社会混乱。在这个礼崩乐坏的时代，有三位豪杰横空出世，演绎了中国历史上著名的“三国之争”——他们就是曹操、刘备和孙权。

枭雄曹操

曹操出身于官宦之家，其父曹嵩是大宦官曹腾的养子。这位曹腾也算是太监中的精英，他侍奉过四代皇帝，因此极有声望。汉桓帝时，曹腾被封为费亭侯，后来，曹操的父亲曹嵩继承了这一爵位，在汉灵帝时做到了太尉（“三公”之一，秦汉时期负责掌管军事，东汉末年为有名无权的虚职）。

曹操为人机智警敏，做事极其果断机应，可以说才华出众。他虽然不喜欢传统的经史子集，但博览群书，格外喜欢兵法，甚至亲手抄写了许多著名军事家的兵法韬（tāo）略。不过，由于他为人放荡不羁（jī），当时的名士都不太欣赏他。

公元174年，年仅二十岁的曹操走上仕途，在洛阳做了一名郎官。很快，他就被任命为洛阳的北部尉。当时的洛阳是东汉的首都，那里聚集着大量的皇亲贵戚，人际关系错综复杂，要治理好相当困难。然而，曹操一到任就申明禁令、严肃法纪，甚至专门做了二十多根五色大棒悬挂在衙门左右。他立下禁令，所有犯禁的人无论身份如何，全都施以棒刑。其中，皇帝身边的亲信宦官蹇（jiǎn）硕的叔父蹇图由于违反了宵禁的规定，曹操便用五色棒将其打死，可谓铁面无私。洛阳的治安因他的铁腕治理有了明显好转。他也因此得罪了一些当朝权贵。不过，由于曹嵩的关系，最终他被明升暗降，调到顿丘（今河南清丰县）做了县令。

公元178年，曹操受亲戚的牵连被罢官，回到家乡谯县，每天无所事事。直到两年后，他又被朝廷征召，做了一名议郎，承担守卫门户等工作。当时，面对朝廷中宦官干政的现象，大将军窦武、太傅陈蕃曾谋划诛杀宦官，结果却被宦官所害。于是曹操多次上书汉灵帝，一方面替窦武等人说情，另一方面言辞恳切地指出朝廷中存在的忠良之士不得重用，奸邪之徒肆意横行的现象。可惜，他的这些劝谏（jiàn）没能得到汉灵帝的采纳。直到公元184年，曹操受命参与剿灭黄巾起义，并因功升任济南国（今山东济南）的国相。

汉代实行郡国制，郡直属中央管理，国是分封给诸侯王的领地。所谓国相，相当于中央政府派到各诸侯王封地处理政务的官吏，职位相当于郡太守。济南国的国相，实际上就是济南国的真正统治者。在任济南国相期间，二十九岁的曹操展示出非凡的胆识、魄力和杰出的政治才能。当时的济南国有十多个县，每个县的长吏都有权贵做靠山，这些人大肆贪赃枉法，为所欲为。曹操之前的历任国相深谙内情，对这些人的行为不闻不问。结果，曹操到任后，大力整饬（chì）吏治，一下子就将其中八成的长吏罢了官。济南国上下顿时一片清明，曹操的美名也在当地传扬开来。然而，他在济南任上的所作所为触犯了当地豪强以及这些人背后的大宦官的利益。为了避祸，曹操干脆托病隐居乡里，过起了春夏读书、秋冬打猎的生活。

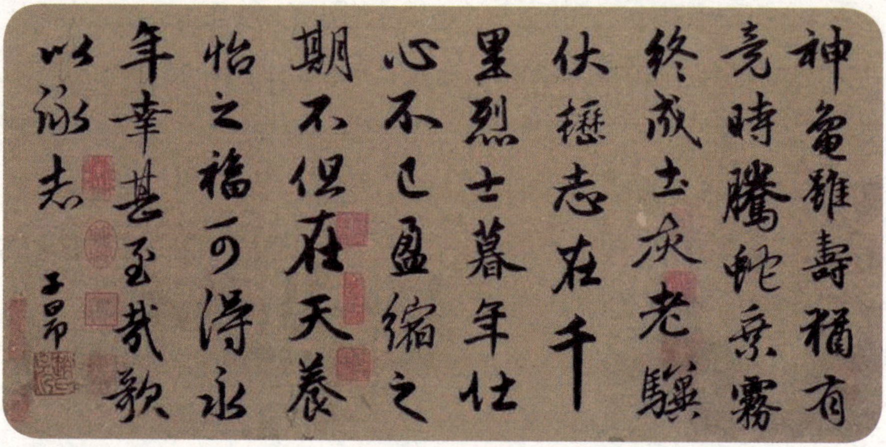

曹操诗歌《龟虽寿》书法作品 〔元〕赵孟頫

公元189年，汉灵帝驾崩，汉少帝刘辩继位。时任并州牧的董卓进京，把持朝政，废汉少帝，扶持刘辩的异母弟陈留王刘协登基，这就是汉献帝。随后，董卓毒杀了刘辩，自称太师，把持朝政。曹操不愿与董卓同流合污，于是改名换姓逃出洛阳，跑到陈留（今河南省开封市陈留镇）后，散尽家财，组织了义军，号召天下英雄讨伐董卓。

公元190年，以渤海太守袁绍为盟主的十八路关东联军讨伐董卓，曹操任代理奋武将军。董卓的军队在联军攻击下被击败，董卓便胁迫汉献帝迁都长安（今陕西西安西北部），并将洛阳的宫室焚毁。关东联军惧怕董卓手下的精锐凉州军，不敢向关西推进，便在酸枣（今河南延津北）驻军，只有曹操独自率军西进。结果，在荥阳汴水（今河南荥阳西南），由于双方力量悬殊，曹军大败，手下的士卒死伤大半，曹操自己也中箭受伤。无奈之下，曹操不得不回师酸枣。

随后，曹操建议联军各据要地，分兵西入武关（今陕西丹凤东南）围困董卓。但由于联军首领各怀鬼胎，都想趁机争夺地盘，发展自己的势力，导致联军之间摩擦不断，甚至彼此之间发生了火并。最终，讨董联军不战自溃。

在讨伐董卓的过程中，曹操的兵力得到扩充，但还是不能与袁绍的军队相比。到了公元191年，曹操在消灭青州黄巾军时大获全胜，俘虏了三十多万人。他将其中的精锐收入自己的军中，由此组成了一支叫“青州兵”的部队。随后，曹操又与袁绍联手，帮助他打败了刘备、袁术等几支军队。公元195年，曹操采纳谋士荀彧（yù）的计策，进军洛阳，迎汉献帝到许昌。从此，他“挟天子以令诸侯”，四处征兵壮大自己，进而成为一方霸主。

仁义君子刘玄德

刘备不同于曹操，他以仁义著称于世。尽管他是西汉中山靖王刘胜的后人，但由于父亲早亡，不得不和母亲以织席贩鞋为生，过着清苦的生活。刘备的外貌清奇，据史书记载，他身长七尺五寸，两只手臂特别长，下垂可以够到膝盖，双耳格外大，甚至自己都能看见。他话不多，喜怒不形于色，待人比较和善，周围的人都特别喜欢他。十五岁的时候，刘备外出求学，结交了许多英雄豪杰。

公元184年，二十四岁的刘备与关羽、张飞相识，三人在桃园结拜为异姓兄弟。后来，黄巾军起义，刘备在张世平、苏双的资助下，招兵买马，得以成为讨伐黄巾军的一支队伍。他率领军队立下不少战功，被封为安喜（今河北定州市东）县尉。可惜，没过多久，因为张飞得罪了宦官，刘、关、张三人不得不外出逃亡。

随后，刘备又加入了何进所招的募兵，因在下邳与敌人作战立下功劳，被封为下密县丞。不久后，他因故辞去县丞一职远走他乡。公元191年，刘备和青州刺史田楷共同对抗袁绍，因累次建立功勋而被擢升为平原县县令，领平原国相。在任平原国相期间，他对外抵御贼寇，对内乐善好施，因此深得民心。

公元194年，曹操攻打徐州时，刘备因驰援徐州牧陶谦，得以扩充人马，并成为豫州刺史，驻军在沛县。陶谦病逝后，刘备顺理成章地成为徐州的实际管理者。公元196年，曹操为了拉拢刘备，上书汉献帝，将刘备封为宜城亭侯。公元195年，被曹操打得无路可走的吕布不得已投靠了刘备。趁刘备和关羽外出迎敌袁术的时机，吕布占领了徐州城，刘备不得不转而投奔曹操。

三英战吕布（绣像画）

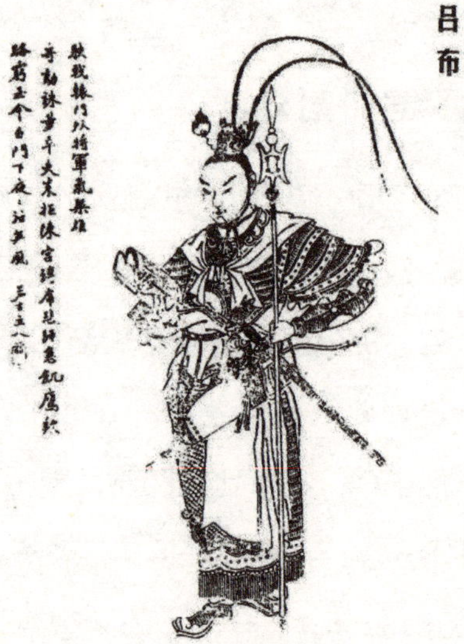

吕布（绣像画）

因为刘备越来越得人心，便有人劝曹操借机除掉他，以免遗留后患。但曹操认为自己正处于树立威信的时候，不能在此时杀掉穷途末路的刘备，否则会影响到自己招揽天下英雄的大业。因此，曹操对刘备相当优待，不但给他兵马粮草，还任命他做豫州牧，也就是豫州的州长，命他率军对抗吕布。刘备虽然多次败于吕布之手，但最终还是同曹操大军一道将吕布的军队击溃，并随同曹操一同返回许昌，被汉献帝封为左将军。

公元199年，车骑将军董承联络刘备，密谋刺杀曹操。因为担心事情泄露，刘备便抓紧谋划，并借曹操派他与朱灵一起攻击袁术的机会夺取下邳（pī），自己则退守小沛。随后，他集结了数万兵马，北连袁绍抗击曹操。曹操派兵攻打刘备，被刘备击退。公元201年，曹操再次率兵讨伐刘备，刘备不得不投奔镇守荆州的军阀刘表。

诸葛亮像

公元207年，在荆州困守数年的刘备深感自己老之将至而功业未建，前往隆中拜访号称“卧龙”的诸葛亮，诸葛亮向他献上了著名的《隆中对》。自此，刘备有了自己的军师，也明确了自己逐鹿天下的决心和计划。

雄才大略孙仲谋

孙权能与曹操、刘备并列为三雄，源于他据有江东这一有利条件。孙权是军事家孙武的后代，孙权的父亲孙坚是当时吴地下邳的县丞，孙权是他的第二个儿子。

孙权的哥哥孙策是一个具有雄才大略的人。他在十几岁的时候就结交知名人士，其中周瑜和他格外投缘，两人成为至交好友。在孙权九岁、孙策十七岁的时候，孙坚在攻打荆州时战死。孙策安葬了父亲之后渡长江北上，广交天下英豪，立志要为父亲报仇。后来，孙策在校尉朱治的建议下返回故乡寿春。随后，他率领着由一千多步兵和数十骑兵组成的队伍，从寿春南下，一路招兵买马，成为割据江东一带的军阀。公元200年春，年仅二十六岁的孙策遇刺身亡。临终时，他将吴越之地交付给了

孙权像

弟弟孙权。

孙权是在兄长孙策和母亲吴夫人的教育下长大的。孙权为人开朗大度，同时又具备行事果断、崇尚侠义的特点。因此，那些贤能之人很愿意与孙权相处。因为这些优点，孙权在吴地的名声越来越大，甚至和父兄齐名。

在孙权十五岁的时候，孙策就开始对他委以重任，不断提升他的能力。孙策遇刺身亡时，刚刚统一的江东人心纷乱，局势动荡不安。孙权在长史张昭和孙策时期的老臣周瑜、程普等人的辅助下，开始统驭诸将。他先是率军消灭叛乱的庐江太守李术，阻止宗室动乱；又消灭了不安分的山越族人，收编了万余人。在平定内乱的同时，他还广招贤才，聘求名士，最终稳定了江南局势。

经过建安八年至建安十三年整整五年的战争，孙权击败了黄祖，占据了江夏郡（包括今湖北东部、河南南部）大部分地区。建安十三年（208年），孙权联合刘备，在赤壁之战中击败曹军，迫使曹操撤回北方。其手下的大将周瑜更是在后来与曹军对战中取得了一系列的胜利，利用一年多的时间获得了南郡（今湖北荆州附近），还与刘备建立了更加巩固的联盟。

汉末三雄并立的局面就此形成。

名篇精选

壬子，太中大夫孔融弃市①。融恃其才望，数戏侮曹操，发辞偏宕②，多致乖忤③。操以融名重天下，外相容忍而内甚嫌之。融又上书言：“宜准古王畿④之制，千里寰内⑤不以封建诸侯。”操疑融所论建渐广，益惮之。融与郗（chī）虑有隙，虑承操风旨，构成其罪，令丞相军谋祭酒路粹奏：“融昔在北海，见王室不静，而招合徒众，欲规不轨。及与孙权使语，谤讪⑥朝廷。又前与白衣祢（mí）衡跌宕放言，更相赞扬。衡谓融曰‘仲尼不死’，融答‘颜回复生’，大逆不道，宜极重诛。”操遂收融，并其妻子皆杀之。

——《资治通鉴·汉纪五十七》

【注释】

①弃市：在人群集聚的闹市，对犯人执行死刑。以示为大众所弃的刑罚。②偏宕（dàng）：指偏激过当。③乖忤：抵触、违逆。④王畿（jī）：古指王城周围千里的地域。⑤寰（huán）内：指帝京周围千里之内。⑥谤讪（bàng shàn）：毁谤讥刺。

【译文】

壬子（二十九日），太中大夫孔融在闹市被公开处死。孔融倚仗自己的才干与名望，屡次戏弄、嘲笑曹操，随便发表偏激的议论，褒贬人物，多与曹操意见不合。曹操因孔融名重天下，所以表面上容忍他的言行，而心里十分厌恶。孔融又上书给献帝，提出：“应该遵照古代的王畿制度，在京师周围一千里的地方，不可建立封国。”曹操发现孔融的议论范围越来越广，对孔融更加忌惮。孔融与郗虑一向有矛盾，郗虑秉承曹操的意思，罗织孔融的罪状，命令丞相军谋祭酒（官职名）路粹上奏说：

"孔融从前担任北海国国相时，看到天下大乱，就召集徒众，准备图谋不轨。后来与孙权的使者谈话，又讥讽、诽谤朝廷。另外，他从前与平民祢衡在一起行为放荡，互相标榜。祢衡称赞孔融为'孔子不死'，孔融称赞祢衡是'颜回复生'。这些都是大逆不道的行为，应该处以极刑。"曹操于是下令逮捕孔融，连他的妻子儿女也一起处死。

【词句撷英】

1. 名重天下：天下闻名。形容名声极大。

2. 跌宕放言：行为放纵，言语不拘。跌宕，放纵不拘；放，粗放，豪放。

3. 大逆不道：不合某种观念和道德标准的行为，指谋反、作乱等重大罪行。大逆，指危害君父、宗庙、宫阙等罪行；不道，刑律名。

谋臣名士显奇才

在曹操、刘备和孙权三雄并立逐天下的过程中，辅佐在他们身边的谋士们可以说起了至关重要的作用。用“一计抵万军”来比喻也不夸张。三雄争霸，其实在某种程度上可以说是他们身边的谋士们拼智商、比谋略的过程。

“毒士”贾诩和“智囊”郭嘉

先来看曹操一方。曹操身边的谋士可谓众多，但其中较为著名的当推贾诩和郭嘉。此二人各有所长，前者的计谋以“毒”著称，后者则以“善断人心”而闻名。

贾诩，字文和，凉州姑臧（今甘肃武威）人。他小的时候就被当时的名士阎忠评为具有张良、陈平那样的智慧。成年后，他先是效力于董卓。董卓被杀后，司徒王允清查其旧党，他为李傕（jué）、郭汜（sì）等人献出保命计策：带领部队向西，沿途收揽士兵，再进攻长安，成功则尊奉国家（的命令）征服天下，不成功则图逃亡。李傕、郭汜等人听从他的计策，奇袭长安，把持了朝政大权。随后，贾诩替李傕出谋划策，助其脱身，帮助汉献帝出逃，并保护了很多大臣。等李傕的事情告一段落，贾诩投奔了南阳军阀张绣。

张绣是骠骑将军张济的侄子，张济战死后，建安二年（197年），贾

宴长江曹操赋诗　金协中绘

诩劝说屯兵宛城的张绣和荆州牧刘表联合，从而提高自己的自保能力。然而，这样一来，此二人就成为曹操的心腹之患。建安三年（198年）三月，曹操南征张绣，包围了张绣据守的穰（rǎng）城（今河南邓州），并用奇兵大败张、刘联军。贾诩在获胜的曹军快速北撤的时候，阻止张绣率兵追击，结果张绣不听，被曹操亲自断后击败。张绣转而听从贾诩的建议，收集散兵，再行追击，将曹操后卫部队击溃。

建安四年（199年），在贾诩的建议下，张绣拒绝袁绍的招降，率众归顺曹操，和曹操成了亲家。从此，贾诩效力于曹操手下，成为其得力的谋士之一，并在随后曹操的南征北伐中为其献计献策。

建安五年（200年），官渡之战爆发，贾诩针对曹军现状，给曹操献上抓住时机、速战速决的策略，曹操在此策略的指导下，偷袭乌巢，战胜袁绍，进而平定河北。贾诩也因此被升为太中大夫。建安十三年（208年），曹操不听贾诩的劝阻，一意孤行，率军南下，结果在赤壁之战中大败。从此，曹操更加欣赏贾诩的智谋。建安十六年（211年），面对韩遂、马超为首的十路联军，曹操采用贾诩的离间计，写信离间马超和韩遂，使之发生内乱，自己则在时机成熟时对关中联军发起进攻，结果大胜而归。

三国鼎立的局面形成后，曹操已经成为东汉实际上的掌权者。而随着年龄的增长，确立自己的继承人问题被提上了日程。当时，曹操共有二十五个儿子，只属意于曹昂、曹冲、曹丕、曹植四人。后来，曹昂被张绣所杀，曹冲病死，只剩下曹丕和曹植二人，兄弟俩之间发生了激烈的竞争。最终，曹丕得以胜出，贾诩在其中起了相当关键的作用。

当初，曹丕和曹植相互竞争时，由于曹植文采过人，曹操明显更喜欢曹植。于是曹丕就让人向贾诩求助，贾诩给他出了一个主意，那就是弘扬道德，培养气度，勤恳做事。简言之，就是要学会孝顺。曹丕采纳他的建议，不断刻意地磨炼自己。作为曹操的重要谋士之一，贾诩被曹操问到关于继承人的问题，不过贾诩的态度却是闭口不答。这就越发激起了曹操的好奇心，追问他不答的原因，贾诩就声称自己在想袁绍和刘表。曹操就明白了贾诩的意思，就是要立长，不然结果就会落得像袁绍和刘表的下场——因为那两位都是由于宠爱小儿子，立小儿子为继承人，结果一败涂地。

没过多久，曹操果然立曹丕为自己的继承人。从此之后，贾诩变得更加低调起来。自此闭门不出，不和别人私下来往，更不与权贵结成亲家。黄初元年（220年），曹丕即位。即位后的曹丕一方面感激于贾诩当年的施计之恩，另一方面也为贾诩的谋略折服，将贾诩封为太尉，而且封他的小儿子和长子分别为列侯和驸马都尉。

曹丕第一次征讨东吴时，问计于贾诩。贾诩当时并不建议他出兵，认为他理应先治理好国家再动武。曹丕不听，结果那次出征果然无功而返。也就是在这一年（223年），享年七十七岁的贾诩去世。

当时的人以“毒士”来评价贾诩，认为他奇谋百出，算无遗策。事实上，从三国前期到后期，贾诩活跃于不同的场合，效力于不同的人，用自己的智谋先后帮助过董卓、李傕、张绣，最后辅佐了曹氏父子。曹氏父子对他信任有加，尤其是曹操，更是将他看作最重要、最信任的谋士之一，对他几乎言听计从。由此可见，贾诩谋人、谋己、谋天下已经达到了很高的境界，最后也凭着这份智谋让自己不但位列三公，而且还能善始善终。

除了贾诩，曹操身边的郭嘉也是一位了不得的人物，时人评价他：“腹内藏经史，胸中隐甲兵。运筹如范蠡，决策似陈平”。

郭嘉，字奉孝，东汉颍川阳翟（今河南禹州）人。少年时的郭嘉就目光深远，尽管身具才略，却在二十二岁的时候就隐居起来，私底下和那些英雄豪杰交往，期望可以找到一位具有雄才大略的明主。他曾去见过袁绍，当意识到袁绍只是表面上敬重人才，并非可托付的真正明主后，就果断地离开了袁绍。

在闲居六年后，郭嘉终于得遇他心目中的明主——曹操。当时，郭嘉的好友荀彧效力于曹操，经他的推荐，郭嘉得以见到曹操。双方一番交谈后，曹操为自己得到了可以成就大事的人而高兴，任命郭嘉为军师祭酒（军事参谋）。而郭嘉则欣喜于自己终于找到了明主，从此一心辅佐曹操，为其出谋献策。

功劳一：细察人心，挽危亡于关键

建安二年（197年），袁绍写信羞辱征讨张绣失败的曹操，面对惨败且对自己严重不自信的曹操，郭嘉以著名的《十胜十败论》分析了曹操的优势，让曹操明白自己和袁绍旗鼓相当，从而振作了以曹操为首的曹军将士的斗志。随后，他针对性地帮助曹操拟定了远期和近期的战略目标。此举不但为曹操指明了前进的方向，也确立了他自己在曹操军事智囊团中的核心地位。

建安三年（198年）九月，在攻打虎踞徐州的吕布时，曹军最初不

刘豫州败走汉津　金协中绘

断克敌制胜，最后吕布坚守下邳大半年不出。此时，曹操发现士兵疲惫，打算放弃，郭嘉却能在细微之处看出胜机。他用西楚霸王项羽的例子劝谏曹操，指出吕布就如同项羽一样，属于有勇无谋的人，当他们气衰力竭的时候，不久就会败亡。他激励曹操耐下心来，并献上一面攻城一面决堤水淹下邳城的计策。最终，曹操攻克了下邳，并擒杀吕布。

功劳二：深谙人性，审时度势明得失

建安三年（198年），不同于其他谋士建议将依附于曹操的刘备杀死以绝后患，郭嘉认为，刘备素有英雄之名，如果在他穷途末路之时杀之，会失去天下智者的心；与其杀之，不如容之，以此增加自己的影响力，吸引更多的人才。但同时，他建议曹操要将刘备软禁起来，因为他身边有猛将关羽、张飞。然而，曹操过于自负，不但没有软禁刘备，甚至为了使刘备对自己心服口服，与之更加亲近。而这也给刘备逃跑、最终成为曹操的劲敌留下了机会。果然，建安四年（199年），刘备以截击袁术为由，请求曹操同意自己率兵出击。当时恰好郭嘉不在身边，自以为深谙（ān，了解）人心的曹操就同意了刘备的请求。结果刘备夺取下邳，

举兵对抗曹操。曹操后悔当初不听郭嘉之言。

建安五年（200年），曹操为了避免在与袁绍作战时腹背受敌，打算将在徐州立足未稳的刘备消灭掉。众多手下都担心这样做会给袁绍可乘之机。但郭嘉却认为，这是难得的好时机，不但可以将立足未稳的刘备消灭，而且可以回师时将袁绍消灭，可谓一举两得。这回曹操对他言听计从，举师东征，不但大败刘备，更将其妻儿俘虏，而且生擒了关羽。

曹操与袁绍双方处于官渡之战相持阶段时，江东孙策一方打算偷袭位于许都的曹操大本营，此时的曹操处于劣势，自顾尚不暇，根本没有兵力回去保卫许都。而一旦许都失守，曹操阵营就会马上分崩离析。这一消息令曹营人心浮动，甚至一些人开始主动联络袁绍，为自己找退路。在此紧急关头，郭嘉却认为，孙策一方尽管拥有百万大军，又是一个极具号召力的人，但由于他之前在吞并江东时杀了太多的英雄豪杰，因此必定会死于刺客之手。

果不其然，孙策率军到了江边，还没来得及渡江，就被刺客所杀。曹操大军得以安心，继续与袁绍对阵。袁绍大败，不久就病逝了。随后，曹操本着斩草除根的目的，率军进攻袁绍的两个儿子，可谓节节胜利。就在大家准备乘胜攻破二袁的时候，郭嘉却一反此前力主北进的态度，力排众议，提出退兵之策，而他给出的理由是袁氏兄弟必会反目，与其浪费人力物力，不如静观其变，装作向南攻击刘表之势，而后击之。曹操欣然听从。果然，很快就传来了袁军内讧（hòng，冲突）的消息，曹操乘机回军北上，轻松将二袁（袁绍、袁术）击败。

功劳三：深谋远虑，招纳贤能

郭嘉除了为曹操献上相当多的精妙之计以外，在曹操的人才招纳计划中，更是以深远的眼光和对人心的把握，帮助曹操招揽了众多英才。

建安十年（205年），郭嘉向曹操提出多招募重用青、冀、幽、并这四个州的名士，以此方式来收服民心，从而达到彻底巩固这些地区的目的。曹操采用他的计策，甚至重用了曾经诋毁过自己的陈琳，果然，不少有才之士前来依附。

正是因为郭嘉的这种算无遗策的谋略，使他成为曹操诸多谋士中最受信任的一个。曹操对他给予高度的信任，甚至偏爱，纵然长期征战在外也将郭嘉带在身边，二人行则同车，坐则同席，随时切磋，见机行事。曹操甚至打算在平定天下后，让郭嘉帮助自己处理治国大事。然而，恰如古语所言："情深不寿，慧极必伤"，由于长期征战在外，操劳过度，郭嘉最终因病早逝。

智计无双的诸葛亮

郭嘉去世之后，诸葛亮出山了，三国鼎立的局面悄然拉开。

诸葛亮是刘备身边重要的谋士，甚至可以说他是刘备身边的"定海神针"，更是历史上忠臣和智者的代表。

诸葛亮，字孔明，号卧龙，是徐州琅琊阳都（今山东临沂市沂南县）人。其家族是当地望族，父亲诸葛珪曾为东汉时的泰山郡丞。随着母亲和父亲先后辞世，八岁的诸葛亮和弟弟一起跟随叔父诸葛玄东奔西走。叔父死后，诸葛亮便隐居于隆中（今湖北襄阳附近）。

建安六年（201年），被曹操击败的刘备投奔荆州刘表后，积极联络当地的豪杰。客居荆州襄阳的名士司马徽向刘备推荐了"卧龙凤雏"，其中的"卧龙"就是诸葛亮。公元207年，四十七岁的刘备亲自去隆中拜访二十七岁的诸葛亮。诸葛亮以自己的独特见解，纵论天下大势，给刘备建立霸业统一天下，提出了总的战略思想——这就是后世盛赞的《隆中对》。随后，刘备力邀诸葛亮出山相助。

诸葛亮舌战群儒　金协中绘

事实上，除了在隆中分析天下时势，诸葛亮出山后献出的第一计是给荆州牧刘表的长子刘琦的。刘琦因后母蔡氏在刘表面前屡进谗言，进而渐渐不得刘表的欢心。为此，刘琦为了自保，多次向诸葛亮寻求方法。多次请求无效后，刘琦在一次饮宴时用上屋抽梯之计，迫使诸葛亮为他献上外出自保之计——自荐为江夏太守。

建安十三年（208年），曹操在统一了北方之后，又挥师南下，进攻荆州，想一举统一全国。此时，荆州牧刘表已经病逝，他的小儿子刘琮继位。见到曹操大军，刘琮就将荆州献给了曹操，刘备不得已率军南逃，败走夏口，使得曹操的气势更盛。他一方面率军穷追刘备，一方面给东吴孙权下战书，狂妄地称自己有水兵八十万（事实上不过是二十多万），要与孙权“会猎于吴”。

为了共同抵御曹操大军，诸葛亮自荐到东吴做说客，希望孙刘两家结成联盟。到达柴桑后，诸葛亮为孙权分析局势，坦言刘备当下的处境和孙权面临的选择，接着用激将法，让孙权主动做出联刘抗曹的选择。十一月，孙刘联军于赤壁用火攻大败曹操大军，刘备趁机夺得荆州，而曹操的军队在惨败之余，加上瘟疫，不得不挥师北撤。十二月，诸葛亮为刘备出计，趁曹操北归平定荆南四郡，为其推荐号称“凤雏”

的名士庞统。

孙权决计破曹操　金协中绘

三江口曹操折兵　金协中绘

建安十六年（211年），诸葛亮抓住益州牧刘璋请刘备率军保护益州（今川西部分地区，重庆，云南，贵州，汉中大部分地区及缅甸北部，湖北、河南小部分地区）的有利条件，抢先一步占领了涪城（今四川绵阳），最后夺得成都。此后，诸葛亮严刑治理蜀地，使成都成为刘备军队的大后方，为刘备的军队及时提供充足的粮食和后备军。建安二十四年（219年），刘备与曹操在汉中对峙不下，正是诸葛亮调兵来支援，使得刘备夺得汉中之战的胜利。此战之后，刘备自立为汉中王，诸葛亮在“隆中对策”中制定的“跨有荆、益”的战略目标完全实现。

汉延康元年（220年），曹操的儿子曹丕篡汉自立。第二年，诸葛亮用耿纯游说刘秀登基的故事劝刘备，促其登基为帝，国号汉。而诸葛亮则成为蜀汉的丞相。

章武三年（223年）四月，刘备病死于白帝城，其子刘禅（shàn）继位。诸葛亮接受刘备的临终托孤，兢兢业业地辅佐刘禅。他以身作则，为官节俭，力戒奢华。他严明法纪，从入蜀之初就召集相关人员依据秦汉旧律，制订了蜀国的法典《蜀科》，而且亲自起草了各种科条律令数十则。他重视发展经济，利用汉中的经济条件，采取了一系列因地制宜发展生产的得力措施，在保证了北伐军基本的物资供应的同时，使地广人稀的汉中重新得到发展，进而形成了人多、粮多的良性循环，让百姓安居乐业。他治军有方，讲究“明信”。所谓明，就是对兵将提出明确的道德要求；所谓信，就是治军以信为本，做到言必信、行必果，言出必行。

蜀建兴三年（225年）春天，南方一些民族首领叛乱反对蜀汉，诸葛亮率军南征，深入不毛之地，平定各处叛乱，令蜀汉得以安定下来，而且获得了大量的资源。以上的这些措施和行动，都为历次北伐提供了坚实的基础。

建兴五年（227年）春，诸葛亮向后主刘禅上《出师表》，阐述了北伐的重要性。在获得刘禅同意后，诸葛亮出兵汉中，自此拉开了北伐的序幕。从建兴六年（228年）春到建兴十二年（234年），诸葛亮先后率军进行了五次北伐。第一次北伐，诸葛亮错用马谡（sù），因街亭失守而失败。第二次北伐是诸葛亮为响应东吴而进行的，最后由于粮尽退军。第三次北伐，诸葛亮亲自率军出征，蜀汉成功得到二郡。第四次北伐，汉军得以将魏军在祁山包围，然而由于司马懿（yì）和张郃（hé）带兵及时赶到援救，加之汉军粮草不继，最后不得不退军。第五次北伐，汉军与魏军僵持达一百多天，后因诸葛亮病逝而退军。

诸葛亮是一位杰出的政治家，为蜀汉事业几十年如一日谋划；诸葛亮也是一位杰出的管理者，他善于谋划，任人唯贤，赏罚分明，为蜀汉培养了一大批能臣；诸葛亮还是一位杰出的文学家，他的《出师表》《诫子书》等传诵后世；诸葛亮更是一位伟大的发明家，他在南征时，发明了诸葛连弩和用来转运粮草的木牛流马。

胸怀大智鲁子敬

我们再来看看东吴孙权身边的重要谋士——鲁肃。鲁肃，字子敬，东汉临淮郡东城县（今安徽定远）人。鲁家是当地的士族，家境比较优裕。鲁肃小的时候父亲就去世了，是在祖母抚养下长大的。鲁肃体貌魁伟，个性豪爽，喜欢读书和骑射。看到东汉朝廷昏聩（kuì），民不聊生，社会动荡，原本就为人慷慨大方的他经常向贫苦人大量施舍钱财，甚至不惜卖出自己家的土地，因此深受乡人尊重。

鲁肃喜欢广泛结交贤能之士，当时周瑜是居巢的县令，所管理的地方到了山穷水尽的地步，不得不带着好几百人来向他借粮。鲁肃毫不犹豫地将周瑜带到自己家的大粮仓处，直接赠给了周瑜三千斛（hú，古代量器名，也是容量单位，一斛本为十斗，后来改为五斗）粮食。他这种急公好义、乐善好施的品格促使周瑜主动与之结交，二人自此结下深厚的情谊。

鲁子敬力排众议　金协中绘

黄巾起义爆发后，各地群雄并起，鲁肃也在乡里组织起一支小队伍，为的是在群雄混战时可以保护家乡。后来，形势越来越糟糕，鲁肃先是举家迁居到袁术管辖的东城，后来发现袁术治下不严，安全不能得到保障，就迁到了周瑜管理的居巢。建安三年（198年），鲁肃孤身一人跟随周瑜东渡长江，投奔了孙策，从此效力于孙策。由于鲁肃为人沉稳，思深虑远，有过人之能，因此深受孙权信任，在辅佐孙权建立霸业的道路上立下了很大功劳。

建安十三年（208年），刘表病死，鲁肃为孙权分析了荆州地理位置的重要性，建议亲自去荆州为刘表吊丧，一方面表达关切之情，另一方面了解在荆州的刘备和刘表的两个儿子的情况，以确定下一步的行动。此次荆州之行，鲁肃得以和刘备长谈，与之共论天下形势，说服刘备与孙权联手抗曹。

当孙权征求手下将士们的意见时，大多数人主张降曹，唯有鲁肃一言不发。孙权问鲁肃的意见，鲁肃指出，降曹于普通将士而言，好则获高官厚禄，差则返乡做小官为生，而孙权降曹，结果如何则不能确定。这番话引得孙权深思。随后，鲁肃又劝孙权召回在外地的周瑜来讨论此事。周瑜回来，坚定了孙权联刘抗曹的决心。

赤壁之战后，孙权据有江东，鲁肃备受重用。当刘备派人向孙权请求借荆州以供暂时容身时，鲁肃从全局出发，力主借荆州给刘备，认为敌人的敌人就是我们的朋友，借荆州给刘备，可以让东吴多一个朋友，让曹操多一个敌人。孙权听从他的建议，得以进一步巩固刘孙联军，从而使得曹操不敢轻易出兵东吴，从一定程度上确保东吴的安全。

周瑜死后，孙权任命鲁肃为奋武校尉，接替周瑜统领部队。鲁肃以自己的威望影响大军，不但令周瑜原来的部属诚心信服，而且将队伍扩大万余人。随后，他率领军队，为东吴冲锋陷阵，这其中就包括与刘备的军队之间的争斗。

鲁肃对敌作战时，往往能从全局出发。尤其是在和当初的联军刘备的军队对阵时，他总是顾全大局，以友好的姿态安抚双方。当初，在和关羽的军队交战时，他先是力排众议，邀请关羽单独相见。二人相见时，鲁肃从道义的角度指责刘备的军队借荆州而不还，是为不诚不信；知恩不图报，是为不仁。鲁肃试图从道德的角度谴责对方，不战而屈人之兵。最后，双方休战，以湘水为界，平分荆州。这一结果，不能不说和鲁肃的一番战前沟通有重要关系。

建安二十二年（217年），四十六岁的鲁肃病逝，孙权亲自为他举办丧事。鲁肃去世后，主战派占了上风。此后吕蒙袭取荆州，打破了孙刘联盟，导致势单力薄的蜀汉和吴国分别面对曹魏的进攻，加速了两国的灭亡。

名篇精选

刘备在荆州，访士于襄阳司马徽。徽曰：“儒生俗士，岂识时务，识时务者在乎俊杰。此间自有伏龙、凤雏。”备问为谁，曰：“诸葛孔明、庞士元也。”徐庶见备于新野，备器之。庶谓备曰：“诸葛孔明，卧龙也，将军岂愿见之乎？”备曰：“君与俱来。”庶曰：“此人可就见①，不可屈致②也，将军宜枉驾顾之。”

备由是诣亮，凡三往，乃见。因屏人曰：“汉室倾颓，奸臣窃命③，孤不度德量力，欲信④大义于天下，而智术⑤浅短，遂用⑥猖蹶，至于今日。然志犹未已，君谓计将安出？”亮曰：“今曹操已拥百万之众，挟天子而令诸侯，此诚不可与争锋。孙权据有江东，已历三世，国险而民附，贤能为之用，此可与为援而不可图也。荆州北据汉、沔，利尽南海，东连吴、会，西通巴、蜀，此用武之国，而其主不能守，此殆天所以资将军也。益州险塞，沃野千里，天府之土；刘璋暗弱，张鲁在北，民殷国富而不知存恤，智能之士思得明君。将军既帝室之胄，信义著于四海，若跨有荆、益，保其岩阻，抚和戎、越，结好孙权，内修政治，外观时变，则霸业可成，汉室可兴矣。”备曰：“善！”于是与亮情好日密。关羽、张飞不悦，备解之曰：“孤之有孔明，犹鱼之有水也。愿诸君勿复言。”羽、飞乃止。

——《资治通鉴·汉纪五十七》

【注释】

①就见：意思是到诸葛亮那里去拜访。就，接近、趋向。②屈致：委屈（他），召（他上门）来。致，招致、引来。③奸臣：指董卓、曹操等。窃命：盗用皇帝的政令。④欲：想。信：通“伸”，伸张。⑤而：表转折。智术：智谋，才识。⑥用：因此。

【译文】

刘备在荆州，向襄阳人司马徽询访人才。司马徽说：“一般的儒生与俗士，怎么能认清时务，能认清时务的，只有俊杰之士。在襄阳这里，自有伏龙与凤雏。”刘备问是谁，司马徽说：“就是诸葛亮与庞统。”徐庶在新野县见到刘备，刘备对徐庶很器重。徐庶对刘备说：“诸葛亮乃是卧龙，将军愿见他吗？”刘备说：“请你与他一起来。”徐庶说：“这个人，你可以去见他，不可以召唤他来，将军应当屈驾去拜访他。”

刘备于是拜访诸葛亮，一共去了三次，才见到诸葛亮。于是，刘备让左右的人都出去，说道：“汉朝王室已经衰败，奸臣窃据朝政大权，我不度德量力，打算伸张正义于天下，但智谋短浅，以致遭受挫折，到了今天这个地步。但我的雄心壮志仍在，你认为应当如何去做？”诸葛亮说：“如今，曹操已经拥有百万大军，挟持天子以号令天下，此人确实不可与他争锋。孙权占据江东，已经历三代，地势险要，民心归附，贤能人才都为他尽力，此人可以与他联盟，却不可算计他。荆州地区，北方以汉水、沔水为屏障，南方直通南海，东边连接吴郡、会稽，西边可通巴郡、蜀郡，正是用武之地，但主人刘表却不能守，这恐怕是上天赐给将军的资本。益州四边地势险阻，中有沃野千里，是天府之地，而益州牧刘璋昏庸懦弱，北边还有张鲁相邻，虽然百姓富庶，官府财力充足，却不知道珍惜。智士贤才都希望有一个圣明的君主，将军既是汉朝皇室后裔，信义闻名天下，如果能占有荆州与益州，据守险要，安抚戎、越等族，与孙权结盟，对内修明政治，对外观察时局变化，这样，就能建成霸业，复兴汉朝王室了。”刘备说：“很好！”从此与诸葛亮的情谊日益亲密。关羽、张飞对此感到不满，刘备对他们解释说：“我得到诸葛亮，是如鱼得水，希望你们不要再说了。”关羽、张飞才停止抱怨。

【词句撷英】

1. 识时务者为俊杰：能认清时代潮流的，是聪明能干的人。认清时代潮流趋势，才能成为出色的人物。

2. 挟天子而令诸侯：挟制着皇帝，用皇帝的名义发号施令。现比喻用领导的名义按自己的意思去指挥别人。

3. 度德量力：衡量自己的品德能否服人，估计自己的能力能否胜任。

名将荟萃耀古今

在三国之争中，谋士们以智为各自的主公出谋划策，武将们则以各自的本领领军奋战，开疆拓土。魏、蜀、吴三国各有精兵强将，他们在战争中起着至关重要的作用。

官渡之战：曹操 VS 袁绍

官渡之战作为东汉末年的“三大战役”之一，被兵家称为中国历史上著名的以弱胜强的战役之一。这次战役的双方是曹操和袁绍两支军队。

东汉末年，在镇压黄巾起义的过程中，袁绍和曹操两支队伍壮大起来，在曹操得以挟天子以令诸侯的同时，袁绍也尽得河北之地。两个意欲争夺天下的集团，形成对峙局面。最初，袁绍凭着地广人众，手中可用兵力达到十万以上，而曹操一方则相对实力较弱。然而，当曹操消灭吕布之后，局势急转直下，曹操有了与袁绍抗衡的实力。于是，官渡之战拉开了大幕。

官渡位于鸿沟上游，濒临汴（biàn）水。因此，袁绍要夺取许都，这里是必争之地。建安四年（199年）六月，率领着十万精兵的袁绍南下进攻许都。曹操在分析了袁绍的特点后，认为袁绍志大才疏、刻薄寡恩，加之刚愎自用，因此就算是手下兵精粮足，也会因为指挥失当、政令不一而导致失败。为此，他针对己方相对袁绍兵少的特点，调动了臧（zāng）

霸、于禁等大将，采用集中兵力，扼守要隘，重点设防，以逸待劳，后发制人的战略。

战争初期，曹操正在积极对袁绍备战，刘备却起兵反曹，且和袁绍的军队联系，想联手进攻曹操。为了避免腹背受敌，曹操不得不于建安五年（200年）二月亲自率精兵东击刘备，迫降关羽，击败刘备，随后回师官渡。

当时，袁绍为了保证主力部队渡河南进，于是派大将颜良包围了白马（今河南滑县东北）。谋士荀攸提出了声东击西分散袁绍兵力的计策，曹操采用这一计策，亲率轻骑，以张辽、关羽为前锋快速出击。白马之围解除后，袁绍率军渡河紧追曹操军队和白马的军民，最后双方在延津南再次展开激战。袁绍一方是大将文丑和刘备率领的五千多人，曹操一方是徐晃率领的五百多人，双方实力悬殊。然而，曹操采用诱敌深入之计，将袁军击败，文丑也在乱军中被杀死，曹军顺利退回官渡。

随后两军进入了相持阶段。袁军堆土如山，用箭俯射曹营，又挖掘地道偷袭。曹军则采用霹雳车和营内掘长堑（qiàn）等战术抵抗，粉碎了袁军的计谋。随后，曹操一方在兵少粮缺、将士疲乏的情况下与袁军对峙。

袁军初战失利，但兵力仍占优势。当年十月，袁绍身边的谋士许攸（yōu）投奔曹操，为曹操献上一计：奇袭乌巢，烧毁袁军的粮草和辎（zī）重装备。于是，曹操亲率步骑五千，打着袁军的旗号连夜奔袭乌巢。当时，袁绍手下的大将淳于琼率万人护送粮草，但曹操采用了火攻。最终，袁军的粮草物资全数被烧毁，大将张郃、高览等投降，袁绍仅带着八百余骑兵仓皇逃回河北。

官渡之战中，曹操以少胜多，不但击溃了袁绍，而且扩大了自己的实力，为统一北方奠定了基础。

赤壁之战：刘备＋孙权 VS 曹操

三江口周瑜纵火　金协中绘

赤壁之战不但是中国历史上以少胜多、以弱胜强的著名战役之一，也是中国历史上首次在长江流域进行的大规模江河作战，这一战役最终开创了三国鼎立的局面。

在平定北方之后，自建安十三年（208年）开始，曹操从军事和政治上积极战备，准备南下。这年七月，曹操率大军南下，接收了荆州，随后于九月到达了新野。依附刘表、屯兵樊城的刘备不得不弃樊城南逃。

就在曹操大军从江陵出发，要顺长江东下的时候，东吴孙权派出的使者鲁肃也赶来与刘备会谈，提出两家联手对付曹军的建议，并建议刘备进驻鄂县的樊口。刘备认为这些建议非常好，派诸葛亮亲赴东吴。诸葛亮到达东吴后，受到孙权的热情款待。与此同时，曹操的战书也到了。在信中，曹操威胁孙权，声称自己率八十万水军要在吴地和他“会猎”。孙权大惊失色，急召众人商议此事。

继诸葛亮舌战江东群儒后，鲁肃和周瑜分别与孙权就形势进行了详尽分析。最后，孙权下定决心联刘抗曹。孙权任命周瑜、程普为左、右督，各自带领万余人与刘备合力迎战曹操；又命鲁肃协助筹划。随后，刘备麾下的两千人马也接受周瑜的领导。至此，刘孙正式合兵，赤壁之战打响。

锁战船北军用武　金协中绘

同年十二月，孙刘联军逆水而上迎击渡江的曹军。原本曹军稳操胜券，但由于瘟疫流行，加之新编的水军和投降的荆州水军之间矛盾重重，因此曹军士气低迷。甫一交战，周瑜水军就将曹军的水军打个落花流水。无奈之下，曹操只好把水军“引次江北”，和陆军会合，并将战船停靠到北岸的乌林一侧加以操练，等待良机。而周瑜则将战船停靠南岸赤壁一侧，双方隔长江对峙。

考虑到自己的士兵都是北方人，不习惯坐船，于是曹操命人把舰船首尾连接起来，这样一来人马在船上就像在平地上一样。周瑜获知这一消息，就和部下黄盖商定了一个“诈降火攻”之计。随后，黄盖派人给曹操送去投降书，并声称自己会率众投降。选择了东南风正急的一天，黄盖率将士乘着十艘“特殊”战船排在最前面，引着全军向曹军阵地驶去。船到江心时升起船帆，在距离曹军二里多远时，准备好的十艘船同时点火，火借风势，燃烧的战船如同火箭一样射向曹军战船。由于曹军的战船都被铁链紧紧连在一起，最后不但被烧光，甚至火势还蔓延到陆地上的营寨。结果，曹军人马烧死和淹死者不计其数。

紧跟其后的周瑜率领精锐士卒趁机发动奇袭，孙刘联军水陆并进，一直尾随追击曹军，曹军伤亡过半。曹操不得不率军从华容道逃离。

赤壁之战后，曹操历经艰险逃回江陵，加之担心赤壁一战的失利造

献密计黄盖受刑　金协中绘

成后方政权不稳，于是安排相关人员留守后，马上返回北方。孙刘联军取得了赤壁之战的胜利。此次战役，从曹操一方来说，失去了在短时间内统一全国的可能性，不得不休养生息达五年之久，直至平定关中后才大举南征孙权。

对孙刘这一方而言，此战后双方开始发展壮大各自势力，刘备向孙权借荆州后迅速壮大自己的实力，孙权一方此后数次进攻合肥，却损兵折将。

夷陵之战：刘备 VS 孙权

东汉末年的三大战役中，夷陵之战是唯一的防御战。这一战因为发生在猇（xiāo）亭（今湖北宜都北），因此又称猇亭之战。交战的双方是当时已经建国的蜀汉昭烈帝刘备和吴国国主孙权。

章武元年（221年）七月，刚刚称帝三个月的刘备为了给义弟关羽报仇，挥师攻打东吴孙权。

想当初，刘备自称汉中王后，关羽被封为前将军，率军驻守荆州。此后，关羽率军征战汉中战场，先是攻打襄阳的吕常和樊城的曹仁，随后利用汉水暴涨的机会水淹曹军，逼降于禁，擒获并斩杀庞德，围困樊城。他的声威震动许都以南地区，这些地方的山贼纷纷归降。建安二十四年（219年），曹操为救樊城之围，派大将徐晃等率军出征，随后又派徐商、吕建等增援。最终，关羽不敌，撤离樊城。

关云长水淹七军　金协中绘

在此之前，东吴孙权曾派人替自己的儿子向关羽的女儿求婚，结果遭到关羽的拒绝和辱骂。为此，孙权十分恼恨。 同时，关羽这个人虽然善待下属，但对于身边的那些士大夫们却态度冷淡而骄横。出于这个原因，刘备的妻弟糜芳等人特别讨厌他。而关羽领兵出征时，糜芳等人恰好负责粮草军需，因此格外不上心。为此，关羽扬言要惩治他们。出于恐惧，糜芳干脆投降了孙权，并在东吴吕蒙率军偷袭荆州时不战而降。关羽得知南郡失守后，马上南撤。在回师途中，吕蒙采用拉拢软化的手段勾结关羽的下属。当关羽率军退到麦城（今湖北省当阳市两河镇境内）时，遭到东吴军队的埋伏，最终和长子关平一起遇害。

关羽之死，令刘备对孙权恨之入骨，他发誓要报仇，由此有了挥师攻打东吴的想法和行动。刚开始的时候，孙权不断派人向刘备求和，后来看求和不成，就一方面投降曹魏，另一方面派陆逊率军应战。

关云长败走麦城　金协中绘

当时，蜀、吴两国的国界已西移到巫山附近，长江三峡是两国之间的主要通道。刘备派先头部队，夺取峡口，攻入吴境，在巫地（今湖北巴东）击破吴军，占领秭（zǐ）归。同时，刘备派镇北将军黄权驻扎在长江北岸，以防曹魏乘机袭击，又派侍中马良到武陵活动，争取当地部族首领沙摩柯起兵协同蜀汉大军作战。

面对蜀军的战略进攻，陆逊分析了双方兵力、士气以及地形诸条件，针对蜀汉军队居高守险，锐气正盛，求胜心切，采取了避敌锋芒、伺机破敌的战略。他耐心地说服了吴军诸将，使之放弃立即决战的想法，进而果断地进行战略退却，直撤到夷道（今湖北宜都）、猇亭一线。随后，吴军在这里转入防御，以此遏制蜀军进兵，集中兵力，相机决战。

当蜀军正式进入夷陵地区时，面对的是兵力难以展开的数百里长的山地。蜀军深入吴境二三百公里后，遭到吴军抵御，不得不停止东进的势头。由于吴军扼守要地、坚不出战，蜀军只好在巫峡、建平（今重庆巫山北）至夷陵一线数百里地上设立了几十个营寨。考虑到陆逊坚守不出，刘备派前部督张南率部分兵力围攻驻守夷道的孙桓。吴军看到孙桓（孙权的侄儿）被围，纷纷要求出兵救援，陆逊为了避免分散和过早地消耗兵力，拒绝了将士的请求。就这样，吴、蜀两军相持不下，达半年之久。

陆逊火烧连营　金协中绘

在此期间，吴军不但忍住了蜀军的阵前辱骂挑战，而且置蜀军引诱出战的计策于不顾，坚守不战，最终破坏了蜀军倚恃优势兵力企求速战速决的战略意图。到了最后，蜀军将士斗志涣散松懈，苦于江南的暑气，水军不得不转移到陆地，军营不得不设到深山密林里的溪涧旁边，打算到秋后再发动进攻。陆逊则在此时实施战略反击。

陆逊先是派遣小部队进行试探性的进攻，进而确定了火攻蜀军连营的作战方法。等决战开始后，陆逊命令吴军士卒每人拿着一把茅草，乘夜突袭蜀军营寨。于是，当年火烧赤壁的一幕重演，不过交战双方和作战地点变了。最终，蜀军大乱，陆逊乘势发起反攻，不但迫使蜀军西退，而且派人切断了蜀军的退路。最终，蜀军全线溃败，刘备乘夜突围逃遁，中间还差一点被擒。最后多亏驿站人员焚烧溃兵所弃的装备堵塞山道，刘备才得以甩掉追兵，逃入白帝城（今重庆奉节东）。

这次战役，蜀汉受到重创，元气大伤，除阵亡数万人外，一部分蜀军降吴，一部分蜀军降魏。第二年四月，羞愤交加的刘备一病不起，于白帝城病逝。东吴虽然获胜，守住了荆州，但实力也受到影响。最后，双方遣使议和，恢复同盟，共同对抗曹魏。

名篇精选

时操军众，已有疾疫。初一交战，操军不利，引次江北。瑜等在南岸，瑜部将黄盖曰："今寇众我寡，难与持久。操军方连船舰，首尾相接，可烧而走也。"乃取蒙冲斗舰①十艘，载燥荻（dí）、枯柴，灌油其中，裹以帷幕，上建旌旗，豫备走舸（gě），系于其尾。先以书遗操，诈云欲降。时东南风急，盖以十舰最著前，中江举帆，余船以次俱进。操军吏士皆出营立观，指言盖降。去北军二里余，同时发火，火烈风猛，船往如箭，烧尽北船，延及岸上营落。顷之，烟炎张天，人马烧溺死者甚众。瑜等率轻锐继其后，雷鼓大震，北军大坏。操引军从华容道步走，遇泥泞，道不通，天又大风，悉使羸兵②负草填之，骑乃得过。羸兵为人马所蹈藉③，陷泥中，死者甚众。刘备、周瑜水陆并进，追操至南郡。时操军兼以饥疫④，死者太半。操乃留征南将军曹仁、横野将军徐晃守江陵，折冲将军乐进守襄阳，引军北还。

——《资治通鉴·汉纪五十七》

【注释】

①蒙冲：艨艟，三国时代的一种帆船。斗舰：大型战船。②羸（léi）

兵：疲弱的士兵。③蹈藉：践踏。④饥疫：饥饿无粮并患疫病。

【译文】

当时曹操的部队中已发生疾疫。两军初次交战，曹军失利，退到长江北岸。周瑜等驻军在长江南岸，周瑜部将黄盖说：“如今敌众我寡，难以长期相持。曹军正把战船连在一起，首尾相接，可以用火攻，击败曹军。”于是，选取战船十艘，装上干苇草和枯柴，在里边浇上油，外面裹上帷幕，上边插上旌旗，预先备好快艇，系在船尾。黄盖先派人送信给曹操，谎称打算投降。当时东南风正急，黄盖将十艘战船排在最前面，到江心时升起船帆，其余的船在后依次前进。曹操军中的官兵都走出营来站着观看，指着船，说黄盖来投降了。离曹军还有二里多远，十艘船同时点火，火烈风猛，船像箭一样向前飞驶，将曹军战船全部烧着，火势还蔓延到曹军设在陆地上的营寨。顷刻间，浓烟烈火，遮天蔽日，曹军人马被烧死和淹死的不计其数。周瑜等率领轻装的精锐战士紧随在后，鼓声震天，奋勇向前，曹军大败。曹操率军从华容道步行撤退，遇到泥泞，道路不通，天又刮起大风。曹操让所有老弱残兵背草铺在路上，骑兵才勉强通过。老弱残兵被人马践踏，陷在泥中，死了很多。刘备、周瑜水陆并进，追赶曹操直到南郡。这时，曹军又饿又病，死了一大半。曹操就留下征南将军曹仁、横野将军徐晃镇守江陵，折冲将军乐进镇守襄阳，自己率军返回北方。

【词句撷英】

1. 水陆并进：水上、陆上同时进兵。

2. 首尾相接：前后连接不断。

第二章

西晋的统治

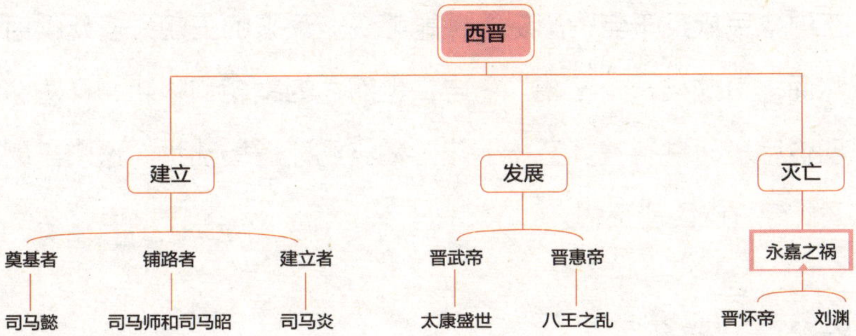

魏朝待宗室是最薄的。同姓诸王，名为有土之君，其实同幽囚无异。所以司马氏倾覆魏朝很容易。晋武帝有鉴于此，于是大封宗室，诸王皆得“选吏”“置军”，而且“入秉机衡，出作岳牧”，倚任之重，又过于汉朝。这个要算“封建制度第二次反动力”了，然而也终于失败。

——吕思勉《中国通史》

西晋的建立

在中华民族几千年的历史上，能够统一天下的王朝大多延续百年以上。然而，有这样一个王朝，它与二世而亡的秦朝和隋朝一样短命，只传了四位帝王，共存在了五十一年，却终结了一段乱世。这个王朝，就是司马氏建立的西晋王朝。

奠基者司马懿

提到西晋的建立，司马懿（yì）功不可没。司马懿，字仲达，东汉末年出生于世家大族司马氏，是家中的第二个儿子。少年时期的司马懿就胸怀谋略，心系天下。以知人善任著称的南阳太守杨俊在见过他一面后，断言他是一个不平凡的人。司马懿后来的表现的确印证了杨俊的判断。

相比曹操手下的诸多能臣武将，司马懿实在是太不起眼，他既没有飒爽的英姿，也不具备舌战群儒的口才，让人感觉毫无英雄气概之感。然而，正是这样一个人让曹操忌惮，被诸葛亮视为心腹大患。根本的原因就是此人善谋，且精明世故。而他的这一特点，在和曹操以及曹丕父子相处时都表现了出来。

建安二十年（215年），司马懿跟随曹操南征孙权。孙权上表劝曹操称帝，洞悉人心的司马懿顺势而为，附和孙权的建议，从而打动曹操，获得曹操的信任。此后，司马懿先后任军司马，他建议实行屯田

兄逼弟曹植赋诗　金协中绘

制，解决了曹军军粮供应难题；在关羽围攻樊城时，他及时劝阻曹操迁都黄河以北的想法，同时建议曹操利用孙权牵制关羽的计策，从而除掉了刘备的重要助力关羽；在曹操打算将荆州遗民和在颍川屯田的军民迁走，以免助长南方的敌对势力时，他建议保持不动，感化了无数流民。

建安二十四年（219年），司马懿成为太子曹丕的中庶子（太子的属官），在辅助曹丕的过程中，司马懿展现出善谋奇策的特点，由此获得曹丕的信任和重用。曹丕登基称帝后，两次兴兵伐吴，司马懿作为他重要的辅臣，负责在许昌对内镇抚百姓，对外为大军提供军资，免除了曹丕的后顾之忧。同时，他立足魏国的发展，在曹丕打算大修宫室的时候，他加以劝谏，避免了劳民伤财。黄初七年（226年）五月，魏文帝曹丕病逝，太子曹叡（ruì）继位，他就是魏明帝。司马懿以顾命大臣身份辅佐魏明帝，多次领兵出征抵御蜀汉、东吴的北伐，其军事才能得到了极大的发挥。

景初元年（238年），辽东太守公孙渊背叛魏国，自立为燕王。第二年正月，司马懿受命率步骑四万去平叛。司马懿采用声东击西之计，先在南线运用疑兵之计，佯攻围堑，吸引敌军主力，同时让主力部队隐蔽渡过辽水，逼近敌军在襄平（今辽宁辽阳）的大本营。魏军在司马懿的指挥下痛击叛军，获得三战三捷，最后乘胜追击，包围了襄平。正好赶

司马懿擒孟达　金协中绘

上天降大雨，辽水暴涨，面对双方兵力对比悬殊和己方军粮充足的情况，司马懿故意示弱，围而不攻。等一个多月后，雨停水退，魏军也完成了对襄平的包围，一举解决了数十年来困扰曹魏的辽东问题。

正始二年（241年）四月，吴帝孙权分兵四路攻魏，司马懿亲自请兵前往讨伐。司马懿考虑到南方暑热低湿，大军不宜持久作战，于是先派轻骑挑战，试探吴军。随后，他抓紧休养士卒，挑选精锐，招募勇士，摆出一副要攻城的架势。吴军竟然因为惊惧而连夜撤退。司马懿派兵追击，最终歼敌万余，捣毁吴军众多船舰物资。此战后，司马懿不但不居功自傲，反而更加谦恭。

景初三年（239年）正月，魏明帝去世，年仅八岁的齐王曹芳继位。司马懿和大将军曹爽共同成为辅政大臣。曹爽不但领兵三千，而且担任侍中，权倾朝野。司马懿面对曹爽的排挤，选择了韬光养晦，以待时机。

正始八年（247年），曹爽兄弟“专擅朝政，兄弟并掌禁兵，多树亲党，屡改制度”，司马懿则假装生病，从此不问政事，并于正始九年（248年）冬假装病重，迷惑了曹爽派来的试探者。由此，曹爽等人不再对司马懿加以防备，司马懿由此暗中抓紧布置，做好了消灭曹爽势力的周全计划。

嘉平元年（249年）正月，司马懿趁曹爽等人随同魏帝曹芳祭拜魏明帝高平陵（今河南汝阳县境内）的时机，上奏郭太后，请求废除曹爽兄弟。随后，司马懿上奏章给皇帝罗列曹爽的罪过。接着，司马懿派人以交出权力，做“富家翁”为条件，力劝曹爽投降。结果，曹爽投降后，司马懿违背诺言，以谋反罪将曹爽及其党羽杀死，并灭其三族。这就是著名的“高平陵之变”。

此次政变后，司马懿权倾朝野，即使久病不能上朝，每逢大事，魏帝曹芳也要亲自到他府中去征询意见。嘉平三年（251年）四月，司马懿亲率中军讨伐谋反失败的王凌，同样采用假意劝降的方式，逼死王凌，并将所有牵连进王凌谋反的人诛灭三族，逼参与谋反的楚王曹彪自尽，趁机拘捕了所有的魏国王公，将他们关押在邺城，派人监察，以防互相交结往来。此举极大地削弱了曹魏宗室的力量，为日后司马家族篡权打下了基础。

铺路者司马师和司马昭

如果说司马懿是西晋王朝的奠基者，那么他的儿子司马师和司马昭就是西晋王朝的铺路者。下面，我们一起来看一看这兄弟二人是如何一步一步为西晋王朝的建立铺平道路的。

嘉平三年（251年）八月，七十三岁的司马懿在洛阳去世，其长子司马师以抚军大将军的身份辅政，独揽朝廷大权。此后，司马家族的势力迅速渗透到魏国的上下，成为魏国的实际掌权者。

司马师掌权后，对内制定选拔官吏的法规，命百官推荐贤才，整顿纲纪，使其各有职掌，朝野肃然。对外，他以大将军的身份，发动了对吴国的东兴、新城之战。嘉平六年（254年）二月，司马师发现中书令李丰、太常夏侯玄、光禄大夫张缉等人打算发动政变，废黜自己的大将军一职，于是抢先一步将这三人诛杀并夷其三族。随后，司马师废掉魏王

魏主归政司马氏　金协中绘

曹芳，改立高贵乡公曹髦为帝。从此，魏国的朝政大权被司马师和司马昭继续把持。

正元二年（255年），镇东将军毌丘俭及扬州刺史文钦在吴国的支持下起兵反对司马师。尽管最后司马师指挥军队平定了叛乱，诛杀了毌丘氏与文钦及其家人，但在文钦的儿子文鸯带兵袭营时，司马师由于受到过度惊吓而发旧疾，最后于正元二年（255年）正月病死于许昌。司马师死后，他的弟弟司马昭继任大将军，专揽国政。

司马昭早年跟随父亲司马懿抗击蜀汉，骁勇善战，屡立战功，因此官职不断提升，景初三年（239年）被封为新城乡侯。他先后任洛阳典农中郎将、征蜀将军，在内和在外都颇有成绩。

司马师死后，司马昭晋位为大将军。此后魏帝曹髦又给他一系列的加封，他均坚辞不受。甘露二年（257年），司马昭上表魏帝，请求亲征，以振奋士气。同年七月，司马昭挟魏帝曹髦与郭太后一起东征。这次东征，虽然获得了胜利，达到了司马昭震慑魏帝的目的，同时也引起了魏帝曹髦内心对司马昭深深的忌恨。

此后，司马昭不断提拔和任用自己的心腹，权力日益扩张。面对司马昭不断扩大的胃口，魏帝曹髦眼见皇权日去，国家政事自己无法做主，内心深感不安，担心自己被废受辱，于是产生了废掉司马昭之心。甘露五年（260年）五月初六夜里，曹髦在陵云台部署甲士，意图讨伐司马昭。这一消息被尚书王经告知司马昭。最后，早就做好准备的司马昭趁曹髦率人进攻司马府邸时将其杀死。随后，司马昭嫁祸他人为自己脱罪，同时立燕王曹宇之子曹璜（后郭太后改其名为曹奂）为帝，改元景元。

景元四年（263年）夏，司马昭开始为伐蜀做准备。八月，大军从洛阳出发，大赏将士，列阵誓师。十月，各路军频繁报捷，司马昭因此被封为晋公。十一月，征西将军邓艾所率十八万大军在绵竹大破蜀军后进军雒（luò）县，蜀主刘禅投降。司马昭随后以相国身份统摄朝政。景元五年（264年）正月，司马昭挟魏帝曹奂西征，驻军长安。景元五年(264年)，司马昭被封为晋王。

西晋建立者司马炎

咸熙二年（265年）八月，司马昭中风猝死，其子司马炎继承父亲的相国职位和晋王爵位，掌握全国军政大权。次年十二月，司马炎逼迫魏元帝曹奂禅让，登基为帝，定国号为晋，改元泰始，就是晋武帝。

晋武帝初登大宝，深知自己面对的内外危机。就西晋内部而言，司马家族为了夺取皇权，对以曹爽为首的三族以及附属势力所进行的残酷屠杀，令人们很难对司马家的天下放下芥蒂；就外部环境而言，西晋要巩固政权，就要消灭实力虽弱但仍存在的东吴政权，如此方能完成统一大业。为此，晋武帝采取了一系列的政治军事措施。

在政治上，为了解决朝廷内患，消除曹氏家族心理上的恐惧，安定蜀汉人心，赢得吴地人的好感，晋武帝采取了怀柔政策。他下诏让已成为陈留王的魏帝向晋武帝上书时无须称臣，而且赐安乐公刘禅的子弟中的一人做驸马都尉，后来又解除了对东汉宗室的禁锢。

为了使国家尽早地从动乱不安的环境中摆脱出来，为统一全国奠定牢固的基础，晋武帝确立了无为与宽松的政策，并以此作为立国精神。随后，晋武帝承袭曹魏的政治制度，并进行了一系列改革。这其中，最重要的就是初步确立了三省制度。

晋武帝吸取曹魏教训，为了防止权臣专权，首创了门下省，将执政权从两个机构扩展到三个机构，这就是最早的三省制。这时的三省制已经有了决策、执行、监督分工的雏形。晋朝的三省多相政治模式，提高了行政效率，众多的行政事务由多个宰相分工负责，有利于治理统一庞大的国家，也有利于皇帝随时更换相应的管理人员，以便让自己信任的人负总责，进而避免丞相专权造成的风险。

在三省制度的基础上，晋武帝还实行分封制。不同的是，晋初的分封是改革后的分封。为了防止政权落入异姓手中，晋武帝在泰始元年（265年）共封了二十七个同姓王，以郡建国。几年之后，又陆续增封，前后受封五十七个王。诸王以郡为国，邑二万户为大国，置上、中、下三军；兵五千人；邑万户为次国，置上军、下军，兵三千人；五千户为小国，兵一千五百人。同时，晋武帝又大封功臣和异姓世家大族为公侯，一次就封了五百多人。这些人在西晋形成了一个庞大的贵族地主阶层。

然而，西晋的这一制度最终没能实现晋武帝巩固司马氏政权的初衷，诸王不仅掌握了封国中的军政大权，而且控制了相当多的军队，还任用在士族制度确立以后难以出仕的寒族士人，进而形成一个个与中央政权相背离的政治集团，并凭借其王国军队争取自己的利益。后来，随着统治阶级内部矛盾的发展，诸王大都卷入了争夺中央统治权的斗争，反而削弱了中央的权威。

在军事上，晋武帝除了平定秦凉，安抚边境，还击灭东吴，统一了中国。泰始六年（270年）和泰始七年（271年），鲜卑首领秃发树机能起兵反晋。从咸宁元年（275年）到咸宁四年（278年），晋武帝司马炎先后派兵对鲜卑进行讨伐，但总不能灭此边患，以至于他临朝哀叹说：“谁能为我讨此虏者？”到了咸宁四年（278年），名将马隆率三千五百勇士西征，利用自造的扁箱车边作战边前进，最终行军一千多里，直打到武威，迫使鲜卑部落首领率一万多部落来归降。十二月，马隆最终平定了凉州之乱。

降孙皓三分归一统　金协中绘

西晋成立之初，司马炎运筹帷幄，雄心勃勃，准备出兵灭吴，结束全国的分裂局面。为了完成灭吴大业，司马炎在战略上做了充分准备。泰始五年（269年），他坐镇襄阳，派名将羊祜（hù）坐镇军事重镇荆州，减轻赋税，安定民心，采取“以善取胜”的策略，向吴军大施恩惠，以瓦解吴军。在这种策略下，东吴将领的反吴之心日盛。同时，司马炎在长江上游的益州训练水军，建造战船。

经过长达十年的充分准备，咸宁五年（279年），晋军开始向东吴展开大规模的进攻。晋军兵分六路展开攻势，其中五路晋军沿长江北岸，向吴军齐头并发。第六路晋军由巴东、益州出发，沿江东下，直捣吴军都城建业（今南京）。由于准备充分，时机恰当，战略正确，晋军前后仅用了四个多月就夺取了灭吴战争的全部胜利。

咸宁六年（280年），三国鼎立的局面完全结束。晋武帝司马炎终于统一了全国，结束了汉末以来长达近百年的分裂局面。

名篇精选

尚书张华，以文学才识，名重一时，论者皆谓华宜为三公；中书监荀勖（xù）、侍中冯紞（dǎn）以伐吴之谋深疾之。会帝问华：“谁可托后事者？”华对以“明德至亲，莫如齐王”。由是忤[①]旨，勖因而谮[②]之。甲午，以华都督幽州诸军事。华至镇，抚循夷夏，誉望益振，帝复欲徵[③]之。冯紞侍帝，从容语及钟会，紞曰：“会之反，颇由太祖。”帝变色曰：“卿是何言邪！”紞免冠谢曰：“臣闻善御者必知六辔缓急之宜，故孔子以仲由兼人而退之，冉求退弱而进之。汉高祖尊宠五王而夷灭，光武抑损[④]诸将而克终。非上有仁暴之殊，下有愚智之异也，盖抑扬与夺，使之然耳。钟会才智有限，而太祖夸奖无极，居以重势，委以大兵，使会自谓算无遗策，功在不赏，遂凶逆耳。向令太祖录其小能，节以大礼，抑之以威权，纳之以轨则，则乱心无由生矣。”帝曰：“然。”紞稽（qǐ）首曰：“陛下既然臣之言，宜思坚冰之渐，勿使如会之徒复致倾覆。”帝曰：“当今岂复有如会者邪？”紞因屏左右而言曰：“陛下谋画之臣，著大功于天下，据方镇，总戎马[⑤]者，皆在陛下圣虑矣。”帝默然，由是止，不征华。

——《资治通鉴·晋纪三》

【注释】

①忤：不顺从；不和睦。②谮：诬陷；中伤。③徵：征召。④抑损：贬低；贬损。⑤戎马：戎，兵器也；马，战马也。戎马，指从事征战的生活经历。

【译文】

尚书张华，由于他的文章、博学、才能与见识，在当时很有名气，受人尊重。人们议论说，张华应当作三公。中书监荀勖、侍中冯紞，由于伐吴的谋略，深深地嫉恨张华。这时晋武帝问张华：“谁是我可以向他托付后事的人呢？”张华回答说“聪明有德行，又是您的至亲之人，没有人比齐王更合适了”。这一句话就触犯晋武帝的心思，荀勖就乘机诽谤张华。甲午（十八日），任命张华统领幽州诸军事。张华到了镇守，安抚汉族及夷的平民百姓，声望更高了。这时，晋武帝又想把他召回来。冯紞正在晋武帝身旁侍候，他不慌不忙地和晋武帝谈到了钟会。冯紞说：“钟会之所以谋反，很大部分原因在于太祖。”晋武帝变了脸色，说：“你这是什么话！”冯紞脱帽谢罪说：“我听说善于驾驶车马的人必然懂得六根缰绳的掌握要缓急适度，所以孔子因为仲由胜过别人而贬退他，因为冉求退缩、软弱而推举他。汉高祖尊重、宠爱的五位王最终都被除掉；光武帝抑制、贬损各位将领，他们因而能善终。这并不是因为圣贤、帝王有仁爱、残暴的区别，臣下有愚昧、聪明的不同，这是由于褒贬与夺才使得他们这样。钟会的才能、谋略有限，但是太祖对他的赞赏没有止境，让他担任重要的职权，把大军托付给他，使钟会自认为谋划周密，没有遗漏，有功劳却得不到赏赐，于是就构成了谋反。假使太祖任用他的小才能，用大的礼法约束他，用威势和权力抑制他，使他遵守法则制度，那么他的作乱之心就没有产生的机会了。”晋武帝说：“是这样。”冯紞跪拜，说：“陛下既然同意了我的话，就应当想一想坚冰之所以形成，非一日之寒，不要让像钟会那样的人再导致颠覆。”晋武帝说：“当今难道还有像钟会那样的人吗？”冯紞于是屏退身边的人，然后说：“为陛下谋划的大臣，在天下有显著的大功，据守一方，统领兵马的人，都在陛下您圣明的思虑之中了。”晋武帝沉默不语，从此就不征召张华了。

【词句撷英】

算无遗策：算，计划；遗策，失算。形容策划精密准确，从来没有失算。

西晋的发展与灭亡

晋武帝司马炎在位二十多年，为晋国的经济、文化的发展制定了许多政治、经济措施。他统治前期，厉行节俭，虚心纳谏，用人唯贤，为创立一个统一的国家进行了一系列改革，西晋呈现出欣欣向荣的局面。但到了晋武帝统治后期，由于统治者追求安逸享乐，甚至出现了君臣赛富的荒唐行为，从而导致西晋王朝的灭亡。

太康盛世

作为西晋王朝的建立者，晋武帝司马炎不但结束了自东汉末年以来近百年的战乱纷争和三国鼎立局面，使中国重归统一，而且在政治、经济、文化、民族关系等方面采取了一系列有利于巩固统治和社会发展的政治举措。因而，在其统治前期，西晋王朝民富国强，出现了“太康之治”的盛世局面。

方式一：宽松执政，发展经济

首先，确立无为与宽松的政策。西晋统一全国后，政治上趋于安定，但由于多年战争的创伤，老百姓生活依然很艰苦。为了尽早地使国家从动乱不安的环境中摆脱出来，为统一奠定牢固的基础，晋武帝将无为与宽松政策确立为西晋建立初期的立国精神，并将这种精神贯彻在国家的各种领域中。

晋武帝像

晋武帝身体力行这一政策。泰始四年（268年），晋武帝下诏书明确——以“无为之法”作为治国之策。同年，他还向各郡国下诏，再三强调，要求各郡国“正身、勤百姓、抚孤寡、敦本息末、去人事”。这一政治措施缓解了饱受曹魏统治后期长期战乱的百姓的恐惧与疲惫之感，起到了安定人心的作用。

其次，制定“户调式”经济制度。西晋建立之初，农民没有土地，豪门世族，特别是皇室和权贵们利用占据的田地肆意盘剥农民，农民的苦难日益加重。晋武帝针对这一问题，制定了“户调式”的经济制度，以解决土地问题，从而发展经济。晋武帝将全国人口按年龄分组，在分组的前提下，对丁男、丁女占田数量和需缴纳的亩税加以明确规定，从而使得每个农民都可以合法地占有应得的田地。这一经济制度推行后，相当多的豪门世家的佃户脱离主人，领取属于自己的一份土地，大批农民开垦了大片荒地，从而推动农业经济得以一定程度的好转。

再次，增加人口，稳定粮价。司马炎很注意开垦荒地，兴修水利。如在汲郡开荒五千多顷，郡内的粮食很快富裕起来，又修整水利设施，对于农业灌溉和运输都起到了很重大的作用。

针对数十年战乱造成的中原地区经济的衰败，人口大幅减少，晋武帝除了注意开垦荒地，兴修水利，为粮食生产提供条件，还注意采取相应的措施增加中原地区的人口。如规定女子十七岁必须嫁人，未嫁人者，由官府做媒找婆家。

另外，招抚流亡、劝农乐业。晋武帝继续推行曹魏以来的屯田制，甚至为了增加屯田劳动力，晋武帝还免去邺城奴婢的身份，使之成为屯田兵，在新城屯田种稻。此举不但增加了粮食收入，还对发展社会生产产生了积极的意义。

为了扩大耕地面积，安置流民，增加国家的租税收入，发展农业生产，晋武帝先后于泰始二年（266年）、泰始四年（268年）、泰始五年（269年）连续下诏，劝课农桑。他还鼓励发展农业生产，对劝农开荒、勤恤百姓、做出贡献的地方官吏大加奖励。为了加强劝农工作，晋武帝专门派人制定"殿最之制"，每年考核一次，以劝农成绩的好坏作为奖罚、升降官职的标准。此外，他还增加了管理农业的官员。

方式二：任人唯贤，繁荣文化

晋武帝统治前期，任人唯贤，不计前嫌，对人才进行积极的保护，从而促进了当时文化的繁荣与发展。在他的这种用人政策下，涌现出了大量的文化佳作与文化名人，也出现了许多杰出的人物，如地理学家裴秀、大医学家皇甫谧（mì）等。

方式三：招抚与镇服相结合的民族政策

晋武帝针对当时边境少数民族问题，采取了招抚与镇服相结合的民族政策，以招抚为主。在他的这一政策下，塞外的匈奴等少数民族首领纷纷率领本部人马、牛羊入塞定居。在北方广大的土地上，出现了匈奴、鲜卑、羌胡等少数民族与汉族杂居现象。这些内迁的少数民族和广大汉族人民一起从事农业生产，共同生活，互相学习，互相影响，加速了民族融合过程，为"太康之治"的形成创造了一个比较安定的客观社会环境。

太康三年（282年），西晋全国人口达三百七十七万，较之太康元年增加了一百三十多万户，出现了"太康繁荣"的景象。

八王之乱

太熙元年（290年），晋武帝司马炎在病重弥留之际，下诏由国丈杨骏（皇后杨芷的父亲）和汝南王司马亮共同扶助王室。不料杨骏父女伪造遗诏，将司马亮排挤出去。晋惠帝司马衷登基后，杨氏父女大权独揽。然而，此举却惹怒了司马衷的皇后贾南风，“八王之乱”由此引发。

贾南风是西晋开国重臣贾充的女儿。当初，在司马衷争取太子一事上，她就起了至关重要的作用。如今贵为皇后，她又怎么能容忍皇权旁落。为了排除杨骏父子的阻挠，贾南风一方面勾结殿中中郎孟观、李肇等人密谋诛除杨骏，废掉太后杨芷；另一方面派李肇联络汝南王司马亮和楚王司马玮，要求他们领兵进京，讨伐杨骏。

元康元年（291年）三月，贾南风设计让晋惠帝下诏书，宣称杨骏谋反，随后楚王司马玮领军保卫皇宫，围攻并火烧杨骏府第，杨骏逃到府中马厩被杀。皇太后杨氏被废为庶人后活活饿死，杨氏被夷三族，受株连而死的人达数千人。

消灭杨氏势力后，汝南王司马亮与元老大臣卫瓘（guàn）共同执掌朝政大权，楚王司马玮因杀杨骏有功而被委任为卫将军，兼领北军中侯，屯驻司马门。司马玮为人果断敏锐，制定了相当多的酷刑，因此朝廷上下都畏惧他。汝南王司马亮、太保卫瓘认为司马玮生性凶暴乖戾（lì），不能担当大任，建议让他离开朝廷到封国去，由此招来司马玮的怨愤。皇后贾南风由于未能独揽大权而不满，于是她以晋惠帝的名义下密诏，让司马玮谋害司马亮与卫瓘。

司马玮杀死司马亮和卫瓘后，贾南风忌惮他手中的权力过大，于次日派人到处宣布司马玮伪造手诏一事，从而瓦解了司马玮的部下，抓捕了司马玮，以伪造手诏害死司马亮、卫瓘的罪名将其处死。至此，贾南风掌控了朝政大权，委任重用其亲戚党羽，在朝中专权独断。

贾南风掌权朝政的八年间，社会相对平静。考虑到自己没有儿子，将来可能无法做太后，于是她图谋杀死与自己不和的太子司马遹（yù）。元康九年（299年），贾南风设计将太子灌醉，然后伪造了太子要求晋惠帝退位的文章，激起晋惠帝的怒气，使之下诏废黜司马遹的太子之位。

手握皇宫禁军的赵王司马伦尽管时任太子太傅，但深得贾南风的信任。趁太子被废的时机，司马伦与孙秀等人密谋推翻贾南风及其党羽。考虑到废太子司马遹聪明过人，一旦复位，孙秀等人将不受重用，于是司马伦、孙秀等人就劝贾南风一党杀掉太子。接着，又伪造晋惠帝的诏书，以杀太子的罪名，发兵收捕贾南风及其党羽，将贾南风贬为庶人后杀死。随后，司马伦伪造诏书，自封相国，朝政被司马伦一党掌握。

永康二年（301年）正月，赵王司马伦进一步废惠帝，自立为帝。尽管夺权篡位，但以司马伦为首的这群人道德低下，不具备治国之才，不但政治上无所建树，而且党羽之间钩心斗角。齐王司马冏（jiǒng）于是联合河间王司马颙（yóng）、成都王司马颖乘机以讨伐司马伦为名起义。最终，司马伦与孙秀战败而死，其党羽被消灭。

司马冏杀死司马伦后，于永康二年（301年）四月迎接惠帝司马衷复位，自己担任大司马一职，独揽政权，把持朝政，对上无臣下之礼，对下以皇帝自居，沉迷女色，荒于政事，而司马颙、司马颖二王更是拥兵自重。如此一来，其他有野心争权的藩王就以此为借口向三王进行讨伐。此后，诸侯王之间互相攻伐，各地烽烟四起。

光熙二年（307年）十一月十八日，晋惠帝司马衷暴毙。司马炽（chì）继位，他就是晋怀帝。太傅、东海王司马越辅政，掌握了朝廷大权。晋怀帝改元永嘉，大赦天下，下诏任命司马颙为司徒，召其回朝辅政。在回程中，南阳王司马模的手下将他及其三个儿子杀死，司马颙就此绝后。八王之乱到此终结。

长达十六年的八王之乱动摇了西晋王朝的根本。在战乱期间，参战诸王互相攻伐，其中大多先后败亡，因此百姓死亡众多，西晋的经济、文化遭到严重的破坏。在八王之乱中，隐伏着的阶级矛盾、民族矛盾爆发，从而导致后来的五胡之乱。

匈奴骑兵装备复原图

永嘉之祸

前文说过，晋武帝时，大量的少数民族内迁，不少胡人已入居关中及泾、渭二水流域，势如弧形，包围晋都洛阳，形势极不利。后来，尽管有人向晋朝的皇帝提出这个问题，并建议将少数民族迁到关外，但并没有被采纳。相反，晋朝皇帝反而重用了一些少数民族将领，如晋武帝重用匈奴人刘渊为北部都尉，到了晋惠帝时，刘渊更是被任用为五部大都督。也就是这个刘渊，后来引发了“永嘉之祸”。

刘渊，字元海，新兴郡（今山西忻州北）人，是西汉时期匈奴首领冒顿单于的后裔。他从小就喜欢学习，尤其喜欢读兵书。晋武帝司马炎在位时曾召见他，并对他的文武才干极为赏识。太康十年（289年），他被晋武帝任命为北部都尉。在此期间，他以自己的才干和人格魅力赢得了匈奴五部豪强的归附以及幽州、冀州知名士人的推崇。

八王之乱时，天下大乱，盗贼蜂起，掀起战乱的诸王纷纷利用胡人势力，使少数民族参与到战乱中。公元304年，王浚与东瀛公司马腾起兵反成都王司马颖。幽、并二镇声势浩大，司马颖兵力不济，难以应付。刘渊抓住这个机会，自告奋勇向司马颖请命，愿意发匈奴五部之众，助他平定二镇。当时司马颖病急乱投医，就放刘渊回去。刘渊回到左国城，在其堂叔父刘宣等人的拥护下做了大单于，建都离石。随后，刘渊马上派出五千骑兵，象征性地去支援司马颖部将王粹。但刘渊派的匈奴兵还没有到，王粹已被司马腾的军队打败，于是这些匈奴兵就以支援不及时为借口撤了回来。公元307年，石勒、王弥、刘灵等率部来投刘渊，刘渊的实力有所增加。永嘉二年（308年），刘渊占据了平阳，自立称王，建立汉国。

永嘉二年（308年）初，刘渊派儿子刘聪等人南据太行，石勒等人东下河北。永嘉三年（309年）夏季，刘渊派王弥和楚王刘聪联手进攻壶关，刘聪在西涧打败韩述，前锋都督石勒在封田打败黄肃，西晋可谓损兵折将。司马越随后再派将领带兵抵御刘聪等人，结果晋军仍旧惨败。刘聪攻陷了屯留、长子，斩杀晋军近二万人。上党太守庞淳降汉。

同年八月，楚王刘聪奉命攻打洛阳，他走的是晋西南黄河对岸的路线，也是最近的路线。刘聪开头打得很顺利，打败了晋廷平北将军曹武等人的抵御，很快就推进到宜阳。九月，刘聪因为骄傲轻敌，不加以防备，被晋军袭败。这是第一次攻打洛阳。当年冬十月，刘渊派遣楚王刘聪等人率领五万精锐骑兵进犯洛阳，发动第二次进攻洛阳的战役。眼看兵到洛阳城下，大功即将告成时，其部将呼延翼、呼延颢、呼延朗先后阵亡。后又因道路狭仄，遭到晋军阻击，陕县后方的粮车无法前进，刘渊不得不发令退兵。

两次进攻洛阳失败，刘渊调整了策略。永嘉三年（309年），汉政权第二次撤兵前，刘聪采用王弥的提议，自己班师回朝，王弥则利用出身世家大族的号召力，在兖州、豫州之间招募兵士，收聚粮食，以等待进攻的日期。

永嘉四年（310年），刘渊去世，太子刘和继位。刘和没有统兵打仗的经验，而楚王刘聪却久握兵权。最后，刘聪杀了刘和，夺得帝位。刘聪即位三个月后就派刘曜（yào）、王弥领兵四万攻取洛阳周边的郡县，以孤立洛阳。嘉平元年（311年），石勒在苦县消灭西晋主力部队十多万人。同年夏季，刘曜、王弥攻破洛阳，晋怀帝被掳走，三万多官员和百姓被杀害——这就是历史上著名的“永嘉之乱”。

被掳的晋怀帝在公元312年被杀，晋愍（mǐn）帝司马邺在长安即位为帝。建元二年（316年），刘聪派遣刘曜攻破长安，并围困晋愍帝所在的小城。晋愍帝在爆发饥荒的小城内死守两个月后被俘虏，西晋正式灭亡。

名篇精选

帝为人戆騃[1]，尝在华林园闻虾蟆，谓左右曰：“此鸣者，为官乎，为私乎？”时天下荒馑[2]，百姓饿死，帝闻之曰：“何不食肉糜[3]？”由是权在群下，政出多门，势位之家，更相荐托，有如互市。贾、郭恣横[4]，货赂[5]公行。南阳鲁褒作《钱神论》以讥之曰：“钱之为体，有《乾》《坤》之象，亲之如兄，字曰孔方。无德而尊，无势而热，排金门，入紫闼[6]，危可使安，死可使活，贵可使贱，生可使杀。是故忿争非钱不胜，幽滞非钱不拔，怨仇非钱不解，令闻非钱不发。洛中朱衣、当涂之士，爱我家兄，皆无已已，执我之手，抱我终始。凡今之人，惟钱而已！”

——《资治通鉴·晋纪五》

【注释】

①戆騃（gàng ái）：憨傻，蠢笨。②荒馑（jǐn）：饥荒。③肉糜（mí）：

肉粥。④恣横：放纵专横。⑤赂：赠送财物；用财物买通别人。⑥紫闼（tà）：借指宫廷。闼，小门。

【译文】

晋惠帝为人愚鲁痴呆，一次在华林园听到蛤蟆的叫声，就问左右随从说："这叫的东西，是为公事叫呢，还是为私事叫呢？"当时天下灾荒饥馑，有的百姓都饿死了，惠帝听到后说："他们为什么不吃肉粥呢？"因此权力都由手下的小人掌握，政令出自许多部门而不能统一发布，有权势地位的人家互相推举，如同市场交易。贾氏、郭氏肆意妄为，官场上贿赂公然进行。南阳人鲁褒作了一篇《钱神论》讥讽这种现象说："钱的形象，像天地一样有圆有方，人们亲它爱它如同兄弟，尊称它叫孔方。没有美德而备受尊崇，没有权势而炙手可热，出入宫廷高门，可以转危为安，起死复生，变尊贵为卑贱，置活人于死地。所以愤怒争执时没有钱就不能取胜，冤屈困厄时没有钱就不能得救，冤家仇敌没有钱就不能解怨释仇，美好的声誉没有钱就不能传播。当今都城的王公贵族、权势要人，个个爱我们孔方兄而没有休止，紧抱着钱始终不松手。当今的人心中只有钱罢了。"

【词句撷英】

1. 政出多门：政令出自几个卿大夫的门下。指中央领导软弱，国家权力分散。

2. 货赂公行：赂，贿赂；公行，公开。公开用金钱、财物收买别人进行不正当的活动。

第三章 乱象丛生的东晋

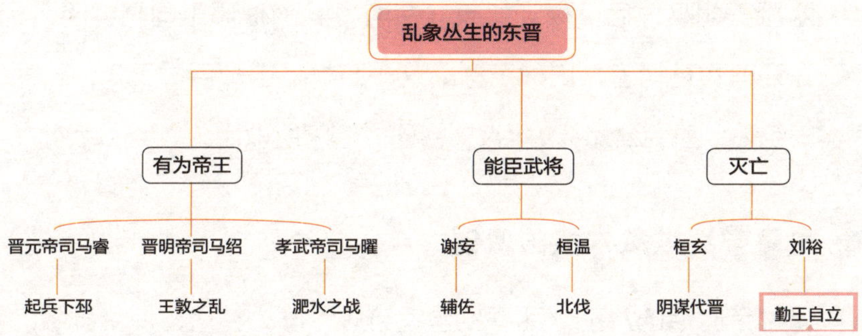

从元帝即位建康以后（317年）到慕容氏入邺这一年（352年），晋朝的东渡，已经三十六年了。这三十六年之中却是怎样的呢？东晋的历史，我可以说是荆、扬二州冲突的历史。

——吕思勉《中国通史》

偏安一隅的东晋王朝

西晋王朝灭亡后，镇守建康（今南京）的琅琊王司马睿于公元317年，在江南重建晋室，史称东晋。这一政权享国一百零三年，长期维持着偏安统治，直到公元420年被刘裕建立的宋所取代。

司马睿：世家大族的傀儡

晋惠帝时期的八王之乱导致晋室分裂，国力空虚，民生凋敝，晋朝的军事力量迅速衰退。于是，各个少数民族政权趁机起兵，侵扰中原。最先进入中原地区的是氐（dī）族领袖李雄。此人于公元304年冬天占领成都，自号“成都王”，史称成汉。紧接着，就是匈奴贵族刘渊建立起来的前赵。这两个胡人政权的建立，意味着五胡建国的开始。

公元317年，晋愍帝被杀，西晋灭亡。与此同时，北方士族王导、王敦等扶植晋朝远房宗室司马睿在建康登基，他就是晋元帝——东晋王朝的第一位帝王。

据史书记载，司马睿是司马懿的曾孙，他十五岁就承袭父亲司马觐（jìn）的爵位，成为琅琊（láng yá）王。他袭位的时候，在位的晋惠帝司马衷根本无力驾驭政局，因此当时的西晋朝廷一片混乱，政治环境相当险恶。司马睿因为无兵无权，且相当知趣地以退让的方式尽量避免卷入斗争旋涡，得以避开了杀身之祸。就在避祸期间，他结识了王导，二人成了亲密的朋友。

王导

王导，字茂弘，琅琊郡（今山东临沂）人。他出身于魏晋名门琅琊王氏，小的时候就被誉为“风姿飘逸，见识器量，清越弘远”。十四岁时就被誉为有将相之材。他和司马睿结识时，就清楚天下已经大乱，于是全身心地辅佐司马睿，立下了兴复朝纲的志向。司马睿也相当信任、器重他。

永兴元年（304年）七月，“八王之乱”进入高潮。皇太弟成都王司马颖横暴和专权，引起一些实权派人物的不满。尚书令司马越以惠帝的名义发布檄书，征召四方军队讨伐司马颖。当时，二十九岁的司马睿任左将军一职，于是奉命参加讨邺战争。司马越兵败后逃回封国东海，司马颖将惠帝及其随军大臣劫掠入邺地，司马睿也是其中的一员。没多久，司马睿目睹司马颖的残暴，偷偷逃回封地。

永兴二年（305年），司马越起兵下邳，打算西迎晋惠帝，于是起用司马睿做平东（后迁安东）将军兼徐州诸军事，留守下邳。司马睿接受任命后，就任命王导做自己的司马，谋划军事，从此开始了二人共谋大事的生涯。永嘉元年（307年）九月，司马睿在王导的建议下，出镇建业（后改建康，今江苏南京）。王导随行南渡。当时，北方士民为躲避战乱，也纷纷渡江南下，这就是历史上的“永嘉南渡”。正是从这时开始，晋朝的政治中心开始逐渐南移。

西晋灭吴以后，南方士族被排斥，很难在政治上有所作为，因此对晋朝心存不满。司马睿到了建业后，王导想帮助他在原孙吴境内建立以北方士族为骨干的东晋王朝，就必须联络南方士族。这是一项相当重要的事务，必须司马睿本人出马。于是，王导就劝说司马睿亲自去造访当地最具名望的士族领袖顾荣、贺循，通过结交他们，收服当地人心。而司马睿与顾、贺二人结交后，吴地之人望风归附。

当晋愍帝投降刘聪的消息传来后，建兴五年（317年），司马睿承制改元，改元建武，建立东晋。建武二年（318年），司马睿即皇帝位。从此，长江中下游以及淮河、珠江流域地区就成了东晋的管辖范围。

司马睿即位后，由于他本人在司马皇族中声望不够，势单力薄，因此南北士族并不支持他，因此皇位相当不稳。但他重用王导，稳定了局面。这是因为一方面王导是琅琊王氏这个极具影响力的家族的成员，另一方面王导极富谋略，获得了大量南、北方士族的支持。由此，以司马睿为首的东晋政权得以维持偏安。正是出于这个原因，司马睿对王导心存感激，不但任命他为宰相，让其执掌朝政，而且对王氏家族的成员照顾有加。

比如，他让王导的堂哥王敦担任大将军，掌控长江中上游的军队，统辖各州郡。王氏家族近亲任朝廷内外要职的人相当多，于是以王导、王敦为代表的王氏家族势力在当时牢牢把控着朝政，导致江东地区延续了二十多年的“王与马共天下”的局面。

早在东晋建立之前，王导就劝司马睿乘机招揽贤才，扩大力量，以图大事。东晋建立后，针对当时荆、扬二州比较安定，人口众多，物产丰饶的情况，司马睿在王导的建议下，以清静克己、励精图治为治国方针。加之司马睿本人也对于恢复中原并不感兴趣，于是在王导的辅佐下偏安江南，过着小富即安的日子。

在这样的日子里，司马睿和王导之间相敬相爱，司马睿绝对信任王导，称其为“仲父”。然而，随着王氏家族在朝廷影响力的加大，司马睿因大权旁落，开始不满，为了压制王氏家族的势力，他一方面开始疏远王导，另一方面任用刘隗（wěi）、戴渊等为心腹，暗中作军事布置，将扬州地区内的北方流民组织成军队，以东吴旧族戴渊为征西将军，命其都督兖、豫等六州军事；任命刘隗为镇北将军，负责都督青、徐等四州军事，各率万人，分别驻扎在合肥、淮阴，打着北讨后赵的旗号，目标针对王敦。

面对司马睿的疏远，王导安分守己，淡泊自如，简单地说就是该做什么就做什么。然而，王氏家族其他人可不会这么坐以待毙。永昌元年（322年），王敦以诛刘隗为名，在武昌起兵，直扑石头城（即建康）。此时，面对着王氏家族的利益和司马睿之间的情分，王导选择了家族利益，暗助王敦。于是王敦在王导的帮助下，顺利攻入建康，将戴渊等人杀死，刘隗则投奔了后赵皇帝石勒。

看到自己的谋划一败涂地，司马睿无奈之下，不得不向王敦求饶，声称自己愿意让出皇位，还去做琅琊王。然而，此时的王敦已被激发出了野心，虽然他没接受司马睿的请求，但却为自己加封官爵，自封为丞相，以此嘲弄司马睿。面对着日益猖狂的王敦，晋元帝司马睿发现自己和他的朝廷都成了摆设，最后忧愤成疾，于永昌二年（323年）病逝。太子司马绍继位，这就是晋明帝。

司马绍：以弱制强，待机平乱

说起晋明帝司马绍，可谓文韬武略，聪明有决断。他小的时候就因聪明而备受父亲司马睿喜爱。据说一次他正在父亲司马睿的身边嬉戏，恰好长安派来了使者。于是司马睿就问：“绍儿，你说太阳和长安哪个远呢？”司马绍说：“长安近。没听说过有人能从太阳那里来的，所以一定是长安近。”司马睿感到特别惊异。第二天，司马睿宴客，又拿这个问题来问他，结果司马绍却回答太阳近。司马睿就生气地说：“为什么你的回答和昨天不一样？”司马绍就说：“现在我抬头就可以看到太阳，但却看不到长安。”因为这件事，司马睿就更加认为他是个神童。

司马绍特别孝顺，常跟随父亲司马睿身前身后。司马睿登基后，他顺理成章成了太子。司马绍除了做事果决外，还敬贤爱才，喜好文章辞藻，因此具有过人的才华和能力，颇受当时王导、庾亮、温峤（qiáo）等名臣的亲近和看重。然而，他尊重这些名臣，但绝不屈就，甚至在与他们意见相左时，决不随意屈从。这就让这些孤高的能士们更为佩服。除此之外，他还好习武艺，善于安抚将士，当时的江东人才济济，无论远近都归心于他。正是出于这个原因，就算是王敦意识到来自他的威胁，意图废太子，也无法达成愿望。

司马绍即位后，永昌元年（322年）就回到武昌却遥遥把控着朝廷的王敦意图篡位，于是在太宁元年（323年）不断暗示司马绍他想还朝。司马绍同意了他的请求，以手诏征召王敦还朝，同时给予他极高的礼遇。然而，王敦并不因明帝的厚待而打消篡位的念头。

太宁元年（323年）四月，王敦由武昌移镇姑孰（今安徽当涂），屯驻于城东的于湖，并自领扬州牧，将京畿地区掌握在自己的手中。自此之后，他的权势更盛，控制扬州、江州、荆州、徐州等重镇，更纵容手下的沈充等人胡作非为。不过，当时的王氏兄弟，像王导、王彬、王舒、王棱等人对他的这个想法都持反对意见。为此，王敦甚至将王棱暗杀了。

看到王敦如此执迷不悟，王舒和王导就将王敦的企图报告给晋明帝，提醒他早做防备。 但实际上，明帝对王敦的企图早就察觉，已命郗（chī）鉴以兖州刺史之职镇守合肥，打算以此作为外援对抗王敦。不

过王敦却故意推荐郗鉴做了尚书令，司马绍无奈之下只好将郗鉴召回朝中。而王敦又在郗鉴入朝途中故意将他扣留，由于对方素有名望，王敦最后不得不将他放回建康。郗鉴返朝后，就和明帝共同商定讨伐王敦的事宜。

就在明帝积极准备应对王敦的叛乱时，王敦却得了病。病中的王敦也不消停，鉴于会稽内史周札一族（义兴周氏）势力强盛，于是就指使庐江太守李恒，诬称周氏勾结妖道李弘图谋不轨，以意图铲除周氏。后来，王敦又将司马绍的心腹冉曾等人杀害，还借助于“三番休二”的方式减少了宿卫禁军的当值兵力。当发现自己的病情越来越严重时，王敦索性孤注一掷，矫诏封养子王应为武卫将军。但他又担心王应难成大事，便和手下谋划了三套叛乱方案。

太宁二年（324年）六月，司马绍做出了讨伐王敦的一系列军事部署，且亲自驻屯于建康台城宣阳门外的中堂。为了消除将士对王敦的畏惧之心，司马绍以钱凤为讨伐对象，反而宣称王敦已死。为了配合司马绍，王导甚至率宗族子弟替还活着的王敦发丧。结果，王敦以诛杀温峤等人为名再次举兵，甚至打算强撑病体亲赴前线督战，但最终死在姑孰军府。而他的同党则在大势已去的情况下，先后被司马绍派出的将士斩杀。太宁二年（324年）七月，王敦之乱被彻底平定。

太宁三年（325年），二十七岁的司马绍病逝。他在位期间，兵乱连年，饥荒不断，东晋王朝死于饥荒、战乱、瘟疫的人超过总人口的一半，国家空虚，社会凋敝，国事极端艰难。面对这样的现状，晋明帝打破宗族界限，为国家选拔人才，厉行节俭，甚至在临终前还要求臣子为自己治丧时“务从简约”，不得奢侈。可以说，正是由于他能随机断事，不拘泥于规章制度，才让晋朝的国祚（zuò）得以延续。

司马曜：晋室中兴的有为之君

孝武帝司马曜（yào）是东晋的第九位皇帝，是除了司马睿、司马绍外的又一位算是有所作为的帝王。司马曜是司马睿的孙子，是晋太宗司马昱（yù）的第六个儿子。司马曜四岁时就被封为会稽王，十一岁继承皇位。说起来，他能登上皇位，还得感谢当时的各家士族门阀。

简文帝司马昱在位时，皇权不振、士族专权的局面达到了极点。大臣桓温完全掌控了朝廷大政。简文帝看到了桓温的野心，干脆在临终时打算将皇位禅让给桓温，但其他士族是绝不允许的。于是，出身太原王氏的侍中王坦之迫使简文帝立下由桓温辅政的遗诏。最终，在各家士族门阀的联手干预下，司马曜顺利即位，从而让东晋王朝得以延续。

不过，孝武帝继位三个月时，发生了直指桓温的道教徒暴乱，这就在客观上促使王、谢等士族更加抗拒桓温。当桓温于宁康元年（373年）二月接受辅政任务时，王坦之、谢安等人对其严阵以待。巧的是，桓温没多久就病死了，于是孝武帝继位初期的危机得以解除。随后，大臣谢安提出请崇德太后临朝听政，以避免桓温的弟弟桓冲继续专权。这样一来，谢安和王坦之就得到重用，东晋朝廷的实权由谯（qiáo）国桓氏逐渐转移到太原王氏和陈郡谢氏手中。实际上，此时东晋朝廷还处于门阀制度的操纵之下。

两年后，王坦之病逝，谢安权力日势，和桓冲分别掌控着朝廷内外，从而让东晋权力结构保持平衡。这一年，孝武帝和弟弟司马道子分别娶了太原王氏的女儿，太原王氏的影响力在朝中得到延续。

太元元年（376年）孝武帝亲政，谢安成为宰相。桓冲仍旧手握兵权，盘踞在荆州。为了获得兵权，谢安不但安排谢家人进入军队，还组织了以流民为主的“北府兵”。这些举措既巩固了陈郡谢氏的势力，也为东晋政权的存续提供了坚强的保障。而后来发生的淝水之战，以及桓冲之死，使桓、谢两派之间的矛盾得以化解。也就是在这时，在门阀政治下隐忍已久的孝武帝司马曜开始挑战士族门阀。

司马曜在太元八年（383年）九月授意胞弟琅琊王司马道子分掉谢安手中的权力。于是，素有名士情结、不愿争权夺利的谢安作出让步，于太元九年（384年）八月自请北征，并于次年四月出居广陵，四个月后就病死了。谢安一死，谢玄也于太元十二年（387年）被解除了兵权，一年后也去世了。就这样，陈郡谢氏的门阀政治落下帷幕，孝武帝顺利地将皇权收回。

然而，没了谢安的东晋朝廷，随即笼罩于乌烟瘴气之中。收回皇权的孝武帝不但不妥善运用权力，反而和做了宰相的弟弟司马道子一起贪图享乐、沉溺酒色，从而使朝政日益昏暗。而这对一同玩乐的亲兄弟之间也暗藏着深刻的矛盾，双方以其亲信抢夺地盘，进而形成了太元后期的“主相相持”格局，即皇帝和宰相共同把握朝政。

司马道子做了宰相后，权势不断增大，表现得更加专揽朝政，于是国舅王恭就怂恿孝武帝找借口将司马道子的谋士袁悦之杀了。如此一来，这兄弟二人之间的矛盾公开化。随着朝事的进一步发展，兄弟二人之间的矛盾一步一步激化。最终，孝武帝在这场相持中占了上风。

然而，太元二十一年（396年），孝武帝因酒后无德，口出无状，在睡梦中被嫔妃捂死。而由于兄弟之间的争执，他的死被司马道子父子隐瞒了下来。就这样，这个东晋最后一位算得上精明有为的帝王就这样消逝于历史的烟尘中。

名篇精选

初，帝亲任中书令温峤（qiáo），敦恶之，请峤为左司马。峤乃缪为勤敬，综其府事，时进密谋以附其欲。深结钱凤，为之声誉，每曰："钱世仪精神满腹。"峤素有藻鉴[①]之名，凤甚悦，深与峤结好。会丹杨尹缺，峤言于敦曰："京尹咽喉之地，公宜自选其才，恐朝廷用人，或不尽理。"敦然之，问峤："谁可者？"峤曰："愚谓无如[②]钱凤。"凤亦推峤，峤伪辞之；敦不听，六月，表峤为丹杨尹，且使觇[③]伺朝廷。峤恐既去而钱凤于后间止之，因敦饯别，峤起行酒，至凤，凤未及饮；峤伪醉，以手版[④]击凤帻[⑤]坠，作色曰："钱凤何人，温太真行酒而敢不饮！"敦以为醉，两释之。峤临去，与敦别，涕泗横流，出阁复入者再三。行后，凤谓敦曰："峤于朝廷甚密，而与庾亮深交，未可信也。"敦曰："太真昨醉，小加声色，何得便尔相谗！"峤至建康，尽以敦逆谋告帝，请先为之备，又与庾亮共画讨敦之谋。敦闻之，大怒曰："吾乃为小物所欺！"与司徒导书曰："太真别来几日，作如此事！当募人生致之，自拔其舌。"

——《资治通鉴·晋纪十五》

【注释】

①藻鉴：品藻和鉴别（人才）。②无如：不如。③觇：探子。④手版：也作手板。⑤帻：又称巾帻，古代男子包裹鬓发、遮掩发髻的巾帕。

【译文】

当初，明帝亲近信任中书令温峤，王敦不满，便让温峤出任左司马。温峤便假装勤勉恭敬，治理王敦府事，时常私下出些主意来附和王敦的欲望。又与钱凤结为深交，为钱凤扬名，常常说："钱凤满身活力。"温峤素来有善于知人、褒奖后进的美名，钱凤甚为喜悦，尽力与温峤结好。恰逢丹杨尹的职位空缺，温峤对王敦说："丹杨尹守备京城，这种咽喉要职您应当自己遴选人才充任。恐怕朝廷任用的人有的不会尽心治理。"王敦颇以为然，问温峤说："谁能够胜任？"温峤说："我认为没有谁能比得上钱凤。”钱凤也推举温峤，温峤佯（yáng）装推辞。王敦不听。六月，王敦上表奏请温峤任丹杨尹，并且让他窥察朝廷动向。温峤害怕自己走后钱凤挑拨离间加以制止，便借王敦设宴饯别之机，起身祝酒，来到钱凤面前，钱凤还没来得及饮酒，温峤佯装酒醉，用手击落钱凤的头巾，脸色一变说：“钱凤你是什么样的人，我温太真祝酒你胆敢不喝？”王敦以为温峤醉了，把双方劝解开。温峤临行时，向王敦道别，眼泪、鼻涕横流，先后三次出门以后又回来。温峤走后，钱凤对王敦说：“温峤与朝廷关系极为密切，并且与庾亮有深交，此人不能信任。”王敦说：“温峤昨天酒醉，对你稍有失敬，你怎么能马上就这样诋毁他呢！”温峤到达建康后，把王敦作乱的图谋原原本本地告诉给明帝，请求皇帝事先做好防备，又和庾亮共同筹划讨伐王敦的谋略。王敦听说后，勃然大怒，说：“我竟然被这个小东西欺骗了！”便写信给司徒王导：“温峤离开几天，竟然做出这种事！我要找人把他活捉来，亲自拔掉他的舌头。”

【词句撷英】

1. 咽喉之地：军事上像咽喉一样十分要害的地方。形容战略地位重要。

2. 涕泗横流：眼泪鼻涕满脸乱淌。形容极度悲伤。

各具风采的东晋名臣

偏安江南一百余年的东晋，之所以能和北方的五胡十六国并存，与其门阀士族政治密不可分。这个朝廷的存在，是几大世家彼此扶持又利益相争的战场。在这段时期，涌现出不少才华出众的能臣武将，他们在推动东晋朝廷延续的同时，也在历史上留下了自己的美名。

谢安："雅量大识"的政治家

谢安，字安石，出身于顶级门阀陈郡谢氏。谢氏家族人才济济，各有所长，不仅出了许多叱咤风云的政治家、军事家，而且出了许多著名的文学家、艺术家、思想家。谢安多才多艺，善行书，通音乐，以出众的政治和军事才华名垂青史。

谢安出生时，正值后赵将长江以北的中原地区仅存的晋朝势力攻破，其他汉人势力也各自为政，北方各国更是打得不可开交。谢安四岁时就表现出过人的才华，随着年龄的增长，他更是少年得志，不但风度俊雅，思维敏捷，而且写得一手好字，因而博得王导的欣赏。于是，朝廷不断地征召他入朝为官。但谢安只想过着自由自在的生活，不想被世俗所拘，于是多次拒绝，最后实在不行，干脆隐居到了会稽的东山。在东山，谢安过了一段名士风流的好日子，和王羲之、许询、支道林、孙绰（chuò）等人在一起赋诗作文，谈时事，聊理想，嬉戏游乐，很是风流快活。

谢安抚琴图　傅抱石绘

然而，谢安注定不会浪费一身的才华。在他步入不惑之年的时候，谢家出事了。这件事还要从谢安的弟弟谢万说起。谢万当时任西中郎将、豫州刺史，担负着守边的重任。升平三年（359年），谢万奉命北伐前燕，但由于他不能抚慰将士，又做出错误的判断，导致全军覆没，被贬为庶人。谢家多位在朝为官的人因此受到牵连，被打压或贬谪，陈郡谢氏一下子陷入了低谷。家族有难，谢安不得不出面挽救，就这样，他“东山再起”，走到了历史的前台。

升平四年（360年），征西大将军桓温路过会稽，邀名士一聚，慕谢安之名，邀请他担任自己帐下的司马，谢安就此开始了走入政坛的第一步。在相处的过程中，谢安发现了桓温的野心，所以就寻找机会脱离桓温。升平五年（361年），在桓温即将北征时，谢万病逝，谢安因此得以用奔丧的名义离开了桓温。与此同时，他给朝廷上书一封，表达了自己想效忠于朝廷的心愿。于是，他被任命为吴兴太守，不久后又被征召入朝，先后担任侍中、吏部尚书等职，以惊人的速度跻身为朝廷最上层官员。

咸安二年（372年），简文帝司马昱病重，东晋王朝该何去何从的问题摆在了君臣面前。司马昱本想干脆如权臣桓温所愿，禅位给桓温，谢安和侍中王坦之坚决反对。最后简文帝只好留下桓温辅政的遗诏。宁康元年（373年），大失所望的桓温入京后，谢安和侍中王坦之奉太后之命去迎接。面对着这个随时可以要了自己项上人头的铁腕人物，谢安从容与之周旋，甚至将桓温在墙壁后面安排武士，打算一言不合就杀人的行为指了出来。桓温尴尬之余，只好将人撤走。就这样，谢安凭着机智和镇定，使得桓温最终没能痛下杀手。

此后，谢安倾尽全力辅佐年幼力弱的孝武帝，使得晋室得以安稳。桓温死后，谢安和尚书令王彪之一起执掌朝政。为了缓和矛盾、稳定政局，他实行了着眼于长远、以和谐安定为重的执政方针，调桓温的弟弟桓冲都督徐、豫、兖、青、扬五州诸军事，并任徐州刺史，镇守京口，后又令其转任都督七州诸军事，兼任荆州刺史，以达到“荆扬相衡，则天下平”的目的，共同对付北方的前秦政权。

在执掌朝政期间，谢安一心为公，广行德政，居中辅助调和朝廷内的各种关系，不但处理好孝武帝和会稽王司马道子之间的矛盾，还在面对前秦侵犯边境的危机时，镇定自若地调动人马。就这样，他以宽仁之道安定内外，不计小过，专心国事，赢得百官同心同德，共同支撑朝廷的统治。

然而，随着谢安的权力和名望日益增大，尽管他已经辞去了孝武帝加封的骠骑将军、司徒等职务，但亲政后的孝武帝还是很不放心。

太元二年（377年），北方政权前秦在其君主苻坚的治理下日益强盛，晋军在与前秦的交战中处于劣势。针对广陵缺乏良将防守，谢安力排众议，内举不避亲，举荐自己的侄子谢玄出任兖州刺史，镇守广陵，负责长江下游江北一线的军事防守。谢安自己则督扬、豫、徐、兖、青五州军事，总管长江下游。叔侄二人共同为东晋筑起一道坚固的防线。

东山丝竹图　〔清〕任伯年绘

太元三年（378年），前秦征南大将军苻丕率步兵、骑兵七万人进攻襄阳。苻坚又另派十万多人，分三路合围襄阳，襄阳守将朱序死守近一年。太元四年（379年），秦晋淮南之战爆发。由于谢安在建康的布防，加之谢玄的英勇作战，四战四胜，全歼秦军。谢安因此在第二年被任命为卫将军，晋封建昌县公。

三年后，苻坚卷土重来，率领着号称百万的大军南下，志在吞灭东晋，统一天下。历史上著名的淝（féi）水之战爆发。当时军情危急，建康陷入极度恐慌之中，唯有谢安镇定自若，以征讨大都督的身份调派兵马。身为主将的谢玄心里却很紧张，当他跟谢安告别，同时请示如何作战时，谢安神情泰然地告诉他朝廷已另有安排。谢玄离去后，还是内心没底，就又派好友张玄再去请示。没想到，谢安竟然去山中别墅聚会去了。张玄找到他后，谢安竟然邀请张玄下围棋。赢棋后的谢安在山中游玩到晚上才返回家中，随即召集谢石、谢玄等将领交代机宜事务。

就在这一年的十二月，秦晋双方决战于淝水之畔，谢玄、谢琰和桓伊率领七万晋军战胜了苻坚统率的十五万秦军。最终，淝水之战以晋军的全面胜利告终。可以说，淝水之战的巨大胜利，谢安的事先筹划功不可没。他自始至终采取极为冷静、克制的态度，稳定了当时渐趋涣散的人心。因此，淝水之战后，谢安的声威更隆，谢氏的声望达到顶峰。

伴随着谢安名声的日盛，孝武帝对他的忌惮（dàn）日深。于是深谙（ān，知晓）君心的谢安主动上疏请求北征。这次北伐，兵分三路，东路由谢玄领兵，中路和西路由桓氏领兵。东晋朝廷收复了兖州、青州、司州、豫州、梁州和益州，从而将淝水之战前的前秦、东晋以淮河一汉水一长江一线为界改成了以黄河为界，整个黄河以南地区重新归入了东晋的版图。

但淝水之战和北伐的胜利，并没有减少孝武帝对谢安的忌惮。加之当时的会稽王司马道子等人从中煽风点火，君臣之间渐生嫌隙。在这样的情况下，谢安选择了急流勇退。

太元十年（385年）四月，谢安借口救援苻坚，主动交出手上权力，自请出镇广陵的步丘，建筑新城。自此之后，谢安开始为隐居生活作打算。然而，不久之后，谢安就患了重病。这一年的八月二十二日，谢安病逝于建康。

桓温：魏晋风骨的代表

美学家宗白华在《美学散步》中说：“晋人向外发现了自然，向内发现了自己的深情。”在魏晋风流人物的名册中，桓温称得上是唯一一个将个人欲望与内心底线、张扬武夫与风流才子自然地融为一体的人。

桓温，字元子，是谯国龙亢（今安徽怀远县西龙亢镇）人。龙亢桓氏原本也算是名儒世家，但桓温的高祖父桓范（原是曹魏时期的大司农），由于站错队被杀。“永嘉南渡”的时候，桓温的父亲桓彝（yí）也拖家带口地到了江苏。“王敦之乱”时，桓彝因参与平乱，桓家的地位得以提升，当时的许多名士都与之有来往。公元312年，桓温出世。他是桓彝的长子，因此备受重视，得到了当时的名士温峤的赞赏，故名为温。

咸和三年（328年），桓彝在“苏峻之乱”中被叛军将领韩晃杀害。获知父亲桓彝之死，泾（jīng）县县令江播也参与其中，年仅十五岁的桓温立誓报仇。他卧薪尝胆三年后，得知江播已死，便乔装打扮手刃了江播的两个儿子。此后桓温从军，因为为人豪爽，姿貌伟岸，他受到晋成帝司马衍的喜爱。晋成帝将自己的姐姐南康公主嫁给了他。就这样，桓温摇身一变成为驸马都尉。

当时，北方胡人肆虐，南方内斗不休。为了帮助皇帝守住天下，咸康元年（335年），二十四岁的桓温被派到北方前线琅琊郡，担任内史（相当于太守），从此一飞冲天。此后，他先后加封辅国将军、徐州刺史，直到荆州刺史、安西将军，三十五岁时就彻底把持了长江上游的兵权，成为晋成帝的重要臂膀，并建立了一系列的功勋。

永和二年（346年），桓温发现当时的成汉政权日渐衰微，皇帝李势更是荒淫无道。桓温考虑到机不可失，于是先斩后奏，没得到朝廷许可，就率军西进伐蜀。永和三年（347年），晋军三战三胜，攻入成都，成汉皇帝投降，成汉政权灭亡。桓温在蜀地留驻一个月，举任贤能，援引贤才为己用，成功地安抚住蜀地民心。永和四年（348年），桓温因平蜀之功被封为征西大将军，晋爵临贺郡公。

桓温因平蜀而声名大振，但也因此招来朝廷的忌惮。与此同时，桓

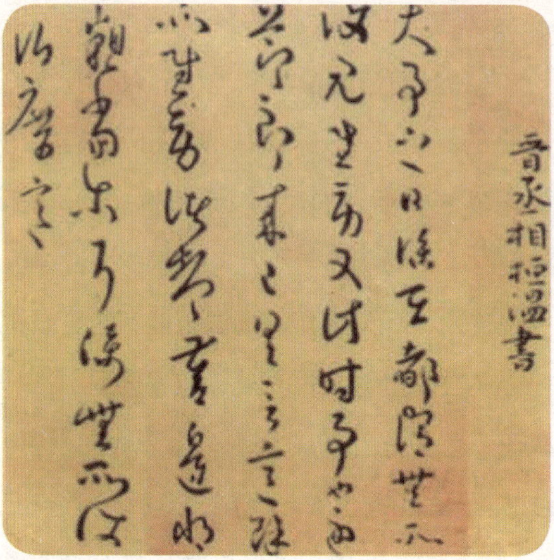

桓温书法

温本人也因为治下有八州之地，可以自行招募军卒、调配资源，因而慢慢形成半独立状态，渐露不臣之心。不过，这时的桓温尽管开始不太听朝廷的召唤，但至少和皇帝表面上能融洽相处。

永和五年（349年），后赵皇帝石虎病死，北方形势大乱，桓温上奏朝廷，请求兴兵并伐，但遭到简文帝司马昱的劝阻。无奈之下，已经出兵的桓温不得不率兵返回荆州。直到永和十年（354年），桓温将朝廷内外大权尽握于手，才得以进行三次北伐。

永和十年（354年）二月，桓温率军开始第一次北伐，对象就是前秦。晋军历经数次血战，得以顺利进入关中。随后，晋军遭到前秦五万大军的阻挠。由于前秦采取了坚壁清野的政策，使得晋军粮草不继，桓温不得不率关中百姓一起撤返江陵。结果由于带着百姓，晋军遭到前秦军队的追击，导致大败。

永和十二年（356年）七月，桓温自江陵出兵再次北伐，对象是羌族姚襄。八月，桓温兵至伊水（今洛阳城南），正在围困洛阳的羌族首领姚襄得知桓温来攻，马上撤军到伊水的北面，依水而战。桓温亲自披甲督战，命晋军结阵而进，最终大破姚襄，收复洛阳。班师南归时，桓温将三千多家归降百姓南迁至长江、汉水一带。

兴宁二年（364年），桓温率水师进驻合肥，准备第三次北伐。太和四年（369年）四月，桓温亲率步骑五万北伐前燕。这次北伐，由于出兵时正逢大旱，水道不通，桓温不得不令人开凿水路三百里，使船只由清水进入黄河。后又由于桓温不听从手下参军郗超的建议，未能坚守河道，控制漕运，储蓄粮食，没做到速战速决。最后，战事拖到了九月，在水量减少而北方降温的客观条件之下，晋军粮草不继，将士无法适应北方的环境，最终桓温不得不焚毁战船，退军而去。后燕成武帝慕容垂率八千骑兵追赶，在襄邑（今河南睢县西）大败晋军，晋军死伤三万人，桓温不得不退兵到山阳（今江苏淮安）。

前文说过，桓温此人相当自负，加之的确才能过人，因此早就心怀异志。他原本打算借助于北伐建立功勋，进而夺取政权。但第三次北伐失败让他声望大减，所图谋的事情也无法进行。桓温不死心，在郗超的建议下，干脆废黜（chù）了晋废帝司马奕。

太和六年（371年）十一月，六十岁的桓温带兵入朝，威逼褚（chǔ）太后废黜司马奕的帝位，拥立会稽王司马昱为帝。简文帝继位不久，就晋封桓温为丞相，并先后多次请求桓温留在京城辅政。桓温推辞不肯入朝，以此逼迫简文帝禅位于自己。没想到的是，由于谢安和王坦之的干预，他只得到了辅政的权力。桓温大失所望，内心怨恨不已。

此后，他不但坚辞新皇给的封赏，也不入朝接受辅政任务。直到宁康元年（373年）二月，桓温才带兵入朝，拜谒皇陵。结果因为谢安的一席话，加之身患重病，桓温在京城仅停留十四天就返回了驻地。宁康元年（373年）七月，桓温病逝，终年六十二岁。

名篇精选

桓温自江陵北伐，遣督护高武据鲁阳，辅国将军戴施屯河上，自帅大兵继进。与寮[1]属登平乘楼望中原，叹曰：“遂使神州陆沈，百年丘墟[2]，

王夷甫诸人不得不任其责！”记室陈郡袁宏曰：“运有兴废，岂必诸人之过！”温作色曰：“昔刘景升有千斤大牛，啖刍豆[③]十倍于常牛，负重致远，曾不若一羸，魏武入荆州，杀以享军。”

八月，己亥，温至伊水，姚襄撤围拒之，匿精锐于水北林中，遣使谓温曰：“承亲帅王师以来，襄今奉身归命，愿敕三军小却，当拜伏道左。”温曰：“我自开复中原，展敬山陵，无豫君事。欲来者便前，相见在近，无烦使人。”襄拒水而战，温结陈而前，亲被甲督战，襄众大败，死者数千人。襄帅麾下数千骑奔于洛阳北山，其夜，民弃妻子随襄者五千余人。襄勇而爱人，虽战屡败，民知襄所在，辄扶老携幼，奔驰而赴之。温军中传言襄病创已死，许、洛士女为温所得者，无不北望而泣。襄西走，温追之不及。弘农杨亮自襄所来奔，温问襄之为人，亮曰：“襄神明器宇，孙策之俦[④]，而雄武过之。”

——《资治通鉴·晋纪二十二》

【注释】

①寮：同“僚”，官员。②丘墟：形容荒凉残破。③刍（chú）豆：草和豆，指牛马的饲料。④俦（chóu）：同辈，同一类的人物。

【译文】

东晋桓温自江陵出发北伐，派督护高武占据鲁阳，派辅国将军戴施驻扎在大河岸边，自己则率领大军随后进发。他与同僚们登上大船的高楼，遥望中原，深有感慨地说：“使神州大地沉沦，百年基业变为废墟，王衍等人不能不承担责任！”秘书陈郡人袁宏说：“时运有兴有废，难道一定是这几个人的过错！”桓温脸色一变说：“过去刘表有一头千斤重的大牛，吃进去的草料豆饼比一般的牛多十倍，然而拉车赶路时，竟不如一头瘦弱有病的母牛。魏武帝曹操进入荆州后，就把它杀掉让士兵吃了。”

八月，己亥（初六），桓温抵达伊水，姚襄把包围洛阳的部队撤回来抵抗桓温。他将精锐部队隐藏在伊水以北的树林中，派使者去对桓温说：“承蒙您亲自率领帝王的军队前来，姚襄如今以身归附天命，愿您敕令三军稍微退后，我们当夹道拜迎。”桓温说：“我来开辟光复中原，察看拜谒皇陵，和你们无关。想来见面的随便前来，近在咫尺，无须麻烦使者。”姚襄凭借伊水和桓温交战，桓温将部队列阵前进，亲自披甲督战，姚襄的兵众被打败，死亡数千人。姚襄率领手下数千骑兵逃奔到洛阳北山。当晚，百姓抛弃妻子儿女追随姚襄的有五千多人。姚襄勇猛而又爱护百姓，虽然他屡战屡败，但百姓一得知姚襄在哪里，就扶老携幼，急忙追赶投奔他。桓温的军队中传说姚襄因受伤已死，被桓温抓获的许昌、洛阳的男女民众，无不面向北方哭泣。姚襄向西逃走，桓温没有追上。弘农人杨亮从姚襄那里来投奔桓温，桓温问他姚襄的为人，杨亮说：“姚襄英明如神，胸怀宽广，如同孙策一样，而雄才大略却超过了孙策。”

【词句撷英】

扶老携幼：搀扶着老人，带领着小孩。形容民众成群结队而行。

胸怀大志的野心家

尽管能臣武将们尽力拼搏，但自司马曜之后，东晋的君王实在不能担起延续一国的重任。当历史的洪流无可阻挡时，那些野心勃勃之人就顺理成章地登上了历史舞台。

桓玄：阴谋代晋

晋孝武帝驾崩后，太子司马德宗继位，他就是晋安帝。晋安帝愚笨，不擅长说话，据说他甚至不清楚冬夏的区别。有这样的皇帝，臣子的态度就毋庸多言了。于是，东晋朝廷内外出现了一片混乱的局面。在内，会稽王司马道子和他的儿子司马元显主持着朝廷政策；在外，许多将军表面上接受朝廷的管理，实际上拥兵自立，各地造反此起彼伏。公元402年，桓温的儿子桓玄起兵反晋。

桓玄，字敬道，是东晋大司马桓温的小儿子，而且是庶子。然而，这个庶子却深受老爹喜爱，从小就被立为世子，而且最终完成了老爹生前的夙愿——反晋自立。

当初，桓温死时，五岁的世子桓玄承袭了桓温的封爵南郡公。所谓匹夫无罪，怀璧其罪，桓温一死，其他儿子就出手迫害这个小弟弟了。所幸，桓温死前，将手中的兵权交到弟弟桓冲手中，要求他出任扬州刺史，护卫桓玄。就这样，桓冲出手，将密谋杀害桓玄的桓熙和桓济等人全部废黜流放，从而保证了桓玄的安全。尽管如此，但这一切也让年幼的桓玄明白，父亲一死，家族没落，自己这个世子后面的日子难过了。

桓玄长大后，不仅拥有奇伟的相貌、爽朗的神态，而且博通艺术，可谓能文能武。他为自己的才华和门第自负，总认为自己就是当世豪杰，必定能得到重用。然而现实却给了他当头一棒。由于桓温晚年有篡位的迹象，作为他的儿子，桓玄因此一直得不到朝廷的任用。直到太元十六年（391年），二十三岁的桓玄才被任命为太子的属官。几年后，桓玄做了义兴（今江苏宜兴）太守。郁郁不得志之间，桓玄经常为自己感叹。最后，他决定干脆弃官回到封地南郡（今湖北江陵），老老实实做一个闲散郡王。

然而，在回封地的途中，他的想法发生了巨大变化。当时，他经过建康，去拜见把持朝政的宰相司马道子。酒醉的司马道子当众问他如何看待桓温晚年的行为。这件事深深地刻在桓玄的心中，他将它当作奇耻大辱，并发誓要夺回父亲在世时的名位荣光。从此，桓玄凭借父亲和叔叔的旧部，在荆州顺利地聚敛兵力，成了荆州实际的统治者，暗中积极谋划颠覆东晋朝廷的事宜。

孝武帝司马曜死后，晋安帝继位，会稽王司马道子弄权。得知这个消息后，桓玄坚定了颠覆东晋的决心。隆安元年（397年），桓玄撺掇荆州殷仲堪拥护青、兖二州刺史王恭讨伐司马道子，结果朝廷息事宁人，王恭罢兵。桓玄在这次行动中，虽然没有进行实质性的军事行动，但却树立了他的权威。

自从被推为盟主后，桓玄变得十分傲慢。这就让出身弘农杨氏的杨佺期十分不满。于是他计划袭杀桓玄。尽管殷仲堪也对桓玄心存忌惮，但他更担心桓玄死后自己无法控制杨佺期，于是就阻止了对方的举动。这下，桓玄亦知道了杨佺期打算杀死自己的事情，就想找机会灭掉杨佺期。

隆安三年（399年），执政的司马元显（司马道子的儿子）获知这三人之间的矛盾，就想趁机离间他们的关系。桓玄果断出击，大败杨佺期，逼杀殷仲堪。随后在第二年，桓玄向朝廷求领荆江二州刺史。朝廷和司马道子见计策失败，不得不吞下苦果，让桓玄都督八州军事，任江州刺史。至此，东晋大半州郡已经落入了桓氏手中。

公元399年，因不满东晋朝廷的统治，以孙恩、卢循为首，民间爆发了五斗米道起义。隆安五年（401年），孙恩率舟师十余万人自海路突袭京口，逼近建康。执政的司马道子和其子司马元显惊慌失措。桓玄一看，机会来了——他本着浑水摸鱼的目的，马上以勤王的名义起兵。很快，桓玄在牢牢控制其辖区之外，还扩大了自己的地盘，建立了武宁郡和绥安郡，分别安置迁徙的蛮族以及流民。

在孙恩北走远离京师后，司马元显于元兴元年（402年）下令讨伐桓玄。桓玄原本认为司马元显无力讨伐，自己可以在荆州等待时机，蓄势待发。事出突然，桓玄亲自率兵东下，最终攻入建康，活捉了司马道子和司马元显父子，自己则晋位为丞相，总理国事。

大亨元年（403年）十二月三日，桓玄正式称帝。然而，他并没有做多久的皇帝。很快，北府兵将领刘裕、何无忌等人起兵讨伐他。永始元年五月，三十六岁的桓玄坐船出逃巴蜀时，被益州督护冯迁刺杀。

刘裕：勤王自立

桓玄的叛变终于摧毁了东晋的皇权，而勤王的刘裕就此成为东晋举足轻重的人物。然而世人没想到的是，这位勤王的英雄，最终为东晋王朝画上了句号。

刘裕，名寄奴，是西汉楚元王刘交的后人。但到刘裕的父亲刘翘时，他家已经是贫困阶层。因此，严格地说，刘裕的成功是“草根逆袭”的典型。晋哀帝兴宁元年三月壬寅日（363年4月16日），刘裕出生了。由于母亲在分娩时去世，父亲没钱请奶娘，甚至想将他抛弃。恰好，他的姨母也生下了个儿子，于是把刘裕接来一同哺乳，刘裕才活了下来。在成长过程中，刘裕因为家境贫寒，不得不靠砍柴、种地、打鱼和卖草鞋为生。但贫穷和别人的白眼并没有让刘裕自感低人一等，相反，他长大后不但外形奇伟，气度宏大，而且才能出众，心怀大志。就连当时的名士——琅琊王氏的王谧（mì）都认为他会成为一代英雄。

都说“好男不当兵”，但当时对于刘裕来说，要过上好生活就只能去当兵。于是，他加入了东晋的北府兵，后来又凭着努力成了冠军将军孙无终的司马。五斗米道起义爆发后，刘裕转入前将军刘牢之的麾下，担任参军。自此以后（399年到公元402年），刘裕手舞长刀率部众激战，不仅作战勇猛，而且指挥有方，富有智谋，善于以少胜多，因此不断被提升。

桓玄攻入建康后，将司马元显杀死，夺取了刘牢之的兵权。刘牢之先是害怕逃走，最后自缢身亡。刘裕审时度势，就投靠了桓玄。桓玄看到刘裕屡建军功，在北府兵旧部中相当有声望，于是就任命他为中兵参军，以期借他的声望收服北府兵。公元403年，五斗米道起义头领孙恩的妹夫卢循再度起义，刘裕受命前往镇压。在刘裕的打击下，卢循渡海南逃，其他叛军头目或死或降，刘裕因平叛有功被封为彭城内史。

元兴二年（403年）十二月，桓玄称帝。为了笼络人才，桓玄对刘裕款待备至，恩宠有加。然而，实际上桓玄为消除隐患，对北府兵旧部大力剿杀，北府军几乎遭到灭顶之灾。刘裕暗中防备着桓玄，同时暗中联络北府兵残余兵将待机而动。

元兴三年（404年）二月，刘裕以打猎为名，聚集北府兵残余兵将一千七百余人，在京口正式起义。接着，众人推刘裕为盟主，传檄（xí，

刘裕

文书）四方，各地纷起响应。随后，刘裕率众成功夺取了京口和广陵，杀死镇守两地的桓氏兄弟。三月，刘裕率义军势如破竹，直攻入建康，桓玄率亲信裹挟着晋安帝逃走。刘裕随后派诸将追斩桓玄，到义熙元年（405年），晋军收复江陵，并驱逐当地的桓氏势力，将晋安帝司马德宗迎回建康。就这样，东晋皇权落入刘裕的手中。

义熙七年（411年），刘裕班师回到建康，大权在握。义熙八年（412年），刘裕派兵伐蜀，巴蜀、汉中地区再度被纳入东晋王朝版图。在不断的征伐过程中，刘裕针对东晋后期的社会经济状况大力改革，整顿积弊已久的社会制度。政治方面，他一方面针对门阀士族兼并土地的行为，抑制土地兼并及私占林地等行为；另一方面对于“骄纵贪侈，不恤政事”的官吏，就算是功臣，他也严厉惩罚，甚至处死。一时之间士族豪强无不谨言慎行。为了保证官吏的清正廉明，他严整法纪，对地方选拔上来的人才专门进行考试，对有才能之人唯才是举，从而保证了官员选拔的公正性。

经济方面，刘裕十分关心百姓生活。义熙十年（414年），他曾上表请求减轻徭役，让百姓休养生息。在执掌朝政之后，他不但多次下令减免税役，免去部分苛捐杂税，减轻人民的负担，派人巡行四方，注意了解民间疾苦，并削夺世族以及皇室的私产资助贫苦人民。

义熙十三年（417年），刘裕再次北伐，攻入长安。义熙十四年

(418年)，刘裕被封为相国、宋公。两年后，刘裕代晋称帝，东晋灭亡。

纵观刘裕的所作所为，尽管他杀光了东晋司马家族，篡夺了皇位，但作为一位君主，他多次进行北伐，保卫东晋的国土，还将其疆域扩大；他不但革除了东晋王朝的政治、经济弊端，为百姓谋福利，而且打击带头兼并土地的豪强地主，终结了门阀士族专权的时代。因此，就为人君而言，他不失为一位英明的君主。

名篇精选

刘裕过大岘，燕兵不出。裕举手指天，喜形于色。左右曰："公未见敌而先喜，何也？"裕曰："兵已过险，士有必死之志；余粮栖亩，人无匮乏之忧。虏已入吾掌中矣。"六月，己巳，裕至东莞。超先遣公孙五楼、贺赖卢及左将军段晖等，将步骑五万屯临朐；闻晋兵入岘，自将步骑四万往就之，使五楼帅骑进据巨蔑水。前锋孟龙符与战，破之，五楼退走。裕以车四千乘为左右翼，方轨[①]徐进，与燕兵战于临朐南，日向昃[②]，胜负犹未决。参军胡藩言于裕曰："燕悉兵出战，临朐城中留守必寡，愿以奇兵从间道取城，此韩信所以破赵也。"裕遣藩及谘议参军檀韶、建威将军河内向弥潜师出燕兵之后，攻临朐，声言轻兵自海道至矣。向弥擐[③]甲先登，遂克之。超大惊，单骑就段晖于城南。裕因纵兵奋击，燕众大败，斩段晖等大将十人，超遁还广固，获其玉玺、辇及豹尾。裕乘胜逐北至广固；丙子，克其大城。超收众入保小城。裕筑长围守之，围高三丈，穿堑三重；抚纳降附[④]，采拔贤俊，华、夷大悦。于是因齐地粮储，悉停江、淮漕运。

——《资治通鉴·晋纪三十七》

【注释】

①方轨：车辆并行。②昃（zè）：太阳偏西。③擐（huàn）：穿，贯。④抚纳降附：安抚、接纳新来归附的人。

【译文】

刘裕顺利通过大岘（xiàn）山，南燕的军队一直没有出现。刘裕举起手来，指着上天，禁不住脸上露出喜色。侍从们说：“您没有看见敌人却先高兴起来，这是为什么？”刘裕说：“大军已过险关，军队没有退路可走，因此一定会有拼死的决心；余粮尚在田中，我们没有缺乏粮草的忧虑。盗匪已经完全落入了我的手中。”六月，己巳（十二日），刘裕大军抵达东莞。慕容超先派遣公孙五楼、慕容贺赖卢以及左将军段晖等人统领步、骑兵共五万人屯据在临朐（qú，今山东潍坊西南），听说东晋兵马已经通过岘山，便亲自带领步、骑兵共四万人前去迎战，并派公孙五楼率领骑兵开进巨蔑水据守。东晋部队的前锋孟龙符与他展开激战，将他打败，公孙五楼败退而走。刘裕用四千乘军车作为左右屏障，排成方阵缓缓向前推进，在临朐以南的地方与南燕军队进行会战，太阳渐渐西移，双方的胜负还没有结果。东晋参军胡藩对刘裕说：“南燕倾巢出动，与我们作战，临朐城中的守军一定很少。我愿意带领一支出敌不意的部队从小路去夺取这座城池，这是韩信击败赵国的办法。”于是，刘裕派遣胡藩以及谘议参军檀韶、建成将军河内人向弥暗自带兵绕到南燕军队的后面，进攻临朐，号称是轻装部队从海路直接赶来增援的。向弥身披铠甲，首先登上城墙，于是攻破该城。慕容超听说后，大吃一惊，单人匹马从城中逃出，赶到城南投奔段晖。刘裕趁势催动大军奋力战斗，南燕军队大败，斩杀了段晖等大将十多人，慕容超逃回广固，晋兵缴获了他的玉玺、车辇以及挂在车后的豹尾。刘裕乘胜追击，直到广固。丙子（十九日），又攻克了广固外围的外城。慕容超聚集众人进入内城据守。刘裕兴筑长墙围困他们，墙高三丈，挖了三道地沟。好言抚慰接纳投降归附的人士，选择提拔贤才俊杰，不管是汉人还是夷人，都很高兴。因为夺取了齐地储存的粮草，便停止了从长江、淮河水路运输军粮的工作。

【词句撷英】

余粮栖亩：也作“栖亩余粮”，“栖亩”就是将余粮存积在田亩之中，以歌颂丰年盛世。

第四章 偏安一隅的南朝

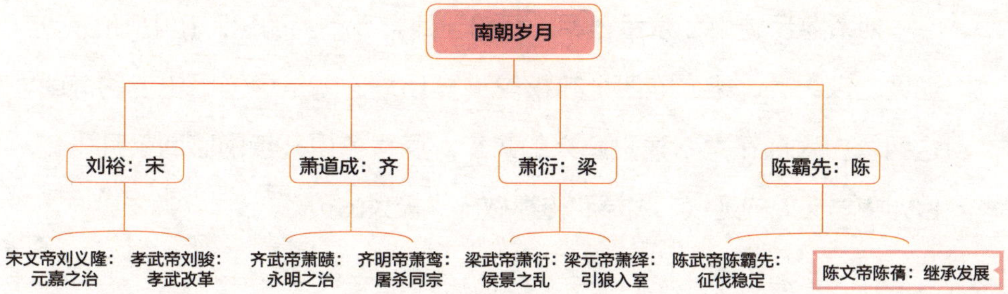

当刘宋开国之时，南朝的疆域还包括今山东、河南之境。宋武帝死后，魏人乘丧南伐。取青、兖、司、豫四州。……文帝立后，和檀道济合谋，讨除羡之等。……檀道济死后，功臣宿将亦垂尽。于是公元430年、公元450年两次北伐都失败。魏太武帝反自将南伐，至于瓜步。所过郡邑，赤地无余。南北朝时，北强南弱的情势，实始于此。

——吕思勉《中国通史》

南朝的有为帝王

刘裕篡晋结束了东晋王朝，开启了刘宋天下。随后，在中国的南方地区，宋、齐、梁、陈四个政权轮流登场，这就是中国历史上的南朝。这四个由汉族在南方建立起来的政权，尽管各自延续的时间仅几十年，但为华夏文明的延续、发展和传播做出了极大的贡献。

刘义隆与“元嘉之治”

在东晋末期的乱世中趁势崛起的刘宋王朝，经过一系列改革，社会政治和经济状况均得到改善。到宋文帝刘义隆时，出现了历史上有名的“元嘉之治”。

宋文帝刘义隆是刘裕的第三子。他博览群书，写得一手漂亮的隶书，可谓文武兼备。早在四岁时，他就在大将刘粹的辅佐下镇守京口（今镇江），九岁就被封为彭城县公。刘裕北伐时，他以冠军将军的身份留守。由此可见，他颇得刘裕信任，而且能力卓然。刘裕驾崩后，刘义隆的异母兄长刘义符继位，但后来因为不务正业而被辅政的司空徐羡之、中书令傅亮、领军将军谢晦、护军将军檀道济等以政变的方式推翻并杀害。就这样，时任宜都王、荆州刺史的刘义隆于景平二年（424年）八月得以被推举为帝。

刘义隆继位后，权臣徐羡之、傅亮、谢晦辅政。鉴于兄长刘义符的遭遇，他对这三人心怀戒备，于是一步一步地谋划翦（jiǎn）除权臣。元嘉二年（425年），刘义隆利用一系列强化权力的举措和当时的舆论迫使徐、傅二人还政于他。接下来，他又成功地笼络了手握军权的檀道济的支持。当一切准备妥当后，元嘉三年（426年），刘义隆成功地处死徐、傅、谢三人，为被杀的兄长报仇。

消灭权臣后，刘义隆做到了政从己出，从政治、经济、文化和军事等方面调整统治政策。在政治上，他大力整顿吏治，下诏派大使巡行四方，对地方官员的表现优劣进行考察。在经济上，他重视农业生产，大力清理户籍，免除百姓欠政府的“通租宿债”，鼓励农桑，对贫困的百姓进行赈济，鼓励农民开垦田地，并采取了一系列兴农措施使百姓得以休养生息。在文化上，他召集大儒开设“儒学馆”讲学，出现了中国文学史上的“元嘉文学”，涌现出谢灵运、刘义庆、鲍照、陶渊明等著名的文学巨匠。在军事上，尽管两度北伐失利，但这一时期出现了檀道济、沈庆之、宗悫（què）等战功赫赫的武将。

从东晋义熙十一年到宋文帝刘义隆统治末年，“役宽务简，氓庶繁息”，国家相对安定，社会生产得以发展，经济文化日趋繁荣，这三十多年堪称南朝国力最为强盛的历史时期。然而，刘义隆统治后期，为了收复河南而进行的两次北伐的失利，导致北魏长驱直入长江岸的瓜步，威胁建康，造成刘宋国力损耗。加之后期刘义隆生病期间，彭城王刘义康专政，造成一些忠于国家的大臣遇难，这些都严重地影响了他的统治。元嘉三十年（453年），刘义隆被太子刘劭（shào）弑杀，辉煌一时的元嘉时代结束。

刘骏与“孝武改革”

刘裕建宋后，东晋时期的门阀政治开始逐渐向皇权政治过渡。在此过程中，从宋武帝刘裕到宋文帝刘义隆，都在努力重构皇权政治。然而，宋武帝刘裕由于在位时间较短，无法对政治制度进行更多的调整；宋文帝刘义隆则采取了宗室和士族共同执政的方式，用皇权平衡双方的势力。在这一平衡的过程中，刘义隆不得不向双方妥协让步，而这种妥协让步增加了宗室势力和高门士族势力威胁皇权的实力，他们甚至联合起来争夺皇权，以至于宋文帝最终死于自己苦心维系的这种借助平衡建构皇权政治的策略。当辉煌一时的元嘉时代结束时，孝武帝刘骏引领的改革一度让刘宋王朝再创辉煌。

孝武帝刘骏是文帝刘义隆的第三子。他从小就特别聪明，文才、武力兼备，尤其擅长骑射。十五岁时，刘义隆封他为武陵王，食邑二千户。从元嘉十六年（439年）到元嘉二十五年（448年），刘骏在外征战，平定叛乱，不但组建了一支实力强大的荆雍兵，而且在平叛地区发展经济，与民休息，声望日隆。元嘉二十七年（450年），面对南下侵宋的魏军，刘骏率军殊死抵抗，尽管因兵败而受到文帝刘义隆的斥责，却因面对强敌时的骁勇敢战赢得了将士的尊重。

元嘉三十年（453年），当太子刘劭弑父自立的消息传来时，刘骏正以征南将军的身份率军在五洲（今湖北浠水西南）征讨叛乱的西阳蛮族。这个备受各大势力忽视和冷落的皇三子依靠雍州武人和幕府寒门士人组建的军政班底从江陵起兵，率军讨伐刘劭。这时，刘骏长年镇守在外的优势就体现出来了：一方面他手下的将士大多经历过沙场征战，另一方面他的威望为他赢得了各方军镇的支持。刘骏的军队很快就击溃了刘劭的禁军，于当年五月攻下建康，斩杀刘劭和皇二子刘濬（jùn，同“浚”），随后即皇帝位，就是宋孝武帝。

孝武帝以地方藩王势力起兵推翻中央势力，即位初期，面对着文帝后期留下的各方势力，这些势力纷纷试图挑战皇权，摆脱皇权控制的局面。因此，孝武帝决定进行改革，以重构皇权政治，削弱士族、宗室及地方势力，加强皇权和中央集权，建立一个强有力的能控驭四方的中央政府。

政治上，孝武帝为加强中央集权，强化皇权，一是创设了“寒人掌机要”的政治局面。所谓寒人，就是寒门庶族，是相对于此前的士族势力而言的。孝武帝在即位初就下诏撤除了“录尚书事”一职，任用寒门出身的中书舍人处理中枢机要事务，与皇帝共同确定官员选拔、升迁、奖惩，从而形成“寒人掌机要”的政治局面。如此一来，士族势力占据的要职仅剩下在公文上签名的权力。

经济上，孝武帝认识到发展经济的重要性，即位后，多次下诏劝课农桑，限制士族封山占水，抑制土地兼并现象，禁止皇亲显贵经商逐利，由国家出面赈济穷困；减免百姓的赋租，积极兴修水利，甚至恢复了皇帝亲自耕田的仪式，以加强全社会对农业的重视，促进经济的发展。此外，孝武帝还改铸钱币，设立台传机构，加强中央财政，开南朝台传机构和台传御史监察地方财政的先河。

军事上，孝武帝用制局监掌控军权，开启了寒门武人秉承皇帝旨令，掌控禁卫军权，专典兵力的先例，从而进一步提升了皇权对军队的直接控制力量。他还注重经略北方，积极进行骑兵建设，加强军备，奖励养马，训练骑兵。同时，孝武帝还诏令废除军户制度，停止了很多基于“世兵制”之上的政策。

宋孝武帝在位十二年，实行了一系列改革举措，尤其是诸多强硬和铁腕的手段措施，削弱了士族、宗室、地方豪强，扭转了中央与地方的关系，强化了皇权和中央集权，深刻地影响了南朝的历史政局，奠定了后来南朝的政治格局。

萧道成与“建元新政”

泰豫元年（472年），宋明帝刘彧（yù）驾崩时，遗诏冠军将军萧道成为右卫将军，和尚书令袁粲（càn）、护军将军褚渊、领军将军刘勔（miǎn）共掌政事。元徽二年（474年），萧道成带兵成功平定桂阳王刘休范反叛，晋爵为公，迁中领军将军，掌握禁卫军，督五州军事，从此开始独掌朝政。升明三年（479年）四月，萧道成迫使宋顺帝刘准禅位，随后在建康南郊登基称帝，国号齐，他就是齐高帝。

萧道成是汉朝相国萧何的后裔。他的父亲是一名武将，因此萧道成子承父业，从小就喜欢舞枪弄棒，练就了一身本领。萧道成并非头脑简单的武夫，早在十三岁时，他就到名士雷次宗那里学习《礼记》《左氏春秋》等儒家经典，可谓文武兼备。萧道成建齐后，从政治、军事、文化等方面推行新政，以革除刘宋末期的暴政造成的影响，使百姓休养生息，恢复国家经济，从而让南朝出现了一段相对稳定发展的时期。

在政治上，萧道成目睹了刘宋王朝诸多暴政给百姓造成的灾难，即位后，他格外关心百姓疾苦，革除了许多暴政，禁止宗室封山占水，与民争利；减免一些赋役，安抚流民。

萧道成还以前朝为鉴，提倡节俭自奉，反对奢靡，减轻人民负担，并以身作则，不但皇宫中不用金、铜制作的器具，而且禁止民间使用各种华丽饰物。为了培养和选择人才，他下诏“修建儒学，精选儒官”，招揽人才。为了防止臣子作乱，他削除部曲私兵，限制将吏随身护卫人数。他还借鉴了刘宋灭亡的教训，他主张宽厚为本，教育子弟不要手足相残。

在军事上，萧道成加强国都建康城的防务，改建城墙，形成了以中轴线为基准、主要建筑物左右对称的都城风格，也使建康城成为真正坚固的堡垒。在文化上，萧道成兴办学校，培养人才，重视礼教，由于他本人好书法，推崇西晋的陆机、潘岳，因此影响了齐初的文风。

正是由于齐高帝萧道成的一系列新政，南齐的政治稳定，经济得以复苏，从而为“永明之治”的出现打下基础。

萧赜与永明之治

齐武帝萧赜（zé）是南齐的第二任君主。作为长子，他在齐高帝驾崩后，顺理成章地继位称帝。

萧赜字宣远，小名龙儿。这个小名的由来，与他出生时的异象有关。据说，萧赜出生时，其母梦到有龙盘踞在屋顶上。于是，萧道成给这个长子取名为龙儿。萧赜长大后，十分有才干，而他的成长历程也证明了这个名字的不凡。

萧赜长大后，从侍郎、曹书佐、县令等小官做起，后来更是随着萧道成南征北战，历练治国理政之术。泰始二年（466年）时，十六岁的萧赜由于不跟从江州刺史、晋安王刘子勋谋反而入南康郡狱中。被族人和门客营救出狱后，他率领身边的一百多人起义，并一战成名。此后，为了躲避刘子勋的追杀，他率手下退避屯兵于揭阳山中，慢慢地招兵买马，手下发展到三千人。此后，在与叛军的作战中，不断壮大力量，其声望也日盛。等平定叛乱后，萧赜升任宁朔将军。到升明三年（479年）三月，因萧道成被封为齐公，萧赜成为世子，拥有了如同太子的东宫一样的属官和官署。建元元年（479年）四月，萧道成建立南齐，萧赜顺理成章地成为太子。

齐武帝是从底层郡县做起的，因此不但积累了大量的治国经验，而且十分理解百姓的疾苦。他即位后，十分关心百姓疾苦，时有仁政。他曾于永明元年（483年）三月大赦天下，并处斩了治军不严、掠劫百姓的大将陈天福。他提倡并奖励农桑，灾年时赈济减免租税，对百姓中的鳏寡和贫穷之人多加抚恤，让百姓休养生息，使百姓得到十多年休养生息的时机，促进了南方经济的发展。他反对奢侈，要求婚礼杜绝大操大办，大兴节俭之风。为了教化民众，培养人们的德行，齐武帝重视教育，下令兴办学校，并挑选有学问的人任教。

在对外关系上，齐武帝减少军事调动，积极与北魏通好，使得边境较为安定，减少军事调动。齐武帝在位的十一年间，政治清明，国内社会安定，社会经济文化得到发展，齐国进入了暂时的安定局面。

齐武帝在即位初就立长子萧长懋（mào）为太子。萧长懋也不负齐武帝所望，为人忠厚仁孝，处事练达，赢得朝野上下的拥戴。就在齐武帝以为后继有人时，永明十一年（493年），萧长懋突然病逝。无奈之下，齐武帝立萧长懋的长子萧昭业为皇太孙。

永明十一年（493年）七月，五十四岁的齐武帝病逝，皇太孙萧昭业继位。由齐高帝奠基，齐武帝发扬光大的这段时期，社会安定，政治清明，经济和文化得到不断发展，因此被称为“永明之治”。

名篇精选

庚午，魏主至瓜步①，坏民庐舍，及伐苇为筏，声言欲渡江。建康震惧，民皆荷担而立，壬午，内外戒严。丹杨统内尽户发丁，王公以下子弟皆从役。命领军将军刘遵考等将兵分守津要，游逻上接于湖，下至蔡洲，陈舰列营，周亘②江滨，自采石至于暨阳，六七百里。太子劭出镇石头，总统水军，丹杨尹徐湛之守石头仓城，吏部尚书江湛兼领军，军事处置悉以委焉。

上登石头城，有忧色，谓江湛曰：“北伐之计，同议者少。今日士民劳怨③，不得无惭，贻大夫之忧，予之过也。”又曰：“檀道济若在，岂使胡马至此！”

——《资治通鉴·宋纪七》

【注释】

①瓜步：今江苏六合区东南的瓜埠山，南北朝时屡为军事争夺要地。②周亘（gèn）：曲折绵延。③劳怨：劳苦怨恨。

【译文】

庚午（十五日），北魏国主抵达瓜步，毁掉老百姓的房舍，又砍伐芦苇建造小筏，声称要南渡长江。建康上下震惊忧惧，一片恐怖，老百姓都挑着担子站在那里，准备随时逃走。壬午（二十七日），建康城内城外戒严。丹杨境内所有的壮丁以及王公以下的子弟，全都服役从军。刘宋文帝又命令领军将军刘遵考等率军分别据守沿江渡口及险要地带，巡逻上起于湖，下到蔡洲，江面排列着一排排的船只，且沿岸相互连接，从采石矶一直到暨（jì）阳，长达六七百里。太子刘劭率领军队镇守石头，全权指挥水军。丹杨尹徐湛之镇守石头所属仓城。吏部尚书江湛兼任领军，军事上的部署全由他一人来裁决。

刘宋文帝登临石头城，不禁面露忧色，对江湛说："当初我们决定向北征伐时，赞同的人本来就很少。如今将士、百姓劳顿怨苦，我们不能不感到惭愧。我为大家带来了灾难，这是我的过失。"又说："如果檀道济仍然在世，岂能让胡虏军马跑到这里来！"

【词句撷英】

荷担而立：荷，扛；负。挑着担子站着。表示已有所准备，一有情况，随时可走。

走马灯般的政权更替

齐武帝萧赜去世时，绝对想不到，正是自萧昭业这位皇太孙开始，南齐江山一步一步被断送。

屠杀同宗，西昌夺位

皇太孙萧昭业的外表是极具欺骗性的，他眉目如画，容止优雅，而且写得一手好隶书。然而，他从小受到长辈的娇惯，言行表里不一，品行不端正，根本不具备储君的德行。

目睹萧昭业的骄纵行为，辅政的西昌侯萧鸾多次规劝无效后，甚至将萧昭业的亲信徐龙驹等人杀掉。最后萧昭业虽然在行为上有所收敛，但却认为萧鸾有了不臣之心，于是打算杀掉萧鸾。萧鸾获得这个消息后，在痛心之余，决定废掉萧昭业的皇位。

萧鸾是齐武帝萧赜的堂弟。他从小丧父，是由萧道成抚养长大的。他曾随着萧道成南征北战，在萧道成称帝后，任侍中一职，受封西昌侯。齐武帝在位时，他官至右卫将军。齐武帝去世时，他被加封为镇军将军，全权裁决大小政事。可以说，他处于一人之下，万人之上的地位。当萧鸾看到萧昭业继位后荒淫、挥霍无度，根本不听劝谏时，内心就产生了自立为帝的想法。

随后，隆昌元年（494年）七月，萧鸾将萧昭业杀死。随后，新安王萧昭文被立为皇帝。萧鸾被任命为骠骑大将军、录尚书事、扬州刺史、宣城郡公。延兴元年（494年）十月，萧鸾升任太傅，领大将军、扬州牧，晋爵为宣城王。这时，萧鸾不但把握朝政大权，而且掌握着皇帝萧昭文的起居饮食等事项。建武元年（494年）十月二十二日，萧鸾即皇帝位，他就是齐明帝。

齐明帝以旁宗夺位自立后，对齐高帝萧道成与齐武帝萧赜的后人相当忌惮，便派人监视每个王侯。永泰元年（498年）正月，齐高帝、武帝的子孙们成群结队地入宫向齐明帝庆贺新春。看着这些人个个年轻有为，萧鸾联想到自己的子侄辈年纪幼小，产生了忧患感，便在感觉到危机后确定了屠杀同宗的计划。于是，无论是德才兼备的江夏王萧锋、英勇果敢的巴陵王萧子伦，还是胆小怕事的建安王萧子真均先后遭害。其中，江夏王萧锋是由于对萧鸾大肆屠杀诸王的行为加以讽刺和指责而被杀，巴陵王萧子伦则明知萧鸾派人送去的是毒酒仍从容赴死。

萧鸾不仅自己下令屠杀宗族，甚至在临终前还叮嘱太子萧宝卷，务必要严加防范宗族、权臣作乱，一旦发现异常就要诛杀。结果萧宝卷（即东昏侯）即位后，看谁不顺眼就杀谁，于是不到两年的时间，司空徐孝嗣、太尉陈显达、始安王萧遥光等重臣、宗室一一被杀。

萧宝卷对文武大臣也不知爱惜，动辄大开杀戒，让群臣深感不安，人人自危。永元二年（500年），征虏将军萧懿奉命讨伐宁朔将军裴叔业，大胜还朝后，却被萧宝卷杀害。这件事招致萧懿的弟弟、雍州刺史萧衍的叛乱。最终，萧宝卷众叛亲离，死于宦官之手。

中兴二年（502年）四月，萧衍在建康登基称帝，改国号为梁，他就是梁武帝。从此，南齐彻底消失于历史的洪流中，取而代之的是南梁王朝。

绥靖纵容，侯景之乱

说起来，梁武帝萧衍在血缘上和南齐皇室关系相当近，同为齐高帝萧道成的后人。萧衍出身世家大族，从小就博学多才，曾是当时有名的“竟陵八友”之一。然而，除了在文学上和“竟陵八友”中的沈约、谢朓、范云等人不相上下，他在胆识上也无人可比。这就决定了他能在出仕后一步一步走上高位。

梁武帝像

当初齐明帝要废萧昭业自立时，萧衍就持反对意见，并建议萧鸾铲除文武兼备的随王萧子隆，萧鸾得以顺利掌握朝政。萧鸾自立为帝后，萧衍因此地位显赫。随后，萧衍因击退北魏孝文帝拓跋宏的进袭而升官。后来，他虽然在建武五年（498年）三月与北魏军作战时失败，齐明帝不但不追究其责任，还安排他任雍州刺史。这就让萧衍获得了一块固定的根据地，从而为其日后发展自己的势力奠定了基础，获得争夺权力的资本，进而为他自立为帝提供了条件。

自立为帝后，萧衍在最初吸取南齐灭亡的教训，勤于政务，纠正宋、齐以来的种种弊端。他广泛地纳谏，听取众人意见，最大限度地任用贤良，重视对官吏的选拔任用，训导官员遵守为国为民之道，清正廉明。梁朝的统治状况因此得到显著改善。

然而，梁武帝萧衍也同样疑心甚重，忌惮开国元勋。他对待功臣甚至可以称之为吝啬，反而对皇室亲属颇为看顾，竟然达到徇私护短的程度。比如，他的弟弟萧宏窝藏杀人凶手，他不加惩罚反而加封官职，妄加纵容，从而导致萧宏更加肆无忌惮地胡作非为，甚至妄图刺杀萧衍，篡夺皇位。更离谱的是，萧衍晚年笃信佛法，数次入寺做和尚，精心研究佛教理论。加之他刚愎自用，不听劝谏，重用奸臣，忽视朝政，造成朝政昏暗，从而引发了“侯景之乱”。

侯景最初是北魏尔朱荣的部下，后来投靠了北齐奠基者高欢，获得高欢的重用，镇守河南。梁大同八年（542年），侯景做了河南道大行台，“拥兵十万，专制河南”，实力相当雄厚。由于和高欢的儿子高澄不和，当高欢死后，高澄想夺侯景的兵权时，侯景于太清元年（547年）正月投降了西魏。西魏宇文泰对他心存戒心，不能倾心接纳，于是侯景就向萧衍递上降表，声明愿意归顺梁朝。

梁武帝萧衍当时一直想收复中原，甚至连梦中都想平定中原。因此，当侯景的降表递上时，萧衍非常高兴，马上封侯景为河南王、都督河南北诸军事，还派司州刺史羊鸦仁、侄子萧渊明去接应他。萧渊明受命率十万水、陆军队到彭城接应侯景，并趁机北伐，攻打东魏。没想到，萧渊明率军渡过淮河没多久就被东魏军击败，萧渊明及其部众全部被东魏俘虏。就这样，梁武帝以巨大的代价迎接侯景，梁朝的祸患也由此开始了。

侯景降梁后，打起和世族大家王、谢两姓联姻的主意，想以此提高地位。为此，他请梁武帝做媒。结果武帝认为侯景的门第不够就拒绝了。为此，侯景心生怨恨。后来，东魏派使臣出使梁，想与梁重归于好，而且答应将萧渊明放回。一方面，这个条件对萧衍极具吸引力；另一方面，梁武帝也认识到了梁军和东魏军队之间的差距。于是，就算侯景持反对意见，他还是同意了东魏的议和提议。侯景顿时紧张起来，他害怕自己被梁武帝用来交换萧渊明，于是多次上书规劝梁武帝，说明和高澄通好的危害，甚至主动请求领军北伐，但均遭到梁武帝的拒绝。无奈之下，侯景又贿赂武帝的近臣朱异，请他阻止武帝。哪想到朱异收了钱却不办事。苦思之下，侯景决定试探一下梁武帝的态度，于是他伪造了东魏要求以侯景交换萧渊明的书信。让侯景愤怒的是，梁武帝看了这封伪造的信件后竟然同意了。就这样，侯景以寿阳为基地，开始密谋叛乱。

侯景选择的时机相当好。当时，梁朝社会充满了各种矛盾，首先，梁朝老百姓被迫承受着沉重的赋役，大量农民或破产流亡，或沦为奴婢；其次，各级官吏贪污腐败及宗室权贵违法作恶；第三是梁武帝宠信佞臣，朝廷内官员之间矛盾重重。在这些矛盾下，梁朝政治腐败，风气萎靡，社会贫富悬殊，国力外强中干。侯景充分利用了以上矛盾，在所镇守的寿阳采取了废除市场税和田租的措施，从而吸引了许多百姓参与叛军，使寿阳成为一个大军营。他还秘密联合心存异志的武帝养子——临贺王萧正德共同叛乱。

梁太清二年（548年）八月十日，侯景以诛杀在朝中弄权的朱异为借口，集合八千人在寿阳起兵。侯景采取声东击西的策略，直奔建康城，最后兵临建康城下。尽管萧衍已经号召各地军马驰援，但由于各路援军各怀鬼胎，在攻打叛军几次不利后就按兵不动，隔岸观火。结果，叛军在萧正德的协助下进入建康城，围困台城。为了耀武扬威，侯景还专门去见了梁武帝萧衍。他没想到的是，萧衍竟然不慌不忙地问他从何而入，妻儿何在，兵马多少，然后心平气和地要求他善待百姓。梁武帝的淡然和镇定让侯景内心恐惧不已，甚至害怕得汗流满面。

实际上，梁武帝虽然表现镇定，但内心愤愤不平。因此，当侯景占领了建康全城，控制梁朝军政大权后，他拒绝了侯景的要求。侯景一怒之下，干脆断绝了物资供应。结果，年迈的梁武帝被活活饿死在台城。

那么，梁朝诸王哪里去了？实际上，当侯景叛军将三吴都占领时，梁朝诸王正忙着自相残杀。正是因为他们忙于内讧，才让侯景得以扩充势力。梁武帝死后，侯景拥立皇太子萧纲即位，并将心怀怨恨的萧正德勒死，自己成为南梁的实际掌权者。梁大宝二年（551年），侯景逼迫豫章王萧栋禅让，登基为帝，国号为汉，改元太始。公元552年，梁武帝的第七个儿子湘东王萧绎（yì）战胜自己的侄儿和兄长，挥师东下消灭了侯景，并于侯景死后登基为帝，是为梁元帝。

“侯景之乱”尽管最后得以平息，然而却对当时的社会造成了极大的影响。一方面，这场变乱严重破坏了江南地区的经济文化，使士族门阀遭遇灭顶之灾，引发了南朝社会阶级关系的调整，使南朝政治格局产生了极大的变动，梁朝政权土崩瓦解，名存实亡，从而引发梁陈易代；另一方面，它加剧了南弱北强的形势，使北方两国成为间接的受益者，也缩短了南北统一的时间。

三朝经营，后主丧国

梁元帝萧绎是一个极富才华的文人，但他并不是一个合格的帝王。他为人懦弱，没有谋略，多疑却不能决断。这种人格特点决定了他无法信任他人，也致使他做出联合西魏平定内乱的行为，最终引狼入室。公元554年，西魏军队攻破江陵城，萧绎身死国灭，江陵数十万百姓或成为萧绎的陪葬品，或被掠入关、一生为奴。曾经繁盛一时的南梁王朝灭亡，取而代之的是梁朝大将陈霸先建立的陈。

陈霸先出生于梁武帝天监二年（503年），尽管家境贫寒，但他心存大志，刻苦勤勉。成年后，他除了练就一身武艺，还具备了渊博的学识。最初，他只是在乡里做个小官。机缘巧合，他得到宗室新喻侯萧暎（yìng）的青睐，从此平步青云。此后，在长期征战中，陈霸先不但获得

梁武帝的欣赏，而且凭着军功职位不断升迁，在积累了丰富的作战经验的同时，在军队中也极有威望。“侯景之乱”中，他投奔了湘东王萧绎，成为其帐下的一员勇将。后来，他更是在平定“侯景之乱”的过程中屡立战功，从而在西路各军中赢得了威信。梁元帝被杀后，他拥立萧方智为帝，掌握了南朝梁的实权。

永定元年（557年）冬十月，陈霸先于建康即皇帝位（陈武帝），建立陈朝。

在建国之初，陈霸先一方面对江左豪族采取笼络政策，以图恢复江南经济；对于北齐朝廷，他进行了一系列征伐，令皇权逐渐稳固。他生活简朴，勤奋自律，凭着多年的经验和对时局的掌控，巧妙地处理军机大事，制定破敌制胜之道。考虑到战乱的影响，他在处理政务时崇尚宽和简朴，不轻易调发军队、发动战争。陈霸先在位三年，任贤使能，政治清明，江南局势渐趋稳定。

永定三年（559年），陈霸先病逝，他的侄子陈文帝陈蒨（qiàn）继位。陈蒨早在少年时期就因为沉稳机敏、有胆有识、气度不凡而深受陈霸先喜爱，因此陈霸先对他多加栽培。在“侯景之乱”中，他不但能在局势混乱的时候保护家族的安全，而且曾孤身一人试图刺杀侯景，尽管没有成功，但足以看出他的策略和胆识。“侯景之乱”后，他在跟随陈霸先征战和独立率兵作战的过程中树立起威名。他即位后，继承陈霸先节俭自律的作风，同时体察百姓的疾苦，大力发展经济。陈文帝在位期间，陈朝政治清明，百姓富裕，国势比较强盛。

天康元年（566年）四月，陈文帝去世，年幼的皇太子陈伯宗继承帝位，安成王陈顼（xū）等三位大臣辅政。三人中，陈顼的权力很大，负责外部事务。陈顼是陈文帝的弟弟，也是文治武功兼备的人才。由于是皇亲国戚，他拥有相当大的权势，因纵容手下做不法行为而遭到陈文帝的贬斥。陈文帝临终前，鉴于太子年幼，曾想禅位于他，但他痛哭流涕，坚决不接受。然而，太子继位后，伴随着权势和地位的增大，陈顼开始产生了不臣之心。于是，他经过周密安排，以幼帝个性软弱，无法担当大任为由发动政变，自立为帝，是为陈宣帝。

陈宣帝在位期间，注重兴修水利，开垦荒地，鼓励农民生产，社会经济得到了一定的恢复与发展。然而，陈宣帝过于故步自封，一心想苟安于江南，从而失去了反攻北齐的良机。北周灭齐后，他却想争夺徐、兖二州，进而出兵北伐，结果不但没达到目的，反而被北周夺走江北和淮南。至此，陈氏政权摇摇欲坠。

太建十四年（582年），陈宣帝去世，皇太子陈叔宝即位，他就是著名的昏君陈后主。顾名思义，他是陈国的最后一位皇帝。那么，这位后主是如何亡国的呢？

陈叔宝出生于南朝梁承圣二年（553年）。这时，陈霸先已经成为一方霸主，掌握了南朝的实权。所谓功高震主，梁元帝萧绎为了牵制掌控陈霸先，于是将他的子侄宗亲都留在江陵，明为恩宠，实为人质。其中就包括陈叔宝的父亲陈顼。随后，西魏南侵，陈顼被掳走，陈叔宝和母亲、弟弟就成了人质。直到文帝陈蒨即位后，十岁的陈叔宝才和父亲陈顼一起被迎回南朝。

然而，即便从小就成为人质，生活在北朝，他却过着优越的生活，加之由祖母抚养长大，因此养成了贪图享受、做事不够果断的特点。陈顼回到南朝后，开始逐渐掌握了南朝大权，于是陈叔宝在十四岁的时候就开始出任官职。陈顼自立为帝后，陈叔宝被立为皇太子。

陈叔宝即位之初，也想有所作为，曾颁布诏书表达要依靠群臣的辅佐把先王的遗德惠及万民，实行革新，并为此曾寻求治国之贤才。他也采取了一些发展经济的措施，如下诏免征租税、奖励耕种，鼓励农业生

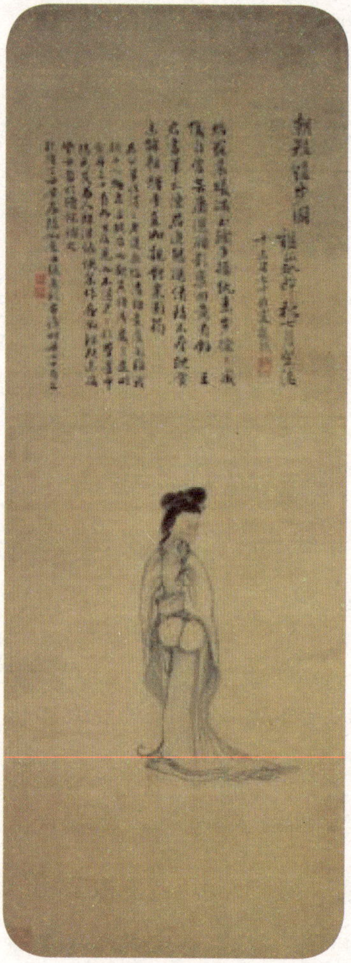
朝装缓步图

产等。然而，作为一国之君，仅仅懂得为君的道理是不行的，还要具有杀伐决断的性格和能力，要能以强有力的手段将治国之策落到实处。而陈叔宝缺少的就是这些能力。

由于在继位之初被弟弟陈叔陵刺杀，于是，陈后主将大小朝政交由长沙王陈叔坚处理。当陈叔坚权倾朝廷时，他又偏听偏信，疏远长沙王。虽然疏远了长沙王，但他自己也没有更加勤于政事，反而深居高阁，整日花天酒地，不闻外事。他嫌陈开国以来内廷陈设过于简朴，于是令人重建，穷土木之奇，极人工之巧，耗资巨大。他宠爱贵妃张丽华，纵容她干涉朝政。在他的影响下，君臣上下沉迷于享受，每天纵酒赋诗，奢靡享乐。

就在陈后主不务正业的时候，隋文帝杨坚正值开国之初，君臣齐心，确立了伐陈之计。在公元588年，五十万隋军分道直取江南。公元589年，隋军渡过长江，以秋风扫落叶之势连下数城。面对军纪严明、秋毫无犯的隋军，陈军节节败北，望风溃逃。最后，陈后主主动向隋军送上降表。自此，陈朝灭亡。

名篇精选

太子性奢靡，治堂殿、园囿过于上宫，费以千万计，恐上望见之，

乃傍门列修竹；凡诸服玩，率多僭侈①。启于东田起小苑，使东宫将吏更番筑役，营城包巷，弥亘②华远。上性虽严，多布耳目，太子所为，人莫敢以闻。上尝过太子东田，见其壮丽，大怒，收监作主帅；太子皆藏之，由是大被诮责③。

又使嬖人④徐文景造辇及乘舆御物；上尝幸东宫，匆匆不暇藏辇，文景乃以佛像内辇中，故上不疑。文景父陶仁谓文景曰："我正当扫墓待丧耳！"仍移家避之。后文景竟赐死，陶仁遂不哭。

——《资治通鉴·齐纪四》

【注释】

①僭（jiàn）侈：奢侈过度。②弥亘：绵延。③诮责：责备。诮，责备；责，分内应做的事，责任。④嬖（bì）人：君主所偏爱的人。

【译文】

太子（萧长懋）生性奢侈豪华，他修建自己的殿堂、花园，远远超过了武帝的宫殿，建筑费用都要以千万计算，他害怕武帝看见，就沿着殿门，种植了一排排修长的竹子。各种服饰、玩物，萧长懋大多都奢侈过分。他请求武帝让他在东田建造一个小规模养禽畜的林苑，让东宫的将士们轮番充当修筑的工匠，营造城墙，围住街巷，伸展辽远，异常华丽。武帝性情虽然严厉，到处都有自己的耳目，但是，对于太子萧长懋的所作所为，却没有人敢告诉他。一次，武帝偶然路过东田，看见那里的建筑非常壮观华丽，于是，勃然大怒，下令逮捕工程负责人。萧长懋听说后，马上把他们全都藏了起来，为此，萧长懋受到严厉斥责。

萧长懋又让宠臣徐文景制造皇帝专用的辇车和其他专用物件。武帝曾经亲临东宫，萧长懋没来得及将辇车收藏起来，徐文景急中生智，就赶快把一尊佛像放在辇车里，武帝也就没有怀疑。徐文景的父亲徐陶仁曾经对徐文景说："我现在正在打扫墓地，等待为你办丧事！"徐陶仁将全家搬走，远远躲开徐文景。后来，徐文景真的被下令自杀，徐陶仁并没有为此而哭泣。

【词句撷英】

移家避之：搬家躲避。

第五章

大分裂与大融合共存的北朝

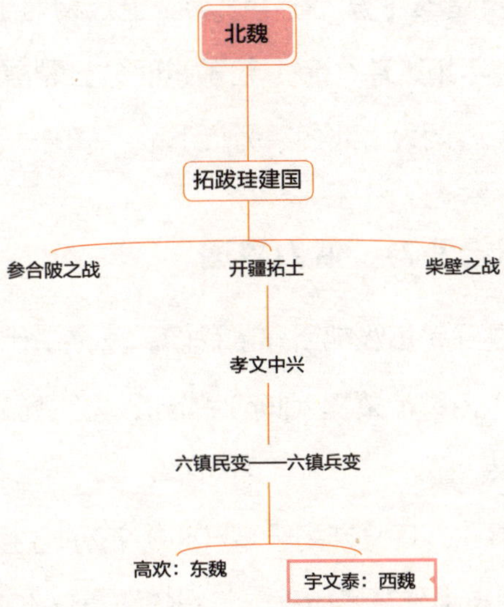

从公元304年前赵自立起，到439年北凉灭亡为止，共经过一百三十六年。扰乱中国的五胡，快多和汉族同化了。只有拓跋（bá）氏，其起最晚，其入中原也最后，所以又和汉族相持了一百四十年。

——吕思勉《中国通史》

励志进取的北魏帝王

鲜卑拓跋部所建的北魏，在中国历史上是相对于南朝的北朝第一个王朝。从公元386年拓跋珪（guī）趁前秦四分五裂重建代国，到公元534年北魏分裂为东、西两魏，北魏共历二十帝，享国一百四十八年。

拓跋珪：巧借外力，武力建国

北魏的前身是鲜卑拓跋部所建的代国。后来，代国被前秦苻坚所灭。直到代国的创建人拓跋什翼犍（jiān）的孙子拓跋珪成人后，他召集祖辈的下属，得以复兴建国。

拓跋珪是遗腹子，其父亲拓跋寔（shí）在他出生前两个月就去世了。公元376年，代国被前秦苻坚所灭，五岁的拓跋珪不得不和母亲一起流亡到了匈奴独孤部刘库仁部落。刘库仁去世后，他的儿子刘显掌权。刘显觉得拓跋珪是个祸害，一心想害死他。拓跋珪在他母亲和姑姑（刘显的弟妹）的帮助下逃到了舅舅家——贺兰部落。可是亲舅舅贺染干发现他在部落里很得人心，也认为他是个祸害，想杀了他。幸亏母亲全力维护，他得以躲过暗杀，安全长大。拓跋珪长大后，刘显和他的舅舅担心的结果当真出现了。

公元386年，由于成年后的拓跋珪极得人心，很有才能，因此他在以贺兰部为首的诸部支持下即代王位。此后，拓跋珪选贤任能，励精图治，拓跋氏在他的领导下逐渐复兴。没过多久，拓跋珪将国都迁到旧都盛乐（今内蒙古和林格尔境内），并且在牧业之外注重农业生产，让人民休养生息。同年四月，他改称魏王。

南北朝时期骑兵示意图

公元387年，在后燕的帮助下，拓跋珪先后消灭黄河东西两个匈奴部落，平定了黄河以南诸部，恢复了拓跋氏的部落联盟领导地位。随后，拓跋珪开始向南、北发展势力。

公元395年，后燕伐魏。当时，燕帝慕容垂老迈多病，太子慕容宝亲自领军。由于拓跋珪不战反退，率众避敌于河西，后燕军队首战告捷，士气大振，于是计划过河追击魏军。拓跋珪于五原迎战，双方形成对峙的局面。在长达一个月的相持阶段，拓跋珪一方面派人向后燕的对头后秦求助，另一方面向慕容宝假传慕容垂病死的消息，从而扰乱了后燕的军心。结果后燕军发生了内乱，不得不烧船撤退。巧的是，十一月的五原天气骤寒，河面结冰，后燕军失去了得以凭借的黄河，而两万魏军精兵则快速渡过黄河，追击后燕军，在参合陂（shēn hé bēi）大败疲惫不堪、士气低落的后燕军。众多后燕将士和宗室官员被俘，其余的兵将都被坑杀。这就是历史上著名的参合陂之战。

参合陂之战的惨败让燕帝慕容垂感到愤怒，也深刻地感受到了来自魏的威胁。为了给后燕谋取生存空间，慕容垂决定带病亲征。公元396年，七十岁的慕容垂再次率军大举西征伐魏。后燕军在慕容垂的指挥下，一路势如破竹，攻陷平城，直逼拓跋珪。就在拓跋珪惊恐得不知所措的时候，慕容垂的猝病死让他赢得了喘息之机。原来，后燕军来到参合陂时，慕容垂祭吊死难将士，因触景生情引发旧疾，结果不治而亡。

皇始元年（396年）八月，拓跋珪亲率十万大军，开始了抢夺后燕所占的中原土地的征战。拓跋珪率军打败后燕进入中原后，招纳汉族大地主参加统治集团，鼓励农业生产，加快鲜卑拓跋部的汉化进程，拓跋部的奴隶主贵族开始逐渐汉化，成为封建地主。次年六月，拓跋珪正式裁定国号为**“魏”**，七月迁都平城，十二月即帝位，改元天兴，北魏正式立国。

北魏建立后，拓跋珪又盯上了后秦。在他的授意下，北魏军开始侵扰后秦。天兴五年（402年）五月，四万后秦军进攻北魏，攻占了北魏的乾壁（今山西临汾南汾河东岸），北魏军随后进行反击，拓跋珪亲自领军追到柴壁，以围城打援、分而歼之的战法，大败后秦军，歼灭三万余人。这就是魏秦之间著名的柴壁之战。

此战之后，后秦无力与北魏抗争，北魏实际上占领了中原地区。

拓跋焘：叱咤风云，征战一生

北魏开国君主拓跋珪是一个具有雄才大略的人，不过遗憾的是，随着年龄的增长，拓跋珪变得刚愎（bì）自用，多疑暴躁。这种变化最终为他招来了杀身之祸。天赐六年（409年）十月的一天，拓跋珪要处死二儿子拓跋绍的母亲贺兰夫人，被翻墙入宫的拓跋绍杀死。皇长子拓跋嗣继位，他就是明元帝。

明元帝拓跋嗣聪明睿智，宽厚弘毅。他继位后，招贤任能，收纳汉族士人参政，借汉族士人的统治经验和文化知识治国安民；他还内迁民众，整顿流民，抚恤百姓，使道武帝拓跋珪后期混乱的北魏国政再度步入正轨。他先后两次御驾亲征，率部北伐柔然，平定边疆，将北魏实力范围拓展到河南，与东晋接壤，并南征刘宋，夺取黄河南岸要地和山东等地，为其子拓跋焘（tāo）统一北方打下了坚实的基础。

泰常八年（423年）十一月，积劳成疾的明元帝拓跋嗣驾崩，皇长子拓跋焘继位，他就是北魏太武帝。拓跋焘从小就聪明大度，能力超群。十二岁时，他就率军抗击柔然的入侵，把边塞军务整顿得有声有色。十四岁时，他就被封为泰平王，以相国的身份监管国事，并亲自领兵出镇塞上。在明元帝生病期间，他更是总管朝中事务，表现出非凡的能力。因此，拓跋焘即位后就针对北魏当时的内外状况，采取了一系列治国之策。

在军事上，他重视军队建设，尤其骑兵建设，严明军纪，奖励军功，严惩违纪者，每逢战争必身先士卒，从而打造了一支所向无敌的部队。在他的指挥下，这支部队北伐柔然，进攻胡夏，南击刘宋，扩大了北魏的疆域。

狩猎图（北魏壁画）

早在即位之前，拓跋焘就认识到，柔然的侵扰牵制了北魏力量，使其无力进一步征服其他割据政权，更无力南进，与刘宋王朝争强。加之始光元年（424年），即位后不久的拓跋焘就被进犯云中（今内蒙古和林格尔）的柔然六万骑兵重重包围，最后虽然奋力拼杀，得以退敌获胜，但更进一步让他认识到消灭柔然的重要性。于是他在即位之初就力排众议，确定了北伐柔然之策。从光始元年（424年）到至太平真君十年（449年）的二十五年的时间里，拓跋焘十三次亲征柔然，击溃高句（gōu）丽等柔然附属部落，将北魏疆土扩大千余里，随后为抵御柔然入侵设置了六镇，稳定了边疆。

在平定柔然侵扰边境之乱的同时，拓跋焘更是利用胡夏国的内乱进行了西伐。北魏军先是于始光三年（426年）兵分三路进攻胡夏，掠得大量牛、羊和民众，占领了弘农（今河南灵宝北）、蒲坂、长安，并于次年直攻入胡夏首都统万城（今陕西省靖边县白城子），俘虏胡夏国主赫连昌。神䴥（jiā）三年（430年），北魏军再次进攻胡夏，夺取安定、平凉、长安、临晋、武功等地，占领关中地区，胡夏国名存实亡。

南宋词人辛弃疾曾有词云：“佛狸祠下，一片神鸦社鼓”，这里的“佛狸”，就是拓跋焘的字。而这句词也概括了拓跋焘攻陷刘宋的事件。而实际上，拓跋焘攻取南朝的刘宋，在一定程度上是一种反击行为。当初，宋文帝刘义隆幻想“封狼居胥”，大举北伐，结果遭到拓跋焘的猛烈反攻。最后，拓跋焘实现了“饮马长江”的志愿，指挥北魏远征军，攻到了长江边，宋军望风溃退，投降者数不胜数。最后，宋文帝刘义隆被迫向北魏求和，北魏军队掠得大量的民众，大肆破坏一番后返回魏国。

在政治上，拓跋焘对内改革官制，增设重要官职，裁减冗员，提高办事效率。对外审时度势，联姻和战争两种手段并用，除了运用战争解决柔然侵边，攻灭胡夏夺得关中之地，同时还通过通使、贡赐、联姻等手段缓和与敌对政权间的矛盾。

拓跋焘认识到，物质财富是关系到战争胜负、政权存亡的大事，因此极其重视经济建设。他注意发展生产，坚持实行不改变各民族传统生产方式、生活方式和风俗习惯的政策，通过发展农牧业生产征收租税，并以接受各族朝贡和战争掠夺等手段来增加物质财富。他注意奖励农业，多次下达“宜宽租赋，与民休息”的诏令，注意减轻百姓负担，促进农业生产的发展。在文化上，拓跋焘认识到“文教”对维护和巩固统治的重要性，重视通过宣扬礼乐、法度来教化百姓。他尊崇孔子，提倡儒学，大量吸收汉族地主阶级知识分子参政。针对佛教势力发展过于迅猛，乃至于妨害到军政大局的情况，拓跋焘下灭佛诏，禁止佛教在北朝传播。

纵观拓跋焘的征战经历，可以看到这位帝王是如何叱咤风云，进行着北魏王朝的疆域扩张。然而，这种杀伐过重的特点，也导致其在执政末期执法严苛，杀戮过多，国内数度出现混乱。正平二年（452年）二月，拓跋焘被权臣宗爱弑杀。

冯太后与拓跋宏：祖孙合力促中兴

北魏王朝的前几代统治者都致力于统一，大量发动兼并战争，于是伴随着北魏疆域的扩大，民族矛盾越来越激烈，如果不进行改革，势必会危及北魏的统治。于是，北魏历史上著名的中兴之君孝文帝顺应了历史潮流。

孝文帝拓跋宏是北魏第七位皇帝，是献文帝拓跋弘的长子，北魏皇兴元年（467年）出生于当时北魏的首都平城。皇兴三年（469年），拓跋宏被立为太子，随后他的母亲李夫人就按北魏的“子贵母死”制度被赐死。拓跋宏由祖母文明太后抚养成人，这位文明太后，就是历史上著名的冯太后。

皇兴五年（471年），献文帝禅位给孝文帝，但政权仍把持在太上皇献文帝拓跋弘手中。承明元年（476年）六月，太上皇献文帝崩，冯太后二次临朝称制，成为北魏的政治核心。当时各地暴动、反叛事件此起彼伏，北魏政局处于严重动荡之中。为了缓和社会矛盾和民族矛盾，冯太后和孝文帝先后进行了一系列的改革，统称为孝文帝改革。

下面，我们介绍一下这次改革前后两个不同阶段的内容。

前期：冯太后主持

冯太后是汉人，出身于北燕皇族，北燕灭亡后成为文成帝的妃子，后来被立为皇后，是献文帝拓跋弘的嫡母。当初，拓跋弘被立为太子时，冯皇后将其视若己出，悉心教育。文成帝死后，继位的献文帝仅十二岁，太原王、车骑大将军乙浑妄图篡权，北魏政治中枢面临严重的危机。为了保住献文帝的帝位，冯太后经过谋划平定了乙浑叛乱。此后，她临朝称制，掌控朝政大权，凭着果敢善断的政治才干稳定了北魏动荡的政局。拓跋宏出生后，她还政于献文帝，专心承担起抚养皇孙拓跋宏的责任。由此可见，冯太后是一个非同一般的女人，她不但具有丰富的政治经验和才能，而且足智多谋，果敢决断。

孝文帝在位前期，冯太后临朝称制。她一面以孝文帝的名义颁布措施，恩威兼施，稳定政局，一面让年幼的孝文帝参与政事。针对当时北魏的现状，冯太后运用高超的政治智慧和钢铁般的手腕纵横捭阖（bǎi hé），整顿吏治，对北魏的政治、经济和风俗习惯进行了卓有成效的改革，并有意识地推行汉化政策。

后期：孝文帝主持

冯太后在孝文帝在位的前期，一面进行全面改革，一面教育培养孝文帝。在冯太后的教育与监督下，孝文帝成长为一位极有才华的帝王。他不但精通儒家经义、史传百家，而且积累了丰富的治国经验，这为他后来进行的改革奠定了深厚的基础。

太和十四年（490年）九月，冯太后病逝后，二十三岁的孝文帝独力承担起治国重任，继承太后遗志，重用汉族士人，在各方面进一步实施改革，全盘推行汉化。

在政治上，他仿照汉人官制，议定百官秩品，分九品。后来，他还推动鲜卑上层贵族与汉人士族通婚，使鲜卑贵族与汉人士族得以进一步结合。为了便于学习和接受汉族先进文化，进一步加强对黄河流域的统治，他还迁都洛阳，并改革鲜卑旧俗，全面推行汉化。

在文化上，他效仿汉族王朝的礼仪，作明堂、建太庙、正祀典，允许群臣守三年之丧。他下诏禁止士民穿胡服，规定鲜卑人和北方其他少数民族人民一律改穿汉人服装，朝廷百官改着汉族官吏朝服。他还下诏禁绝胡语，规定迁到洛阳的鲜卑人，死后要葬在当地，不得葬回旧都平城（今山西大同）。

魏孝文帝（北齐壁画）

经过孝文帝改革，北方社会经济有了明显发展，加快了北魏政权封建化的进程，促进了民族的交流和融合，为结束长期分裂局面、重新走向统一奠定了基础。

六镇变乱：北魏的亡国悲歌

孝文帝改革让北魏的政治、经济和文化得到了一定的发展，胡汉民族矛盾日渐解决，但是政治问题日益凸显，尤其是原来为了守卫平城所设的六大军镇兵将的政治、经济地位下降，迁都洛阳的鲜卑贵族地位反而直线上升。这种天地之差最终导致矛盾与问题的产生。于是，当“侯景之乱”发生，梁朝走向灭亡的时候，北魏也走到了历史的尽头。这其中的导火索就是“六镇民变”。

所谓六镇，是指沃野、怀朔、武川、抚冥、柔玄、怀荒等六大军镇。它们被设置于北魏初年的阴山、黄河一带，目的是防止柔然入侵北都平城。六镇将领是号称“国之肺腑”的鲜卑贵族，他们大多是鲜卑族或汉族的高门子弟。原本这些将领可以随时返回京城，但孝文帝迁都后，六镇地位下降，这些保有鲜卑原始习性、被汉化的贵族歧视为“代北寒人”的将领，由于升迁备受压抑而心怀不满，于是起兵叛乱。

第一阶段：民变

六镇兵变的发生首先是在镇民与将领之间。正光四年（523年），怀荒镇将于景扣留镇民的粮食不发，镇民愤而起义，杀死了于景。正光五年（524年）三月，沃野镇民破六韩拔陵因和高阙戍主发生矛盾，于是杀掉戍主起来造反，占领了沃野镇。破六韩拔陵号召各镇共同起来反抗北魏王朝的腐败统治。六月，在六镇起义的鼓舞下，秦州士兵薛珍、刘庆等联合汉、羌、氐各族人民于秦州城内起义，擒杀刺史李彦，推举羌人莫折大提为首领，称秦王。不久，南秦州也爆发了以氐族人民为主的起义。伴随着六镇民变的爆发，各地纷纷响应，其中有抚冥镇、柔玄镇、怀荒镇以及部分河北、关陇起义军。大家齐聚一堂，公推破六韩拔陵为真王，盟誓共同推翻北魏的统治。

就在民变形势一发不可收拾之际，北魏朝廷也发生着巨变。权臣元叉擅权乱政，孝明帝元诩于正光六年（525年）二月和胡太后发动政变，处决了元乂及其同党。随后，孝明帝请求柔然协助平叛。魏军和柔然兵互相配合，柔然军队进逼沃野镇，大败六镇的军队。魏军从平城出发进攻怀朔。最终，六镇民变被镇压。

六镇民变被镇压的同时，北魏朝廷将俘虏的二十万六镇兵民分配在瀛、冀、定三州生活。此时，恰逢河北发生旱灾，民众无以为生，四处逃散。这些逃散的六镇人重新燃起起义烽火。

孝昌元年（525年）八月，柔玄镇兵杜洛周率北镇流民在上谷（今北京延庆）竖起反魏大旗，自立为真王。二月，原北镇五原边民，后为怀朔兵的鲜于修礼率领北镇流民于定州只左城（今河北唐县）发动起义。同年八月，义军发生内乱，混入义军的北魏宗室元洪业杀了鲜于修礼，随后，原卫怀朔镇将领葛荣又将元洪业杀死，做了起义军的首领，自号大齐，随后乘胜进军，与杜洛周的义军会合。

孝昌四年（528年）二月，葛荣将杜洛周及其下属杀死，兼并了各地武装，打算推翻北魏朝廷，一统天下。

第二阶段：兵变

为了镇压起义，孝明帝和胡太后派驻守晋阳（今山西太原）的尔朱荣平叛。

尔朱荣是何许人也呢？他出身契胡族，历代先人都是部落酋长。从其高祖时起，尔荣家后人都是魏朝的将领，被封为梁郡公。尔朱荣不但相貌堂堂，而且聪慧机敏，遇事有决断。北魏末年，承袭父爵之后的尔朱荣亲手打造了一支强悍的契胡军队。当六镇民变的消息传来时，他知道，借为北魏朝廷效力的机会建立自己霸业的时机到了。于是，在奉命平叛的过程中，尔朱荣大加笼络人才，收降其中有才能的首领，如高欢、贺拔岳、侯景、宇文泰等，对这些人酌情任用，使之心甘情愿地成为他的得力将帅。孝昌二年（526年），他率兵袭取肆州（今山西忻县），自设官吏，势力不断发展，从此脱离北魏朝廷的管制，成为独霸一方的军阀。

尔朱荣的势力日盛，但北魏王朝的统治却越来越腐朽。就在起义之火重燃之际，北魏朝廷内也发生了天翻地覆的变化。胡太后与孝明帝除掉元乂之后，朝政被胡太后把持。胡太后剥夺了孝明帝的权力，重用宠臣，母子二人矛盾激化。于是孝明帝私下密诏尔朱荣进兵洛阳。武泰元年（528年），胡太后获悉这一消息，抢先一步毒死了孝明帝。尔朱荣闻讯后怒不可遏，先是发表一番慷慨激昂的宣言，立长乐王元子攸（yōu）为帝——这就是孝庄帝。接着，尔朱荣召集军队，以为孝明帝报仇为由率军从晋阳南下，直指京师。于是，民变演变成了兵变，北魏历史上的“河阴之变”发生了。

胡太后的军队对上尔朱荣的大军，顿时作鸟兽散，尔朱荣率军顺利入京。没等胡太后为自己辩解，尔朱荣便让人将胡太后和她立的三岁小皇帝扔入黄河淹死。接着，尔朱荣考虑到自己难以服众，就想杀人立威。这一天，当孝庄帝率领百官到行宫西北祭天，百官齐聚后，尔朱荣当众斥责了朝臣贪虐而不能辅弼君主，个个该杀后，就大开杀戒，两千多名朝臣死亡（据《资治通鉴》记载）。

“河阴之变”导致迁到洛阳的汉化鲜卑贵族和出仕北魏政权的汉族大族全被消灭，尔朱荣和北魏朝廷、皇室之间形成了无法调和的矛盾。之后，尔朱荣还假惺惺地迎孝庄帝还宫，随后向皇帝磕头谢罪，率领自己的军队返回晋阳。不过，他人虽然不在朝廷内部，却大肆安插自己的亲信党羽把持要职要地，遥控着北魏朝政大局。

“河阴之变”后，尔朱荣调动四路大军共三十六万人进逼葛荣率领的起义军。尔朱荣针对葛荣排兵时兵力分散的弱点，迅速击破对手。最后，葛荣被杀，其余部众也先后被镇压。至此，六镇起义失败。

第三阶段：北魏分裂

公元530年，尔朱荣又派兵镇压了六镇乱军控制的关中地区，基本统一了北方。

尔朱荣基本平定北方之后，他和孝庄帝的矛盾也日益尖锐。“河阴之变”之后，孝庄帝对于尔朱荣的残暴感到心惊胆战，加之此后尔朱荣在他的身边安插了大量眼线，一再强迫孝庄帝立尔朱荣的女儿为后，孝庄帝可谓处于外有强臣逼迫、内有恶后威吓的境地。雪上加霜的是，随着尔朱荣将境内的敌人一一消灭，便申请入朝。

孝庄帝明白，等待自己的将是尔朱荣的篡位。于是，孝庄帝索性一不做，二不休，与一些皇族近臣密谋诛杀尔朱荣。尽管提前获知了消息，但自大的尔朱荣并没放在心上。结果，他在入朝时被孝庄帝一刀杀死。

尔朱荣死后，他的堂侄尔朱兆率军赶赴洛阳，杀死孝庄帝，立元恭为帝（魏节闵帝）。就在尔朱兆发兵洛阳之时，他手下的将领高欢则率领着尔朱荣兼并的二十多万六镇起义军跑到了河北。第二年，高欢率领这些人进据冀州（今河北冀州），笼络当地世族地主，并利用民族隔阂煽动这些人反尔朱氏的情绪。太昌元年（532年）三月，高欢在河北大族的支持下，采用以逸待劳、以少胜多的策略，重创尔朱兆二十万大军的进攻，随后乘胜进据洛阳，杀节闵帝，立元修为帝，即孝武帝，而他本人则成为北魏政权的“太上皇”。

同年七月，高欢又攻下尔朱荣的老巢晋阳，消灭潼关以东的尔朱氏势力，并在晋阳建立大丞相府，从此遥控北魏朝政。

永熙三年（534年），北魏孝武帝率军攻打高欢。失败后，孝武帝率军西入关中，高欢随即另立清河王世子元善见为帝，迁都邺城（今河北临漳），这就是历史上的东魏，元善就是东魏孝静帝。而孝武帝本想用来取代高欢的军阀宇文泰则将孝武帝杀死，率领自己的部众占据关中，拥立南阳王元宝炬为帝，定都长安，这就是历史上的西魏，元宝炬就是西魏文帝。

名篇精选

魏主以平城地寒，六月雨雪，风沙常起，将迁都洛阳；恐群臣不从，乃议大举伐齐，欲以胁众。斋于明堂左个，使太常卿王谌筮①之，遇《革》，帝曰："'汤、武革命，应乎天而顺乎人。'吉孰大焉！"群臣莫敢言。尚书任城王澄曰："陛下奕叶重光，帝有中土；今出师以征未服，而得汤、武革命之象，未为全吉也。"帝厉声曰："繇②云：'大人虎变'，何言不吉！"澄曰："陛下龙兴已久，何得今乃虎变！"帝作色曰："社稷我之社稷，任城欲沮众邪！"澄曰："社稷虽为陛下之有，臣为社稷之臣，安可知危而不言！"帝久之乃解③，曰："各言其志，夫亦何伤！"

既还宫，召澄入见，逆谓之曰："向者《革卦》，今当更与卿论之。明堂之忿，恐人人竞言，沮我大计，故以声色怖④文武耳。想识朕意。"因屏⑤人谓澄曰："今日之举，诚为不易。但国家兴自朔土，徙⑥居平城；此乃用武之地，非可文治。今将移风易俗，其道诚难，朕欲因此迁宅中原，卿以为何如？"澄曰："陛下欲卜宅中土以经略四海，此周、汉所以兴隆也。"帝曰："北人习常恋故，必将惊扰，奈何？"澄曰："非常之事，故非常人之所及。陛下断自圣心，彼亦何所能为！"帝曰："任城，吾之子房也！"

——《资治通鉴·齐纪四》

【注释】

①筮：代用蓍（shī）草占卜。②繇（zhòu）：同“宙”，占卜的文辞。③解：消除，平息。④怖：使……恐惧。⑤屏：使……退下。⑥徙：迁移。

【译文】

魏孝文帝因为平城气候寒冷，夏季六月时还在下雪，而且经常狂风大作，飞沙漫天，所以准备把京都迁到洛阳。但他又担心文武官员们不同意，于是提议大规模进攻南齐，打算以这种名义胁迫大家。在明堂南厢东边的偏殿斋戒之后，让太常卿王谌占卜，得到“革卦”，孝文帝说：“商汤王和周武王进行变革是适应上天之命，顺应百姓之心的。没有比这更吉祥的了。”文武官员没有人敢说什么。尚书任城王拓跋澄说：“陛下继承几代累积下来的大业，并使之发扬光大，拥有了中原土地，而如今却要讨伐还没有臣服的对象，在这时得到了商汤王和周武王变革的象辞，恐怕这并不全是吉利。”孝文帝立刻严厉地说：“繇辞上说：‘大人物实施老虎一样的变革’，你为什么要说这不吉利呢？”拓跋澄说：“陛下作为飞龙兴起已经很久了，怎么到今天又实施如同老虎一样的变革？”孝文帝立刻发怒说：“国家是我的国家，任城王打算要阻止大家吗？”拓跋澄说：“国家虽然是陛下所有，而我是国家的臣属，怎么可以明知危险而不说出来呢？”孝文帝过了很长时间才缓和了气色，说：“每个人都该说出自己的看法，这又有什么关系！”

孝文帝回到皇宫，立刻召见拓跋澄，劈头就说：“刚才关于‘革卦’的事，现在要进一步和你讨论一下。在明堂上，我之所以大发脾气，是因为害怕大家争先恐后地发言，破坏了我一个大的决策，所以，我就声色俱厉地吓唬那些文武官员。我想你会了解朕的用心。”于是命令左右侍从退下，对拓跋澄说：“今天我所要做的这件事，确实是很不容易的。我们国家是在北方疆土上建立起来的，后来又迁都到平城。但是，平城只是用武力开疆拓土的地方，而不宜进行治理教化。现在，我打算进行改变风俗习惯的重大变革，这条路走起来确实困难，朕只是想利用大军南下征伐的声势，将京都迁到中原，你认为怎么样？”拓跋澄说：“陛下您打算把京都迁到中原，用以扩大疆土，征服四海，这一想法也正是以前周王朝和汉王朝兴盛不衰的原因。”孝文帝说：“北方人习惯留恋于旧有的生活方式，那时，他们一定会惊恐骚动起来，怎么办？”拓跋澄回答说：“不平凡的事，原来就不是平凡的人所能做得了的。陛下的决断，是出自您圣明的内心，他们又能有什么办法呢？”孝文帝高兴地说：“任城王真是我的张良呀！”

【词句撷英】

移风易俗：改变旧的风俗习惯。

权臣把持下的东魏与西魏

公元534年的一天，北魏孝武帝元修率人偷偷打开洛阳城的城门，快马加鞭向着关中一路西去——他是不堪权臣高欢的控制，想投奔另一权臣宇文泰。然而，他不知道的是，自己的这次出奔，表面上是抛下了首都洛阳，实际上却是将延续了近一百五十余年的北魏抛弃了。

父子相承，掌控东魏

东魏的实际掌权者是高欢。前文说过，高欢是尔朱荣的旧部，再往上追溯，高欢则是六镇起义军中的一员。那么，高欢是怎样由一个普通镇兵成长为一代权臣的呢？

高欢出身于怀朔镇（今内蒙古固阳西南）兵户之家，是汉人。他的先祖曾先后是晋朝、燕国、北魏的高官，到了他的祖父时，则由于犯法被流放到怀朔镇。等到他父亲时，家道中落，他是由姐姐常山君和姐夫尉景抚养长大的。从小生活在鲜卑军人中间，让高欢成了一个鲜卑化的汉人。他不但具有鲜卑人的能征善战，也有汉人的细腻入微的特点，曾被人断言有济世之才。

六镇起义爆发时，高欢参与其中。在尔朱荣手下的经历让高欢认识到，尔朱家族残暴不仁，不得人心，终有一天会灭亡，因此他就产生了自立的想法。永安三年（530年），尔朱荣被孝庄帝杀死，尔朱家族在尔

狩猎图 〔清〕上官周绘

朱荣的堂侄尔朱兆的率领下起兵讨伐孝庄帝，随后将孝庄帝杀死。高欢为了保存自己的实力，没有参与此次行动。

当初，尔朱荣曾将六镇起义的降兵迁到河北，这些降兵大多是鲜卑人，其中当然还有相当多的汉人、匈奴人、高车人、氐族人、羌族人。这些人被迁置河北后，尔朱氏手下的契胡兵士不断欺凌他们，这些人不断起来反抗，即便将近一半的人都被杀了，其余的人也不曾停止反抗。尔朱兆掌握北魏政权后，就此事询问高欢的意见，高欢表面上建议他选心腹之人去统领，实际上深知自己会是最好的人选。果然，最后他不但如愿成为六镇降兵的统帅，而且落了个忠心耿耿的印象。

高欢担心尔朱兆后悔，受命后马上建立统军大营，将二十多万六镇降兵带到山西阳曲川（今山西太原阳曲县），并在当地发展自己的力量。不久，高欢为了摆脱其威胁和控制，上书尔朱兆，请示移师山东，原因是山西多霜灾、旱灾，兵士缺乏粮食。有勇无谋的尔朱兆同意了高欢的请求。在移师山东的途中，高欢拒绝了尔朱兆让他到大营的命令，和尔朱氏彻底决裂。

高欢移师山东后，严明军纪，收拢人心，为了名正言顺地反对尔朱氏，还拥立北魏宗室、渤海太守元朗为帝。高欢于北魏中兴二年（532年）率军和尔朱氏开始了第一次交锋，最终以少胜多大败尔朱兆，进军洛阳。不久，失去利用价值的元朗被迫禅位，高欢另立北魏孝文帝之孙元修为帝，即孝武帝。

由于高欢掌控着北魏的政权，孝武帝身为傀儡一直心有不甘，密谋勾结权臣贺拔岳，意图牵制高欢。永熙二年（533年），孝武帝密令贺拔岳除掉高欢。永熙三年（534年），孝武帝以讨伐南梁为借口，打算率军攻打驻扎在晋阳的高欢。结果高欢却发兵二十二万，声称援助皇帝、清除朝中奸佞。无奈之下，孝武帝只好前往关中依附宇文泰。

高欢从晋阳发兵后，不断给孝武帝上表。无果后，他亲自率兵追赶孝武帝，最终没能追上。回到洛阳后，高欢和属臣详细商议后，立年仅十一岁的清河王世子元善见为帝，就是孝静帝。由于高欢建立的这个魏朝领有北魏洛阳以东的土地，后来又迁都邺城，因此史称东魏。

北齐壁画

尽管孝静帝聪明博学，文武兼备，但由于朝廷始终把持在高欢的手中，因此他始终是一个傀儡，一直未能亲政。作为实际掌权者的高欢则权倾朝野。高欢一直掌握着东魏的实权，直到公元547年死去。在他的实际统治下，东魏土地兼并严重，社会矛盾与民族矛盾尖锐，还与西魏不断发生战争，且屡败于西魏。高欢死后，他的儿子高澄承继父职。

高澄从小就聪慧过人，具备一定的政治天赋。东魏建立后，他先后担任尚书令、并州刺史、京畿大都督、吏部尚书等职，参与军国要务。他在担任吏部尚书期间，整顿吏治，改革官员选拔制度，不拘一格选用收集人才，给东魏的政治带来了新气象。高欢去世后，他执掌东魏大权，讨伐侯景，平定叛乱，在弟弟高洋的协助下牢牢地控制了东魏朝政。在南朝发生"侯景之乱"的时候，他趁火打劫，侵吞了大片梁国土地，共得了二十三个州，并攻陷淮南重镇寿阳，将东魏疆域从淮河以北一直拓展到长江沿线。

武定七年（549年）四月，高澄的权力几乎臻于顶峰，他开始密谋夺取元氏政权。就在这年八月，高澄遇刺身亡。随后，高洋继父兄之职，于公元550年废魏帝自立，改国号"齐"，史称北齐。

宇文泰改革西魏

西魏，由于在地理位置上位于东魏的西面，加之领有北魏洛阳以西的土地，又在长安建都，故称西魏。而宇文泰就是西魏实际上的掌控者。

宇文泰是鲜卑宇文部后裔。当初，怀朔镇镇兵鲜于修礼率领北镇流民起义的时候，宇文泰一家也参与其中。在与北魏军队作战的过程中，宇文泰的父亲和两个哥哥战死，他和三哥宇文洛生幸免于难。鲜于修礼死后，宇文泰又加入葛荣军中，继续在葛荣帐下效力，还被任为将帅。

在邺北之战中，葛荣大败，宇文氏兄弟二人也被俘。尔朱荣对宇文兄弟二人的态度特别复杂，那是一种既欣赏又猜忌的心态。因为担心这兄弟二人有异心，尔朱荣就找借口将宇文洛生杀掉，而宇文泰却凭着出色的口才，释去尔朱荣对他的戒心，得以幸免于难。不过，尔朱荣到底对他不放心，把他带回晋阳。由于宇文泰和尔朱荣的部将贺拔岳有旧交（贺拔岳和宇文泰的父亲是老朋友），宇文泰被收编在贺拔岳部下。此后，宇文泰不但在镇压关陇起义军的过程中一路官至征西将军、金紫光禄大夫，而且在镇压起义的过程中扩大了自己的影响力，因此很得人心。

尔朱氏被高欢消灭后，高欢掌握着北魏大权。宇文泰的老上级贺拔岳得到高欢的重用，于是宇文泰也水涨船高，被委以重用。当孝武帝元修和贺拔岳密谋牵制高欢时，需要一个人就近监视高欢，于是他们就想到了宇文泰。就这样，宇文泰到了高欢的老巢晋阳。宇文泰在和高欢的相处中，以过人的才学和雄辩的口才同样赢得了高欢的欣赏。高欢认为他是个不可多得的人才，就想留他为自己所用。但宇文泰发现高欢并不是长期甘为人臣的人，不但坚辞不受，而且在回到洛阳见到孝武帝后向其陈明厉害。由此，宇文泰获得了孝武帝的信任，不但得以都督雍、华等二十州诸军事、雍州刺史，而且受命为边塞要地夏州（今内蒙古乌审旗南白城子）刺史。

在夏州，他抚慰流民，结好少数民族，很快控制了夏州局势。贺拔岳被杀后，宇文泰接管了其指挥权，收拢其部下，率军东进占据长安，从而获得了立足于关陇地区的基础。此后，宇文泰表现出对元氏王室的忠诚，从而获得了孝武帝的极度认可和信任，成为仅次于高欢的实权人物。

最终，永熙三年（534年）十二月，宇文泰毒杀孝武帝，立元宝炬为帝，改元大统，宇文泰担任丞相、都督中外诸军事、大行台，军政大权尽归于一人。西魏王朝开始。

西魏建立后，宇文泰成为实际的统治者，而皇帝元宝炬则成为一个傀儡。宇文泰在西魏实行了一系列政治、军事改革，以富国强兵。考虑到西魏在面对东魏时处于的劣势，宇文泰首先在军事上进行了改革。他从大统三年（537年）开始整军，宣布军法军规，严明军纪，从而大大提升西魏军队的战斗力。他还进一步扩充军队，壮大军事力量，使自己掌握的军团人数由过去的数千人提升到近三万人。到大统八年（542年）三月，西魏正式建立六军时，当时已经拥有十万人。除此之外，他还对军队统辖系统进行改革，实行府兵制，即采取鲜卑旧日的八部制，立八柱国，设柱国大将军，实际统率六军。这支军队，就是历史上赫赫有名的府兵。

除了军事上，宇文泰还在其他方面进行了一系列改革。大统七年（541年）九月，宇文泰颁行了六条诏书，从政治、经济、思想、文化各个方面进行改革。他奉行唯贤是举、不限资历背景的用人原则，打破门阀传统，大胆任用德才兼备的人，从而汇集了不同地方的人才。加之他唯贤是举，用人不疑，勇于纳谏，因此西魏政府上下协力，内部团结，保证了吏治的清明，使得各项政策措施得以顺利执行，也为大批汉族士人进入西魏政权开辟了道路。

在经济上，宇文泰根据儒家先富后教的传统观念，积极劝课农桑，奖励耕植，并相应地制定采取了一些措施，如恢复均田制，调整役制，以劝课农桑作为衡量地方官政绩的标准之一。在他的这些措施下，西魏的经济逐渐发展起来，到宇文泰死前，西魏呈现了仓廪（lǐn）充实、民生安定的小康局面。

除了在国内不断从军事、政治、经济上入手，改变西魏的落后面貌，宇文泰还采取和北攻东、南的政策。所谓和北，就是指为了全力对付东魏和南梁，宇文泰对北边游牧民族柔然和突厥采取的和亲政策；所谓攻东、南，是指对于处于其东、南方向的东魏（北齐）、南梁则采取攻势。

经过宇文泰改革，西魏转弱为强，南征江汉，西克巴蜀，北控沙漠，不但具备了与东魏抗衡的条件，而且为后来北周王朝的建立打下了基础。

名篇精选

魏主欲伐晋阳，辛卯，下诏戒严，云“欲自将伐梁”。发河南诸州兵，大阅于洛阳，南临洛水，北际邙（máng）山，帝戎服与斛斯椿（chūn）临观之。六月，丁巳，魏主密诏丞相欢，称“宇文黑獭（tǎ）、贺拔胜颇有异志，故假称南伐，潜为之备；王亦宜共为形援。读讫燔[①]之。”欢表以为“荆、雍将有逆谋，臣今潜勒兵马三万，自河东渡，又遣恒州刺史库狄干等将兵四万自来违津渡，领军将军娄昭等将兵五万以讨荆州，冀州刺史尉景等将山东兵七万、突骑五万以讨江左，皆勒所部，伏听处分。”帝知欢觉其变，乃出欢表，令群臣议之，欲止欢军。欢亦集并州僚佐共议，还以表闻，仍云：“臣为嬖佞[②]所间，陛下一旦赐疑。臣若敢负陛下，使身受天殃，子孙殄绝[③]。陛下若垂信赤心，使干戈不动，佞臣一二人愿斟量废出。”

——《资治通鉴·梁纪十二》

【注释】

①燔（fán）：焚烧。②嬖佞（bì nìng）：得宠的小人。③殄（tiǎn）绝：灭绝。

【译文】

孝武帝想要讨伐高欢所在的晋阳，辛卯（初十），颁下诏书命令戒严，说“要亲自带兵讨伐梁”。他征调河南各州的兵马，在洛阳进行大规模检阅，部队的南端挨着洛水，北端靠近邙山，孝武帝身穿盔甲与斛斯椿一道亲临视察。六月，丁巳（初六），孝武帝秘密写给丞相高欢一封诏书，假称：“宇文黑獭、贺拔胜颇有叛变篡位的意图，所以我假装说要讨伐南方，暗中进行准备；您也应该一同做出增援的样子。读后请将诏书烧掉。”高欢上书给孝武帝，说：“荆州的贺拔胜、雍州的宇文泰将要实施叛逆的阴谋，我现在暗中带领三万兵马，从河东渡河，又派遣恒州刺史库狄干等人统领四万兵马从来违津渡河，领军将军娄昭等人统领五万兵马讨伐荆州，冀州刺史尉景等人统领七万山东兵、五万惯于冲锋陷阵的精锐骑兵讨伐江东地区，他们都已率领自己的部属，恭敬地聆听您的吩咐。”孝武帝知道高欢已经觉察自己要制造事变，就亮出高欢的奏章，叫大臣们对它进行评议，想要制止高欢出兵。高欢也召集并州的官佐属吏共同商议，然后又一次递上奏章，仍然说：“我受到一群奸臣的挑拨离间，陛下因此一时对我产生了怀疑。我要是胆敢辜负陛下，就让上天将灾难降临到我的身上，断子绝孙。陛下如果相信我的赤胆忠心，免动干戈，我就希望您能考虑把一两位奸臣从您的身边赶走。”

【词句撷英】

1. 子孙殄绝：意即断子绝孙。
2. 干戈不动：不发动战争。

北齐、北周兴亡史

北魏王朝分裂后形成的东魏和西魏，起初分别由权臣高欢和宇文泰所掌控。最终，东魏被高欢之子高洋取代，西魏则被宇文泰的子、侄二人联手取代。于是，中国历史上的北齐、北周出现了。而这两个同时存在的王朝，命运却大相径庭。

兄弟皇帝的统治

北齐一共延续了二十八年，历六位帝王。这一王朝在最初的时候，国力强盛，远超同一时期的北周，但遗憾的是，它却早早地退出了历史舞台。究其原因，与其统治者有着直接的关系。北齐的六位皇帝中，有行为乖张且前后风格截然不同的“疯子”，也有在位虽短但理性尚存的能人。但是，越到后期，其统治者越不务正业，北齐王朝越来越衰败，最终亡于北周之手。下面，我们来看一看北齐王朝中极具代表性的两位帝王。

前清后昏文宣帝

建立北齐的高洋是高欢的二儿子。他虽然和高澄是同母兄弟，但单从外貌上看，他却无法与高澄相比。如果说高澄是偶像派，那么高洋就是实力派了。别看他其貌不扬，长相不出众，甚至可以说相当丑，但聪慧且善战，因此深受父亲高欢的喜爱。

有一个故事可以证明高洋聪明过人。一次，高欢考察儿子们的能力，他给每个儿子发了一堆乱麻，让他们尽快理清，大儿子高澄一根一根慢慢地抽，结果越抽越乱；小儿子高演将乱麻分成两半然后再分开。只有二儿子高洋拿出快刀，几刀砍下去后，再理出一缕缕短麻。由此，二儿子高洋获得了高欢的夸奖。这就是“快刀斩乱麻”这一典故的来源。故事虽小，但证明了高洋的聪明和果断。而这种聪明和果断，果然在他取北魏而代之这一事件中体现出来。高洋在建立北齐的初期，留心政务，削减州郡，整顿吏治，训练军队，加强兵防，使北齐在很短的时间内强盛起来。他严格执法，对皇亲国戚和平民百姓同等对待，做到王子犯法与庶民同罪，从而大大减少官吏贪污腐化的现象。他针对地方官吏太多，人浮于事的现象，改革官制，取消州、郡建制，减少官员的数量，进而减轻百姓的负担。为了防止北方少数民族的进攻，每到农闲季节，他就调民工修长城，从而将北齐长城加长了四千余里。此举对边疆的稳固起了很大的作用。此外，他还出兵进攻柔然、契丹、高丽等国，并大获全胜。

可以说，高洋在位初期，处事相当谨慎，政治清明，北齐在他的统治下，出现了经济发展的好势头，尤其是农业、盐铁业、瓷器制造业都相当发达。因此，当时的北齐成为同南陈、西魏鼎立的三个国家中最富庶的一个。

不过，好景不长，或许是前期的筹划和过于工于心计，如今一旦自己做了皇帝，终于可以放松了，高洋变得越来越颓废，不但整日不理朝政，而且沉湎于酒色，嗜杀成性。

历史记载，高洋嗜酒如命，经常在宫内喝得酩酊大醉，而且尤喜酒后杀人。他专门让人在金殿上设了一口锅和一把锯，每逢喝醉了酒，就以杀人取乐。由于他每天都喝醉，所以他每天都在杀人。众多宫女、宦官和亲信惨死在他的盛怒之下。无奈之下，为了满足他这种可怕的癖好，不得不将判决死刑的囚犯送到皇宫，供他杀人时用。最后，死囚数量不够，不得不将正在审讯中的被告人拿来充数，这就是所谓的“供御囚”。

有这样的一位皇帝，北齐的朝政日益腐败，国势日益衰落，导致军队的战斗力也日益削弱。所幸，高洋虽然昏聩，却能不拘一格任用人才，尤其是汉人士族，于是北齐出现了“主昏于上，政清于下”的局面。然而，虽然国家还存在，但高洋本人却因为腐化的生活缩短了寿命。北齐天保十年（559年），三十一岁的文宣帝高洋驾崩。

偃兵息武孝昭帝

如果说文宣帝高洋发起疯来，有谁能管住他，那就是常山王高演了。高演是高欢的第六个儿子，小的时候就才智超群，表现出能成就大事的气度，尤其长于细节观察和处理。三岁的时候，高演就被封为常山郡公。北齐建立后，十五岁的高演被封为常山王，后又做了尚书令。在高洋在位的七八年间，他始终以一个能干臣子的身份辅佐着高洋。

高洋在位的后期，沉溺于酒色之中，疏于朝政，其他大臣都对高洋心怀恐惧，一味迎合，只有高演对他经常担忧，时时劝谏。据说，当高演看到高洋沉溺于游乐宴饮时，特别忧伤气愤。高洋觉察到了，于是为自己申辩说，正是由于高演在处理国事，那么自己何不放纵行乐？于是高演就一言不发地哭拜在地。结果高洋无奈地把酒杯都砸坏丢弃，并声称以后再也不喝酒了。当然，以后高洋还是照喝不误。

高洋虽然经常故意撒酒疯，心里还是十分清楚的。因此，在他去世前，他想让高演接班做皇帝。当高演拒绝后，高洋意识到自己的这个弟弟恐怕最后是要夺权的，于是留下“夺时但夺，慎勿杀也”的嘱托。高洋驾崩后，太子高殷继位。高演一面承担着辅佐侄子的任务，一面也积极地培养自己的势力。尽管新帝高殷励精图治，采取了一系列改革措施，让北齐王朝一度扭转了高洋统治晚期的混乱现象，出现了政治清明的良好局面，但夺位的种子早已在高演心中埋下。

公元560年，二十六岁的高演发动政变，废杀侄子高殷后登上皇帝宝座。做了皇帝后，高演大刀阔斧地实施了一系列政治、经济措施。他整顿政治秩序，严格法治，要求执法官员必须以法量刑，徇私舞弊者处以死刑；他积极培养人才，要求国子监广招学生，讲习经典，设置官员，进行督课；他体察民情，善于纳谏，经常和一些官员就国家的管理措施进行讨论。为了解决旷日已久的缺粮问题，他在黄河南北进行大面积屯田，解决了河北等地粮荒问题。他还在河北等地设立粮仓储存粮食，缓解贡粮运输困难。

高演执政时期，偃兵息武，和四邻各国基本上保持和平状态，加之他采取了科学的治理措施，所以北齐越来越强盛，拥有了超过同时期的北周的实力。然而，由于他是杀侄上位的，因此一直受到良心的谴责，承受着巨大的心理压力，最终仅在位两年就因意外落马导致的伤病不治而死。高演驾崩前，为了防止自己的行为可能导致的后果，直接将帝位传给了弟弟高湛，并请求高湛“宜将吾妻子置一好处，勿学前人也”。然而，期望美好，结果却往往苦不堪言，在高演之后，北齐的几位君主无不残暴荒淫。最终，腐朽的统治招致必然的恶果——北齐被北周所灭。

北周武帝的改革

公元556年，宇文泰去世，由于他的儿子都很幼小，虽然嫡长子宇文觉承袭为安定郡公、太师、大冢宰，但掌握大权的却是侄子宇文护。在从前和宇文泰并肩奋战的大将于谨的支持下，宇文护统理军国大事。宇文护担心宇文泰去世的时间一长，其影响力减弱，于是在公元557年迫使西魏恭帝禅位于宇文觉，建立了北周。随后，宇文氏一族围绕皇权展开了激烈争夺。

宇文护先后废立了两个皇帝，到第三个皇帝，即宇文泰的四儿子宇文邕时，却遇到了对手。恰好当时宇文护两次伐齐大败，而他自己的儿子们又贪婪残暴，于是宇文邕和弟弟经过精心策划，于公元572年将宇文护诛杀，并将政权重新夺回。宇文邕就是周武帝。

事实上，周武帝最后能战胜宇文护，与其个性有着重要的关系。不同于秉性刚烈的长兄宇文觉，排行第四的宇文邕聪明豁达，极富谋略，而且性格深沉，见识宏远，一般不轻易发表自己的看法。宇文泰在世时就特别喜欢他，并声称只有他将来能实现自己的志向。公元560年，十七岁的宇文邕被宇文护拥立为帝，成为北周历史上的第三位皇帝，即周武帝。

宇文邕即位的时候，北周政局相当不稳，主要原因就在宇文护身上。诚如前文所言，当初宇文泰考虑到自己的儿子年幼，外敌势力庞大，临终前将他们托付给宇文护，并令他总揽军政，继承自己的志向。宇文邕即位时，看到宇文护的势力已经形成，于是他采用韬光养晦的策略暗中积蓄力量，寻找时机。

公元572年，宇文邕认为铲除宇文护的时机到了。他借宇文护从同州返回长安的机会，与他一同去见太后。在路上，宇文邕以太后好酒，影响身体为由，请宇文护用他写好的一篇《酒诰》劝说太后。当宇文护在太后面前诵读《酒诰》的时候，宇文邕用玉笏猛击其头部，随后宦官何泉和宇文邕同母弟宇文直用刀将宇文护砍杀。杀死宇文护后，宇文邕又下令将宇文护的儿子、兄弟及亲信斩尽杀绝，从而真正获得了北周的大权。随后，他采取了一系列政治、经济和军事改革措施。

在政治上，周武帝首先加强皇权，削弱并虚化大冢宰的权力，规定六府不必总听于天官大冢宰。他改诸军军士为侍官，以强调军队从属于皇帝和国家化。他取消兵源的种族限制，使北周境内所有的男性均可当兵，从而大大扩充了军队力量。为了防止地方势力私人化，他还限定了地方行政长官与其僚属的关系。

在经济上，周武帝针对士族大家占有大量的土地和人口、与皇权争夺土地和劳动力的现象，严厉打击士族，规定凡“正长隐五户及十丁以上，隐地三顷以上者，至死”。为了获得更多自由劳动力从事生产，他先后两次下诏释放奴婢，还注重广辟农田，兴修水利，统一度量衡，为商业交往提供便利。

在军事上，周武帝对府兵制进行了改革，下令吸收均田上的汉族农民充当府兵，府兵本人可以免除租调和徭役，免除其家庭三年内的租调和服徭役义务。他还注意采取措施，加强军队和君主的关系，改变了过去府兵专属于某一军队统帅的传统，使其直接隶属于君主，使皇帝紧密地掌握全国军事劲旅。

周武帝的一系列改革措施，顺应了历史发展的要求，促进了北周生产力的解放，利于当时经济的恢复和社会的安定。北周的经济实力大为增长，兵源增加，军队的战斗力提升，军事优势顺势形成。加之周武帝采取了北与突厥和亲、南和陈朝通好的外交策略，因此北周的国力慢慢发展起来，渐渐超过了北齐。

此时，周武帝看到一直以来与北周处于敌对关系的北齐，国内一片混乱，于是决定讨伐北齐。他用了三年的时间灭掉了北齐，统一北方，结束了自东、西魏分裂以来近半个世纪的分裂割据局面，使当时的社会生产得以恢复，促进了整个北方政治、经济、文化方面的广泛交流和发展。公元578年，周武帝在亲征突厥的途中病倒并很快驾崩。自此，北周的黄金岁月结束了。

名篇精选

齐显祖之丧，常山王演居禁中护丧事，娄太后欲立之而不果；太子即位，乃就朝列。以天子谅阴，诏演居东馆，欲奏之事，皆先咨决。杨愔等以演与长广王湛位地亲逼，恐不利于嗣主，心忌之。居顷之，演出归第①，自是诏敕多不关预。

或谓演曰："鸷鸟②离巢，必有探卵之患。今日王何宜屡出？"中山太守阳休之诣③演，演不见。休之谓王友王晞曰："昔周公朝读百篇书，夕见七十士，犹恐不足。录王何所嫌疑，乃尔拒绝宾客！"

——《资治通鉴·陈纪二》

【注释】

①归第：回家。②鸷（zhì）鸟：凶猛的鸟。③诣（yì）：拜访。

【译文】

北齐文宣帝去世以后，常山王高演住在宫禁之中处理丧事，娄太后想立他为帝但没有实现，太子即位后，高演才到朝廷百官中去就列。因为天子居丧，便下诏让高演居住在东馆，大臣们想启奏皇帝的事，都先到高演那儿请示决定。杨愔等人因为高演与长广王高湛地位很高，与皇帝又是亲属关系，怕他们会对嗣主产生威胁，所以对他们心怀猜忌。在东馆住了一阵子之后，高演搬出来回自己的宅第。从此之后，有关诏书敕令的事大多不再干预了。

有人对高演说："凶猛的鸷鸟一旦离开窝巢，鸟蛋就有被掏的危险。在如今这种形势之下，大王您怎么可以经常外出呢？"中山太守阳休之去拜见高演，高演托词不见他。阳休之对常山王友王晞说："过去周公早上读一百篇书，晚上会见七十个士人，还恐怕做得不够。录王避什么嫌疑，竟这样拒绝宾客？”

【词句撷英】

鸷鸟离巢，必有探卵之患：凶猛的鸟离开自己的鸟巢，鸟卵就有被掠取的危险。

第六章

异彩纷呈的魏晋南北朝文化

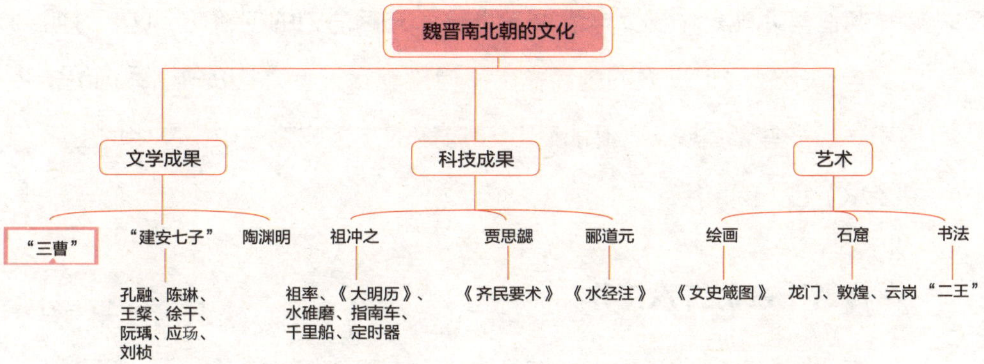

从两汉到魏、晋，是中国文化的一个转关。其要点，在破除古代的迷信，而从事于哲理的研究。……这时候的人最重要的思想，是贵“道”而贱“迹”。迹便是事实，而道则是原理。拘守事实，不能算得古人之意。必能明于其原理而应用之，才可谓之善学古人。这正是泥古太过的反响。

——吕思勉《中国通史》

光辉灿烂的文学成就

魏晋南北朝是中国文学发展史上一个充满活力的创新期，这一时期的文学作品表现出极大的创新性，不但出现了一些杰出的作家和作品，也出现了一些新的流派。因此，这一时期的文学成就在中国文化史上起到了承上启下的作用。

传诵千古的诗人诗作

魏晋南北朝时期涌现出了许多传诵千古的诗作，更开创了一个璀璨耀眼的文化自觉时代。下面，我们一起来了解下这一时期有代表性的诗人及作品。

引领文坛的“三曹”

秦汉时期发展起来的五言诗，经过秦末和西汉的衰落，到东汉开始复苏和繁荣。尤其是汉魏时期，五言诗得到极大的发展。其中成就比较突出的当数“三曹”。“三曹”即曹操、曹丕、曹植父子三人的合称。这父子三人的文学成就对当时的文坛造成深远的影响，也是建安文学的代表。其中，曹操开创了建安文学的新风气，改造了五言乐府，开创了慷慨悲壮、清俊通脱的五言诗风，是“建安风骨”的代表性诗人。

曹丕则增强了五言诗的抒情性，促进了五言诗华丽风格的形成；他的诗文和辞赋成就突出，著名的《燕歌行》《与吴质书》就是他的作品，尤其

《燕歌行》在中国七言诗的发展史上占有重要地位。

洛神图

曹植在巩固五言诗地位的基础上，创造出诸多五言诗的体类，对后世专类诗的出现产生了极大的影响。可以说，曹植是首个大力创作五言诗写作的诗人，他的成就标志着文人五言诗的完全成熟。其散文和辞赋也异常精彩，代表作为《洛神赋》。

《洛神赋》节选

其形也，翩若惊鸿，婉若游龙。荣曜秋菊，华茂春松。仿佛兮若轻云之蔽月，飘摇兮若流风之回雪。远而望之，皎若太阳升朝霞；迫而察之，灼若芙蕖出渌波。秾纤得衷，修短合度。肩若削成，腰如约素。延颈秀项，皓质呈露。芳泽无加，铅华弗御。云髻峨峨，修眉联娟。丹唇外朗，皓齿内鲜，明眸善睐，靥辅承权。瑰姿艳逸，仪静体闲。柔情绰态，媚于语言。奇服旷世，骨像应图。披罗衣之璀粲兮，珥瑶碧之华琚。戴金翠之首饰，缀明珠以耀躯。践远游之文履，曳雾绡之轻裾。微幽兰之芳蔼兮，步踟蹰于山隅。

风格各异的“建安七子”

“建安七子”，即孔融、陈琳、王粲、徐干、阮瑀（yǔ）、应玚（yáng）、刘桢等七位建安时期的诗人。七个人的创作各有个性，各有独特的风貌，其中孔融长于奏议散文，作品体气高妙；王粲精通诗、赋、散文，号称“兼善”，其作品抒情性强；刘桢擅长诗歌，所作气势高峻，格调苍凉；陈琳、阮瑀以章表书记闻名当时，在诗歌方面也都有一定成就。他们的五言诗情采飞扬，变化多致，在艺术上更臻于精美。他们的诗赋取材范围更广，语言更通俗，题材更具现实性，抒情性更强。

竹林七贤图

“建安七子”中，以王粲成就最高，他的《七哀诗》是建安诗歌的典型代表。

七哀诗（其一）

西京乱无象，豺虎方遘患。

复弃中国去，委身适荆蛮。

亲戚对我悲，朋友相追攀。

出门无所见，白骨蔽平原。

路有饥妇人，抱子弃草间。

顾闻号泣声，挥涕独不还。

“未知身死处，何能两相完？”

驱马弃之去，不忍听此言。

南登霸陵岸，回首望长安，

悟彼下泉人，喟然伤心肝。

隐逸诗人陶渊明

作为“古今隐逸诗人之宗”，陶渊明开创了中国诗歌史上的田园诗。陶渊明是东晋末至南朝宋初期伟大的诗人、辞赋家。他的作品以田园诗数量最多，成就最高，充分表现了他守志不阿的高尚节操，对淳朴的田园生活的热爱，对劳动的认识和对劳动人民的友好感情以及对理想世界的追求和向往。这些诗作对唐宋诗人产生了巨大的影响。除了田园诗，陶渊明的饮酒诗、咏怀诗也对后世的诗歌产生了极大的影响。

饮酒（其五）

结庐在人境，而无车马喧。

问君何能尔？心远地自偏。

采菊东篱下，悠然见南山。

山气日夕佳，飞鸟相与还。

此中有真意，欲辨已忘言。

山水诗人谢灵运

谢灵运出身于南北朝时世家大族陈郡谢氏，他的祖父就是在淝水之战中担任先锋的名将、著名辅政大臣谢安的侄子谢玄，父亲谢奂虽然天生愚钝，却有一个美丽、聪慧的妻子。谢灵运的母亲刘氏是王献之的外甥女，由于家学深厚，她也精通诗书，长于书法。谢灵运从小就异常聪慧，特别喜欢读书，因此深受祖父谢玄的喜爱。

谢灵运四岁的时候，恰逢祖父谢玄去世，为了避讳，谢灵运被送到钱塘江道士杜炅（jiǒng）的道馆中寄养，直到十五岁才回到家中。在钱

三高图　傅抱石绘

塘十二年的生活对谢灵运的一生产生了深远的影响，这或许也是他后来能写出如此空灵的山水诗的原因。十八岁时，谢灵运继承祖父的爵位，被封为康乐公。

谢灵运一心想在政治上获得祖辈一样的成就，他虽然出身门第高，天资过人，但是性格十分高傲。可以说，他的身上处处流露出诗人的敏感、狂放、急躁，却独独少了政治家的沉稳、机智和灵活。所以，他出仕后连遭打击，在被贬为永嘉太守后，选择了隐居。尽管他后来再次出仕，但由于一直被当作文学之臣看待，在抑郁不得志的情况下，他愈发高傲横恣，最终因企图举兵反抗被杀。

谢灵运的一生，可谓官场失意，却给后世留下了一笔宝贵的文学财富。他凭借特殊的社会地位、出众的才华以及迎合贵族趣味的语言风格、新颖的内容开创了山水诗。

谢灵运的山水诗既体现“自然”的一面，又有“雕琢”之功。所谓“自然”，是指谢灵运山水诗真实地呈现了自然的风貌；所谓雕琢，是指其诗作中的山水景物呈现出源自现实的真实而又不同于现实真实的独特面貌，是指诗作在对细微景物的细致描摹上，又表现为对多种意向的结构组织中，且二者常常相当自然地结合在一起，展现出姿态各异而又变化万端的山水景物。因此，谢灵运的山水诗中存在着不少看似不事雕琢、脱口而出的句子，令人感觉真切自然。

登池上楼

潜虬媚幽姿，飞鸿响远音。
薄霄愧云浮，栖川怍渊沉。
进德智所拙，退耕力不任。
徇禄反穷海，卧疴对空林。
衾枕昧节候，褰开暂窥临。
倾耳聆波澜，举目眺岖嵚。
初景革绪风，新阳改故阴。
池塘生春草，园柳变鸣禽。
祁祁伤豳歌，萋萋感楚吟。
索居易永久，离群难处心。
持操岂独古，无闷征在今。

这首诗中的名句“池塘生春草，园柳变鸣禽”，就将“雕琢”和“自然”杂糅并陈，在描摹景物时，集中在对具体景物的细部刻画上。此外，谢灵运的山水诗中情感的体现极其充分。他的山水诗遥接建安文学的精神，体现了抒情言志的风格。其诗作或是倾诉“与世不相遇”的悲愤之情，或是流露对自然的赏爱之情，或是抒发寻求同道的思友之情，或是表达悟道后的欣喜之情。

总之，谢灵运的山水诗打破了秦汉以来诗歌通常是用来教化言志的格局，拓宽了诗歌的表现内容，为后来唐朝诗歌的发展打下了基础。

意义深远的理论巨著

魏晋南北朝是中国文化史上闪烁奇光异彩的时代。这一时期，中国古代的文学理论发展达到一个高潮，出现了《文心雕龙》《文赋》《诗品》和《典论·论文》这几部著名的文学理论和文学批评作品。

刘勰（xié）和《文心雕龙》

《文心雕龙》是一部“体大虑周”的文学理论作品，其作者是南朝文学理论家刘勰。刘勰出身于没落的世族之家，一生经历了南朝的宋、齐、梁三代。由于家道中落，加之很小就失去了双亲，孤寒无依，因此他曾入定林寺，和僧人生活在一起达十多年之久。尽管过着极其贫穷的生活，但他却笃志向学，喜欢读书，钻研学问。在定林寺寄居期间，他协助僧侣分门别类地整理了寺里的佛经，并将它们抄录下来，还写了序言。由此，他得以饱览经史百家著述和历代文学作品，并确立了要写一部文学理论著作的决心——这就是他写《文心雕龙》的缘由。

经过几年时间努力，刘勰终于完成了《文心雕龙》。然而，当时门第森严的世族制度令这个出身寒微、地位低下的年轻人的著作无人问津。刘勰不甘心自己的作品就这样被埋没，于是背着自己的书稿，拦在了当时在文坛享有盛誉、身居要职的沈约的车前，请对方浏览自己的书稿。沈约一看，拍案叫绝，认为这部作品“深得文理”，后来他经常把这本书放在自己的几案上，方便随时阅读。因为沈约的大力推崇，刘勰和他的《文心雕龙》最终才被世人所知。而刘勰本人更是因此进入官场。

他出仕后，先后做过县令、步兵校尉。五十岁以后，刘勰做了梁昭明太子萧统的通事舍人兼步兵校尉，这一段时间的任职较长，因此后世也称他为“刘舍人”。由于萧统本人极其喜爱文学，因此文学底蕴深厚的刘勰深受器重。萧统经常和刘勰共同“讨论篇籍，商榷古今”。梁朝的时候佛教盛行，佛教经典也极受推崇，因此刘勰后来奉命和名僧慧震在定林寺整理佛经，最后在定林寺出家为僧，法名慧地。出家后不到一年，刘勰就辞世了。

《文心雕龙》共十卷，五十篇，分上、下两编，计三万七千多字。全书将先秦到晋宋千余年的文学面貌进行了概括，并对二百多个作家进行了评论，从中总结出三十多种文体，对文学创作、文学批评的一些基本原理和艺术方法进行了系统的探讨，最终建立了“体大虑周”的理论体系。

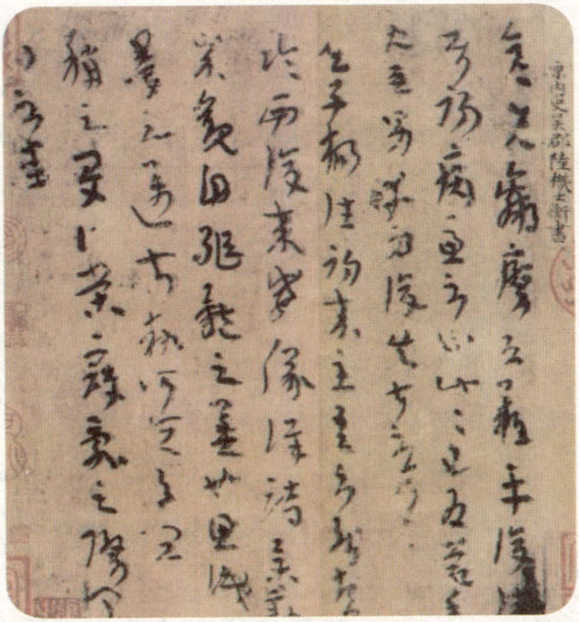

陆机传世书法《平复帖》

《文心雕龙》以孔子的美学思想为基础，提出了道是文学的本源，圣人是文人学习的楷模，经书是文章的典范的观点，将作家创作个性的形成归结为“才”“气”“学”“习”四个方面，细致地探索和论述了语言文学的审美本质及其创造、鉴赏的美学规律。

陆机和《文赋》

《文赋》是晋代陆机的文艺理论作品。陆机出身于东晋士家大族吴郡陆氏，他的父亲是东吴大司马陆抗。陆机因才华惊人而闻名于世，由于潜心钻研儒家学术，他为人谦恭守礼。二十岁时，孙吴灭亡，陆机随即退居家乡，闭门勤学。十多年后，他和弟弟陆云去了洛阳，两人的文采轰动一时，名声大振，被称为“二陆”。随后，陆机在西晋朝廷任职。赵王司马伦掌权时，他曾任相国参军，封关中侯。司马伦被诛后，他得成都王司马颖相救才免于身死，后来又做了平原内史、后将军、河北大都督。“八王之乱”中，陆机率军讨伐长沙王司马乂（yì），兵败后遇害。

陆机不但是西晋著名的文学家，而且是杰出的书法家。陆机的诗文音律谐美，讲求对偶，典故很多，开创了骈文的先河，被誉为“太康之英”。他和潘岳同为西晋诗坛的代表，世人用“潘江陆海”来赞美他们的出众才华。陆机在创作时恪守道家崇尚自然的思想，并深受黄老思想的影响，因此他的理论见解在许多方面都跟道家思想密切相关。

魏晋南北朝期间，文学的自觉和文学创作的个性化现象引发的一系列其他的变化和发展，尤其是以宫廷为中心形成的文学集团内部的趋同性，使文学在不同的时段呈现出不同的群体性风格，从而令文学的发展表现出明显的阶段性。陆机针对文学的这一特点，在其创作的《文赋》中，围绕“意不称物，文不逮意”的困惑，就写作中要处理好的两大难题，即“意物文”与“知能”的各自关系，从思想、语词两方面谈创作立意，表明写作的乐趣所在，论述文体多样性形成的成因，在分析十种文体特征的同时，指明作文时要处理的四个问题，强调了艺术灵感及文章的作用。

可以说，陆机的《文赋》首次把创作过程、写作方法、修辞技巧等问题提上文学批评的议程，对文学理论的发展做出了巨大贡献。

名篇精选

体有万殊，物无一量，纷纭挥霍，形难为状。辞程才以效伎，意司契而为匠，在有无而黾俛[①]，当浅深而不让。虽离方而遯员[②]，期穷形而尽相。故夫夸目者尚奢，惬意者贵当，言穷者无隘，论达者唯旷。诗缘情而绮靡，赋体物而浏亮[③]；碑披文以相质，诔[④]缠绵而凄怆；铭博约而温润，箴顿挫而清壮；颂优游以彬蔚[⑤]，论精微而朗畅；奏平彻以闲雅，说炜晔而谲诳[⑥]。虽区分之在兹，亦禁邪而制放；要辞达而理举，故无取乎冗长。

——《文赋》（节选）

【注释】

①黾俛（miǎn fǔ）：勉励，尽力。②遯（dùn）员：逃。遯，同“遁”，逃；员，表示语气。③浏（liú）亮：明朗。④诔（lěi）：哀悼死者的文章。⑤彬蔚：富有文采。⑥炜烨（wěi yè）：文辞明丽晓畅。谲诳（jué kuáng）：奇异多变。

【译文】

文章的体裁多种多样，事物繁杂没有固定的尺度可以衡量；它们纷然杂呈，瞬息万状，很难描绘那具体的形象。驾驭语言的才能展示着作者的技巧，辞意吻合才是艺术的巧匠。无论是抽象或具体的语词，都努力追求，是浅是深都不要抛掉。虽然脱离了一定规矩，为着能写尽事物的形貌。所以，喜欢炫耀辞藻的人崇尚浮夸，重视文章内容的人看重内容表现是否得当；描写事物喜欢穷形尽相的人，不受表达形式的阻碍；追求文章通达的人，主张文章思想内容开朗。诗因情而生，要求文辞优美，赋描写物象，要求语言清楚明畅；碑文记叙事迹要合乎实际，诔萦回着对死者的哀伤；铭语言简洁淳厚，箴清新刚健，语音抑扬；颂闲适而又华美，论说理透辟，语言流畅；奏章稳重而又典雅，说语言明快，浩瀚汪洋。(文章的体裁）虽是各有区分，都必须禁止邪曲虚妄。只要文辞能够表达文章的主旨，不一定要写得冗（rǒng）长。

【词句撷英】

1. 穷形尽相：指刻画生动，现指丑态毕露。

2. 辞达理举：文字畅达，内容充实。

独树一帜的科技成果

魏晋南北朝时期，除了文学成就惊人，为后世留下许多优秀的作品，在科学技术领域同样成就惊人，不管是天文、历法、算学，还是医学、农学、地理学等领域，均取得了突出的成就。这些成就的取得，或是在前人积淀的基础上的厚积薄发，或是当时的人历经艰辛、苦心研究所得。下面，我们就来看一看一些名垂千古的科技人物及其成就。

“文理全才”的祖冲之

提到祖冲之，相当多的人会不由自主地想到圆周率。那么，祖冲之是怎样的一个人？他除了圆周率的发现，还做出了哪些发明创造呢？让我们一起来了解这位科技史上的名人。

祖冲之的祖上本是河北人，后来迁居到了江南。祖冲之就出生在号称“锦绣文章之乡”的江苏南京。他的祖父祖昌是刘宋王朝的大匠卿，即朝廷管理土木工程的官吏，父亲祖朔之学识渊博，但只是一名奉朝请(闲散之官)。祖冲之是在祖父讲述的“斗转星移”故事和父亲教导的经书典籍中长大的。他从小就喜欢读书，涉猎多方面的知识，尤其喜欢自然科学、文学、哲学、天文学方面的知识。因此，他青年时期就以博学多才闻名。后来，祖冲之的博学多才更是让他获得了展示才能的机会。

作为一名知名学者，他先是到当时朝廷的学术研究机关——华林学省做研究工作，后来又到全国最高的科研学术机构——总明观任职，做了一名教师。在教书之余，祖冲之阅读了包括天文、历法、术算在内的大量国家藏书，从而为其后来的发明创造打下了深厚的基础。

祖率的计算

祖率，即圆周率，它是祖冲之最有名的成就。早在祖冲之计算出圆周率之前，我国古代的数学专著《周髀算经》就指出“周三径一，方五斜七”。意思是说，圆的周长是直径的三倍，边长是五的正方形，其对角线的长度是七。后来人们发现，这种说法并不准确，于是不断地有人去求得正确的答案。

三国时期的数学家刘徽利用割圆术科学地求出了圆周率 $\pi=3.1416$。祖冲之研究发现，这一结果并不精确。于是，他进一步探求更精确的数值。最终，他算得了密率（355/113，约等于3.1415927）和约率（22/7，约等于3.14）两个数值。即他的圆周率（π）的真值在3.1415926和3.1415927之间，相当于精确到小数点后第七位，即3.1415926。

这一计算结果适应了当时生产实践的需要，修正古代的量器容积的计算，让古代量器的制作更加精确。直到现在，祖冲之对圆周率数值的精确推算值，对于中国乃至世界仍是一个重大贡献。因此，后世把“约率”命名为“祖冲之圆周率”，简称“祖率”。

除了圆周率的计算，祖冲之还写了《缀术》五卷，在书中提出“开差幂”和“开差立”的问题。这部书理论十分深奥，计算相当精密，是当时数学理论书籍中最难的一本。

《大明历》的编制

祖冲之生活的年代已经有相当先进的历法。当时的历法就是我们中国人传统的阴历。这一历法将一年分为十二个月，每一个月差不多是二十九天多一点，即从第一次见到月圆到第二次见到月圆之间的时间。

同时，当时的人们还采用阳历，即将四季变化的一个周期定为一年。两种历法相比较，后者一年的天数比前者要长十一天多。古人为了解决二者的差距问题，采用了“闰月法”，即“十九年七闰”的办法，即十九年中规定了七个闰年。十二个月为一年的称为“平年”，十三个月为一年的称为“闰年”。

祖冲之采用东晋天文学家虞喜发现的岁差原理（即地球围绕太阳运行一周，不可能完全回到原来位置的现象），进行了“交点月”方面的研究，进而为准确地推算出日食、月食的发生时间提供了条件。随后，他又应用这一原理，精确地计算出一回归年是365.24284481日，从而精确地计算出每三百九十一年中加上一百四十四个闰月的新闰法。

公元462年，祖冲之将自己经过多次科学实验编成的《大明历》送给宋孝武帝，请求公布施行。这一历法打破了我国沿袭很久的“十九年七闰”的老闰法，成为当时最精密的历法。但直到公元510年，这部历法才被确定为通用的历法，一直使用到南宋的《统天历》出现。

机械制造成就

除了数学和天文历法，祖冲之在机械方面的成就也令人惊叹。他设计制造过水碓（duì）磨、铜制机件传动的指南车、千里船、定时器等。他在西晋杜预改进发明的“连机碓”和“水转连磨”的基础上，改良的水碓磨，因为提高了生产效率，直到如今在中国南方有些农村地区还在使用。他设计制造的千里船能日行一百多里。他制造的“欹（qī）器”，盛水“中则正，满则覆”，相当精妙。

实际上，祖冲之除了上面的发明创造，还精通乐理，对音律相当有研究。他在文学和哲学方面的成就同样令人叹服，他曾写过《易义》《老子义》《庄子义》《释论语》等关于哲学的书籍以及《述异记》，可谓名副其实的“文理全才”。

造福万民的贾思勰

魏晋南北朝时期，农业科学成果也颇为丰硕。其中，北魏时期的太守贾思勰（xié）在农业技术方面提升了当时的生产力，直到如今还发挥着造福万民的作用。

贾思勰生活在北方社会经济开始恢复的北魏时期，出生于一个耕读之家。所谓耕读之家，不同于“日出而作，日落而息”的农民，这种家庭同样重视对文化知识的学习，家中有大量的藏书，要求子弟在耕作之余要读书、学习。因此，贾思勰在小的时候就受到了良好的文化教育，博览群书，掌握许多农业生产技术知识。这为他后来从事农业研究打下了基础。

成年后，贾思勰走入官场，先后做过高阳郡（今山东临淄）太守等官职。在担任高阳郡太守期间，他目睹了北魏的经济发展由繁荣到衰落，而政治的腐败更导致民生凋敝。深感保障民生重要性的贾思勰在卸任后专注于农学研究，不但自己动手从事养羊、种庄稼等农畜工作，还到山东、河南、河北等许多地方学习，认真考察和研究当地的农业生产技术，虚心向有丰富实践经验的老农请教，从而积累了更多的农牧业生产方面的知识。

在自己从事农牧业的过程中，贾思勰的探究精神得到充分的体现。他遇到问题时，一定要穷究到底，哪怕是要到很远的地方向有经验的农牧民请教，他也甘之如饴。

一次，他最初养羊的时候，二百多头羊在不到一年的时间就饿死了一大半。他以为是饲料不足，于是在又养了一群羊时，特意提前种了二十亩大豆。结果过了一段时间，羊还是死了很多。贾思勰为了探究原因，特意向一位老羊倌请教后才知道，原来贾思勰喂羊时，只是将饲料随意地丢在羊圈里，结果饲料脏了后，羊不肯吃，就饿死了。为了获得更多的养羊经验，贾思勰干脆在离家一百多里的老羊倌家住了一段时间，认真观察老羊倌的羊圈，学习他的养羊经验。结果，他养的羊越来越好。

在不断学习和实践的过程中，贾思勰积累了丰富的农牧业经验，最后他在我国古代劳动人民农业生产成就的基础上，将自己积累的这些经验进行分析、整理、总结，最后写成了农业科学技术巨作《齐民要术》。

《齐民要术》是一部“农业百科全书”。全书共九十二篇，分十卷，正文大约七万字，注释四万多字，共十一万多字。全书内容丰富，结构严谨。就内容而言，涉及农、林、牧、副、渔等农业范畴，不但介绍了农作物、蔬菜和果树的栽培方法，还介绍了各种经济林木的生产，野生植物的利用，家畜、家禽、鱼、蚕的饲养和疾病的防治，甚至包括农、副、畜产品的加工、酿造和食品加工，以至文具、日用品的生产等，几乎对当时所有的农业生产活动都进行了较详细的论述；就结构而言，全书论述全面，脉络清楚，基本依据每个项目在农业生产、民众生活中所占的比例来安排顺序。

《齐民要术》节选

齐民者，若今言平民也，盖神农为耒耜（lěi sì），以利天下。殷周之盛，《诗》《书》所述，要在安民，富而教之。晁错曰：“圣王在上而民不冻不饥者，非能耕而食之，织而衣之，力开其资财之道也。夫寒之于衣，不待轻暖；饥之于食，不待甘旨。饥寒至身，不顾廉耻。一日不再食则饥，终岁不制衣则寒。夫腹饥不得食，体寒不得衣，慈母不能保其子，君亦安能以有民？”

译文如下：

“齐民”的意思，就是今天所说的一般百姓（无贵贱之分，谓之齐民）。神农发明耒耜一类的农具，是让天下的百姓得到好处。殷商、周代的强大，按照《诗》《书》的记述，关键是让老百姓安乐，老百姓富有了后就可以进行教化。晁错说：“圣明的君王在位时，老百姓不受冻挨饿的原因，并不是国君自己能耕种而使老百姓能有饭吃，国君自己能织布而使百姓能有衣服穿，关键是能为他们开辟获取财富的途径（或方法）。人们在受寒时对于衣服的需求，是等不到又轻又暖的皮裘丝绵之类的衣服才穿；饥饿的时候对于食物的需求，也是等不到甜美的食品才吃。饥寒来到身上，就顾不得廉耻了。人的通常情况是一天不吃两餐就饥饿，整年不做衣服就寒冷。肚子饿了没吃的，肌肤受寒没衣穿，即使慈爱的母亲也不能养育她的儿子，君主又怎能拥有他的百姓呢？

以上是《齐民要术》的序文节选，说明了写作全书的目的，即只有安民，民富才能教之。这段话也深刻地说明了这本书的重要价值，即它系统地总结了黄河中下游地区北魏和北魏以前的农业生产技术。《齐民要求》初步建立了我国的农业科学体系，是我国乃至世界上保存下来的最早的一部农业科学著作。

郦道元和《水经注》

郦道元出生于官宦之家，字善长，是北魏范阳涿州（今河北涿州市）人。郦道元从小勤奋好学，广泛阅读各种奇书，书中描写的神奇的自然风光吸引着年少的他。他的父亲郦范是北魏王朝的重臣之一，曾历经四位皇帝，以军事上运筹帷幄、政治上刚直不阿、经济上善于谋划而闻名。

郦道元少年时期和担任青州刺史的父亲郦范住在青州（今山东青州市）。这段时间，郦范积极考察当地的情况，巧妙地利用当地的渔盐之利恢复生产，发展对外贸易，让当地百姓受益。郦范为官时颇有政绩，受到百姓爱戴。郦道元陪同父亲访求水道，儿时所看的那些奇书中描绘的情景仿佛就在眼前。这种极度的新奇感促使他开始了游历生活。他游历了秦岭、淮河以北和长城以南的广大地区，同时像父亲一样考察河道沟渠，搜集风土民情、历史故事、神话传说。

北魏孝文帝拓跋宏迁都洛阳这年前后，成年的郦道元走了父亲的老路——从政。他先是以小官尚书郎的身份，随孝文帝北巡，在此过程中见识了山川的壮丽。父亲去世后，郦道元继承了永宁伯的爵位。随后，他先是在首都平城（今山西大同）、洛阳（今河南洛阳）于皇帝身边担任北魏的中央官吏，后又出任冀州（今河北冀州）镇东府长史、颍川郡（今河南禹州）太守、河南（今河南洛阳）尹等地方官，还曾先后担任过黄门侍郎、御史中尉等职。

郦道元继承了他的父亲刚正的个性，处事公正严明，甚至有时显得冷酷无情，因此遭到豪强和皇族的忌恨。这导致他仕途坎坷，不能尽展其才。公元572年，因为遭到汝南王元悦等人的暗算，郦道元全家罹（lí）难。郦道元虽含冤逝去，但他所著的《水经注》直到如今还对中国地理学产生着深远的影响。

《水经注》是郦道元在从政期间走访了今山东、河北、山西、河南、陕西、江苏、安徽、湖北等地，了解了中国北部的地理情况后，有感于当时地理著作的匮（kuì）乏，遂决定为《水经》作注。

《水经》是一部专讲河道水系的地理书，著者和成书年代历来说法不一。全书共三卷，简要记述了全国一百三十七条主要河流及其发源和流经之处。但由于书中的许多记载相当简单，而且存在很多错误，缺少实用价值，尤其是讲到水道情况与山川水系相关的内容，或是时代久远，河道已经变迁，或是以讹传讹，名实不符，或是过于简略不大具体，或是过于琐细而欠周全。

鉴于《水经》存在这样或那样的问题，郦道元决定以它为底本，以作注的形式，将每条河流的来龙去脉、沿革变迁和其他有关历史地理情况一一介绍清楚。就这样，他开始了《水经注》这部综合性地理巨著的创作。

为了完成这部巨著，郦道元首先对《水经》中提到的众多名山大川进行实地考察。他去了相当多的地方，对那里的山川形势进行勘察，向当地老百姓了解风土人情，对名胜古迹进行参观和记录。比如，在为渭水加注的时候，他就曾专门去姜太公曾经钓鱼的渭水支流磻（pán）溪及当年姜太公住过的石屋进行访问。

就这样，郦道元不断地跋山涉水，追根溯源，寻访古迹，不但在书里记录地理知识，而且记录民间传说，不但将祖国辽阔疆域内的大小河流一一进行了介绍，而且对一些下游流到国境以外的河流，也依据相关资料进行了介绍。更为难得的是，他还对河道的变迁、名称的更改、河流沿岸的城镇的兴废沿革，地形、矿藏、农田水利设施等，均在详细考察的基础上进行了具体而细致的描述。

最后，郦道元完成了对《水经》记载的河流的详细注释，还对书中不曾提到的河流加以补充。《水经注》全书共记载一千二百五十二条河流，用三十万字、四十卷的篇幅，逐一说明各水的源头、支派、流向、经过、汇合及河道概况，并对每一流域内的水文、地形、气候、土壤、植物、矿藏、特产、农业、水利以及山陵、城邑、名胜古迹、地理沿革、历史故事、神话传说、风俗习惯等，都有具体的记述。

最难能可贵的是，《水经注》除了是一部地理学巨著，同时还是一部熔自然地理与经济地理为一炉，熔历史与地理为一炉的散文集。郦道元在写《水经注》时，以清丽简约、生动具体的文笔，使得每一条注文都成为可以独立成篇的优秀散文，这也使得《水经注》在中国散文发展史上也占有重要地位，对后世散文产生了积极的影响。

名篇精选

关在沮阳[①]城东南六十里居庸界，故关名矣。更始使者入上谷，耿况迎之于居庸关，即是关也。其水导源关山，南流历故关下。溪之东岸有石室三层，其户牖[②]扇扉，悉石也，盖故关之候台矣。南则绝谷，累石为关垣[③]，崇墉峻壁，非轻功可举。山岫层深，侧道褊[④]狭，林鄣[⑤]邃险，路才容轨。晓禽暮兽，寒鸣相和，羁（jī）官游子，聆之者莫不伤思矣。

——《水经注·卷十四》

【注释】

①沮阳：古县名，今河北怀来。②户牖（yǒu）：门和窗。户，本指单扇的门，后亦用以作门的通称；牖，窗户。③垣（yuán）：本意为墙，引申为城（取保护之意）。④褊（biǎn）：本意指衣服狭小，引申泛指狭小。⑤鄣（zhāng）：像屏风那样遮挡。

【译文】

居庸关在沮阳城东南六十里处居庸县界内，所以关名也叫居庸。更始帝使者入上谷，耿况到居庸关迎接他，就是这座关。其水源出于关山，南流经故关之下，溪东岸有石室三层，石室的门窗都是石制的，原是故关的烽火台。南面原是绝谷，垒石筑成关口城墙，墙高壁峻，确非轻易劳作可成的工程。山峦层叠幽深，侧道狭隘，深林阻碍，山路只能放得下一辆车子。朝朝暮暮鸟鸣兽啼，互相应和，在他乡当官或作客的人，听到这种声音没有不悲伤忧愁的。

【词句撷英】

1. 户牖扇扉：指门窗。户牖，门和窗；扇扉，指门扇。

2. 羁官游子：羁官，指长期在外乡做官；游子，指出门在外或者离开家乡在他乡生活的人。

千古独步的魏晋南北朝艺术

魏晋南北朝时期是我国古代艺术发展的重要阶段，各种艺术均获得了斐然的成就。绘画和雕塑，特别是和佛教发展有密切联系的绘画和雕塑，是这一时期所取得的首要艺术成就。书法艺术也在这一时期发展起来。

独特风格的《女史箴图》

绘画艺术在魏晋南北朝之前，经历了上千年的发展历史，到魏晋南北朝时伴随着众多具有艺术才华的画家的出现，一些具有鉴藏价值的绘画作品出现了。顾恺之的《女史箴图》就是其中最为著名的一幅。

顾恺之，是晋陵无锡（今江苏无锡市）人，被誉为“中国书画之祖”。他博学多才，擅长诗赋、书法，尤其擅长绘画，而且以画人像、佛像、禽兽、山水等著名。他在绘画上，主张“迁想妙得”“以形写神”，即画人物主张传神，重视点睛，认为“传神写照，正在阿堵（眼睛）中”，因此他在画人物时特别注意以简练精致的笔法描绘生理细节，以表现人物的神情。这种观点奠定了传统绘画的发展基础。

据历史记载，顾恺之被当时的人称为“三绝”，即文绝、画绝和痴绝。如何理解“三绝”呢？顾恺之博学多才，他曾以“千山竞秀，万壑争流。草木蒙笼其上，若云兴霞蔚”来描绘会稽（kuài jī，今浙江绍兴）

一带山水，由此可见其“文绝”的特点。顾恺之无论是画山水，还是画人物，都注意状貌传神，每当画人像时总能画得相当传神。比如，他替裴楷画肖像时，就在裴楷的脸颊上添加了三根毛，看了这幅画的人都认为人物的神情特别生动。这体现了他“画绝”的特点。顾恺之的“痴绝”是指他做事情特别专注，喜欢穷根究底，因此常常表现得过于痴迷，比如有人拿着一个柳叶，骗他可以将自己遮蔽起来，别人看不到。他竟然信以为真，不但用这片柳叶遮蔽自己，确信无人可以看到，甚至对这片柳叶视若珍宝。

或许正是由于他身上的这“三绝”特质，顾恺之才能成为六朝时期唯一有真迹传于世的画家。著名的《女史箴图》，就是他的传世名作之一。

女史箴图（局部）

《女史箴图》是顾恺之根据张华的《女史箴》所画的一卷插图性画卷。由于《女史箴》共十二卷，所以画卷也是十二段。作品描绘了女性范例事迹，其中有汉元帝刘奭（shì）的宠妃冯媛（yuán）以身挡熊，保护汉元帝的故事，有班婕妤（jié yú，汉代嫔妃的等级称号）拒绝与汉成帝同辇（niǎn，皇帝乘坐的车子），以防成帝贪恋女色而误朝政的故事等。

每一段都描写上层妇女应有的道德情操，旨在对世人进行说教。画中还细致地描绘了上层妇女梳妆等日常生活，真实而生动地再现了贵族妇女或娇柔或矜持的性格特征，无论身姿、仪态、服饰都与人物的身份和个性相符，从而体现了画家高超的绘画水平。

比如，画冯媛以身挡熊的故事时，从画面上可以看到汉元帝率宫人看斗兽，后宫佳丽美人在座的情景：一头黑熊突然跃出围栏，直逼汉元帝，冯媛挺身护主。画卷中的冯媛长带宽衣，尽管身姿瘦弱，但却毫无惧色地面对跑过来的黑熊。这一画面与画中两个手执武器的武士的形象形成对比，其中一个武士张口叫喊，一个武士面带惊惶之色地用力刺向黑熊。这种人物之间的对照，更好地突出了冯媛的勇敢和其他宫女的惊慌失措。可以说，顾恺之画人物时善于突出不同人物的性格这一点，在这幅画中表现无遗。

除了人物神情，顾恺之在画《女史箴图》时，还注意采用游丝描手法，让画面典雅、宁静又不失明丽、活泼，画面中的线条婉转，流畅优美，人物衣带飘洒，形象生动。《女史箴图》体现了顾恺之的绘画在结构与空间处理上的成熟、对主题人物塑造的成功以及通过动作和表情变化来表现人物的内心世界的精湛画艺。两汉以来的人物画创作水平因此被向前推进了一大步。

令人惊叹的石窟艺术

石窟艺术是佛教艺术的一个组成部分，最早是从古印度传入中国的。石窟艺术在中国的出现，与佛教密切相关。魏晋南北朝时期，频繁发生的战乱造成中原十室九空，大量的汉族人南迁，于是得以为佛教的广泛传播提供了土壤。加之这一时期，少数民族对宗教的皈依，更促使佛教在中原地区得到推广。因此，佛教在南北朝时期获得井喷式的发展。

伴随着佛教的传播，出现了许多精彩的石窟艺术作品。其中，云冈石窟、龙门石窟和莫高窟最为著名。

伎乐天（云冈石窟壁画）

云冈石窟

云冈石窟，位于山西省大同市西郊十七公里处的武周山南麓。据说，当年高僧昙曜（yào）游历名山，想找一块日月风水宝地建寺庙。几经寻找，他发现武周山一带钟灵毓（yù）秀，草木葱茏，于是决定在这里建一座山水中的“庙宇”，从此开启了云冈石窟的修建。

从文成帝和平初年（460年）开始，直到孝明帝正光五年（524年），云冈石窟得以最终完成，前后历经六十多年，此后经唐、辽金等朝代多次完善，累计一百多年的时间才达到如今这种规模。这座石窟包括大小四十多个石窟，佛像数量达十万个左右，最高的佛像高达七丈。

按石窟形制、造像内容和样式的发展，云冈石窟可以分为早、中、晚三个不同阶段的作品。每个阶段的石窟有着不同的特点。

早期的石窟是“昙曜五窟”。这些佛像气势雄健、质朴，有写实的风格。窟中遍布千佛，佛像的雕刻艺术极其精湛。为首是掌管时间的三世佛。这座佛像高大庄严，高鼻深目，双肩宽厚，显示出一种劲健、浑厚、质朴的造像风格。雕刻家继承并发展了汉代的优秀传统技艺，吸收并融合了古印度犍陀罗艺术的精华，融汇了东西方各具特色的艺术风格。大佛像周围的小佛或站或睡，形态各异，种类繁多，令人一旦观之则目不转睛。除了石窟的雕刻工艺令人叹为观止，石窟中的壁画更是一绝。天王面目狰狞，似乎打算将世间一切邪恶打倒；菩萨神态端庄，眉目慈祥静谧；飞天则婀娜多姿，如同盛宴时的靓装丽人……

中期石窟代表了云冈石窟雕凿的鼎盛阶段。当时正值北魏迁洛以前的孝文时期，北魏的国力最稳定、最兴盛，因此北魏朝廷集中全国的优秀人才，以国力为保证，从而雕凿出更为繁华精美的大窟大像，到孝文帝迁都前完成，历时四十多年。尤其是“褒衣博带”式的佛像造型在当时盛极一时，出现了许多新的题材和造像组合，最为突出的是护法形象和各种装饰。多种因素的综合形成了富丽堂皇的“太和风格”，其特点是内容繁复、雕饰精美，造型追求工整华丽。

晚期石窟雕凿于北魏迁都洛阳后，是大量的中小型洞窟。石窟造像题材多为释迦和弥勒。佛像和菩萨面消瘦、长颈、肩窄且下削，体现出一种清新典雅、“秀骨清像”的艺术形象。

云冈石窟的造像气势宏伟，内容丰富多彩，是佛教石窟艺术“中国化”的开始，堪称公元5世纪中国石刻艺术之冠，被誉为“中国古代雕刻艺术的宝库”。

龙门石窟

龙门石窟位于洛阳伊阙的龙门山，开凿于北魏太和十九年（495年），历经东魏、西魏、北齐、隋、唐、五代、宋等朝代的大规模营造，前后持续了四百余年。

龙门石窟是北魏、唐代皇家贵族发愿造像最集中的地方，是皇家意志和行为的体现，具有浓厚的国家宗教色彩。龙门石窟的造像因而少了云冈石窟造像粗犷、威严、雄健的特征，生活气息逐渐变浓，趋向活泼、清秀、温和。这些造像大多脸部瘦长，双肩瘦削，胸部平直，衣纹的雕刻使用平直刀法，坚劲质朴。在北魏时期雕凿的众多洞窟中，以古阳洞、宾阳中洞、莲花洞、石窟寺这几个洞窟最有代表性。

宾阳中洞的“宾阳”，意即迎接初升的太阳。这组石窟是北魏宣武帝为其父亲孝文帝而建。石窟于公元500年动工开凿，原计划雕凿三所洞窟，即宾阳中洞、南洞、北洞，后由于宫廷政变、主持人刘腾病故等原因，仅宾阳中洞得以完成。余下的两窟直到初唐才完成了主要造像。宾阳中洞里面是马蹄形平面，穹隆（qióng lóng，中间高而四周下垂的样子）顶，中央雕刻着由重瓣大莲花构成的莲花宝盖，莲花周围是衣带飘扬的伎乐天，迎风翱翔于莲花宝盖周围，姿态优美动人。主佛释迦牟尼采用北魏的平直刀法雕刻，其面颊清瘦，脖颈细长，体态修长，衣纹密集。洞中前壁南北两侧，从上到下有四层精美的浮雕，造型精巧，制作极其精美。

莲花洞大约开凿于北魏年间，因窟顶雕有一朵高浮雕的大莲花而得名。在佛教中，莲花是出淤泥而不染的象征，所以佛教石窟窟顶多用莲花进行装饰，但像龙门石窟的莲花洞窟顶如此硕大精美的高浮雕大莲花极其少见。这朵大莲花周围雕刻着体态轻盈、细腰长裙、飘逸秀美的飞天。

古阳洞开凿于公元493年，是北魏皇室贵族发愿造像最集中的地方，也是龙门石窟造像群中开凿最早、佛教内容最丰富、书法艺术最高的一个洞窟。它规模宏伟、气势壮观，由一个天然的石灰岩溶洞开凿成的。窟顶无莲花藻井，地面呈马蹄形。这里有大小佛龛数百个，雕造装饰得十分华丽，尤其是佛龛设计丰富多彩，变化多端。主像释迦牟尼面容清瘦，眼含笑意，安详地端坐在方台上，侍立在主佛左、右两侧的手提宝瓶的观音菩萨和手持摩尼宝珠的大势至菩萨表情平静，仪态从容。

莫高窟

莫高窟，俗称千佛洞，坐落于今甘肃三危山和鸣沙山交接处的崖壁上，有洞窟七百三十五个，壁画四点五万平方米，泥质彩塑两千四百一十五尊，是世界上现存规模最大、内容最丰富的佛教艺术地。莫高窟始建于前秦时期。据记载，前秦建元二年（366年），僧人乐尊路经敦煌的鸣沙山，忽然发现金光闪耀，好像万佛出现，于是就在岩壁上开凿了第一个洞窟。后来，法良禅师等人又继续在这里建洞修禅，称之为“漠高窟”，意思是“沙漠的高处”。后世“漠”与“莫”通用，所以又称“莫高窟”。

莫高窟飞天壁画摹本

鸣沙山的石质比较松脆，不适于雕刻，因此此处的石窟艺术在建筑、彩塑、壁画三方面表现出来。莫高窟中开凿于北朝时期的洞窟共三十六个，其中第268窟、第272窟、第275窟年代最为久远。窟形主要为禅窟、中心塔柱窟和殿堂窟，彩塑有圆塑和影塑两种，壁画以佛像、佛经故事、神怪、供养人等为内容。这一时期的影塑以飞天、供养菩萨和千佛为主，圆塑开始多是一佛二菩萨组合，后来又增加了二弟子。塑像人物体态健硕，神情端庄宁静，风格朴实厚重。

壁画最初大多以土红色为底，以青、绿、白、赭（zhě，红色、赤红色）等颜色敷彩，表现出热烈浓重的色彩和纯朴浑厚的线条，因此人物形象挺拔，极具西域佛教特色。而西魏以后的典型洞窟有第249窟、第259窟、第285窟、第428窟等，大多以白色为底色，色调趋于雅致，风格洒脱，展示明显的中原风貌。

父子书法家的“二王”

魏晋南北朝时期尽管在中国漫长的历史中仅为短暂的一瞬间，但这一时期的书法艺术发展却有着极高的地位。可以说，这一时期的书法艺术臻于巅峰，对后世书法艺术发展产生着极为重要的影响。

具体来说，三国时期由隶书衍生出来的楷书成为书法艺术的又一主体，书法家钟繇（yóu）极负盛名；两晋时期，书法艺术主要表现在行书上，当时的书法大家辈出，出现了最能代表魏晋精神的书法家王羲（xī）之，他的行书《兰亭序》被誉为“天下第一行书”，而他的儿子王献之则开创了“破体”与“一笔书”的书法艺术。

羲之爱鹅　〔清〕任伯年绘

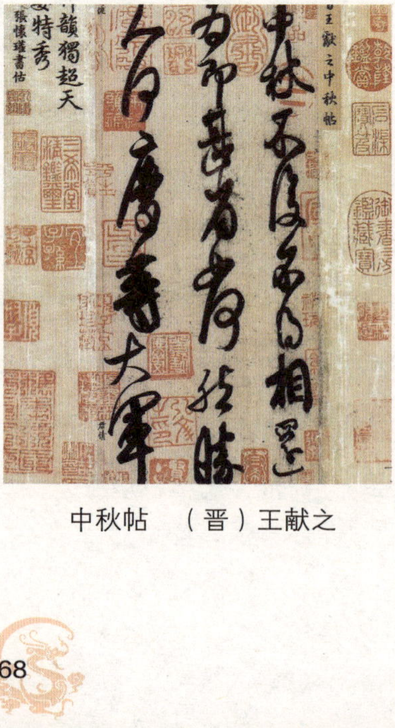

中秋帖　（晋）王献之

南北朝时期，中国书法艺术进入“北碑南帖”时代。北碑即北朝碑刻书法，以北魏、东魏最精，风格多姿多彩；南帖，即南朝的楷书和行书。

下面，我们就来了解这一书法艺术史上的“二王”——王羲之和王献之父子。

王羲之出身于书法世家魏晋名门琅琊王氏，他的伯父王翼、王导，堂兄弟王恬、王洽等都是当时的书法名家。他七岁拜书法家卫夫人为师。十二岁时，他苦于自己的书法进步不大，遂以东汉的“草圣”张芝为目标，不断勤学苦练。为了练好书法，他除了随时随地练习，还到四处搜集与书法相关的资料，提升自己的文化素养。例如，他为了领悟书法执笔、运笔的道理，特意养了一群白鹅，从鹅的某些体态、姿势上加以体味。最终，功夫不负有心人，他不但擅写隶、草、楷三种字体，而且广采众长，创造出行书这一书法艺术，人称“书圣”。他的书法风格平和自然，笔势委婉含蓄，遒（qiú）美健秀，被赞誉为“飘若浮云，矫若惊龙”。而号称“天下第一行书”的《兰亭序》，就是他晚年的书法代表作。

东晋穆帝永和九年（353年）三月三日，王羲之和谢安、孙绰等四十一人在山阴（今浙江绍兴）兰亭雅集“修禊”。所谓修禊（xiū xì），就是到水边嬉游，以消灾祈福。会上每个人都作了诗，王羲之为他们的诗写了序文。这篇序文，就是《兰亭序》。

王羲之写《兰亭序》，体现了“不激不厉”的书法艺术风格。字体错落有致，千变万化，曲尽其态。帖中的二十个“之”字各具情态，疏朗通透，形断意连，气韵生动，风神潇洒。从中可以看出王羲之深厚而广博的文化素养和高尚的艺术情操。

王羲之的儿子王献之写字也很有名，父子二人合称“二王”。王献之是王羲之的第七个儿子，个性虽然旷达不羁，但才华、气度过人。他从小就跟随父亲王羲之练习书法，在父亲的悉心指导下，他奠定了坚实的书法基础，风格独树一帜。他的书法以行书和草书闻名，楷书和隶书也同样有深厚的功底。

他还创造了“一笔书”，将父亲上下不相连的草书改为相连的草书，常常一笔可以连贯多个字，气势豪迈宏伟。王献之的楷书以《洛神赋十三行》为代表，行书以《鸭头丸帖》最著，《中秋帖》则是他的草书名作。

名篇精选

羲之字逸少，司徒导之从子也。羲之幼讷于言，人未之奇。及长，辩赡[①]，以骨鲠称。尤善隶书，为古今之冠，论者称其笔势，以为飘若浮云，矫若惊龙，深为从伯敦、导所器重。时陈留阮裕有重名，裕亦目羲之与王承、王悦为王氏三少。时太尉郗（xī）鉴使门生求女婿于导，导令就东厢遍观子弟。门生归，谓鉴曰：“王氏诸少并佳，然闻信[②]至，咸自矜持。唯一人在东床坦腹食，独若不闻。”鉴曰：“正此佳婿邪！”记之，乃羲之也，遂以女妻之。

羲之雅好服食养性，不乐在京师，初渡浙江，便有终焉之志。会稽有佳山水，名士多居之，谢安未仕时亦居焉。孙绰、李充等皆以文义冠[③]世，并筑室东土与羲之同好。尝与同志宴集于会稽山阴之兰亭，羲之自为序以申其志。

性好鹅，会稽有孤居姥养一鹅，善鸣，求市未能得，遂携新友命驾就观。姥闻羲之将至，烹以待之，羲之叹惜弥日。又山阴有一道士，养好鹅，之往观焉，意甚悦，固求市之。道士云：“为写《道德经》，当举群相送耳。”羲之欣然写毕，笼鹅而归，甚以为乐。尝至门生家，见篚（fěi，竹器）几滑净，因书之，真草相半。后为其父误刮去之，门生惊懊者累日。羲之书为世所重，皆此类也。每自称：“我书比钟繇，当抗[④]行；

比张芝草，犹当雁行也。”曾与人书云：“张芝临池学书，池水尽黑，使人耽之若是，未必后之也。”

——《晋书·王羲之传》

【注释】

①赡：丰富。②信：信使。③冠：位居第一。④抗：相当、匹敌。

【译文】

王羲之字逸少，是司徒王导的堂侄。王羲之小时候不善言谈，人们看不出他有什么超人之处。长大后，他很善于辩论，并且以性情耿直而著称。他擅长隶书，为古今之冠。人们称赞他的书法笔势“飘若浮云，矫若惊龙”。他的伯父王敦、王导都很看重他。陈留（今河南开封附近）人阮裕在当时享有盛誉，而阮裕也看重王羲之，把他和王承、王悦视为王家三位少年英才。有一次，太尉郗鉴派门生来见王导，想在王家子弟中选位女婿。王导让来人到东边厢房里去看王家子弟。门生回去后，对郗鉴说：“王家子弟个个不错，可是一听到有信使来，都显得拘谨不自然，只有一个人坐在东床上，坦腹而食，若无其事。”郗鉴说：“这正是我要选的佳婿。”一打听，此人原来是王羲之。于是，郗鉴就把女儿嫁给了他。

王羲之很喜欢服药颐养性情，不喜欢在京城，刚到江浙，便有终老于此的志向。会稽山清水秀，风景优美，名士荟萃。谢安未做官时就住在这里。还有孙绰、李充等人，皆以文章闻名于世，他们都在这里建有住宅，与王羲之很合得来。王羲之曾和好友在会稽山阴的兰亭宴饮集会，并亲自作序，来抒发自己的志向。

王羲之生性爱鹅，会稽有一位独居的老太太养了只鹅，叫声很好听，他想买而未能得，于是就带着亲友去观看。谁知老太太听说他要来，竟把鹅烹煮了，准备招待他，他为此难过了一整天。当时，山阴有位道士养了一群鹅，王羲之去观看时非常高兴，多次恳求道士将鹅卖给他。道士对他说：“你若替我抄一遍《道德经》，这群鹅就全部送给你。”王羲之欣然提笔，写好后把鹅装在笼子里带回去，一路上乐不可支。他的性格就是如此坦率。

还有一次，他到学生家去，看见人家的竹几矮桌洁净光滑，就在上面写起字来，一半楷书，一半草体。后来那位学生的父亲无意中把这些字给刮去了，他的学生为此懊悔了好几天。他的书法在当时就很被世人看重，诸如此类的事情很多。王羲之常自称：“我的书法和钟繇相比，可以说不相上下；和张芝的草书相比，也如同大雁并排飞行。”又曾经写信给人说：“东汉张芝临池学写字，池水都变成黑色，如果天下人像他那样沉迷于书法，也不一定比他差。”

【词句撷英】

1. 东床坦腹：代指女婿。

2. 洒扫待客：指等待客人的到来。

好看到放不下的中国史

光照千年的隋唐盛世

4

派妈丽莎 李秀莲 编著

花山文艺出版社
河北·石家庄

目录
Contents

第三章 / 二圣临朝与武周代唐

第四章 / 开元之治

第五章 / 中唐风云

第六章 / 日落西山的唐帝国

第七章 / 灿烂辉煌的隋唐文化

第一章

隋王朝的兴与衰

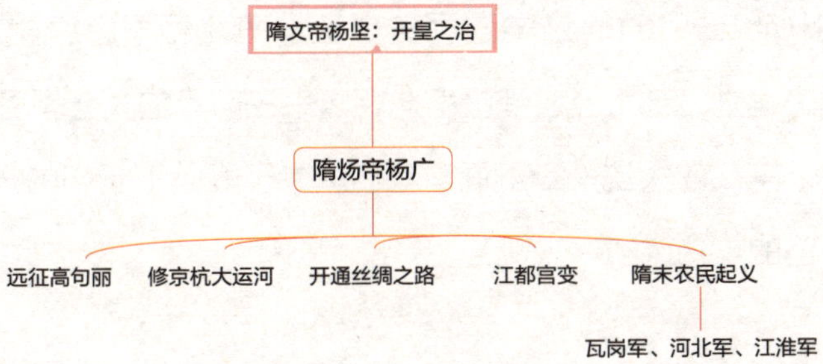

从南北朝至隋，可以算我国历史上一个由乱入治之世。但是其为治不久。隋文帝也可以算一个英明的君主。他的勤于政治和其持身的节俭，在历代帝王中数一数二。所以南北朝丧乱之后，取民未尝有所增加，对于杂税等，反而有所减免。

——吕思勉《中国通史》

开一代之先的隋文帝

隋朝（581—618），是中国历史中上承南北朝下启唐朝的大一统王朝。隋朝的建立，结束了自魏晋南北朝以来三百年的大分裂时期，完成了中国历史上第二次大统一。下面，我们就来了解一下隋朝的开国皇帝——隋文帝杨坚的丰功伟绩。

代周称帝

杨坚，华阴（今陕西华阴）人，生于西魏大统七年（541年）。他的父亲杨忠曾经跟随魏孝武帝元修入关，因辅助宇文泰建立政权有功，被封为十二柱国将军之一，是北魏宇文氏政权的主要支持者，袭爵隋国公。杨家和宇文家有着密切的姻亲关系，自北周以来一直是关陇豪族集团中的重要力量，有较高的社会地位和声望。杨忠死后，杨坚继袭了隋国公爵位，在北周政权中逐渐成为显要人物。

公元578年6月，周武帝宇文邕（yōng）死，其子宇文赟（yūn）继位，即周宣帝。当时，北周的政局已经非常动荡。杨坚作为杨氏和独孤氏两大家族的代表人物，又是周宣帝的岳父，拥有极大的权力。周宣帝为了加强自己的权力，极力打压宇文皇族成员，同时在后宫设了五位皇后，以求最大限度地削弱外戚势力。然而，两年后，周宣帝就病逝了，他的这一权力布局并没有完成，还使得朝政混乱不已。

隋文帝杨坚

公元580年5月，年仅八岁的宇文阐（chǎn）即位，即周静帝。杨坚凭借着自己极高的社会声望、卓越的政治才能以及幼帝外祖父的身份，依靠权臣刘昉（fǎng）、郑译等人入朝执政，独揽北周政治、军事大权。

杨坚执掌朝政后，将“司兵事多计略”的高熲（jiǒng）和名望高影响大的苏威、李德林等人引入府内，凡事“无不与谋议，然后行之”。拉拢了一大批汉族官僚和汉化较深的鲜卑贵族，形成实力强大的政治集团，并且不断扩大自己的势力。对于宇文皇族成员，杨坚也都用各种手段一一除去，彻底孤立了宇文氏。对于公开反抗其执政的地方势力，杨坚也采取雷霆手段加以镇压。

政治和军事上的双重胜利，为杨坚集团代周夺权奠定了坚实的基础。

公元581年2月，周静帝禅（shàn）位于杨坚，北周从此覆亡。杨坚定国号为“隋”，改年号为“开皇”，定都大兴城（今陕西西安）。

统一全国

隋文帝即位之后，将统一全国的问题视为头号问题。

开皇元年（581年），隋文帝杨坚任命贺若弼为吴州总管（古代官名，为地方高级军政长官、军事长官或管理专门事务的行政长官的职称），镇守广陵（今江苏省扬州市），任命韩擒虎为庐州总管，镇守庐江（今安徽省合肥市），后又任命两大行军元帅，率军讨伐陈朝。战争一直打到第二年，陈宣帝去世，后主陈叔宝继位。当时的隋朝还没有力量完全消灭陈

巾帼英雄第一人——冼夫人

朝，于是在尚书左仆射（尚书省的长官）高颎“礼不伐丧”的奏请下退兵。

开皇七年（587年），隋朝君臣开始加快统一中国的进程。隋朝先是下令征召地小势弱的后梁君主入朝，后梁君主萧琮（cóng）不敢违抗，隋文帝便趁机派兵进驻江陵（今湖北荆州），灭掉后梁政权，夺取了长江中游地区，为向长江下游进军提供了便利。

开皇八年（588年），隋文帝下诏揭露陈后主的二十条罪名，并抄写了三十万份散发江南，随即开始征伐陈朝。陈朝臣民，尤其是广大人民群众，对于隋朝攻打自己的腐败政府没有任何抵触情绪，甚至对隋朝意图统一的军事行动存有好感，不断有人投奔隋朝——“江南父老素闻其威信，来谒（yè）军门，昼夜不绝。”

无心抵抗之下，陈后主投降隋朝，陈朝境内各地守军也逐渐投降，陈朝终于灭亡。此后，岭南各郡失去了“领头羊”，都无所适从。高凉郡（治所在今广东省阳江）太夫人冼（xiǎn）氏是原萧梁政权高凉太守冯宝的妻子，此时，冼太夫人被各郡推举为主，号称“圣母”，割据一方，统率部落十多万家。隋朝派使者安抚岭南，劝降冼太夫人，使岭南各郡归附。

至此，自南北朝以来，持续了三百多年的大分裂局面结束。中国又归于大一统王朝的统治之下。在稳定的政局下，隋朝进入快速发展时期。

空前繁荣的“开皇之治”

隋文帝杨坚在建立隋朝之后，不仅在军事方面实现了全国统一，而且还建立了一整套新的体制，对中央和地方的政治体制、赋税、土地制度、法律、钱币、对外关系等方面，都进行了一系列改革，创立并发展了诸多意义深远的制度，开创了一代新局面，使得社会富足，全国安宁，仓储丰实，社会呈现空前繁荣的景象，被称为“开皇之治”。

在政治体制上，隋文帝废除了从魏晋南北朝就延续下来的九品中正制，设立分科考试制度选拔官员，成为科举制的前身。

对于选拔出的官员的任命和架构，采用了五省六曹制，后称为五省六部制。在中央朝廷，隋文帝设立三师、三公、五省、六部、二台、九寺、十二府。三师和三公没有实权，不直接参与国家政务。五省真正执掌国家政务实权，即内侍省、秘书省、门下省、内史省和尚书省。其中，中书省和门下省负责起草和封驳诏令；尚书省负责具体管理朝廷政务，下设吏、民、礼、兵、刑、工六部；内侍省是宫廷的宦官机构，管理宫中事务。秘书省掌管书籍历法，事务较少。五省的设置，使得官员之间相互牵制，加强了中央集权，避免了丞相专权的局面。

在地方上，隋文帝将过去的州、郡、县三级制改为了州、县二级制，并且在全国内重新划分地域范围，合并、裁撤了一些郡县，从而简化了官僚机构，节省了开支，改变了“民少官多”的局面。地方官员任免也由吏部掌控，禁止地方官就地录用僚属，也加强了中央集权，提高了行政效率。当时的统计数据显示，隋代初期，中央政府的办公开支节省了三分之二，地方政府的办公开支节省了四分之三，为国家财政节省了一大笔开支。

这一整套从中央到地方的官僚体制，是中国封建社会政治体制的一个新阶段，也是封建制度成熟的一大标志。

在经济方面，隋文帝自一统天下后，一直以“富国”为首要目标，在全国范围内推行输籍法，进行全国性的户口调查，扫除了自魏晋南北朝以来世家大族隐瞒户籍的积弊，增加了国家税收，改善了经济。隋文帝在扩大人口基数的同时，在全国推行均田制，又在洛州等地设立常平仓等官仓，贮存粮食，并下令轻徭（yáo）薄赋，多次减税，以减轻百姓的负担，稳定民生。

新朝廷建立后，隋文帝一直倡导节俭，让后妃都穿旧衣服。全国各地民众纷纷仿效，一时之间，节俭之风风行全国。这一举措节省了很多不必要的开支，为隋初的经济发展和社会繁荣做出了贡献。

开皇之治，是我国经过长期分裂之后出现的一次短暂繁荣，当时隋朝的国力强盛，经济繁荣，社会文化发达。《隋书》中曾这样评价“开皇之治”：“躬节俭，平徭赋，仓廪实，法令行，君子咸乐其生，小人各安其业，强无凌弱，众不暴寡，人物殷阜（fù，富裕），朝野欢娱。二十年间，天下无事。”

名篇精选

高祖文皇帝，姓杨氏，讳坚，弘农郡华阴人也。

皇妣（bǐ）吕氏，以大统七年六月癸丑夜生高祖于冯翊般若寺，紫气充庭。有尼来自河东，谓皇妣曰：“此儿所从来甚异，不可于俗间处之。”尼将高祖舍于别馆，躬自抚养。皇妣尝抱高祖，忽见头上角出，遍体鳞起。皇妣大骇，坠高祖于地。尼自外入见曰：“已惊我儿，致令晚得天下。”为人龙颔，额上有五柱入顶，目光外射，有文在手曰“王”。长上短下，沈深严重。初入太学，虽至亲昵不敢狎[①]也。

年十四，京兆尹薛善辟为功曹。年十五，以太祖勋授散骑常侍、车骑大将军、仪同三司，封成纪县公。年十六，迁骠骑大将军，加开府。周太祖见而叹曰："此儿风骨，不似代间人。"明帝即位，授右小宫伯，进封大兴郡公。帝尝遣善相者赵昭视之，昭诡对曰："不过作柱国耳。"既而阴谓高祖曰："公当为天下君，必大诛杀而后定。善记鄙言。"武帝即位，迁左小宫伯。出为隋州刺史，进位大将军。后征还，遇皇妣寝[2]疾三年，昼夜不离左右，代称纯孝。宇文护执政，尤忌高祖，屡将害焉，大将军侯伏、侯寿等匡护得免。其后袭爵隋国公。武帝聘高祖长女为皇太子妃，益加礼重。齐王宪言于帝曰："普六茹[3]坚相貌非常，臣每见之，不觉自失。恐非人下，请早除之。"帝曰："此止可为将耳。"内史王轨骤[4]言于帝曰："皇太子非社稷主，普六茹坚貌有反相。"帝不悦，曰："必天命有在，将若之何！"高祖甚惧，深自晦匿。

——《隋书·帝纪卷一·高祖（上）》

【注释】

①狎（xiá）：亲近而不庄重。②寝：卧（病）。③普六茹：中国复姓之一，为鲜卑族姓氏，杨坚家族曾被北周政权赐姓"普六茹"。④骤：多次。

【译文】

高祖文皇帝姓杨，名坚，是弘农郡华阴人。

高祖的母亲吕氏，于大统七年六月癸丑夜间在冯翊的般若寺生下高祖，生产时紫气充满庭院。有尼姑从河东来，对高祖母亲说："这个孩子来自非常特殊的地方，不能让他生活在普通之地。"尼姑带着高祖住在另外的宅院，亲自抚养他。高祖的母亲曾经抱着高祖，忽然看到他头上生出了角，浑身长出了鳞片。高祖的母亲非常吃惊害怕，将高祖扔在地上。尼姑从外面进来看到说："（你）已经惊吓到了我们的孩子，会使他晚得天下。"高祖的相貌有龙的特征，额头上有五条柱子似的纹上达头顶，目光外射，手掌中有纹呈“王”字，上边长下边短，纹路很深、很端正。高祖刚进入太学时，即使是关系亲密的人也不敢对他态度轻狂。

高祖十四岁时，京兆尹薛善征召他任功曹。十五岁时，因太祖的功勋授任高祖为散骑常侍、车骑大将军、仪同三司，封为成纪县公。十六岁时，升任骠骑大将军准予开设府署、召任属官。周太祖见到高祖，感叹说：“这个孩子相貌气质，不像是世间的凡人！”周明帝即位，授任高祖右小宫伯，晋封为大兴郡公。周明帝曾经派善于看相的赵昭审视高祖，赵昭假意回答说：“不过是做到柱国一职罢了。”不久后私下对高祖说：“公将做天下的君主，一定要有大的杀戮才能成功。好好记着我的话吧。”周武帝即位后，高祖升任左小宫伯。后又外任隋州刺史，加封大将军。后来他征战还朝，正遇到母亲三年卧病在床，他昼夜不离母亲，世间称道他的至孝。宇文护执掌政权后，特别忌恨高祖，屡次打算加害于他，幸得大将军侯伏、侯寿等匡护才免于受害。后来他袭爵隋国公。周武帝聘娶高祖的长女做皇太子妃，对高祖更加礼待敬重。齐王宇文宪对周武帝进言说：“普六茹坚相貌非同寻常，臣每每见到他，不由得会心神迷失。恐怕他不是位居人下的人，请尽早除掉他。”周武帝说：“此人只可为将罢了。”内史王轨多次向周武帝进言说：“皇太子不是能统治国家的君主，普六茹坚的相貌有叛逆之相。”周武帝不高兴，说：“如果一定是天命如此，又能对他怎么样呢！”高祖非常害怕，更加收敛言行。

【词句撷英】

风骨：指人的气概、品格。后来为文论和画论所采用。

功过纷纭的隋炀帝

隋炀（yáng）帝杨广历来被作为反面教材，成为历朝历代帝王的一面镜子，唐太宗李世民就时刻用隋炀帝的失败警诫自己，众多史学家称其为“暴君”。然而，他在隋朝统一全国的过程中做出的卓越贡献、继位后推出的一些政策、修建的一些工程，都对后世有着巨大的影响力。下面，我们就来认识一下功过并存的隋炀帝。

从皇子到太子的升级路

杨广是隋文帝杨坚和独孤皇后的次子，史书上记载他“美姿仪，少聪慧”。开皇元年，隋朝建立后，被封为晋王，官拜柱国、并州总管，当时他才十三岁。

开皇八年（588年），隋文帝任命年仅二十岁的杨广为兵马都护大元帅，率领五十一万大军南下伐陈。当时的陈国国力并不弱，且有长江天险阻隔，因此进军难度不小。然而，隋军在杨广的指挥下，纪律严明、英勇善战，一举突破了长江天堑（qiàn），很快扫灭了陈国，俘虏了陈后主。陈国被灭后，杨广晋封太尉。

开皇十年（590年），江南各地发生反叛，叛乱平定后，杨广奉命担任扬州总管，稳定扬州局势。当时的反叛牵扯甚广，江苏、浙江、福建、安徽、江西等地的世家大族大多叛变，“大者有众数万，小者数千，

隋炀帝杨广画像

共相影响”。杨广到任后，面临的局面极为复杂，他发挥了高超的政治才能，学江南方言，娶江南世家萧氏之女为妃，亲近江南学子，重用江南学者来整理典籍。十年间，他在江南以各种方法笼络人心，缓和南方的怨恨和疑虑。《隋书》中曾称赞杨广“南平吴会，北却匈奴，昆弟之中，独着声绩”。

在拥有了卓越的战功之后，杨广的野心迅速膨胀，他开始盯上了太子的位子。当时的太子是他的大哥杨勇。杨勇好学，善写赋，性格宽仁，但是为人率性任情，并不懂得掩饰自己的真实喜好。隋文帝推崇节俭，但是杨勇并不会像杨广一样，刻意在父皇面前展示自己的节俭。有一次，他在自己的蜀铠上面装饰了花纹，隋文帝知道后很不高兴，担心会引起奢侈风气，就狠狠地批评了他。独孤皇后非常讨厌自己的孩子及朝中大臣家里有侍妾怀孕，但是太子杨勇在这方面却我行我素。他宠幸了很多美人，而且太子妃元氏还突然去世了，独孤皇后怀疑这是太子的爱妾所为，要求太子深入调查，却没有结果。

此后，独孤皇后便对太子很有意见。而杨广则恰恰相反，他迎合隋文帝和独孤皇后的喜好，精心打造自己的良好形象。他平日里只和正妃萧氏在一起，这让独孤皇后非常满意。每次上朝时，他的车马和侍从也都穿着简约朴素，对朝臣礼节到位，恭敬有加，因而在所有皇子中，他的名声是最好的。

随着时间的推移，太子杨勇在独孤皇后心中的印象越来越差，杨广便开始设计夺取太子之位。他和谋士定策，伙同朝中大臣杨素和独孤皇后，时常在隋文帝面前说太子杨勇的坏话。终于，开皇十二年（592年）十月，隋文帝下诏废太子，次月，改立杨广为皇太子。

仁寿四年（604年），隋文帝病重去世，杨广继位，是为隋炀帝，年号大业。

任性妄为，数次远征

杨广是一个好大喜功的帝王，继位之后发动了多场战争。

大业元年（605年），隋炀帝派兵攻打林邑（今越南中部），但是成就并不理想，战死几乎一半的军士，主帅刘方也病死在班师回朝途中。占领的土地在撤军后很快就被当地人复国。

大业元年，隋炀帝派大将韦云起率领向突厥所借的兵马进攻契丹。韦云起假意借道去柳城和高句（gōu）丽（古国名，7世纪被唐朝和新罗联军所灭）交易，率军进入契丹境内，契丹人未加防备，韦云起突然发动进攻，大败契丹。大业二年，东突厥启民可汗入朝朝拜时，隋炀帝用了极高的规格，召集全国乐人招待他。次年，隋炀帝巡游到榆林，还邀请启民可汗及契丹、奚等族族长参加大宴，并观看歌舞。另外，隋炀帝还对吐谷（yù）浑（今青海境内）、伊吾（今新疆哈密境内）等地发动了战争。数次战争，隋朝长安和边疆的各个郡县，轮番供应军需，由于转运艰难，路途遥远，经常遭到劫掠，于是朝廷再次征收。等战争结束后，边疆的郡县财政大多无以为继，百姓陷入赤贫。

隋炀帝曾三次攻打高句丽。高句丽地跨鸭绿江两岸，大致在今天的辽宁东部、吉林中部和朝鲜北部。在隋文帝开皇十八年时，高句丽起兵进攻辽西，隋文帝杨坚派大军三十万进军高句丽，结果军士难以忍受严寒的天气，很多人都生病了。而高句丽王在大军压境的情况下也害怕了，遣使谢罪，双方罢兵。

大业八年（612年），隋炀帝征兵一百一十三万进兵高句丽，并征调民夫二百万运送军需，百姓饱受兵役之苦，造海船的民工日夜站在水中，皮肤溃烂，腰以下部位生蛆，死伤惨重。然而高句丽坚守城池，不外出迎战，隋军久攻不下。在开战之前，隋炀帝杨广就命令将士们不得擅自作出任何作战决定，必须先向他报告，听他的命令再行动，这一独断专行的行动使得隋军在战场上非常被动，也给了高句丽更多调整部署和反击的时间。尽管耗时五个月，隋军陆军也未能攻下辽东城。海军渡过辽河进攻高句丽，也遭到惨败，只有几千人狼狈而归，军械物资丢失殆尽。虽然有一路兵马攻打到平壤附近，但在平壤城外遭遇埋伏，损失惨重，也大败而归。

大业九年（613年），隋炀帝下令第二次远征高句丽，双方僵持不下，然而国内传来消息，杨玄感起兵反叛，隋炀帝不得不狼狈撤军。大业十年，他第三次远征高句丽，又因为国内民变四起，不能久战，高句丽也疲于战争而遣使请降，隋炀帝就此撤军。

前后三次远征高句丽，一共动用了数百万人力，征调了无数财物，大量军士和民夫死在战场上和劳役中，很多村庄最后荒无人烟，大量土地无人耕种，没有农业产出，人民生活困苦，难以维持生计，因而引发了大规模的农民起义。

滥用民力，耽于享乐

隋炀帝继位之后，发现隋朝确立的都城大兴城（后改名长安，今陕西西安）位于西北，往东的道路又不太畅通，国家政令传达不畅，洛阳则位于国家的中心地带，在地理上能够有效治理江南，兼顾北方，只是从汉魏以来长期作为都城的洛阳已经残破不堪，不适宜再作为都城。大业元年开始，隋炀帝便发起了大规模营建洛阳的工程。

当时，杨广登邙（máng）山，观伊阙（quē），认为这里是非常适合建都城的“龙门”之地，便选定在这里开始新建都城。规划的新洛阳城有宫城、皇城和外郭城三部分。外郭城周围有七十里长，皇城是朝廷各部门办公的地方，宫城周围有三十里长。

隋炀帝巡游江都

朝廷发动数百万人用了一年时间，建成了新都城。其宫城“北据邙山，南直伊阙之口，洛水穿过都城，有河汉之象”。但是由于修建时间短，外郭城未能全部修建完成，只有短墙。后来，一直到武则天时期，外城才逐渐修建完成。

洛阳修建完成后，隋炀帝下令迁都，并根据不同的地理位置，将洛阳称为东都，原来的都城称为西都，实行双都制。朝廷“徙天下富商大贾数万家于东京”，洛阳城很快就变得繁华起来。根据有关记载，当时的洛阳城远比后世经常定都的北京城和西安城大气豪迈，可惜在战乱中洛阳城几乎被毁掉了。

据记载，隋炀帝巡游江都之时，曾率领诸王、百官、后妃、宫女等近二十万人一同出行，船队长达二百多里，所经州县地方官员百姓都要贡献食物。整个朝廷的这种奢侈浪费之风，造成统治阶层对民众的压榨更甚，百姓生活更为艰难。

京杭大运河的千秋功过

唐代诗人皮日休曾作诗云：“尽道隋亡为此河，至今千里赖通波。若无水殿龙舟事，共禹论功不较多。”这里的“河”，指的就是京杭大运河。

隋朝一贯重视兴建水利工程。在隋文帝杨坚之时，就曾经下令各地开漕渠。广通渠就是此时兴建的，是从大兴城西北引渭水，沿着汉代的漕（cáo）渠旧道向东，至潼关入黄河，长达一百五十多公里，后改名为永通渠。

但是随着南北方政治、经济和文化的迅速发展，已经修建好的局部运河无法满足需求，社会迫切需要修建新的南北水道。

大业元年，隋炀帝继位之初，就征发百万士兵和民夫修造通济渠，改造邗（hán）沟。大业四年，又下令征发百万民工疏浚（jùn）汉代屯氏河、曹操所开的白沟等为永济渠。大业六年，下令疏浚春秋吴运河、秦丹徒水道、南朝运河为江南河。至此，隋炀帝共用六年时间，完成了开凿大运河的基本工程：由黄河进入汴（biàn）水，再由汴水进入淮河的通济渠；从淮河进入长江的邗沟；从京口（今江苏镇江）到达余杭（今浙江杭州）的江南河；引沁水向南到达黄河，向北到达涿郡（今北京）的永济渠。

这些漕渠南北连通起来，就是我们所说的京杭大运河。京杭大运河北起涿郡，南至余杭，长达五千多里，连通了钱塘江、长江、淮河、黄河、海河五大水系，这是当时世界上最伟大的工程之一，也是我国南北交通的大动脉。

隋炀帝在运河修建完成后，下令在运河两岸修建御道，种植柳树，并且在从长安到江都的路途中建造了四十多处离宫，修建了众多粮仓，作为转运或贮粮之所。运河开通之后，两岸的城市迅速发展、繁荣起来，运河上“商船旅往返，船乘不绝”，南北经济、文化交流繁盛，对维护全国统一和中央集权发挥了很大作用。京杭大运河延续使用到南宋时期，才随着政治中心的南移，通济渠、永济渠的地位下降，清淤治理不及时，河床逐渐淤塞断流。元朝之后重修运河，就改道由余杭直通北京，不再绕道洛阳。

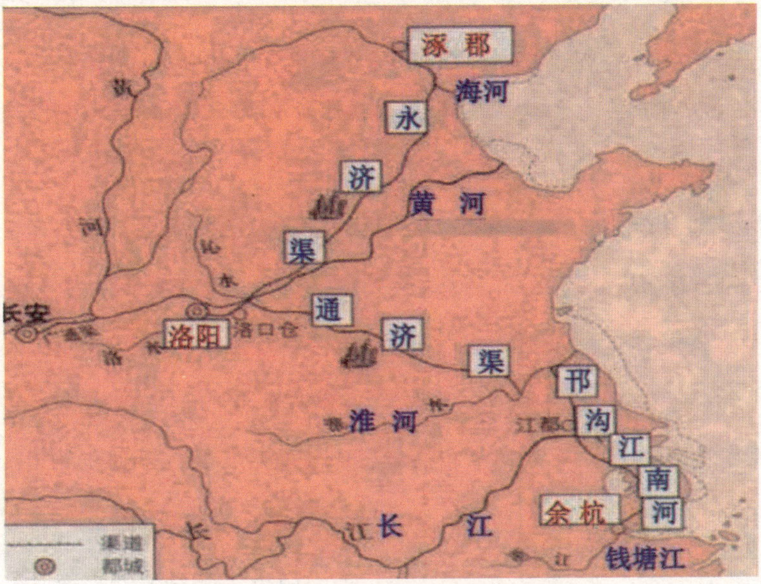

京杭大运河示意图

京杭大运河的修建使得我国古代很长一段时间内水运畅通、发达，为后世的繁荣富强打下了基础，但是却为此付出了巨大的代价。从大业元年至大业六年，先后征发河南、淮北、淮南、河北、江南诸郡的农民和士兵三百多万人修建京杭运河。与营建东都洛阳、各处离宫、榆林以东长城等各大工程相累积，十多年间，被征发服徭役的民众不下一千万人次，死伤过半，造成“天下死于役”的惨象，民众生活困苦，难以维系，为隋末农民起义埋下了隐患。

名篇精选

炀皇帝，讳（huì）广，高祖第二子也。上美姿仪，少敏慧，高祖及后于诸子中特所钟爱。上好学，善属[1]文，沉深严重，朝野属望。既而高祖幸上所居第，见乐器弦多断绝，又有尘埃，若不用者，以为不好声妓，善之。上尤自矫饰，当时称为仁孝。尝观猎遇雨，左右进油衣，上曰："士卒皆沾湿，我独衣此乎！"乃令持去。八年冬，大举伐陈，以上为行军元帅。及陈平，执尚书都令史暨慧，以其邪佞（nìng），有害于民，斩之右阙下，以谢三吴。于是封府库，资财无所取，天下称贤。及太子勇废，立上为皇太子。

初，上自以藩王，次不当立，每矫情饰行，以钓虚名，阴有夺宗之计。时高祖雅信文献皇后，而性忌妾媵（yìng）。皇太子勇内多嬖（bì）幸，以此失爱。帝后庭有子，皆不育之，示无私宠，取媚于后。大臣用事者，倾心与交。中使至第，无贵贱，皆曲承颜色，申以厚礼。婢仆往者，无不称其仁孝。又常私入宫掖，密谋于献后，杨素等因机构[②]扇，遂成废立。

——《隋书·帝纪第三·炀帝（上）》

【注释】

①属（zhǔ）：连缀、写作。②构：陷害。

【译文】

隋炀帝，名广，是高祖的第二个儿子。杨广容貌俊美，年少聪慧，高祖和皇后在诸位皇子中最喜欢他。杨广又非常爱好学习，擅长写文章，为人沉着谨慎严肃稳重，深受朝野关注。后高祖到他的居所，见到乐器的弦大多断绝，上面布满尘土，好像很久没用了，就认为他不爱好声色，便更加认可他了。杨广更加矫揉造作地掩饰自己，被当时的人们称为仁孝。他曾经在观赏打猎的时候遇到下雨天气，身边的人为他送上油衣，他却说："士卒们都被雨淋湿了，我难道一个人穿它吗？"就命人拿走。开皇八年冬，大举攻陈，皇上任命他为行军元帅。等到攻下陈，抓住了

尚书都令史暨慧，因为他奸邪谄媚，有害于百姓，就将他在右阙下斩首，以向三吴百姓谢罪。然后封存府库，所有物资钱财一无所取，天下人都称颂他贤能。等到太子杨勇被废，他被立为皇太子。

最初，杨广因为自己是诸侯王，按照继承次序不能被立为太子，常常掩饰真情，美化行为，以此获取虚名，暗中有夺取太子地位的打算。当时高祖非常信任文献皇后，而皇后生性忌恨妃妾。皇太子杨勇内宫有很多宠爱的妃妾，因此失去了皇后的喜爱。皇上当时妃妾也生有孩子，但皇上都不抚养，表示不宠爱妃妾，以此讨好皇后。对掌权的大臣，都尽心竭力地与他们结交。宫中太监到自己家中，无论地位高低，（杨广）都屈己奉承，和颜对待，并多次以厚礼相赠。宫中婢仆到过隋炀帝家中的，无不称赞他仁义孝顺。他又常常私下进入宫中，与文献皇后密谋策划，杨素等人趁机陷害煽动，终于废黜了原太子，立杨广为太子。

【词句撷英】

矫情饰行：掩饰实情，故作姿态。同“矫情饰貌”。

万邦来朝

作为一个实现了全国大一统的封建王朝，隋朝在对外交往方面，秉持着开疆拓土和以德服人的理念，不断征服、占领周边政权，开拓疆土；对于藩属国，要求其定期来朝，用军事等辅助手段保持中原政权与周边政权之间的宗藩关系。在这样的统治理念的指导下，隋朝时出现了“万国衣冠拜冕旒”的恢宏局面。

降服突厥，平定北部边疆

突厥，一直是中原王朝北部边疆的大敌。隋朝建立后，突厥沙钵略可汗因其妻是北周的公主，便以为北周复仇为借口，挥兵进攻隋朝。开皇二年，隋文帝调整各地部署，命晋王杨广守并州，秦王杨俊守洛阳，蜀王杨秀守益州，不断调兵遣将加强对北方各个要地的守备，抵御突厥的进攻。

隋文帝利用突厥部各个可汗之间的矛盾，采取“远交近攻，离强合弱”的策略，派使臣联络突厥部的其他可汗，如沙钵略可汗之弟处罗侯可汗，从而分化和削弱突厥的力量。

突厥经过隋朝的分化、离间政策，加上灾荒严重，内部矛盾越来越深；而隋朝正好相反，经过几年的防御作战，争取到了反攻的时间，国内统一的政局越来越安稳，后勤补给充分，战争形势发生了很大变化。开皇三年春，沙钵略可汗再次率军南下劫掠。隋文帝下令卫王杨爽等人带兵迎战，率主力二十万人分成几路反击突厥。

隋军先后在白道、灵州等地击败突厥各部，并说服阿波可汗归降大隋，加重突厥内乱。开皇四年，沙钵略和其他突厥各部也归降隋朝，北部边疆地区基本恢复了稳定局势。以往强大的突厥被分裂成东突厥与西突厥，东突厥各部的归降使得隋朝国力大增。唐太宗曾评价说：“大业之初，隋主入突厥界，兵马之强，自古以来不过一两代耳。”

征服林邑，拓展南方疆域

隋朝往南，有一个叫林邑的国家，位于今天的越南中南部地区，这里出产很多珍奇宝物，隋炀帝知道后，就想征服林邑。

大业元年，隋炀帝任命刘方为行军总管，率兵征服林邑。三月，刘方率兵进攻至阇（shé）黎江，林邑人在南岸设栅栏防守，意图阻止隋军渡江。刘方就命令士兵高举旗帜，擂鼓前进，声势浩大，林邑人惊惧不已，吓得溃逃。隋军很快就渡过了阇黎江，但过江不久，就遇到了林邑人的大象军队。初遇这个阵势，隋军士兵慌乱，但是刘方镇定自若，下令士兵用强弩射击大象，大象纷纷被射中受伤，四处奔逃，林邑人的军阵也被大象冲乱了。隋军趁机发起进攻，大败林邑军。

刘方率大军一路向南追击，屡战屡胜，攻破了林邑的国都，缴获林邑人用金子铸成的庙主牌位十八枚。

这是我国历史上向南最远的一次征伐，不仅挫败了大象军阵的攻击，还打下了林邑国的首都，震慑（shè）了南海的其他小国，令其此后年年朝贡。

开疆拓土，打通丝绸之路

在隋朝的西北边疆地区，吐谷（yù）浑控制着丝绸南路河西走廊的骨干青海道——这条商道是连接亚、非、欧三大洲当时世界最长的陆路交通干线。

百骏图 〔清〕郎世宁绘

当时朝廷负责西域事物的裴世矩上书指出吐谷浑地理位置的重要性。 隋炀帝杨广由此深知，要想使丝绸之路畅通，必须攻略吐谷浑。大业三年，裴世矩引高昌王和伊吾王等人入朝，隋炀帝亲自接见，和他们积极策划，希望一同攻打西域贸易的竞争者吐谷浑。

大业四年，隋炀帝运用“以胡制胡”的战略，派裴世矩游说铁勒诸部，让他们攻打吐谷浑，吐谷浑大败，其可汗伏允向东逃跑到西平境内，向隋朝请降求救。隋炀帝派大将宇文述率兵出征“应降”。宇文述率军浩浩荡荡地抵达了临羌城，吐谷浑可汗见到隋朝军队又胆战心惊不敢投降，率领残部向西逃跑。

大业五年（609年），隋炀帝总领六军亲征吐谷浑，命刘权率军出伊吾道，大败吐谷浑。隋军随后追至青海，乘胜攻下吐谷浑国都伏俟城。刘权继续率军进攻，在击溃吐谷浑军主力。吐谷浑可汗伏允逃到袁川，隋炀帝下令兵分四路，围困袁川，伏允仅率几十人逃走，吐谷浑王率众投降。

至此，东西达四千里，南北达两千里，东起青海湖东岸，西至塔里木盆地，北起库鲁克塔格山脉，南至昆仑山脉的一大片地域都处于隋朝的疆界之内。

征服吐谷浑后，隋炀帝继续率军西上青海穿过祁连山，北上到达河西走廊的张掖郡。西巡途中，隋炀帝下令在沿途设立西海、河源、鄯（shàn）善、且末四郡，将原来国内犯了轻罪的人发配到此地居住戍边，并从周边郡县调遣粮食供给。

隋炀帝征服了吐谷浑，彻底打通了丝绸之路，也震服了西域诸国。再加上此前，隋朝已经派大将薛世雄攻略伊吾，在伊吾兴建了“新伊吾城”作为控制东西交通要道的一个重要据点。当隋炀帝到达张掖郡之后，西域二十七国的君主纷纷前来朝见。

收服流求，远慑朝鲜、日本

我国古代早期开发流求（具体包括今台湾地区与琉球群岛）可以追溯到一千多年以前，早在三国时期，东吴政权就曾派兵去过流求。

大业三年（607年），隋炀帝命羽骑尉朱宽到海上求访异俗，就到达了流求，但是双方言语不通，不能顺利地交流。次年，隋炀帝又命朱宽去招降流求，流求不从。于是，就派武将率兵万余人攻打流求。隋军在大海上航行了一个多月最终抵达流求。一开始，流求人以为来的是隋朝的商旅，就顺利地让隋军上岸了。隋军上岸后，派人前去招抚，遭到拒绝，于是双方发生战争，流求大败。

隋朝的外交政策是针对各个方向的，在东北方，朝鲜半岛上的高句丽、百济和新罗，日本群岛上的国家，都是隋朝的藩属国，它们遣使朝贡，接受隋朝的册封。虽然和高句丽之间爆发了几次战争，但是面对隋朝强大的国力和对周围藩属国的威压，周边各国也大多尊服。

名篇精选

辛丑，帝谓给事郎蔡征曰：“自古天子有巡狩之礼；而江东诸帝多傅脂粉，坐深宫，不与百姓相见，此何理也？”对曰：“此其所以不能长世。”丙午，至张掖。帝之将西巡也，命裴矩说高昌王伯雅及伊吾吐屯设等，啖以厚利，召使入朝。壬子，帝至燕支山，伯雅、吐屯设等及西域二十七国谒于道左，皆令佩金玉，被①锦，焚香奏乐，歌舞喧噪。帝复令武威、张掖士女盛饰纵观，衣服车马不鲜者，郡县督课之。骑乘嗔咽，周亘②数十里，以示中国之盛。吐屯设献西域数千里之地，上大悦。癸丑，置西海、河源、鄯善、且末等郡，谪天下罪人为戍卒以守之。命刘权镇河源郡积石镇，大开屯田，捍御吐谷浑，以通西域之路。

丙辰，上御观风殿，大备文物，引高昌王伯雅及伊吾吐屯设升殿宴饮，其余蛮夷使者陪阶庭者二十余国，奏九部乐及鱼龙戏以娱之，赐赉有差。戊午赦天下。

——《资治通鉴·隋纪五》

【注释】

①被：通“披”，覆盖。②周：周围，环绕一圈。亘：(空间或时间上）延续不断。

【译文】

辛丑（初六），炀帝对给事郎蔡征说：“自古天子有巡狩之礼；而江东南朝的各位皇帝多爱敷脂粉，坐于深宫，不同百姓相见，这是什么道理呢？”蔡征回答：“这就是他们王朝不能长久的原因。”丙午（十一日），炀帝到达张掖。炀帝在将要西巡的时候，命裴矩去游说高昌王麴(qǔ）伯雅以及伊吾王吐屯设等，以厚利引诱他们，召他们派遣使者入朝。壬子（十七日），炀帝到达燕支山（今甘肃张掖山丹县城东南50公里处），麴伯雅、吐屯设以及西域二十七国的国王、使者都在道路东侧拜见炀帝。他们均受命佩戴金玉，身着锦衣，焚香奏乐，歌舞欢腾。炀帝又命令武威、张掖的仕女盛装修饰纵情观看。衣服不华丽的、车马不整齐的，由郡县负责征收更换。车驾马匹充塞道路，周围绵延几十里，以显示中国的强盛。吐屯设进献西域几千里的土地，炀帝非常高兴。癸丑（十八日），设置西海、河源、鄯善、且末等郡，将天下罪人流放这里，作为戍卒守卫的地方。炀帝命刘权镇守河源郡积石镇，大规模开发屯田，以抵御吐谷浑，保持西域道路的畅通。

丙辰（二十一日），炀帝到观风行殿，大规模地陈列仪仗、礼仪，带着高昌王伯雅和伊吾的吐屯设上殿宴饮，其余的蛮夷使臣在殿下陪宴的共有二十多个国家。炀帝命人奏九部乐，以及鱼龙戏来招待宾客，对各国来使赏赐不等。戊午（二十三日），下诏大赦天下。

【词句撷英】

中国：中原地区，最早指西周京畿地区，后演变为黄河流域黄河中下游的中原地区，中国以外则称为四夷。19世纪中叶以来，“中国”始专指我国家全部领土，不另作他用。今天用于“中华人民共和国”的简称。词义扩展：处中国以治万邦。

此起彼伏的隋末农民起义

隋朝末年，隋炀帝大兴土木和多次远征，人民生活困苦，难以维系，但是隋炀帝并没有意识到这一点，依旧横征暴敛，奢侈享乐，最终百姓流离失所，苦不堪言，纷纷奋起抗争，掀起了轰轰烈烈的农民起义，为推翻隋朝的暴政起了重要的作用。

长白山农民起义

大业七年（611年），为了准备远征高句丽，隋炀帝下令从全国征调大量兵士、粮食，并征调百万民夫修建船只。河北、山东兵役和徭役更加繁重，山东发生了严重的灾荒，百姓无家可归，纷纷揭竿而起。

当时，山东人王薄首先聚众起义，带领起义的民众占领了长白山（今山东章丘东北）。王薄作了一首《无向辽东浪死歌》来号召广大民众起来抵制出征高句丽，诗中写道：“长白山前知世郎，纯着红罗绵背裆（dāng）。长槊（shuò）侵天半，轮刀耀日光。上山吃獐鹿，下山吃牛羊。忽闻官军至，提刀向前荡。譬如辽东死，斩头何所伤。”

虽然王薄领导的起义很快就被官军镇压了下去，但却燃起了隋末农民起义的星星之火。之后两三年间，各地陆陆续续掀起了农民起义，席卷到全国，参与人数达数百万。在和官军不断作战的过程中，农民起义军逐渐汇成了三支强大的军队：河南的瓦岗军，河北的窦建德军和江淮的杜伏威军。

五王醉归图 〔元）任仁发绘

威震全国的三支起义军

大业七年，翟让聚众在瓦岗寨（今河南滑县南）起义，山东、河南两地的农民纷纷参加，单（shàn）雄信、徐世勣（jì）、李密、王伯当等很有名的人也率众投奔了瓦岗寨，这支农民军队伍迅速壮大。

大业十二年（616年），翟让接受李密的建议，攻打重要的军事据点荥（xíng）阳，很快占领了荥阳的门户金堤关和周围属县，当年十二月，官军前来镇压，瓦岗军诱敌深入，用伏兵袭击，将隋军全部歼灭。瓦岗军取得了荥阳大捷的胜利，很快威震河南。

大业十三年（617年），隋朝派兵围剿瓦岗寨起义军，列阵十里，来势汹汹。翟让将手下军队分成十队，与隋军对峙，并亲自率军强攻隋军大营，使得隋军大乱，全线溃败。

与瓦岗军齐名的还有河北的窦建德军。

大业七年，窦建德聚众在高鸡泊（今河北故城县西南）起义，赶来参加的农民很快就达万余人。大业十二年，朝廷派涿（zhuō）郡守将郭洵（xún）前来镇压起义军，窦建德率军乘敌不备，突然发动袭击，取得大胜，杀敌无数，缴获了大量军械和马匹，威震河北。

与此同时，江淮地区势力最大的起义军是杜伏威部。

大业九年，杜伏威和辅公祏（shí）在齐郡（今山东）组织起义，随后南下到江淮地区发展，力量很快壮大起来。

大业十二年，杜伏威率起义军进逼江都（今江苏扬州市），与隋军在江都对峙，杜伏威率兵强攻隋军，在激战中，他的前额被敌箭射中，但依然带箭冲入敌阵，杀得隋军大乱。在他的带领下，江淮起义军攻下了高邮、历阳等地，建立了农民政权，杜伏威任总管，辅公祏任长史。

这三路起义军初期发展都势头迅猛，颇有席卷天下之势，然而由于自身的局限性，都未能顺畅地发展下去，在势力膨胀到一定程度时，都遇到了问题。

大业十三年，瓦岗军首领翟让认为李密很有领导才能，就想把瓦岗军的领导权交给李密，但是部众有的赞同，有的反对，最终在翟让的坚持下，还是让李密担任了统军元帅，并建立了瓦岗军农民政权——“魏”。但这一让权带来的不是瓦岗军的快速发展，而是内部矛盾的日益激化，争权夺利越发严重。最终，在大业十三年年末，李密设计杀害了翟让和他的忠实拥护者，导致瓦岗军将卒离心，战斗力大为下降，最终投降了隋朝，葬送了这支农民起义军。

同样是大业十三年，窦建德在河北乐寿（今河北献县）称长乐王，建立了农民政权。隋朝派兵围剿，在七里井交战，大败而回。从此，河北起义军的威势更甚，但是却未能走得更远。大业十四年，窦建德称夏王，逐渐背离了最初起义的目标，开始与李渊反叛隋朝的唐军等交战，陷入争夺天下的泥沼中，最终被杀，起义失败。

大业十四年，隋炀帝在江都被杀后，江淮起义军内部也发生了分化。后来杜伏威投降了李渊。但第二年，起义军的另一个首领辅公祏起兵反唐，建立政权，控制了今江苏、安徽部分地区。十个月后，辅公祏因寡不敌众，兵败被杀，起义彻底失败。

自三大起义军主力被剿灭后，全国各地的其他起义军，或归降唐军，或兵败被杀，逐渐都走向了结束。从开始起义到最终落幕历时十四年，虽未能夺取政权，却沉重地打击了隋王朝的统治。

名篇精选

江都新作龙舟成，送东都；宇文述劝幸①江都，右候卫大将军酒泉赵才谏曰："今百姓疲劳，府藏空竭，盗贼蜂起②，禁令不行③，愿陛下还京师，安兆庶。"帝大怒，以才属吏，旬日，意解④，乃出⑤之。朝臣皆不欲行，帝意甚坚。无敢谏者。建节尉任宗上书极谏，即日于朝堂杖杀之。甲子，帝幸江都，命越王侗（tóng）与光禄大夫段达、太府卿元文都、检校民部尚书韦津、右武卫将军皇甫无逸、右司郎卢楚等总留⑥后事。津，孝宽之子也。帝以诗留别宫人曰："我梦江都好，征辽亦偶然。"奉信郎崔民象以盗贼充斥，于建国门上表谏；帝大怒，先解其颐⑦，然后斩之。

——《资治通鉴·隋纪七》

【注释】

①幸：指帝王到某处去。②蜂起：像蜂飞一样成群起来。③行：施行。④意解：怒气消散。⑤出：释放，放出来。⑥留：留守。⑦颐：下巴。

【译文】

江都新制造的龙舟完工，送到东都。宇文述劝隋炀帝巡游江都，右候卫大将军，酒泉人赵才劝阻说："如今百姓疲惫劳苦，国库空竭，盗贼蜂起，禁令不行，希望陛下返回京师，安抚天下百姓。"炀帝勃然大怒，把赵才交司吏处治，过了十天，炀帝才平息了怒气，将赵才放出。朝中的大臣都不想让炀帝出行，但炀帝去江都之意非常坚决，没有敢进谏的人。建节尉任宗上书极力劝谏，当天就在朝堂上被杖毙。甲子（初十），炀帝驾临江都，他命令越王杨侗与光禄大夫段达、太府卿元文都、检校民部尚书韦津、右武卫将军皇甫无逸、右司郎卢楚等人共同负责留守东都之事。韦津是韦孝宽的儿子。炀帝以诗向宫人留别："我梦江都好，征辽亦偶然。"奉信郎崔民象以盗贼充斥全国为由，在建国门上表劝阻江都之行，炀帝勃然大怒，先卸掉崔民象的下巴，然后将他处死。

【词句撷英】

1. 举兵：出兵、起兵。词义扩展：举兵北上。

2. 不虞：意料不到，出乎意料的事。词义扩展：以备不虞、不虞之患。

江都宫变

隋炀帝杨广的暴政不仅引发了全国范围的农民起义，也引起了贵族阶级内部的不满，他们起兵反叛，发动兵变，最终杀死了隋炀帝杨广，使得隋末的政局更加动荡，最终导致隋朝的覆灭。

摇摇欲坠的隋末统治

随着农民起义浪潮的风起云涌，各地的官僚地主纷纷起兵反抗朝廷，给隋朝的统治带来更加沉重的打击。

大业九年（613年），正当隋炀帝第二次远征高句丽之际，正在黎阳督运粮草的隋朝大将杨玄感滞留粮草，趁机反叛，并屯兵黎阳，攻打洛阳城。隋朝大军迅速从辽东撤回，很快就打败了叛军，杨玄感——这个隋末最先起兵反隋炀帝的贵族首领自杀身亡。

到了大业十二年（616年）前后，大规模的农民起义，已经从根本上动摇了隋朝的统治，趁机割据各地的官僚地主也越来越多，大隋朝廷控制的地盘，在北方只剩下了洛阳和其他的几座孤城，在江南地区则只剩下了江都，整个王朝呈现土崩瓦解之势。

被困江都，大厦将倾

大业十二年，一直不肯正视糜（mí）烂政局的隋炀帝决定第三次驾幸江都。到达江都之后，他见到中原地区越来越乱，惧怕农民起义的迅猛发展和各地割据势力的纷纷抬头，不敢再回到北方去，就打算把国都迁到丹阳（今江苏镇江），据守江东。

隋炀帝与朝臣们议论迁都之事，一些忠诚之士劝谏说："江东地势低洼，气候潮湿，环境恶劣，地域狭小，对内要奉养朝廷，对外要供奉三军，百姓承受不起，恐怕最终要起来造反。"忠臣们极力阻止隋炀帝迁都，请他御驾回长安。但是一些佞（nìng）臣却曲意逢迎，说"江东百姓渴望陛下临幸已经很久了，陛下过江抚慰统治百姓，这是大禹那样的作为"。隋炀帝听后，就坚定了留在江南的想法，下令修建丹阳宫，准备迁都丹阳。

大业十三年（617年），李渊起兵攻占了都城长安，远在江都的隋炀帝收到这一消息，自知大势已去，更加荒淫不堪。他在江都宫中带领后妃整天东游西宴，酒不离口，常常醉卧不醒。一次，他感到自己时日无多，对萧皇后说："好一个头颅，该由谁斩下来？"

宫乐图

大业十四年（619年）三月，骁果军统领司马德戡（kān）等人推举右屯卫将军宇文化及为首领，决议发动兵变。他们四处散播谣言说：“陛下听说骁果军想反叛，就酿了很多毒酒，准备在宴会上把骁果军都毒死，只和南方人留在江都……”这更搅得骁果军人心惶惶，反叛之意更重。

部将反叛，身死国灭

三月十日，司马德戡召集全体骁果军军士，宣布了反叛计划，并带兵围住了宫城。第二天天没亮，就带兵冲入宫城，和守城士兵战斗在一起。

隋炀帝收到部将叛乱的消息后，就赶紧换好衣服逃到西阁。乱兵进入宫城，挟持了隋炀帝。隋炀帝被带回寝宫，裴虔通、司马德戡等人都拿着兵器站在边上。隋炀帝感叹道：“我有什么罪该当如此？”马文举说：“陛下抛弃宗庙不顾，四处巡游，对外频繁作战，对内奢侈荒淫。使得强壮的男人都死在刀兵之下，妇女弱者死于沟壑（hè）之中，民不聊生，盗贼蜂起，怎么说没罪！”宣布这些罪状后，就把隋炀帝绞杀了。

兵变成功后，宇文化及被尊为大丞相，总理百官，以萧皇后的诏令，立秦王杨浩为皇帝，住在别宫，但仍派兵坚守，只是作为签署发布诏令的“橡皮图章”。不久后，宇文化及干脆杀了杨浩自立为帝，国号许。

隋炀帝被杀的消息传到洛阳后，洛阳群臣拥立杨广之孙代王杨侑（yòu）为帝，改元义宁，即隋恭帝。而各地割据势力也将宇文化及视为公敌，群起而攻之。义宁二年（618年），李渊逼迫隋恭帝禅位，正式建立唐朝。次年，随着王世充废掉自己所拥立的越王杨侗（隋末帝），隋朝正式灭亡。

隋朝两代而亡，虽然开创了一个极为强大的王朝，却如昙花一现。美籍汉学家费正清在《中国：传统与变迁》一书中高度评价隋朝：“在隋文帝和隋炀帝的统治下，中国又迎来了第二个辉煌的帝国时期。大一统的政权在中国重新建立起来，长城重新得到修缮，政府开凿了大运河（这为后来几百年间的繁华提供了可能），建造了宏伟的宫殿，中华文化得以重振雄风。”

名篇精选

时江都粮尽，从驾骁果[①]多关中人，久客[②]思乡里，见帝无西意，多谋叛归，郎将窦贤遂帅所部西走，帝遣骑追斩之，而亡[③]者犹不止，帝患之。虎贲郎将扶风司马德戡素有宠于帝，帝使领骁果屯于东城，德戡与所善虎贲郎将元礼、直裴虔通谋曰：“今骁果人人欲亡，我欲言之，恐先事受诛；不言，于后事发，亦不免族灭，奈何？又闻关内沦没，李孝常以华阴叛，上囚其二弟，欲杀之。我辈家属皆在西，能无此虑乎！”二人皆惧，曰：“然则计将安出？”德戡曰：“骁果若亡，不若与之俱去。”二人皆曰：“善！”因转相招引，内史舍人元敏、虎牙郎将赵行枢、鹰扬郎将孟秉、符玺郎牛方裕、直长许弘仁、薛世良、城门郎唐奉义、医正张恺、勋侍杨士览等皆与之同谋，日夜相结约，于广座明论叛计，无所畏避。

有宫人白萧后曰：“外间人人欲反。”后曰：“任汝奏之。”宫人言于帝，帝大怒，以为非所宜言，斩之。其后宫人复白[④]后，后曰：“天下事一朝至此，无可救者，何用言之，徒令帝忧耳！”自是无复言者。

——《资治通鉴·唐纪一》

【注释】

①从驾：随从皇帝出行。骁果：指骁果军，隋朝的骁卫御林军，“骁果”之名取骁勇果毅之意。②客：外出或寄居，迁居在外。③亡：逃亡，流亡。④白：禀告，报告。

【译文】

当时江都的粮食吃完了，随着隋炀帝南来的骁果军大多是关中人，长期在外，思恋故乡，见炀帝没有回长安的意思，许多人策划逃亡回乡。郎将窦贤便带领部下西逃。炀帝派骑兵追赶，并把他给杀了，但仍然不断有人逃跑，令炀帝很头痛。虎贲郎将，扶风人司马德戡一向得隋炀帝信任，炀帝派他统领骁果军，驻扎在东城，司马德戡与平时要好的虎贲郎将元礼、直裴虔通商量，说：“现在骁果军人人想逃跑，我想说，又怕说早了被杀头；不说，事情真发生了，也逃不了族灭，怎么办？又听说关内沦陷，李孝常在华阴反叛，皇上囚禁了他的两个弟弟，准备杀掉他们，我们这些人的家属都在西边，能不担心这事吗？”元、裴二人都慌了，问：“既然如此，有什么好办法吗？”司马德戡说：“如果骁果军逃亡，我们不如和他们一起跑。”元、裴二人都说：“好主意！”于是相互联络，内史舍人元敏、虎牙郎将赵行枢、鹰扬郎将孟秉、符玺郎牛方裕、直长许弘仁、薛世良、城门郎唐奉义、医正张恺、勋侍杨士览等人都参与同谋，日夜联系，毫无顾忌地公开商议逃跑之事。

有一位宫女告诉萧后：“外面人人想造反。”萧后说：“随你去报告吧。”宫女便对炀帝说了，炀帝很生气，认为这不是宫女该过问的事，便把宫女给杀了。后来又有人对萧后说起，萧后说：“天下局面到了今天这个地步，已无法挽救，不用说了，免得白白让皇上担心！”从此以后，再也没人说起外面的情况。

【词句撷英】

1. 计将安出：如何制定计谋。计，计策，计谋。安，怎么，怎样。

2. 广座：也作“广坐”，众人聚坐的场所。

虢国夫人游春图（摹本）

第二章

贞观之治

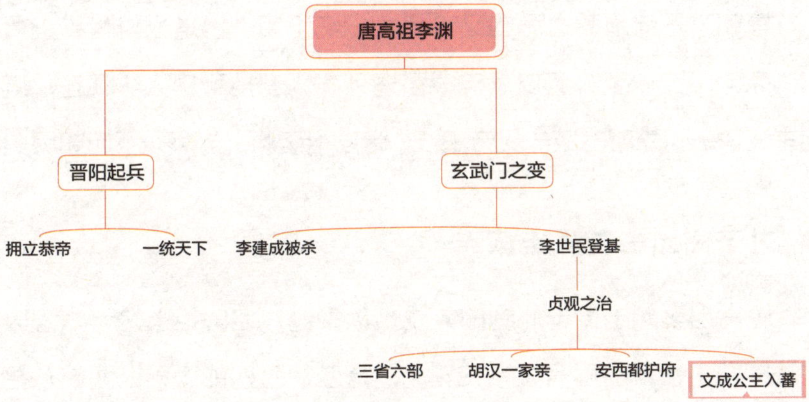

唐高祖的得国，本是靠秦王世民之力。太子建成和齐王元吉忌他，彼此结党互争。而高祖晚年，颇惑于嬖（bì，宠爱）妾近习。这竞争倘使扩大了，也许可以演成干戈，人民重受其祸。幸而唐高祖封世民于东方之说，未曾实行。玄武门之变，解决迅速，建成、元吉都为世民所杀。高祖亦传位于太宗。于是历史上遂见到所谓贞观之治。

——吕思勉《中国通史》

风起云涌，大唐开国

唐朝，是继隋朝之后的又一个大一统王朝，也是当时世界上最强盛的国家之一，以至于唐以后，很多海外华人都自称唐人。现在，就让我们来认识一下唐朝的第一代帝王——唐高祖李渊，了解一下唐朝历史。

才干杰出的关陇士族

唐高祖李渊出身于北周的关陇贵族家庭，他的祖上是十六国时期西凉开国君主李暠的后裔。祖父李虎，是西魏时期的太尉，西魏八柱国之一。父亲李昞（bǐng）是北周的柱国大将军，袭封唐国公。母亲是隋文帝杨坚的皇后独孤氏的姐姐。

李渊的显赫家世，为他的成长奠定了基础。他深受姨父隋文帝杨坚和姨母独孤皇后的喜爱，在他七岁那年父亲去世，他得以袭爵，被封为唐国公。作为如此年幼就承袭爵位的贵族子弟，李渊的才干也是极为出众的。他为人洒脱，性格开朗，待人宽容。在出仕之后，深受隋文帝的器重，先后做过谯（qiáo，今安徽亳州）、岐（今陕西凤翔）、陇（今陕西陇县）三州的刺史，位高权重。

隋炀帝继位后，对这位表兄弟也是非常亲近，先后让他担任荥阳（今河南荥阳）、楼烦（今山西静乐县）两郡的太守，后来又任命他为殿内少监、卫尉少卿。

隋大业十一年（615年），李渊出任山西河东慰抚大使，到达龙门时，正好碰上母端儿领导的农民起义，他很快就打败了起义军，收编上万人到自己的队伍。没过多久，他又打败了绛州的柴保昌，收编了数万人，军事实力大大增加。

突厥轻骑兵

唐人骑马图

隋大业十二年（616年），李渊升任右骁卫将军。当时恰逢突厥侵犯边塞，李渊便奉命和马邑郡守王仁恭一起北上抗击突厥。但他们的兵马很少，如果直接抗击突厥，很难取胜。于是，李渊就想出了一个办法，他从军中选拔擅长骑射的两千名骑兵，对他们严格训练，吃、住、骑、射都仿效突厥兵，还经常带着他们外出，在突厥人面前演练射猎，让突厥人误以为唐军的骑射都很厉害，不敢轻易出兵。而后，李渊又从军中挑选出数千名善于射箭的士兵，让他们埋伏在和突厥兵相遇的地方，当突厥兵进入埋伏圈时，就下令攻击，最后终于打败了突厥，李渊的名声变得更加响亮。

太原起兵，反隋建国

大业十三年（617年），李渊被任命为太原留守、晋阳宫监，这是当地职位最高的军政长官。李渊上任后，率兵征讨山贼，镇压农民起义，不断招

唐高祖李渊

降纳叛，扩充自己的实力。他的次子李世民更有远见卓识，认识到隋朝的没落已经无可挽救，必然会灭亡，就生出争霸之心，四处结交豪杰，召集各种人才。

大业十三年二月，李渊治下驻扎马邑（今山西朔州市）的鹰扬府校尉刘武周发动兵变，杀死马邑太守王仁恭，据守马邑自称天子。刘武周很快就攻破楼烦郡，进占汾阳宫，并且和突厥勾结，意图南下。隋炀帝收到反叛消息后大为震怒，要把李渊以“不察”和“包庇”的罪名押到江都治罪。李世民意识到起兵时机已经成熟，就和晋阳令刘文静、晋阳宫监裴寂等人共同劝李渊起兵，李渊思虑良久，终于下定反隋的决心。

而后，李渊就以防备突厥和刘武周南下为借口，派遣李世民、刘文静、长孙顺德、刘弘基等人到各地招兵买马，很快就招到了数千人。

当时的太原副留守王威和高君雅看到李渊招兵买马，就怀疑他要造反，于是密谋除掉李渊，向朝廷邀功请赏。这一密谋泄露后，李渊先发制人，让人告发王威和高君雅二人暗中勾结突厥，想要引突厥入中原，以此为借口将他们囚禁起来。结果，突厥兵正好进犯晋阳，李渊就名正言顺地将他们处死了。同时，李渊设下空城计，吓退了突厥兵。

一直到大业十三年七月，李渊起兵反隋的各项准备工作完成，他发布檄文，斥责隋炀帝听信谗言，杀害忠良，穷兵黩（dú）武，致使民怨沸腾，以“废昏立明，拥立代王，匡复隋室”的名义正式起兵反隋，率军三万，直接进逼关中。

大业十三年十一月十三日，李渊在长安拥立隋炀帝的孙子代王杨侑为帝，改元义宁，是为隋恭帝。李渊被封为唐王、大丞相、尚书令，李建成被封为唐王世子，李世民被封为京兆尹、秦国公，李元吉被封为齐国公，李氏父子完全控制了关中地区。

大业十四年（618年）三月，隋炀帝在江都被部将反叛杀死后，隋恭帝被迫禅位于李渊，李渊即皇帝位，定国号为唐，改元武德，唐朝正式建立。

扫除群雄，一统天下

李渊在洛阳建立唐朝后，他的势力范围仅仅包括关中和河东一带，其他各地还分散着很多割据势力。于是，李渊开始派遣自己的几个儿子领兵出征，逐渐荡平其他势力。

武德元年，李世民奉命攻打薛举、薛仁杲（gǎo）父子（势力范围在今甘肃等地），半年左右就平定了西北的广大地区。

武德二年（619年），唐朝用离间计，使李轨集团内部矛盾冲突激化，并趁乱俘杀了李轨，平定了河西走廊一带。

同年，刘武周等人勾结突厥，进攻河东，并一度占领了太原，李元吉领兵应战，却大败而归。李渊又改命李世民出征，顺利收复了太原，消灭了刘武周的势力。这场战争结束之后，在黄河流域地区只剩下了三个政权——唐朝、窦建德建立的夏、王世充建立的郑。为了对抗强大的唐军，窦建德和王世充结成了联盟。然而，面对李世民卓越的军事指挥才能，两方联军仍然节节败退，在武德四年（621年）的虎牢关战役中，李世民率兵俘获了窦建德，逼降了王世充。

武德六年（623年），太子李建成消灭了窦建德余部——刘黑闼（tà）部，最终平定了河北地区。武德七年（624年），张金树投降，辅公祏被杀，唐朝终于一统天下。

名篇精选

李渊克[1]霍邑。行赏时，军吏拟奴应募，不得与良人同。渊曰："矢石之间，不辨贵贱;论勋之际，何有等差？宜并从本勋授。"

引见霍邑吏民，劳赏于西河，选其壮丁，使从军。关中军士欲归者，并授五品散官，遣归。或谏以官太滥，渊曰："隋氏[2]吝惜勋赏，致失人心，奈何效之？且收众以官，不胜于用兵乎？"

——《资治通鉴·隋纪八》

【注释】

①克：攻克，攻占。②隋氏：指隋朝。

【译文】

唐高祖李渊攻下霍邑后，论功行赏时，军吏认为招募到的奴仆不应该和从军的百姓同等待遇。李渊说："在弓箭和飞石之间冲锋，是不分贵贱的；所以评论战斗的功劳，就不应该有等级之分，而应该按照各人的实际表现给予赏赐。"

其后，李渊和霍邑的官吏百姓相见，就像原先犒赏西河官员百姓一样犒赏他们，并选拔其中的青壮年，动员他们参军。关中来的士兵要求回乡的，都赐给他们五品官的名衔，然后放他们回去。有人劝说，这样赐官位岂不是给得太多太滥，李渊说："隋朝就是因为舍不得论功行赏，以致失了军民之心。我们怎么可以效法他呢？况且用官位来收揽民心，不是比用兵征服更好吗？"

【词句撷英】

矢石：原义指弓箭和垒石，古代守城的武器，后引申指战争、打仗。词义扩展：亲冒矢石，指将帅亲临作战前线，不怕牺牲。

玄武门之变

皇位至尊当然只能由一人继承，李渊建立唐朝后，太子李建成和秦王李世民开始明争暗斗，最终爆发了玄武门之变，这才决定了皇位的归属。

二子争储

李渊建立唐朝后，封长子李建成为太子，次子李世民为秦王。在唐朝初建征战天下的过程中，兄弟两人的感情还算融洽。从太原起兵到攻占长安，其中的几场大战，总指挥都是李建成。唐朝建立后，李建成被立为太子，开始主内，帮助李渊处理政务，而李世民则是四方征讨，并取得了赫赫威名。

由于李世民的名望越来越高，太子李建成感觉自己的地位受到了威胁。兄弟二人的关系越来越僵，围绕在他们身边的臣属也相互排挤，最终形成了太子党和秦王党两个政治集团，明争暗斗。

高祖晚年时宠幸了很多嫔妃，太子李建成和太子党的重要成员、齐王李元吉对这些嫔妃曲意奉承，并贿赂她们，让她们在高祖面前说太子的好话，而秦王李世民并没有去讨好她们，当这些嫔妃的家人犯事后，也不帮忙遮掩、逃脱，反而秉公处置，为此这些嫔妃都很生气，经常在高祖面前诋毁他。开始时，李渊并没有理会这些谗言，但是进谗言的人太多了，说的次数多了，慢慢地，高祖便开始疏远秦王，转而亲近太子。

唐太宗李世民

为了削弱秦王的力量，太子李建成开始争夺军权。武德五年，在太子的请求下，高祖下诏，命他带兵讨伐刘黑闼。军权在手之后，齐王李元吉趁机劝他除去李世民，生性仁厚的李建成拒绝了这一建议。但为了自己的安全着想，他在长安和各地募集骁勇之士两千多人，充当东宫卫士，让他们驻扎在东宫左右长林门外，号称长林兵。

当时的庆州都督杨文干曾经在东宫担任警卫，太子李建成非常厚待他，私下里让他招募勇士，送往长安，又让人送盔甲给杨文干。不久，高祖巡幸仁智宫，有人前来告密，说太子指使杨文干起兵，打算内外呼应。高祖震怒，让太子前来自辩。在太子府官员的劝谏下，太子李建成决定前往仁智宫见高祖，结果被囚禁在寝宫内不得外出。杨文干得知后，就真的起兵造反了。高祖传召秦王，决定让秦王带兵去镇压，并且承诺，一旦得胜归来，就册封他为太子。

李世民带兵出征之后，齐王李元吉和后宫嫔妃们轮番替太子李建成求情，封德彝等人也在外朝设法解救太子。很快，高祖就改变了想法，以兄弟不睦的过错指责了太子一番，就将他放回了京城，又找了太子中允王圭等人做替罪羊，将其流放。秦王平定了杨文干之乱后回朝，见到高祖改变了主意，也只能接受。

当时，突厥屡次侵犯关中地区，就有人上奏说："突厥之所以数次侵犯关中，是因为长安繁华的缘故，如果烧毁长安，迁都别地，就可以解决这个问题。"高祖认为这个说法很有道理，就派人去四处巡视，看哪里可以作为新都城。

太子、齐王和朝中不少大臣，如裴寂等人都赞同这一策略，而秦王却不赞同，他站出来劝高祖说："北方少数民族为祸中原的情况自古就有。陛下圣明英武，安定中原，拥有百万精兵，怎么能因为有胡人侵扰边境，就忙着迁都躲避他们呢？请您给我几年时间，让我率兵去攻打他们，如果不行，到时候再迁都也不晚。"

太子和秦王在朝堂上争执了半天，最终高祖决定听从秦王的意见，不再提迁都之事。事后，太子又通过后宫嫔妃之口，在高祖面前诋毁秦王，说他假托抵御突厥的名义，其实是为了掌握军权，图谋不轨。高祖听完之后没有表态。

武德七年（624年），高祖命李世民和李元吉率兵抵御突厥，每次敌情出现的时候，就派李世民前去讨伐，但战事平息之后，高祖对他的猜疑却越来越重。

秦王密奏，引发兵变

秦王李世民与太子李建成的矛盾越来越深，李世民担心有一天会发生变故，便打算前往洛阳，等待事态变化。太子听说之后，就在夜间宴请李世民，并暗中在酒水中下毒，李世民中毒，吐血数升，但又抓不住太子下毒的证据。同时，太子也暗中让人上奏高祖，说秦王要去洛阳是心怀不轨，担心放走秦王后，他割据一方。高祖听后，心中犹豫，就下令让秦王留在长安。

此后，太子党不断在高祖面前诬陷秦王和秦王府的部将们，高祖最终信以为真，打算惩处李世民。秦王府的人也不断劝谏秦王，尽快行动，诛杀太子和齐王，否则必受其害。

武德九年（626年）六月初三，李世民密奏告发说，太子和齐王与后宫的嫔妃有染。高祖决定召来太子和齐王问责。结果这一密奏被后宫的张婕妤听到，偷偷地告诉了太子李建成。李建成和李元吉决定，第二天正常上朝，亲自去打听消息，然后再决定怎么做。他们认为，宫城北门的禁卫总领常何是太子府的亲信，因此进宫不会有危险。但事实上，常何已经被秦王策反，宫中的卫队已经彻底倒向了秦王。

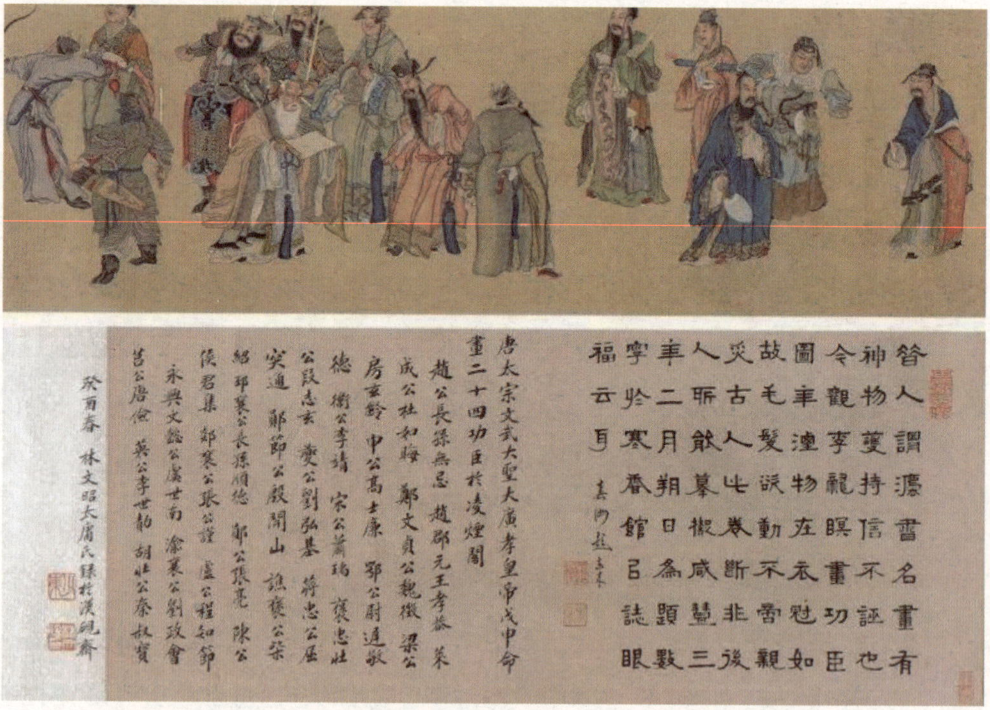

凌烟阁二十四功臣图

第二日一早，李世民带着长孙无忌、尉迟恭、侯君集等人入朝，并且在玄武门的周围埋下了伏兵。李建成和李元吉毫不知情，也一起入朝，骑马奔向玄武门。当走到半路的时候，太子李建成察觉到状况不对，立刻掉转方向，准备撤回东宫。秦王李世民在后面不停地呼喊他们，李元吉匆忙之下，搭弓射箭射向李世民，射了两三次也没射中。反而是李世民张弓射死了太子李建成，尉迟恭等带兵赶到，又射死了李元吉。太子的部下见到太子被射死，便和秦王府的人混战在一起，最后因缺少主心骨，大多被杀。

这场兵变以秦王李世民的胜利而告终。

顺利易储，高祖禅位

兵变发生的时候，高祖正在宫内的湖上划船。秦王李世民让尉迟恭入宫去担任警卫。尉迟恭穿着铠甲，拿着兵器，径直来到高祖所在的船上。高祖吃惊之下询问，尉迟恭回答说：“秦王因为太子和齐王作乱，起兵诛杀了他们。秦王殿下担心惊动陛下，所以派微臣来担任警卫。”

高祖见事情无法挽回，太子和齐王已经被杀，秦王又掌握着宫城的禁卫军，也只能接受这个事实。当时，秦王府、东宫、齐王府和禁卫军的兵马正在混战，尉迟恭就请求高祖发布敕令，要求他们停止交战，并统一接受秦王的处置。高祖按照他的意思写好敕令，顺利平息了争乱，并派黄门侍郎裴寂去开导原太子麾下的将士。

而后，高祖召见秦王，《资治通鉴》记载了父子二人见面时的场景：“(上）抚之曰：‘近日以来，几有投杼之惑。’世民跪而吮上乳，号恸（tòng）久之。”

兵变之后，秦王府的一部分将领希望将太子府和齐王府的一百多名亲信全部杀掉，并且抄没他们的家产，但是秦王不同意，并且请求高祖颁布诏书，只将叛逆的罪名放到李建成和李元吉身上，赦免了其他人。

一个月后，高祖颁布诏书，立秦王为皇太子，并将军队和国家的各项事务都交给秦王进行处理。并在两个月后，正式传位给太子李世民，自己退位做了太上皇。

名篇精选

上（唐高祖）之起兵晋阳也，皆秦王世民之谋，上谓世民曰："若事成，则天下皆汝所致，当以汝为太子。"世民拜且辞。及为唐王，将佐亦请以世民为世子，上将立之，世民固辞①而止。太子建成，性宽简，喜酒色游畋；齐王元吉，多过失；皆无宠于上。世民功名日盛，上常有意以代建成，建成内不自安，乃与元吉协谋，共倾世民，各引树党友。

上晚年多内宠……建成与元吉曲意事诸妃嫔，谄谀赂遗，无所不至，以求媚于上。是时，东宫、诸王公、妃主之家及后宫亲戚横长安中，恣为非法，有司不敢诘②。世民居承乾殿，元吉居武德殿后院，与上台、东宫昼夜通行，无复禁限。太子、二王出入上台，皆乘马、携弓刀杂物，相遇如家人礼。太子令，秦、齐王教与诏敕并行，有司莫知所从，唯据得之先后为定。世民独不奉事诸妃嫔，诸妃嫔争誉建成、元吉而短世民。

——《资治通鉴·唐纪六》

【注释】

①辞：推辞，推却。②诘：询问，责问。

【译文】

高祖在晋阳起兵，都是秦王李世民的计谋，高祖对李世民说："如果事业成功，那么天下都是你带来的，该立你为太子。"李世民拜谢并推辞。待到高祖成为唐王，将领们也请求以李世民为世子，高祖准备立他，李世民坚决推辞才作罢。太子李建成性情大度，喜欢饮酒，贪恋女色，爱打猎；齐王李元吉常有过错，均不被高祖宠爱。李世民功勋名望日增，高祖常常有意让他取代李建成为太子，李建成心中不安，于是与李元吉共同谋划，一起排挤李世民，他们各自结交自己的党羽。

高祖晚年宠幸的妃嫔很多。李建成和李元吉都曲意侍奉各位妃嫔，奉承献媚、贿赂、馈赠，用尽各种手段，以求得皇上的宠爱。当时，太子东宫、各王公、妃主之家以及后宫妃嫔的亲属在长安横行霸道，为非作歹，而主管部门却不敢追究。李世民住在承乾殿，李元吉住在武德殿后院，他们的住处与皇帝寝宫、太子东宫之间日夜通行，不再有所限制。太子与秦、齐二王出入皇帝寝宫，均乘马、携带刀弓杂物，彼此相遇只按家人行礼。太子下达的命令，秦、齐二王下达的教令和皇帝的诏敕并行，有关部门不知所从，只有按照收到的先后为准。唯有李世民不去讨好诸位妃嫔，诸妃嫔争相赞美李建成、李元吉，而诋毁李世民。

【词句撷英】

1. 功名日盛：日盛，一天天向上发展。词义扩展：蒸蒸日盛，形容事业兴旺发达，一天天向上发达。

2. 媚上：取悦主上。词义扩展：媚上欺下，指的是讨好上司，欺压下属。

盛唐的前奏——贞观之治

唐太宗继位之后，因为亲历了隋朝的兴亡和农民战争瓦解隋朝的过程，所以吸取了隋亡的教训，废除前朝的弊端，调整统治政策，在国内厉行节约，使百姓休养生息，缓和阶级矛盾，稳定社会秩序，恢复经济，出现了经济复苏、文化繁荣的治世局面，史称“贞观之治”。

三省六部制的建立

唐太宗继位后，发扬光大了唐高祖制定的“尊祖崇道”的国策，用道家“无为而治”的思想治理天下。他亲身经历的隋末民变，使得他深刻认识到“民依于国，国依于民”的道理，经常与大臣们议论历代王朝的兴衰成败，从中吸取施政的经验教训，实施有利于民的措施，使得民众很快从战争的创伤中恢复过来。

在政治体制方面，延续了隋朝的“三省六部制”。中书省负责发布诏令，门下省负责审查诏令，尚书省负责执行诏令。一条政令，需要先由各个宰相在中书省的政事堂举行会议，形成共同决议，然后呈报皇帝批准，批准后，再由中书省以皇帝的名义发布诏书。在诏书正式发布之前，必须送到门下省进行审查，门下省审查通过后，才能成为正式的国家政令，交给尚书省执行。这种制度与西方的三权分立制度类似，保证了法令符合民众的利益。

在这种政治体制下，唐太宗自己的诏书也必须经门下省审核“副署”后才能生效，这有效地避免皇帝在心血来潮时做出不明智的决定。这一主动限制自身权力的行为，是唐太宗的杰出政治智慧的重要体现。

在地方行政体系方面，贞观时沿用隋朝的郡县制，将全国分为十个监区（道），下令合并州县，解决“民少吏多”的弊政，提高了行政效率，减轻了人民负担，有利于巩固统治基础。

选贤任能，善于纳谏

贞观之治出现的一大原因，就在于唐太宗作为帝王，胸襟广阔，知人善任，用人唯贤，善于纳谏（jiàn），让人才在适当的位置上发挥更大的作用。

在起兵反隋的过程中，他不问出身，从各个阶层搜罗到了很多杰出人才，他初期招揽的房玄龄、杜如晦，人称“房谋杜断”，是他最重要的谋士；后期任用的长孙无忌、杨师道、褚遂良等人，都是忠直廉洁之士；其他如尉迟恭、秦琼、李靖等，都是一代名将。在玄武门之变后，他还招揽、重用太子旧部魏征、王珪等人，使得朝堂之上英才辈出。

在选拔人才方面，唐太宗不拘于门第，认为只有选到大量具有真才实学的人，才能真正实现天下大治，因而他先后五次颁布求贤诏令，并增加科举考试的科目，扩大应试的范围和选拔人数，使得更多人才为朝廷所用。正是这些栋梁之材用他们的聪明才智，为贞观之治的出现做出了巨大的贡献。

唐太宗对于选拔出的人才虚怀纳谏，使得朝臣人人敢言，政治清明。

魏征经常在唐太宗出现过失的时候直言劝谏。有一次，他言辞过于激烈，把唐太宗给惹生气了，唐太宗下朝后气冲冲地回到寝宫，气愤地说：“以后有机会一定杀了这个乡巴佬。”长孙皇后见他一脸怒气，就猜到是魏征又惹他生气了，于是去换了朝服，来到唐太宗面前，跪下来诚挚地说：“恭喜皇上！贺喜皇上！只有明君出现，臣子们才敢如此直言不讳。由此看来，陛下您真是明君！”唐太宗听了之后转怒为喜，也就不再追究魏征的冒犯之举。

后来，魏征去世后，唐太宗痛哭不已，说：“夫以铜为镜，可以正衣冠；以古为镜，可以知兴替；以人为镜，可以明得失。朕常保此三镜，以防己过。今魏征殂（cú，死亡）逝，遂亡一镜矣！”

除魏征外，贞观一朝，王珪、马周、孙伏伽、褚遂良等人也经常向皇帝劝谏。唐太宗在位的二十三年，进谏的官员超过三十五人，其中仅魏征一人就前后劝谏二百余事、数十万言。这些朝臣的谏言均切中时弊，对改进朝政有着很大帮助。这种犯颜直谏和虚心纳谏，使得贞观一朝呈现出封建社会中少有的良好政治风气。

修订刑律，整饬吏治

唐太宗推崇法治，他认为：“国家法律不是帝王一家之法，是全天下人都要共同遵守的法律，一切事物的评判都要以法为准。”

在法律制定之后，唐太宗以身作则，带头守法，维护法律的尊严。

唐太宗不仅自己遵纪守法，还要求周围的人如此，如果犯了法，必定对他们毫不姑息，让他们与民同罪。在贞观一朝，基本上做到了王子犯法与民同罪。

虽然在执法的方面铁面无私，但在量刑的时候，唐太宗却认为应该反复思考，慎之又慎，减轻刑罚。他认为：“人死了不能再活，执法务必宽大简约。”他和朝臣们商定，修订法律，制定了《贞观律》。史书记载，贞观三年（629年），全国被判死刑的一共才29人，在整个贞观年间，犯法的人都相对比较少，社会秩序非常稳定。

为了保证朝廷各项制度的有效执行，贞观一朝非常注重吏治。唐太宗派遣李靖等十三名黜陟（chù zhì）大使（主管官员的升降）巡察全国，考察吏治；又亲自考察，选派都督、刺史等地方官员，将他们的功过都认真记下来，作为升官和惩罚的依据。为更好地了解地方吏治情况，他还规定五品以上的京官轮流值宿中书省，便于他随时召见，询问民间疾苦和施政得失。在这些规定下，在皇帝的率先垂范之下，朝中官员一心为公，政府的工作效率极高，且吏治清明。

轻徭薄赋，扶持商业

经历了隋末农民战争的唐太宗深刻认识到农民的重要性，他强调以民为本，说：“民，水也；君，舟也。水能载舟，亦能覆舟。”因而，从继位起，就下令轻徭薄赋，从不轻易征发徭役，注重让老百姓休养生息。他患有气疾，大夫诊断说他不适宜居住在潮湿的旧宫殿里，但是他没有动用民力新修宫殿，在隋朝的旧宫殿里住了很长时间，并且遣散宫女三千多人，下令免去四方珍贡，加快恢复各地农业。

在关乎封建王朝根基的农业生产方面，他推行均田制和租庸调制，奖励垦荒，注重农时，对受灾地区免除租赋，开仓赈济灾民，使得国内大部分地区的农民安定生产，丰衣足食，安居乐业，极大地促进了经济发展。

与其他朝代“重农抑商”不同的是，贞观一朝非常重视商业发展，出台了很多政策，为商业发展提供便利。在这一政策的指导下，唐朝的商业经济获得了迅速长足的发展，新兴的商业城市如雨后春笋般兴起。沿海的交州（包括今广东、广西、越南北部和中部）、广州、明州（今浙江宁波一带）、福州，内陆的洪州（今江西南昌）、扬州、益州（除西藏、川西以外的西南大部）和西北的沙州（今甘肃敦煌一带）、凉州（今甘肃武威一带），商业贸易都兴旺发达起来。

国力和经济的强盛，使得唐朝在对外关系上无比自信，开放程度极高，陆上丝绸之路和海上丝绸之路分别连通东西，商旅不绝，极大地促进了中国和世界各地的经济、贸易和文化沟通。

名篇精选

上谓太子少师①萧瑀（yǔ）曰：“朕少好弓矢，得良弓十数，自谓无以加，近以示弓工②，乃曰‘皆非良材’，朕问其故。工曰：‘木心不直，则脉理皆邪③，弓虽动而发矢不直。’朕始悟向者辨之未精也。朕以弓矢定四方，识之犹未能尽，况天下之务④，其能遍知乎？”乃令京官五品以上更宿中书内省，数延见⑤，问以民间疾苦、政事得失。

——《资治通鉴·唐纪八》

【注释】

①谓：对……说，告诉。太子少师：指教皇太子读书的老师。②近以示弓工：近来把它给造弓的工匠看。③脉理皆邪：木头的纹理都不正。脉理，指木纹。④务：事务。⑤数（shuò）延见：经常召见。数，屡次。

【译文】

皇上对太子少师萧瑀说：“我年少时喜欢弓箭，得到数十张好弓，自认为没有比这些更好的了，近来把它们给造弓的工匠看，却说‘都不是良材’，我问原因。工匠说：‘木心不直，则木头的纹理都不正，弓虽然强劲，但射出的箭不直。’我这才明白先前的分辨不精了。我凭弓箭平定天下，还不能详尽辨别它，何况天下的事务，能够都知道吗？”于是命令五品以上的京官轮流在中书内省值班休息，多次召见，向他们询问民间疾苦以及朝政事务得失。

【词句撷英】

良材：优质木材，比喻优秀的人才。词义拓展：将遇良才。

“天可汗”与胡汉一家

我国是一个多民族的国家，在历史上的各个朝代，中原汉族与周边少数民族的关系一直在不断变化发展。贞观一朝，中原国力强盛，又以包容的心态对待各民族，因而唐朝与各民族的关系相对稳定、和谐，促进了各民族的和睦团结。

视四海如一家

大唐王朝初建时，周边并不安稳，东有稽胡的扰边，西有吐谷浑的威胁，北有突厥的侵袭。尤其是突厥，曾经领兵直逼长安近郊，成为唐朝边境上的最大威胁。彼时还很弱小的李唐王朝只能花重金订立盟约，求得突厥退兵。

唐太宗继位之后，励精图治，恢复民生，发展经济，经过几年的努力，到贞观三年时，经济有了明显好转，国力大增，而东突厥却不断发生天灾人祸，情势瞬间颠倒过来。唐太宗便趁机联络反对颉（jié）利可汗的突厥各部，同时派六路兵马进攻突厥，在第二年俘虏了内外交困的颉利可汗，攻灭东突厥汗国，解除了北部边境长久以来的威胁。

对东突厥作战的胜利后，大唐上下欢欣不已，其他各少数民族政权受到震慑，纷纷前来归附。面对归附的越来越多的少数民族，唐太宗几次重申自己开明怀柔的民族政策。刚继位之初，他就说：“王者视四海如一家，封域之内，皆朕赤子。”贞观元年（627年），他又说：“朕以天下为家。”

平定东突厥汗国后，唐太宗并没有采取惯用的将其部落分离肢解的措施，而是“全其部落，顺其土俗”，尊重和保留了突厥的风俗习惯和社会组织，在东起幽州（今北京）、西到灵州（今属宁夏）的广大地域内，设置顺、佑、化、长四州都督府，妥善安置归附的突厥人，并在突厥原本的居住地设置定襄、云中两大都督府，管理突厥民众。这些都督府的首领，都由突厥本族首领担任，可以世袭，这就是唐太宗新开创的羁縻（jī mí）府州制度。

风尘三侠图 〔清〕任伯年绘

同时，唐太宗精心挑选治理少数民族事务的官员，选拔“达蕃情，识利害”者担任边州长官，严加惩办破坏民族关系的官员，开明友善的政策很快获得了各少数民族的认同。他们纷纷入朝，尊称唐太宗为“天可汗”。据记载，当时入朝为官的突厥首领，先后有几百人，其中五品以上高官达百余人。

平定西域，设安西都护府

平定东突厥后，太宗继续经营西域，曾先后多次用兵。当时，天山以南的西域各国，很多都受西突厥控制，极大地影响了丝绸之路的畅通。

贞观八年，吐谷浑侵犯边境，唐太宗派出李靖、侯君集、李道宗等大将率兵出征。第二年在库山（今青海湖东南）击败吐谷浑军。而后唐军兵分南北两路，反攻入吐谷浑境内，吐谷浑可汗伏允自缢身亡，其子伏顺率兵归降，从此归附于唐朝。

贞观十三年，因高昌王没有按时朝贡，唐太宗派侯君集、薛万彻等大将率兵征讨高昌。唐军还没有到达高昌，高昌王麹（qū）文泰就被吓死了，其子麹智盛继位，投降唐朝。唐太宗就在原高昌首府交河城（今新疆吐鲁番西北约五公里）设置了安西都护府，主管西域事务。在随后的一百多年里，安西都护府的管辖面积最大时可达到三百万平方公里，西至咸海，甚至还包括波斯的一部分地区。

文成公主

大败吐蕃，文成公主入藏

贞观十二年（638年），吐蕃（bō）首领松赞干布率军击破党项、白兰羌、吐谷浑，进攻松州（今四川松潘）。唐太宗任命侯君集为行军总管，率军迎战吐蕃。唐军主力还没有出战，其先锋部队已经打败了吐蕃军，松赞干布惊骇不已，赶紧迅速撤出党项、白兰羌、吐谷浑，并向唐朝遣使谢罪。

他派吐蕃重臣禄东赞向唐朝献上黄金五千两、珍宝数百，请求和亲。贞观十五年，唐太宗答应把文成公主嫁给他。文成公主入藏，给吐蕃带去了大批精美的手工艺品和多种生产技术、医药书籍等，大大促进了吐蕃经济、文化的发展。

当时，吐蕃人还没有自己的文字，记事还处在原始状态，只会用绳子打结或在木板上刻记号来表示。在文成公主的主张下，松赞干布派专人进行研究，创造出三十个藏文字母和拼音造句文法。从此，藏族有了自己的文字，汉字书籍可以翻译为藏文，对藏族文化的发展起到了极大的促进作用。

吐蕃没有自己完整的历法，通常是以麦收的季节（大约是夏历三月）

作为一年的开始。文成公主将中原的夏历制在吐蕃推广开来，便利了藏族历史文化的纪年。

文成公主带入吐蕃的工匠也传授给藏族人先进的工艺技术，推广了汉族先进的农业生产工具，使得藏族的农业生产力得到了大大的提升。她带去的植物种子也在吐蕃的土地上生根、发芽、开花、结果，丰富了藏族人的食物品种，改变了他们的饮食结构。

在意识到文成公主给吐蕃的发展带来的巨大变化后，松赞干布不断派人前往长安学习汉族的优秀文化和先进技术，还聘请汉族人到吐蕃去传授知识。此后，唐朝的养蚕、酿酒、碾磨、造纸、造墨、刺绣、纺织技术也都传入了吐蕃，促进了吐蕃社会的极大发展。

唐朝和吐蕃至此结为姻亲之好，其后两百年间，吐蕃每次有新赞普即位，必定请唐天子“册命”。

参天可汗道与唐人的形成

贞观二十一年，唐太宗被回纥等各族拥戴为“天可汗”，成为各个民族的共主和最高首领。归附的各个民族在回纥以南、突厥以北建立了一条“参天可汗道”，“置六十八驿，各有马及酒肉，以供过使”。自此以后，“以玺书赐西域、北荒之君长，皆称‘皇帝天可汗’。诸蕃渠帅死亡者，必诏册立其后嗣焉”，正式形成了少数民族政权首领由大唐朝廷册封的制度。

对此，唐太宗再次强调自己的民族主张：“自古皆贵中华，贱夷狄，朕独爱之如一，故其种落皆依朕如父母。”

随即，唐太宗以武力为保障，以恩惠安抚、怀柔开明、和亲为主的民族政策，加强了与周边各民族的关系，这一制度在唐朝长期实行，使得汉族和各少数民族之间的隔阂大大减少，增强了各民族之间的广泛互补和融合，实现了多民族共同发展进步的宏大局面。中华民族新的代称

“唐人”在这一时期逐渐形成，进而奠定了现代中华民族的基础。

名篇精选

薛延陀真珠可汗使其侄突利设来纳币，献马五万匹，牛、橐驼[1]万头，羊十万口。庚申，突利设献馔，上御相思殿，大飨（xiǎng）群臣，设十部乐，突利设再拜上寿，赐赉[2]甚厚。

契苾（qì bì）何力上言：“薛延陀不可与昏[3]。”上曰：“吾已许之矣，岂可为天子而食言乎！”何力对曰：“臣非欲陛下遽[4]绝之也，愿且迁延其事。臣闻古有亲迎之礼，若敕夷男使亲迎，虽不至京师，亦应至灵州；彼必不敢来，则绝之有名矣。夷男性刚戾，既不成昏，其下复携贰，不过一二年必病死，二争立，则可以坐制之矣！”上从之，乃征真珠可汗使亲迎，仍发诏将幸灵州与之会。真珠大喜，欲诣灵州，其臣谏曰：“脱为所留，悔之无及！”真珠曰：“吾闻唐天子有圣德，我得身往见之，死无所恨，且漠北必当有主。我行决矣，勿复多言！”上发使三道，受其所献杂畜。薛延陀先无库厩，真珠调敛诸部，往返万里，道涉沙碛[5]，无水草，耗死将半，失期不至。议者或以为聘财未备而与为昏，将使戎狄轻[6]中国，上乃下诏绝其昏，停幸灵州，追还三使。

——《资治通鉴·唐纪十三》

【注释】

①橐（tuó）驼：指骆驼。②赐赉（lài）：赏赐，或赏赐的东西。③昏：通“婚”，婚姻。④ 遽（jù）：匆忙、急忙。⑤沙碛（qì）：沙洲、沙漠。⑥ 轻：轻视。

【译文】

薛延陀（中国北方古代民族，亦为汗国名。原为铁勒诸部之一，由薛、延陀两部合并而成）真珠可汗派他的侄子突利设到唐帝国纳聘礼，拟献马五万匹，牛、骆驼一万头，羊十万只。庚申（十三日），突利设献上食物，太宗亲临相思殿，大宴群臣，设立十部乐曲，突利设再次行礼祝寿，太宗赏赐突利设十分丰厚。

契苾何力上书言道：“不可与薛延陀通婚。”太宗说：“朕已经答应他们了，怎么可以身为天子而却自食其言呢？”何力答道：“我不是想要陛下立刻回绝他们，只是希望暂且延缓此事。我听说自古有迎亲礼仪，假如陛下敕令夷男让他迎亲，即使不到长安来，也要到灵州；夷男必定不敢前来，则回绝他就有理由了。夷男性情刚直暴戾，既然不能与大唐通婚，其部下又怀有二心，不过一二年便会病死，他的两个儿子争夺王位，到那时陛下可以轻易制服他们。”太宗听从其建议，于是征召真珠可汗让他前来迎亲，又发布诏书说将要在灵州与他相见。真珠可汗十分高兴，想要亲到灵州，其大臣劝谏说：“倘若被对方扣留，到时后悔都来不及！”真珠可汗说：“我听说大唐天子有圣王的德行，我能亲自前去见他一面，至死都无遗憾。而且漠北必然会有人主事，我去的决心已定，不必再多说了。”太宗接连三次派使节，接受薛延陀所献的牲畜。薛延陀先前库房没有马厩，真珠可汗便征调各部落马牛羊等，往返一万多里，途经沙漠地带，没有水和草，牲畜消耗损失将近一半，过了迎亲期限没有到。有人议论认为聘礼未准备齐便与之通婚，这会使北方少数族轻视唐朝。太宗于是下诏回绝其婚姻，停止巡幸灵州，并追还三次派出的使节。

【词句撷英】

食言：对自己说过的话不履行，形容说话不算数，不守信用。词义扩展：食言而肥。

第三章

二圣临朝与武周代唐

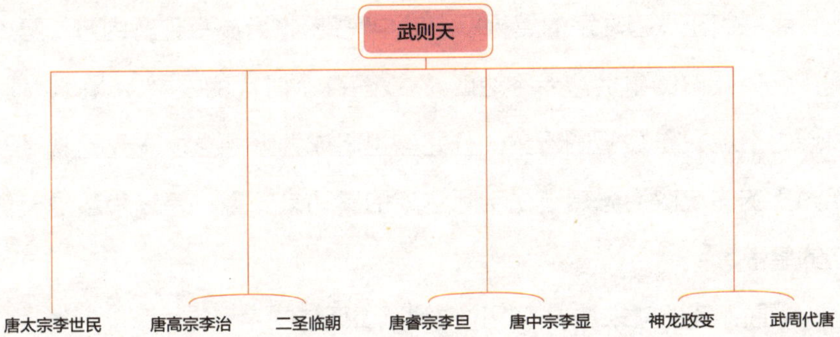

太宗死后，高宗即位，初年任用旧臣，遵守太宗治法，所以永徽之治，史称其媲美贞观。中年后，宠信武才人，废王皇后，立为皇后。国戚旧臣，如长孙无忌、褚遂良等，都遭贬斥。高宗因苦风眩，委政武后，后遂为其所制，唐朝的衰颓，就自此开始。

——吕思勉《中国通史》

永徽之治

孟宪实在《唐高宗的真相》一书中写道：“唐高宗外圆内方、胆大心细，凡他要做的事情，无不达成。”没有高宗时代的发展、巩固、铺垫，贞观之治就只是短暂的幻景，开元盛世将成为无源之水。无论从“君主无为”的传统政治思想还是实际达成的事功来衡量，唐高宗都是一个成功的皇帝。

下面，我们就来认识一下这位被严重低估的皇帝。

贞观朝的储位争夺战

唐太宗李世民有十四个儿子，其中有三个嫡子：太子李承乾、魏王李泰、晋王李治，他们都是长孙皇后所生。

李承乾是唐太宗和长孙皇后的嫡长子，据记载，他出生于太极宫承乾殿，就以殿名作了名字，取名李承乾。唐太宗继位后，年仅八岁的李承乾被册封为太子，人们对他的评价非常高，说他“性聪敏”“特敏惠”“仁孝纯深”。

被册封为太子之后，贞观四年，唐太宗下诏让太子“宜令听讼”，锻炼自己的政治能力。李承乾多病，唐太宗担心他太过辛苦，就准许他不用过多念书，只需和太子府的属官们评说古事。但是，李承乾并没有因此放松对自己的要求，认真学习，在朝廷政务上展现出绝佳的才干。有一次，唐太宗让他写治国策略，他很快就写满了三张纸，内容价值很高。

自贞观九年，太子成亲之后，唐太宗就下诏，让太子监国权知军国大事，李承乾“颇识大体”“颇能听断”，做得非常出色。而后唐太宗外出巡幸时，都是留太子在长安监国。

一直到贞观十三年，太子的表现都非常出色，但在这一年，二十一岁的李承乾迎来了人生中的一大磨难——他患了足疾，经过治疗后并没有完全好转，留下了跛足的毛病。一夜之间，李承乾感觉到自己前途一片黑暗，他没有办法像自己的父亲一样，成为一个气度不凡、文治武功均出色的帝王。这让从小就被教育要成为一代明主的李承乾内心接受不了，从此变得自暴自弃。

唐太宗知道此事后，就四处“搜访贤德，以辅储宫”，先后挑选了十余位老臣、名臣，如于志宁、李百药、杜正伦、孔颖达、张玄素、房玄龄、魏征等人出任东宫辅臣，希望他们帮助太子恢复过来。然而，这些臣子却似乎都不太会教育孩子，他们一味地直言进谏、言辞锋利地批评太子的各种作为，任何小事都会当面严加批评指责，恨不得太子听了他们的劝谏立刻改正，然而收效甚微。唐太宗感到太子总不悔改，就开始对他不满。

此时，魏王李泰开始崭露头角。贞观十六年，由他主持编撰的《括地志》完稿，唐太宗非常高兴，如获至宝，将其收藏到皇家藏书阁中，还接二连三地大肆赏赐李泰——每月赏赐大量财物，其数量甚至超过了太子所用的规格。

此时的唐太宗并没有易储的想法，他曾说：“我的儿子虽患脚疾，可依然是嫡长子，我怎么会舍弃嫡子而立庶子呢（在当时的观念中，当皇后只有一子时，那这个儿子就是嫡子；皇后有多个儿子时，长子是嫡子，其他的全是庶子。）”但是，太子李承乾却非常忌惮深受太宗宠爱且怀有夺嫡之心的李泰，他在试图暗杀李泰失败之后，就干脆起兵逼宫。事情败露后，

唐高宗李治

李承乾被唐太宗下令幽禁，而后废掉太子位，贬为庶人，流放黔（qián）州。

李承乾被废之后，唐太宗开始考虑新的太子人选，他深知皇后所生的三个儿子的秉性，知道如果立李泰为太子，那么，承乾和晋王李治很可能会性命不保；而如果立性格温和的李治为太子，那么将来，承乾和李泰都能保全性命。于是当机立断，册立年幼的李治为太子。

贞观二十三年（649年），唐太宗去世，太子李治继位，就是唐高宗。

政治和律法的革新

唐高宗李治在即位之初，继续执行贞观朝太宗制定的各项政治经济制度，并且根据实际情况进行了改良和完善。

他重用贞观朝的旧臣李绩、长孙无忌、褚遂良共同辅政，又亲自提拔了辛茂将、卢承庆、许圉（yǔ）师、杜正伦、薛元超、韦思谦、戴至、张文瓘、魏元忠等贤臣良将。

唐高宗鼓励大臣多多进谏，特别要求他们多反映一些国计民生方面的问题。他风雨无阻，把唐太宗晚年时期的三日一朝改为一日一朝，每天都坚持上朝，及时解决各种随时遇到的问题，并且每天都会召见十几个地方刺史，向他们询问民间的具体情形，并将这种每天问政的习惯作为一种制度规定下来，督促自己每日执行，不知辛劳、不厌其烦地管理着国政民生。

为了更好地处理政事，唐高宗下诏修订《永徽律》，并指派以长孙无忌为首的专门团队认真研究实际情况，核定法律。最终，在永徽二年(651年)，完成了一本完整的律法典籍。这些法律经过全面修订，成为整个唐代一系列法律当中最重要和影响最大的法律，对后代的法律制定起着重要的指导作用。

第二年，唐高宗又组织专门团队，编写了一部能用于法治教育的详细的法律注释，即《唐律疏议》，它对各个法条给出了详细的注疏，用于地方官员进行法治教育和法令理解。这本书，在以后的几个世纪中虽有所修改，但一直是刑法方面最权威的注疏。

科举制度的改革

为了更好地选拔人才，唐高宗对科举制度进行了改革。

自唐建立以来，沿用的是隋朝的科举制度。并且，唐高祖李渊在位时期又增设了秀才、进士两科。

秀才科主要针对国家的大政方略，要求作五篇策论，主要目的是选拔出具有宏观眼光的精英人才，是等级最高的考试。秀才科的取士，门槛非常高，如果参加考试的人是地方官员举荐来的，没考中的话，举荐人甚至还要受到处分。

唐太宗贞观年间，曾经有一个州被推举参加秀才科考试的，没有一人考及格，太宗一怒之下，就处罚了这个州的长官。久而久之，参加这一科考试的人越来越少。唐高宗继位之后，在永徽二年（651年）废除了秀才科的考试。

秀才科被废之后，剩下最主要的就是进士和明经两科。明经主要以儒家经学为考试内容，以理解记忆应用经学为主。进士科主要考时务对策，也考诗赋杂文，难度更高，也更为重要。当时还有“三十老明经，五十少进士”的说法。进士科此后慢慢确立了自己的主体地位，成为科举考试中的主导科目。

此外，科举考试中还设置了明算科、明书科、明法科等科目，专门用来进行针对性考试，选拔精通数学、文字、法律的底层官吏。

除了这些常设的考试，皇帝和朝廷还根据需要临时设立科目选拔人才，被称为制科。

科举制度改革之后，唐高宗逐渐侧重通过科举选拔官员，渐渐消除靠世袭的特权选拔。随着朝廷的重视，参加科举考试和中举的人越来越多，很多人通过科举考试走上了仕途。

控制物价改善经济

唐高宗继位之初，就下令废除兵役和土木营建，轻徭薄赋，让百姓休养生息。

虽然国库空虚，但是唐高宗仍然提出了控制物价的措施，以减轻民众负担。同时用严刑峻法禁止私铸铜钱。

为了更好地平抑物价，保证民众的生活水平，唐高宗一朝经常采取国家调控的政策，周期性地从中央政府的谷仓中拿出谷物低价卖给民众。同时，在政府的官员体系中，设置常平署，这一部门专门负责在物资供应充足的时候，以高于市价的价格买回商品，在物资供应短缺的时候，以低于市价的价格卖出商品，使得物价的浮动保持在一定范围内。并且在各地设置常平仓，用来储存货物。

在各种措施多管齐下的保障下，永徽初年，唐朝的社会经济持续发展，人口增长迅速。截至贞观二十二年，全国共有人口360万户，到永徽三年（652年），仅仅过了三年时间，就增长到380万户。

武力征服，扩大外交

西域联军士兵

唐高宗继位之后，在强盛国力的保障下，实行文治武功并举。

永徽元年（650年），突厥车鼻可汗进犯边境，唐高宗下令大将高侃率兵迎战，最终平定漠北，分别设置了单于、瀚海两大都护府。

永徽二年（651年），西突厥沙钵罗可汗率军进犯，攻入庭州（唐代在今新疆境内所置三州之一，领金满、轮台 、蒲类三县 治所在今吉木萨尔北破城子），唐高宗派遣梁建方率兵征讨，获胜。永徽六年（655年），又派程知节一直向西，进攻沙钵罗可汗的突厥汗国，此后连年用兵，一直到两年后，苏定方等人大破西突厥，沙钵罗可汗逃亡石国（今乌兹别克斯坦塔什干一带）。

永徽三年（652年），吐谷浑、新罗、高句丽、百济等国派遣使臣入朝进贡。三年后，永徽六年，高句丽和百济联合起来，攻打新罗，新罗派遣使臣向唐朝求援，唐高宗派兵攻打高句丽和百济，为新罗解围。战争时断时续，直到十年后，大将刘仁轨于白江口大败援助百济的倭国军，占领百济全境。

唐高宗在位时期，唐朝的军事力量和国际威望都达到了顶点，甚至超过了贞观一朝。唐朝的疆域也扩张到了极限：东起朝鲜半岛，抵达日本海；西临里海，直抵阿拉伯帝国疆界；南到越南横山，越过北部湾，抵达中南半岛；北部越过贝加尔湖。疆域面积最大时，达到了一千三百五十万平方千米。

在用武力解决周边民族和藩属国问题时，唐高宗也加强与世界各国的交流，促进对外交往。永徽二年，大食（唐、宋时期对阿拉伯人、阿拉伯帝国的泛称）派遣使臣来唐朝，与唐朝建立了友好关系，并在之后的一百五十年里，共三十六次派遣使臣入唐。大食国所辖的阿拉伯一带，很多商人也往来于两国，长安、洛阳、广州、扬州、泉州等地，都曾见到大食人的身影，他们在唐朝经商、往来，有的还定居下来，甚至在唐朝做官。包容、开放、海纳百川的对外政策，更使得唐朝在世界各地威名远播。

古代朝鲜连枷（jiā）骑兵

名篇精选

唐临，京兆长安人，周内史瑾孙也。其先自北海徙关中，伯父令则，开皇末为左庶子，坐[①]谄事太子勇诛死。临少与兄皎俱有令[②]名。出为万泉丞。县有轻囚十数人，会[③]春暮时雨，临白令请出之，令不许。临曰："明公若有所疑，临请自当其罪。"令因请假，临召囚悉令归家耕种，与之约，令归系所。囚等皆感恩贷，至时毕集诣狱，临因是知名。

再迁侍御史，奉使岭外，按交州刺史李道彦等申叩冤系三千余人。累转黄门侍郎，加银青光禄大夫。俭薄寡欲，不治第宅，服用简素，宽于待物。尝欲吊丧，令家僮自归家取白衫，家僮误将余衣，惧未敢进。临察知之，使召谓曰："今日气逆，不宜哀泣，向取白衫，且止之也。"又尝令人煮药失制，潜知其故，谓曰："阴暗不宜服药，宜即弃之。"竟[④]不扬言其过，其宽恕如此。

——《旧唐书·唐临传》

【注释】

①坐：获罪。②令：美好。③会：恰逢。④竟：最终，终究。

【译文】

唐临是京兆长安人，周内史唐谨的孙子。他的先人从北海迁徙到关中。他的伯父唐令则，在开皇末年担任左庶子，因谄媚迎合太子李勇获罪而被杀。唐临年轻时与兄唐皎都有很好的名声，出任万泉县丞。万泉县有轻罪囚犯十几人，恰逢春末下了及时雨，唐临禀告县令请求放出他们，县令不允许。唐临说："您如果有所疑虑，我自己承担这个罪责。"县令因而请求他暂代县令，唐临主持政事，召集囚犯全让他们回家耕种，和他们约定，让他们按时回到关押的地方。囚犯们都感激宽恕恩惠，到约定时间全都聚集到监狱，唐临因此知名。

继而他被提升至侍御史，奉使命到岭外。追究交州刺史李道彦等处置的申诉冤案关押的三千多人。多次调任黄门郎。再加封他为银青光禄大夫。他生活节俭少私欲，不建宅第，衣服用品很简朴，待人宽容。一次，他曾想哀悼丧事，让家仆自己回家取白衫，家仆误拿了别的衣服，害怕得不敢拿出来，唐临观察了解了此事，让人叫来他说道："今日感觉呼吸不顺，不适合哀悼哭泣，先前让你取白衫，暂且不取了。"又一次，他让人煮药，那人却在加工上出了错，他暗中了解了缘故，对那人说："天阴不晴，我不适合吃药，就扔了它吧。"终究没有宣扬那个人的过失。

【词句撷英】

1. 宽于待物：对待事物有宽容的态度。

2. 扬言：对外宣扬或故意散布某种言论。

二圣临朝

武则天是唐太宗李世民的才人，也是唐高宗李治的皇后。在登上后位之后，武则天充分发挥自己的政治才能，开始协助高宗处理军国大事，参与朝政三十年，被尊称为“天后”。她和高宗共同临朝的这段历史，被称为“二圣临朝”。

从太宗后宫到高宗后宫

武则天的父亲是唐朝开国功臣武士彟（yuē），曾官拜工部尚书、荆州都督，封应国公。父亲去世时，武则天才十二岁。两年后，十四岁的武则天被唐太宗纳入后宫，封为五品才人，赐号“媚”，后世因此称其为武媚娘。

当时，著名相士袁天罡（gāng）作出了“武氏代唐”的预言，唐太宗暗中四处寻访，寻找可疑的“武”姓之人，但是武则天身处后宫，地位不显赫，且低调不引人注意，就没有引起太宗的疑心。

唐太宗晚年病重时，武则天遇上了太子李治，并和他产生了感情。贞观二十三年（649年），唐太宗驾崩后，按照旧例，武则天和其他没有子女的嫔妃一起被送入感业寺出家。

到了感业寺之后，武则天并不甘心青灯古佛过一生。次年，唐高宗李治为了祭奠太宗到感业寺上香时，武则天写了一首诗表达自己的思念之情。

两人相见后互诉衷情。这一幕正巧被因为无子而失宠的王皇后看在眼里，她为了对付在后宫备受宠爱的萧淑妃，就主动提议要将武则天带回宫中。早有此意的李治

唐后行从图

欣然同意，并在第二年，服丧期满后，将已经怀孕的武则天接回了宫中。武则天入宫后，很快就打压了萧淑妃的嚣张气焰，成为后宫的新宠，并在永徽三年被封为二品昭仪，与王皇后、萧淑妃成三足鼎立之势。

废王立武，终登后位

永徽六年六月，后宫有谣言说，王皇后与她的母亲柳氏在行厌胜之术（古代的一种巫术，用法术诅咒或祈祷以达到制胜所厌恶的人）。李治知道后非常生气，将柳氏赶出了皇宫，并狠狠地斥责了王皇后，随后，他还想把武则天晋封为一品宸（chén）妃。

这一决定在朝堂上受到了很大的阻力。当时，以长孙无忌、褚遂良、韩瑗（yuàn）等为首的元老大臣势力非常大，李治作为皇帝，其权力受到了很大的限制。唐高宗李治企图凭借“废王立武”事件重振皇权威严，因而武则天的晋封道路充满艰辛，成为朝堂博弈的重要事件。从此时开始，武则天就成了唐高宗李治在政治上的“战友”。

四年后，经过持久的朝堂斗争，唐高宗李治和武则天二人终于实现

了自己的想法，将长孙无忌、韩瑗、来济等老臣或削职免官，或贬出京师，关陇贵族的势力受到极大的打压，君主集权程度升高。自魏晋以来皇权不振的情况得到了缓解，这在中国历史上影响非常大。

辅佐理政，二圣临朝

唐高宗李治收拢完朝廷大权的第二年冬季，他的风疾发作，经常头晕目眩，不能处理国家大事，于是让武则天帮忙处理朝政。 但是，二人的观点经常相悖，李治有时还受制于武后，这让他非常不满，进而有了废后的心思。武则天听到这一消息后，赶忙去见李治，以情感人，最终李治打消了废后的念头。此后，每当高宗理政，武则天便“垂帘于后，政无大小皆与闻之。天下大权，悉归中宫，黜陟、生杀，决于其口”。

李治当政时，唐朝国力强盛，武则天便积极撺掇李治封禅（fēng shàn，封为“祭天”，禅为“祭地”，是指中国古代帝王在太平盛世或天降祥瑞之时祭祀天地的大型典礼）泰山。当时，封禅都是皇帝和朝中大臣进行的。武则天不甘心被排挤在外，就对唐高宗说，封禅是“祭地之仪，由太后配享，彰显后土之德”，皇帝初献没有问题，但是由朝中大臣当亚献（古代祭祀时献酒三次，第二次献酒称“亚献”）就不太合适了，因为男女有别，让外臣来祭祀皇太后并不合适，所以应该由她来当亚献，好孝敬自己的婆婆。李治听了之后觉得很有道理，就答应了。

麟德二年（665年）十月，高宗率领文武百官，武后率领内外命妇一起前往泰山封禅。车辆连绵数百里，随行的还有突厥、于阗、波斯、天竺、日本、新罗、百济、高句丽等国的使节和首领。武则天更进一步巩固了自己的权势和地位。

上元元年（674年）八月，李治称天皇，武则天称天后。十二月，武则天上建言十二事，李治全部采纳，下诏颁布施行，武则天对朝廷政事的影响越来越大。

上元二年（675年），李治的风疾更严重了，就和大臣们商议，想让武则天摄政，被宰相郝处俊劝住了。武则天得知这一消息后，就开始想对策，她召集了大量文人学士，让他们修书，先后编纂成《玄览》《古今内范》《青宫纪要》《少阳正范》《维城典训》《紫枢要录》《凤楼新诫》等书，并传书天下，提升自己的名望。同时暗中命令这些学者参与朝廷奏议，分割宰相的权力。

永淳二年十二月，李治驾崩，临终留下遗诏，命太子李显继位，军国大事有不能裁决的，由天后决定。李显继位后，尊武则天为皇太后。

名篇精选

时浮屠卢伽逸多治丹，曰“可以续年”。高宗欲遂饵之，处俊谏曰：“修短固有命，异方之剂，安得轻服哉？昔先帝诏浮屠那罗迩娑寐案其方书为秘剂，取灵花怪石，历岁乃能就。先帝饵之，俄而大渐，上医不知所为，群臣请显戮其人，议者以为取笑夷狄，故法不得行。前鉴不远，惟陛下深察。”帝纳其言。

上元初，帝观酺[1]翔鸾阁，时赤县与太常音技分东西朋，帝诏雍王贤主东，周王显主西，因以角胜，处俊曰：“礼所以示童子无诳者，恐其欺诈之心生也。二王春秋少，意操未定，乃公朋造党使相夸，非所以导仁义，示雍和也。”帝遽止，叹曰：“处俊远识，非众臣所逮。”帝多疾，欲逊位武后，处俊谏曰：“昔魏文帝着令，帝崩，不许皇后临朝。今陛下奈何欲身传位天后乎？天下者，非陛下之天下，正应谨守宗庙，传之子孙，不宜持国与人，以丧厥家。”事遂沮。

——《新唐书·郝处俊传》

【注释】

① 酺（pú）：宴乐，欢聚饮酒。

【译文】

僧人卢伽逸多会炼丹，说可以延年益寿。唐高宗打算服用，郝处俊谏阻道："人寿长短，是天所定，异域的药剂，不能贸然服用。以前先帝诏令僧人那罗迩娑寐，命其根据配方炼制秘剂，取灵花怪石，炼了一年才好。先帝服用了，不久却病重了，医生不知该怎么办，大臣们请求公开杀了僧人（示众），有人认为这样做会被（让）夷狄取笑，所以没有执行。前车之鉴不远，请陛下深思。"皇帝采纳了他的建议。

上元初年，高宗皇帝在翔鸾阁大宴群臣。那时，赤县与太常的音乐演出班子分东西朋，皇帝诏令雍王贤掌握东朋，令周王显掌握西朋，要他们比赛角胜。郝处俊劝说："《礼记》中说，教育孩子不说谎，是担心孩子们会生出欺诈之心。现在，两位皇子还很年轻，意志品德尚未定型，就让他们聚朋结党，相互夸示。这不是教导仁义、表现雍容祥和的办法。"皇帝于是即刻制止，并感叹："处俊有远见卓识，非一般臣子所能比。"皇帝体弱多病，想退位让武后执政，郝处俊劝谏说："过去魏文帝曾制定法令：'皇帝驾崩，不允许皇后临朝管国政。'如今陛下为什么还健在就要传位给天后呢？天下不是陛下一个人的天下。陛下应该谨守李家宗庙，传给子孙，不应该将国家送给他人，使自己宗室沦丧。"传位一事就此作罢。

【词句撷英】

1. 远识：深远的见识，有远见。词义扩展：远见卓识、高才远识。

2. 逊位：让位，退位。

特立独行的武周之治

从皇后，到太后，再到女皇，武则天的政治地位逐步上升。她建立了武周政权，成为中国历史上唯一一位正式称帝的女皇帝。在她执政时期，政治清明，经济、社会持续发展，人才辈出。郭沫若高度评价这段历史时期："政启开元，治宏贞观。"

太后临朝

李显受唐太宗遗命继位，刚刚登基，就和朝臣们发生了激烈的冲突。他想要任命他的皇后韦氏的父亲韦玄贞为侍中（门下省长官，宰相之一），大臣们都不同意，李显就生气地说："我即使把天下都交给韦玄贞，又有什么不可以的，何况只是一个侍中的职务？"

辅政的皇太后武则天以此为借口，认为李显根本不具备为君的才能，将他废黜为庐陵王，迁到房州，改立第四子、豫王李旦为帝，改元垂拱，是为唐睿宗。

睿宗继位后，皇太后武则天临朝称制，把持朝政。当年九月，武则天将东都洛阳改名为神都，定为首都。同时，又更改朝堂上及军队中的各种旗帜、官服以及各职位的名称等。

垂拱二年（686年）三月，为了加强对天下的监察，武则天下令制铜匦（guǐ，铜制的小箱子），并且放在东都洛阳的紫微城前，大臣们可以随

武则天像

时将奏疏投入其中。同时，又大肆鼓励告密，规定任何人都可以来告密。只要宣称是告密之人，国家都要供给驿站车马和饮食。告密的事情如果最终查证属实，就能升官或得到赏赐；如果告密的事情最终证实是假的，也不会被问罪。就这样，因为降低了告密成本，一段时间内，朝廷内外告密成风。

并且，武则天先后任用索元礼、周兴、来俊臣、侯思止等一大批酷吏掌管刑狱，被告者一旦被投入狱中，就要遭受酷刑审讯，很少有人能活着出狱。朝堂上的政治气氛越来越恐怖，越来越压抑，大臣们每天上朝，都要和家人诀别，害怕自己万一回不来了，每天都惶惶不可终日。那一年，武则天一共下诏杀死了李唐宗室十二人，以及已故太子李贤的两个儿子，近支宗室基本被杀戮殆尽，仅剩的年龄幼小者也被流放到岭南。

武则天剪除李唐宗室的行为引起了诸王和朝臣的不安，琅琊王李冲最先于博州（今山东聊城东北）举兵反武；豫州刺史、越王李贞也在豫州（今河南汝南）起兵，呼应李冲。武则天分别派兵征讨，很快就取得了胜利，李冲和李贞都被杀死。为了扩大剪除李唐宗室的效果，武则天命令周兴等酷吏展开审讯，意图将更多宗室牵扯其中，逼得韩王李元嘉、鲁王李灵夔（kuí）、常乐公主等人自杀。

武周代唐

载初元年（689年）九月，侍御史傅游艺率领关中百姓九百多人来到神都，上表请求武则天改国号为周，武则天不许。于是百官、宗室、四夷首领、和尚、道士和远近百姓共六万余人上表请愿，唐睿宗也自请赐姓“武”；群臣奏称说“凤集上阳宫，赤雀见朝堂”，武则天经历了这三请三辞的政治作秀，才最终于九月九日在天门楼登基为帝，大赦天下，改唐为周，改元天授。

为了凸显自己的地位和前无古人的功绩，她新造了一个字“曌（zhào）”作为自己的名字。五年后，武则天从神都洛阳出发，登上嵩山，封神岳，大赦天下，改元万岁登封。一代女皇的政治之路，此时达到了巅峰。

定都洛阳

唐朝的东都洛阳和西都长安，都非常适宜作为都城，武则天此时放弃已经建都多年的长安，决意迁都洛阳，是有多方面原因的。

首先，从政治上来说，武则天要改唐为“周”，建立新王朝，需要有一个首都作为根据地，而她在洛阳居住长达三四十年，一直参与朝政，培养了巨大的势力。在她的苦心经营下，正式建国之前，洛阳成了发号施令的政治中心、租赋所集的经济中心、精兵拱卫的军事中心和文人向往的文化中心，是她的政治大本营，她必然不会离开这个地方。

其次，从经济上来说，自秦汉以来，受到战争等因素的影响，我国的经济重心一直呈现出向东、向南发展的趋势，此时，洛阳所在的关东地区，其经济条件就远远优于长安所在的关中地区。其主体部分是黄河下游的华北平原，交汇了伊、洛、河、济等河道和漕渠，水源丰富，土壤肥沃，农业非常发达。

再次，洛阳的区位优势更为明显。在唐朝当时的版图中，长安的位置都较为偏西，失去了居中而摄天下的作用。而洛阳则“北枕黄河，隔河遥望太行、王屋等山，又有北面的邙山作天然屏障；南有险峻的伊阙……中有土壤肥沃的伊、洛平原”，自古就是“天下之中”，具有制内御外的优越军事条件。

最后，长安作为首都，规模过于庞大，聚集了大量人口，需要更多供给和物资，这是长安城本身难以满足的，必须从各地调运。虽然当时运往长安的物资，可以经由隋炀帝时修建的水路通道来运送，但是这一路线太长，途中的三门峡附近有险峻的激流，而且黄河则容易泛滥、淤泥丛生，因而，航道经常被堵塞，即使费尽心力去清淤，也难以达到理想的效果。

在唐高宗初年，经济鼎盛时期，每年通过水路运到长安的税粮也仅有二十万石左右，这和长安城过多的人口显然不成比例，因而才有了白居易感叹的“长安居，大不易”。一旦关中地区发生饥荒，就有大量民众外逃，尤其是逃往洛阳，因为洛阳运粮更为方便，粮食储备较为充足。

基于以上种种原因，武则天决定迁都洛阳，开启了武周一朝的新篇章。

武周之治

武则天有着极高的政治才能，她在执政时期，采取了种种治国措施，使得国家政策稳定、军力强盛，百姓丰衣足食、安居乐业，为其后开元盛世的出现打下了重要的基础。

在政治方面，武则天延续了唐代前几任皇帝善于纳谏的优良传统，十分敬重直言敢谏的大臣，尽量采纳他们的建议，即使言语有所冒犯，也能宽容对待。当时的内史（武周时期的内史就是中书令，中书令为中书省之长官，为宰相之一）狄仁杰，非常受武则天倚重，他经常当面指出皇帝的错误，皇帝也都听从了。大臣们的劝谏各种各样，有的直言不讳，触犯了皇帝的隐私，或者要求她退位，或者是涉及她的私生活，武则天都大度包容了。有一个叫朱敬的官员，曾在劝谏中涉及武则天的私生活，她也没有记仇，后来发现朱敬很有才能，还将他提拔做了宰相。很少有人因为直言劝谏获罪，敢于劝谏的人越来越多，朝堂上形成了比较清明的政治气氛。

簪花仕女图　〔唐〕周昉绘

武则天采取各种方法镇压反对势力，打击旧士族门阀，扶持新庶族地主出身的官僚。唐太宗曾经修订《氏族志》，根据士族衰落庶族兴起的新形势，确定以官位的品秩尊卑来定门第高低，以此打击旧的山东士族，并把一些出身庶族但是官位品秩较高的功臣上升为高级士族。武则天的父亲武士彟就在此列。

但是，这些新的士族却得不到旧士族的认同，在他们看来，这些人仍然是门第卑贱的庶族。他们在唐高宗“废王立武”的过程中就极力阻止，因而武则天非常痛恨这些旧门阀士族。她在和唐高宗一起临朝的过程中，就下诏修订《氏族志》，更名为《姓氏录》，明确规定“皇朝得五品者皆升士流”，进一步打击了旧门阀士族的势力。此外还清洗了一大批阻止“废王立武”的旧士族，并且注重从庶族地主中搜罗更多的人才，巩固其统治基础。

一方面，她派遣存抚使到全国各地搜罗人才，送到京城，亲自考试选拔，这就是制举、策问；另一方面，她准许官员和百姓自荐，以免荐举有所疏漏；最后，她进一步发展科举制度，增加了应试的科目和录取人数，如武举考试等，平均每年由科举录取的官员人数比起贞观年间多了一倍多。

此外，她还首创了殿试制度，亲自参与官员选拔。选拔出的这些官员，不乏各类贤才，他们成为武则天一朝加强统治的重要支柱，有一些人还成为后来辅佐唐玄宗的名臣贤相。

在经济方面，早在二圣临朝时，就提出“建言十二事”作为施政纲领，其中前五条都是关于提倡农业发展、减免赋役、与民休息的内容。为了更好地将这一纲领贯彻下去，还规定对地方官吏的考核要以农业生产是否发展作为重要标准。所管理的地区，如果开垦了更多荒田，百姓家有余粮的，就给予奖赏；如果当政苛刻，导致百姓户口减少的，就给予惩罚。

同时，武则天还在朝堂中推行各种有利于农业的措施，比如，她请著名的农学家编写农书《兆人本业记》并颁行天下，推广先进的农业生产经验和生产技术；她采纳陈子昂提出的建议，在河西地区的各州县和西域地区大兴屯田，促进边疆地区得到开发和巩固。

由于实施了种种措施，武则天执政时期的社会经济持续发展。百姓休养生息，开垦荒田和全国户口总数都大幅度增长。唐高祖武德年间，经过隋末唐初的长期战争，全国户口总数仅二百万，贞观初年增加至三百万，永徽初年增加至三百八十万，到武则天最后当政的神龙元年，已经增加至六百一十五万户，是唐初的三倍。

怀柔远人，外族归心

在对待周边各民族的问题上，武则天一直坚持的边疆政策是“降则抚之，叛则讨之”，以强硬的底气坚决反对各族侵扰边境。

在正式建立武周之前的一段时间里，唐朝的西部边境和北部边境地区，吐蕃、突厥等出兵侵扰边境，朝廷无力抗击，安西四镇失守。武则天正式建立武周后的第二年，派大将军王孝杰与阿史那忠节率军出征西北，大破吐善，收复龟兹、疏勒、于阗、碎叶（即安西四镇），在龟兹重新设立安西都护府。并且，她还顶着朝中大臣的一致反对，在安西四镇驻军三万，这一措施使得安西四镇一带一直到唐玄宗年间都没有再出现大的危机。

收复安西四镇之后，武周对外战争的主要目标就是北方的契丹与突厥。从万岁通天元年开始，朝廷派兵与进犯边境的契丹不停交战，经过两年时间，最终打败了扰边的契丹各部。她任命郭元振为凉州都督、陇右诸军大使。郭元振到达凉州后，设立要塞，拓展州境一千五百里，突厥不敢侵扰，又下令屯田，发展经济，使得凉州储备充足，积累的军粮够食用数十年，军力强盛。此后，朝廷在庭州设立北庭都护府，管辖东起伊吾、西至咸海一带，北抵额尔齐斯河到巴尔喀什湖一线，南至天山的广大疆域，彻底安定了北部边境。

综观武周一朝，国家疆域和唐高宗时的疆域相差无几，国力强盛，周边各国都纷纷派遣朝臣，进入神都洛阳进贡朝拜。

名篇精选

太后尝问仁杰：“朕欲得一佳士用之，谁可者？”仁杰曰：“未审[①]陛下欲何所用之？”太后曰：“欲用为将相。”仁杰对曰：“文学缊藉[②]，则苏味道、李峤（qiáo）固其选矣。必欲取卓荦（luò，特出）奇才，则有荆州长史张柬之，其人虽老，宰相才也。”太后擢[③]柬之为洛州司马。数日，又问仁杰，对曰：“前荐柬之，尚未用也。”太后曰：“已迁矣。”对曰：“臣所荐者可为宰相，非司马也。”乃迁秋官侍郎；久之，卒用为相。仁杰又尝荐夏官侍郎姚元崇、监察御史曲阿桓彦范、太州刺史敬晖等数十人，率为名臣。或谓仁杰曰：“天下桃李，悉在公门[④]矣。”仁杰曰：

“荐贤为国，非为私也。”

——《资治通鉴·唐纪二十三》

【注释】

①审：明白。②缊（yùn）藉：宽和，宽容。缊，古通“蕴”。③擢（zhuó）：提拔。④门：门下。

【译文】

太后曾经询问仁杰：“我想找一个德才兼优的士人任用，谁可以提拔？”仁杰问道：“（我）不明白陛下要让他担任什么职事？”太后说：“要用他做将相。”仁杰答道：“（如果用）精通经典、为人宽和（的标准衡量），那么苏味道、李峤一定符合这些选才的要求。如果一定要选拔卓越出众的奇才，那么就有荆州长史张柬之，那人虽年纪大，却是宰相之才。”太后就提拔柬之当洛州司马。过了几天，太后又对仁杰问起选才的事，仁杰回答说：“先前我举荐柬之，您还没有起用他。”太后说：“他已经升调了。”仁杰回答说：“我举荐的人是可以当宰相的，不是只配当司马的。”太后就提拔张柬之任秋官侍郎；过了很久，终于任用他当宰相。仁杰又举荐夏官侍郎姚元崇，监察御史、曲阿（江苏丹阳）人桓彦范以及太州刺史敬晖等几十人，（后来）这些人都成为名臣。有人对仁杰说道：“天下贤才，都出在您的门下了。”仁杰说：“我举荐贤才是为了国家，不是为了自己。”

【词句撷英】

1. 屈意：委屈心意，屈就，迁就。

2. 桃李：所教的学生。

神龙政变

在武则天当政期间，一直有一些忠心李唐的大臣想要让她还政于李氏。终于，在神龙元年（705年），他们发动政变，逼迫武则天退位，最终成功，历史上将这次事件称为“神龙政变”。

武周末年的政权动荡

和早期相比，武则天在晚年有了很大的变化。她沉迷享乐，宠信张昌宗、张易之兄弟，经常在后宫玩乐，用心于朝政的时间少了，对朝堂军政大权的控制力下降。而张昌宗、张易之兄弟俩则借着武皇的宠信，权欲越来越旺盛，开始插手朝政。他们专横跋扈，很多朝廷大臣都不敢招惹他们，就连武皇的子侄们也都争相讨好他们，希望他们在武皇面前帮忙说好话。二张兄弟介入朝政，使得武皇和朝臣之间、武皇和子女之间的关系陷入紧张状态，政权因此动荡，人心不稳。

当时，武皇已经立李显为皇太子，太子的儿子邵王李重润和女儿永泰郡主等人暗地里议论过二张干政的事情，被人密告给二张之后，张易之就向武皇进谗言。武皇听信谗言，责骂太子，并要求他处置背后议论之人。万般无奈之下，李显逼迫儿子和已经怀孕的女儿自缢（yì，吊死）。后来，二张兄弟又将曾参与议论的李显的女婿魏王武延基下狱逼死。这件事情使得李显一下失去了很多亲人，同时也向他揭露了一个残酷的事实：二张兄弟已经对他的家庭构成了巨大的威胁。在这种情况下，除掉二张兄弟，就是势在必行的事情。

于是，李显联合李旦、太平公主等李姓子孙和朝堂中心向李唐的大臣，准备发动政变。

起兵逼宫还政李唐

神龙元年正月，武则天生病卧床，二张兄弟侍奉左右，外人不得入内。朝中大臣和李显等人都认为这是个好机会，于是趁此机会进行谋划，发动了政变。

正月二十二日，张柬之、崔玄暐（wěi）、桓彦范与左威卫将军薛思行等人率领左右羽林兵五百多人来到神都紫微城的北门玄武门，请求太子李显一同进宫。他们从玄武门斩断宫门的门闩进入紫禁城，一路杀到集仙殿，将二张兄弟斩首。重病在身的武则天吃惊地问他们：“谁在作乱？”张柬之回答说，二张兄弟阴谋造反，他们已经奉太子之命杀掉了二张。武则天见二张已经被杀，无力挽回局面，就表示不追究他们的过错，让他们退出宫城。结果大臣们不愿意半途而废，就直接要求武皇退位，传位于太子。

武则天被逼之下答应太子李显代行处理国政，并在两日后正式下诏，传位于太子。李显登基，恢复了大唐国号和高宗时的旧制。

李显登基之后，将力主发动政变的张柬之、敬晖等五人都封为王，时称“五王”，因而这场政变又被称为“五王政变”。

当年十一月，武则天在洛阳上阳宫内病逝，死后被葬在乾陵内。按照她的要求，她墓前的石碑上没有刻任何字，是一块无字碑，这是中国历史上唯一一块没有任何刻字的帝王墓碑。她希望自己的功过是非都留给后人评说。

名篇精选

武承嗣、三思营[①]求为太子，数[②]使人说太后曰："自古天子未有以异姓为嗣者。"太后意未决。狄仁杰每从容言于太后曰："文皇帝栉（zhì）风沐雨，亲冒锋镝（dí），以定天下，传之子孙。太帝以二子托陛下。陛下今乃欲移之他族，无乃非天意乎！且姑侄之与母子孰亲？陛下立子，则千秋万岁后，配食太庙，承继无穷；立侄，则未闻侄为天子而祔[③]姑于庙者也。"太后曰："此朕家事，卿勿预知。"仁杰曰："王者为四海为家，四海之内，孰非臣妾，何者不为陛下家事！君为元首，臣为股肱，义同一体，况臣备位宰相，岂得不预知乎！"又劝太后召还庐陵王。王方庆、王及善亦劝之。太后意稍寤。他日，又谓仁杰曰："朕梦大鹦鹉两翅皆折，何也？"对曰："武者，陛下之姓，两翼，二子也。陛下起二子，则两翼振矣。"太后由是无立承嗣、三思之意。

——《资治通鉴·唐纪二十二》

【注释】

①营：谋求。②数：数次，屡次。③祔（fù）：与先祖合祭。

【译文】

武承嗣、武三思谋求充当太子，多次指使人劝太后说："自古以来的天子没有以外姓人为继承人的。"太后还拿不定主意，狄仁杰常从容不迫地对太后说："太宗文皇帝不避风雨，亲自冒着刀枪箭镞，平定天下，传给子孙。高宗将两个儿子托付陛下。陛下现在却想将国家移交给外姓，这不是不符合上天的意思吗？而且姑侄与母子相比谁更亲？陛下立儿子为太子，则千秋万岁之后，配祭太庙，代代相承，没有穷尽；立侄儿为太子，则未听说过侄儿当了天子而合祭姑姑于太庙的。"太后说："这是朕家里的事，你不要参与。”狄仁杰说：“君王以四海为家，四海之内，谁不是臣妾，什么事不是陛下家里的事！君主是元首，臣下为四肢，意思是一个整体，何况我担任宰相，哪能不参与呢！”他又劝太后召回庐陵王。王方庆、王及善也劝说太后。太后心里稍微醒悟。有一天，太后又对狄仁杰说：“我梦见大鹦鹉两翼都折断，这是什么意思？”狄仁杰回答说：“武是陛下的姓，两翼是两个儿子。陛下起用两个儿子，则两翼便振作起来了。”太后因此便打消了立武承嗣、武三思为太子的念头。

【词句撷英】

栉风沐雨：栉，梳头发；沐，洗头。意思是大雨洗发，疾风梳头。后用以形容经常在外面奔波劳碌。原话出自《庄子·天下》：“沐甚雨，栉疾风。”

第四章

开元之治

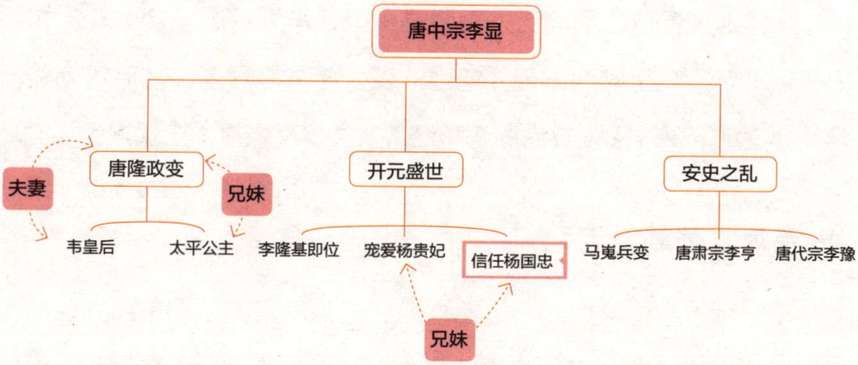

自唐中宗李显一朝以来，朝堂混乱的局势，直到玄宗即位，任姚崇为宰相，才归于平定。玄宗初相姚崇，后相宋璟。崇有救时之才，璟则品性方刚，凡事持正。宗璟之后，又相张九龄，亦是以风骨著闻的。武韦以后的弊政，到此大都铲除。自高宗中叶以后，失坠的国威，到此也算再振。

——吕思勉《中国通史》

唐隆政变

从武则天退位，到唐玄宗李隆基继位，其间经历了众多波折和残酷的政治斗争，正是因为出现了唐隆政变，李隆基登基，才稳定局势，使得社会安定下来，国家政治局势和经济发展逐渐恢复，出现治世局面。

韦后临朝局势混乱

李显登上皇位之后，马上册立与自己共患难的原配韦氏为皇后，并且不顾朝中大臣的劝阻，将韦后的父亲封王，让韦后参与朝政。而对扶持他继位的张柬之等人，却并没有重用。

由于李显软弱无能，在武皇掀起的女权风潮影响下，中宗一朝的女性在政治上表现得异常活跃：韦后临朝，女儿安乐公主要求封自己为皇太女，妹妹太平公主从武皇在位起就一直觊觎皇位。李显还重用在武皇一朝就掌管宫中制诰的上官婉儿，将她封为昭容，让她继续参与朝政。她们不断拉拢朝堂势力，更使得中宗朝的朝堂波谲云诡，动荡不安。

李显将女儿安乐公主许配给武三思的儿子武崇训，此后，韦后和武三思在政治上结盟。在韦后和上官婉儿的帮助下，武三思登上宰相之位，形成了一个以韦后为主的强大的政治团体，左右着朝政走向。他们对当年参与神龙政变的人展开了残酷的政治报复，将“五王”全部贬官或杀害。

这一行为激起太子李重俊的强烈愤慨。他并非韦后亲生，韦后的女儿安乐公主和驸马武崇训经常侮辱他，并且想要谋夺他的太子之位。神龙三年（707年），太子发动兵变，杀死了武三思父子，但是参与兵变的羽林军最终倒戈，太子兵败被杀。

唐中宗之女永泰公主墓壁画

永泰公主墓壁画中的女官形象

武三思死后，韦后的政治势力并没有明显削弱，反而更趁着天下水旱之灾频发的多事之际，大力打压反对势力，培植亲信，使得朝政更加混乱。这种状况引起了很多朝臣和宗室的痛恨。

兵变夺权，玄宗上位

唐隆元年（710年），唐中宗李显暴亡，传言韦后和安乐公主毒杀了他，朝廷上下人心惶惶。韦后趁机临朝摄政，她扶持李重茂登基，改元唐隆，并将守卫宫城的禁军交给韦家子弟统领，意图独揽大权。

宰相宗楚客联络一批朝中大臣，上书劝韦后效仿武皇登基为帝。当时的禁军和尚书省中的重要职司衙门都被韦后控制，他们大肆网罗党羽，内外勾结，还打算害死皇上李重茂。

李唐宗室就在此时掀起了大规模的反对浪潮。

当时，相王李旦的儿子临淄（zī）王李隆基就是李唐宗室的带头人。他在京城私下招募英才，和隶属于左右羽林卫的万骑（自太宗时选拔骁勇善战的军士形成建制，先是百骑，武则天时增为千骑，中宗李显增为万骑）中的豪杰之士交往密切。

唐隆元年六月二十日，李隆基等人进入禁苑。等到天黑之后，率兵闯入羽林卫大营，杀死韦璇、韦播等三人，策反了羽林卫，并兵分两路，分别从玄德门和白兽门攻入宫城。韦后在慌乱之中逃到飞骑营，被兵士杀死后，首级献给了李隆基。安乐公主也被乱军所杀。上官婉儿虽然打开宫门迎李隆基进入宫中，但是最后也被杀死。其他平日里得到韦后信任重用的人也被一起斩首，一直到天亮，宫内外才平定下来。

这次唐隆政变结束了韦后集团控制朝政的局面，但是太子李隆基和太平公主两派力量开始对抗，性格软弱的睿宗无法处理这一局面，就在两年后禅位给李隆基，是为唐玄宗。而太平公主则在唐玄宗登基后的第二年被杀身亡。自唐中宗李显一朝以来，朝堂混乱的局势终于结束，归于平定。

名篇精选

庚子，晡时，隆基微服与幽求等入苑中，会钟绍京廨舍；绍京悔，欲拒之，其妻许氏曰：“忘身徇国，神必助之。且同谋素定，今虽不行，庸得免乎！”绍京乃趋出拜谒，隆基执其手与坐。时羽林将士皆屯玄武门，逮[1]夜，葛福顺、李仙凫皆至隆基所，请号[2]而行。向二鼓，天星散落如雪，刘幽求曰：“天意如此，时不可失！”福顺拔剑直入羽林营，斩韦璇、韦播、高嵩以徇，曰：“韦后鸩杀先帝，谋危社稷。今夕当共诛诸韦，马鞭以上皆斩之！立相王以安天下。敢有怀两端助逆党者，罪及三族！”羽林之士皆欣然听命。乃送璇等首于隆基，隆基取火视之，遂与幽求等出苑南门，绍京帅丁匠二百余人，执斧锯以从。使福顺将左万骑攻玄德门，仙凫将右万骑攻白兽门，约会于凌烟阁前，即大噪，福顺等杀守门将，斩关而入。隆基勒兵玄武门外，三鼓，闻声，帅总监及羽林兵而入，诸卫兵在太极殿宿卫梓宫者，闻噪声，皆被甲应之。韦后惶惑走入飞骑营，有飞骑斩其首献于隆基。安乐公主方照镜画眉，军士斩之。斩武延秀于肃章门外，斩内将军贺娄氏于太极殿西。

——《资治通鉴·唐纪二十五》

【注释】

①逮：等到。②号：做动词用，发信号。

【译文】

庚子（二十日），申时，李隆基身穿便服与刘幽求等人进入禁苑，到钟绍京的住所集合。此时钟绍京已有后悔之意，便想将李隆基拒之门外，他的妻子许氏对他说：“为了国家大事而不计个人安危的人必得神助，再说你平常就一直与他们共同谋划这件事，现在即使你不去亲自参加，又哪里能够脱得了干系呢！”钟绍京听完赶忙开门出来拜见李隆基，李隆基拉着他的手与他一起坐下。这时左右羽林军将士都驻扎在玄武门，等夜色降临之际，葛福顺和李仙凫都来到李隆基处，求问起事的信号以便行事。将近二更时，夜空的流星散落如雪，刘幽求说道：“天意如此，机不可失！”葛福顺拔剑直闯羽林营，将韦璇、韦播、高嵩三人斩首示众，高声喝道：“韦后毒死先帝，危害社稷，今晚大家要齐心协力，铲除韦家人及其死党，凡是长得高过马鞭的人一律斩杀；拥立相王为帝以安定天下。倘若有人胆敢首鼠两端帮助逆党，判的罪要连及三族。”羽林军将士全都欣然从命。于是葛福顺将韦璇等人的首级送给李隆基，李隆基在灯下看过之后，便与刘幽求等人一同走出禁苑南门，钟绍京率领着工匠二百余人，手持斧子、锯子跟在后面。李隆基派葛福顺率领左万骑攻打玄德门，派李仙凫率领右万骑攻打白兽门，双方约定在凌烟阁前会师后，即大声鼓噪。葛福顺等人分别杀掉守门的兵将，攻入宫中。李隆基率兵守在玄武门外，三更时分，听到宫中鼓噪声之后，立即率领总监及羽林兵进入宫中，在太极殿负责守卫中宗灵柩的卫兵们听到鼓噪之后，全都披挂整齐响应李隆基等人。韦后惶惑中逃入飞骑营，有一个飞骑兵将韦后斩首，并把首级献给李隆基。安乐公主正对着镜子画眉，被士兵所杀。此外还将武延秀斩首于肃章门外，将内将军贺娄氏斩首于太极殿西。

【词句撷英】

谋危社稷：阴谋危害国家政权。

开元盛世

如果说唐朝是中国历史上最辉煌的一个乐章，那么，“开元盛世”就是这一乐章里的最强音。唐玄宗李隆基在政治、经济、军事和文化方面进行了一系列改革，为“开元盛世”的实现提供了有力的保障，更让大唐王朝开启了一番盛世。

君臣一体掀起政治改革

唐玄宗李隆基继位后第二年，在彻底粉碎了以太平公主为首的政治集团后，就在骊山下讲武，征兵二十万，并且贬官流放，甚至斩杀一些犯了错误的功臣，将各藩王调离京城，派到外地担任刺史，加强了皇权，进而整顿朝纲。

唐玄宗精通治国方略，非常善于用人。

开元元年（713年），唐玄宗到新丰（今陕西临潼东北一带）检阅军队时，方圆三百里的地方长官都前来拜见。当时，姚崇担任同州刺史一职，也前来拜见。唐玄宗早就听说过姚崇的才华，就召见姚崇。姚崇到的时候，唐玄宗正在打猎，姚崇就被邀请加入打猎的行列。姚崇虽然年龄大了，但是在打猎中仍然表现很好。打猎结束后，唐玄宗就询问他对国家大事的意见，他应答得体，所提建议都非常合理，唐玄宗就提拔他担任宰相。

此外，唐玄宗初年还起用宋璟（jǐng）为相，后来又提拔张嘉贞、张说（yuè）、李元纮（hóng）、杜暹、韩休、张九龄等作为宰相——这些人都是通晓治国方略、尽心操劳国事的名臣。依靠这些贤臣的辅佐，唐玄宗开始进行政治改革。在吏治方面，唐玄宗积极整治，意图提高官僚机构的办事效率。他精简机构，裁撤冗（rǒng）余官员，裁撤武皇一朝以来许多政绩不佳的官员，并且限制进士科的录取人数，提高了官员的办公效率，也节省了政府的公务支出。同时，唐玄宗对各级官吏进行严格考察，每年十月都要派出按察使去全国各地巡查，对查到的违法乱纪的官员严惩不贷。并且经常出题考核郡县官员，提拔合格者，当即罢免不合格者，使得郡县这一级直接面对百姓的官员具有更高的素质。

此外，他恢复了唐太宗时期曾经实行过的“谏官和史官参加宰相会议”的制度，让其更好地监督朝政。在种种措施之下，朝堂政治变得越来越清明。

从开元二年（714年）开始，唐玄宗命令姚崇和卢怀慎一个专精法律的团队，开始修订律法，主要是修订关于行政事务的内容，于第二年完成，这就是《开元前令》。宋璟和苏颋（tǐng）担任宰相后，又奉命再次修订律法，这一次的修订就包含刑法的修订。修订后的律法称为《开元后令》。在中书令张说、萧嵩、张九龄等人的先后主持下，在徐坚、韦述、刘郑兰、卢善经等十多人的编纂（zuǎn）下，开元二十六年（738年），这部会典终于完成，它完整地规定了中央和地方国家机关的机构、编制、人员、品阶、待遇以及管制的历史沿革等，成为我国最早的一部行政法典。书中还保存了大量唐朝前期的田亩、户籍、赋役、考选、礼乐、军防、驿传、刑法、营缮、水利等制度和法令等重要数据，对后世有深远的影响。

改革军制开疆拓土

自唐初开始一直施行的府兵制，由于均田制度遭到破坏，农户逃亡，兵源大量减少，到唐玄宗时期，这一问题非常严重，士兵逃跑的现象严重，军队战斗力低下，实在无力抵御突厥军队。

唐代骑兵复原图

开元十一年（723年），唐玄宗接受了宰相张说提出的改革军制的主张，建立募（mù，召集）兵制，从关内招募士兵十二万人，作为“长从宿卫”，保卫京师安全。此后十多年间，唐玄宗逐渐将这一制度推广到全国，消除了原来的各地府兵轮流到边境守卫造成的弊端，提高了军队的战斗力。

除了改革军制，唐玄宗还采取了很多整军措施。他颁布《练兵诏》，命令西北的军镇扩充军队，加强训练。还专门任命太仆卿王毛仲为内外闲厩（jiù）使，专门负责军用马匹的供应，及时为各地补充短缺的马匹，保持军队的战斗力。此外，为解决军粮问题，还扩大了屯田范围，在西北和黄河以北地区也大力屯田，增加粮食产量以供给军队。

通过种种措施增强了军队战斗力之后，唐玄宗开始解决边境问题。他在东北、西北和南方共设立了平卢、范阳、河东、朔方、陇右、河西、安西四镇、伊西北庭、剑南九个节度使和一个岭南五府经略使，便于统

长城边塞示意图

一指挥军事。开元五年，唐玄宗派大将收复沦陷于契丹之手长达二十一年的辽西十二州，在柳城（今辽宁朝阳）设置营州都督府。在西域，唐玄宗设置安西四镇节度经略使统领西域事务，并阻止吐蕃势力北上。同时，在陇右和河西以西的地方增设军镇，保卫河西走廊的安全，保证丝绸之路的畅通。

促进农业和手工业发展

开元一朝，安定的政治环境为社会经济的发展创造了条件。到开元二十年（732年），全国共有民户七百八十六万一千二百三十六户，人口达到四千五百四十三万一千二百五十六人，比武则天当政时期增加了一百多万户，是唐初的将近四倍。全国耕地面积约达到七亿亩，人均耕地面积达到了九亩多。

为促进农业发展，开元一朝兴修了大型水利工程三十八处，天宝年间又修建了八处，一共四十六处。还改进生产工具，出现了新农业工具曲辕犁、新灌溉工具筒车和翻车（龙骨水车），大大提高了农业生产效率。

这段时期，唐玄宗还提倡节俭之风，他规定：三品以下的大臣，以及内宫后妃以下者，不允许佩戴金玉制作的饰物，并且大量遣散宫女，节省宫内开支。还下令全国范围内都不允许开采珠玉、制造锦绣，一改自武则天以来后宫的奢靡之风。

在重视农业发展的基础上，唐玄宗鼓励手工业发展，茶叶生产得到极大发展，丝织业也开始出现更高超的纺织技术，陶瓷业也出现了景德青瓷、邢窑白瓷和唐三彩等流传后世的精美瓷器。

在各种经济措施的保障下，开元一朝，国家财政非常丰裕，全国的粮仓都储满了粮食，物价十分便宜。据杜佑《通典》记载:“至（开元）十三年封泰山，米斗至十三文，青齐谷斗至五文。 自后天下无贵物，两京米斗不至二十文，面三十二文，绢一匹二百一十文。”全国经济繁荣发展，迎来了“忆昔开元全盛日，小邑犹藏万家室。稻米流脂粟米白，公私仓廪俱丰实”（杜甫《忆昔二首》）的盛世局面。

面向世界的开放姿态

据《唐六典》中记载，开元时期，前来大唐朝贡的蕃国多达七十余国。这些蕃国，从东亚的日本、突厥到东南亚地区的各国，从今日中国的西北边境到中亚、西亚甚至地中海地区的一些国家，也都和唐朝建立了一种朝贡的政治关系。

从贞观年间开始，日本多次派遣唐使、留学生来唐朝学习，他们学成后回国，以唐朝的制度为模式，在日本进行政治改革，还参照汉字创制了日本文字。唐朝也派遣人员去日本，传播唐朝文化，其中最著名的鉴真和尚曾六次东渡日本。

唐玄宗时期，长安、洛阳、扬州、广州、兰州、凉州、敦煌等城市中会聚着许多从海上丝绸之路和陆上丝绸之路来华的外国人，他们也成为沟通中外经济、文化与政治联系的重要管道，还有不少外国人在朝廷中做官。尤其是长安城，许多外商在“西市”经营店铺，并长期居住在长安城，国子监也接受了许多外国留学生读书，留居长安的“胡人”最多时可以达到四五千家。为了更好地处理对外事宜，朝廷还专门在京城设立鸿胪（lú）寺，接待各国使节宾客。并在各地设立商馆招待外商，设立互市监和市舶（bó）司掌管对外贸易。

正是这样开放包容的心态和社会环境，使得唐朝在世界各国拥有极高的威望和极强的影响力。

名篇精选

张琇者，蒲州解人也。父审素，为巂（xī）州都督，在边累载。俄有纠其军中赃罪，敕监察御史杨汪驰传就军按之。汪在路，为审素党与所劫，对汪杀告事者，胁汪令奏雪审素之罪。俄而州人翻杀审素之党，汪始得还。至益州，奏称审素谋逆，因[1]深按审素，构[2]成其罪。斩之，籍[3]其家。琇与兄瑝，以年幼坐徙岭外。寻各逃归，累年隐匿。

汪后累转殿中侍御史，改名万顷。开元二十三年，瑝、琇候万顷于都城，挺刃杀之。瑝虽年长，其发谋及手刃，皆琇为之。既杀万顷，系表于斧刃，自言报仇之状。便逃奔，将就江外，杀与万顷同谋构父罪者。

行至汜水，为捕者所获。时都城士女，皆矜琇等幼稚孝烈，能复父仇，多言其合矜恕者。中书令张九龄亦欲活之。裴耀卿、李林甫固言：“国法不可纵报仇。”上以为然，因谓九龄等曰：“复仇虽礼法所许，杀人亦格律具存。孝子之情，义不顾命，国家设法，焉得容此！杀之成复仇之志，赦之亏律格之条。然道路谊议，故须告示。”乃下敕曰：“张瑝等兄弟同杀，推问款承。律有正条，俱各至死。近闻士庶，颇有谊词，矜其为父复仇，或言本罪冤滥。但国家设法，事在经久，盖以济人，期于止杀。各申为子之志，谁非徇孝之夫，辗转相继，相杀何限！咎由作士，法在必行；曾参杀人，亦不可恕。不能加以刑戮，肆诸市朝，宜付河南府告示决杀。”瑝、琇既见[4]诛，士庶咸[5]矜愍（mǐn）之，为作哀诔[6]，榜于衢路[7]。市人敛钱，于死所造义井，并葬瑝、琇于北邙。又恐万顷家人发之，并作疑冢数所。其为时人所伤如此。

——《旧唐书·张琇传》

【注释】

①因：于是。②构：编造。③籍：抄没。④见：表被动，译为“被”。⑤咸：都。⑥哀诔（lěi）：古代的一种文体，用于叙述死者生平并致哀悼之情，多以韵文写成。⑦榜：张贴。衢（qú）路：大路。

【译文】

张琇，是蒲州（今山西永济）解（zhì）县人。父亲张审素任崔州都督，在边塞多年。不久，有人告发他在军中贪污的罪行，皇帝命令监察御史杨汪乘传车赶到军中调查他。杨汪在路上被张审素的党羽劫持，当着杨汪的面杀掉告发者，胁迫杨汪，命令他上奏昭雪张审素的罪名。不久州人反过来杀掉张审素的党羽，杨汪才得以回去。杨汪到益州后，上奏说张审素谋反，于是他又深入审查张审素，编造他的罪名，杀了他，并查抄了他的家。张琇和哥哥张瑝（huáng）因为年幼，被判流放到岭南。不久，兄弟俩各自逃回，隐姓埋名了多年。

杨汪多次升官后调任为殿中侍御史，改名万顷。开元二十三年，张琇、张瑝在都城等候杨万顷，拔刀杀了他。虽然张瑝年长，但发起谋划和亲手杀人的都是张琇。杀掉杨万顷后，他们把表文系在斧刃上，自述报仇的经过，然后逃跑了——他们还要去江南，杀掉与杨万顷同谋给父亲编造罪名的人。

走到汜水时，他们被追捕的人抓获。当时，都城的男男女女都怜悯张琇兄弟年幼，孝顺刚烈，能报父仇，大多数人都说他们应当受到怜悯和宽恕。就连中书令张九龄也想让他们活下来。裴耀卿、李林甫却坚持说："国家法律不能纵容报仇。"皇上认为他们说得对，于是对张九龄等人说："报仇虽然是礼法所允许的，而杀人抵罪也是法律条令规定的。孝子的心情，为了道义而不顾惜生命，但是国家设立法律，怎能容许这样做？杀了他们可以成全他们的报仇之志，赦免了他们有损法律条令。然而人们议论纷纷，所以必须告示百姓。"于是下令说："张琇兄弟一同杀人，经过审问已经服罪。法律有正式条文，两人都应该被处死。近来听说士人百姓有一些纷杂的议论，同情他们为父报仇，甚至有人说本案冤枉失实。但国家设立法律，目的在于长久执行，用法律来帮助人，以期阻止杀戮。假如每个人都强调做儿子（为父报仇）的志向，可谁不是舍身求孝的人，那么辗转反复，互相杀戮还有什么尽头？咎繇（jiù yáo，即皋陶，舜时的贤臣。咎，通'皋'）做法官时，法令存在就一定执行；曾参杀了人，也不可宽恕。不宜加以刑戮，陈尸在集市上，应当交付河南府告示百姓后处死。"张琇、张瑝被杀后，士人百姓都哀怜他们，给他们写了表示哀悼的诔文，张贴在大道旁。市民们凑钱在他们死去的地方建造义井，把张琇、张瑝一起安葬在北邙山。又恐怕杨万顷的家人发掘，同时修建几座疑冢。他们被当时人同情、哀怜到这等地步。

【词句撷英】

幼稚：本文中意为"年龄小"。现在本意是指没有经过系统教育的小孩，思想天真无邪，心思简单。引申为指人思想不成熟，见识不够丰富，看问题难以洞悉实质。

安史之乱

从唐太宗时期的“贞观之治”，唐高宗时期的“永徽之治”，武则天时期的“治宏贞观，政启开元”，再到唐玄宗的“开元盛世”，唐朝持续繁荣发展。然而，到了唐玄宗后期，“安史之乱”的出现成为唐朝由盛而衰的转折点。

从节俭到奢靡

开创了开元盛世之后，唐玄宗李隆基开始变得心满意足，逐渐开始耽于声色享乐，不再像年轻时那样励精图治。

开元二十四年（736年）时，唐玄宗想从洛阳回长安，但是宰相张九龄等人劝谏，百姓秋收还没有结束，此时御驾回銮（luán）容易骚扰到百姓，影响农业生产，而李林甫则说，长安和洛阳是陛下的西宫和东宫，陛下什么时候往来其间都可以，不需等待以后，至于会影响农民秋收，那就免除他们的税收就行了。唐玄宗听完之后大为赞赏。这一时期，唐玄宗慢慢地改变了自己的为君心态，罢免了朝堂上很多正直敢谏的大臣，张九龄等人都先后被罢官，而善于揣测圣意的李林甫则当上了宰相。被时人评价为“口有蜜、腹有剑”的奸相李林甫，前后把持朝政长达十九年，其间他排斥异己，培植党羽，使得朝廷局势开始走下坡路。

天宝四载，杨玉环被封为贵妃。为了让她高兴，唐玄宗费尽心机：

为了让她吃上喜欢的荔枝，专门开辟了从岭南到长安的几千里贡道，让人快马加鞭运送新鲜荔枝到长安；为了给她做出漂亮的衣服，专门建了一个七百多人专职做衣服的团队。皇室奢侈享乐之风越来越盛，朝中大臣、贵族和宗室更是为了极尽巴结逢迎之能事，搜罗各色珍奇器物，整个朝堂奢靡之风盛行。

杨贵妃在后宫独得圣宠，其兄长杨国忠也平步青云，当上了宰相。她的姐姐们也都被册封为夫人，其他的兄长也都在朝中当了大官，杨家的权势一时间无人能比。杨国忠为人专权跋扈，只知道徇私，甚至公然索贿，整个朝廷在他的把持下变得越来越混乱。

藩镇崛起和十大节度使

开元十年时，唐玄宗在边地设置十大军镇，并派了九个节度使和一个经略使进行管理。每一个军镇都下辖数州，掌握着辖区内的军事、行政、财政、民户、土地等大权。随着时间渐长，这些节度使雄踞一方，尾大不掉，成为大唐朝廷的隐忧。

随着李林甫和杨国忠当政，朝堂局势越来越混乱，边镇和中央的矛盾越来越深。李林甫担任宰相时，为了巩固自己的权位，杜绝边将回到朝廷担任宰相，就上奏说胡人忠勇善战，建议玄宗任命胡人担任镇守边界的节度使，而私下又放任他们拥兵自重。此后，胡人出身的安禄山等人得到机会，取得了控制边镇的权力。

当时，边镇拥有的兵力要远远高于中央朝廷。天宝年间，各边镇的兵力合计达到五十万，而其中安禄山一人就担任平卢、范阳、河东三镇节度使，这三地之间地域相连，他拥兵二十万，实力最强。而中央朝廷的兵力才不足八万，显然外重内轻。安禄山由此有了反叛的野心和实力，但唐玄宗对此一无所知，仍然非常信任安禄山。

杨国忠把持朝政后，和安禄山之间有了极深的矛盾，安禄山早有异志，又手握重兵，于是决心起兵反唐。

安禄山起兵和马嵬兵变

天宝十四载（755年），安禄山率军二十万，在范阳以“忧国之危”、奉密诏讨伐杨国忠为借口起兵。当时，承平日久，很多百姓都没有经历过战争。河北一带都在安禄山统辖内，他率军所经过的州县都望风瓦解，当地县令要么开门迎接叛军，要么弃城逃跑，要么被叛军所杀，叛军很快就占据了河北。太原等地的人向朝廷奏报说安禄山造反，唐玄宗开始还认为是厌恶安禄山的人编造的假话，并没有相信，后来，在确定安禄山真的造反了之后才派兵仓促迎战。

此时，唐朝的精锐边军根本来不及赶回长安，大将军封常清、高仙芝只能临时在洛阳和长安招募士兵，但是招募来的市井百姓没有经过专业的军队训练，缺乏战斗经验，根本无力抵抗安禄山的大军。当年十二月，安禄山占据洛阳，并且派遣史思明率兵八万，去攻打各郡。

封常清、高仙芝等大将率军退守潼关，却被监军的宦官诬告，唐玄宗下令处死二人，命令哥舒翰接掌军队。哥舒翰到达潼关后，下令加固城防，深沟高垒，闭关固守。安禄山进攻潼关，被堵在潼关外好几个月都不得前进。唐玄宗志得意满之下，就命令哥舒翰主动出击，收复洛阳。哥舒翰上书，认为这是安禄山在用老弱病残的军队引诱他出击，必然有埋伏，不建议出兵。

当时，正在河北和史思明交战的郭子仪、李光弼等大将因为潼关只能坚守，不可轻易进攻，他们主张率领朔方军向北攻打范阳，直取叛军老巢，促使叛军内部溃散。但是杨国忠不听劝，甚至还认为哥舒翰意图拥兵自重，就向唐玄宗说，如果哥舒翰按兵不动，只会坐失战争良机。唐玄宗听信了他的话，就严令哥舒翰出战。哥舒翰被逼无奈，率军出潼关，结果遭到连环埋伏，二十万兵马几乎全军覆没，只有八千人狼狈地逃回潼关。

杨贵妃上马图左半部分 〔元〕钱选绘

杨贵妃上马图右半部，骑在照夜白上的唐玄宗 〔元〕钱选绘

潼关失守的消息传到长安后，唐玄宗惊慌失措，决定带着后妃、皇子皇孙和杨国忠等人逃亡。当他们逃到马嵬（wéi）坡时，禁军将士愤怒不已，认为是杨国忠倒行逆施才导致安禄山叛乱，于是发动兵变杀死了杨国忠，并上书要求唐玄宗杀死杨贵妃。杨贵妃被赐死后，杨氏一族也死于乱兵。

而后，唐玄宗逃亡后蜀地，而太子李亨则北上到达灵武（古称灵州，现属宁夏回族自治区银川市）。天宝十五载（756年）七月十三日，太子李亨在灵武即位，尊李隆基为太上皇。

肃宗即位结束叛乱

太子李亨逃到灵武后，由朔方诸将推举自行登上帝位，是为唐肃宗。

唐肃宗命令郭子仪和李光弼率军讨伐叛军。

第二年正月，安禄山被部将杀害，长安被唐军收复。他的儿子安庆绪败退到邺城（今河北省邯郸市临漳县），归附了史思明。当年年末，郭子仪上奏，请求联合李光弼分兵进军河北，会师常山（今河北正定），最终围困邺城长达一年。然而，唐肃宗却优柔寡断，迟迟不肯下令进攻，并且数十万兵马不设元帅，没有统一的领导，加之长期的围困不攻使得粮草短缺、军心不稳，最终居然惨败，白白丧失了战争良机。

一直到上元二年，叛军发生内讧，史思明被其子史朝义所杀，之后接连被唐军打败。直到宝应元年（762年）十月，唐代宗继位后，才任命大将军仆固怀恩为朔方节度使、河北副元帅，统兵进军洛阳，第二年春天终于取得胜利，历时七年又两个月的安史之乱终于结束。但是，各边镇节度使的权力没有任何削弱，唐朝中央朝廷再也无力辖制边镇各地，导致了藩镇割据的局面，大唐日益走向衰败。

名篇精选

春，正月，安禄山入朝；上宠待甚厚，谒见无时[1]。禄山奏言："去秋营州虫食苗，臣焚香祝天云：'臣若操心不正，事君不忠，愿使虫食臣心；若不负神祇，愿使虫散。'即有群鸟从北来，食虫立尽。请宣付史官。"从之。

……江、淮南租庸等使韦坚引浐（chǎn）水抵苑东望春楼下为潭，以聚江、淮运船，役夫匠通漕渠，发[2]人丘垄，自江、淮至京城，民间萧然愁怨，二年而成。丙寅，上幸望春楼观新潭。坚以新船数百艘，扁榜郡名，各陈郡中珍货于船背；陕尉崔成甫著锦半臂，缺胯（jué kuà）绿衫而裼[3]之，红袙[4]首，居前船唱《得宝歌》，使美妇百人盛饰而和之，连樯数里；坚跪进诸郡轻货，仍上百牙盘食。上置宴，竟日而罢，观者山积。

——《资治通鉴·唐纪三十一》

【注释】

①无时：不定时，随时。②发：挖掘。③裼（xī）：脱去上衣。④袹（mò）：古代男子包发的头巾。

【译文】

春季，正月，安禄山入朝。唐玄宗对他十分宠信，随时可以进见。安禄山上奏说："去年营州蝗虫吃禾苗，我焚香祝告上天说：'我如果心术不正，对君王不忠，愿让蝗虫吃我的心；如果未负神灵，愿使蝗虫自动散去。'于是有一群鸟从北面飞来，立刻吃尽了蝗虫。希望能把此事交付史官记录。"玄宗答应了。

……江、淮南租庸等使韦坚引河水抵达禁苑东面望春楼下为深潭，用来聚集江、淮地区的运粮船只，役使民夫工匠开通漕渠，挖掉许多民众的坟墓，从江、淮地区一直到京城，怨声载道。两年才完工。丙寅（二十六日），玄宗上望春楼观看新潭。韦坚组成数百只新船，每只船上都写着各郡的名称，并陈列着本郡所产的珍宝名物。陕县县尉崔成甫身穿半臂锦衣与袒胸露臂的绣胯绿衫，头上绕着红布，在最前面的一只船上高唱《得宝歌》，又让一百名漂亮的妇人身穿艳丽的服装齐声和唱，大船连缀数里。韦坚跪着奉上诸郡所献的珍宝，并献上象牙盘盛装的美食。玄宗设宴款待众人，折腾了一整天才完，观看的人数以万计。

【词句撷英】

1. 操心：指所执持的心志。

2. 连樯：桅杆相连，形容船多。

第五章

中唐风云

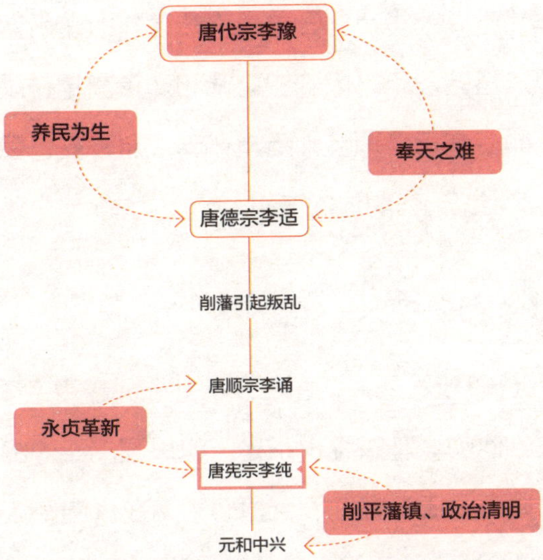

军人跋扈（bá hù，专横霸道），是紊乱政治的根本，亦是引起外患的原因。唐中叶后，却内外俱坐（由于）此弊。其原因，起于武力的偏重。

从来遭直艰难之会，最紧要的是中枢。中枢果能振作，不论如何难局，总可设法收拾的。而唐自中叶以后，其君又溺（nì，沉迷不悟）于宦侍。

——吕思勉《中国通史》

代宗养民

自安史之乱后，大唐帝国开始由盛转衰。即使后期登基的帝王再勤于国事，也无法扭转多年来因安史之乱和藩镇割据带来的负面影响。在唐代宗一朝，即使帝王采取多种措施休养生息，安稳民生，社会经济发展与安史之乱前相比仍有明显的差距。

荡平余孽，图谋中兴

宝应元年（762年）四月，唐玄宗的孙子，唐肃宗李亨的长子——唐代宗李豫继位。他的登基过程也不是一帆风顺的。他的父亲，唐肃宗李亨晚年病重，皇后张氏没有儿子，担心军功在身的皇太子上位后对自己不利，于是图谋除掉太子，想让和自己关系亲近的越王登基为帝。

于是，张皇后矫诏召太子入宫。当时，宦官李辅国、程元振知道了皇后的阴谋，他们率领禁军赶到了凌霄门，等到太子入宫后，就将太子保护起来，然后在太子的诏令下将越王和他的臣属们都囚禁起来，又将张皇后软禁于别殿。病重的唐肃宗听到兵变的消息，异常愤怒，当夜就驾崩了。太子召集群臣行监国之礼，正式继位。

唐代宗继位后，宦官李辅国自认为拥立有功，竟然越来越骄横，连皇帝都不放在眼中。他甚至对唐代宗说："陛下只需深居宫中，外面的政事自有老奴来处理。"代宗愤恨不满，但是鉴于李辅国手握重兵，只能委曲求全，尊称他为尚父，事无巨细都与他商量后才做出决定。等李辅国认为皇帝已经对他言听计从之后，代宗才趁其不备，派人假扮成盗贼刺杀了他，并且下令追捕盗贼，并安抚其家属，顺利、平稳地收回了其手中权力。

经过这番周折，代宗才开始亲政。他亲政以后，发布的第一道诏书就是任命奉节郡王李适为天下兵马元帅，命其继续扫平安史之乱的叛军。第二年春天，安史叛军的最后一个头领史朝义自缢而死，天下终于平定。收到战争胜利的捷报之后，代宗大喜过望。困扰了唐朝三代帝王的内乱终于平定，这将近八年的时间里，唐玄宗和唐肃宗先后逝世。此时，他终于可以告慰祖宗，为来之不易的胜利而欣喜了。

吐蕃犯边，外患交困

由于国内要讨伐安史之乱的叛军，唐肃宗晚年及唐代宗初年时，将西部边境的军队大量撤回国内，边境空虚，吐蕃趁此机会举兵进攻唐朝，深入内地，很快就占领了陕西凤翔以西、分州以北的十几个州。在唐代宗继位的第二年，又占领了奉天（今陕西乾县），兵临长安城下，唐朝中央朝廷无力抵抗，代宗率领部分朝臣逃到陕州去避难。吐蕃军队占领了长安，四处劫掠，将府库和坊市的东西劫掠一空，并且还改立广武王李承宏为皇帝。

在危难之际，唐代宗起用被罢职之后赋闲在家的郭子仪率军迎战吐蕃。郭子仪复职后积极组织兵力开始反击。他命令左羽林大将军长孙全绪率二百骑兵出陕西蓝田，前去观察吐蕃军队的状况。长孙全绪到达韩公堆后，白天击鼓摇旗，晚上燃起许多火堆作为疑兵之计。前光禄卿殷仲卿在蓝田和长孙全绪内外呼应，又率领二百多个骑兵直接过河威逼吐蕃军队。吐蕃军队不知道唐军到底有多少，害怕不已，又听到城里的传言说："郭子仪已经从商州率领大军到长安了，军队特别多。"他们信以为真，连交战都不敢，就赶快率军撤退了。至此，长安城陷落才十五天就被光复了。

除了吐蕃犯边之外，唐代宗一朝的边境还存在其他危机。和吐蕃犯边在同一年，在安史之乱中立下赫赫战功的大将仆固怀恩被诬告，为保全性命，他被逼叛唐。并且，两年后，他引导吐蕃、回纥（hé，也称回鹘）大军共三十万，意图从华阴过蓝田，直取长安。

消息传到长安，朝廷上下惊恐万分，唐代宗又急召郭子仪率兵驻守长安城北面的泾阳城。郭子仪到任后，首先说服回纥退兵，并且在灵武的台西原大败吐蕃，斩首五万，生擒万人，夺回无数被吐蕃劫掠的人口及财物，暂时维持了边境的和平。

注重改革，养民为先

唐代宗继位之后，为了迅速恢复安史之乱中被破坏的社会经济发展，让百姓尽快回归安定的生活，采取了多项改革措施，注重民生，养民惠民。

广德二年，唐代宗任命刘晏接办漕运大事。当时，漕运阻塞情况严重，江淮的粮食很难运到长安，关中的粮食缺口巨大，达到上百万石，饥荒四起，粮价暴涨。刘晏曾经做过长时期的地方官吏，对基层民众和漕运的状况比较了解，就果断提出了疏浚河道、南粮北调的宏伟计划。朝廷也同意了他实施这项计划。

刘晏首先组织人力逐段疏浚由江淮到高师的河道，并且打造了两千艘坚固的大漕船，训练军士们随船运粮，将每十条船编成一队，指派军官负责押运。他不再征发沿河壮丁服役，而是直接雇用船工。为了更好地完成长途运粮的任务，他将漕运全程分为四个运输段，在中途建立转运站，从而达到“江船不入汴水，汴船不入黄河，河船不入渭水”，大大提高了运粮效率，也杜绝了翻船事故。

此外，他还下令在扬州、汴口、河阴、渭口等河道的交界处建立粮仓，储存粮食，以备转运之需。经过这一改革，漕运不再是南方民众旷日持久而艰辛的劳役，不但解除了百姓的困扰，而且极大地减少了粮食损耗，提高了运粮效率。每年，江淮一带有四十万石至五十万石粮食输送到长安。

此外，唐代宗还改革收粮制度，每半年收粮一次，存入常平仓，避免粮价过低，百姓收入降低，而当荒年或者青黄不接，粮价上涨时，就大开常平仓售粮，平抑粮价，使得百姓受益、国家获利。

为了更好地收拢国家财政，唐代宗还进行财政体制改革，建立经济情报网。唐代宗在天下各道设置巡院官，让其收集本道本州岛的雨雪多少、庄稼好坏等农业情况，每旬、每月都向上报告消息，并选择勤廉干练的士人做知院官，管理各道的巡院。总负责此事的刘晏又在各地招募“善走”的人，让他们迅速报告各地物价。刘晏由于及时、准确地掌握了全国各地的经济状况和市场动态，才能及时通过漕运调剂有无，平抑物价，扶持生产，积极救灾。他在丰年提高粮食收购价格，在灾年将粮食降价出售，避免了谷贱伤农和灾荒无粮的问题。同时，他还在各处收购谷物运到粮食歉收地区，低价出售，并且换取农民的土产杂物卖到粮食丰收的地方，既能救灾又能刺激生产。

唐代宗一朝这种种安定社会，发展生产，“以养民为先”的财政方针，对于恢复当时的经济和民生有着重要作用，也对后世产生了深远的影响。

名篇精选

自丧乱以来，汴水堙废，漕运者自江、汉抵梁、洋，迂险劳费，三

月己酉，以太子宾客刘晏为河南、江、淮以来转运使，议开汴水。庚戌，又命晏与诸道节度使均节赋役，听便宜行毕以闻。时兵火之后，中外艰食，关中米斗千钱，百姓穗以给①禁军，宫厨无兼②时之积。晏乃疏浚汴水，遗元载书，具陈漕运利病③，令中外相应。自是每岁运米数十万石以给关中，唐世推漕运之能者，推晏为首，后来者皆遵其法度云。

——《资治通鉴·唐纪三十九》

【注释】

①给：供给。②兼：表示几方面都照顾到。③利病：利弊，利害。

【译文】

自安史之乱以来，汴水荒废不治，漕运都从长江、汉水运抵梁州、洋州，绕道险阻，劳费财力。三月己酉（十二日），代宗任命太子宾客刘晏为河南、江、淮以来的转运使，商议开通汴水。庚戌（十三日），代宗又命令刘晏和诸道节度使节用赋役，见机行事，事后再行上报。当时，战乱之后全国粮食匮乏，关中一斗米价值一千钱，老百姓摘取麦穗来供给禁军，宫廷厨师也没有可供两个季节用的存粮。于是，刘晏就疏浚汴水，又给宰相元载上书，陈述漕运的利弊，要求全国各地响应。从此以后，每年运米数十万石供给关中地区。终唐一代，掌管漕运之事最有才能的首推刘晏，后来者都遵循他的法令制度。

【词句撷英】

便宜：读作“biàn yí”，本文中指便宜行事之权，可自行决断处理。现代为多音字，也可读作“pián yi”，指价格低，实惠。

奉天之难

唐代宗养民为先，使得安史之乱后的大唐社会经济开始恢复，但是藩镇割据的状况并没有改变，藩镇的军事力量越来越强，中央朝廷的力量越来越弱，终于酿成了德宗时的奉天之难。

由削藩引起的四镇之乱

大历十四年（779年），唐代宗李豫去世，太子李适（kuò）继位，改元建中，是为唐德宗。他继位之后，颇有一番明君之相。他信任朝堂之上的文武重臣，疏远宦官，又废除租庸调制，改行两税法，使得社会经济状况有了很大的改变，颇有一番中兴的气象。

在军事方面，他尊郭子仪为尚父，封他为太尉兼中书令，但却收回他手中的兵权，将他的部将分别派遣到各地去。同时，他采取措施解决自安史之乱之后一直存在的藩镇割据的问题，试图剥夺拥兵自重的地方藩镇节度使的权力。

建中二年（781年）正月，河北成德镇（驻恒州，今河北正定）节度使李宝臣病死。按照惯例，藩镇节度使死后，他的职位和土地可以传给子孙，李宝臣的儿子李惟岳上表请求继承父亲的职位。唐德宗早有心思要废除各地藩镇父子相传、不听朝命的弊病，就非常坚决地驳回了这一上奏。

各地的节度使听到这个消息后，都知道唐德宗接下来必定也要对其他藩镇出手，于是就联合起来，准备以武力抗拒朝廷，其中以魏博节度使田悦、淄青节度使李正己、山南节度使梁崇义与李惟岳为首，称之为“四镇之乱”。

唐德宗征调兵马戍守关东，并亲自在长安设宴劳军，打响了武力削藩的战役。初期，成果是非常显著的：淄青节度使李正己病死后，其子李纳被朝廷兵马击败；李惟岳被其部将杀死；镇守成德镇的大将张忠和投降，被朝廷任命为成德节度使。但是，唐德宗的削藩政策并没有从实质上解决藩镇割据的问题，只是“用藩镇打藩镇”，换掉了不服从朝廷的节度使人选，而未从制度上改善藩镇割据的状况。

另外，在平定四镇之乱的过程中，因为利益分配不均，参与削藩战役的幽州节度使朱滔等人也心生不满。

泾原兵变，德宗出逃

随后，对朝廷产生不满的幽州节度使又联合魏博节度使田悦、淄青节度使李正己之子李纳、淮西节度使李希烈，再次举兵叛乱。战火从河北蔓延到河南。

建中四年（783年），李希烈率兵围困了襄城，唐德宗先是派遣哥舒曜（哥舒翰之子）前去讨伐，结果战败。匆忙之下，他又下令抽调泾原兵五千人赶去前线支援。当时的泾原节度使朱泚（cǐ）正是朱滔的哥哥，他因为朱滔起兵叛乱而被软禁在长安。泾原兵路过长安赶往前线时，朝廷前去劳军，送去的饭菜粗粝不堪，难以下咽，而且没有得到钱粮赏赐。军士们愤怒不已，发动哗变，占领了长安城，唐德宗逃往奉天。

泾原兵占据长安后，推举原节度使朱泚为帅，并举兵继续攻打奉天。奉天还没有攻打下来，朝廷从其他地方调遣来的援兵已经逼近长安，朱泚赶紧退守长安，奉天之围被解。

不久，前来平叛的唐朝将领李怀光也和朱泚联合，再次进攻奉天，唐德宗逃往梁州（今陕西汉中）。第二年五月，唐朝将领李晟（shèng）等人终于攻克了长安。七月，唐德宗返回长安。此时，朱泚被部下所杀，朱滔病死，李怀光自缢身亡——首恶既除，这次叛乱终于结束了。

在这场前后共持续三年叛乱中，唐王朝的统治基础再次被动摇，百姓心中唐王朝的强盛之势被彻底摧毁。这次叛乱中，朱滔称冀王，王武俊称赵王，田悦称魏王，李纳称齐王，朱泚称秦帝，李希烈称楚帝，因此也称为“二帝四王之乱”。

雄心殆尽，朝政剧变

经历了几次变乱之后，唐德宗对朝廷大臣越来越不信任，而对宦官的态度逐渐转变。他颇为信赖的禁军将领，在叛军攻入长安城时，竟然无法召集到一兵一卒保卫皇宫，在他仓促逃亡时，身边最能依靠的竟然是自己当太子时在东宫的宦官窦文场、霍仙鸣及其率领的一百多名宦官。朝廷武将的善变、难以依靠和宦官的忠心、可依靠形成了极为强烈的对比，这让唐德宗备受刺激，此后越来越信任宦官，将自己的安全更多地交给了宦官护卫。

他首先将统领禁军的事宜交给亲近的窦文场和霍仙鸣等人，让他们逐渐掌握权柄。两年后，唐德宗又将神策军左右两厢扩建为左、右神策军，窦文场等宦官仍然担任监军。十年后，唐德宗又设立左、右神策军护军中尉，分别由窦文场和霍仙鸣担任，这个职务的地位比神策军大将军还高，宦官成了神策军的最高统帅。几乎同时，唐德宗将派遣宦官到各地藩镇担任监军的做法固定下来，形成制度，并专门为担任监军使的宦官制作官印。此后，宦官在唐朝后续帝王当政时都在朝堂上掌握着重要力量，他们大多专权跋扈，唐朝晚期政治腐败的根

捣练图局部 〔唐〕张萱绘

由就是由此开始的。

在对宦官的信任不断加强的同时，唐德宗越来越猜忌朝堂上的大臣，他频繁地更换宰相，显示出自己对大臣们的不信任。由于人事频繁变动，即使有些政策和为政措施很好，朝堂气象也出现一派令人鼓舞的新气象，但是都如昙花一现般短暂，无法保持下去。

此外，受到四镇之乱和泾原兵变的影响，唐德宗开始时推行的削藩政策难以维系，他自己在逃亡奉天时，曾经非常绝望，对于能否消灭叛乱的藩镇势力感到迷茫。遭此挫折之后，他大受打击，对待藩镇的态度，由抵制和削弱，变成了姑息纵容，使得自泾原兵变成功平定后，形势较好的藩镇局势再次恶化，积重难返。

在兵变逃亡途中，唐德宗意识到钱财的重要性，于是在重回长安后越来越喜欢聚敛钱财，还主动要求地方向他进贡，甚至直接派宦官向地方公开索取财物。为了迎合皇帝，各地节度使以进贡为名，巧立名目盘剥百姓，有的每月进贡，称为“月进”，有的每天进贡，称为“日进”，每年进贡的钱财能达到五十万缗，给百姓生活造成了沉重的负担。宫中宦官还经常低价强买百姓物品，他们在长安的东西两市和其他热闹场所布置了数百人，这些人就四处察看人们要卖的物品，用低价换取值钱的物品，人们都惧怕不已，不敢不卖，也不敢讲价。虽然美其名曰是宫市，是皇家买卖，但其实就是强夺。百姓的生活更加困苦。唐德宗末年又宠信卢杞、裴延龄等奸臣，朝中很多正直的大臣深受其害，朝堂也开始动荡不安。

大唐的衰败已无可逆转。

名篇精选

德宗新即位，以刑名治天下，百吏震服。时大行将蒇陵事[①]，禁屠杀，尚父郭子仪家奴宰羊，谞列奏，帝谓不畏强御，善之。或曰："尚父有社稷之功，岂不为庇之？"谞笑曰："非君所知。尚父方[②]贵盛，上新即位，必谓党附者众。今发[③]其细过，以明不恃权耳。吾上以尽事君之道，下以安大臣，不亦可乎？"

时朝堂别骆三司决庶狱，辩争者辄击登闻鼓。谞上疏曰："谏鼓、谤木之设，所以达幽枉，延直言。今诡猾之人，轻动天听，争纤微，若然者，安用吏治乎？"帝然之，于是悉归有司。谞恶法吏舞文，或挟宿怨为重轻，因献《狱官箴》以讽。坐所善诛，贬阆（làng）州司马，俄召为太子右庶子，进兵部侍郎，至河南尹、东都副留守。凡五世为河南，谞视事未尝敢当正处。卒，年七十五，赠礼部尚书。

——《新唐书·列传五十五》

【注释】

①大行将蒇（chǎn）陵事：大行，刚去世的皇帝；蒇，完成。此句意为唐代宗的丧事行将结束。②方：正，正在。③发：告发。

【译文】

唐德宗刚刚登基，用严刑峻法治理天下，满朝文武震恐顺服。当时，唐代宗的丧事行将结束，而禁屠杀的命令尚未撤销，尚父郭子仪的家奴却在家宰羊，裴谞向皇帝陈奏此事，唐德宗认为他不畏强权，对他很有好感。有人责问裴谞说："尚父郭子仪为江山社稷建立功勋，难道你连一点小过也不肯庇护他？"裴谞笑道："这里的奥秘你就不懂了。尚父正处功高位尊、隆盛无比之时，天子初即位，一定以为结党亲附他的人很多。如今他有小错我就举发，恰好证明了尚父并不恃权仗势。对上我尽了为臣之道，对下则维护了大臣的安全，这不也是可以的吗？"

当时朝堂之上特地设置了一个三司合议机构，审决民间狱讼，凡有争辩不服者就来敲击登闻鼓。裴谞上奏说："谏鼓、谤木的设置，本是用来洗雪沉冤、引进采纳正直的话。如今诡谲狡猾之徒随随便便就来惊动皇帝，所争不过是一些琐碎小事，这样下去，还要各级官吏干什么？"德宗认为他说得对，于是各类案件重新由有关机构处理。裴谞憎恨各级执法官员往往玩弄文字，曲解法律，有的带着旧怨随意判定刑罪的轻重，于是献上《狱官箴》来讽劝警戒。因为朋友受罚受到牵连，他被贬为阆州司马。不久即召还为太子右庶子，后升任兵部侍郎，做到河南尹、东都副留守。裴谞因先祖曾有四代都曾担任过河南尹这个职务，所以上任后，一直不肯坐在主位上处理公务。裴谞去世时，年七十五，追赠为礼部尚书。

【词句撷英】

社稷：土神和谷神的总称。由于古时的君主为了祈求国事太平，五谷丰登，每年都要到郊外祭祀土地和五谷神。后来人们就用"社稷"来代表国家。

永贞革新

在唐朝的历代皇帝中，有一个皇帝的特征非常鲜明，他当太子的时间最长，长达二十六年；在位时间最短，不到二百天，就被逼退位当了太上皇；他采取了有利的改革措施，却因时间太短而没有明显成效——这就是唐顺宗和他发起的永贞革新。

唐朝在位时间最长的太子

唐德宗李适继位时，就册封长子李诵为皇太子，一直到德宗逝世时，李诵当了二十六年的储君。

在这二十多年里，他目睹了各地藩镇叛乱的混乱状况，也目睹了朝中大臣的相互倾轧和攻讦，逐渐养成了“慈孝宽大，仁而善断”的性格，政治态度格外谨慎。他看起来总是严肃有余，把个人的喜怒哀乐都藏在了心底，对朝中大臣和宦官既不假以辞色，也不巧言讨好。在唐德宗面前时，他更是不敢轻举妄动。但私下里，他经常和东宫侍读王叔文、王伾等人讨论天下大事和民间疾苦。

多年来压抑自我的东宫生活使得李诵的心理状况不佳，经常郁郁寡欢，身体状况也越来越差。在唐德宗末年时他曾生过重病，甚至在德宗驾崩前都未能见上最后一面。

昙花一现的永贞革新

贞元二十一年（805年）正月，李诵继位，是为唐顺宗。继位后，唐顺宗立刻重用王叔文、王伾（pī）等人进行改革，形成了以王叔文、王伾、刘禹锡、柳宗元为核心的革新派势力集团。他们反对藩镇割据，反对宦官专权，并积极推行革新，推出了一系列改革措施。

柳宗元像

在军事上，革新派免除浙西观察使李锜兼任的诸道盐铁转运使之职，使得经营盐铁的财政大权从藩镇收归中央。剑南西川节度使韦皋图谋要统领三川（剑南东川、西川及山南西道），派人到京都对主政的王叔文威逼利诱，王叔文不为所动，断然拒绝了他扩大割据地盘的要求。对其他藩镇势力采取的也是防范措施。

在政治经济方面，革新派注重惩治贪官污吏，任用贤能；废除苛政，规定除了两税之外，不得再增加其他税收，在规定的进贡之外，不得再另外上贡；免除百姓积欠的租赋课税五十二万贯钱。

在对待宦官方面，先是废除了扰民生活的宫市和五坊小儿（宫中设置的雕坊、鹘坊、鹰坊、鹞坊、狗坊，合称“五坊”，豢养猛禽及猎犬以备皇帝打猎之用，其中的官吏就称为五坊小儿），又削减宫中闲杂人员和一部分内侍的俸禄，目的是抑制宦官势力。同时，又任命大将军范希朝为京西左、右神策军节度使，度支郎中韩泰为行军司马，希望夺回禁军军权。但是这一计划被宦官知晓，他们不愿意交出军权，就开始密谋，企图铲除革新派。

改革措施虽好，但是唐顺宗的身体状况非常差，在登基之初，他就曾中风失声，不能亲自处理朝政。因此，他将朝堂大事委托给王叔文等人，自己在宫中休养身体，仅留宦官李忠言、宠妃牛昭容服侍左右。也因此，每一件想要上传的事情都要经历“韦执谊一王叔文一王伾一李忠言一牛昭容”的传达，才能为唐顺宗所知道，所要下达的事情，也同样要经由这么多人传达。这一弊端，就使得新政的变革极易出现问题，不能及时解决各种问题，也无力提防有人从中作祟。

牧马图 〔唐〕韩干绘

当年八月，在势力强大的宦官集团的逼迫下，顺宗被迫让位于太子李纯，退位称太上皇。太子登基后，将贞元二十一年（805年）改元为永贞元年。因而，这场昙花一现的政治革新也被称为“永贞革新”。

名篇精选

甲子，上御丹凤门，赦天下，诸色逋负[1]，一切蠲（juān）免，常贡之外，悉罢进奉。贞元之末政事为人患者，如宫市、五坊小儿之类，悉罢之。

先是，五坊小儿张捕鸟雀于里者，皆为暴横以取人钱物，至有张罗网于门不许人出入者，或张井上使不得汲者，近之，辄曰：“汝惊供奉鸟雀！”即痛殴之，出钱物求谢[2]，乃去。或相聚饮食于酒食之肆，醉饱而去，卖者或不知，就索其直[3]，多被殴詈（lì）；或时留蛇一为质，曰：

“此蛇所以致鸟雀而捕之者，今留付汝，幸善饲之，勿令饥渴。”卖者愧谢求哀，乃携挈而去。上在东宫，皆知其弊，故即位首禁之。

——《资治通鉴·唐纪五十三》

【注释】

①诸色：各色，各种。逋（bū）负：拖欠的赋税、债务。②谢：谢罪。③直：通“值”，价值。

【译文】

甲子（二十四日），顺宗驾临丹凤门，大赦天下；一律免除各种名目的租税拖欠，在固定的贡品以外，停止进献所有贡物。对贞元末年损害百姓利益的施政措施，如宫市、鹘、鹞、鹰、狗五坊小儿一类，全部取消。

之前，在民间张网捕捉鸟雀的五坊小儿尽做些暴虐豪横的事情，借以索取人们的钱财物品。以至有人把罗网张设在人家门口，不许人们出入，或者把罗网张设在水井上面，使人们无法汲水，如果有人走近前来，五坊小儿便说：“你惊动了准备奉献朝廷的鸟雀！”当即狠狠殴打来人，直至来人拿出钱财物品来求情谢罪，才能离开。有些五坊小儿聚集在酒店、饭店铺中吃吃喝喝，吃饱喝醉才离去。有些卖主不知道他们的身份，当场向他们索取酒饭钱，往往被打骂一顿；有时或者会留下一袋蛇作为抵押品，还说：“这些蛇是用来捕捉鸟雀的，现在留交给你，希望你妥善饲养它们，别让它们挨饿受渴。”卖主愧悔道歉，苦苦哀求，五坊小儿这才带着这袋蛇走开。顺宗在东宫当太子时，便清楚地知道这些弊病，所以即位后率先禁止五坊小儿为恶。

【词句撷英】

饥渴：本义指腹饿口渴。后引申比喻殷切期望，如饥似渴。

元和中兴

中唐之后，唐朝国势衰微，各地藩镇拥兵自重，自成一国。唐宪宗继位之后，一度对藩镇用兵取得明显效果，政治回到正轨，出现了中兴局面，社会经济日渐萎靡的状况在这段时期得到缓解，这段时期史称“元和中兴”。

重用宰相，政治清明

唐宪宗继位之后，希望效法祖宗，做出一番业绩，他为了改变朝廷权力日益削弱的局面，先后任命了一批年轻有为、忠勇有才干、力主削藩、反对宦官干扰军政的宰相，如李吉甫、杜黄裳、裴垍（jì）、李绛、武元衡、裴度、崔群等，“军国枢机，尽归之于宰相”。这些年轻宰相，确实在政治上颇有作为，他们支持唐宪宗对内肃清朝政，对外强硬解决藩镇割据问题。

李绛担任宰相时，主张在北部营田养兵，减少国家财政开支。四年时间，共开垦田地四千八百顷，收粮四千多万斛，每年都节省下度支钱二十多万缗，边境各地对屯田粮食的依赖逐渐增加。

此外，唐宪宗还重用一大批长于理财和经济的官员，在他们主政各地期间，国家的财政税收大大增加，百姓生活开始好转，从产粮重地江淮转运到北方的粮食每年都在增加。

奋发有为，削平藩镇

唐宪宗初期，由于政治清明，社会经济情况有了极大的好转，而吐蕃势力衰微，各地藩镇的实力也在长久的战乱中被大大削弱，唐宪宗就抓住这大好时机，以较强的武力，意欲削平割据的各藩镇。

永贞元年（805年），唐宪宗刚刚继位，剑南西川节度使韦皋病死，副使刘辟自命为节度使，并要求朝廷同意他兼领“三川”（西川、东川、山南西道）。朝廷不许，刘辟就率兵围困东川节度使李康于梓州。唐宪宗派遣大将军高崇文率兵出击。高崇文打到成都，生擒刘辟，将他押解到长安并诛杀了他的余党。

刘辟被灭后，各地藩镇大多恐惧，请求入京朝见。镇海节度使李琦也是其中之一。唐宪宗允许了这些节度使入朝。待李琦入朝时，他的心思又开始动摇，就上表朝廷说：“身染疾病，没法入京，请求延缓到年底再入京。”当时，朝堂上主政的宰相武元衡极力主张削藩，认为李琦这种人绝对不可放纵，宪宗也这样认为，于是就下诏，征调李琦入朝。李琦不肯接受，唐宪宗就任命淮南节度使王锷率领宣武、义宁、武昌、淮南等各道兵马共同讨伐李琦。李琦很快被擒获，押送到京城，被判腰斩之刑。

元和七年，魏博节度使田季安去世，他的儿子田怀谏继位为副大使，管理军务。当时，田怀谏才十一岁，因年幼不能管理军政大事，都是部将和家仆进行管理。宪宗就想趁此机会，发兵攻打魏博。当时朝堂中关于是否要动用武力，争论得特别激烈。宰相李吉甫认为要起兵讨伐，而李绛则认为不必采取军事行动，朝廷如果施压，田怀谏很可能就会自行归顺。唐宪宗开始时认同李吉甫的意见，但是李绛详细分析了各藩镇的状况，认为可以不出兵，他说：“河南、河北的各个藩镇，都分出了一些

唐代兵士复原图

兵力，分给各个将领统帅，这是担心将领掌握的兵权过重，威胁自己的地位。因而各将领之间势均力敌，相互节制。

“当节度使足够强势时，就能够驾驭他们，藩镇内部比较安定。但是现在，田怀谏只是一个小孩子，不能亲自处理军政大事，对各个将领必然会亲疏有别，不能均衡，这就容易使将领们心怀怨恨，不肯听从他的命令，滋生祸乱。田怀谏如果不向朝廷求援，就必定会被其他相邻的各道吞并。朝廷此时的上策就是屯兵不动，严格操练军队，等时机成熟，魏博将领中必然会有人归附朝廷，朝廷再看准时机，以高官厚禄奖赏效命的人，必定会很快解决魏博问题。

“而其他藩镇看到朝廷这么做，也必然会担心自己的部下都跟着学习，就会争着向朝廷表示归顺，这就是不战而屈人之兵。”

宪宗觉得李绛的分析非常有道理，就同意了他的做法。此后，魏博的局势果然和李绛分析的一样，朝廷没有动用一兵一卒就使得将领归心，魏博顺利归于朝廷管辖。

元和九年（814年），淮西节度使吴少阳病死，其子吴元济自领军务，并且率兵劫掠鲁山、襄城，屠舜阳城，令天下震惊。唐宪宗召集天下十六道兵马讨伐吴元济。淮西的这场战事非常激烈，吴元济暗中联络山东、河北的割据势力，来势汹汹。朝廷的征讨大军开始时进展很不顺利，朝堂上主张削藩的宰相武元衡和裴度又被刺客刺杀，一死一伤。面对这种局面，唐宪宗丝毫没有退缩，仍然坚持削藩和讨伐之举，宣称“贼不可赦”。经过将近四年的不断战争，终于攻下了吴元济的大本营蔡州，解除了淮西的割据局面。

韩愈像

平定淮西之后，朝廷和藩镇的局势彻底改变。中央朝廷占据优势地位，天下藩镇大多归于朝廷，自安史之乱后形成的藩镇割据局面得到了很大改善。

前明后暗，寻访长生

然而，在各地藩镇割据的问题得到解决后，唐宪宗自认为立下了不朽功勋，变得骄矜自负，生活也日益奢靡起来。他罢免了贤相裴度，任用奸臣皇甫镈（bó）为相，使得朝廷政治开始衰败。同时，他和祖辈一样，开始信任、重用宦官，甚至在和藩镇进行战争期间，他就任命心腹宦官担任左右神策将军、兼任河中、河阳、浙西、宣歙（shè）等道行营兵马使和招讨处置使等重要职务，作为统帅带兵出征，宦官的势力又逐渐壮大起来。

元和十三年，唐宪宗下诏在全国各地寻访方士，想求得长生不老药。朝中官员劝谏他不要沉迷于虚无缥缈的仙道之说，他也听不进去。当时，韩愈担任刑部侍郎，他给皇帝上了一份奏章，言辞恳切，直言方士之害，宪宗看到奏章之后，勃然大怒，准备对韩愈处以极刑，其他大臣们苦苦求情，才保住韩愈的性命，最终被判流放潮州。此后，朝中很少有大臣敢于直言劝谏此事。

到第二年时，宪宗开始服用方士制成的长生不老药。没过多久，他就变得性情暴躁易怒，经常斥责或者诛杀左右的亲近宦官，刚登基时的英明神武完全消失不见了。元和中兴只持续了很短的一段时间，和平安定的局面很快就终结了。

名篇精选

丙申，以户部侍郎裴垍（jì）为中书侍郎、同平章事。上虽以李吉甫故罢垍学士，然宠信弥厚，故未几[①]复擢为相。

初，德宗不任宰相，天下细务皆自决之，由是裴延龄辈得用事。上在藩邸，心固非之；及即位，选擢宰相，推心委之，尝谓等曰："以太宗、玄宗之明，犹藉[②]辅佐以成其理，况如朕不及先圣万倍者乎！"垍亦竭诚辅佐。上尝问垍："为理之要何先？"对曰："先正其心。"

……

垍器局峻整，人不敢干以私。尝有故人自远诣之，垍资给优厚，从容款狎。其人乘间求京兆判司，曰："公不称此官，不敢以故人之私伤朝廷至公。他日有盲宰相怜公者，不妨得之，垍则必不可。"

——《资治通鉴·唐纪五十三》

【注释】

①未几：没有多久，很快。②藉：通"借"，借此，借助。

【译文】

丙申（十七日），宪宗任命户部侍郎裴垍为中书侍郎、同平章事。虽然宪宗因李吉甫的缘故免去了裴垍翰林学士的职务，然而对他的宠爱、

信任却更为深厚，所以不久便又提拔他出任宰相。

当初，德宗不肯信任宰相，天下细小事务完全由自己处理，因此裴延龄一类人开始当权。宪宗还在藩王府邸中时，本来就认为这种做法是不对的，及至即位后，对选择提拔的宰相，总是推心置腹地信任他们。宪宗曾经对裴垍等人说："凭着太宗、玄宗的英明，还要借助大臣来完成对国家的治理，何况像朕这样连先朝圣君的万分之一都比不上的人呢！"裴垍也竭尽诚心佐助皇帝。宪宗曾经询问裴垍说："治理国家的要务，什么居于首位？"裴垍回答说："首先应当端正人心。"

……

裴垍的才具气度严正而庄重，人们不敢因私事求他。曾经有一位朋友从远方来到他那里，裴垍送给这位朋友许多财物，纵情而无拘束地接待他，此人借机请求京兆府参军的职务，裴垍说："你不适合担当这个官职，我不敢因朋友的私情去损害朝廷至上的公道。以后若有不识人的宰相怜悯你，你不妨得到这个官职，我却是肯定不会同意的。"

【词句撷英】

推心：以诚相待。词义扩展：推心置腹。

第六章 日落西山的唐帝国

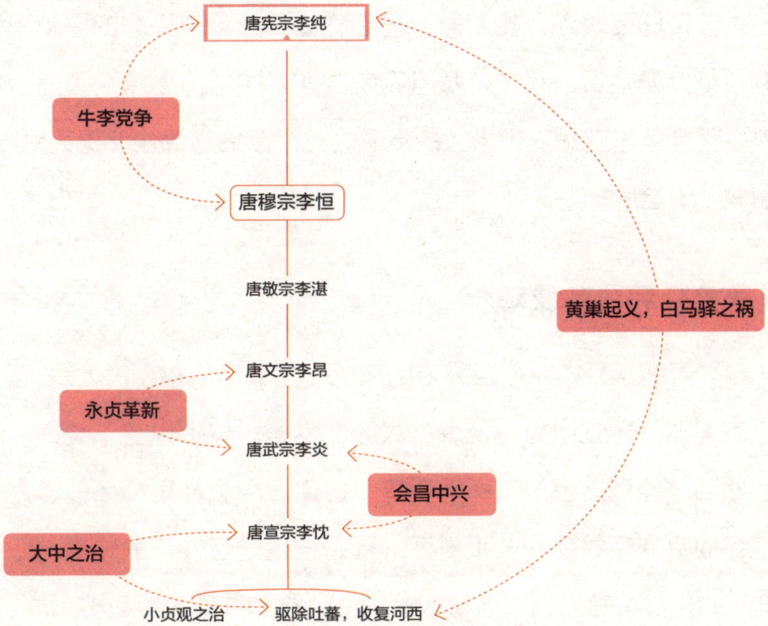

自宪宗以后，无一君非宦官所立，中央的政治，因此总不能清明；而外重之势，亦无术挽回，总不过苟安罢了。宣宗之后，懿宗、僖（xī）宗两代，又均荒淫。僖宗年幼，尤敬信宦官田令孜。一切都听他主持。流寇之祸又起，到底借外力打平，唐室就不能支持了。

——吕思勉《中国通史》

牛李党争

大唐帝国慢慢进入晚期时，已经犹如一艘年久失修的巨轮，处处是漏洞，处处是危机。其中，从唐宪宗时期开始，前后持续了四十年之久的“牛李党争”就是其中最大的漏洞之一，政治格局由此更为腐败衰落，也加深了统治危机。

争权夺利的竞技场

自大唐初年开始，君臣共治的氛围一直非常浓郁，唐太宗、唐高宗、唐玄宗前期，朝堂中直言上谏的大臣非常多，皇帝也善于纳谏。但是唐玄宗后期，他沉迷享乐，不理朝政，接连任用李林甫和杨国忠为相，开放包容的政治气氛便一去不复返，开始出现奸臣专政的局面，而且愈演愈烈。并且，宦官势力也参与其中，和朝堂上的文武大臣分庭抗礼。

等藩镇割据局面出现后，皇帝几乎完全失去了对官员的控制。朝堂上的官员形成一个个党派，为了达到各自的政治目的，他们结党营私，行贿受贿，争权夺势。高坐在皇位上的皇帝大权旁落，无力控制这种局面，党争变得越来越激烈。

唐德宗和唐宪宗当政期间，都有宦官受到信任、重用，他们的势力逐渐膨胀，已经威胁到官僚集团的利益，因而两大政治集团之间开展了旷日持久的、争权夺利的斗争，被称为“南衙北司”之争。这一斗争与官僚集团内部的派系混杂交织，使得朝堂争斗更为激烈。

从科举录取开始的党争序幕

唐朝，想要做官一般可以通过两种途径：第一，通过科举考试，考中进士当官，这些人往往有相同的兴趣爱好，认为自己是凭借真才实学入仕的；第二，通过祖父、父亲的荫庇而当官，他们大多推崇儒家经学，自认为门第清高。通过这两种途径入仕的官员，都相互看不顺眼，非常鄙视对方，矛盾日益加深，就形成了两大政治集团。究其根本，还是自唐初以来，士族地主与庶族地主之间斗争的延续。

两派官员的矛盾斗争持续已久。唐宪宗元和三年（808年），长安举行科举考试，考生牛僧孺（rú）、李宗闵（mǐn）在考卷里都对朝政进行了批评，主考官认为他们写得很好，符合录取条件，就欣然录取了他们，并把他们推荐给唐宪宗。当时李吉甫担任宰相，他认为这两个人批评朝政，揭露他的短处，是对他进行人身攻击，于是在唐宪宗面前进谗言，诬陷牛僧孺、李宗闵二人和考官有私人关系。唐宪宗信以为真，就把主持科举的主考官降职罢官，牛、李二人也没有被提拔。这一处理决定引起了朝野上下的不满，很多大臣都上书，为牛、李二人鸣冤，谴责宰相李吉甫嫉贤妒能。在朝臣们的大力施压下，唐宪宗只好将李吉甫贬为淮南节度使，另行任命宰相。

此时，朝堂上出现了两个对立派，但由于李德裕（李吉甫之子）、牛僧孺都尚未进入朝廷供职，所以派系斗争的色彩还不浓厚。

交替进退的牛李两党

长庆元年（821年），唐宪宗的第三子、太子李恒继位，是为唐穆宗。

这一年礼部侍郎钱徽为主考官，主持进士考试，右补阙杨汝士是其中一名考官。考试结束后，中书舍人李宗闵的女婿苏巢、杨汝士的弟弟殷士、宰相裴度的儿子裴撰等人皆榜上有名。此时，前任宰相段文昌上书，向唐穆宗奏报说，礼部的科举录取不够公平公正，有人作弊，只要打通“关节”，就能被录取。穆宗收到奏报后，就向翰林学士李德裕、元稹、李绅等人询问情况，他们都说段文昌所言之事是真的。大为震怒的唐穆宗派人举行复试，让已经上榜的十四人再参加一次考试，结果只有三个人勉强通过。

作弊之事因此大白于天下，穆宗就将钱徽、杨汝士都贬官去职，李宗闵也受到牵连，被贬为剑州（今四川剑阁、梓潼等地）刺史。两党的争斗开始走向表面化。

李宗闵被贬，但是牛党的另一个领袖牛僧孺却依然在朝，一个偶然的机会，他被唐穆宗赏识，于长庆三年当上了宰相。他一上台，就将李德裕贬职。李党的其他人也都纷纷被排挤出朝堂，双方结怨更深。

没过两年，沉迷游乐、不理朝政的唐敬宗就被宦官杀害，另一个大宦官王守澄扶持敬宗的弟弟李昂当上了皇帝，这就是唐文宗。

唐文宗继位后，这一时期，牛党和李党一直在交替进退，一党在朝，便排挤对方出京城，唐文宗还发出了“去河北贼易，去朝廷朋党难”的感慨。

反对宦官的甘露之变

唐文宗在位时，非常信重李训、郑注二人，这二人虽然是由当时的大宦官王守澄引荐进入朝堂担任高官的，但是他们对宦官专政多有不满，这一点与文宗不谋而合，因此便合谋诛杀宦官，夺回皇权。

太和九年（835年）十一月二十一日，唐文宗上朝时，左金吾卫大将军韩约禀告说，左金吾衙门后院的石榴树上，昨晚发现有甘露降临，认为这是祥瑞的征兆。李训、舒元舆等人便乘机劝唐文宗亲自前往观看，唐文宗知道这是先前就已经约定好的诛杀宦官的信号，就欣然同意前往。到达左金吾衙门后，宰相和中书、门下两省的官员先去后院查看，查看后回报说，不太像真正的甘露。唐文宗表示不相信，就命左、右神策军的护军中尉仇士良、鱼弘志率领诸宦官再次前去察看。仇士良刚走到后院，就发现暗藏在院内的兵卒，仇士良率领宦官及时往后退，和早有埋伏的士兵们交战在一起。李训等人准备不足，计划被提前发现，没能将宦官一党杀个措手不及，很快就让他们逃回了宫中。

逃回宫中的仇士良等人率领左、右神策军气势汹汹地杀回来，将中书、门下两省的官员和左金吾卫的士卒杀了将近一千人，又大肆搜查南衙各司衙门，将各司官吏和担任警卫的士卒以及正在其中办事的百姓、商人等一千多人全部杀死。各衙门的印鉴、地图和户籍档案、办公用具等都被捣毁。牛党和李党此时也无力反对宦官专权，都依附于宦官势力下。

五年后，被软禁的唐文宗抑郁而终，他的弟弟李炎被拥立当了皇帝，就是唐武宗，年号会昌。因为牛党所依附的宦官势力所支持的继承人不是李炎，所以在李炎上位后，这一部分宦官很多被清洗掉了，牛党失势。李德裕从淮南节度使，被提拔为宰相，开始武宗一朝李党独掌朝政的时期。牛党几乎完全被排挤出朝廷之外，其领袖牛僧孺、李宗闵虽然早已不在京城中枢，但还是被贬职流放。李德裕独断专行、排除异己的作风，也让宦官集团非常不满。

会昌六年（846年），唐武宗去世，在宦官马元贽的拥立下，武宗的弟弟李忱继位，就是唐宣宗。唐宣宗为了对抗宦官势力，夺回朝政大权，就将宰相李德裕贬为荆南节度使。此后一两年，李宗闵、牛僧孺、李德裕相继去世，前后延续了四十多年的牛李党争至此画上了句号。

牛李两党为了各自小集团的利益，将国家利益置之脑后，每每议事总是互相攻击，使得朝廷成了他们争权夺利的战场，政治局势越来越黑暗，朝廷政局越来越不稳定，加深了唐王朝的统治危机，造成了越来越难以收拾的混乱局面。

名篇精选

翰林学士元稹与知枢密魏弘简深相结，求为宰相，由是有宠于上，每事咨访焉。稹无怨于裴度，但以度先达重望，恐其复有功大用，妨己进取，故度所奏画军事，多与弘简从中沮坏之。度乃上表极陈其朋比奸蠹之状，以为："逆竖构乱，震惊山东，奸臣作朋，挠败国政。陛下欲扫荡幽、镇，先宜肃清朝廷。何者？为患有大小，议事有先后。河朔逆贼，只乱山东；禁闱奸臣，必乱天下；是则河朔患小，禁闱患大。小者臣与诸将必能翦灭，大者非陛下觉寤制断无以驱除。今文武百寮，中外万品，有心者无不愤忿，有口者无不咨嗟，直以奖用方深，不敢抵触，恐事未行而祸已及，不为国计，且为身谋。臣自兵兴以来，所陈章疏，事皆要切，所奉书诏，多有参差，蒙陛下委付之意不轻，遭奸臣抑损之事不少。臣素与佞幸亦无仇嫌，正以臣前请乘传诣阙[①]，面陈军事，奸臣最所畏惮，恐臣发其过恶，百计[②]止臣。臣又请与诸军齐进，随便[③]攻讨，奸臣恐臣或有成功，曲加阻碍，逗遛日时。进退皆受羁牵，意见悉遭蔽塞。但欲令臣失所，臣无成，则天下理乱，山东胜负，悉不顾矣。为臣事君，一至于此！若朝中奸臣尽去，则河朔逆贼不讨自平；若朝中奸臣尚存，则逆贼纵平无益。陛下倘未信臣言，乞出臣表，使百官集议，彼不受责，臣当伏辜。"表三上，上虽不悦，以度大臣，不得已，癸未，以弘简为弓箭库使，稹为工部侍郎。稹虽解翰林，恩遇如故。

——《资治通鉴·唐纪五十八》

【注释】

①诣阙：到朝堂上拜见。②百计：非实指，代指运用各种方法。③随便：随机应变。

【译文】

翰林学士元稹和知枢密魏弘简深相互勾结，求做宰相，由此而得到唐穆宗的宠任，朝政大事都向他咨询。元稹和裴度虽然没有仇怨，但由于裴度在他得到重用前就有很高的威望，又害怕裴度在讨伐幽州、成德时立功，再度得到朝廷重用，妨碍自己升迁。所以，凡是裴度上奏的军事谋划，他经常和魏弘简二人从中阻挠，使他不能实施。于是，裴度上表，极力指责元稹和宦官朋比为党、奸邪害国的罪状，认为："王庭凑、朱克融逆臣竖子叛乱，震惊山东；奸臣朋比为党，则搅乱朝政。陛下如果想扫平幽州、镇州叛乱的话，应当首先肃清朝廷奸党。为什么呢？因为灾祸有大有小，考虑事情也有先有后。河朔的叛臣贼党，只能扰乱山东，而宫中的奸臣，则必定祸乱天下。所以，对国家来说，河朔的叛臣危害小，而宫中的奸臣危害大。对于河朔的叛臣，我和诸位将领肯定能够翦灭，但宫中的奸臣，如果陛下不觉悟，则断然无法驱除。现在，朝廷文武百官，京城和各地众多臣僚，凡是有心对朝廷尽忠的人，对奸臣的所作所为无不愤怒，能够开口讲话的人也无不嗟叹。只是由于陛下信用他们，才不敢指责，恐怕奸臣未能铲除，而祸及己身。这并非他们不为国家考虑，而是担心自己受牵连。自从朝廷兴兵讨伐幽州和成德以来，我所上奏陈述的用兵方略，都事关紧要。但所接到的朝廷诏书，却指令不一。我受陛下的重托，指挥诸军讨伐，责任重大，但遭奸臣从中阻挠的事情，也实在不少。我向来和奸臣无怨，只是由于前不久我上奏朝廷，请求乘驿马到京城，当面向陛下陈述用兵方略，奸臣是害怕我向陛下揭发他们的罪过，所以百般阻挠我进京。同时，我又上奏朝廷，请准许我率兵和诸军一同进攻，随机应变，讨伐叛乱。但奸臣害怕我成功，于是，用各种理由加以阻挠，以致我军停滞很久，无论进退，都受到他们的牵制，上奏朝廷的意见，也都被他们从中阻塞。他们这样做的目的，就是要让我出兵失利，不能成功，对于国家治乱，山东前线的胜负大局，却全然不顾。作为臣下侍奉皇上，他们就是这样做的！如果朝中的奸臣全部驱除，那么，河朔的叛臣贼党就会不讨自平；但如果朝中奸臣仍然存在，则虽然讨平叛臣贼党，对朝廷也没什么好处。陛下如果不相信我的话，请求把我的奏章公布，让百官一起讨论，如果奸臣不受到百官的谴责，我愿受到应有的惩罚。”裴度多次上奏指斥元稹等人的罪行，穆宗虽然很不高兴，但考虑到裴度是朝廷中威望很高的大臣，不得不作出让步。癸未（二十日），贬魏弘简为弓箭库使，元稹为工部侍郎。元稹虽然被解除翰林学士的职务，但和过去一样受到穆宗的宠信。

【词句撷英】

1. 朋比：朋，结党；比，偏袒、偏心自己人。指依附、相互勾结。词义扩展：朋比为奸。

2. 面陈：当面陈述。词义扩展：面陈良策。

会昌中兴

唐朝晚期，国家政治和社会经济的发展开始走下坡路，且颓势不可逆转。但仍有一些有雄心的帝王，不甘于帝国的日渐衰落，采取各种改革措施，革除时弊，使得短时间内国家状况有所好转。唐武宗就是如此，他在位时采取了一连串振兴朝廷的举措，尤其是在打击佛教方面，出现了著名的“会昌灭佛”事件。

削弱宦官势力，加强相权

开成五年（840年），唐文宗病重，下密旨让宰相李珏等人辅佐太子监国。但是当时手握重权的大宦官仇士良和鱼弘志贪图拥立之功，不希望太子登基，就提出太子年幼多病、难当重任，要重立太子。李珏据理力争，但是奈何手中没有兵权，此时，仇士良等人已经假传圣旨，将文宗的弟弟、颍王李瀍（chán，后改名为李炎）立为皇太弟。文宗驾崩后，颍王继位，改元会昌，就是唐武宗。

唐武宗虽然是宦官拥立登基的，但他对宦官专权的事情却非常不满。武宗在朝廷上重用李德裕，采纳其建议，将朝政归于中书，不断扩大中书省的职能，使宰相能确实行使辅弼之权。这一改革就使得宦官手中的权力一再被削弱。大宦官仇士良见武宗日益重用李德裕，非常担忧自己的处境，就散布流言，宣称“宰相想要削减禁军的衣物、粮食和军马草料等费用”，想要挑拨禁军起来闹事。宰相李德裕听说此事后，就赶紧向武宗禀告了这件事，唐武宗就派人到神策军去宣旨，震慑了禁军。

仇士良的阴谋败露后，惶恐不安，向唐武宗请罪。武宗没有趁机进一步削弱他的势力，而是将他提升为观军容使，虽然明面上升了官，但实际上剥夺了对禁军的实际领导权。仇士良由此知道了武宗对自己的态度，知道自己处境不妙，就以退为进，提出辞职。武宗顺水推舟同意了他辞官。没过多久，仇士良感到大势已去，无法东山再起，直接致仕（即官员退休）。

严格官吏选拔制度

唐后期的弊政，还有一大表现就是仕途太滥，做官的门槛比较低，已经成为社会的重大祸患。因而，朝廷采取了很多措施，对官员选拔途径进行严格控制，企图从根源上入手，加强官僚队伍建设。

首先，减少进士录取人数，并对及第的进士进行复试，提高遴选难度，选拔具有真才实学的人。据记载，会昌四年（844年），王起主持贡举（地方官府向上举荐人才）考试，发榜及第的有二十五人，结果到复试时只录取了一人，严格的选举制度，有助于提升官员队伍的素质。

其次，对新科进士的授官也进行严格规定。因为进士及第之前，大多都是在家中常年苦读，没有时间过问百姓疾苦，并不熟悉民情，因而这次改革中，改变了以往进士授官直接任命正职的做法，而是让他们先去“实习”，然后经过两次考核，才能授予官职。这一措施在很大程度上解决了新科进士不谙（ān）民情的问题。

最后，限制宦官和其他官僚的门荫特权，避免不学无术的子弟仅凭父、祖的功勋就进入官场，严查冒用、滥用门荫的事件，肃清官员队伍。

稳定漠北、西域

开成四年，唐武宗登基前的一年，回鹘（hú）国内发生叛乱，又天降大雪，牧民们养的羊和马死了很多，疫病流行，回鹘逐渐衰败，第二年时，一部分回鹘人南迁到天德（治大同川，今内蒙古乌拉特前旗东北）、西受降城（今内蒙古河套地区）附近，请求归附朝廷。唐武宗下诏命令边境军队严加防范，并且借给回鹘人粮食，帮助其度过灾荒。野心不减的回鹘人却劫持了南归的太和公主，以公主为人质，上表朝廷，请求暂借一城。朝廷派人前去慰问，送去赈济的米粮和衣物等，委婉拒绝了其借城的要求。不久后，回鹘首领再次上表，请求赈济粮食，寻回被吐谷浑、党项掠夺的人口以及暂借振武城。唐武宗下诏，城不能借，其他事宜可以通融。

唐军复原图

会昌二年，一部分回鹘人在那颉啜的率领下，进入幽州境内劫掠。

卢龙节度使张仲武奉命征讨回鹘，他派自己的弟弟张仲至率兵三万迎战，大破回鹘军，杀敌无数。而后继续追击，杀死或擒获回鹘人近九万。挟大胜之威，张仲武又派兵进攻契丹、奚两部，恢复了唐王朝对这两个部落民族的管辖。

平定回鹘之乱后，又趁吐蕃内乱之际，朝廷就打算在西域地区重设四镇十八州，并且任命刘蒙为巡边使，命令其储备兵器和军粮，侦察吐蕃边境状况，以备时机合适时收复吐蕃。当时，黠戛斯（xiá jiá sī，古族名。汉称坚昆，魏晋间称结骨，主要分布在今叶尼塞河上游流域）人占据了安西和北庭都护府，回鹘汗国被灭后，他们就成为朝廷名义上的藩属国，而且黠戛斯畏惧唐朝的威势，有意将安西和北庭交还给唐朝。

唐武宗雄心勃勃，想要直接收回两地。但宰相李德裕上书，以“安西、北庭两地距离京城太遥远，如果收复，必然重新设置都护府，镇守的士兵和军需物资的供应都非常困难”为理由劝阻了他。虽然唐武宗未能真正收复西域，但已经做好了准备，为后续朝廷收复西域打下了基础。

会昌灭佛

唐武宗登基之后采取的一系列措施，使得社会经济有所恢复，他笃信道教，还在全国范围内开展了灭佛运动，成为历史上著名的“三武灭佛”事件（指北魏太武帝、北周武帝、唐武宗三位帝王）之一。

唐朝建立之后，尊崇道家思想的代表人物老子（李耳），并自称是他的后人，在国家层面上，将道教放在了佛教之上。但是历代精明的统治者们，深知各个教派自有其作用，尤其是佛教，在各个层面都有不可低估的力量，因而都注重在儒、佛、道三者之间取得平衡。显然，唐武宗是不在此列的，他为了维护道教作为国教的权威，发起了灭佛运动。

会昌元年（841年），在宰相李德裕等人的奏请下，唐武宗下诏命令一部分僧尼还俗，拆毁天下的一些小寺庙、山房（指山中的寺庙）等，对僧尼活动进行种种限制。会昌二年，又下诏不允许寺庙中有“童子沙弥”，不允许僧尼无限制地占有奴婢，大量僧尼被强制还俗。会昌三年，下令废除违反佛教戒律的摩尼大慈恩寺，抄没其财产。会昌四年，下令各地寺院严禁供奉佛牙，并大规模拆毁各地的山房、普通佛堂和村邑斋堂，被拆寺院内的僧尼一律勒令还俗，送归原籍等。到会昌五年时，开始更大规模的灭佛行动。

据统计，唐武宗发动的此次大规模灭佛行动，共计拆除寺庙四千六百多所；拆除山房、兰若等小型庙宇四万多所；二十六万名僧尼还俗，回归农业劳动，成为纳税的农户；没收寺院占据的良田数千万顷；恢复十五万个奴婢为农民，沉重打击了寺院经济，大大增加了朝廷的纳税人口，扩大了国家的经济来源，削弱了佛教对国家政治的影响力。但很遗憾，在唐武宗之后继位的宣宗皇帝依旧信奉佛教，佛教很快又发展起来，灭佛的成果并没有持续太长时间。

名篇精选

上[1]闻扬州倡女善为酒令，敕淮南监军选十七人献之。监军请节度使杜悰同选，且欲更择良家美女，教而[2]献之。悰曰：“监军自受敕，不敢预闻！”监军再三请之，不从。监军怒，具表其状，上览表默然。左右[3]请并敕节度使同选，上曰：“敕藩方选倡女入宫，岂圣天子所为？杜悰不徇监军意，得大臣体。真宰相才也。朕甚愧之！”遽敕监军勿复选。甲辰，以悰同平章事，兼度支、盐铁转运使。及悰中谢，上劳之曰：“卿不从监军之言，朕知卿有致君之心。今相卿[4]，如得一魏征矣！”

——《资治通鉴·唐纪六十三》

【注释】

①上：指唐武宗。②教：教导、教习。而：而后，然后。③左右：名词，侍从，身边的人。④相卿：倒装，“以卿为相”，任命你为宰相。

【译文】

唐武宗听说扬州的歌女擅长酒令，就命淮南监军挑选十七人奉献宫中。监军请求节度使杜悰一同挑选，同时打算再挑几个良家美女，教会酒令后一并奉献给唐武宗。杜悰说：“你个人接受皇上敕令，我不敢参与这件事！”监军再三请求，杜悰仍然不同意。监军大怒，把杜的情况上奏唐武宗，唐武宗看后沉默不语。左右侍从请求唐武宗下敕，命杜悰和监军一起挑选，唐武宗说：“敕令藩镇挑选歌女入宫，难道是圣明的天子应该做的事吗？杜悰不听从监军的意见，符合大臣的身份，具有宰相的才能。朕感到非常惭愧！”随即敕令监军停止挑选歌女。甲辰（十三日），任命杜悰为同平章事，兼度支、盐铁转运使。杜悰向唐武宗感谢任命时，唐武宗安慰他说：“你没有答应监军的请求，朕知道你有爱护朕的心意。现在，任命你为宰相，朕如同得到了一个魏征！”

【词句撷英】

默然：沉默不语的样子。词义扩展：默然不语。

大中之治

在唐朝末年，出现了一位开创了短暂的治世皇帝——唐宣宗李忱，他以“皇太叔”这样一个罕见的身份继承了帝位。在未当上皇帝之前，他以沉默、木讷、愚笨的表象来保护自己，在当上皇帝之后，他却爆发出远胜于常人的智慧和谋略。

扮傻三十年终登帝位

会昌六年春天，唐武宗病危，朝野上下人心惶惶，此时，光王李忱回到了京城这个权力中心。

李忱是唐宪宗李纯的第十三子，唐穆宗李恒的异母弟弟，敬宗、文宗、武宗的叔叔。他出身卑微，母亲只是一个宫女，他自小沉默寡言，有些木讷和愚笨，因而成功躲开了帝位承继的争斗的旋涡。唐穆宗登基后，李忱被封为光王。他自幼在宫廷中不被人重视，生活条件很差，因而十多岁的时候身患重病，差点儿去世。病好之后，为了保护自己，隐藏实力，李忱在人前装疯卖傻，一装就是三十年。

唐武宗病危后，手握大权的宦官们想要拥立一个听话的“傻子”当傀儡，就想到了光王李忱，并且成功拥立他当皇太叔。宦官们以为自己迎来的是一只“羊”，但实际是一只伪装了三十多年的“狼”。

很快，唐武宗去世，李忱登上皇位，就是唐宣宗。

小贞观之治

唐宣宗继位之后，立刻卸下了自己的伪装，采取了一系列有力的措施。他非常喜欢读《贞观政要》，严格要求自己，勤于政事，孜孜求治，致力于改善中唐以来遗留下来的种种社会问题。

他先是清算武宗朝的旧臣，短时间内就将宰相李德裕清除出朝堂，而后，大力起用科举出身的牛党的成员，量才使用，不提党派之说，彻底结束了牛李党争对朝政的影响，又极力抑制宦官的权力，限制他们胡作非为。在他当政期间，宦官集团一直都比较收敛，不敢兴风作浪。

而后，他纠正了武宗时期矫枉过正的灭佛弊端，使佛教有了一定的恢复空间，争取了信仰佛教的朝臣和广大民众的支持，稳固了统治基础。在此基础上，他进行各种政治革新。

唐宣宗清除李德裕势力后，首先想到的宰相人选就是白居易，但非常可惜的是，当时白居易已经去世八个月了。宣宗写下《吊白居易》一诗，深表怀念之情。一国之君为一个诗人写悼亡诗，这在历史上是绝无仅有的。对比之下，宣宗对才干平平的皇亲国戚却非常不满，丝毫不念私情，因为应对不当，罢免了自己舅舅郑光的官职。

在对武宗一朝的政治制度进行研究后，他认为高官人数过多是一个严重的弊端，就非常严格地控制高级人员的任免。当时，唐朝的朝服，三品以上官员是紫色，四品官员是深绯（fēi，红色）色，这两个品级都能算高官了。宣宗非常“吝惜”这二色官服的赏赐，有时候半年都不会赏一件。对于授官，他严格控制个人情感，不以和自己的亲疏远近来授官，规定“不到任职时间的不授，没有政绩的不授”。

在各级地方官吏中，他最重视的就是地方最高长官刺史，认为刺史的政绩直接关系民心向背，因而规定，刺史人选确定后，不能直接去上任，必须转到京师来接受他的当面考察，询问施政方略，来最终确定是否任命。

为了更好地保障朝廷各项事务的顺利执行，宣宗严禁身边人干预朝政，如果自己的亲近之人犯了法，也毫不纵容，依法对其进行惩处。对于朝廷大臣提出的谏言，大多都能接受，无论是谏官论事，还是门下省驳回不合适的诏令，他都不曾怪罪。这就使得朝堂十分清明，大臣们更能专心国事。

宣宗经常外出游猎，但真正的目的，是要深入民间、了解民情，实地考察地方官员的政绩。但是天下之大，他不可能全部都走到，于是就秘密下诏给翰林学士韦澳，让其将天下各州的风土人情和民生利弊编成一本书，专门供他阅览。宣宗对待这件事情非常慎重，除了韦澳之外，其他人都不知道。如此，韦澳搜集的信息才能相对比较准确，不会被人作假蒙蔽。

驱除吐蕃，收复河西

自唐德宗末年、唐代宗初年，吐蕃犯边之后，西部边境地区的廓州（今青海贵德）、凉州（今甘肃武威）、兰州、瓜州（今属甘肃省酒泉市，地处河西走廊西端）等地都相继陷落于吐蕃之手。

唐宣宗继位后不久，趁吐蕃内乱之际收复了陷于吐蕃之手的原州、乐州、秦州和石门、六盘、石峡和萧关等地，这极大地鼓舞了河西地区各族人民反抗吐蕃统治的斗争。不久，解决了吐蕃国内危机的尚恐热率领五千骑兵来到瓜州，大肆劫掠河西、鄯州（今青海乐都）、廓州等八州地区，激起了河西人民的极大愤慨。

当时，已经陷于吐蕃之手的沙州原首领张议潮也一直没有停止反抗，他暗中结交豪侠，密谋归唐。大中二年（848年）时，张议潮见时机成熟，就发动起义，率兵驱逐了吐蕃守将，光复了沙州（今甘肃敦煌一带），并且派遣使者到京师告捷。当时，凉州等地仍然控制在吐蕃手中，沙州以东的道路受阻，使者两年后才将消息送到朝廷。此时，张议潮已经带兵收复了瓜州、伊州、西州、甘州、肃州、兰州、鄯州、河州、岷州、廓州等十州。

大中五年，张议潮派自己的兄长等二十九人入朝告捷，并且献上瓜州、沙州等十一州的图谱。至此，除凉州外，陷于吐蕃近百年之久的河西地区又归于唐朝的统治之下。

除了西南边境外，宣宗一朝还大破北狄，继灭掉回鹘汗国之后再次对北方游牧民族取得了军事胜利，保证了北方疆域的稳定；平定安南，守卫南疆；抚平党项各部，使西部边陲地区归于安稳。

可惜的是，颇有雄心壮志的唐宣宗年仅五十岁就去世了，他的儿子唐懿宗无力维持他的各项政策，大中之治这一相对安稳的局面如昙花一现般消失在历史长河中，难以扭转大唐王朝江河日下的衰亡之势。

名篇精选

初，上令白敏中为万寿公主选佳婿，敏中荐郑颢；时颢已婚卢氏，行至郑州，堂帖追还，颢甚衔之，由是数毁敏中于上。敏中将赴镇，言于上曰："郑颢不乐尚主，怨臣入骨髓。臣在政府，无如臣何[1]；今臣出外，颢必中伤，臣死无日[2]矣！"上曰："朕知之久矣，卿何言之晚邪！"命左右于禁中取小柽函以授敏中曰："此皆郑郎谮卿之书也。朕若信之，岂任卿以至今日！"敏中归，置柽函于佛前，焚香事之。

敏中军于宁州，壬子，定远城使史元破党项九千余帐于三交谷，敏中奏党项平。辛未，诏："平夏党项，已就安帖。南山党项，闻出山者迫于饥寒，犹行钞掠，平夏不容，穷玩所归；宜委李福存谕，于银、夏境内授以闲田。如能革心向化，则抚如赤子，从前为恶，一切不问[3]，或有抑屈，听于本镇投牒自诉。"

——《资治通鉴·唐纪六十五》

【注释】

①无如臣何：不能拿臣怎么样。②无日：没有多少时日。③不问：不过问、不追究。

【译文】

起初，唐宣宗命令白敏中为女儿万寿公主选择佳婿，白敏中选中并推荐郑颢。当时郑颢已经与卢氏女订婚，走到郑州时，被宰相府的堂帖追回，为此郑颢对白敏中很不满意，经常在唐宣宗面前诋毁白敏中。白敏中将赶赴边镇，对唐宣宗说：“郑颢不愿意娶公主，对我的怨恨深入骨髓。我在政事堂掌政，他对我没有办法；今我要出朝，郑颢必定趁机恶语中伤，我恐怕死期不远了！”唐宣宗说：“朕早就知道了，您为什么这么晚才提醒我！”于是命左、右近侍从宫禁中取出一个红柳木盒子，交给白敏中说：“这里面都是郑郎谮毁您的书信，朕如果相信，哪里能重用您到今天呢！”白敏中回到家中，将红柳木盒子放到佛像前，烧香下拜，供若神明。

白敏中驻军于宁州，壬子（十日），定远城使史元于三交谷击破党项族九千余帐，白敏中奏告朝廷称党项已平定。辛未（二十九日），唐宣宗颁下诏令：“平夏党项部族现在已经安定驯服了，听说南山党项部族有些部落由于饥寒交迫，仍然外出抢掠，而为平夏党项部所不容，穷困得无路可走；应该请李福向南山党项部进行招抚，在银州、夏州境内授给他们一些闲置的田地。如果他们能洗心革面，听从教化，就应该像赤子一样抚慰他们。从前他们作恶多端，现在一切不加追究，如果有冤屈，可让他们自己随时到所在军镇向主管官吏投诉。”

【词句撷英】

革心：改正错误思想。词义扩展：洗心革面。

黄巢起义

唐朝末年，风雨飘摇的政治局势使得百姓生活困苦，不堪其扰，终于引起了全国的农民起义，其中历时最久、遍及范围最广、影响最深远的就是黄巢起义，黄巢转战近半个大唐江山，使得唐末国力大衰，最终走向覆亡。

民不聊生，奋起反抗

短暂的大中之治之后，继任的唐懿宗李漼是个昏庸的皇帝，他沉湎于游乐，对于宴会、乐舞、游玩的热情远远高于国家政事，几乎每日一小宴，三日一大宴。在他的带动下，整个朝堂都弥漫着穷奢极欲、醉生梦死的风气。而且，他很不善于用人，在他在位的十四年里，一共任用了二十一位宰相，但这些人或者是碌碌无为之辈，或者是爱财如命、品行不端之人。皇帝无心朝政，执掌政务的宰相尸位素餐，使得大中之治的成果很快被破坏殆尽，唐王朝的统治危机越来越深。

唐僖宗李儇（xuān）继位时，由于他年龄偏小，又热衷于游乐，喜欢斗鸡、赌鹅、音乐、围棋、马球等各类活动，严重缺乏理政能力，朝堂政事基本都把持在宦官手中。此时，朝堂政局已经非常混乱了。唐懿宗当政时，翰林学士刘允章上《直谏书》，指出朝政存在的“九破”，直言危机已经到来。到了僖宗一朝，这一严峻局面丝毫没有好转，而且日益加剧了。

王仙芝起义

就在唐僖宗继位的这一年，乾符元年（874年），濮州（今山东菏泽市鄄城县北）人王仙芝聚众数千人，揭竿而起。王仙芝为了生计，曾经奔走各地贩运私盐，为了逃过官府的追缉，他勤学武艺。当时，关东发生大旱，官府不体恤民生，反而不停催缴租税，百姓走投无路，就聚集在王仙芝周围，在濮州濮阳（今河南濮阳西南）宣布起义。

黄巢像

王仙芝发出檄文，斥责唐朝吏贪赋重，赏罚不平，他自称为“天补平均大将军”，明确提出争“平均”的政治主张。第二年五月，王仙芝率兵攻克濮州，起义军队伍发展到一万多人。当年六月，北方地区暴发严重的蝗灾，赤地千里，民不聊生。他又率兵攻克曹州，发动当地灾民参加起义。黄巢就在此时站出来响应，率众起义。

黄巢出生在一个盐商家庭，自幼开始读书，善于骑射，诗才很高，年少时就写出了“飒飒西风满院栽，蕊寒香冷蝶难来。他年我若为青帝，报与桃花一处开”的豪迈诗篇。但成年后，他屡次参加科举考试都没有考中，黄巢由此对朝廷极为失望。

在王仙芝起义的前一年，为了对抗关东大旱之年仍然设法逼迫百姓缴租税、服差役的官吏，曾和周围的人一起与官吏发生过多次冲突。乾符二年，黄巢响应王仙芝的号召，和子侄黄揆（kuí）等八人率数千人起兵。当时，各地还有很多支起义队伍赶来投奔。一时间，以王仙芝为首的起义军声威大震。

辗转各地，流动作战

乾符三年（876年），朝廷派平卢节度使宋威领兵，调集驻扎中原和江淮的军队，开始征讨起义军。七月，双方交战于沂州（今临沂）城下，起义军被打败。为了保存有生力量，王仙芝和黄巢等人商议后，决定将部众化整为零，分批逐渐转移到河南、淮北一带进行活动。

宋威就被此迷惑，认为起义军都被消灭了，就班师回朝了。八月，王仙芝重新聚集起义军，一路向西，攻克了阳翟（今河南禹县）、郏城（今河南郏县），不到十天时间就占领了八座县城，中原地区烽烟四起。

唐王朝再次派出宋威率领平卢、宣武等四镇兵马进驻亳州（今安徽亳州）；派曾元裕率领昭义和义成镇的兵马守卫东都。针对朝廷的这一征讨部署，王仙芝和黄巢等将领商议后，实施分兵进军的计划。黄巢率一路兵马据守嵖岈山（今河南遂平境西），牵制前来征讨的唐军；王仙芝则率领主力部队，先后攻打郢州（今湖北钟祥）、复州（今湖北天门）、申州（今河南信阳）、光州（今河南潢川）、寿州（今安徽寿县）等地。朝廷军队四处奔波，疲于应付，成效甚微，就开始策划招降农民起义军。

朝廷派兵部员外郎裴偓（wò）担任蕲州刺史，裴偓到任后，多次派人劝说王仙芝归降，并上表朝廷给他封官，想收买他。唐僖宗同意了这一奏请，任命王仙芝为左神策押衙监察御史。这个仅仅是挂名、没有实权的小官职，就让王仙芝动心了，他左右摇摆，很想接受朝廷的招安。许多起义军将士知道这件事后，都强烈反对，尤其是黄巢，一怒之下还打了王仙芝一顿。王仙芝无奈之下，暂时放弃了投降的打算，但是二人的关系由此破裂。

而后，王仙芝率领一部分起义军离开蕲州，攻克隋州（今湖北随县），转战江陵。此时，招讨都督杨复光又派人说服王仙芝投降。王仙芝动了投诚的心思，便派人前去接洽投降事宜。结果，派去的人却被招讨使宋威杀死。王仙芝收到消息后大为震怒，立即出兵攻打郢州。但是，已经太迟了，王仙芝之前的动摇和举棋不定拖延了进攻时间，使得朝廷有时间重新集结征讨的兵力。在接下来不到两个月里，王仙芝就先后遭遇了山南东道节度使李福、招讨使曾元裕等人率领的大军的征剿，死伤两万多人，被迫退守大别山区。王仙芝本人也在和曾元裕大军作战时身亡。

满城尽带黄金甲

王仙芝兵败战死后，其部将率兵投奔黄巢，至此，黄巢便成为起义军的首脑，被称为“黄王”，号“冲天太保均平大将军”。黄巢仍然坚持辗转各地、流动作战的方针。

当朝廷以为黄巢即将进攻洛阳，匆忙将军队主力往洛阳一带集结时，黄巢却率军杀出河南，进入安徽，渡过长江，转战江西，攻克浙江，挺进福建，拿下广州，一路上势如破竹。起义军每到一个地方，都要铲除当地的豪强势力，开仓救济百姓，因而，起义军所到之处，深受百姓拥护，很多人都加入起义军队伍中，队伍很快发展到五六十万人。

乾符六年（879年）十月，黄巢率兵兴北上，挺进中原，矛头直指长安。两年后，黄巢攻进长安城，百姓夹道欢迎。他在含元殿登基称帝，国号为“大齐”。

黄巢虽然建国，但是却有致命的弊端，那就是他率领起义军四处流动作战，所到之处都没有兵力留守，也没有建立巩固的根据地，因而各地的唐军还在不停地和起义军作战。

两年后，唐军攻破咸阳，杀进长安，黄巢被迫率军撤出长安，重返河南、山东。在撤退时，先锋部分在陈州被全歼，黄巢不得已只能带兵北上，正在渡过黄河时，又遭到骑兵突袭，起义军伤亡惨重，黄巢仅带领两千多人突围，最终在泰山的狼虎谷被包围，自刎而死。

这场大规模的农民起义从揭竿而起到最终失败，历时十年，北起山东，南至广东，西至陕西，纵横全国十二省，沉重地打击了唐朝的腐朽统治。

名篇精选

秋，八月，乙未，同昌公主薨。上①痛悼不已，杀翰林医官韩宗劭（shào）等二十余人，悉收捕其亲族三百余人系②京兆狱。中书侍郎、同平章事刘瞻召谏官使言之，谏官莫敢言者，乃自上言，以为：“修短之期，人之定分。昨公主有疾，深轸圣慈。宗劭等诊疗之时，惟求疾愈，备施方术，非不尽心，而祸福难移，竟成差跌，原其情状，亦可哀矜。而械系老幼三百余人，物议沸腾，道路嗟叹。奈何以达理知命之君，涉肆暴不明之谤！盖由安不虑危，忿不思难之故也。伏愿少回圣虑，宽释系者。”上览疏，不悦。瞻又与京兆尹温璋力谏于上前；上大怒，叱出之。

——《资治通鉴·唐纪六十八》

【注释】

①上：指唐懿宗。②系：拘囚、关押。

【译文】

秋季，八月，乙未（十五日），同昌公主病死。唐懿宗极为痛苦，悲伤不已，竟下令杀翰林院医官韩宗劭等二十余人，并将他们的亲族三百余人全部逮捕，关押在京兆监狱。中书侍郎同平章事刘瞻召请诸谏官，请他们上言劝谏，但谏官竟没有一人敢进谏，刘瞻只好自己上言，认为：“生命的长短，每个人都有定分。昨天公主患有疾病，受到陛下深深的关爱，医官韩宗劭等为公主诊断治疗时，只是希望将病治好，施展了多种医术和药方，不能说是不尽，但人的祸福难移，竟然不能妙手回春，各种医术未能奏效，当时医官们的情状，也是值得哀怜。但因此怪罪医官，用刑具收捕医官们的家属老幼三百余人，致使朝野议论纷纷，群情沸腾，道路上也常听到人的叹息声。知天命达人理的君主，何至于要遭到残忍暴虐、不明事理的诽谤呢！大概是因为居安不忧虑危难，愤怒时不思常理吧。希望陛下回心转意，宽大并释放这些无辜之人。”唐懿宗看到刘瞻的上疏，很不高兴。刘瞻又与京兆尹温璋在朝堂当面力谏，唐懿宗勃然大怒，喝令刘瞻、温璋退出朝堂。

【词句撷英】

1. 物议沸腾：指议论纷纷，舆论强烈。
2. 祸福难移：灾祸和福气难以更改。

白马驿之祸

唐朝末年，黄巢起义使得唐朝统治摇摇欲坠，朝堂威望不复存在，各地割据势力兴起。到白马驿之祸后，朝廷官员的势力更是一落千丈，当大臣们都被屠戮之后，唐王朝已经没有继续存在的可能了。

黄巢起义后的各地割据势力

唐僖宗广明元年（880年），黄巢率军进入长安，唐僖宗逃亡到四川，整整躲避了四年。这期间，他利用川中的富庶和各地的进献，组织对黄巢的反扑。各地节度使大多出于私利，主动向朝廷表忠心，听从朝廷的节制，率兵援助朝廷打击黄巢的农民起义军。

义武镇节度使王处存、河中节度使王重荣、河东节度使李克用等纷纷率兵援助朝廷，唐僖宗派凤翔节度使郑畋调兵遣将围攻黄巢。同时，起义军的弱点越来越凸显：军粮不足，内部发生了分化，有一些将领接受了朝廷的招安。当时，被黄巢派驻在重镇同州的防御使朱温于中和二年（882年）投降了朝廷，唐僖宗非常高兴，给他赐名为“朱全忠”。

两年后，黄巢兵败自杀，持续了十年之久的起义失败，但是唐朝廷的局势并没有任何好转。十年的战争使得唐朝的数百年基业不复旧貌，凭借征讨之名掌握兵权的各镇节度使拥兵自重，朝廷无法节制，他们都成为实际上的地方割据势力。

随后，朝廷真正控制的地区只剩下河西、山南、剑南、岭南西道数十州而已。

互相征伐，朱温称霸

镇压黄巢起义之后，各地割据的藩镇势力很快投入到相互兼并的战争中，数十年间战乱不断。

自光启元年（885年），唐僖宗想要由四川返回长安开始，新的动荡又开始了。唐僖宗身边的心腹宦官田令孜因想要从河中节度使王重荣手中夺得池盐之利，两人交恶。田令孜就联合邠宁节度使朱玫、凤翔节度使李昌符向王重荣开战。三月，王重荣向李克用求救，二人联手大败朱玫和李昌符，进逼长安。田令孜率领的神策军溃散，无奈之下，再次带领唐僖宗逃亡到凤翔（今陕西宝鸡）。王重荣和李克用的兵马进入长安后，烧杀抢掠，使得长安城遭到极大的破坏。

当时，各地的节度使大多对宦官田令孜的专权十分不满，不少人将矛头对准了田令孜。邠宁节度使朱玫本来想劫持僖宗，但田令孜带着他跑到兴元（今汉中）而没有成功，生气之下，就将生病没有跑掉的襄王李煴（yūn）挟持到长安，立为傀儡（kuǐ lěi，意为木偶，后比喻不能自主、受人操纵的人，出自《列子·汤问》）皇帝，改元“建贞”。这一做法似乎为各地节度使和朝廷的关系打开了一扇新的窗户。

唐僖宗以正统为名，说服了王重荣和李克用，让他们反攻朱玫，同时策反了朱玫的爱将王行瑜，让他率众偷袭朱玫。光启二年十二月，王行瑜杀死朱玫和他的党羽数百人，一些官员就带着襄王李煴逃奔河中，河中王重荣假意迎接，抓住了襄王李煴，杀了他，并把他的首级给唐僖宗送了过去。

此事过去后，田令孜被贬斥，僖宗再次打算回长安，当到达凤翔时，节度使李昌符以“等待长安宫室修缮完工”为名将其强行留在凤翔，后来又与禁军发生火并，意图进攻僖宗的行宫，兵败被杀。

多番折腾，唐僖宗的身体也垮了，回到长安之后没多久就暴病身亡，他的弟弟李晔（yè）继位，就是唐昭宗。

唐昭宗继位后，很快铲除了曾拥立他登基的宦官杨复恭。同时，他意识到各地藩镇已成尾大不掉之势，中央禁军已经被彻底摧毁，就四处招兵买马，扩充禁军，建立了一支十万人的军队，并对藩镇开战。唐昭宗先后讨伐太原李克用、西川王建，都以失败告终，他组建的禁军也损失殆尽，威望也不复存在，逐渐沦落为各地藩镇藐视和侮辱的对象。

此后，各地藩镇之间乱战。二十多年间，朱温先后吞并了蔡州、山东全境，打败了河东李克用，成为北方最大的军阀。天复三年（903年），朱温打败凤翔、昭义节度使李茂贞，“抢”到了唐昭宗，迁都洛阳。朱温至此在中央朝廷上握有无上权力，篡位轻而易举。

两年后，朱温派人刺杀唐昭宗，立其子李柷（zhù）为皇帝，改元天祐，称“昭宣帝”，后人称其为唐哀帝。

朝臣喋血，大唐末日

天祐二年（905年），朱温指使人在九曲池摆酒宴请唐昭宗的几位皇子，等他们饮酒尽兴后，就将他们全部勒死，尸体投入池中。

对皇族的清洗是第一步。紧接着，朱温任命自己的亲信担任重要职务，罢免了和他意见不一的朝臣，并将三十多位被贬的官员聚集在一起，在滑州白马驿（今河南滑县境）将他们全部杀死，然后投尸于河，史称“白马驿之祸”。

白马驿之祸昭示了唐王朝的无可挽救，离灭亡只差最后一步而已。

白马驿之祸后的朱温已经是生杀予夺，大权在握了。在他的威逼下，唐哀帝封他为相国，总揽朝政，又晋封为魏王，加九锡（中国古代皇帝赐给诸侯、大臣有殊勋者的九种礼器，是最高礼遇的表示）。两年之后，朱温废唐哀帝自立为皇帝，改国号为“梁”，史称“后梁”，唐朝正式灭亡。

名篇精选

初，朱全忠自凤翔迎车驾还，见德王裕眉目疏秀，且年齿已壮，恶之，私谓崔胤（yìn）曰：“德王尝奸帝位，岂可复留！公何不言之！”胤言于帝。帝问全忠，全忠曰：“陛下父子之间，臣安①敢窃议，此崔胤卖臣耳。”

帝自离长安，日忧不测，与皇后终日沈饮，或相对涕泣②。全忠使枢密使蒋玄晖伺察帝，动静皆知之。帝从容谓玄晖曰：“德王朕之爱子，全忠何故坚③欲杀之？”因泣下，啮中指血流。玄晖具以语全忠，全忠愈不自安。

——《资治通鉴·唐纪八十》

【注释】

①安：疑问副词，怎么，哪里。②涕泣：哭泣，流泪。③坚：坚决。

【译文】

当初，朱全忠自凤翔迎接昭宗车驾返回长安，见德王李裕眉目清秀，并且已经成年，很厌恶他，私下对崔胤说：“德王曾经窃据帝位，哪里还能再留下！您为什么不向陛下说！”崔胤把朱全忠的话向昭宗说了。昭宗问朱全忠，朱全忠说：“陛下父子之间的事情，我怎么敢私下议论，这是崔胤出卖我罢了。”

昭宗自从离开长安后，每天都担忧发生意外事件，整天与何皇后沉湎于饮酒，或者相对哭泣。朱全忠让枢密使蒋玄晖侦察昭宗的言行，昭宗的一举一动他都知道。昭宗从容对蒋玄晖说："德王是朕的爱子，朱全忠为什么一定要杀他？"因此落泪，咬破中指，流血不止。蒋玄晖将此情形详细告诉朱全忠，朱全忠更加不安。

【词句撷英】

疏秀：疏朗清秀。词义扩展：眉目疏秀。

第七章

灿烂辉煌的隋唐文化

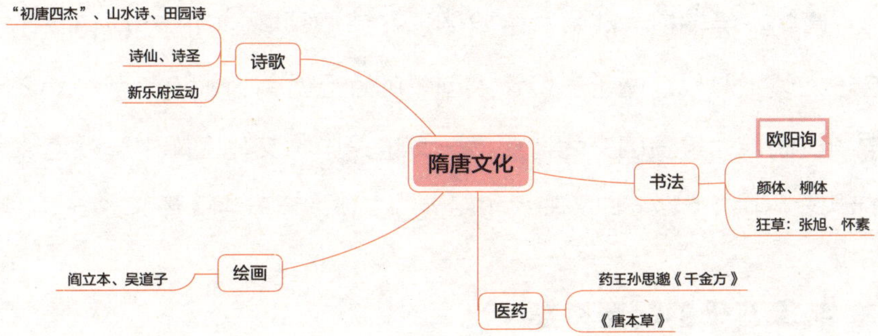

唐诗，旧说有初、盛、中、晚之分，虽没有明显的区别，也可代表其变化的大概。大抵初唐浑融，盛唐博大，中唐清俊，晚唐稍流于纤巧，然亦是各有特色的。

——吕思勉《中国通史》

群星璀璨的唐诗长河

唐朝文学的最大成就，主要体现在诗歌领域。中国古典诗歌在唐朝时进入黄金时代，两千多位诗人创作的近五万首诗歌流传至今。它成为中华民族最为珍贵的文化遗产之一，也是中华文化宝库中一颗璀璨无比的明珠，也对世界上许多国家和民族的文化发展产生了重大影响。

气象万千的初唐诗篇

唐朝初建后，文坛上的风气仍然没有转变过来，诗歌依然沿着南朝时的惯性发展，柔靡纤弱，毫无生气。直到被称为“初唐四杰”的王勃、杨炯、卢照邻、骆宾王的出现，才开始为诗坛带来了一股清新的风气。他们才华横溢，经常通过诗歌来抒发内心的愤懑和壮烈的胸怀，使得诗歌的题材大大拓宽了。

例如，杨炯的杰作《从军行》:“烽火照西京，心中自不平。牙璋辞凤阙，铁骑绕龙城。雪暗凋旗画，风多杂鼓声。宁为百夫长，胜作一书生。”表达了自己想投笔从戎，到边疆建功立业的豪迈之情。

继“初唐四杰”之后，陈子昂对诗歌的发展也产生了巨大影响。他真正从理论上对南朝以来纤弱的诗风提出批评，认为这些诗只会玩弄华丽的辞藻，没有任何有价值的内容，抛弃了《诗经》重视思想性的传统。他对此深为不满，提出要学习“汉魏风骨”，恢复建安诗风。他的《登幽州台歌》"前不见古人，后不见来者；念天地之悠悠，独怆然而涕下"，苍凉辽阔，被公认为怀古诗的绝唱。

在诗歌的格律方面，沈佺（quán）期、宋之问也做出了极大的贡献，他们总结了自南朝"新体诗"以来人们探索诗歌格律的成果，以自己的诗作促进了律诗和绝句等近体诗的最后定型。

盛唐的山水田园诗和边塞诗

大唐王朝自开元盛世以来，国家社会经济的发展达到鼎盛，文化也越加繁荣。在诗坛，也出现了大批优秀诗人，写下了众多内容各异、丰富多彩的诗篇，此时山水田园诗和边塞诗所占的比重相当大。

山水田园诗派，一般都描写热爱自然、恬静闲适之情，最有名的诗人当属王维，苏东坡曾经评价他诗中有画，画中有诗。他的《渭川田家》一诗"斜光照墟落，穷巷牛羊归。野老念牧童，倚杖候荆扉。雉雊麦苗秀，蚕眠桑叶稀。田夫荷锄至，相见语依依。即此羡闲逸，怅然吟《式微》"，描绘了一幅多么美妙的田园风景图啊。

孟浩然也是非常著名的一位田园诗人，据说他曾经在张九龄的官署中遇到唐玄宗，唐玄宗命他朗诵诗作，他诵读了《岁暮归南山》一诗，其中有一句"不才明主弃"，唐玄宗听完之后很生气地说："是你不求当官的，不是我不让你当，怎么能怪我不用你呢！"这句诗准确地反映了孟浩然的志趣，他长期漫游、隐居，即使考中了进士，也没去做官，一生都与田园为伴。他的《过故人庄》一诗流传得最广："故人具鸡黍，邀我至田家。绿树村边合，青山郭外斜。开轩面场圃，把酒话桑麻。待到重阳日，还来就菊花。"

边塞战争诗派的出现，是与唐朝的对外战争息息相关的，许多文人参与到战争中，对边塞和军旅生活有了亲身体验，在描绘苍凉的边塞风光、将士们的勇武精神方面有独到之处。诗中大多呈现出乐观豪迈的气概，这正是盛唐精神的体现。李颀的《古从军行》一诗非常有名："白日登山望烽火，黄昏饮马傍交河。行人刁斗风沙暗，公主琵琶幽怨多。野营万里无城郭，雨雪纷纷连大漠。胡雁哀鸣夜夜飞，胡儿眼泪双双落。闻道玉门犹被遮，应将性命逐轻车。年年战骨埋荒外，空见蒲桃入汉家。"战争的残酷也在诗人的描写中展现出来。

诗仙李白和诗圣杜甫

著名的诗仙李白和诗圣杜甫也出现在盛唐时期。

李太白像　傅抱石绘

杜甫像　傅抱石绘

李白是一位伟大的浪漫主义诗人，他一生经历坎坷，思想复杂，儒家、道家和游侠三种思想，都在他身上体现出来。李白少年时家境富裕，喜好交游，向往行侠仗义，性格豪放，因为会作诗而获得了很高的社会声望。天宝元年（742年），唐玄宗征召他做了翰林待诏，即皇帝的侍从文人。他在长安居住了将近三年，对宫廷和贵族有了直接的了解，这一时期的诗作除了应诏诗外，其他的诗作也反映了他的政治理想和黑暗的现实之间的尖锐矛盾，充满了痛苦和愤懑。天宝三载（744年），李白因为受到权臣的排挤，离开长安，再次开始交游生活。不久后，安史之乱爆发，他胸怀报国之情，答应永王李璘（lín）的邀请，当了他的幕僚，后来李璘被铲除，李白受牵连，被流放到夜郎（今贵州境内）。

饮中八仙　金协中绘

纵观李白一生，大部分时间都流浪在外，游历了很多名山大川，写下了很多赞美大好河山的诗篇，酷爱自由、渴望解放的情怀在诗中表现得淋漓尽致。险峻的山川和他叛逆不羁的性格得到完美的契合，其中《梦游天姥吟留别》就是最杰出的代表作。“安能摧眉折腰事权贵，使我不得开心颜”一句，展露了诗人的一身傲骨。

作为一个浪漫主义诗人，李白将想象、夸张、比喻、拟人等手法综合运用，使得诗歌的内容和形式达到完美的统一，感情的表达浓烈而极富感染力，有着“笔落惊风雨，诗成泣鬼神”的艺术魅力。

杜甫是和李白齐名的另一位伟大诗人，但是他们的诗风却明显不同。李白像一匹骏马般狂放不羁，而杜甫则像耕牛一般忍苦负重。他的诗作偏向现实主义，真实地反映了大唐帝国由盛转衰的状况，因而他的诗也被称为“诗史”。

安史之乱是杜甫一生中最痛苦的一段经历，他将这些都写进了诗歌里，不仅有对个人经历的喟叹，更有对百姓苦难的同情和悲愤。其中最为著名的就是“三吏”“三别”(即《新安吏》《石壕吏》《潼关吏》，《新婚别》《无家别》《垂老别》)，全面反映了安史之乱给百姓带来的深重苦难。 如今，成都的杜甫草堂里挂着一副郭沫若书写的对联：“世上疮痍，诗中圣哲；民间疾苦，笔底波澜”，这形象地概括了杜甫诗歌的特点。他诗中坚实的内容、纯真的热情、深沉的激愤和凝重的格调，都是他人无法逾越的。

或清新或浓艳的中晚唐诗篇

到了唐代中晚期，王朝发展的鼎盛时期已过，但是诗歌创作却没有随之衰落，先后出现了韩愈、柳宗元、李贺、白居易、元稹、刘禹锡、杜牧、李商隐等风格不一的杰出诗人，他们的诗作从不同角度反映了大唐帝国逐渐衰微的危机和民间百姓生活的苦难。

其中，白居易和元稹等人发起的新乐府运动，希望“文章合为时而

华清出浴图

著，歌诗合为事而作”。当时正处于中唐贞元、元和之际，广大的士大夫要求革新政治，以中兴唐朝。在这股浪潮的推动下，白居易、元稹等诗人也在文坛推动革新运动，提出要恢复古代的“采诗”制度，发扬《诗经》和汉魏乐府讽喻实事的传统，并且明确提出新乐府诗歌的创作原则：文辞质朴易懂，便于读者理解；内容直截了当，切中时弊；叙事有根据，令人信服；词句通顺，合于声律，可以入乐；作诗要有明确的目的，可以为君、为臣、为民、为物、为事而作，绝不要单纯地为作文而作。

白居易一生创作的诗篇题材广泛，形式多样，但是语言全都秉持着通俗易懂的特点，著名的《长恨歌》《卖炭翁》《琵琶行》等都是针砭现实、指斥时弊的名篇。新乐府运动中的诗文，大多如这些一样，都触犯了当权者，“权豪贵近者相目而变色”，因而受到不断打压。到了晚唐时期，杜荀鹤、聂夷中、皮日休等人，都继承了白居易的文风，写过许多反映人民疾苦的诗篇。擅长写清新明丽的抒情小诗的杜牧和擅长用律师、绝句来歌咏历史讽喻现实的李商隐，都是晚唐诗人中的佼佼者。

琵琶行

纵观唐代一朝，无论诗人之多、诗歌题材之广、写作艺术之高超、影响之深远，都是空前绝后的。

名篇精选

刘禹锡，字梦得，彭城人。祖云，父溆，仕历州县令佐，世以儒学称。禹锡贞元九年擢进士第，又登宏辞科。禹锡精于古文，善五言诗，今体文章复多才丽。从事淮南节度使杜佑幕，典①记室，尤加礼异。从佑入朝，为监察御史。与吏部郎中韦执谊相善。

贞元末，王叔文于东宫用事，后辈务进，多附丽之。禹锡尤为叔文知奖，以宰相器待之。顺宗即位，久疾不任政事，禁中文诰，皆出于叔文。引禹锡及柳宗元入禁中，与之图议，言无不从。转屯田员外郎、判度支盐铁案，兼崇陵使判官。

叔文败，坐②贬连州刺史。在道，贬朗州司马。地居西南夷，士风僻陋，举目殊俗，无可与言者。禹锡在朗州十年，唯以文章吟咏，陶冶情性。蛮俗好巫，每淫祠鼓舞，必歌俚（lǐ）辞。禹锡或从事于其间，乃依骚人之作，为新辞以教巫祝。故武陵溪洞间夷歌，率③多禹锡之辞也。

——《旧唐书·刘禹锡传》

【注释】

①典：主管。②坐：受牵连，犯罪。③率：大致，一般。

【译文】

刘禹锡，字梦得，彭城人。他的祖父叫云，父亲名溆，他们都曾经在县里担任县令或者在州里做属官，世代以儒学著称。刘禹锡在贞元九年考中了进士，又荣登宏辞这一科。刘禹锡对古文十分精通，善于作五言诗，他不仅文章写得漂亮，而且颇富才华。他曾经在淮南节度使杜佑的幕府里做事，主要负责登记幕府的一些事情，表现更加谦恭和非同一般。后来他又跟随杜佑进入朝廷，担任监察御史的职务。他与吏部郎中韦执谊是好友。

贞元末年，王叔文在东宫主事，晚辈们力求上进，许多人争相依附他。在这些晚辈中，刘禹锡特别被王叔文了解与夸奖，并且用宰相的标准对待他。唐顺宗即位后，因为长年生病不能处理政事，皇室中所有文告，都从王叔文那里传出。王叔文还把刘禹锡和柳宗元带入皇宫内院，同他们商量革新的事情，对他们提出的意见没有不听从的。后来，刘禹锡又调任屯田员外郎，参与审判度支盐铁一案，并兼任崇陵使判官。

王叔文革新失败后，刘禹锡也受到牵连，被贬为连州刺史。他在去连州的途中，又被贬为朗州司马。朗州处于西南的少数民族地区，官员孤陋寡闻，满眼都是不同内地的风俗，要找几个可以同他说话的人也找不到。刘禹锡在朗州的十年间，只能以吟咏古代先贤的文章和诗歌，来陶冶自己的性情。少数民族地区喜好巫祝的游戏，每当整个宗族击鼓跳舞的时候，一定要唱粗俗的民间小调。刘禹锡有时也会参加到巫祝当中，他就依照诗人的写法，创造出新鲜的歌词用来教大家唱。所以在武陵的山溪和洞穴之间传唱的乡间小调，有很多歌词都是刘禹锡写的。

【词句撷英】

陶冶情性：意为陶冶情操。

风格迥异的唐代绘画

唐代的绘画题材非常广泛，风格多姿多彩，在宗教画和人物画的基础上，山水、花鸟成为新的绘画主题，并且涌现出阎立本、吴道子等著名画家，很多文人也都擅长绘画。从他们的画作中，都可以看到唐代社会的繁荣景象。

丹青宰相阎立本

阎立本出身于隋唐时的一个贵族家庭，他的外公是北周武帝宇文邕（yōng），母亲是清都公主，父亲是石保县公、隋殿内少监阎毗（pí）。

阎立本自幼喜欢绘画。他的出身为他铺平了做官的道路，到唐太宗贞观年间，阎立本曾官至刑部侍郎、将作少监，到唐高宗显庆元年时，被提拔为将作大匠、工部尚书，总章元年擢升为右相。

阎立本虽然官做得很高，但是他的政治才能很一般，并没有做出特别明显的政绩，可是在绘画和建筑方面，却有着独到的才华。在朝中时，唐太宗就经常召他画画。著名的“昭陵六骏”，其原图就是阎立本所绘的唐太宗征战四方时所骑的六匹骏马的图样。

贞观十五年（641 年）时，松赞干布遣使来长安迎接文成公主入藏，唐太宗命阎立本作画，就是流传后世的名画《步辇图》。图上描绘了唐太宗李世民接见吐蕃使者禄东赞的具体情景，不仅再现了这一具有伟大历史意义的事件，更是在肖像画的特征之外，构图层次分明，用色浓重，鲜明生动地刻画了人物的不同身份、气质、仪态和相互之间的关系，体现了高超的绘画水平。

贞观十七年（643年）时，唐太宗为了表彰唐王朝的开国功臣，就在长安太极殿凌烟阁绘制二十四功臣像，唐太宗钦点的画师就是阎立本。

阎立本不仅擅长作画，在建筑方面也颇有才干，他曾经和兄长阎立德一起营建翠微宫、玉华宫、献陵（唐高祖之墓）、昭陵（唐太宗之墓）等重大工程，又设计建造大明宫，深得太宗、高宗父子的赞许。

步辇图　〔唐〕阎立本绘

画圣吴道子

吴道子出生于唐高宗永隆元年（680年），年少时曾经跟随书法大家张旭、贺知章学习书法，后来吴道子又发奋改攻绘画，刻苦钻研技法，终于逐渐掌握了绘画的妙法，在不到二十岁时，他就已经“穷丹青之妙”。

吴道子传世名作《八十七神仙卷》局部

他在画坛界小有名气后，也在朝廷上当了一段时间的官员，他曾经在韦嗣立麾下当过小吏，也做过瑕丘（今山东兖州）县尉，他“好酒使气”，每次想要画东西时，必须“酣饮”。大约在开元初年后他就辞官，开始“浪迹洛阳”。

几年后，唐玄宗听说他画技高超，就征召他到长安，入宫供奉，充任内教博士，并命他“非有诏不得画”。在宫内的几年间，吴道子画过很多应诏的画作，其中随唐玄宗封禅泰山时，和韦无忝（tiǎn）、陈闳（hóng）共同绘制《金桥图》，吴道子主画桥梁、山水、车舆、人物、草树、雁鸟、帷幕等主题部分，陈闳主画皇帝真容和所骑的白马，韦无忝主画狗马、骡驴、牛羊等动物。画作完成后，当时的人都惊叹不已，称为“三绝”。

吴道子线描人物——《八十七神仙卷》局部

吴道子线描人物——《八十七神仙卷》局部

天宝年间时，唐玄宗突然想起蜀中的嘉陵江山清水秀，非常想再看一次那里的美景，就命令吴道子去嘉陵江写生。吴道子到达嘉陵江后，漫游江上，极目远眺，将美好的风景都记在心上，一张草图都没画就回长安了。唐玄宗命他在大殿的墙壁上作画，吴道子胸有成竹，凝神提笔，只用了一天时间就将三百里嘉陵江的胜景画了出来。唐玄宗看了之后啧啧称赞，十分赞赏他高超的画技和娴熟的笔法。

名篇精选

立本虽有应务之才，而尤善于图画，工于写真，《秦府十八学士图》及贞观间《凌烟阁功臣图》，并立本之迹也，时人咸称其妙。

太宗尝与侍臣学士泛舟于春苑，池中有异鸟随波容与[1]，太宗击赏数四，诏座者为咏，召立本令写焉。时阁外传呼云："画师阎立本。"时已为主爵郎中，奔走流汗，俯伏池侧，手挥丹粉，瞻望座宾，不胜愧赧。

退诫其子曰："吾少好读书，幸免面墙[2]，缘情染翰[3]，颇及侪流。唯以丹青见知，躬厮役之务，辱莫大焉，汝宜深诫，勿习此末伎。"

立本为性所好，欲罢不能也。及为右相，与左相姜恪对掌枢密。恪既历任将军，立功塞外；立本唯善于图画，非宰辅之器。故时人以《千字文》为语云："左相宣威沙漠，右相驰誉丹青。"

——《旧唐书·阎立德附立本传》

【注释】

①容与：随水波起伏荡漾的样子。②面墙：比喻不学而见识浅陋。③缘情染翰：指诗文、书画创作。

【译文】

阎立本虽然也有应通政务的才干，但他尤其擅长绘画，长于写真，《秦府十八学士图》以及《贞观中凌烟阁功臣图》，都是阎立本所作，当时的人们都称赞图画精妙。

有一次，唐太宗李世民曾经与一众侍臣大学士等在皇家园林春苑里乘船游玩，当时池中有很特别的鸟儿在随波游动，太宗鼓掌召唤赏赐了好几次，命令在座的臣子作诗歌吟咏，命召阎立本画下来。当时楼阁外面传唤喊叫道：“画师阎立本快来！”当时阎立本官已经做到主爵郎中一职了，却要不停跑来跑去，汗流浃背，匍匐在水池边上，手拿画笔、朱粉一类作画材料，不停地望着在座的宾客以作画。这时候，阎立本觉得羞愧难当。

回到家里时，他告诫儿子说：“我年轻的时候喜欢读书，幸好不致学识浅薄，也很喜欢丹青画画，颇有声望。现在却导致仅仅因为丹青末伎而被皇帝赏识，今天亲自干这些低下的杂役事情，这个耻辱真是太大了。你要牢牢地以此为戒，千万不要再学这种雕虫小技了。”

但是，他爱画成癖，虽然遭受讽刺屈辱，还是不愿丢弃画技。等到当上了右丞相，和左丞相姜恪一起掌握大政。姜恪是带兵出身，在塞外立功无数；阎立本只是擅长画画，不是做宰相的材料。所以，当时人们模仿《千字文》说：“左相宣威沙漠，右相驰誉丹青。”

【词句撷英】

驰誉丹青：本文中的意思是在绘画方面享有盛名。

名家辈出的书法艺术

隋唐年间，国家安定统一，社会经济蒸蒸日上，使得书法艺术有了充足的发展土壤，并且呈现上升态势。隋唐书法汇合了南朝的秀美和北朝的雄健后，呈现出了新的风格，涌现出欧阳询、颜真卿、柳公权、张旭、怀素等著名的书法大家。

初唐四大书法家

大唐建立后，初期的几位皇帝本身都是书法高手，尤其是唐太宗，他特别尊崇王羲之的书法，隶书和飞白体都写得很好，他命人到处搜访天下的著名书法，并开设“书学”，以书取士，促使读书人发愤练字。这个时期，就出现了流名千古的“初唐四大家”——欧阳询、虞世南、褚遂良、薛稷（jì）。

欧阳询的书法博采众长，将各家书法融会贯通，从而形成了自己的特色，又注重推广小楷。虞世南善写隶书、行书和草书；褚遂良年少时学习虞世南的书法，年长后又学习王羲之的书法，博取众家之长，又以行书写得最好。薛稷的书法用笔纤瘦，疏朗开阔，宋徽宗赵佶著名的“瘦金体”就是由薛稷的书法演化而来的。

颜体和柳体的发展

颜真卿是盛唐书法的代表人物，擅长行书和楷书，最开始学习褚遂良，后来又师从草书大家张旭，学到了他们的书法精髓，写出的正楷端庄雄伟，行书气势遒劲，并且自创了“颜体”楷书。“颜体”楷书具有“结构方正阔大，笔画横轻竖重，笔力雄强圆厚，点画丰厚饱满、气势庄严雄浑”的特点。

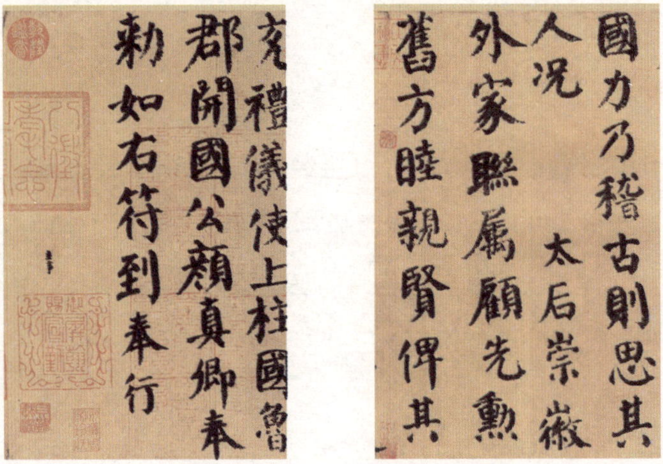

颜真卿楷书《自书告身帖》局部

和颜真卿齐名的柳公权，则是中晚唐书法的代表人物。他开始学习王羲之，后来又从唐代其他名家的书法汲取营养，融聚众家之长，自创独树一帜的“柳体”楷书，具有“骨力遒劲，结体严紧”的特点，和颜真卿被后世赞誉为“颜筋柳骨”。

狂草的发展：张旭和怀素

狂草的发展，是唐代书法高峰的另一个表现，其中的代表人物有张旭和怀素和尚。

张旭出身于官员家庭，他的仕途并不顺畅，但在书法成就上却非常高。他崇尚师法自然，从自然界和人类社会的生活中寻找灵感和启发，将观察到的客观事物的形象与自己的主观情感相结合，任情恣性，最终形成“狂逸”的狂草风格。

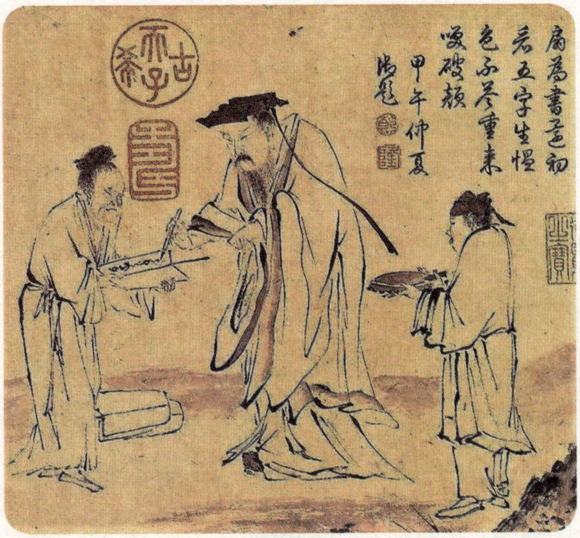

草书图

怀素自幼出家为僧，因为买不起纸张，就经常在寺院的墙壁、衣服、器皿、芭蕉叶等上面练习书法，并且四处向名家学习，最终形成了自己独树一帜的草书风格，“笔法瘦劲，飞动自然，如骤雨旋风，随手万变，法度具备”。他的《自叙帖》在书法艺术领域有深远的影响，是怀素流传下来的篇幅最长的作品，被人称为“天下第一草书”。张旭和怀素合称为“颠张狂素”，形成唐代草书双峰并峙的局面。

名篇精选

公权字诚悬。幼嗜学，十二能为辞赋。元和初，进士擢第，释褐秘书省校书郎。李听镇夏州辟为掌书记。穆宗即位，入奏事，帝召见，谓公权曰：“我于佛寺见卿笔迹，思之久矣。”即日拜右拾遗，充翰林侍书学士，迁右补阙、司封员外郎。穆宗政僻，尝问公权笔何尽善，对曰：“用笔在心，心正则笔正。”上改容[1]，知其笔谏也。

历穆、敬、文三朝，侍书中禁。公绰在太原，致书于宰相李宗闵云：“家弟苦心辞艺，先朝以侍书见用，颇偕工祝，心实耻之，乞换一散秩。”乃迁右司郎中，累换司封、兵部二郎中、弘文馆学士。文宗思之，复召侍书，迁谏议大夫。俄改中书舍人，充翰林书诏学士。

——《旧唐书·柳公权传》

【注释】

①改：改变。容：脸色、面色。

【译文】

柳公权，字诚悬。从小就喜欢学习，十二岁就能作辞作赋。元和初年中进士，初仕为秘书省校书郎。李听镇守夏州，任命他为掌书记之官。唐穆宗即位，柳公权进京回奏政事，穆宗召见，对他说：“我在佛寺中看到你的笔迹，很久之前就想见见你。”当天就升任他为右拾遗，补翰林学士之职，后又升为右补阙、司封员外郎。唐穆宗荒淫，行政乖僻，他曾向柳公权问怎样用笔才能尽善尽美，柳公权回答说：“用笔的方法，全在于用心，心正则笔法自然尽善尽美。”皇帝面带愧色，知道他这是借用笔法来劝诫自己。

柳公权历事穆宗、敬宗、文宗三朝，都在宫中担任侍书之职。他的哥哥柳公绰在太原任职，写信给宰相李宗闵说：“我的弟弟苦心钻研文章书法，先朝只任他为侍书，这种职务，和占卜小吏没什么区别，我也以此为耻，请给他调换一个闲散职位。”于是升任右司郎中，又转为司封郎中、兵部郎中、弘文馆学士。文宗思念他，又召他为侍书，升任谏议大夫。不久又改为中书舍人，充任翰林书诏学士。

【词句撷英】

语犹未尽：话还没有说完，没有尽兴。类似的词语还有“意犹未尽”“话犹未尽”。

千古流芳的医药成就

隋唐时期，我国科学技术的发展迈入一个新的阶段。在医药科学方面，不仅有孙思邈（miǎo）总结历代医药学成果编著而成的《千金方》，唐高宗时编修的《唐本草》更是世界上最早由国家颁行的药典。

药王孙思邈和《千金方》

孙思邈出生于南北朝晚期的西魏，幼年时非常喜欢学习，拥有广博的知识，后来身患疾病，经常请大夫看病，花费颇多，便立志学医。二十岁的时候，他就开始逐渐为乡邻们治病。

北周静帝时，杨坚执掌朝政，想要征召孙思邈担任国子博士，孙思邈无意于仕途，一直到隋朝开皇年间，都隐居在太白山中，一边钻研《黄帝内经》《伤寒杂病论》《神农本草经》等历代医学著作，一边亲自采集草药，研究药物性状，确定了二百三十三种中药材的最佳采集时节和采集方法等。同时，他还广泛收集民间流传的药方，经常下山给人治病，积累了大量的临床经验。

孙思邈精于内科、妇科、儿科等。在中医学历史上，他首次主张将妇女、儿童单独设科，并且重视妇幼保健工作。

他重视疾病预防工作，讲究预防为先，提倡讲究个人卫生，重视运动保健，提出了食疗、药疗、养生、养性、保健相结合的防病治病主张。

孙思邈像

对一些地区性多发病和常见病，孙思邈也非常注重研究。山区的人由于食物中缺碘导致粗脖子病，孙思邈建议用海藻等海生植物和动物的甲状腺来进行治疗。经过长期的实践研究，他还总结出治疗痢疾、绦虫、夜盲等病症的特效药方。

为了更好地治病救人，孙思邈苦研针灸术，把针灸作为药物的辅助疗法，他积极主张看病要综合治疗，“良医之道，必先诊脉处方，次即针灸，内外相扶，病必当愈”。

孙思邈从理论到实践，再从实践中提炼出新的医药学研究成果，用毕生精力撰写了医学巨著《千金方》(先著《千金要方》，后著《千金翼方》以补前书之不足，合称为《千金方》)。

《千金要方》共三十卷，收录药方、病论、疗法共五千三百个，内容非常丰富，既包含诊法、证候等医学理论，又包含内科、外科、妇科、儿科等临床各科；将所有病症分为二百三十二门，已经非常接近现代临床医学的分类方法。在治病篇章方面，涉及解毒、急救、养生、食疗、针灸、按摩等，并对唐代以前的中医学知识进行了总结，成为我国最早的医学百科全书。

《千金翼方》三十卷，是孙思邈晚年时所著，是对《千金要方》的全面补充。全书分为一百八十九门，收录药方、病论、疗法共二千九百多种，涉及本草、妇人、伤寒、小儿、养性、补益、中风、杂病、疮痈(yōng)、色脉、针灸等各个方面，特别是伤寒、中风、杂病和疮痈的治疗成效最佳。

第一部由国家颁行的药典《唐本草》

唐朝时，社会经济迅速恢复和发展，周边各民族和西域、印度等地的文化传入中原，使得人们所知的药品种类不断增加。当时，作为治病指南的药典《本草经集注》，由于编纂时作者个人认知的不足以及成书年代过早，已经不适应当时社会的发展。于是，唐高宗就组织专业人士，总结和整理药物知识，编纂新的本草著作。

唐高宗显庆四年（659年）时，药典编纂完成，共包含正文二十卷、目录一卷；《药图》二十五卷，目录一卷；《图经》七卷。书中共记载了八百五十种药物，比旧的《本草经集注》增加了一百一十四种；又对旧有的内容进行了“补注”，主要添加了药物形态、产地、药效、别名之类的内容，使得人们对药物的认知更加全面。

这部药典完成后，命名为《新修本草》，后世称为《唐本草》。药典由唐朝政府下令颁行天下，成为历史上第一部由国家颁行的药典，对后世的医药发展有很大的影响，也流传到海外，对日本、朝鲜、越南等周边国家的医药发展起了很大的推动作用。

名篇精选

照邻[①]有恶疾，医所不能愈，乃问思邈：“名医愈疾，其道何如？”思邈曰：“吾闻善言天者，必质之于人；善言人者，亦本之于天。天有四时五行，寒暑迭代，其转运也，和而为雨，怒而为风，凝而为霜雪，张而为虹蜺，此天地之常数也。人有四肢五脏，一觉一寐，呼吸吐纳，精气往来，流而为荣卫[②]，彰而为气色，发而为音声，此人之常数也。阳用其形，阴用其精[③]，天人之所同也。及其失也，蒸则生热，否则生寒，结而为瘤赘，陷而为痈疽[④]，奔而为喘乏，竭而为焦枯。诊发乎面，变动乎形，推此以及天地亦如之。良医导之以药石，救之以针剂。圣人和之以至德，辅之以人事。故形体有可愈之疾，天地有可消之灾。”

——《旧唐书·孙思邈传》

【注释】

①照邻：指卢照邻。②荣卫：中医名词，荣指血的循环，卫指气的流动。③精：实质。④结而为瘤赘（liú zhuì），陷而为痈疽（yōng jū）：充塞就会长多余的肉疙瘩，匮乏就会生脓疮。

【译文】

卢照邻患有痛苦难治的疾病，医治不好，就问孙思邈：“高明的医生治好人的疾病，他凭的是什么？”孙思邈说：“我听说会谈自然规律的，一定要用人情事理作为依据；会谈人情事理的，也要以自然法则为根本。大自然分春夏秋冬四个季节、水火木金土五种元素，冷热交替，就是它循环运行的规律，平和就下雨，激奋就刮风，凝滞就结霜落雪，扩展就出彩虹，这些都是大自然的正常现象。人有上下四肢、脾肺肾肝心五脏，起床睡觉，呼气吸气，精神元气时衰时旺，通畅就生气血，显现就是神色，振动就有声音，这些就是人的正常现象。从显露的表象，看隐蔽的实质，这是研究自然和人体的共同方法。一旦阴阳失调，地气升腾就发烧，天气阻隔就发冷，充塞就长疱疖，匮乏就生脓疮，奔跑就会喘息困乏，干渴就会焦黄枯燥，症状显露在面容，病情改变着形貌，如此类推，自然现象也是这样。对于人体疾病，高明的医生用药物疏通，用针灸治疗。对于自然灾变，国君人臣用最高尚的道德理顺天意民心，用最大的努力解决具体问题，那么有的人体疾病就可以治好，有的自然灾害也可以消除。”

【词句撷英】

寒暑迭代：指每年都有冬天和夏天的季节重复。

好看到放不下的中国史

文化盛世与两宋风云

5

派妈丽莎 李秀莲 编著

花山文艺出版社
河北·石家庄

目录
Contents

第三章 / 北宋的兴衰

第四章 / 南宋的偏安与斗争

第五章 / 南宋的灭亡

第六章 / 盛极一时的两宋文化

第一章 五代之乱

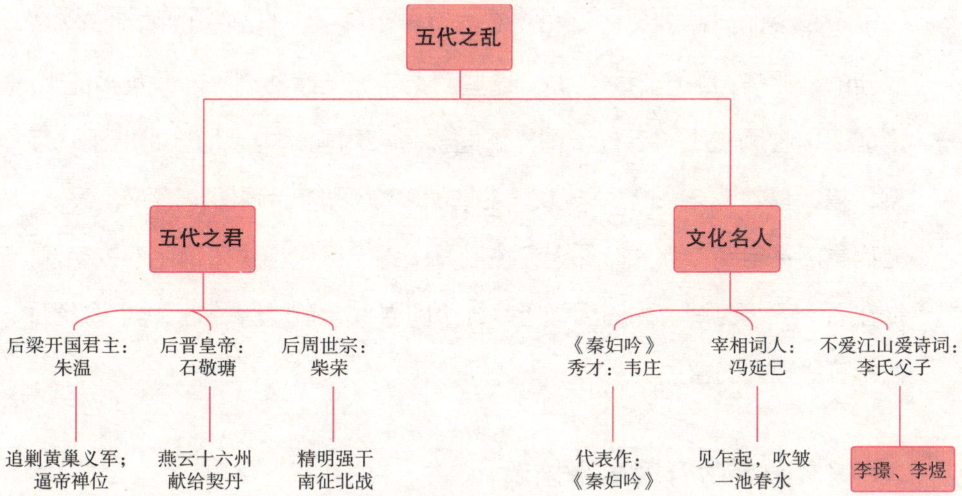

李克用也不过是一个普通的北族，并不是有什么雄才大略的；所靠的就不过是兵力。所以兵力加强，依然无济于事。到后来，居然“天下之势，归朱温者十七八”。

——吕思勉《中国通史》

走马灯一般的五代十国

唐朝末期，在剿灭黄巢起义军的过程中，一大批新形成的军阀构成了新的割据势力。唐朝灭亡后，这些割据势力继续独霸一方，互相征伐，形成了中国历史上“五代十国”的短暂分裂局面。中原地区相继出现了梁、唐、晋、汉与周五个政权，史称后梁、后唐、后晋、后汉、后周。五代虽然各自实力强大，却无力控制整个国土，只是“藩镇化”的朝廷，存在五十三年时间，先后历经“八姓十四君”。在这里，我们重点介绍几位影响比较大的君主。

被人唾弃的开国皇帝朱温

历史上，每一位开国皇帝人们对他的正面评价往往多于负面评价。因为他们大多有卓越的才干，或美好的品德，才能得到大家拥护建立一个国家。然而，朱温这个后梁开国皇帝却是少有的一个被后人所唾弃的皇帝。这是为什么呢？首先是因为朱温使用的手段太过让人不齿，再就是朱温过于暴虐的性格。

朱温是宋州砀（dàng）山（今安徽砀山县）人，他的祖父、父亲都是乡下的教书先生。他幼时家贫，父亲早死，他和两个哥哥随母亲王氏被寄养在萧县（今安徽萧县）富户刘崇家。长大成人后，朱温不事生产，以豪雄英勇自许，乡里人大都非常厌恶他。

唐朝末年，天下大乱，王仙芝和黄巢发动了声势浩大的起义。萧县距离山东很近，朱温遂离开萧县，投效黄巢。由于深通谋略，作战勇猛，朱温屡立战功，很快就由普通士兵升为手握重兵的大将，深得黄巢的信任和倚重。

朱温

黄巢在长安自立为王后，屡次派朱温出战。中和二年（882年）二月，黄巢任命朱温为同州（今陕西渭南大荔县）防御使，让朱温攻打同州。朱温从丹州（今陕西宜川）领兵南下，很快攻克同州。当时河中节度使王重荣屯扎了数万军队，纠合其他藩镇，计划收复同州。朱温不敌，屡次向黄巢请求增援，但均被黄巢的左军使孟楷隐瞒不报。黄巢的军队将帅大多人心涣散，他的亲信将领胡真、谢瞳劝他降唐，朱温推知黄巢起义军必将失败，便归投了王重荣。王重荣将情况报给流亡在四川的唐僖宗，僖宗高兴地说："是天赐予也！"于是朱温被赐名全忠，任左金吾卫大将军。自此，朱温举起屠刀开始血腥镇压自己昔日的战友。在剿灭黄巢残部之后，朱温以汴州（今河南开封）为基地兼并周边地区，先后打败节度使朱瑄（xuān）、朱瑾（jǐn）、刘仁恭、李克用等地方割据势力，占据了河南、河北、山东、山西等地。公元899年，朱温成为唐末藩镇割据中势力最强大的军阀之一。

唐僖宗病死之后，唐昭宗继承皇位，意图改变宦官乱政的局面，结果反被宦官幽禁和挟持。朱温率兵夺回昭帝，挟天子以令诸侯，诛杀宦

唐僖宗

官七百多人，并趁机控制了朝廷。随后，他又胁迫唐昭宗迁都洛阳，在途中杀掉唐昭宗的随从两百多人。

公元904年，朱温为绝后患，杀死昭宗，假借皇后之命废了太子李裕，立年仅十三岁的李祝为皇帝，即唐哀帝。朱温的所作所为，引起了朝臣的极大不满。为了控制局面，朱温将昭宗诸子及左仆射崔枢等三十多位大臣全部诛杀，弃尸于滑州（今河南省安阳市滑县）白马驿黄河岸边，后世称为“白马驿之祸”（详见本书第四册）。

此后，唐朝政府的旧有势力基本被扫除。公元907年，朱全忠逼迫哀帝将皇位“禅让”给了自己，改国号大梁，建元开平，史称朱梁，是为梁太祖，盛极一时的唐王朝就此灭亡。

朱温称帝后，改名朱晃，改革了一些唐末的弊政，却因连年用兵，又肆意杀戮将帅功臣，使得统治集团内部矛盾日益尖锐，进而导致政权不稳。

公元912年，朱温亲自率领大军（号称有五十万人）乘虚进攻成德镇，结果大败，朱温也因此卧床不起。因朱温的长子朱友裕早死，所以自称帝以来朱温就没有立太子。卧病之后，他知道自己的时间不多了，而其他几个儿子又不堪重用，只有养子博王朱友文尚可成器，便决定将皇位传给他。

当时，朱友文在东都开封驻守，朱温便将传国玉玺交给他的妻子，让其召回朱友文。郢（yǐng）王朱友珪（guī）的妻子张氏得知这件事后，告诉了朱友珪。朱友珪随即利用他掌握的宫廷宿卫侍从发动宫廷政变。朱温被朱友珪的仆人冯廷谔（è）刺死，终年六十一岁。

“儿皇帝”石敬瑭

从上古史开始，中国君王的传承，或是世袭，或是禅让，或是武力相争，而世袭，多是父传子，或兄终弟及。但在中国的历史上，却有这样一位“儿皇帝”，他就是石敬瑭。

说到石敬瑭，我们先来了解一下石敬瑭生活的时代。在剿灭黄巢起义的过程中，沙陀人（中国北方少数民族，原为西突厥处月部）李克用率领麾下的“鸦儿军”立下赫赫战功。随后，李克用以复兴唐朝的名义，与后梁朱温进行了多年的争战。李克用死后，他的儿子李存勖（xù）在骁勇善战的养子李嗣源的辅助下建立了后唐，并进行了一系列征战。石敬瑭便是在这一过程中脱颖而出的。

石敬瑭出生于太原的沙陀族武将之家，受家庭影响，从小就喜欢舞枪弄棒，尤其擅长骑射。他喜欢兵法，熟读兵法书籍，将战国时期赵国名将李牧和汉朝名将周亚夫视作自己的偶像。当时的代州（今山西忻州市代县）刺史李嗣源特别欣赏他，不仅将女儿嫁给了他，还提拔他做了精锐骑兵“左射军”的头领。就这样，石敬瑭跟着李嗣源到处征战，多次救了李嗣源的性命，不但深得其信任，成为其心腹爱将，而且因后梁贞明二年（916年）率领十几名亲卫掩护后唐庄宗李存勖后退而声名远扬。

在随李嗣源征战的过程中，石敬瑭不仅实力大增，而且眼光和谋略也日渐得到提升，成为李嗣源解决政治难题的得力助手。公元926年，李嗣源受命去镇压邺都兵变，但中途他的军队发生了哗变，将士们要求他

后唐庄宗李存勖

称帝，对李存勖忠心不二的李嗣源自然不答应。这时，石敬瑭出面向李嗣源陈说当前处境的微妙，建议他当机立断成就大事。就这样，在石敬瑭的拥立下，李嗣源登上帝位（即后唐明宗），石敬瑭也得以加官晋爵。

后唐长兴四年（933年）十二月，李嗣源病死，其子李从厚继位，就是后唐愍（mǐn）帝。愍帝在位仅四个月，皇位就被李嗣源的养子李从珂夺走了，是为末帝。李从珂和石敬瑭本来就不和，互相猜忌，他即位后，试图削弱石敬瑭的力量，便调他去往其他地方镇守。

感到危机的石敬瑭决定先下手为强，于公元936年五月起兵造反，不久后唐朝廷调遣大军包围了太原。形势危急之下，石敬瑭听从幕僚桑维翰的建议，派遣使者到契丹求援，表示愿意向契丹称臣，拜契丹首领耶律德光为父，答应事成之后，将雁门关以北的燕云十六州献给契丹，作为酬谢。

契丹，是居住在我国东北部的少数民族。公元907年，契丹首领耶律阿保机在统一各部后建立了政权。阿保机死后，其子耶律德光继位，改国号为辽。辽人常常向南侵扰中原北部边境。耶律德光即位后，继续推行阿保机对外扩张掠夺的政策，并把进攻中原作为重点。接到石敬瑭的求援，他满心高兴，立刻答应使者，等深秋草黄马肥时即出兵相救。这年十月，耶律德光带领五万精锐骑兵援救晋阳（今山西太原）。

后唐军腹背受敌，大败。

回猎图（携猎鹰驰猎的契丹骑手）〔五代〕胡瓌绘

耶律德光来到晋阳，石敬瑭亲自出城迎接，卑躬屈膝地把比他小十岁的耶律德光称作父亲。过了几天之后，耶律德光正式册封石敬瑭为大晋皇帝。耶律德光把自己的衣帽脱了下来，亲自给石敬瑭穿戴上，石敬瑭就穿着一身契丹衣帽，不伦不类地登基做了后晋皇帝。

石敬瑭做了皇帝后，立刻按照原来答应的条件，把燕云十六州送给了契丹，还答应每年向其献帛（丝织品的总称）三十万匹。

石敬瑭在契丹的支持下，带兵南下攻下洛阳。唐末帝走投无路，在宫里放了一把火，举家自杀，后唐灭亡。石敬瑭在汴京正式做了中原皇帝，定都汴州。石敬瑭对契丹国主耶律德光感恩戴德，每次书信皆用表，以此表示君臣有别，并把契丹国主称作“父皇帝”，自己称“儿皇帝”。契丹国主如果有什么不顺心，就派人前来责备。石敬瑭总是卑躬屈膝、赔罪道歉。其部属耻于其如此行事，大多心存异志。面对朝纲不整、藩镇割据的局面，徒有皇帝虚名的石敬瑭惶惶不可终日，终于在艰难支撑中一命呜呼，时年五十一岁。

石敬瑭为了自己一己私欲割让燕云十六州给契丹的做法，虽说助他登上皇位、问鼎中原，但是，他的这种做法却对后来产生了极为深远的影响。燕云十六州自东向西包括了今天的天津、北京、河北北部、山西北部，基本上分布在长城内（南）侧，也即长城这条重要军事防线背后的战略支撑点。失去了这一片山势险峻的地区，中原政权无险可守，完全暴露在北方游牧民族的铁骑之下。

此后四百年间，北方游牧民族契丹、女真、蒙古铁骑纷纷南下中原，便是其最直接的后果。

五代第一明君柴荣

泱泱华夏，朝代更迭。在诸多皇帝中，文韬武略俱全的明君屈指可数，并且大多耳熟能详，如汉武帝、唐太宗等，但在五代时，有一位皇帝也可以被称为明君，他就是后周世宗——柴荣。

柴荣，邢州龙冈（今河北邢台西南）人，祖上是当地望族。后来家道中落，柴荣便去投奔自己的姑姑。柴荣的姑姑历史上并没有详细的记载，但她的夫君却非常有名——后周太祖郭威。柴荣生性谨慎宽厚，由于经常帮助郭威处理各种事务，因而深受郭威喜爱，并被郭威收为养子。但当时郭威家境也并不富裕，柴荣为了能让家里好过些，就外出经商，往返江陵等地。在此期间，柴荣需要跟各种人打交道，由此迅速成长起来。在这个过程中，柴荣也跟郭威建立了深厚的情谊。柴荣长大以后，便追随郭威弃商从军。

天福十二年（947年），刘知远称帝，建立汉朝，史称“后汉”，定都开封。郭威作为刘知远的心腹大将，为其打下江山立下汗马功劳，也因此成为刘知远最为器重的人之一。不久，刘知远病逝，立其子刘承祐继承皇位，后世称为后汉隐帝。汉隐帝为人猜忌残暴，对一些开国元勋很是忌惮（其中就包括郭威），欲除之而后快。郭威事先得到了消息，被逼无奈，举兵反汉。此时，柴荣开始崭露头角，成为郭威军中不可或缺的一员大将。之后，郭威率领起义军节节胜利，于公元950年推翻了后汉，并于次年新建了一个王朝，国号为“周”，是为后周太祖。

刘知远、郭威（绣像画）

郭威举兵进攻汴京时，柴荣奉命留守邺城。后周初年，他被封为澶州节度使、晋王。不久太祖病死，柴荣按照其遗命在灵前继皇帝位，即周世宗。

柴荣精明强干，他继位之后做了一个三十年计划：第一个十年，开拓进取平定天下；第二个十年，使百姓休养生息；第三个十年，天下太平。他在太祖改革积弊的基础上，进一步整肃吏治，均定田赋，整顿禁军，限制佛教，奖励农耕。他命人将一对农夫农妇木雕放在殿上，以督促君臣留心农事。通过改革，后周的军力、国力均得到增强。

柴荣在五年多的统治期间南征北战，试图结束天下分裂的局面。在

周世宗柴荣画像

他继位不久，北汉刘崇（沙陀人，后汉高祖刘知远之弟，北汉开国君主）联合辽国乘机南下，打算趁着后周内部政权不稳定，削弱后周。柴荣力排众议，毅然率军出征，最终在高平与北汉军队相遇。

高平之战，是周世宗走向辉煌的第一战，在军队右翼不战自逃的情况下，柴荣亲自督战。最终，大败北汉军队，取得大捷。班师回朝后，群臣莫不俯首。公元956年，他亲自征讨南唐，攻取了南唐的江淮十四州六十县。接着，北伐攻打契丹，收复了三州十七县，后又攻取后蜀的四州。这些成就，为日后北宋的统一奠定了基础。

柴荣被史家称为“五代第一明君”。他十五岁从军，二十四岁拜将，三十三岁称帝，不仅精明强干，而且生活简朴，赢得了人民的广泛拥戴。公元959年，柴荣去世，四方远近都自发地哀悼他。甚至连明清的皇帝对他的祭祀也是四时不断，后人对柴荣的评价向来有褒无贬，少有争议。

名篇精选

正月，庚子，帝[①]下诏亲征淮南。

壬寅，帝发大梁[②]。李穀（hú）攻寿州[③]，久不克。唐刘彦贞[④]引兵救之，至来远镇，距寿州二百里，又以战舰数百艘趣正阳[⑤]，为攻浮梁[⑥]之势。李穀畏之，召将佐谋曰：“我军不能水战，若贼断浮梁，则腹背受敌，皆不归矣！不如退守浮梁以待车驾。”上至圉镇[⑦]，闻其谋，亟遣中使乘驿[8]止之。比至，已焚刍[9]粮，退保正阳。丁未，帝至陈州[10]，亟遣李重进[11]引兵趣淮上。

——《资治通鉴·后梁纪》

【注释】

①帝：周世宗柴荣。②大梁：今河南开封。③寿州：今安徽寿县。④刘彦贞：南唐将领。⑤正阳：今安徽寿县西南正阳关。⑥浮梁：河上的浮桥。⑦圉（yǔ）镇：今河南杞县西南。⑧乘驿：乘驿站的马行进。⑨刍（chú）：喂牲口的草。⑩陈州：今河南淮阳。⑪李重进：北周将领。

【译文】

显德三年（956年）正月庚子，世宗下诏亲征淮南。

壬寅，世宗从大梁出发。李毂攻打寿州，久攻不下。南唐刘彦贞带兵支援，到距寿州二百里的来远镇，又用数百艘战船开往正阳，做出要攻打浮梁的架势。李毂有些担心，便召集将佐商议：“我军不能水战，如果敌人截断浮桥，那么我们会腹背受敌，就都回不去了！不如退守浮桥以待陛下车驾。”世宗抵达圉镇时听到了李毂的计划，立刻派中使乘驿马前往阻止他。等使者赶到的时候，李毂的军队已经将粮草焚毁，退保正阳了。丁未，世宗到达陈州，立刻派李重进带兵赶往淮上。

【词句撷英】

腹背受敌：前面和后面都受到敌人的攻击。出自《魏书·崔浩传》：“裕西入函谷，则进退路穷，腹背受敌。”

群星荟萃的文化盛世

清朝诗人赵翼曾写道："国家不幸诗家幸，赋到沧桑句便工。"晚唐时期，曾一度辉煌的大唐帝国日渐式微，国土之上狼烟四起，藩镇节度使纷纷虎视眈眈。尽管有赤胆忠心的臣子和想要有所作为的帝王试图力挽狂澜，但唐朝的衰败就像滚滚东逝的江水一样，再也无力回天了。

当时政权的频繁更迭和国家的动荡，让许多胸怀大志的文人对为官利民之事彻底死心，转而在秦楼楚馆放纵享乐，诗词的内容从关注国事民生，转移到描写风花雪月和儿女柔情上，形成了著名的"花间派"。

花间派诗词风格婉约柔和，因此也被后世的一些评论家斥为境界狭窄、格调庸俗，但仔细读来，其中借由男女之情抒发的对世事无常的感慨，何尝又不是作者对国家命运的哀叹呢？

宴乐图 〔明〕仇英绘

开山鼻祖——“温八叉”

在花间派词人中，温庭筠可以说是开山鼻祖，虽然他生活在唐末时期，但对花间派影响颇大。温庭筠，字飞卿，太原祁（今山西祁县）人，是唐初宰相温彦博的后代。温庭筠在年少时就表现出了过人的聪慧。唐朝时期的科举考试要求应试者必须按照官方给定的韵脚作文写词，为此很多举子终日冥思苦想，只为能写出符合要求又显得词句秀美的文章。但温庭筠并没有因此被难住，据说他曾在考场上交叉了八次手指就完美地押上了八个给定的韵脚，因此被人称为“温八叉”。

尽管温庭筠天赋过人、才思敏捷，但他却有些恃才傲物、性格放浪。加之他与纨绔子弟交从过密，在当时的权贵中名声非常不好。唐宣宗在某次作诗时，在前一句诗中用了“金步摇”这个词，却怎么也想不到还有什么词能够对仗。宣宗便叫来温庭筠问询，温庭筠沉吟了一会儿，建议用“玉条脱”作为对仗，宣宗觉得精妙至极。在一旁的宰相令狐绹（táo）不知道“玉条脱”是什么典故，就多问了一句，没想到温庭筠笑道：“这就是《南华经》里提到过的臂钏罢了，这本书也算是常见，您在做宰相的空余时间也不能忘记多读书呀！”

鱼玄机　〔明〕陈洪绶绘

温庭筠可能并非故意嘲笑，但令狐绹听了之后心里很不是滋味，这不是摆明了讽刺他读书少吗？之后令狐绹有意打压温庭筠，原本在官场上就不怎么受人欢迎的温庭筠四处碰壁。晚年的温庭筠回忆起这件事来，也忍不住叹息道：“我真是后悔读了《南华经》！”

眼见仕途无望、官场失意的温庭筠只好将目光转向秦楼楚馆。他向来工于文笔，写起闺房之怨来可谓是牛鼎烹鸡，因此颇受当时的歌伎舞女的喜爱。大约是感怀于自己的才华无人赏识，温庭筠笔下的美人总是带着一丝淡淡的愁怨气息。就这样漂泊了数十年，温庭筠终于还是凭借过人的才华，获得了当朝大臣徐商的引荐。但是很快他又因改革科举制度而触怒了当时的宰相杨收，再次被罢官贬黜。

经历几次大起大落之后，温庭筠愈发心力交瘁。而他的得意弟子鱼玄机在几年前被官府处死，他的胞弟温庭皓在他被贬不久后就被人在徐州谋杀，这些事让温庭筠原本就十分糟糕的精神状态更加雪上加霜。

此时的温庭筠，已然不再是当年那个风流倜傥的才子。他年事已高，身染沉疴，贫苦交加，曾经那些浪荡的行径为他留下了不爱惜羽毛的名声，但凡知晓他过往的权贵们，对他多半也是一副轻蔑的态度。时年六十六岁的温庭筠在这次贬黜之后便从人们的视线中消失了，有人说他最后在飘零中郁郁而终，也有人说他在这次事件之后开始隐姓埋名。但无论真相如何，一代才子最终落得个流落他乡的下场，让人忍不住为此唏嘘不已。

《秦妇吟》秀才韦庄

花间派词人的另一个代表韦庄，却与温庭筠有着截然不同的命运。韦庄的家族号称“京兆韦氏”，家族中一共出过二十位宰相，可以说是唐朝的股肱（gōng）栋梁。唐朝中期，韦氏家族的名望如日中天，甚至在当时的民间出现了“城南韦杜，去天尺五”的说法。但韦庄出生的时候，韦氏已经家道中落，不复往日的荣光。

韦庄父母早亡，无依无靠。家境贫寒而没有父母疼爱的韦庄，只能靠自己发奋学习来改变命运。韦庄早年的刻苦并没有换来他在仕途上的一帆风顺，相反，他屡次上京赴考却屡次落第，最终只做了一个很小的官。之后很长的时间里，韦庄一直在江南各地游历。

文士图　傅抱石绘

这段时间可谓韦庄生命中最重要的时光，江南的烟雨垂柳、乌瓦白墙让韦庄的心灵得到了无限抚慰，以至于这位出生北方的词人将江南视为自己的第二故乡。甚至一直到晚年，韦庄在词作中仍然时不时透露出对江南的怀念。

光启三年（887年），韦庄由润州逃亡到常州。自此，韦庄对润州的事务彻底没了牵挂，无官一身轻的韦庄决定就此在北方游历。中间经历了数次波折后，在乾宁元年（894年），韦庄终于以快六十岁的高龄考中了进士，任校书郎。

光化三年（900年）十一月，时值寒冬，大唐王朝的气数似乎已经走到了尽头。宦官们在宫廷内发动了政变，囚禁昭宗，假借圣旨，另立太子李裕为帝。韦庄意识到，如果不想和这个王朝一起覆灭，现在就是最后的脱身机会了。于是他修书一封，寄给当时正在四川的西川节度使王建，表达了自己想要投靠在王建麾下的请求。王建知道之后非常高兴，因为韦庄的才能他是认可的。他当即下令，任命韦庄为掌书记。

武成三年（910年），韦庄在成都逝世，享年七十五岁。韦庄六十岁发迹，人生的“高光时期”不过短短十五年，但在这十五年中，韦庄却做到了很多人一生都做不到的事情，可谓“老骥伏枥，志在千里”。而他一生颠簸坎坷的经历，也让他的诗词在浓艳绮丽之外多了一层感怀时局的沉郁色彩。特别是他的代表作《秦妇吟》，与汉乐府的《孔雀东南飞》和北朝乐府的《木兰诗》并称为“乐府三绝”，又与杜甫的“三吏三别”和白居易的《长恨歌》并称为唐代三大叙事诗的丰碑，韦庄也因此被人称为“秦妇吟秀才”。

秦妇吟（节选）

南邻有女不记姓，昨日良媒新纳聘。
琉璃阶上不闻行，翡翠帘间空见影。
忽看庭际刀刃鸣，身首支离在俄顷。
仰天掩面哭一声，女弟女兄同入井。
……

这首诗虽然辞藻华丽，但内容却并非寻常的现实。韦庄用精致华丽的用词反衬唐朝末年战乱四起、百姓民不聊生的悲惨景象，在诗词史上留下了堪称“杜鹃啼血”的一笔。他的诗词脱胎于温庭筠的风格，却又融合了杜甫、白居易等人对国家兴亡的深沉思考，属于花间派中不可多得的佳作。

宰相词人冯延巳

除了温庭筠和韦庄之外，花间派的另一位重要代表则是有“宰相词人”之称的冯延巳（sì）。

冯延巳，字正中，五代江都府（今江苏扬州）人。作为南唐元宗李璟（jǐng）的宰相，不同于温韦二人，冯延巳在仕途上可以说是一帆风顺。他为人机巧聪敏，讲话诙谐幽默，更有雄辩之才。早在南唐开国时，冯延巳就因多才多艺而颇受烈祖李昪（biàn）赏识，任命他为尚书郎，常常陪伴在太子李璟左右。李璟即位后，将他信任的冯延巳一同提拔了上来，先是任命他做翰林学士之首，后又让他出任宰相，可谓风光无限。

但冯延巳却并非治国之才。他在文化造诣上的水平和他在政治决策上的水平是成反比的，总之就是他的文章写得有多好，他的治国策略就有多糊涂。李璟即位后，对外大肆征战，尽管一定程度上拓宽了南唐的疆土，但连年征战也造成了南唐的国库亏空，国力虚弱。在一次对外战争失败之后，李璟不以为意，照常饮酒作乐，但文武百官对此忧心不已，冯延巳却说：“先帝打了败仗，不过损失了千余人，就愁得吃不下饭，睡不着觉，真是见识短浅，这样一个农民怎么能成就天下大事呢？当今陛下派出数万人在外征战，自己却能照常蹴鞠（cù jū，古代的一种足球运动）玩乐，这才是真正的英雄气概！”

对冯延巳的谄媚奉承，李璟是来者不拒的，因此冯延巳也常常被人指责为谄媚奸佞，甚至一度被人与魏岑、陈觉、查文徽、冯延鲁合称为“五鬼”。他在做宰相时，为了迎合李璟的喜好，频频对外征讨，然而又因不懂兵法，导致吃的败仗远远比胜仗多。

保大五年（947年），冯延巳命陈觉、冯延鲁二人领兵进攻福州，结果这一战死伤惨重，李璟要以渎职罪名将二人处死，冯延巳为了保住同党的性命，不得不引咎辞职。但他身为李璟的宠臣，即便被削官，也并没有过得多么艰难。在保大六年（948年），冯延巳出任抚州节度使，四年之后便又被李璟调回了京城担任宰相，由此可知冯延巳在李璟心中的地位。

孟蜀宫妓图　〔明〕唐寅绘

尽管冯延巳在政治上并没有什么过人的才华，但论起诗词歌赋，冯延巳在当时无人能出其右。他将花间派的文风取之精髓，弃之糟粕，摒弃过于矫饰造作的修辞方式，用词清丽而不繁缛，而且极为擅长写闺怨离愁和山川景致，特别是他的那句“风乍起，吹皱一池春水”，在现代文学作品中都能见到仿句。

不爱江山爱文学的李氏父子

冯延巳这位文人宰相服务的君王南唐元宗李璟，也是一位极有才华的文化帝王。作为南唐的第二位皇帝，比起处理政事，李璟更喜欢蹴鞠宴饮、吟诗作乐，被人评为“时时作为歌诗，皆出入风骚”。这种极高的文化修养，与李璟的早年生活密不可分。

李璟的父亲李昪是南吴重臣徐温的养子，因为优渥的家庭背景，李璟从小就过得顺风顺水，很轻松地就登上了权力金字塔的巅峰。李璟长大之后，其父李昪安排他先后担任驾部郎中、诸卫大将军等重要官职。徐温去世后，朝政大权掌握在了李昪的手里，李璟也随之做了兵部尚书，之后又升为参知政事。

天祚元年（935年），李昪晋为齐王，两年后废黜南吴杨溥，自立为新帝，建立南唐，李璟作为他的长子，也顺理成章地被封为皇太子。可以说，他的人生几乎没有什么东西是需要他费心争取的。也正因如此，李璟无法具备一位合格帝王应当具有的责任感和忧患意识，与其说他是一国之主，不如说他更像是一个飞扬跋扈的富家子弟。

升元七年（943年），南唐烈祖李昪去世之后，李璟即位。在继位初期，李璟还是非常锐意进取的，他先是镇压了循州张遇贤掀起的叛乱，在官吏心中立起了朝廷的威严；而后趁乱进攻闽国，并成功吞并了闽国的土地，设置节度使加以管理。

在灭亡闽国之后，李璟原本想见好就收，让国家得以从战争中恢复。然而宠臣查文徽、陈觉等人劝说道：“闽国余孽仍在，陛下不如乘胜一举清除他们，以绝后患。”陈觉甚至还吹嘘道，自己能够不费一兵一卒就能让李仁达来金陵（今南京）朝见。李璟相信了陈觉等人的话，任命陈觉为宣谕使，召李仁达来朝见自己。而陈觉并没有那么大的本事。可想而知，他没有完成命令。为了避免因失职而遭到处罚，陈觉便假借李璟的名义，擅自发兵攻打李仁达，而当时管理漳州和泉州（今福建部分地区）的魏岑听说陈觉起兵，竟然也未经李璟同意便带兵支援。

李璟得知后勃然大怒，但宰相冯延巳劝说道，军队既然已经出动，贸然撤兵反而不好，于是李璟只得增兵支援陈觉和魏岑。此时，李仁达向吴越借兵三万，战争进入了白热化状态，而魏岑和陈觉等人竟然因为争功，在如此紧张的战场上闹起了内讧，军队统帅之间不能齐心协力，结果大败而归。李璟本想处死陈觉和魏岑二人，但冯延巳主动请辞宰相职位，保全二人的性命。出于对前朝老臣的敬重和对冯延巳才华的爱惜，李璟最终同意了这个要求。

保大九年（951年），南楚内乱，李璟趁机进攻南楚，并一举得胜。灭亡南楚之后，楚地百姓刚刚经历战乱，民生凋敝，但冯延巳却以攻克南楚为功绩，不愿意向朝廷请求钱粮援助，反倒增加了楚地百姓的赋税，以充盈官库给养军队。楚地百姓的生活更是雪上加霜，并因此对南唐政权滋生了怨恨情绪。尽管后期的几次小规模叛乱都被南唐镇压了下来，但这种不满就像是深埋在土里的种子，为南唐的统治增加了很大的不稳定因素。

保大十三年（955年），后周以越位称帝为由，进攻南唐，李璟派出刘彦贞抵挡。可谁知刘彦贞并非将才，见到后周军队撤走，便想乘胜追击，没想到正好中了后周的计谋。等南唐的军队追到正阳（今河南驻马店）时，被抄近路赶来的后周将军李重进逮了个正着。刘彦贞的军队饿着肚子与兵强马壮的后周军队作战，被打得落花流水。李璟又派出林仁肇进攻周世宗带领的军队，依然大败而归。

之后的几年，南唐节节溃败，国土之上战火纷飞，百姓生灵涂炭。到了交泰元年（958年），李璟知道自己回天乏术，便将皇位传给了自己的儿子李弘冀，自己则对后周称臣。五月，李璟去掉帝号，改称国主，史称南唐中主。同时改用后周的国号，由交泰元年改称为显德五年。

显德六年（959年），太子李弘冀意外离世，李璟只好立自己的第六个儿子李煜（yù）为太子。第二年，后周大将赵匡胤（yìn）发动陈桥兵变，自立为帝，史称宋太祖。建隆二年（961年），李璟迁都洪州，但洪州地处狭窄，宫殿军营只能挤挤挨挨地凑在一起，李璟又悔又怒，再加上连年担惊受怕造成的身体虚弱，同年六月病死在洪州，终年四十六岁。太子李煜继承皇位，史称南唐后主。

韩熙载夜宴图局部 〔五代〕顾闳中绘

从继承南唐，到南唐覆灭，不过短短十几年的时间。究其原因便是官员无能，也可以说是时运不济，但问题的根源还是出在李璟偏信宠臣、刚愎（bì，任性）自用上。从李璟的诗词中，我们能看出他对生活敏锐的观察力，而在面对百姓疾苦时，李璟却视而不见。最终，这位“文艺皇帝”为自己的所作所为付出了沉痛的代价。

开宝四年（971年），宋太祖赵匡胤出兵灭掉南汉，并在汉阳（今湖北武汉）屯兵。李煜生怕自己会步南汉的后尘，于是将国号中的“唐”

字拿掉，改称江南后主；之后又发布了一系列命令，降格自己所使用的礼仪和生活用度，以表示对宋朝的归顺和忠心。然而，这些举措并没有换来宋太祖的宽容，开宝七年（974年）秋天，宋太祖派军大举进攻南唐，随后，宋军攻下池州。李煜此时怀着鱼死网破的决心，他下令全城戒严，同时不再使用宋朝的年号。尽管南唐殊死抵抗，但毕竟只是一个小小的藩国，与装备精良的宋军对抗，就如同以卵击石。

开宝八年（975年）二月，宋军攻下金陵；三月，吴越攻下杈州；六月，宋军与吴越会师，接连拿下洪州和润州。同年十二月，金陵被宋军攻破，南唐将军战至力竭而亡，重臣悬梁自尽，李煜上表投降，南唐至此正式灭亡。亡国之君的李煜终日愁眉不展，认为自己不仅有愧于列祖列宗，甚至在成为阶下囚之后，被宋太祖封了一个“违命侯”的称号，时不时就要被羞辱一番。他满腔苦闷无法排解，只能借诗词抒发国仇家恨。然而，他的这一举动引起了宋太宗的不悦，在李煜四十二岁生日时，宋太宗派人给李煜送去毒药，这位南唐最后的君主就这样走完了自己的一生。

听阮图　〔清〕刘彦冲绘

李煜的诗词大多是描写儿女情长和宫廷生活的，但由于后期国破家亡，生活境况一落千丈，这使得他的诗词中增添了浓厚的悲怆气息；逐渐形成了清丽简约的独特文风，并对宋代诗词产生了深远的影响。

在他被囚于宋时所作的那首《相见欢·无言独上西楼》中，用“寂寞梧桐深院锁清秋”两个意向叠加，描绘了被囚禁在远离故土的深宫中那种寂寞无处言说的心情。而在他的代表作《虞美人》中，一句“故国不堪回首月明中”，用近乎白描的手法直抒胸臆（yì），让人在读的时候，即便隔了千年的时光，也恍如来到了那座孤独地伫立在月色中的小楼，耳畔传来这位末代帝王的声声哀叹。

名篇精选

臣光曰：或①问臣：五代帝王，唐庄宗、周世宗皆称英武，二主孰②贤？臣应③之曰：夫天子所以④统治万国，讨其不服⑤，抚⑥其微弱，行其号令，壹⑦其法度，敦明信义⑧，以兼爱兆民⑨者也。庄宗既⑩灭梁，海内震动，湖南马氏遣子希范入贡，庄宗曰：“比闻⑪马氏之业，终为高郁所夺。今有儿如此，郁岂能得之哉？”郁，马氏之良佐⑫也。希范兄希声闻庄宗言，卒矫其父命而杀之⑬，此乃市道商贾之所为，岂帝王之体哉！盖⑭庄宗善战者也，故能以弱晋胜强梁，既得之，曾不数年，外内离叛，置身无所。诚由⑮知用兵之术，不知为天下之道故也。

——《资治通鉴·后周纪》

【注释】

①或：有人。②孰：哪一个，哪一位。③应：回应。④夫：语气助词，无实际意义。所以：……的原因。⑤讨其不服：征讨不服从的人。⑥抚：安抚，平息。⑦壹：这里是名字做动词，统一。⑧敦明信义：昭明诚信和正义。敦明，昭明的意思。⑨兼爱兆民：以博大的爱去关怀成千上万的民众百姓。兼，把两份并在一起，加倍。兆，数量众多。⑩既：已经。⑪比闻：近来（我）听闻。比，近来，最近。⑫良佐：良，优秀的。佐，辅佐大臣。⑬卒矫其父命而杀之：假借他父亲的命令而诛杀了他。卒，于是。矫，诈称，假托。⑭盖：原因是。⑮诚由：诚，实在是。

实在是因为。

【译文】

臣司马光说：有人问臣下，在五代帝王之中，唐庄宗、周世宗都号称英武，（那么）两位君主中谁更贤明呢？臣下回答说：天子统治四方国家，讨伐不肯降服者，安抚微小虚弱者，实行他的号令，统一（国家的）法度，敦厚诚信、昭明大义，是用（这种方式）来兼爱亿万百姓的。唐庄宗在灭亡梁国以后，天下震动，湖南的马殷派遣儿子马希范入朝进贡，唐庄宗说：“近来听人说马氏的家业，终将被高郁所夺取。如今他有这样的儿子，高郁怎么能够得到马氏家业呢？”高郁是马氏的优秀辅佐大臣。马希范的哥哥马希声听说了唐庄宗的话，结果假造他父亲的命令杀死了高郁。这只是街市中道路上的小商小贩所干的事，哪里是帝王的风度啊！唐庄宗是个善于打仗的人，（这是）之所以能以弱小的晋国战胜强大的梁国（的原因）。但是在取得梁国以后，居然不出几年，就众叛亲离，没有了安身之处。实在是因为（唐庄宗）只知道用兵的计策，而不知道治理天下的道理的缘故啊。

【词句撷英】

兼爱兆民：以博大的爱去关怀黎民百姓。兼爱，后引申为博爱。

第二章 北宋开国

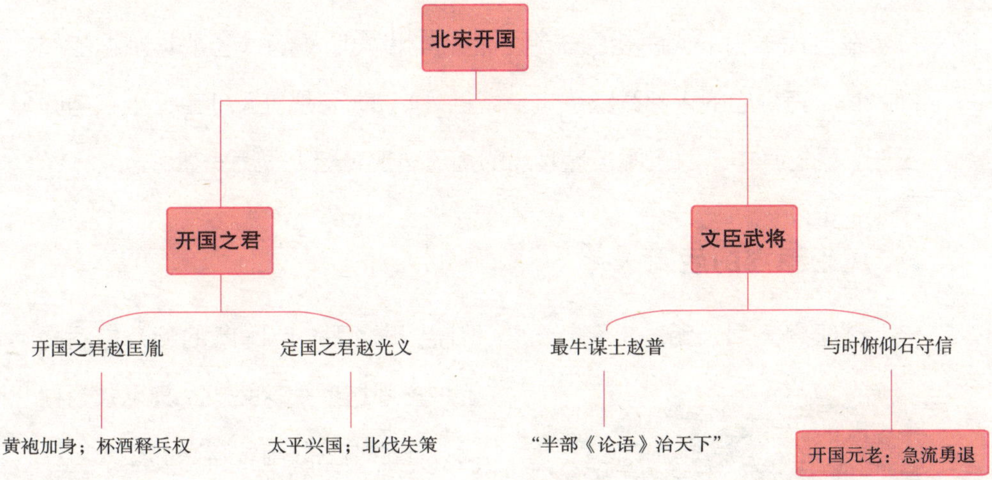

宋太祖赵匡胤，本是后周太祖、世宗两代的将，屡立战功。这一次事情，是和后周太祖的篡汉如出一辙的。大约竟是抄老文章。大凡人心看惯了一件事，很容易模仿，所以“恶例不可轻开”。

——吕思勉《中国通史》

开国之君赵匡胤

在五代十国取代唐朝的统治之后，中华大地便陷入了群雄割据的局面。每个有雄心的人都跃跃欲试，觊觎（jì yú）着那张象征着无上权势的王座。而这其中，赵匡胤被这汹涌的潮流裹挟着登上了历史舞台。

风雨飘摇的后周

赵匡胤，字元朗，小名赵九重，出生于洛阳。赵匡胤的父亲是后周的护圣都指挥使赵弘殷，其母亲为杜氏。在他出生之前，赵家已经夭亡了一个儿子和一个女儿，连续的丧子之痛让赵弘殷夫妻对这个得来不易的孩子充满了希望，而赵匡胤也没有辜负父母的期待。

宋太祖赵匡胤

出身于武将门第的赵匡胤，偏好习武。关于赵匡胤的习武之路，有一个记载非常有趣。据说，赵匡胤在小时候曾经尝试驯服一匹烈马，他不带辔头和马鞍，赤手空拳骑在了烈马的身上，仅靠抓住鬃毛来保持平衡。烈马摇头甩蹄，像离弦之箭一般冲了出去。家人来不及阻拦，只能眼睁睁地看着赵匡胤被马带着一头撞在了门楣上，从马上栽了下来。没想到，赵匡胤只是在地上躺了一会儿，接着拍拍屁股站了起来。正当大家为这孩子的命大而感叹时，赵匡胤又做出了另一个惊人的举动：他竟然全速奔跑起来，追上了那匹还在撒野的烈马，重新骑了上去。

宋昭宪太后（赵匡胤母亲）画像

长大之后，赵匡胤辞别父母外出游历。他一路北上，来到了河中地区（今山西永济市）。在那里，他听闻当时还是后汉枢密使的郭威治军有方，于是便投入郭威帐下，并参与了郭威所领导的军队对河中节度使李守贞的数次征讨，屡立战功。

郭威很快便对骁勇善战的赵匡胤青睐有加，将他视为自己的得力干将。广顺元年（951年），郭威称帝后，便将随他南北征战的赵匡胤提拔为东西班行首（指军队行列中的领导者），兼任滑州（今河南安阳）副指挥使。广顺三年（953年），郭威的养子柴荣做了开封府尹，赵匡胤随即被提拔为开封府马直军使。显德元年（954年）郭威病逝，柴荣继位，史称后周世宗。柴荣继位之后，便将赵匡胤调去掌管禁军。

五代、宋时期军装示意图

柴荣继位的同一年，契丹民族和北汉联手进犯中原，为了巩固后周的统治，并在军队中树立自己的威信，柴荣决定御驾亲征。等双方军队在泽州（今山西晋城）摆开阵营，没想到，宁江节度使樊爱宁等人竟然因为胆怯而临阵脱逃。主将不在，群龙无首，士兵慌作一团，赵匡胤身披重甲，振臂高呼：“如今主上处境危险，我等必当拼死一战！”

东丹王出行图 〔五代〕李赞华绘

后周部队重新燃起斗志，赵匡胤趁热打铁，与另一位大将张永德策马冲出军阵，一鼓作气冲锋到了队伍的最前方。北汉和契丹联军被后周军队如猛虎下山一般的气势所震慑，被打得落荒而逃。赵匡胤乘胜追击，在行到河东城时，左臂不幸被流箭射中。尽管他坚持出战，忧心他伤势会恶化的后周世宗还是拒绝了他的要求，将赵匡胤调到后方静养。

这次大败北汉和契丹的经历，让后周世宗更加信赖赵匡胤。大军凯旋后，赵匡胤从禁军首领被提拔为殿前都虞候。

显德四年（957年）春，赵匡胤奉柴荣的命令出征寿州（今安徽淮南），大胜而归，在这次胜利之后，赵匡胤被封为义成军节度使，并担任检校太保。同年冬天，柴荣与赵匡胤共同出征濠州（今安徽凤阳）和泗州（今江苏盱眙），正值河水暴涨，南唐借河守城。正当柴荣等人为怎么渡河而发愁时，赵匡胤却催动战马，率先渡过了湍急的河流。主将的英勇无畏鼓励了后周的兵士们，他们纷纷跟随赵匡胤渡过河水，将自恃濠州易守难攻的南唐军队杀了个措手不及。

在攻克了濠州之后，赵匡胤和柴荣趁热打铁，迅速调转矛头进攻泗州，此时，南唐存放在濠州的物资和武器全部为后周军队所缴。装备精良士气高涨的后周军队兵分两路，一路在柴荣的带领下连夜进击山阳，并生擒了南唐保义军节度使陈承昭；另一路在赵匡胤的带领下，势如破竹般地接连拿下了迎銮江镇（今江苏仪征）和瓜步（今南京六合区东南区域）。至此，南唐在淮南地区的势力全部被消灭，后周取得了长江沿岸大部分地区。

君弱臣强致兵变

赵匡胤的勇武善战得到了柴荣的肯定，而更让他得到后周世宗欣赏的则是他在战斗中展现出来的忠诚。在征伐南唐时，南唐李璟知道自己国力不敌后周，想用离间计使赵匡胤和柴荣之间产生嫌隙。他偷偷派人送了一封信给赵匡胤，并附上三千两白银。没想到赵匡胤在收到信之后，毫不犹豫地将这件事告诉了柴荣，并把这三千两白银全部送入后周内府，赵匡胤在这件事上表现出来的坦诚，让柴荣对他更加信赖有加，放心地将军权交给赵匡胤。

显德六年（959年），柴荣率军北伐，赵匡胤随柴荣一齐出行。一天夜晚，柴荣在批阅奏折时，意外在文书中发现了一只皮制的口袋。打开来观看时，发现里面只有一块三尺来长的木板，上写："点检做天子"。

当时，张永德担任殿前都点检，不久，柴荣回京，便让赵匡胤接替了张永德的职务，一方面是因为赵匡胤确实征战有功，另一方面则是那句预言让柴荣产生了对未来的疑虑。

同年，柴荣因病在都城去世，他的儿子——年仅七岁的柴宗训继位，史称后周恭帝。而赵匡胤作为前朝重臣，改任归德军节度使，与张永德一起辅佐这位尚在懵（měng）懂之龄的小皇帝。

显德七年（960年）的正月，后周恭帝正与文武百官一起庆贺新年。突然，一条军报打破了喜气洋洋的气氛。原来，辽国和北汉达成了盟约，已经集结军队，准备侵犯后周边境。这突如其来的消息让大家惊慌失措。情急之下，小皇帝只能匆匆与宰相范质、王溥（pǔ）二人商量对策，决定让赵匡胤带兵出征。

当军队行进到陈桥驿的时候，驻扎下来休息。当天夜里，军队中开始传出流言。将士们纷纷议论说，当今天子年幼，生活尚且不能自理，国家大事更是让人代管。我们这些士兵在外出生入死，为国家效命，又有谁知道呢？还不如拥立赵将军做皇帝，这样即使牺牲了也不会徒劳无功。

议论一传十、十传百，很快便在后周将士中传播开来。到了快天亮的时候，绝大多数的士兵都支持赵匡胤夺位。

赵匡胤的弟弟赵光义在众人的注视下拨开帷帐，躬身走了进去，赵匡胤的亲信赵普紧随其后。不一会儿，赵光义便从帷帐中走了出来，朗声说道："我已经将将士们商议的结果传达给将军了，只是将军心地仁厚，不愿意做这样违背天理的事情。"此时，安插在军队中的内应便高呼道："那我们就大声请愿，让将军知道我们的心意！"此话一出，群情沸腾，将士们纷纷喊道："让赵将军做我们的天子！"

这时，便有人将早已准备好的赭黄色龙袍披在赵匡胤身上，一见到黄袍加身，大家更加激动。赵匡胤一再推辞，却拗不过将士们的坚持，只好说道："如今你们自己追求富贵，要让我做天子，如果你们能够听从我的命令还好；如果不能，那我是断然做不了你们的天子的。"

众人便对着赵匡胤行跪拜礼，山呼万岁，表示自己一定会唯命是从，绝不敢有所违抗。接着大家又将赵匡胤扶上马，一行人调转方向，朝着京城而去。

因为这件事情，史学家对赵匡胤的评价一直是褒贬不一。有人认为他在"兵不血刃，市不易肆"的状态下完成了兵变，是一位有着雄才大略的君王。也有人认为，赵匡胤在柴荣病危时就已经在谋划篡权夺位，并且做了精心设计，以确保自己兵变的成功，作为臣子，这是不忠不义。

赵匡胤入城的时候，并没有遭到太多抵抗，他也没有急于进宫，而是带着王溥、魏仁浦二人来到了宰相范质的住处。一见到范质，赵匡胤便泣不成声，表现出一副懊悔不已的样子，说道："我的部下推举我做天子，我被逼无奈，实在是不能拒绝，可叹我违背天命，竟然到了今天这个地步！"

范质还没有来得及回答，旁边的校尉罗彦环就用刀指着他，威胁道："我们这些人没有主上，今明两天必须得到一个天子！"

赵匡胤见状，立刻呵斥了罗彦环。范质沉默了一会儿，叹了口气，走下台阶握住王溥的手，用力到指甲都深深陷入王溥的皮肉中。他看着王溥的眼睛说道："不了解真实情况就派遣军队，是我们决策失误了。"说完，他又对赵匡胤道："太祖将您视为他的得力助手，世宗待您如同兄弟，又像照顾自己的孩子那般照顾您，现在他尸骨未寒，您怎么能做出这样的事情呢！"

赵匡胤和赵光义听了范质的斥责，都只是默默流泪，并不说话。范质心里也明白，后周大势已去。他斥责完赵匡胤之后，便叹息道："现在事已至此，也没什么可做的了。古代有禅位的礼仪，我们现在就这样举行吧。"于是他们便召集朝臣，共同商议禅让仪式的事情。到了将近黄昏的时候，新的朝廷已经确定了下来。

北宋大驾卤簿图局部

杯酒释兵权

要说宋太祖赵匡胤另外一件广为人知的事情，那就必然是“杯酒释兵权”了。如果将历代帝王集权的手段编撰成一本书的话，“杯酒释兵权”一定会在优秀范例中。然而，这一招看似简单，在此后的数百年间也常被其他帝王所仿效，但没有一个人能够像赵匡胤那样——既平和地解决了问题，又没有让被解除实权的将领们心生不满，以至于在此后起兵闹事。

“狡兔死，走狗烹。飞鸟尽，良弓藏”，和其他皇帝一样，在平定了夺权带来的混乱之后，赵匡胤也开始担心武将们功高震主的问题。他出身草莽，曾经和其他将士们一样，在战争中风餐露宿；如今他身居高位，难保不会有其他一起共同打拼过的伙伴产生这种想法：“大家都是从底层摸爬滚打上来的，凭什么这皇位你坐得，我就坐不得？”正在他因为这件事夜不能寐的时候，谋士赵普给了他一个建议。

赵普说，五代十国以来，政权更迭迅速，国家朝生夕灭，这些都是因为藩镇的势力过于强大，以至于君主无法掌控。想要让国家稳固，也没有什么太好的办法，只能尽量削弱藩镇的权力，控制他们的经济命脉，剥夺他们的精锐部队，只有这样，藩镇才能够真正臣服于中央。

赵匡胤听完之后，觉得赵普说得非常有道理，于是便沿着中央集权的思路，开始逐步实施自己剥夺将领和藩王实权的计划。建隆二年（961年）的七月，时值盛夏，赵匡胤在一天的公务结束之后，将石守信等曾经追随他征战四方的几位将领留了下来，让他们一起在宫中小聚，老朋友们一起回忆往昔驰骋沙场的岁月。席间觥筹（gōng chóu，酒器和酒令筹）交错，大家历数往事，好不痛快。

打马球图 〔清〕金廷标绘

但就在酒酣耳热之际，赵匡胤却突然撤下左右的侍从，面色变得凝重起来。石守信等人都不知道这是唱的哪一出戏。只听赵匡胤长叹了一声，说道："我啊，如果不是因为你们和我一起出生入死，是断然到不了今天这个位置的。你们对我的功劳，我日日牢记在心。然而，最近我却觉得，现在的生活还不如我做节度使的时候快乐，做天子实在是太过艰难，以至于我天天夜不能寐啊！"

石守信等人一听，急忙问道："您到底是因为什么如此忧愁呢？"

赵匡胤缓缓说道："其实也不难猜，你们想想，我这个位置谁不想坐呢？"

此言一出，犹如夏日惊雷。将领们大吃一惊，几乎连酒杯都拿不稳了，他们面面相觑（qù，看），心知赵匡胤这是在担心自己会功高震主，走上和他一样篡权夺位的道路。古来功勋过于卓著的名将一般都没有好下场，石守信他们清楚地知道，今天这场宴席就是一场"鸿门宴"。如今，他们的生死就掌握在赵匡胤的手里，只要一句话，他们便会人头落地。

赵匡胤叹了一口气，说道："大家不必如此忧虑。依我看来，人生就如同白驹过隙，大家匆匆忙忙，不过是想要良田美姬、金银财宝，或者给子孙留下丰厚的家产。你们都是经历过战争的人，与其再跟着我搏命打仗，相互猜忌，不如就此解甲归田，去过轻松富裕的生活。而我再与你们结成姻亲，这样彼此之间就能够更加信任，这不是一举两得的事吗？"

将领们听完之后，心知无论自己是怎么想的，今天这个要求是不得不答应了。话已经讲得这么明白，皇帝也并非没有留给自己出路，如今再拒绝，那便是包藏祸心了。于是，众人纷纷点头，称赞皇上决策英明。第二天，石守信等人便上书，称自己身体有恙，不能再像从前那样效忠朝廷了，请求皇帝让他们告老还乡。

赵匡胤也确实遵守了自己的承诺，他批准了将领们的奏疏，并赏赐给他们大量的田地和财物。在老将告退之后，赵匡胤又另外选了一些资历尚浅的年轻将领替代他们的职务，并且重新整顿了军事，将统帅禁军的权力分散到三个部门。

史学家们对于“杯酒释兵权”有着褒贬不一的评价，这归因于他们所站的立场和时间的不同。就宋太祖建国初期的情况来看，“杯酒释兵权”很好地缓解了五代十国以来君弱臣强、武将割据的局面，让百姓从漫长的战争状态中解脱出来，有余力从事工农业生产，这对于建国初期的资本积累来说是非常重要的。但从长远的角度来看，这个举动直接导致了北宋朝后期兵力的衰弱，频繁调动的军队造成了兵不识将、将不识兵的局面，由文人来掌管军事更是闹出了外行指导内行的笑话。而为了分散权力所增设的其他军事部门也造成了官员冗余、调度烦琐等一系列问题。这些问题导致了北宋后期应对金兵南下时，朝廷几乎没有任何还手之力，只能一再割地求安。

尽管宋太祖制定的政策存在着这样或那样的问题，但是，就当时的局面而言，宋太祖无疑已经做到了他能做到的极限——他用不流血的手段解决了帝王和将军之间自古就存在的问题，并为宋朝日后统一南北打下了基础。

名篇精选

六年，世宗拜[1]太祖检校太傅、殿前都点检。恭帝即位，改检[2]校太尉。七年春，北汉结契丹入寇[3]，命出师御之[4]。次[5]陈桥驿，军中知星者苗训引门吏视日下复有一日[6]。夜五鼓[7]，军士集驿门，宣言点检为天子。

迟明[8]，逼寝所，太宗入白[9]，太祖起。诸校露刃列于庭[10]，曰："诸军无主，愿策[11]太尉为天子。"未及对[12]，有以黄衣加太祖身[13]，众皆罗拜，呼万岁，即掖[14]太祖乘马。祖揽辔谓诸将曰："我有号令，尔能从乎？"皆下马曰："唯命。"太祖曰："太后、主上，吾皆北面事之，汝辈不得惊犯；大臣皆我比肩，不得侵凌；朝廷府库、士庶之家，不得侵掠。用令有重赏，违即孥（nú）戮汝。"诸将皆载[15]拜，肃队以入。

副都指使韩通谋御之，王彦升遽[16]杀通于其第。太祖进登明德门，令甲士归营，乃退居公署。有顷诸将拥宰相范质等至，太祖见之，呜咽流涕曰："违负天地，今至于此。"质等相顾，计无从出，乃降阶列拜。召文武百僚，至晡[17]，班定。翰林承旨陶谷出周恭帝禅位制书于袖中，宣徽使引太祖就庭，北面拜受已，乃掖太祖升崇元殿，服衮冕[18]，即皇帝位。

——《宋史·卷一·本纪第一》

【注释】

①拜：拜受，封某某官位。②检（liǎn）：同"敛"。③结：勾结，结盟。入寇：侵犯国土。④命出师御之：命令（赵匡胤）带兵去抵御他们（指北汉和契丹联军）。⑤次：驻扎。⑥知星者：懂得观星术的人。引门吏视日下复有一日：引，引导，指引。门吏，看大门的人。日下复有一日，太阳下面还有一个太阳。古代太阳是皇帝的象征，天上出现两个太阳，有皇位易主的意思。⑦五鼓：五更，早晨五点左右。⑧迟明：天

快亮的时候。⑨入白：入，进入；白，说明情况。⑩露刃列于庭：露出兵刃排列在庭院中。露刃，露出兵刃。⑪策：拥立。⑫对：回答，回应。⑬有以黄衣加太祖身：有人用黄色的衣服披在宋太祖的身上。有，有人。⑭掖：扶着，搀扶。⑮载：同“再”，再次，第二次。⑯遽（jù）：匆忙、慌张。⑰至晡（bū）：指下午三时到五时的时间。⑱衮冕（gǔn miǎn）：皇帝的朝服和冠冕。

【译文】

显德六年，世宗任命太祖为检校太傅、殿前都点检。（随后）后周恭帝即位，太祖改任检校太尉。显德七年的春天，北汉勾结契丹进犯后周，朝廷命令太祖率领军队抵御敌人。军队驻扎在陈桥驿（时），军队里一名叫苗训的懂得天文的人发现天上出现了太阳下面还有个太阳的奇景，（于是就）招呼看门人去观看。（到了）这天的下半夜，军中将士们都集中在驿门前，当众宣布要让殿前都点检做皇帝。

天快亮的时候，将士们来到太祖的军帐外，太宗进去向太祖报告（外面发生的事情），太祖起身。军士们都亮出自己的兵器整齐地站在庭院中，说道：“现在军队没有主人，我们愿意拥立太尉您当皇帝。”太祖还没有来得及回应，就有人把（象征皇帝的）黄袍盖在太祖身上，大家围着他下拜，高喊万岁，立即扶太祖上马。太祖拉住马缰绳对将领们说：“我的号令，你们能够听从吗？”众将都下马答道：“一定听从命令。”太祖说：“太后、皇帝，我都面朝北方侍奉他们，你们这些人不能惊扰冒犯；各位大臣都是我的平辈同事，你们不得侵犯凌侮；朝廷的府库、官宦百姓的家庭，不得侵犯掠夺；听从命令（的人）有重赏，违抗命令就杀你们的头。”将领们（于是都）再次下拜，整肃队伍返回开封城。

后周副都指挥使韩通计划抵抗，王彦升在情急之下把韩通杀死在其家中。太祖进城后登上明德门，命令将士回到军营中，自己也回到官署。过了不久，将领们拥着宰相范质等人前来，太祖见了他们，低声哭泣着说：“我违背天地，今天（竟然）到了这种地步！”范质等人互相对视，没有什么办法可想，于是退到台阶下，列队下拜。太祖召集了文武百官，到了黄昏时，文武官员已排定了位置。翰林承旨陶谷从袍袖中拿出周恭帝的禅位诏书，宣徽使引导太祖到了殿前的庭院里，朝着北面下拜接受诏书后，又扶着太祖登上崇元殿，（赵匡胤就）换上了皇帝的袍服和冠冕，登上了皇帝宝座。

【词句撷英】

1. 北面事之：朝着北面的方向侍奉，古人以北为尊，这样侍奉是表示非常尊敬。

2. 计无从出：想不出来什么计策，形容手足无措的样子。

“开卷有益”赵光义

开宝九年（976年），北宋开国之君赵匡胤驾崩，继位的是他的弟弟赵光义。赵匡胤一生南征北战，结束了五代十国的分裂割据局面。那么，赵光义是怎样的一个人？他在位的二十一年间，宋王朝是怎样的一番景象？

太平兴国稳帝位

正所谓“一朝天子一朝臣”，宋太宗在宋太祖“杯酒释兵权”的基础上，越发注意培养和提拔自己的亲信，并让这些人取代了一些开国功臣的地位。而对于那些开国功臣，他又不放心将他们放到远处为官，干脆将这些人在自己的眼皮底下——京师附近为官。除此之外，为了巩固自己的势力，宋太宗还注意培养新生力量。他扩大科举取士的名额，利用科举考试的途径大力选拔人才，不但让很多有才华的士人成为“天子门生”，而且把官僚“文人化”，从根本上改变了汉唐以来尚武的传统。

当初，宋太祖赵匡胤要求所有武将都要读书，以学习治理国家的道理。身为他的弟弟和下属自然也不例外。赵光义即便是做了皇帝之后，也非常勤奋地读书学习，甚至达到了废寝忘食、手不释卷的程度。甚至，由于他喜好读书，还为后世留下了一个“开卷有益”的典故。

太平乐事册页　〔明〕戴进绘

因为好读书、好学习，赵光义对书籍，尤其是史书格外看重。他到国家史馆视察时，发现只有八万卷藏书，分存于三馆（史馆、昭文馆、集贤院）之中，而三馆又地处闹市，由于建馆时间较长（在梁代就已经建立），房屋破旧不堪。于是，他下诏重新修建新馆。太平兴国三年（978年），新的国家史馆落成，赵光义为其赐名崇文院。崇文院包括诏文书库、集贤书库、史馆书库等六库馆。在修建新馆的同时，赵光义考虑到书馆收藏的书太少，又诏令手下的文臣利用馆里原有的藏书编成《太平总类》《文苑英华》《太平广记》《神医普救方》等大型类书。

《太平总类》编成后，宋太宗就要求宰相宋琪每天给他送上三卷，他要亲自阅读。宋琪劝他：喜欢读书是好事，不过一天读三卷人就太累了。结果赵光义说："我本来就喜欢读书，开卷有益。读书可以让我了解前代兴废，以资借鉴。再说了，这套书没超过一千卷，我打算每天读三卷，那么一年的时间就可以读完。我昨天从上午辰时读到下午申时，当时一只鹳（guàn）鸟飞到殿前，一直到我读完书才飞走。”

此后，宋太宗果然每天坚持读三卷《太平总类》，从不间断。就算是有哪天因事情过多没能读满三卷，他一定要在随后找时间补上。结果不到一年，他就将《太平总类》读完了。随后，他给这套书赐名《太平御览》。随着这套书留存后世的，也包括这个“开卷有益”的典故。

除了史书，赵光义还特别喜欢诗赋，还开创了升平诗歌。而他之所以开创升平诗歌，其目的是要达到像宋太祖“杯酒释兵权”的目的——崇文抑武。宋太宗开创升平诗歌（多为歌颂太平盛世的诗歌）之后，在宋代皇族和大臣中得到积极的响应。从此，君臣赏花钓鱼赋诗就成了宋代宫廷的传统。

随着升平诗歌兴起的同时，宋太宗还极其重视教化，以宗教教化民众。他在位期间，下诏大建佛寺，这其中就包括五台山、峨眉山、天台山等地的大量寺院。他还积极支持佛经翻译事业，并为此在东京设立译经院，使从唐代元和六年（811年）以来中断了一百七十年的佛经翻译工作得以恢复。在这一系列举措的影响下，众多西域、天竺（古代印度）的僧人携带着佛经到宋朝来。

在大力发展文化的同时，宋太宗同样注重经济建设。他鼓励垦荒，发展农业生产。比如，为了利于农业生产，北宋政府在河北地区修建陂塘，并修筑长六百里的堤堰，设置斗门，引白洋淀水灌溉、种植水稻。

宋太宗的这些举措有利于宋初的社会稳定，顺应了历史潮流，国家也呈现出繁荣稳定的局面。

急功近利，伐辽受挫

在稳定国内的同时，宋太宗一心想要建立功业，以此提升自己的形象。不过，由于宋太祖赵匡胤在世时天下已经大致统一，仅余北汉政权，于是

宋太宗

宋太宗就将军事目标圈定在那里。

太宗太平兴国四年（979年），宋太宗发动了对北汉的战争。北汉的国力微弱，对辽国皇帝以叔皇帝的身份加以侍奉。每当宋朝进攻北汉时，辽国就发兵救援。不过，这次辽军没想到的是，北宋的老将郭进早已率军在石岭南扼守。由于地处山地，骑兵无法发挥其威力，辽军遭到宋军的迎头猛击。最终，辽军惨败，这就是著名的石岭大捷。

经此一役，各路辽军纷纷退兵，宋军加强了对北汉重镇太原城的进攻。北汉国主惊惶之余，急忙派人暗中向辽国告急，请求派出援军。结果送信人被郭进的手下抓到并杀死。随后，宋太宗亲临现场，指挥宋军攻城。北汉军见此情景，斗志全消。加之宋太宗许以高官厚禄，当年五月，北汉投降，赵光义完成了北宋的统一大业。

统一北宋全境后，赵光义进行了两次针对辽国的北伐。北汉投降后，赵光义见自己完成了赵匡胤没有完成的大业，充满自信，决定干脆乘胜追击，进攻辽国，夺取燕云十六州。然而，由于没有做充分的军事部署和战前准备，疲惫不堪的宋军不得不在粮草不继的情况下勉力去夺取燕云地区。而此时，辽国经过辽景宗十年的休养生息，政治清明，经济实力大增，还有耶律休哥、耶律斜轸（zhěn）等一批具有军事才能的名将。所以，等待着宋军的必然是失败的结局。

对辽的第一次北伐失败，让宋太宗赵光义极其生气，他立誓要进行第二次北伐。经过七年的准备，雍熙三年（986年），他再次发动北伐。这就是历史上的“雍熙北伐”。

这一次，赵光义派遣潘美、杨业、田重、曹彬、崔彦进五位大将分东、中、西三路，以东路为主再行北伐，自己坐镇朝中。北伐过程中，由曹彬和米信为主副帅的东路军负责吸引辽军主力，以达到让中路和西路军长驱直入的效果。出于这个原因，军队进军缓慢，屡屡受挫，甚至于粮道被切断。

东路宋军因粮道被断，在进占涿州后仅十天就断了粮。为了获得粮食，曹彬不得不放弃涿州，退守雄州。赵光义急令曹彬继续进军，因为一旦东路曹彬撤退，就会导致中路、西路军孤立，三路大军会合计划就会失败。就在这时，东路军的部将获悉其他两路宋军捷报频传，强迫曹彬出战。结果这支军队在二次进攻涿州时，对上了已经到达涿州东北以逸待劳的辽国主力援军。行军劳累、疲惫不堪加之粮食紧缺的曹彬军战败，不得不后撤。辽军全军追击，在岐沟关将东路宋军围困。最终，东路宋军溃败。

“雍熙北伐”令宋朝国力大损，并使宋军产生了畏辽心理，干脆彻底放弃收复燕云十六州，并将对辽战略由进攻改为防御。从此之后，宋朝再也未能实现完全意义上的统一。

名篇精选

太宗神功圣德文武皇帝讳炅（jiǒng），初名匡义（yì），改赐光义，即位之二年改今讳，宣祖第三子也，母曰昭宪皇后杜氏。初，后梦神人捧日以授，已而有娠[1]，遂生帝于浚仪官舍。

是夜[2]，赤光上腾如火，闾巷[3]闻有异香，时晋[4]天福四年十月七日甲辰也。帝幼不群[5]，与他儿戏，皆畏服。及长，隆准龙颜，望之知为大

人[6]，俨如也[7]。性嗜学，宣祖总[8]兵淮南，破州县，财物悉不取，第求古书遗帝[9]，恒饬厉之[10]，帝由是[11]工文业，多艺能。

仕周[12]至供奉官都知。太祖即位，以帝为殿前都虞候，领睦州防御使。亲征泽、潞，帝以大内点检留镇，寻[13]领泰宁军节度使。征李重进，为大内都部署，加同平章事、行开封尹，再加兼中书令。征太原，改东都留守，别赐门戟[14]，封晋王，序班宰相上[15]。

——《宋史·卷四·本纪第四》

【注释】

①娠（shēn）：身孕。②是夜：那天晚上。③闾（lǘ）巷：街巷。④时晋：那时是。⑤不群：不与其他人相同。⑥望之知为大人：一看就知道是非凡的人物。大人，大人物、非凡的人物。⑦俨如也：威严肃穆的样子。⑧总：管理、统帅。⑨第求古书遗帝：只是寻求古书，将它们赠给周太宗。第，只是。遗，馈赠，送给。⑩恒饬（chì）厉之：持久地告诫他，勉励他。恒，持久地。饬，告诫、勉励。⑪由是：因为这样。⑫仕周：仕，这里是名词做动词。在后周做官。⑬寻：又。⑭别赐门戟（jǐ）：另外馈赠了府邸和仪仗。别，另外。门，府邸、宅邸。戟，仪仗。⑮序班宰相上：序列在宰相的上面。

【译文】

太宗神功圣德文武皇帝，名炅，初名匡义，后改赐为光义，在（他）继位成为皇帝的第二年，改为现在用的这个名字。（宋太宗）是宣祖的第三个儿子，他的母亲是昭宪皇后杜氏。一开始，杜太后梦见神人捧着太阳授予她，不久便怀孕了，于是在浚仪官舍生下太宗。

这天晚上，红光如火升腾，大街小巷都闻到特殊的香味，那是后晋天福四年的十月七日。太宗自幼卓尔不群，与其他小孩在一起玩耍，大家都害怕地服从他。长大后，（太宗的）鼻梁高挺，有真龙之貌，一看就知道是大人物，一副庄重威严的样子。（宋太宗）天性喜爱学习，他父亲宣祖在淮南统兵进攻，攻破州县，财物全都不取，只是搜求古书给太宗，并且经常告诫、勉励他，太宗因此学问精深，并且多才多艺。

在后周时，（太宗）官至供奉官都知。太祖赵匡胤建立宋朝之后，任命宋太宗为殿前都虞候，领睦州防御使。太祖亲征泽州、潞州时，太宗以大内点检的身份留守东京，不久便领任泰宁军节度使。太祖亲征李重进时，太宗担任大内都部署，加给同平章事，行使开封尹的职权，又加官兼中书令。太祖亲征太原时，太宗改为担任东都留守，另外又赐给他府第和仪仗，封为晋王，位次排在宰相之上。

【词句撷英】

1. 隆准龙颜：隆准，指人鼻梁高挺。鼻梁高挺，有真龙天子的面相。

2. 恒饬（chì）厉之：“饬”同“敕”，告诫、命令。持续地告诫他、勉励他。

文臣武将建奇功

一个国家的建立，除了需要有魄力惊人、眼光长远的君主之外，也离不开运筹帷幄的谋士和射虎裂石的猛将。赵匡胤的手下人才济济，其中又以“半部《论语》治天下”的赵普和在赵匡胤“黄袍加身”之时鼎力相助的石守信最有名。

“半部《论语》治天下”的赵普

赵普，字则平，幽州蓟（jì）县人（今河北至辽宁一带）。赵普的曾祖父是唐末的三河县令，其祖父担任过澶州司马，父亲是五代十国时期的相州司马。出身官员家庭的赵普，从小就养成了温厚谨慎的性格。在赵匡胤手下任职的时候，恰逢赵匡胤的父亲赵弘殷身体有恙，赵普便像侍奉亲生父亲一般早晚问候、端茶送药，赵弘殷因此也将赵普视为亲人一般。赵匡胤也因为这件事认为赵普为人忠厚可信，便在后来多次与他交谈，从谈话中发现此人确实非同一般，于是在很多大事决策上都要征求赵普的意见。

事实证明，赵匡胤看人的眼光还是相当准确的，显德七年（960年），赵匡胤在赵普的建言献策下自导自演了一出“黄袍加身”的戏码，成功地登上皇位。在建国之后，虽然赵匡胤出于稳定前朝官员的需要，继续令范质和王溥担任宰相，但赵普也因为辅佐有功，被任命为右谏议大夫兼枢密直学士。

而赵普审时度势的能力不仅仅体现在黄袍加身这一件事上。赵匡胤称帝之后，五代十国所造成的混乱割据的局面并没有随着宋朝的建立而消失。赵匡胤的权力和亲信都主要集中在京都地区，后周边境的节度使可不会像石守信那样轻易地服从赵匡胤。各地起兵叛乱的硝烟不断，其中最有实力的便是后周义成军节度使李筠（yún）。他不顾长子李守节的劝阻，执意反宋。而赵普听说了李筠起义的消息之后，劝说宋太祖御驾亲征，用实际行动鼓励将士们英勇作战。

建隆元年（960年）四月，李筠突然发难，他派遣自己麾下的大将周光逊和刘继冲等前往北汉，拜见时任北汉睿宗的刘钧，希望他借兵支援自己，共同抗击宋朝。刘钧听后，立刻赏赐了骏马和若干财物给李筠，并承诺只要辽国军队一到，便立刻会派军支援。

然而，李筠是个性情急躁的人。他没有耐心等待辽国军队赶来，便让刘继冲对北汉睿宗说，他不需要辽国军队的援助。刘钧便立刻准备阅兵，决定从团柏谷南下，突袭北宋。在睿宗准备出征之前，他手下的谋士左仆射赵华警告他说："李筠这个人性情急躁冒进，如今陛下倾举国之力帮助他对抗宋朝，我忧心的是看不到胜利的希望。"

睿宗没有在意赵华的警告。而李筠见到北汉的军队之后，发现这竟然是一群散漫懦弱、缺乏训练的军人，顿时大失所望。然而，此时已经是箭在弦上，李筠不得不硬着头皮率军南征。等李筠行进到泽州高平县时，早已获知消息的赵匡胤已经提前派出大将慕容延钊在此等候。北宋以逸待劳，把李筠的军队杀得四散奔逃。在损失了三千人之后，李筠不得不暂时撤军，却在高平以南又遭遇了赵匡胤和石守信带领的军队，两方前后夹击，一举消灭了李筠的三万部众。

眼见主力军队尽数灭亡，李筠只能仓皇出逃，跑回泽州城内，希望借城坚守。但有赵匡胤坐镇指挥，宋朝的部队就如同嗅到了鲜血的狼群一般对李筠紧咬不放。仅仅几天时间，这群训练有素的军人如刀切豆腐一般攻破了泽州城的防御。李筠眼见已经无力回天，索性纵身跳入火堆，用这种惨烈的方式结束了他的一生。

赵匡胤的御驾亲征，对鼓舞宋军士气、制订作战方案等方面都有着重要的意义。在班师回朝之后，赵匡胤为了表示对赵普的嘉奖，将他任命为兵部侍郎，之后又兼任枢密副使，足以看出赵匡胤对赵普的重视。

赵匡胤雪夜访赵普

有趣的是，赵普虽然精通政治，为赵匡胤的建国和统治提出过很多有价值的建议，却并不是一个满腹经纶的人。他对政治的认识，多半来自他观察历代帝王将相的兴衰荣辱所总结出来的经验。因此，在宋太祖提拔他为宰相之后，也曾建议过他应当多读一些书。赵普听从了宋太祖的提议，每次下朝回家之后便关起门来苦读。第二天早上上朝的时候，赵普处理政事时便显得格外得心应手。时间一长，赵普的家人不禁都好奇起来：究竟是什么书能给赵普这么大的助力？难不成是什么世所罕有的政治奇书？

赵普在发觉了家人的好奇心之后，不禁失笑道："哪里有什么政治奇书！我那书箱里只放了一部《论语》罢了。"

家人听了之后，只当他是在说笑，便也将这件事当成笑话讲给其他人听。后来宋太祖驾崩，宋太宗继位，某次在闲聊的时候，宋太宗说道："我听人说，你处理政事只用半部《论语》，这是真的吗？"没想到，赵普居然老老实实地回答道："是真的。臣辅佐太祖夺得天下，用了半部《论语》；而今辅佐陛下平定天下，又用了半部《论语》。我所知道的东西，不超过《论语》这本书中所讲的事情。"

宋太宗听完之后啧啧称奇，"半部《论语》治天下"这句话也由此为后人所熟知。

不久之后，赵普便因为辅佐有功，而被升为司徒（执掌民事的官职）兼侍中（辅佐皇帝治国的官职，相当于官方顾问），又加封为梁国公。

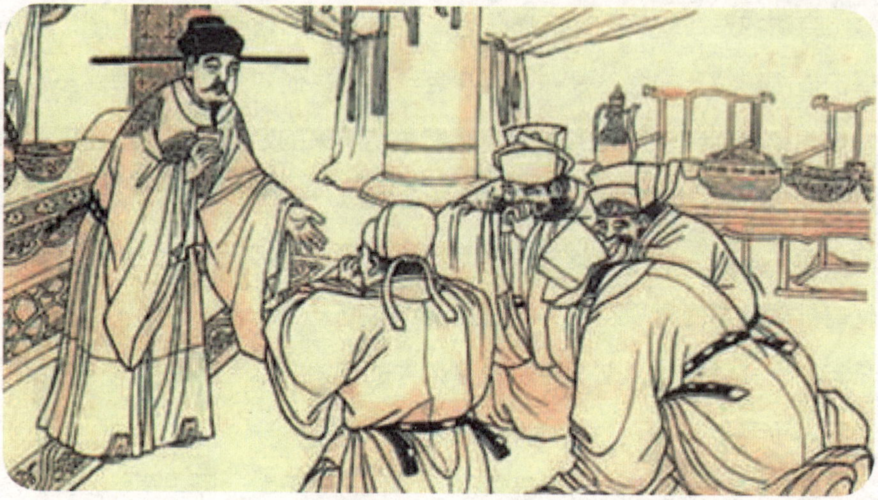

君臣相和（明代版画）

雍熙三年（986年）春，宋太宗亲征辽国，决意报高梁河之辱。赵普上书阻拦道："自从今年春天陛下决定北伐以来，臣多次听闻边疆大捷的消息，深感痛快。但是臣遍阅古籍，对历史多少有点了解，臣以为如果将战线拖得太长，不仅士兵疲敝，百姓也会因为征税和劳役的问题而肩负沉重的压力，我担心这会不利于国家社稷长久的发展。"

宋太宗看完赵普的信件之后，回复道："朕继承了先祖开国的遗志，考虑到边疆的居民屡屡受到蛮夷骚扰，希望通过此次北伐救百姓于水火之中，并非想要穷兵黩武。可叹在几次大捷之后，朕派出去的将帅便开始各自为政，导致战略出现失误，朕已经决定对那些不听号令的主将进行追责。爱卿苦口婆心地劝说朕退兵，其中的考虑，朕已经了解了，也对爱卿的忠心深表感激。"

在这次退兵之后，宋太宗因为赵普谏言有功，又将他改封为许国公。赵普感激宋太宗对他的赏识，在此之后一直尽心尽力地辅佐太宗处理政事；不仅多次上书提出中肯的治国建议，对于那些贪污腐败、作奸犯科的大臣们也绝不姑息。宋太宗也因此非常信任他，并因为赵普年迈体衰，特准他在炎热的夏季提早退朝回家。

淳化三年（992年）的七月，赵普病逝于洛阳，享年七十一岁。宋太宗听到消息之后，十分震惊，他对左右大臣说道：“赵普对国尽忠，兢兢业业，是真正的社稷之臣，而现在这位贤能的大臣已经离我们而去了。”言毕掩面痛哭。之后，宋太宗追封赵普为真定郡王，赐谥号忠献，后又给予他配享太庙的荣宠，以示对这位股肱之臣的怀念。

与时俯仰石守信

石守信出生于开封浚仪（今河南开封）。历史上对石守信早年的经历并没有过多的记载，但从后来《宋史》对他的描述来看，石守信与赵匡胤一样，也是早年就追随郭威南征北战的将领之一。军队的枯燥生活中又带着一点热血沸腾的浪漫，在漫漫的崇山峻岭中，他们策马飞驰，于战场上浴血厮杀，在营地中对着篝火饮酒谈笑，庆祝从泥泞和血肉中拼搏出来的胜利。这种残酷的战争生活让他们情同手足。

在郭威建立后周政权后，这些曾经在征伐后汉的战争中立下了汗马功劳的将士也得到了应有的封赏。郭威病逝后，他的养子柴荣继位，石守信追随柴荣征讨北汉，在高平之战中立下了赫赫战功。

石守信的晋升之路并没有止步于此。显德三年（956年），石守信跟随后周世宗一起征伐扬州，并取得大胜。显德五年（958年），石守信又因为攻克南唐有功，被提拔为嘉州防御使，有了调动朝廷禁军的权力。显德六年，柴荣率军征讨辽国，石守信作为陆路军队的副指挥，在后周军队取得胜利的过程中发挥了巨大的作用。凯旋之后，石守信再次得到提拔，官至殿前都虞候。同年，由于“点检做天子”一事，大将张永德被调离殿前都点检的位置，由赵匡胤取而代之，而石守信也因此得以接过赵匡胤的职位，担任殿前都指挥使，对禁军的控制权仅次于赵匡胤。

当时的柴荣也许没有想到，他对石守信的信任成了赵匡胤成功夺取后周王朝的支柱之一。在陈桥兵变发动之后，石守信命令禁军敞开城门，欢迎赵匡胤的军队回到京都，完美的里应外合让赵匡胤几乎不费吹灰之力便取得了对京都的控制权。

在北宋建国之后，宋太祖由于担心武将们会效仿自己，再搞一次陈桥兵变，于是决心解除各位武将的实际兵权。而作为开国元勋之一的石守信，自然也在这批解除兵权的将领名单之中。石守信追随赵匡胤多年，早已将他的脾气摸得透彻，深知如果想明哲保身的话，最好的方式便是交出权力，以换取皇帝对自己的信任，而他也确实是这么做的。在那场别有用心的宴饮之后，石守信便借口自己身体不适，交出了兵权，从此过上了安心养老的闲散日子。而宋太祖自然也乐得见他们不问国事，于是在这样的默许下，石守信敛财近万，几乎可以称得上是一方巨富。

但贤臣之所以被称为贤臣，是因为他们时时刻刻心系国家大事。石守信尽管交出了兵权，但他并没有彻底放下对朝廷的思虑，在赋闲时，他时常也会留心一些有才能的年轻人，并将他们推荐给朝廷，希望能够借此为国家积累人才。一次，有一位叫梁周翰的年轻人前来拜访石守信，他是石守信的老朋友梁彦温的儿子。石守信见这个年轻人聪明灵秀、文采斐然，顿生爱才之心，于是便偷偷地记下了梁周翰的名字。之后不久，在一次宴会上，宋太祖提到自己的身边缺少一位才思敏捷的官员，决定起用梁周翰为“助理”。石守信听到后，心下大喜，回家便把这个消息告诉了梁周翰。

但没想到，梁周翰在得到消息之后，大喜过望，竟写了一封感谢信给宋太祖。宋太祖一看，我这消息还没有放出来，石守信居然已经提前通知你了？于是一气之下，不仅免去了梁周翰的任命，还把他流放到京城之外。

石守信听说了这件事之后，惊出了一身冷汗。他立刻意识到，赵匡胤是对自己通风报信的行为产生了不满，这次是通过罢免梁周翰给自己警告，如果继续这样的话，下次丢掉的可说不准是自己的官位还是性命了。

想明白这件事之后，石守信从此不再参政，专心养老。太平兴国九年（984年），石守信病逝，终年五十七岁。作为功勋卓著的开国元老，石守信能够平安活到自然去世，也算是历史上难得的知进退、懂世故的典型了。

名篇精选

已而[①]，太祖欲使符彦卿管军，赵普屡谏，以为[②]彦卿名位已盛，不可复委以兵权，太祖不从。宣已出，普复怀之[③]，太祖迎谓之曰[④]：“岂非符彦卿事耶？”对曰：“非也。”因[⑤]奏他事。既罢，乃出彦卿宣进之[⑥]，太祖曰：“果然，宣何以复在卿所？”普曰：“臣托以处分之语有侏离[⑦]者，复留之。惟[⑧]陛下深思利害，勿复悔。”太祖曰：“卿苦疑[⑨]彦卿，何也？朕待彦卿厚，彦卿岂负朕耶。”普对曰：“陛下何以能负周世宗？”太祖默然，事遂中止。

——《宋史·卷二百五十·列传第九》

【注释】

①已而：之后就。②以为：认为。③怀之：“怀”是名词做动词，将……放在怀里。指留在自己那里。④迎谓之曰：迎上去问。⑤因：于是就。⑥出彦卿宣进之：（从）怀里拿出符彦卿的委任状递给（赵匡胤）。⑦处分之语：处分，这里取委任的意思。委任的话语。侏离：形容怪异、难以理解。⑧惟：只有。⑨苦疑：极力地怀疑（符彦卿）。苦，极力，竭力地。

【译文】

后来，宋太祖让符彦卿管理军事，赵普几次进谏，认为符彦卿位极人臣，不可以再给他兵权，太祖不听。宣诏已经发下去了，赵普想办法又将诏书留在自己手里，太祖迎上去问赵普说：“难道是为了符彦卿的事吗？”赵普回答说：“不是。”于是就上奏别的事。上奏完之后，就拿出宣符彦卿的诏书进呈太祖，太祖说：“果然如此，宣诏为什么在你那里？”赵普说：“臣借口宣诏命令有不合适的地方，把它留下来。希望陛下多考虑利害关系，不要再后悔。”太祖说：“你这样怀疑符彦卿，为什么呢？朕对待符彦卿很厚道，符彦卿难道会辜负朕吗？”赵普回答说：“陛下（又）为什么能够辜负周世宗？”太祖默默不语，这件事就此中止了。

【词句撷英】

深思利害：深入地考虑利害关系。

第三章

北宋的兴衰

- 北宋的兴衰
  - 内政外交促兴盛
    - 澶渊之盟：《文武七条》：宋辽和谈
    - 庆历新政：东封西祀：仁宗变法
    - 熙宁变法：荆公出山；神宗变法；新旧党争
  - 强弩之末终覆亡
    - 官逼民反：太后摄政：元祐更化
    - 海上之盟：徽宗继位；马植之计；联金攻辽
    - 靖康之变：金人进犯：被掳国灭

宋朝的党争，不过是闹意气，并无甚真有关系的事情。却因此弄得政局不能稳静，无论什么人，都不能放手做事情；就奋勇去做，也四面受人制掣（chè），不得彻底；即使一时勉强办到，不久政局转变，也要给人家取消掉的。后来的王荆公（即王安石），就是榜样。

——吕思勉《中国通史》

内政外交促兴盛

宋太祖和宋太宗都奉行休养生息的政策，主张藏富于民，国家得以在和平中稳步积累实力。飞速发展的农业和手工业很快就让北宋获得了大量的财富，因为生活富足，人口迅速从开国时期的三千七百多万人增长到一亿两千多万人。

北宋也因此一跃成为中国历史上最富有的朝代，甚至超越了盛唐。然而，在这样一派歌舞升平的盛世景象背后，却是大宋王朝腐朽黑暗的另一面——官吏贪污腐败，君主墨守成规，武将骄横自满。这些隐藏在河清海晏表象之下的问题就像是华服上的霉斑，一点点地侵蚀着北宋的实力。而察觉到了这一点的北宋皇帝们也为了挽救王朝做出过各种变法革新的努力，但终究因为无法超越时代的限制而失败。

澶渊之盟

到了宋真宗赵恒时期，宋朝已经由开国时烽烟四起、民不聊生的局面，逐渐向着河清海晏的太平时局过渡。然而，自建国以来，少数民族频频进犯边境的问题并没有彻底得到解决，契丹和党项——这两个北方强敌仍然虎视眈眈。自宋太祖时期就不愿归顺的四川地区更是频频作乱。

宋真宗当政的时候，面临的就是这样一个局面。

宋真宗，原名赵德昌，在被立为太子之后改名为赵恒。赵恒幼年的时候，就表现出非同寻常的英勇，并喜欢在与其他孩子玩耍时自称为“元帅”。宋太宗因此认为这孩子天资不凡，非常喜爱他，于是便特准赵恒在宫中与他一起生活。

宋真宗

但赵恒的立储之路并不怎么顺利，原因在于赵恒并非是宋太宗的长子，而是第三个儿子，在他之上还有两个哥哥。大哥赵元佐（又名赵德崇）与他一母同胞，聪明英武，非常受宋太宗的喜爱；而二哥赵元僖沉着冷静，做事谨小慎微，宋太宗也非常看重他。按照立储的规矩，赵恒是没有机会当上太子的。

但造化弄人。赵元佐自幼便与叔父赵廷美十分亲近，宋太宗继位后，非常忌惮赵廷美会伺机夺权，于是在太平兴国七年（982年），诬陷赵廷美与卢多逊（时任兵部尚书）勾连谋反，将赵廷美废为庶人。赵廷美忧愤难解，被迫迁居涪（fú）陵，两年后抑郁而死。

赵廷美的死对赵元佐造成了沉重的打击，他开始变得疑神疑鬼，并且经常因为一点小事大发雷霆，甚至用刀刺伤宫中的侍者。宋太宗为此很是忧心，但仍然对这个曾经非常器重的长子抱有希望。到了雍熙二年（985年），赵元佐的病情略有好转，宋太宗因此欣喜非常，大赦天下。有一次，宫中举行重阳节宴会时，宋太宗考虑到赵元佐尚在养病，便没有派人去通知他。宴会结束之后，几位去赴宴的大臣无意间经过赵元佐的

赵廷美

寝宫。赵元佐听到院墙外人声吵嚷，便好奇地出门查看。这一看不要紧，赵元佐发现自己竟然不在重阳节宴会被邀请的人之列。他因此勃然大怒，大声说："你们都去赴了皇帝的宴会，唯独没有叫我，看来这是准备要抛弃我啊！"于是当晚赵元佐喝得大醉，并且试图引燃宫殿，所幸被宫人及时发现，才没有酿成惨祸。

这件事传到宋太宗那里之后，宋太宗勃然大怒。他下令将赵元佐废为庶人，并软禁在南宫，派人守候。直到至道三年（997年），宋太宗驾崩，赵恒继位为宋真宗，这才恢复了赵元佐的爵位，但重新封爵之后的赵元佐仍然避世隐居，极少见客。也有史家推测称，赵元佐的"疯病"不过是为求自保而装疯卖傻。在叔父被贬之后，赵元佐看透了皇家的冷血残酷，心灰意冷，遂假装生病，远离政事。

雍熙二年（985年），赵元佐因病被废之后，宋太宗便将传位的期望转移到了二儿子赵元僖身上。而赵元僖也确实没有辜负他的期待，在处理政事听取民意方面，赵元僖都做得非常妥当。雍熙三年（986年），赵元僖被宋太宗加封为许王，兼任中书令，执掌朝廷大权。

淳化三年（992年）十一月，赵元僖暴死，储位空缺，但接连失去两个儿子的打击让宋太宗郁郁寡欢，立储之事也暂时搁置下来。直到三年之后，也就是至道元年（995年），宋太宗因为箭伤恶化，预感到自己将不久于人世，才勉强同意将赵德昌立为储君，并将他的名字更改为赵恒。

尽管幼时和哥哥一样受到父亲的喜爱，但长大之后的赵德昌因为身份尴尬，逐渐在立储之争中被边缘化了。他既不是正宫所出，又不是年纪最长，即便在长兄发疯之后，也未曾像二哥那样成为宋太宗的左膀右臂。但赵德昌并没有因此而灰心，在同中书门下平章政事这个职位上，他一直工作得勤勤恳恳，仔细审理每一件提交上来的案件和政事。因此，在他任职的时候，也颇受朝臣们的好评。

虽然原因尚不清楚，但从史书中我们可以知道的是：宋太宗在赵恒长大之后，并不是十分喜欢这位排行老三的儿子，甚至于在立储之后也并没有对他青眼相待。册立太子的那天，宋太宗下令大赦天下，京都的百姓奔走相告。但在这一片欢声笑语之中，宋太宗却没有表现出丝毫的喜悦，甚至还隐隐有发怒的意思，直到近臣寇准劝解之后才有所缓和。

也许是青年时期坎坷的经历所致，宋真宗赵恒继位后，延续了他做皇子时沉稳低调的作风。此时，宋朝正逐渐从开国的动荡中稳定下来，皇帝对国家事务的关注点也渐渐从保疆戍边转移到安抚民生上。宋真宗首先做的便是任命被后世称为“圣相”的李沆（hàng）担任宰相，然后推出了重点在于整顿吏治、反腐倡廉的《文武七条》。

宋朝重文轻武，自开国以来便有文官冗余的问题。官员之间的沆瀣一气不仅为政令的处理带来了麻烦，而且随着这种风气的逐渐扩大，也成了宋朝统治中的隐患。在宋真宗之前，宋太祖和宋太宗都曾经尝试过治理官员腐败的问题，但都没有收到太大的成效。其原因在于这两位皇帝在解决腐败问题时更多是以德治为主，并没有对官员的行为做出有可执行性的法律规定。而宋真宗推出的《文武七条》，除了倡导官员要洁身自好之外，还设立了一整套官员考核和官员举荐的制度。《文武七条》颁布后，官员贪污现象得到了一定程度的扼制，为后来的“咸平之治”奠定了政治基础。

二十五学士图局部 〔清〕丁观鹏绘

除了在政治上颁布相关的举措之外，宋真宗还非常关注文化建设。北宋时期，中国已经出现了三教（儒教、道教、佛教）并行的趋势，而深受黄老之学影响的宋真宗更加推崇儒教和道教。大中祥符二年（1009年），宋真宗下令修建应天府书院，后来成了中国著名的四大书院之一；大中祥符五年（1012年），宋真宗命王钦若等人修补整理道教典籍，并将整理后的典籍重新命名为《宝文统录》；天禧三年（1019年），宋真宗又下令对《宝文统录》重新进行整理和添补，并将二次编撰后的经书集改名为《大宋天宫宝藏》，这套书后来成为中国道教历史上非常重要的典籍之一。

求仙图 〔明〕郭诩绘

虎溪三笑 傅抱石绘

除了弘扬儒道学说之外，宋真宗还鼓励士人博览群书，为此还创作了著名的《励学篇》，其中“书中自有黄金屋，书中自有颜如玉”一句在后世广为流传。

萧太后像

除了在文化上具有突出的贡献之外，宋真宗最为著名的政治决策应该是被后世称为“澶（chán）渊之盟”的宋辽和谈协议。宋朝建立后，一直与辽国纷争不断，特别是自雍熙北伐惨败之后，北宋对辽国的态度就由主动攻击变为被动防守，而因为宋军这种示弱的表现，辽国的军队愈发肆无忌惮。景德元年（1004年），在辽圣宗耶律隆绪和太后萧绰的带领下，辽国以收复瓦桥关为借口，派二十万大军直逼北宋边境。

消息传来，北宋的大部分朝臣主张迁都南逃，就连宋真宗本人也有了动摇的心思，唯有当朝宰相寇准站出来慷慨陈词，请求宋真宗亲自北上督战。寇准认为，此时正是北宋危急存亡的关头。如果当朝皇帝率先逃跑，不仅不会让辽国停下侵犯的脚步，还会给将士和百姓们留下国君懦弱的印象，民心动摇，国土也势必难以保全。无论是哪一种结果，都不利于日后的统治，不如拼死一战，或许还有一线生机。

寇准的话打动了宋真宗。于是，在同年的十一月二十日，宋朝派出了杨嗣和杨延朗两位大将作为先锋，宋真宗随后北上亲自督战。在宋朝出兵之后不久，辽国名将萧挞（tà）凛就因为轻敌，在指挥作战时被名不见经传的宋军威虎军军头张瑰用床子弩击穿额头，重伤身亡。

萧挞凛身亡的消息让辽军上下为之震动，士气也大不如从前。宋军趁机进军澶州（今河南濮阳），守城苦战的宋军将士们见到象征天子的黄色龙旗，纷纷激动山呼“万岁！万岁”。随后，宋真宗在宰相寇准的示意下，登上城楼，鼓舞士气。辽国原本便对北宋的军事力量有所忌惮，萧太后在出兵之前，甚至做好了进攻与和谈的两手准备，现在看到宋军士气高涨，辽军人心散乱，心知再打下去，辽国不仅不能从此次战争中获得利益，甚至还有可能元气大伤。萧太后因此放弃了继续进攻的计划，转而派出使者，试图通过用和谈的方式，让两国化干戈为玉帛。

契丹鹰军（木板画）

萧太后率先递出了橄榄枝，一向主和不主战的宋真宗自然也乐意顺势而为。于是，宋真宗不顾寇准“一举消灭辽国”的建议，主动停战，并在澶渊（今河南濮阳西南）与辽国签订了友好协议，史称“澶渊之盟”。

澶渊之盟其实是一项针对宋朝的不平等条约。辽国首先要求宋朝归还被周世宗夺取的瓦桥关一带，但宋真宗认为割地求和有损国家威严，于是提出愿意用金钱与辽国交换土地。宋真宗统治时期，由于国家富足，他对钱财问题并不是十分看重。宋真宗甚至对派遣去辽国和谈的使者说：“只要可以不割地，就算是百万的赔偿也可以接受。”宰相寇准偷听到了这番谈话，于是在使者曹利用出门后，一把拽住他威胁道：“虽然陛下说百万赔偿可以接受，但如果你敢答应辽国超过三十万的赔款，我就砍了你的脑袋！”

最终，曹利用不辱使命，达成了每年向辽国交割总价三十万的银两和布匹的协议；而辽国也承诺以白沟河为界，双方撤兵，并在边境设置集市互通有无；辽圣宗认宋真宗为义兄，而子孙后代也延续结成义兄弟的传统。消息传回之后，宋真宗大喜过望。自此，宋辽进入了长期相对和平的状态，并也因此促进了中国的进一步民族融合。

澶渊之盟为宋朝带来的影响，从积极的角度来看，宋辽之间的和平为宋朝的经济发展提供了社会基础，让百姓得以安定地发展民生，这也是宋朝得以成为中国历史上最富足的朝代之一的原因。并且，每年三十万两的赔款，相对于三千万两的军费支出来说，不过是九牛一毛，三十万两换来的和平为宋朝节省了上千万的军费支出，从这一点上来说，澶渊之盟确实是划算的。但是，从消极的角度来看，北宋自从签订合约之后，便自以为高枕无忧，从而放松了对军队的训练和管理，直接导致了后期在面对金军进犯时竟然找不到可用之兵的局面。

除此之外，在北宋后期经济衰败的情况下，每年三十万两的岁贡对于空虚的国库来说也是一项极大的开支，而朝廷为了支付这笔岁贡，只能巧立各种名目，向百姓征收税款，从而加重了百姓负担，导致了北宋后期民怨沸腾、起义多发的局面。

庆历新政

澶渊之盟后，宰相寇准因献策有功，颇受宋真宗的敬重，而这也引起了当时一些朝臣的嫉恨，其中就有被后世称为“五鬼”之一的王钦若。王钦若性格油滑，而且善弄权术，早就与性格刚正不阿的寇准互相看不顺眼。在寇准得宠之后，王钦若更是对这位同僚恨得牙根痒痒，于是一次在他与宋真宗见面时，王钦若便趁机说道：“陛下可曾听说过‘孤注一掷’这个词？”

真宗不知道他要说什么，于是便示意他继续。王钦若就接着说道：“澶渊之盟固然是一件非常值得庆贺的成就，但是在我看来，这一举动未免过于冒险。宰相寇准认为，陛下到前线督战便能够取得胜利，其实前线战事如何，他自己也拿不准主意。让陛下去督战，不过是像赌徒一般孤注一掷罢了。”

王钦若这番话让宋真宗感到了不悦，尽管他并没有因此责问寇准，却慢慢地疏远了这位宰相。王钦若等人见状，知道真宗已经与寇准产生了嫌隙，于是趁机煽风点火。终于，景德三年（1006年）二月，寇准被免去宰相职务，发配陕州担任知州。然而，王钦若等人的报复并没有因此终止，在寇准离开京城后，“五鬼”之一的丁谓取代了他的位置，成了宰相，并将寇准一贬再贬。最终，贫病交加的寇准在天圣元年（1023年）病故于雷州任上，甚至因为缺少路费，他的灵柩没能运回故土，只得在中途草草下葬。

失去了寇准这样一位直言善谏的贤臣，宋真宗治下的朝廷逐渐被五位佞臣所把持。王钦若、丁谓、林特、陈彭年及刘承珪这五人为了迎合宋真宗的喜好，洗刷澶渊之盟的耻辱，假造了“天书”和“双鹤绕撵”等各种“祥瑞之兆”，并花费了近千万两白银为宋真宗举行封禅大典。而宋真宗对“祥瑞”的喜爱，也变成了有心之人用来谋财谋官的途径。据野史记载，在当时甚至有人上奏疏称，泰山的老虎被宋真宗的仁善之心所感召，竟然放弃杀生，通通改吃素食……可见当时的情况是何等荒唐。

献瑞图 〔清〕任伯年绘

宋代帝王图 〔清〕任伯年绘

弄虚作假久了，宋真宗自己也开始把这件事当真了，自认为是明君，又决定效仿汉武帝，想去山西汾阴祭地，这一去一回，又花费了近千万两白银。宋真宗晚年的两次祭奠，几乎将宋朝开国以来的积蓄花了个精光，而他自己在东封西祀之后，也因为过度迷信各种“天命”而陷入痴狂状态，终于在乾兴元年（1022年）的二月去世，享年五十五岁。他的第六个儿子赵祯继位，史称宋仁宗。

宋仁宗继位时，年仅十三岁，并不足以胜任处理国家大事，在他称帝的早期，一直由太后刘氏垂帘听政。刘太后虽然才华超群，熟知政事，但在对待宋仁宗时却非常强势专断。宋仁宗到了娶妻的年龄后，与一位王姓富商的女儿相恋，但刘太后以“此女妖艳，恐不利主”为理由拒绝了宋仁宗的要求，并自作主张将王氏女嫁给了自己前夫的儿子刘从德，并让中书令郭崇的孙女郭氏嫁给宋仁宗做皇后。这件事让宋仁宗对刘太后产生了极大的不满，也让他产生了反抗刘太后权威的心思。

明道二年（1033年），刘太后薨逝，在太后的威压下生活了十一年的宋仁宗终于得到了自由。也许是被压抑得太久，宋仁宗在亲政之后，颇有想要做一番大事的雄心壮志。

宋仁宗

宋仁宗曹皇后坐像

宋仁宗从小长在深宫，目睹了自己的父亲沉迷修道封禅所造成的奸臣乱政和朝纲混乱，深知国家社稷现在危如累卵，改革势在必行。于是，庆历三年（1043年），宋仁宗任命范仲淹为参知政事，又提拔了欧阳修、余靖等人为谏官，开始了重点在澄清吏治、减轻徭役、富国强兵、规范法制四个方面的一系列改革措施，并于庆历四年（1044年）三月推行新法。

新法甫一推行，便立刻在朝堂中激起了不少反对的声音，甚至有人站出来指责范仲淹等改革派为“朋党”。如此激烈的反对，原因在于整顿腐败、厉行节俭的新政损害了当权贵族的既得利益。而以范仲淹、欧阳修为首的改革派也不甘示弱，纷纷上书争辩，欧阳修更是写了一篇《朋党论》驳斥这种观点。

欧阳修

范仲淹

然而，反对的声音并没有就此消失，庆历四年的六月，有人偷偷写了一封信送给仁宗，诬告改革派中的富弼有废除旧帝、另立新王的念头。尽管宋仁宗并没有相信这封信所说的话，但这件事足以让范仲淹等人意识到，反对派对他们恨不得除之而后快。为了避免招来杀身之祸，范仲淹只得借口外出巡守，离开京城，转为出任陕西及河东宣抚使。

而正如他们所预料的那样，范仲淹离开京都之后，很快，反对派便占据了上风。庆历五年（1045年）正月，范仲淹被罢免了参知政事的职务；同一天，富弼被罢去枢密副使；第二天，杜衍被贬为尚书左丞，离开了东京；庆历五年三月，韩琦被罢去枢密副使的职务，发配扬州。至此，改革派的主要发起人全部被驱逐出朝廷。

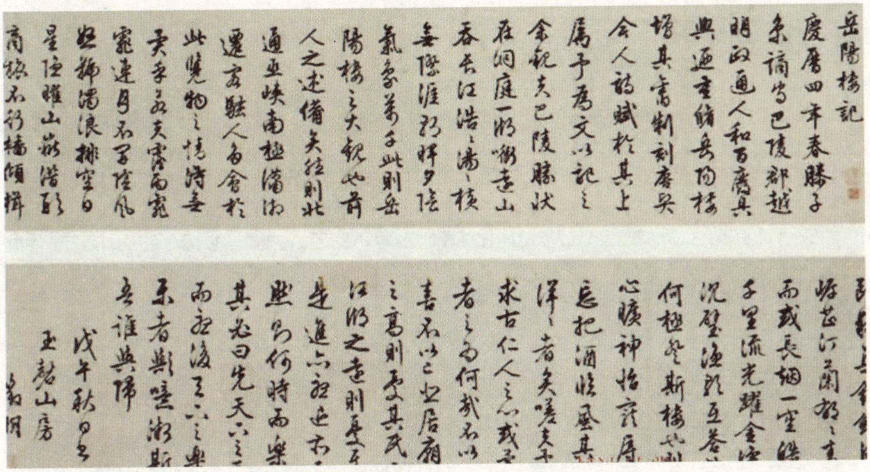

文徵明书法《岳阳楼记》

而与改革派有所牵连的人也未能幸免，同年八月，欧阳修被罢免河北都转运使的职务，改任滁州知州。作为北宋著名的政治家和在文坛上颇有影响力的文学家，欧阳修一直是这次变法运动的中流砥柱。而欧阳修的罢免，标志着庆历新政的彻底失败。

这次惨淡收场的变法行动让宋仁宗深受打击，对改革彻底心灰意冷，在此之后，宋仁宗没有再提过变法改革的相关事宜。尽管这次新政仅仅存在了一年左右，但它对北宋的发展却意义重大。

首先，庆历新政对官僚体制进行了一定的调整，在一定程度上遏制了宋真宗时期便愈演愈烈的卖官鬻（yù）爵、任人唯亲的官僚作风，并精简了官员队伍；其次，庆历新政中提出来的关注民生以及抑制土地兼并的一系列措施，为农民的生活和生产提供了一部分保障，化解了一部分农民与统治阶级之间的矛盾，强化了中央集权统治；最后，尽管庆历变法失败了，但是这次改革为后来的“熙宁变法”（又称“王安石变法”）奠定了基础，起到了探路的作用。

熙宁变法

嘉祐八年（1063年）三月二十九日，宋仁宗在汴梁驾崩，享年五十四岁。由于宋仁宗没有子嗣，他的养子赵曙继承了皇位，史称宋英宗。英宗体弱多病，在位短短四年便因病去世，皇位便又匆匆传给了他的长子——赵顼（xū），即宋神宗。

宋神宗

宋神宗皇后画像

与爷爷宋仁宗一样，神宗自幼便聪慧伶俐、志向远大，从父亲手中接过大宋的江山之后，便发誓要夺回燕云十六州，一雪前耻。

但此时的宋朝已经是金玉其外、败絮其中了：自开国以来便存在的贪腐问题愈演愈烈，臃肿冗余的官僚机构和每年都要付给辽国和西夏的岁贡导致国库连年亏空。当国家难以负担如此庞大的经济支出时，这份沉重的负担自然就转移到了百姓头上，各种名目的苛捐杂税让农民苦不堪言，全国各地屡屡出现为了反抗苛政而产生的小规模起义，整个大宋王朝就像建在流沙上的建筑一般摇摇欲坠。

宋神宗意识到，如果继续按照从前的方式治理宋朝，国家只会更加衰败疲敝，当务之急是为国家寻找出一条新的发展道路。他就像所有志向远大的年轻人那样选择了最为激进的方式——变法。

宋神宗变法的开展离不开另一个人的帮助，这就是北宋时期著名的政治家、思想家和文学家王安石。

王安石出生于宋真宗天禧五年（1021年），父亲是当时的临川军判官。幼时的王安石便聪颖灵慧，酷爱读书，并且有着过目不忘的记忆力。年纪稍大时，父亲因为官职调动而前往全国各地，王安石也常常随行左右。

早年大量的阅读和对民生疾苦的实际体察，让王安石有了走上仕途、改良除弊的志向，于是他发愤苦读，终于在二十一岁那年，也就是庆历二年（1042年）时，考中了进士第四名，出任淮南节度使判官（地方长官的辅佐官员）任满后，他又调任为鄞县知县（代理县令）。在做知县的四年中，王安石兴修水利，发展教育，兢兢业业，不敢有丝毫懈怠，这种认真踏实的工作态度得到了时任宰相文彦博的欣赏，他向宋仁宗举荐王安石，但被王安石以不想激起越级提拔之风为由拒绝了。

王安石的拒绝，使得文彦博更加认为他是一位德行高尚之人。不久之后，与文彦博同朝为官的欧阳修又推荐王安石出任谏官（负责对君主的过失直言规劝并使其改正的官吏），在被王安石以祖母年迈需人照顾的理由拒绝之后，再次推荐他出任群牧判官（国家公用马匹管理机构的负

王安石

责人）。这次，王安石没有拒绝。在担任群牧判官后不久，王安石又被任命为常州知州（常州地区的代理军事长官），在嘉祐三年（1058年）官至度支判官，此时的王安石年仅三十七岁。

王安石如此受到朝廷的赏识，自己又不乏政治能力，那么一定在仕途上走得十分顺利了。然而，事实上并非如此。王安石在出任度支判官后，决心革除积弊，因此他写了一封长达数万字的《上仁宗皇帝言事书》，言辞恳切地表达了自己希望通过变法来改变冗官冗兵、积贫积弱的现状，并举了晋武帝司马炎和唐玄宗李隆基等人的例子，来说明如果只图安逸、不求进取会造成怎样的后果。宋仁宗看完之后十分感动，却拒绝了他。

宋仁宗去世之后，宋英宗继位称帝，久闻王安石大名的宋英宗几次想要请王安石出山辅佐朝廷政务，都被王安石以需要服母丧为由拒绝了。几年之后，宋英宗崩逝，宋神宗继位，一心想要干出一番事业的宋神宗同样将希望放在了王安石身上。治平四年（1067年），宋神宗任命王安石为江宁知府（宋朝州府最高行政长官），而这一次，王安石没有拒绝。

从小便仰慕王安石的宋神宗终于请得自己的偶像出山，自然是要百般支持王安石对变法革新的建议。于是君臣一拍即合，在熙宁二年（1069年），宋神宗任命王安石为参知政事，并设置制置三司条例司，又派遣陈升之作为助手，让王安石主持变法的相关事务。

得到了皇帝通力支持的王安石自然也是毫不客气，仅在熙宁二年，便提携举荐了四十多名官员用以施行新法。到了熙宁三年（1070年），王安石升职为同中书门下平章事，手握与宰相等同的权力。有了足够执行能力的王安石开始着手推行新法，他所颁布的新法涉及方方面面，光是关于财政的法律就有均输法、青苗法、市易法、免役法、方田均税法、农田水利法六项。其中，又属青苗法最为出名。

青苗法并非是王安石独创的新法，事实上，早在唐朝中后期便有了青苗法的雏形，在那时青苗法又被称为常平仓制度，而青苗法就是在常平仓制度上进行的完善和延伸。王安石推出的青苗法，借贷利息远远低于富庶的农场主放贷给农民的利息（当时的民间借贷利息通常是每年百分之六十到百分之七十），本意是通过政府支持，让贫困的农户不至于变卖农田，或者背上无力偿还的高利贷。然而，由于青苗法损害了地主阶级的利益，导致在执行的过程中困难重重。有不少富户为了避免将自己的财产作为贫民借贷的抵押，与当地官员相互勾结，甚至强迫农民借粮借款，不仅没有减轻农民的负担，反而让贫者愈贫，富者更富。

新法实施一段时间后，因为执行不力导致百姓怨声载道，加上新法改革触动了部分权贵的利益，于是就像庆历时期的变法一样，很快便遭到了来自士大夫的抵制，史称“新旧党争”。

当时，御史中丞吕诲上书宋神宗，控诉王安石变法的十大过错。但神宗并没有理会，反而将他贬谪去了地方，以示惩罚。再之后，宰相韩琦进言，劝说宋神宗停止青苗法。王安石据理力争，认为不能取消新法。就在宋神宗犹豫不决的时候，执政曾公亮和陈升之等人也乘机附和，认为青苗法不利于维持社会稳定。最终，宋神宗还是同意了韩琦等人取消青苗法的建议。

这次事件之后，王安石便称病回家，神宗苦苦相劝后，才让他放弃了归隐的念头，只是劝说宋神宗不要过于畏惧大众的议论，应当以长远的眼光来看待新法改革带来的问题。然而，好景不长，这次事件过去没多久，熙宁四年（1071年）时，便又出现了汴京百姓为了逃避新施行的保甲法而自断手腕的情况。消息传到朝廷中，神宗大为震惊。尽管王安石极力劝说神宗不要因噎（yē）废食，但宋神宗还是认为应当听取百姓的观点，于是君臣二人不欢而散。

到了熙宁七年（1074年），北宋出现极为少见的大旱，庄稼几乎颗粒无收，无法交出免役钱的百姓因此怨声载道，而反对派也借机向宋神宗进言说，是因为王安石的变法触怒了“天道”，因此上天才降下灾祸以示惩罚。一时之间，朝廷内外流言纷飞、人心惶惶。这时候，司马光又上书细数变法的罪状。内外夹击之下，原本坚定支持王安石的宋神宗也产生了动摇。同年四月，宋神宗的母亲和祖母又向其哭诉“王安石乱天下”。这一次，宋神宗终于顶不住来自反对派的压力，他罢免了王安石的宰相职位，变法也因此遭到重创。

熙宁八年（1075年），宋神宗又决定重新启用王安石为宰相，继续推行变法事宜。但这一次，君臣之间已然不像从前那样互相信任，宋神宗的怀疑和反对派众口纷纭的抗议声让这次拜相再次不了了之。王安石的长子王雱（pāng）于熙宁九年（1076年）病故，对变法心灰意冷的王安石索性辞官归乡。

元丰八年（1085年），宋神宗由于西夏战事惨败而备受打击，疾病恶化，他预感自己将不久于人世，只能怀着壮志未酬的遗憾，将皇位传给了自己的第六个儿子赵煦（也就是后来的宋哲宗）。三月，宋神宗因病逝世，这位终其一生都在追寻救国之法的皇帝，最终也未能在逝世之前见到自己理想中的北宋盛世。

宋哲宗继位之后，由其祖母高太后垂帘听政。作为保守派的代表人物，高太后很快便将新法全部废止，这件事被后世称为“元祐更化”。宋哲宗亲政之后，也像他的父亲一样希望通过变法救国，于是又启用了一批激进人士主持革新事务，然而这一次由于贵族权臣内部的权力倾轧已经过于激烈，新法并没有顺利实施，反而将整个朝廷拖进了党派纷争的旋涡中。北宋王朝的未来，显得更加扑朔迷离。

司马光像

名篇精选

真宗应符稽古神功让德文明武定章圣元孝皇帝，讳[①]恒，太宗第三子也。母曰元德皇后李氏。初，乾德五年，五星从镇星聚奎[②]。明年正月，后梦以裾承日[③]，有娠，十二月二日生于开封府第，赤光照室，左足指有文成“天”字[④]。

幼英睿，姿表特异，与诸王嬉戏，好作战阵之状，自称元帅。太祖爱之，育于宫中。

尝[⑤]登万岁殿，升御榻坐[⑥]，太祖大奇之[⑦]，抚而问曰：“天子好作否？”对曰：“由天命耳。”比就学受经[⑧]，一览成诵。

初名德昌，太平兴国八年，授检校太保、同中书门下平章事，封韩王，改名元休。端拱元年，封襄王，改元侃。淳化五年九月进封寿王，加检校太傅、开封尹。至道元年八月立为皇太子，改今讳，仍判府事[9]。

故事[10]，殿庐幄次[11]在宰相上，宫僚称臣，皆推让弗受[12]。见宾客李至、李沆，必先拜，迎送降阶及门[13]。开封政务填委[14]，帝留心狱讼，裁决轻重，靡不称惬[15]，故京狱屡空，太宗屡诏嘉美[16]。

——《宋史·卷六·本纪第六》

【注释】

①讳（huì）：名字。②五星从镇星聚奎：五星与镇星一起聚于奎宿，古代一般认为这种星象是帝王之象。③以裾承日：用裙袍的边接住了太阳。裾，裙袍的边缘。④有文成“天”字：有纹路形成一个“天”字。“文”同“纹”，花纹、纹路。⑤尝：曾经。⑥升御榻坐：登上皇帝的宝座。升，上，登上。⑦大奇之：正确的句式应该为“以之为大奇”，认为这是一件非常奇妙的事情。⑧比就学受经：等到开始接受教育，学习经书的时候。比，等到。⑨府事：开封府的政事。府，指开封府。事，事情，政事。⑩故事：按照惯例。⑪殿庐幄次：殿庐，指殿旁的庐幕，为朝臣候朝及值宿的地方。代帝王休憩或祀神用的帷帐，这里引申为上朝时的序列。⑫弗受：不接受。弗，不。⑬降阶及门：走下来台阶直到门口。这里形容真宗谦虚有礼。降，走下来。⑭政务填委：填委，纷集，堆积。政务堆积。⑮靡不称惬：没有不称快的。靡，没有。惬，痛快，惬意。⑯屡诏嘉美：屡次下诏书赞扬。诏，下诏。嘉美，赞扬。

【译文】

宋真宗，尊号为应符稽古神功让德文明武定章圣元孝皇帝，名字叫恒，（是）太宗的第三个儿子，母亲是元德皇后李氏。起初，乾德五年（967年），五星与镇星一起聚于奎宿。第二年正月，元德皇后梦到衣服的大襟托住了太阳，于是（便）怀孕了。十二月二日于开封府邸生下真宗皇帝，当时红光照耀居室，（真宗的）左脚指上有纹路形成一个“天”字。

真宗从小就很聪明，容貌俊秀奇异，同诸王一起玩时，喜欢玩打仗的游戏，自称为元帅。宋太祖喜欢他，把他留在宫中抚养。

（真宗）曾经登上万岁殿，坐上皇帝宝座，太祖十分惊奇，摸着他的头问：“天子好做吗？”（真宗）回答说：“听从天命罢了。”不久，（真宗）就接受了经学教育，他看一遍就能背诵。

真宗起初名叫德昌，太平兴国八年（983年）授为检校太保、同中书门下平章事，封为韩王，改名元休。端拱元年（988年），封为襄王，改名元侃。淳化五年（994年）九月，封为寿王，加升为检校太傅、开封府尹。至道元年（995年）八月，立为皇太子，改成了现在的名字，仍然（负责）判决开封府的大小事务。

按照惯例，作为皇太子的真宗在上殿时的位次在宰相之上，朝臣宫人（向他）称臣，真宗都推让不接受，看到太子宾客（官职名）李至、李沆，一定先行拜礼，迎来送往都要走到宫门外的台阶。开封府政事纷繁，真宗留心狱讼，裁决轻重，没有不称快的，所以京城监狱多次空了，太宗（也）多次下诏表扬。

【词句撷英】

1. 一览成诵：看一遍就可以背诵，形容人记忆力好，过目不忘。

2. 靡不称惬：没有不称快的。

北宋的倾覆

宋神宗去世之后，北宋有所作为的帝王大多因为各种原因早早去世。频繁更迭的政权导致每一位皇帝所主张的政策都不能得到很好地延续，政局反复、政党倾轧带来的后果便是百姓的生活陷入了水深火热之中。

由于不满官府的腐败和苛政，农民起义开始在北宋各地接连出现，尽管屡次被镇压，但仍然有燎原之势。自建国起便存在的军事疲弱、文官擅权的情况，已经成为严重危害北宋朝廷的一颗毒瘤。在宋哲宗突然驾崩之后，北宋的帝位被匆忙交予了并没有治国能力的宋徽宗，而这位极具“文艺范儿”的皇帝却在纸醉金迷的享乐中带着整个王朝坠入了熊熊战火。

官逼民反的国内形势

宋哲宗继位之后，由于年纪尚小，便由祖母高太后代为执政。高太后即宋英宗皇后高氏，本名高正仪，小名滔滔。她出生于一个地位显赫的贵族家庭，幼时与宋英宗便是青梅竹马，因为宋英宗的宠爱在宫中说一不二。宋英宗对她的迁就到了什么程度呢？正如大家所知，古代的皇帝极少有不纳嫔妃的，而宋英宗在历史上所能够查到的妃子也只有四个，并且妃嫔中无一人生下宋英宗的子嗣。

宋英宗高皇后画像

宋哲宗

关于高皇后，在历史上还有一段轶事。据说，当时的皇太后曹氏因为英宗子女少而很是不满，于是便找到高氏，让她想办法说服宋英宗多纳几个妃子。没想到高氏听完之后很不高兴地说："我嫁的是岳州团练使赵曙，又不是当今的圣上英宗皇帝，这事儿我可管不了。"言下之意，便是这事儿在她这里没商量。曹太后没有办法，只能去找宋英宗，没想到英宗说："做皇帝是做皇帝，婚姻是婚姻，我认为在婚姻当中还是忠诚于对方比较好。"从这件事上便可以看出宋英宗对高氏的维护。

也正是因为宋英宗对她的纵容，高皇后养成了强势且专断的性格。元丰八年（1085年），宋神宗驾崩，宋哲宗继位，高氏以太皇太后的身份垂帘听政。她在把持权力之后所做的第一件事，便是将反对王安石新法的大臣重新提拔到朝廷的重要位置上。而这些大臣之中，又以司马光最为世人熟知。

司马光，字君实，号迂叟，是陕州夏县涑（sù）水（今山西夏县）人。一提到司马光，恐怕最先想到的就是"司马光砸缸"以及《资治通鉴》。但除了这些，司马光的另一个重要身份还是元祐党争的主要发起者。甚至可以说，作为元祐党争之首的司马光是一个非常有争议的人物。

深受儒家思想影响的司马光在王安石最初开始推行变法时就曾多次质疑变法的必要性，并上书规劝宋神宗放弃变法。司马光之所以这么做，是因为他所秉持的经济理念与王安石的经济理念是背道而驰的。司马光认为：“民穷为盗，非国之福”，即百姓为社稷之根本，如果国家想要富强的话，就不应该从百姓身上榨取财富价值，而是应当由君主带头，在朝野上下厉行勤俭节约的生活方式，通过节流的方式便自然而然能够积累财富。而王安石则认为，要想积累财富，光是节流是不够的，还要在节流的基础上想办法开源。因此，他才在熙宁变法中提出了用青苗法来增加国家财政收入的想法。

由于两个人在这一点上产生了极大的分歧，司马光始终无法认同王安石所制定的新法。因此在他被高太后任命为宰相后，第一件事便是将王安石的新法全部废止，并把当初因为反对新法而被贬黜的苏轼、苏辙、李常等人重新招回京师。之后，守旧派在司马光的领导下将旧法全面恢复。

但是，在恢复旧法之后，北宋的社会形势并没有像司马光期望的那样好转起来。究其原因，首先是法令变更过于频繁，导致下级官僚在执行的过程中缺乏靠谱的法规，造成过度执行或者是执行不到位的情况，给百姓造成更严重的困扰；其次，在围绕革新与否进行的斗争中，出现了严重的党羽纷争的现象，革新派和反对派为了获得支持，纷纷使出浑身解数讨好君主，以至于到了北宋后期，朝野之中竟没有敢犯颜直谏之人。

除此之外，司马光在推翻新法、恢复旧法的过程中矫枉过正，将一大批贤能之臣贬谪至地方，使得朝廷流失了一大批可用的人才，处理政事的效率自然明显下降。

除了彻底推翻新法而造成的社会混乱之外，司马光在军事上的另一项决策也经常为人诟病。司马光在对抗外敌上奉行的是以安抚为主的绥靖（suí jìng）政策。例如，在宋军已经攻下安疆、葭芦、浮图、米脂四寨的情况下，他反而为了求取一时的和平将这四寨交还给了西夏，由此惹得民怨沸腾。

元祐八年（1093年）的八月，高太后薨逝，此前一直生活在太后执政阴影下的宋哲宗终于掌握了皇帝的权力。高太后垂帘听政的时候，行事风格果决霸道，导致朝臣始终以她的旨意为主，甚至就连在上朝的时候都是面对高太后而背对哲宗的。长期被忽视的哲宗对以高太后为中心的守旧派大臣们是满腹怨言，在他亲政之后，所做的第一件事情便是大力打击主张“元祐更化”的大臣：例如，司马光作为力谏恢复旧法意见的领袖，在死后被宋哲宗夺去封号，并且毁去了为他建造的石碑；将苏轼、苏辙等人贬谪去了岭南地区；并且废弃了高太后的称号。

苏轼像　〔元〕赵孟頫绘

苏轼像　〔清〕王震绘

宋哲宗励精图治，恢复新法，北宋的国势竟然在一段时间内颇有欣欣向荣的势头。然而，好景不长，仅仅七年之后，宋哲宗便因病逝世，年仅二十四岁。在这位志向远大的年轻帝王去世之后，他所主张施行的新法也渐渐被废弃，北宋王朝最后一丝繁荣的可能就像是在寒风中跳动的微弱火苗一样，终因敌不过严寒而渐渐熄灭了。

海上之盟，与虎谋皮

宋哲宗死后，由于没有子嗣，便由他的弟弟赵佶（jí）继位，史称宋徽宗。宋徽宗为人倜傥不羁，由于容貌俊美，且热衷于诗词书画，曾被自己的父亲宋神宗认为是南唐后主李煜转世。这件事的真假暂且不提，但宋徽宗的确像李煜一样，是个优秀的艺术家，但绝非有道明君。如果用一个比喻的话，就是他有多么擅长吟诗作赋，就有多么不擅长治国理政。

宋徽宗

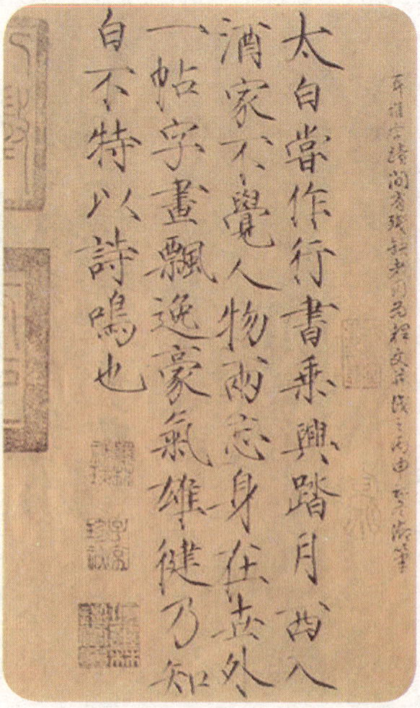

宋徽宗赵佶书法手迹

宋徽宗在位期间，大兴土木、穷奢极欲，并且听信谗言、不辨忠奸。北宋末年，虽然国力式微，民生凋敝，但毕竟有百余年的积累，尚且能与辽国保持微妙的制约平衡。然而宋徽宗最终却落得个国灭被俘、流落异乡的下场。

听琴图 宋徽宗赵佶绘

宣和二年（1120年），也就是宋徽宗继位的第二十年，他做出了一个匪夷所思的决定，那就是联金灭辽。这件事的起因还是得从一个旅居辽国的宋人后裔说起。这个人名叫马植，祖上曾经是来往于辽宋边境的一个马贩子，之后通过买官的方式在辽国担任了一官半职，后来居然仕途越走越顺，一直做到了辽国的光禄卿（掌管宫殿门户及部分宫廷供御事务的官职），位列十二卿之中。

马植虽然生长于辽国，却由于辽国森严的血缘制度，始终有低辽人一头的感觉。再加上辽国天祚帝昏庸残暴，国内民怨沸腾，马植认为在辽国继续发展已无希望，因此下定决心投靠北宋。作为一名辽国官员，想要获得北宋的信任，自然不能只靠嘴皮子表忠心。经过多方考虑，马植认为，北宋现在最大的忧患就是一直在国境北边虎视眈眈的辽国，如果能够一举灭掉辽国，宋朝不仅根除了一个心腹大患，自己也能够因为献计有功而获得高官厚禄，是一件一举两得的好事。而身在辽国的马植非常清楚地了解，女真人向来恨辽入骨，如果能够联合金国，那么北宋就可以获得与辽国匹敌的军事实力，从而一举灭掉辽国，收复燕云十六州。

北方游牧部落骑兵

有了方法，就只剩下如何实施。马植一边暗中扶植汉人亲信，一边耐心地等待机会。终于，政和元年（1111年），宋徽宗派宠臣童贯作为使者出访辽国，马植认为这是实施自己灭辽计划的最佳机会，便与童贯偷在卢沟桥会面，并将自己的计划告诉了他。童贯听完后，认为计划可行，于是带着他潜回北宋，并将马植引荐给宋徽宗。

马植在写给宋徽宗的奏章中慷慨陈词，将自己的计划娓娓道来。马植认为，要让计划成功实施，北宋就必须避开辽国的监视，派使者从登州、莱州出海，走海路进入女真部落所在的地区，与女真人共商灭辽大计。宋徽宗在看完奏章之后，对马植的计划大加赞赏，并为马植赐名为李良嗣，而后又改其姓氏为赵，以示嘉许。

重和元年（1118年），北宋派出使者马政、呼延庆自山东登州（今蓬莱地区）出发，以购买马匹为借口，走海路抵达金国，向金太祖完颜阿骨打说明了自己的来意。之后，两国使者一直在秘密进行谈判。直到宣和二年（1120年），北宋派出马植（此时已改名为李良嗣）和马政作为使者，走海路抵达金国。在这次商谈之后，宋金达成协议，由北宋攻打辽国的燕京地区（今北京地区），金国负责攻打辽国的辽中京地区（今内蒙古赤峰市）。在灭亡辽国之后，辽国的燕云十六州归属北宋，而北宋也要将原来向辽国缴纳的“岁币”转为缴纳给女真人，这一协定在后来被历史学家称为“海上之盟”。

番人射猎图（摹本，手执弓箭的契丹骑手）

这个计划乍听起来可以说是非常完美。宋徽宗认为，只需要付出很小的代价，便能一雪澶渊之盟的耻辱，还能完成先祖们都没有完成的收复燕云十六州的理想，何乐而不为呢？

只是，宋徽宗忽略了一点，那就是这个计划的制定者马植虽然身为宋人，但长期在辽国地区生活的他对北宋具体的社会情况和国家实力并不了解。马植印象中的北宋，还是那个富足强盛、国泰民安的北宋帝国。殊不知，现在北宋只不过是一只虚有其表的纸老虎罢了。海上之盟的计划原本就是兵行险着、与虎谋皮，要想成功，首先就要有足够强大的国家实力作为后盾。以北宋现在的国力，就如同一只肥羊妄图与狼群谈判领地，这是何等荒谬的事情。以至于连与北宋交好的高丽王都派人来劝说宋徽宗道：“辽国与您世代互称兄弟，是可以互为友邦的国家；而金国是虎狼之国，万万不可与其交好啊！”

就在宋徽宗踌躇满志地准备攻辽时，宣和二年（1120年）十月，青溪人方腊为了反抗以“花石纲”为代表的暴政而揭竿起义，主战派的重要人物童贯不得不抽身去镇压叛乱；而这场叛乱还为北宋带来了另一个重要影响，那就是方腊起义的睦州青溪一带正好是北宋重要的粮食产区，起义对大量的农田造成了破坏，农民也纷纷加入起义军，农田无人耕种，造成宋军缺粮少饷，根本无力进攻辽国。在这种情况下，原本坚定支持出军的宋徽宗打起了退堂鼓，甚至想要撕毁与金国的和约。金国使者两次三番派人来催宋徽宗出兵，眼见北宋犹豫不决，便料到北宋可能想反悔。完颜阿骨打得知后，便也不再将希望寄托在北宋之上，索性回国整顿兵马，一举攻下了辽国的中京。

在金军攻破辽国中京之前，宋徽宗仍然不以为意，认为金国不过是被辽国征服过的一个弹丸小国，不足为惧；现在与其和金国结盟，得罪强大的辽国，不如就此坐山观虎斗，等辽国将金兵消灭之后，便能与辽国重修旧好，延续双方的友好邻邦关系。

但是，宋徽宗的如意算盘落空了；辽国的天祚帝暴虐无道，早已将家底挥霍一空，此时的辽国和宋国一样，都不过是身披绫罗的乞丐罢了。中京一破，朝臣哗然，宋徽宗眼见如今的形势已经是箭在弦上不得不发了，这才急急忙忙地组织军队奔赴辽国。然而，宋军自从澶渊之盟后，便刀枪入库、备战松弛，北宋以百万大军围攻辽国燕京，竟然两次都未能成功攻破，最后宋徽宗迫不得已向金军求援，承诺在金兵攻下燕京之后，每年加付一百万贯钱作为代税钱，与之前承诺的三十万两白银一起交给金国。

辽金骑兵示意图

宋徽宗在政治上的反复无常和在军事上的软弱无能，让金太祖完颜阿骨打意识到，北宋远远没有使者吹嘘得那么强悍，于是对待宋朝的态度变得日益傲慢起来。经过反复谈判，宣和五年（1123年），金国终于同意将燕云十六州中的六个州附加二十四县归还给北宋，但条件是除了将以前交给辽国的“岁币”转交给金国之外，还要另外每年向金国缴纳一百万贯钱，作为燕京地区的“代税钱”，并且对北宋的使者说，如果半个月之内得不到答复的话，将出兵北宋。

这份合约摆明了就是在欺侮北宋，然而宋徽宗急于取回燕云地区，以用来夸耀自己的功绩，竟然一口答应了这份不平等合约。金人见他答应得如此痛快，自然也不会这么轻易地把燕京交还出去，在敲诈了北宋二十万两犒军费之后，宣和五年的四月，金军才百般不情愿地撤离了燕京，并且在撤军之前将城内值钱的物品及人口劫掠一空，留给宋军的只是一座破败萧条的空城。

牧放图　〔宋〕李公麟绘

然而，宋徽宗却非常高兴，他并不计较金军留给他的是一座完整的城池，还是一座内里千疮百孔的空城，他只觉得自己完成了先辈们都没有完成的任务，这是一件非常值得庆贺的喜事。于是，他立即给“收复”燕云地区有功的各位大臣们加官晋爵，并且命人撰写了《复燕云碑》给自己歌功颂德。殊不知，在这一片安宁祥和的背后，更大的阴谋在悄悄酝酿。

靖康之变，身死国灭

辽国灭亡之后，尽管金国对腐败无能的北宋王朝充满了鄙夷，但由于有约在先，而且对辽出兵本身也消耗了金朝一定的国家实力，所以并没有做出进一步的举动。宣和五年（1123年）八月，金太祖完颜阿骨打病逝，其弟完颜晟（shèng）继位，史称金太宗。事实上，金太宗算得上是一位对北宋较为友好的皇帝，他在称帝之后甚至想过要遵从兄长的遗志，将燕云十六州中的朔州归还北宋，以示两国友好。然而，一个叛将的出现，打破了金宋之间得来不易的微妙平衡。

这件事还要从一个叛金投宋的辽国人说起。张觉，平州义丰（今河北省境内）人，早年考中进士，在辽国做官。后来，辽金战役时，他觉得辽国国君昏聩，得胜无望，便转而投靠金国。在“海上之盟”结束之后，他又因为图谋个人利益而投靠了北宋。由于张觉在金国时管辖的区域正是宋徽宗一直以来求而不得的燕云地区，宋徽宗也相当痛快地答应了张觉投诚的请求。

然而，金人却对张觉投宋的行为感到十分不悦。宣和五年的十一月，金国派出大将完颜宗望讨伐张觉，张觉连夜逃亡至燕京城。完颜宗望赶到燕京城外，向北宋宣抚司讨要叛臣，燕京宣抚使（地方军事长官）王安中先是拒不交出，后来迫于金军的压力，找了一个与张觉身材相仿的死刑犯处死，谎称已经杀掉了张觉，没想到被完颜宗望识破。眼看事情已经无法再继续隐瞒下去，王安中便命人将张觉杀掉，并将头颅送给金军将领完颜宗望。

这件事情不仅给了金国出兵北宋的借口，也让原本驻扎在燕云地区的宋军将领对北宋彻底失望，一个不愿意保全本国将士的国家，又如何能够让人放心地为其出生入死呢？

于是，在海上之盟签订的五年之后，也就是宋徽宗宣和七年（1125年）的十月，金以北宋收纳叛将张觉为由，出兵攻打北宋。十二月，宋军将领郭药师投降，燕云地区失守；一月十四日，真定府失守；一月二十二日，信德府失守。金军一路以摧枯拉朽之势，对北宋国境进行了扫荡，宋徽宗听闻金国大军压境，吓得慌忙将皇位传给了自己的儿子宋钦宗，改年号为靖康，自己则向南逃去。

宋钦宗

宋钦宗朱皇后像

而匆忙继位的宋钦宗在不靠谱的程度上比起自己的父亲有过之而无不及。在宋钦宗的指挥下，宋军屡战屡败，到了靖康元年（1126年）的正月，金国军队已经一路攻过黄河，包围了北宋的首都汴京（今河南开封），在汴京遭到了以李纲等人为首的主战派的殊死抵抗，战争一度陷入僵局，甚至最后不得不暂时向北退兵。

而此时坐镇指挥的宋钦宗看到金军撤兵，又做了一个让人匪夷所思的决定：他非但没有继续加强防御，为金军下一轮的猛攻做准备，反而支持投降派，合力挤走了李纲。李纲走后，汴京城的防御立刻松懈了下来。果不其然，在进攻失利半年之后，金军再次反扑，这一次，宋军毫无还手之力，几乎是门户大开地把金军迎入了城门。

在首都被包围时，还发生了一件令人啼笑皆非的事情。当时有一位名叫郭京的普通士兵找到兵部尚书孙傅说，自己精通道教“六门法”以及佛教“毗沙门天王法”，可以通过施法的方式活捉金军将领完颜宗望，已经是病急乱投医的孙傅竟然相信了他的话。到了闰十一月的二十五日，郭京坐在城楼上施法，宋军打开城门，准备迎击金军。

可想而知，这种巫术怎么可能真的有效？宋军果不其然被打得落花流水，有不少士兵甚至被逼退到护城河中，一时之间，或淹死或战死的士兵尸体几乎要塞满了河道。郭京见势不妙，谎称自己的法术需要到军队中才能发挥真正的威力，急急忙忙地下楼逃走了，此后便不知去向。而对郭京无比信任的孙傅此时只能眼睁睁地看着金军冲破防御，如同冲入羊圈的狼群一般在汴京城内烧杀抢掠。在这一场闹剧之后，汴京彻底失守。

金军入城后，宋徽宗与他的儿子宋钦宗双双被俘，并被废为庶民。靖康二年（1127年）的三月底，金军将徽、钦二帝连同宫室中的珠宝美女一起押送回北方都城。曾经光辉灿烂的北宋盛世王朝，就这样在荒诞和耻辱中落下了帷幕。由于是在靖康年间发生的，这一事件被后世称为“靖康之变”。

宋徽宗和宋钦宗在遥远苦寒的北方度过了生命中的最后一段时光。九年后，宋徽宗因不堪来自金人的精神折磨，病逝于金五国城（今黑龙江省依兰县），享年五十四岁。他的儿子宋钦宗在遭到软禁十四年之后，被想要与南宋修复关系的金熙宗改封为天水郡公，看似是比他的父亲幸运一点。但在南宋绍兴二十六年（1156年），宋钦宗在被金海陵王完颜亮强迫打马球时从马上坠下，被马蹄踩踏身亡。

名篇精选

赞曰：宋中叶之祸，章、蔡首恶，赵良嗣厉阶[①]。然哲宗之崩，徽宗未立，惇谓其轻佻不可以君于下[②]。辽天祚之亡，张觉举平州来归，良嗣以为纳之失信于金，必启外侮[③]。使二人之计行[④]，宋不立徽宗，不纳张觉，金虽强，何衅[⑤]以伐宋哉？以是知[⑥]事变之来，虽小人亦能知之，而君子有所不能制也。

迹[⑦]徽宗失国之由，非若晋惠之愚、孙皓之暴，亦非有曹、马之篡夺，特恃其私智小慧[⑧]，用心一偏，疏斥正士，狎近奸谀。于是蔡京以猥薄巧佞[⑨]之资，济[⑩]其骄奢淫佚之志。溺信[⑪]虚无，崇饰游观，困竭民力。君臣逸豫[⑫]，相为诞谩[⑬]，怠弃国政，日行无稽。及童贯用事，又佳兵勤远[⑭]，稔祸[⑮]速乱。他日国破身辱，遂与石晋重贵同科，岂得诿[⑯]诸数哉？

昔西周新造之邦，召公犹告武王以不作无益害有益[⑰]，不贵异物贱用物，况宣、政之为宋，承熙、丰、绍圣椓丧之余[⑱]，而徽宗又躬蹈二事之弊乎[⑲]？自古人君玩物而丧志，纵欲而败度[⑳]，鲜不亡者，徽宗甚焉，故特著以为戒。

——《宋史·本纪第二十二·徽宗四》

【注释】

①厉阶：指祸端，祸患的来由。②不可以君于下：不可以统治天下。③必启外侮：一定会引发外国的侵略和欺侮。启，开启，引发。④使二人之计行：假若那两人的计策能够成功。使，假使，假若。行，成行，成功。⑤衅：争端。⑥以是知：从这（件事上）可以知道。以，因为，从。是，这。⑦迹：追寻，探寻。⑧小慧：小聪明。⑨猥薄（juàn báo）巧佞（nìng）：轻佻而谄媚的天资。猥薄，轻佻的样子。巧

佞，花言巧语，谄媚的样子。⑩济：成，成就，可以。⑪溺信：迷信，笃信。⑫逸豫：安乐，舒缓的样子。⑬诞谩（dàn màn）：欺诈，欺骗。⑭佳兵勤远：精锐部队调离。⑮稔（rěn）祸：等同于酿祸。⑯诿（wěi）：推卸（责任、过错等）。⑰不作无益害有益：不要做没有好处的事情，而损害了有好处的事情。⑱椓（zhuó）丧之余：在遭受伤害之余。椓丧，遭受伤害。⑲躬蹈二事之弊乎：亲身履行这两件事的坏处。躬蹈，亲身履行。⑳纵欲而败度：放纵欲望的话就会败坏法度。度，法度，法规。

【译文】

评论说：北宋后期的祸乱，章淳、蔡京是万恶之首，而赵良嗣则是祸患的开端。然而在哲宗去世、徽宗未立之际，章淳（曾）说过徽宗不稳重，不可以让他统治全国。辽国天祚帝灭亡，张觉带着平州归降北宋朝廷，赵良嗣认为接纳张觉会失信于金，必将引起金国对宋的侵犯。假如这二人的计谋得以实行，宋朝不立徽宗，不接纳张觉，金国虽然很强盛，但怎么会找到侵犯北宋的借口呢？由此可知事变之源头，即使是小人也能明白这个道理，然而君子却不能有所作为来控制局面的发展。

探寻宋徽宗失去天下的原因，并不是因为（他）像晋惠帝那样愚蠢，像东吴的孙皓那样残暴，也不是因为（他）像三国时期的司马氏那样篡夺了曹氏的政权，只是因为倚仗自己有点小聪明，用心偏斜，疏远排斥正直人士，宠信亲近阿谀逢迎的奸佞之徒。于是蔡京凭借自己的偏狭卑劣、乖巧邪佞的资质，满足了徽宗骄奢淫逸的愿望。（徽宗）迷信虚无的道教学说，崇尚玩乐，大造景观，使民力凋敝枯竭。君臣都爱好享乐，互相影响，荒诞放纵，弃国家大事于不顾，每天都在做那些荒唐的事情。直到童贯掌握兵权（时），又把精锐兵力调得远离京师，直到祸端日积月累，全国迅速大乱。后来国家覆灭，自己受辱，于是和五代十国时期后晋的石重贵走了同一条道路，（这）难道能将责任全推给命数吗？

从前西周新建国的时候，召公还告诉过武王不要做无益的事来损害有益的事，不看重奇异的物品而损害有用的东西，况且政和、宣和时期的宋朝，承继熙宁、元丰、绍圣时期的弊端衰乱，而徽宗又亲自重蹈上述二事之弊祸。自古以来，凡是习于所好而丧失大志、放纵私欲、败坏法度的国君，很少有不亡国的，徽宗所作所为太过分了，所以特别写出来作为鉴戒。

【词句撷英】

1. 不作无益害有益，不贵异物贱用物：不做无益的事情去损害有益的事情，不看重奇异的物品而损害有用的东西。出自《尚书·周书》。

2. 玩物丧志，纵欲败度：玩物丧志，过度放纵欲望或醉心于玩乐，就会让人不思进取，并且败坏社会风气。

第四章

南宋的偏安与斗争

- 南宋的偏安与斗争
  - 皇帝那些事儿
    - 毁誉参半宋高宗：为质金营；建立南宋；诛杀岳飞
    - 有为之君宋孝宗：乾淳之治；隆兴议和；抚恤民生
    - 有德无才宋宁宗：御笔理政；傀儡皇帝
  - 流芳千古的名将
    - 国而忘家宗泽：为官为民；保卫东京
    - 英勇无畏韩世忠：黄天荡之战；收复大仪镇
    - 精忠报国岳飞：收复建康；北伐抗金；“莫须有”之阴谋

宋朝当南渡时，并没有什么完整的军队，而且群盗如毛，境内的治安，且岌岌不可保，似乎一时间决谈不到恢复之计。然以中国的广大，金朝人能有多大的兵力去占据？为宋朝计，是时理宜退守一个可守的据点，练兵筹饷，抚恤人民。被敌兵蹂躏之区，则奖励、指导其人民，使之团结自守，而用相当的正式军队，为之声援。如此相持，历时稍久，金人的气焰必渐折，恢复之谋，就可从此开展了。苦于当时并没有这种眼光远大的战略家。而且当此情势，做首领的，必须是一个文武兼资之才，既有作战的策略，又能统驭诸将，使其不敢骄横，遇敌不敢退缩，对内不敢干政，才能够悉力对外。而这时候，又没有这样一个长于统率的人物。

——吕思勉《中国通史》

南宋皇帝那些事儿

“靖康之变”后，幸免于难的康王赵构在南京应天府（今河南商丘）重新建立了宋朝。不过，此宋朝非彼宋朝，由于它定都于南京应天府，故称之为南宋。南宋延续了五世，历九位帝王。

毁誉参半的宋高宗

宋高宗赵构是宋朝第十位皇帝，也是南宋开国皇帝。他是以书画闻名于世的宋徽宗赵佶的第九子，宋钦宗赵桓的弟弟，十四岁时被封为康王。他天性聪明，记忆力超强，博闻强记，加之他天生神力，能拉开将近二百斤重的弓，可以说是能文能武。

康王赵构

靖康元年（1126年）春，金人南侵，威胁开封城。面对南宋提出的议和要求，金人开出的和谈前提可谓苛刻：大量黄金白银，占据太原，以宋朝的宰相亲王各一人入金营为人质。宰相方面，宋钦宗直接点了张邦昌，至于亲王，十九岁的康王赵构则挺身而出。

两宋名相李纲

史载，赵构临走前还要求他的皇帝哥哥，倘若宋金两国交战，无须顾虑他，尽管打就是了。此举可谓义薄云天。在金营中，赵构的行为更是值得赞扬，相比张邦昌的软骨头，赵构则沉着冷静，淡定从容。他的这份冷静，竟然令瞧不起北宋皇室的完颜宗望质疑其皇子身份，要求宋朝换人质。当换来的五皇子肃王赵枢面对金人口不能言、瑟瑟发抖时，完颜宗望满意了，赵构因此得以平安返朝。

金营中短暂的人质经历，不但提高了赵构在宋室的声望，获得了其父兄的青睐，得以被封为太傅，而且使赵构成为危难之中的宋钦宗的唯一支柱，承担了二次出使金营和收拢援兵的担子。

建炎元年（1127年）四月，金兵攻破东京（今河南开封），掠走了包括徽、钦二帝在内的三千多人，宋国政权土崩瓦解。第二年，在李纲、宗泽等人的辅佐下，赵构痛哭流涕地于南京应天府（今河南商丘）登上了天子的宝座，改元建炎，史称南宋。

宋高宗

宋高宗吴皇后

南宋建国初期，赵构怀着一腔复国之志，任命主战派李纲为宰相，并在李纲的建议下处理了以张邦昌为首的投降派，以示自己对金人作战到底的决心。然而，他的这种雄心壮志很快被金兵的穷追猛打下消磨殆尽。那段时间里，赵构虽然贵为一国之君，却过着东奔西跑的日子。为了躲避金兵的进攻，他从扬州到杭州，再到海上，一路上吃尽了苦头。在这段逃命的日子里，老将宗泽的病逝让他痛失臂膀，投降派的劝说让他信心动摇。建炎二年（1128年），赵构身边的武将苗傅和刘正彦不满于权臣王渊、宦官康履的行为，愤起杀之。赵构也被迫让位于年仅三岁的皇太子，由哲宗的皇后孟太后垂帘听政。

尽管后来韩世忠、刘光世等将领率兵勤王，赵构得以重登帝位，但他却从此对武将的权力更加忌惮。此后，赵构一面抽调精兵镇压起义军和盗匪，巩固了自己的统治；一面积极部署兵力，防御金兵。不过，这种兵力的部署只是表面现象，实际上一切都是为了在与金人议和时增加谈判的筹码。

绍兴二年（1132年），宋高宗赵构迁都杭州，南宋朝廷在东南初步站稳了脚跟。为了方便议和，更是为了分权，赵构重用主和派。他重用秦桧（huì），任命其为宰相，对岳飞等主战派的要求竭力压制。

南宋刘松年绘中兴四将图局部（即循王张俊、鄜王刘光世、蕲王韩世忠、鄂王岳飞）

绍兴十年（1140年），各路宋军在对金战争中节节取胜，韩世忠取得黄天荡大捷，岳家军收复了大量失地，形势于宋大为有利。此时宋高宗却鉴于此前的教训，担心将领功大势重、尾大不掉，加之朝廷财政不支，令各路宋军班师。此后，他不但对抗金战争不再做任何有力的部署，而且除派使臣向金朝乞降外，还用各种方式向金朝示好。

绍兴十一年（1141年），宋高宗解除了岳飞、韩世忠等大将的兵权，以此向金表达议和的决心。接着，他以“莫须有”的罪名杀害了岳飞父子，得以和金朝签下了屈辱的《绍兴和议》，以向金称臣纳贡为条件，换取了金对其在淮河、大散关以南地区的统治权的认可。

随后，他纵容依附于金朝的宰相秦桧，对主战派臣子大加排斥和打击。秦桧死后，宋高宗继续任用主和派万俟卨（Mò qí xiè）、汤思退等人掌政，对金纳贡称臣，唯金朝命令是从。然而，他的议和举动并不能阻止金朝灭宋的决心，绍兴三十一年（1161年）秋，金军在金海陵王完颜亮的率领下，大举南侵。最后完颜亮渡江失败，死于部下之手，金军南侵以失败告终。

绍兴三十二年（1162年）六月，做了三十六年的皇帝赵构传位于养子赵昚（shèn），做了太上皇。淳熙十四年（1187年），八十一岁的赵构病死于临安。这位中国历史上少有的长寿帝王一直以来被人们看作是逃跑帝王、昏君，但不能不说，赵构无论在政治上还是书法上，也有值得赞扬的地方。

在政治上，他曾积极抗金，南宋初期一系列对金作战的胜利，无不是在他的支持和决策下取得的。在此期间，赵构看到了连年战事给百姓造成的沉重负担，各地起义不断，如此下去，内外交困，南宋的江山必将不保，于是向金议和。就这样，借助于“绍兴和议”，南宋后期获得了短暂的和平局面，人民得以休养生息，社会经济得到一定程度的发展。

在经济上，宋高宗执政期间，推行经界法，以乡为单位丈量土地，使南逃的百姓得到土地耕种，并免除流民的赋税，从而稳定了社会局面，一定程度上抑制了土地兼并。同时，宋高宗为了摆脱因军费开支巨大而造成的财政困境，大力发展海外贸易拓展财源，繁荣了南宋的经济、文化和对外商贸往来。

无论是前期的康王，还是后来的宋高宗，赵构终其一生留给人们的都是毁誉参半的评价，但其开创南宋及初期的统治还是功不可没的，因此《宋史》将其称为“中兴守成之明君”。

有为帝王宋孝宗

如果说宋高宗赵构得到的评价是毁誉参半，那么宋孝宗赵昚（shèn）则称得上是有为帝王。他在位期间，锐意收复中原，纠正冤假错案，重视农业生产，百姓生活安康，因此出现了“乾淳之治”的局面。

赵昚原名赵伯琮（cóng），是宋太祖赵匡胤的七世孙、宋高宗赵构的养子。他能成为南宋的第二个皇帝，有着极大的机遇成分。

“靖康之变”发生时，还是康王的赵构尽管得以逃回，但乱军中的恐惧让他失去了生育能力。所幸，当时赵构还有一个儿子，但后来这唯一的儿子也病死了。无奈之下，赵构在群臣的建议下打算收养一个孩子。但当时所有与赵构有血缘关系的宗室都被金兵掠劫走了，赵构不得不从太祖赵匡胤的后代中选人。

当时，只有六岁的赵伯琮和另一个孩子入选。由于赵伯琮长得又矮又瘦，因此赵构没看上眼，于是就赏了他一些金银珠宝，打发他下去。这时，发生了一件事，瘦弱的赵伯琮拿不动那些金银财宝，于是极有礼貌地请一旁的侍卫帮忙。相反，另一个参选的孩子不知什么原因，竟然踢了旁边的一只猫。两相对比，赵构认为赵伯琮更加仁义、谦逊，于是就将赵伯琮留下了。

此后，赵伯琮开始了宫中生活。绍兴三十二年（1162年）五月，他被立为皇太子时，改名为赵昚。此时，他已经三十六岁了。六月，赵昚即位，即宋孝宗。宋孝宗即位后，采取了一系列政治、军事、经济、文化措施。

在政治上，宋孝宗鉴于宋高宗时期宰相权势过大，形成盘根错节的势力的教训，采取了种种措施。一是缩短宰执的任期，努力使参知政事来分化宰相的权力，以提防宰执形成个人势力。二是加强台谏官的监察职能，将台谏官的除授权控制在皇帝手中，从而使宰相和台谏官之间无法形成互为援引的关系。同时，他还严格地执行外戚不得干政的祖宗家法，杜绝外戚擅权揽政的局面出现。宋孝宗整顿吏治，裁汰冗官，惩治污吏，严格官吏考核，甚至亲自任免地方中下级官吏。

宋孝宗

宋孝宗谢皇后像

在军事上，宋孝宗在即位的第二个月召主战派老将张浚入朝，共商恢复河山的大计。为了团结上下力量，全力抗金，他重用主战派，为冤死的岳飞平反，追复岳飞原官，赦还其被流放的家属，对岳飞之子岳霖多加抚恤；接着为被贬谪和罢免的主战派大臣平反复官，积极备战。他不但自己学习骑射，还重视军事人才的选择，要求各地荐举将领不受等级和数量的限制。为了提升军队的战斗力，他在五年期间先后举行了三次大规模阅兵。针对扩充兵源而造成的巨大开支，他改革军事制度，推行义兵制。义兵制寓兵于家，士兵既不脱离生产，又不荒废校阅，既壮大了军事力量，又减轻了国家的财政负担。

在积极准备的同时，宋孝宗进行了北伐。隆兴元年（1163年）五月，宋将李显忠率部渡江北伐。尽管宋军最初取得了一定的胜利，但在攻陷宿州（安徽宿县）后，由于一些参战将领私心过重，或按兵不动，或带兵临阵脱逃，宋军损失惨重。迫于形势，宋孝宗不得不在次年和金朝议和，这就是历史上的“隆兴议和”。

“隆兴议和”对宋孝宗来说绝对是奇耻大辱。乾道五年（1169年）八月，虞允文被任命为右丞相兼枢密使，他建议宋孝宗遣“泛使”赴金，要求修改《隆兴和约》中部分侮辱性的条款，即要求金朝归还河南的宋朝帝王陵寝之地，改变宋帝站立接受金朝国书的礼仪。宋孝宗采纳了他的建议，于乾道六年（1170年）闰五月派范成大使金。结果，南宋王朝的这一要求遭到金世宗的断然拒绝，范成大无功而返。宋孝宗气极、怒极，不断督促虞允文在财力、物力、兵力上积极准备，打算再次北伐。然而，由于虞允文操劳过度而病逝，宋孝宗的北伐心愿落空。

再次北伐的心愿落空后，宋孝宗继续执行富国强兵的政策，积极发展南宋的实力。在经济上，他多次下诏减轻人民的负担，而且注意发挥实效。他注意轻徭薄赋，遇到灾荒年对百姓的情况酌情延缓或计整。因此，在他统治期间，南宋“民力（因而）少宽”。宋孝宗注重兴修水利，并以水利的兴修作为地方官政绩考察的一部分，以此督促地方官。他关心农业生产，每年亲自过问各地收成，特别重视农作物新品种的开发。一次，范成大进呈一种叫“劫麦”的新品种，宋孝宗先在御苑试种，发现穗实饱满，才在江淮各地大面积推广。

除了发展经济，宋孝宗还注意以兼容并包、共同发展的原则进行文化建设，因而创造了百家争鸣、共同发展的学术环境，一些已经沉寂的学术流派重新兴盛起来，出现了许多著名的思想家，如朱熹、陆九渊、陈亮、叶适等，以及著名的文学家，如陆游、范成大、杨万里、尤袤，著名词人辛弃疾等。

宋孝宗治国相当认真和勤勉，大到军政国事，小到州县狱案，他都要亲自过问。考虑到南宋财政一直拮据，宋孝宗尽量减少开支，他以身作则，崇尚节俭，日常花费很少，常穿旧衣，不兴土木。他还经常了解各项支出收入，认真核查账目，发现有出入之处就刨根问底。他在位期间，南宋百姓富裕，太平安乐，史称“乾淳之治”。

有德无才的宋宁宗

宋宁宗赵扩是宋朝的第十三位皇帝，南宋的第四位皇帝，是宋光宗赵惇（dūn）的二儿子。这位皇帝的为人，可以用“忠厚”二字来概括。尽管他的政治能力并不十分出色，且前后期均受制于权臣，但在这位有德无才的皇帝统治期间，南宋王朝经济稳定发展，百姓生活富足，人口得到较大的增长。

赵扩出生于乾道四年（1168年），从小就接受了良好的教育。宋光宗不但挑选了黄裳、陈傅良、彭龟年等一批名人雅士做赵扩的老师，还将自己在东宫时收藏的图书全部赐予他，供他阅读。赵扩不负其父皇所望，虽然胆小怕事，但学习相当勤奋。尽管他读了大量的书，但其问题在于只读不思考，因此导致他读书的数量多，对内容却一知半解，自然谈不上灵活运用。当然，这也说明他的能力一般，才华更是谈不上。

绍熙五年（1194年），已经是嘉王的赵扩被正式册立为太子。同年七月，赵扩登上皇位。据说赵扩登基那天，颇具戏剧性。当时，宋孝宗的皇后吴氏以太皇太后的身份命人给赵扩穿上黄袍。赵扩一看到黄袍，居然吓得一边绕着殿柱逃避，一边大喊着“儿臣做不得，做不得”。但无论他如何挣扎，最后几名大臣接到太皇太后的命令后，强行替他换上了黄袍。当赵扩发现凭一己之力无法改变当下的事实后，只得认命地在吴太后的监督下登上了皇位。

赵扩即位后，面对着纷繁的国事，明显能力不足。尽管有拥立他的赵汝愚和韩侂胄（tuō zhòu）两位大臣的帮助，但他的理政能力还是让臣子特别担忧。面对着堆积如山的奏疏，能力有限的赵扩无法及时批复。无奈之下，他的老师彭龟年就建议由负责进呈奏疏的通进司把奏疏开列一单，在单子上注明需要赵扩亲自过目的部分，其他的则交由三省、枢密院处理。为了省事，彭龟年干脆列出单子的格式，方便赵扩照着样子模仿。然而这么简单的方法，赵括都无法坚持下去。很快，他干脆将这条建议放弃，在所有大臣的奏章上都批上“可”。结果赵扩自己省事儿了，但臣子们却苦不堪言。他们经常为了皇帝批复的针锋相对的两类奏章而争执不休。

后来，赵扩竟然采取了御笔这种特殊的理政方式。所谓御笔，就是由皇帝在内宫批示，不经过三省等中央决策机构，直接下达执行。这种做法直接导致君权失去制约。理政能力很弱的赵扩滥用御笔的结果就是让权臣获得了专政之机。他们通过勾结宦官和后宫，或是影响着御笔的批示，或者在御笔传达过程中做手脚，使御笔成为自己的工具，甚至严重时假借御笔代行皇帝之权。于是，赵扩就成了一个傀儡皇帝。

后来，开禧北伐的失败让宋宁宗开始倾向于对金议和。当史弥远和杨皇后利用宋宁宗的无能把控了南宋朝政后，主和派的投降主义思想在南宋朝廷上下彻底执行。权臣史弥远把持着朝政，他权倾内外，以一人之下、万人之上的姿态掌控着南宋王朝。

嘉定十五年（1222年），宋宁宗过继的儿子赵竑（hóng）因对史弥远专权不满，不但手书“史弥远当发配八千里”，而且指着墙上地图中的琼崖，扬言将来要将史弥远发配到这里。当史弥远获知这一切的时候，就搜寻赵竑的短处，在宁宗面前说赵竑的坏话。然而，软弱的宁宗没能保护好赵竑。宋宁宗病死后，史弥远和杨皇后换掉了宁宗确定的太子人选赵竑，安排赵昀（yún）取而代之。

不能不说，宋宁宗身为君王，其能力实在让人深感无力。不过，正所谓能力不足，德行来补。宋宁宗虽然能力不足，但其却具有较高的品德。有人评价宋宁宗：“无声色之奉，无游畋之娱，无耽乐饮酒之过，不事奢靡，不殖货利，不行暴虐，凡前代帝王失德之事，陛下皆无之。”

宋宁宗极其尊崇礼法，将祖宗家法奉为治国的要旨。比如，他在政事上对台谏特别重视。在宋代，台谏官拥有纠正帝王为政疏失、弹劾百官的权力，其议论代表了当时的公众舆论。历代宋帝均相当重视台谏奏议，而宋宁宗也严格地遵循祖宗之法。不过，由于他缺少帝王的知人之明，因此导致其对待台谏之议重视却无法做到公正，进而使台谏成为权臣控制下的工具。

耕织图

由于赵扩是一个仁厚之人，因此他对民间百姓的疾苦极其关心和同情。他几乎每年都颁布蠲（juān）免各种赋税的诏书。同时，他本人也厉行节俭，不管是衣着穿戴还是日常生活，从不过分讲究，平时的饮食器皿也本着实用而不奢华的原则，多是以锡代银。据说，有一年元宵夜，当身边的侍者发现他独自一人酌酒赏月时，曾劝他大摆宴席庆祝，宋宁宗却认为外间百姓没有饭吃，自己怎么能有心思饮酒呢。

正是由于宋宁宗的这种品德上的优点，弥补了他能力上的不足，让他获得了百姓的爱戴。他在位期间，南宋的经济稳定发展，社会生活相对比较安定，人口不断增加。

名篇选读

五年六月戊戌，孝宗崩，光宗以疾不能出。壬寅，宰臣请太皇太后垂帘听政，不许；请代行祭奠之礼，从之。丁未，宰臣奏云："皇子嘉王，仁孝夙成。宜正储位，以安人心。"越六日，奏三上，从之。明日，遂拟旨以进。是夕，御批付丞相云："历事岁久，念欲退闲。"七月辛酉，留正以疾辞去。知枢密院事赵汝愚见正去，乃遣韩侂胄因内侍张宗尹以禅位嘉王之意请于太皇太后，不获。遇提举重华宫关礼，侂胄因其问，告之。礼继入内，泣请于太皇太后，太皇太后乃悟，令谕侂胄曰："好为之！"侂胄出，告汝愚，命殿帅郭杲夜分兵卫南北内。

翌日禫祭[①]，汝愚率百官诣大行柩前，太皇太后垂帘，汝愚率同列再拜，奏："皇帝疾，不能执丧，臣等乞立皇子嘉王为太子，以安人心。"乃奉御批八字以奏。太皇太后曰："既有御笔，卿当奉行。"汝愚曰："内禅事重，须议一指挥。"太皇太后允诺。汝愚袖出所拟以进，云："皇帝以疾，未能执丧，曾有御笔，欲自退闲[②]，皇子嘉王扩可即皇帝位。尊皇帝为太上皇，皇后为太上皇后。"太皇太后览毕，曰："甚善。"

——《宋史·本纪第三十七》

【注释】

①禫（dàn）祭：除丧服之祭。②退闲：退职闲居。

【译文】

绍熙五年六月初九，孝宗逝世，光宗因疾病不能出来主丧。十三日，宰臣请太皇太后垂帘听政，没有应允；请求代行祭奠之礼，采纳了。十八日，宰臣上奏说：“皇子嘉王，天性仁孝。应该确立皇位继承人，从而安定人心。”六天后奏疏三次递上，被采纳。又过了一天，于是草拟诏旨进呈。这天晚上，光宗交给宰相的御札说：“历事岁久，念欲退闲。”七月初二，留正因病辞退离去。知枢密院事赵汝愚见留正离开了朝廷，于是派遣韩侂胄通过内侍张宗尹，向太皇太后请求让光宗禅位给嘉王，没有成功。遇到提举重华宫关礼，韩侂胄于是向他询问情况，告诉关礼自己想要办的事。关礼随即进入宫内，哭着向太皇太后请求，太皇太后才醒悟，命令关礼告诉韩侂胄：“好自为之。”韩侂胄出来后，告诉了赵汝愚，命令殿帅郭杲夜里分兵把守南北宫。

第二天举行除服祭礼，赵汝愚率领文武百官到孝宗皇帝灵柩前，太皇太后垂帘，赵汝愚率臣僚两拜后，上奏：“光宗皇帝患病，不能主丧，臣等请求立皇子嘉王为太子，从而安定人心。”于是奉上御批八字一起上奏。太皇太后说：“既然有御批，你们应当遵守奉行。”赵汝愚说：“内禅事关重大，必须有一个让臣下执行的命令。”太皇太后答应下一个命令。赵汝愚从袖子中拿出拟好的诏令进呈，说：“光宗皇帝因病不能主丧，曾经亲笔书写诏书，说自己想退闲让位，皇子嘉王赵扩可以即皇帝位。尊皇帝为太上皇，皇后为太上皇后。”太皇太后看完后，说：“很好。”

【词句撷英】

垂帘听政：指太后或皇后临朝管理国家政事。垂帘，太后或皇后临朝听政，殿上用帘子遮隔；听，治理。

流芳千古的两宋名将

谈到中国历史上的南宋，或许很多人会认为这是最弱的一个朝代，这是一个被金吞并半壁江山、皇帝都曾被俘的朝代，但依然涌现出众多满怀救国救民之心的名将。因此，即便是“有相无将”，也让这个王朝延续了多年。下面，我们就来看一看宋朝名将的事迹。

一心为国的宗泽

在宋朝历史上，有一位将领被评为“国而忘家者”。他虽不曾为名将，却奋勇当先驱逐金兵，收复失地，始终坐镇于抗金前哨，阻止并粉碎了金军一次次的进犯，保卫了南宋王朝的半壁江山。这个人，就是老将宗泽。

宗泽出生于北宋嘉祐四年（1060年）。宗家世代耕读，虽然不宽裕，但祖父和父亲却极其重视文化教育。每逢农闲，宗家的孩子就要在祖父和父亲的教育下认真学习，勤奋读书。在这样的家庭氛围中，宗泽早早就开始读书识字，加之天生聪慧，因此具有渊博的学识。后来，他离家到处游学，学习知识，考察社会，了解民情，不断寻找治国之道。在此过程中，他产生了投笔从戎的想法。为此，他认真研读兵书，苦练武艺，最终成了一个文武兼备、博学广识、志向高远的青年。

元祐六年（1091年），宗泽在京城开封通过礼部举行的省试后进入殿试。在殿试中，他在文章中力陈朝政时弊，表达他革除弊政的强烈要求以及与邪恶势力作斗争的勇气和决心。因为言辞过于激烈，宗泽被“赐同进士出身”。

宗泽在二十多年的从政生涯中政绩卓著，不但表现出出色的理政能力，而且因勤于职守、为官清正、体恤民情等高尚品德赢得了各地民众对他的信赖和爱戴。然而，在奸臣当道的北宋末期，宗泽空有报国之心，并无用武之地。

政和五年（1115年），为了加强北部边防，朝廷下令将登州等四州提升为“次边”，为此，需要一些干练的官员去做通判。宗泽被委任为登州（今山东蓬莱）通判（为防止州郡官权力膨胀，宋朝开始在州郡设通判作为副职，与州郡长官共同处理政事）。宗泽上任后，针对权贵势力祸及登州，造成当地百姓租税过重的现象上书陈情。最终，登州百姓得以免除了沉重的额外负担。四年后，宗泽已经年近六十，到了告老还乡之年。宣和六年（1124年），宗泽被朝廷任命为西南边陲巴州（今四川巴中）的通判。这里远离辽、金、宋交战战场，无法实现宗泽报国之志。这令他一度心情悲愤。两年后，宗泽被御史大夫陈过庭推荐为和议使，承担起与金人谈判的任务。

性情耿直的宗泽不可能在金人面前低眉弯腰。因为怕他坏事，宋钦宗委任宗泽做磁州（今河北磁县一带）知府。这个地方属于前线，已经有两任官员借故不赴任。宗泽却在受命当天就带着十几名老弱士卒前去赴任。到达之后，他组织人修缮城墙，疏浚河池，整治器械，招募义勇，积极进行备战。同时，他上书朝廷，提出河北五郡互相支援、联手御敌的建议。他的这一提议得到宋钦宗的赞许，宋钦宗任命宗泽为河北义兵都总管。

靖康元年（1126年）十月，宗泽率军打退了数千金兵对磁州的进攻。

这是宋军首次击败金兵，河朔各地宋军由此受到极大的鼓舞。也是在这一年，宗泽劝住了二次出使金营的康王赵构，将他拦回相州（今河南安阳与河北临漳一带）。

十一月，金兵再次包围了宋都汴京（今河南开封）。宋钦宗以赵构为兵马大元帅，宗泽、汪伯彦为副元帅，要求他们赴京勤王。宗泽提出合兵李固渡、断敌归路的作战之策，并率军赶到李固渡，于路上大败金兵。接着，宗泽又派人夜袭金营并取得大胜。当时，宋都已经被金军围困了很久，迫切需要救援。面对宋钦宗通知与金和议快要达成的手诏，宗泽认为金人是在实施缓兵之计，应该立即派兵赶赴澶渊，积极备战，以解救京城之围。为了避免宗泽拖后腿，赵构在汪伯彦等人的提议下，让宗泽先赴澶渊。宗泽到达开德后，与金人进行了十三次作战，从无败绩。

当宗泽企图联合北道总管赵野、河东北路宣抚使范讷、知兴仁府曾懋，共同援救京师时，遭到三人的拒绝。无奈之下，宗泽孤军前进，连续击败进犯开德、濮阳的金军，最后到达卫南。在卫南，宗泽率军与金军进行了艰难的作战，将金军击退几十里。最后考虑到人员伤亡严重，敌众我寡，连夜转移后，宗泽出其不意地强渡大沟河并大败金军。获知金军已挟着徽、钦二帝北去，宗泽企图率军直接渡过黄河，控扼金人的退路，截回二帝。然而，由于人马不足，援军不至，最终无法行动。于是，他不断写信给身为兵马大元帅的康王赵构，劝其马上进行讨伐，兴复社稷。

当徽、钦二帝被掳已成事实，康王赵构在南京登基为帝，宗泽在赶赴南京后，仍提出了复国大计。尽管宋高宗赵构再三挽留，但宗泽还是执意去前线御敌。他多次上书，加之当时开封府长官职位空缺，需要安定和恢复旧都，于是六十九岁的宗泽就成了开封府知府。镇守开封时，宗泽一面捕杀盗贼，还百姓以安定；一面招降了几股大盗，从而壮大了兵马。面对来刺探的金人，宗泽毫不留情地将之拘留并打算处理，后由于宋高宗亲自过问，无奈之下将金人释放。

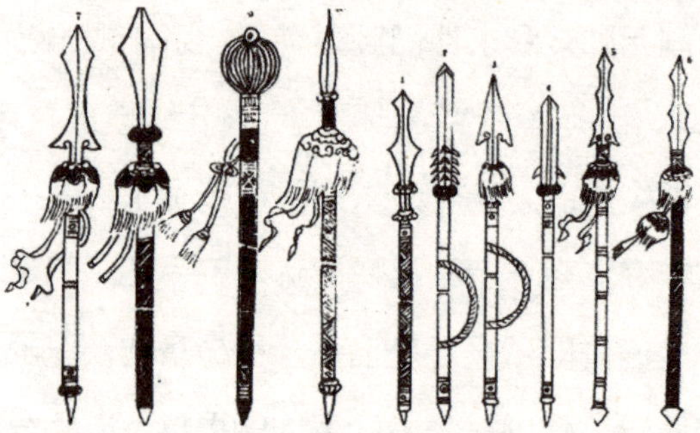

宋代兵器

宋代防御武器

宗泽时刻牢记“靖康之耻”，千方百计要收复失地。他渡过黄河联络诸将，共同商议应对金军攻防事宜。他先是组织人员在京城的四面分别设置一个统领新召集的士兵的防御使，接着依据地势在城外建造了二十四道坚固的防御墙，并在沿河一线顺次修建了连珠砦（zhài，同寨），以连接河东、河北山水砦的忠义民兵。宗泽的所作所为激起了人们收复失地的信心和勇气，最终，陕西、京东、京西各路人马都愿意听从他的号召。

当金军疯狂地向南宋都城进发时，宋高宗恐惧不已，以巡察为由，打算去淮甸，宗泽上书予以劝说，力陈此举会动摇民心，劝宋高宗马上返回东京汴梁，以安定民心。当宗泽看到自己的劝说无效后，决定组织一场东京保卫战。

宗泽、岳飞论兵

建炎二年（1128年），金军在金将完颜宗弼（即兀术）的率领下，从郑州抵达白沙，逼近汴梁。宗泽先安排部将刘衍和刘达分赴滑州和郑州，以分散敌人兵力，保护河桥，从而为大兵聚集争取时间。随后，宗泽挑选数千精锐兵士绕到金军后面埋伏，断其退路。当金军与刘衍率领的宋军展开激战时，伏兵突起，前后夹击，大败金军。面对占据西京的金将粘罕，宗泽派人分三路迎面与其展开激战。三路将领，一死一逃一降。对死者，宗泽多加抚恤，对逃者和投者均予以斩首，以正军纪。他在严明军纪后，再次组织兵马对来犯的金兵进行作战，最后大败金兵，使之从此不敢进犯东京。

随着对金人作战的不断获胜，宗泽的声望日盛，金人对他是又敬又怕，每与宋人谈到他时，必定以“宗爷爷”称呼他。这位老将军一直抱着的迎二圣还朝的愿望，然而，直到他离世也没实现。建炎二年（1128年），宗泽身染重疾，临死前还念念不忘北伐，连呼三声：“渡河！渡河！渡河！”

无畏无惧的韩世忠

在江苏省苏州市灵岩山麓有一块墓碑，被人们称为“万字碑”或“蕲王万字碑”。这块碑上的碑文记述了南宋抗金名将韩世忠的事迹。

韩世忠，字良臣，自号清凉居士，出身于普通农民家庭。韩世忠性情憨直善良，力大过人，为人仗义，喜欢打抱不平，加之从小就喜欢习武，聪明好学，到十七岁时，他已经勇力过人。有如此好的功夫，自然就要从军报国。崇宁五年（1106年），十八岁的韩世忠参军，驻军西北。由于作战勇敢，很快就被提升为小队长。再后来，由于他做事积极负责，作战勇敢，处事公道正派，因此极有号召力。

宣和三年（1121年），韩世忠率五十多骑兵在滹沱（hū tuó）河畔巡逻，与金国两千多骑兵遭遇。韩世忠冷静而果断地指挥士卒，最终以少胜多，打得金兵狼狈北逃。靖康元年（1126年）十月，率军在滹沱河一带防守的韩世忠被数万金兵包围于赵州城（今河北赵县），韩世忠严明军纪，在兵少粮乏的情况下，借天降大雪的时机，率三百精壮士卒出城偷袭金军，金军死伤过半，溃散退去。可以说，韩世忠虽然官阶不高，手下人马不多，却战无不胜，攻无不克，威震金兵。

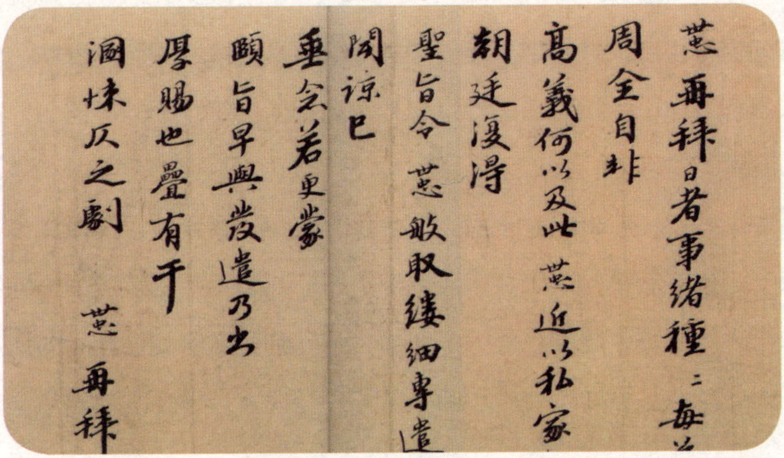
世忠再拜日者事緒種種每
周全自非
高義何以及此 世忠近以私家
朝廷復得
聖旨令 世忠敢取鏤細專遣
閣諒已
垂念若更蒙
頤旨早與發遣乃出
厚賜也疊有干
瀆冒仄之劇 世忠再拜

韩世忠书法手迹《高义帖》

北宋画家李公麟《免胄图》中的宋代士兵

建炎三年（1129年）三月，将官苗傅、刘正彦叛乱，将宋高宗赵构软禁。吕颐浩约韩世忠、张浚等大将平息叛乱，解救赵构。韩世忠将身边不多的兵力组织成一支小部队，从海上到达常熟，与张浚联合，共谋解救宋高宗。苗傅、刘正彦获知消息，以韩世忠的妻子梁红玉作为人质，让其劝退韩世忠。韩世忠不但没如其所意，还击败叛军防守部队，救出了宋高宗。由于平叛有功，韩世忠为宋高宗所赏识，不但被任命为武胜军节度使、御营左军都统制，还确立了在南宋将领中的名声和地位。

建炎三年（1129年）十月，当金兵再次南下，攻破了建康（今江苏南京）等重要城镇时，宋高宗又要逃跑。在劝阻无效的情况下，韩世忠率八千人赶到镇江防守，差一点儿将金兵元帅完颜宗弼活捉。为此，完颜宗弼向韩世忠下战书，由此才有了历史上著名的“黄天荡之战”。

完颜宗弼（金兀术）像

梁红玉击鼓退金兵

当时，宋金双方在江中会战。韩世忠利用金兵不习水战的弱点，封锁长江，几次大败金兵，将完颜宗弼的女婿龙虎大王活捉。无奈之下，完颜宗弼十万金军退入黄天荡，打算渡江北逃。但完颜宗弼没想到的是，黄天荡是一条早就废弃不用的断港，只能进不能出。韩世忠在金兵进去之后，马上封锁出口。完颜宗弼率金兵被困在黄天荡内，眼看就要饿死，不得不与韩世忠讲和，企图以抢掠的财物为条件换得一条退路。遭到韩世忠拒绝后，完颜宗弼只好另想办法，最终以重金从一个内奸口中获悉黄天荡内有一条老鹳河可以直通建康秦淮河，于是他令人一夜之间挖通此河，打算从水道入建康。没想到金军从水道出来途经牛头山时，恰好与刚收复建康驻军于此的岳飞部遭遇，一番激战后，完颜宗弼只好又退回黄天荡。

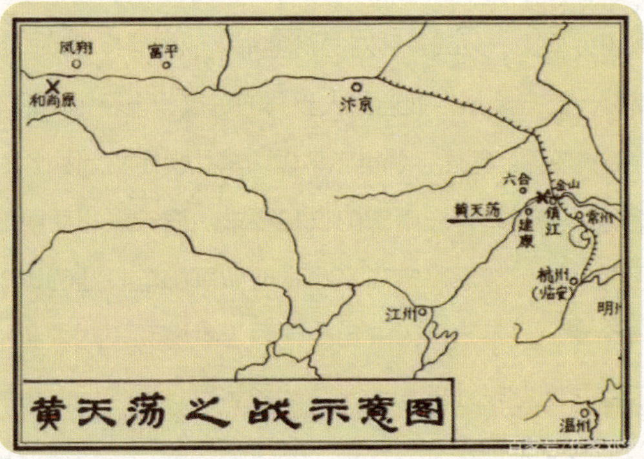

黄天荡之战示意图

所谓天无绝人之路，完颜宗弼利用火箭射击宋军扬帆起航的船只，烧毁宋军的战船，令宋军不战而乱，进而乘机冲出黄天荡，向北逃过长江，撤回黄河以北地区。尽管此计最后成功，但金军也付出了惨重的代价。

黄天荡之战，韩世忠仅用八千人就将十万金兵围困了四十八天，杀敌万余，极大地激起了江淮民众的抗金情绪，令金兵从此不敢大举南下，并稳固了南宋政权。

黄天荡之后，韩世忠的威名传遍了江淮地区。随后，他就任建康、镇江、淮东宣抚使，驻扎镇江，又取得了南宋所谓“十三处战功”之一的大仪镇之捷。

绍兴四年（1134年）九月，金军主帅完颜宗弼联合伪齐刘豫的军队，共近十万兵马，号称五十万，南下攻宋。淮南成为他们的进犯目标。金军分两路发起攻击，骑兵从泗州（今江苏盱眙西北）进攻滁州（今安徽滁县），步兵从楚州（今江苏淮安）进攻承州（今江苏高邮），打算合兵渡江进攻临安（今浙江杭州）。韩世忠受命防守。

经过缜密的思考和分析，韩世忠以扬州为大本营，进行了相关的军事部署，打算和金军决一死战。针对两路金军，他也同样兵分两路，一路由部将解元率领，防守承州，抵挡敌人步兵的进攻；一路则由他本人亲自率领，以骑兵对抗骑兵。随后，韩世忠率领骑军从镇江北上阻止金军渡江。

当时恰巧金军佯装答应南宋的议和要求，南宋求和使臣途经韩世忠的防区。于是韩世忠故意将宋高宗命令他撤军防守长江的诏令泄露给他们，以麻痹金军。果不其然，求和使臣为了献媚和表达求和的诚意，果真将韩世忠撤军防守长江的消息透露给了金军。但他们没想到的是，韩世忠却违背诏令，率部进驻大仪镇，并在那里的一片沼泽地设伏，分立五阵，设下二十多处埋伏。十月中旬，中计的金军向着宋军袭来。韩世忠以己身为饵，将金军诱入伏击区。当金军进入宋军伏击圈时，宋军听到鼓声齐声杀出，金军才知中计，慌忙逃命。此战，宋军击败了金军南侵的前哨部队，除二百多人被俘，其余大部分被歼。

同一天，应对金军步兵的宋军和金军在大长（今安徽天长）遭遇，打退了金军的进攻，擒获金兵四十多人。第二天又袭击了进攻承州的金军，擒获金兵一百四十八人。紧接着，这支军队和韩世忠所派援兵一起，追击金军到达淮河岸边，金军溃败奔走，被践踏淹死者不计其数。

大仪镇之捷挫败了金军南下的企图，给来犯金军以沉重的打击，完颜宗弼转而率兵攻打淮西，却遭到岳飞部的沉重打击。由于连日雨雪，粮道不通，供给困难，金军只好放弃攻宋的计划北撤。

韩世忠一直坚持对金主战，因此在对金作战时闻警则动，见敌则战。因屡立战功，韩世忠被封为太保兼河南、河北诸路讨使，晋爵英国公。然而，投降派却得到了宋高宗的支持，因为宋高宗担心迎回二帝后自己处境尴尬，韩世忠便被明升暗降地收回了兵权。眼看大好的抗金形势被逆转，自己又无能为力，韩世忠对朝廷失望到了极点，干脆辞官归隐。绍兴二十一年（1151年）秋，韩世忠抱憾病逝。

精忠报国的岳飞

每每提到“精忠报国”，人们不由自主地就会想到岳飞。那么，岳飞究竟是怎样一个人？他又在南宋抗金的战争中发挥了怎样的作用呢？

岳飞是相州汤阴（今河南汤阴）人，出生于一个普通的农家。据说岳飞出生时，家中飞来了一只像大雁一样的鸟，在居室上空盘旋，于是他的父母就为他取名飞，字鹏举。岳飞长大后，沉厚寡言，喜读兵书。后来他拜陕西武术大师、有“铁臂膀”之称的周侗（tóng）为师，专心学习骑射，能做到左右开弓。周侗病故后，他又拜著名枪手陈广为师，练就了高超的枪法。

宣和四年（1122年），河北官员刘韐（gé）在真定府（河北正定县）招募抵抗金兵的“敢战士”，二十岁的岳飞由此进入军队。此后，他由“敢战士”的一名分队长升任为偏校（地位不高的武官），后因父亲亡故归家守孝。靖康元年（1126年），目睹金人侵犯后人民惨遭杀戮、奴役的情形，岳飞在母亲姚氏的支持下抛下妻儿老母，投身于抗金前线，开启了轰轰烈烈的报国之路。临行前，岳母特意在岳飞的后背刺下“精忠报国”四个字。

岳飞像

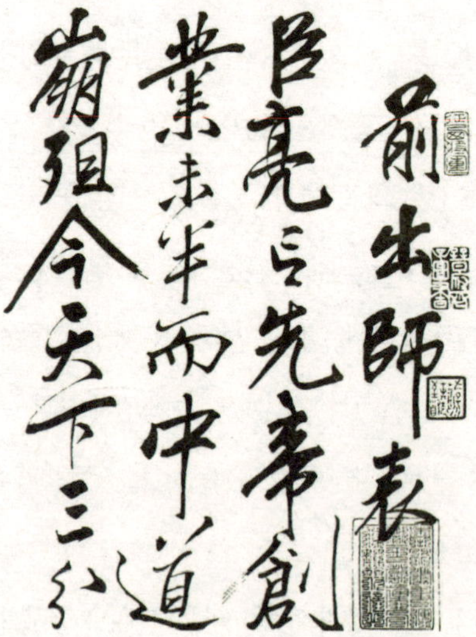

岳飞手书《出师表》真迹拓本

靖康元年（1126年）的冬天，岳飞奉命率领一支三百人的骑兵小队前往李固渡进行侦察时遭遇金兵。他率兵杀死敌将，击退金军。在滑州

（今河南滑县）南的遭遇战中，他更是奋勇当先，又凭着百骑重创金军。从此，岳飞初露锋芒。后来，岳飞成为宗泽的下属。在宗泽指挥的金军十三次大战中，岳飞身先士卒，搏杀在前。凭着军功，他升为修武郎。此后，他更是凭着对金兵作战的功绩，由修武郎升迁为武翼郎。

“靖康之变”发生后，因“上书数千言”而被革除军职、逐出军营的岳飞渡河北上。在抗金前线大名府，他投身于河北西路招抚使张所麾下。随后，他凭着非凡的见识和高超的武艺升为统领，成为名将王彦的下属。后来，岳飞因与王彦在对金作战中发生分歧，遂率部转战太行山区，不断袭击金军，迫使金人暂时退却，并再次成为宗泽的下属。直到建炎二年（1128年）宗泽去世，岳飞一直跟随着这位抗金老将征战沙场，表现出过人的军事才华，获得了宗泽的肯定和赞许。

宗泽去世后，岳飞仍旧坚持在抗金第一线，并因战功升任武功郎。建炎三年（1129年）的“苗刘兵变”后，高宗移驾建康。建炎四年（1130年）十一月，岳飞亲历了历史上著名的马家渡惨战。

当时，身为宰相的杜充得到消息说进攻建康的金军已经相当疲劳，于是就派两万宋军在半路拦截。没想到，等待着这队宋军的竟然是已经会合的金军主力。宋军自然大败。败退的宋军将不少船留给了金军，结果金军利用这些船南渡。一部分金军乘二十艘船登上了南岸。岳飞在其上司都统制陈淬的带领下，率两万兵将奉命与金军决一死战。尽管宋军拼力死战，奈何苦战无援，陈淬父子均战死，岳飞等人不得不整军退到建康东北的钟山驻扎下来，在后方不断袭扰金军。

在袭扰金军的过程中，岳飞不断收编因政局混乱而在当地为匪的多支宋军，以及金军强征来的河北、河东等地的“签军”，对他们多加抚恤，严加管理和训练，使之成为一支纪律严明、能征善战的军队。这支军队在岳飞的影响下，英勇抗金，爱民如亲，被老百姓称为“岳家军”。

岳家军复原图

建炎四年（1130年）二月，岳飞率岳家军于常州截击了追捕宋高宗无果后班师回朝的金军，四战四捷，取得常州截击战大捷。随后，岳飞又奉命配合韩世忠，从左翼进击金军，开始了建康收复战。

建炎四年四月，岳飞率领兵将于建康城南三十里的清水亭将被韩世忠部围困的金军拦截住，令金军横尸五里，不得不撤回黄天荡。五月初，岳飞指挥军队驻扎在建康南面的牛头山，于夜间袭扰金军，给金军造成巨大的伤亡。金将完颜宗弼只好放弃建康，打算从建康西北的靖安镇向北岸的宣化镇渡江。岳飞率领三百骑兵、两千步兵于牛头山杀出，追击金军到靖安，歼灭了还没来得及渡江的金军，收复了建康。

在历时半个月的建康收复战中，岳家军表现英勇，斩杀金兵三千多人，活捉军官二十多名，取得了辉煌的战绩。岳飞因此战获得首次觐（jìn）见宋高宗的机会，得到了宋高宗的嘉许和赏赐。

得到朝廷认可的岳飞得以扩充岳家军，壮大部队，胜利收复襄阳六郡，并于绍兴六年（1136年）七月，母孝未除就先后三次北伐。三次北伐中，岳家军捷报频传，不断收复失地，令金人极为震惊的同时，也极大地鼓舞了前线将士的士气。

绍兴七年（1137年）之后，因为奸臣从中作梗，加之岳飞反对与金议和，因此渐渐失去了宋高宗的信任。绍兴十年（1140年），金国朝廷发生政变，新掌权的完颜宗弼废除对宋和议，再度兴兵南宋。岳飞奉命出师迎战金军，这是他第四次出师北伐。

已经在鄂州整训了三年的岳家军如猛虎出笼，仅一个月的时间就取得良好战绩。就在岳飞率军到达德安（今湖北安陆）时，宋高宗派司农少卿李若虚送来了诏书，令他“兵不可轻动，宜且班师”。当岳飞将自己此次恢复中原的北伐谋略向李若虚详加阐述后，李若虚不顾矫诏之罪，主动支持岳飞北伐。于是岳飞继续挥师北进。

岳家军一路北上，捷报频传，攻下蔡州，收复颍昌（今河南许昌）、郑州和西京河南府（今河南洛阳）。配合岳家军的攻势，韩世忠的军队收复了海州（今江苏东海县东），张俊的军队收复了亳州。早就与岳家军相联系的一些民间抗金力量也不断攻取州县，和岳家军一起从南、西南、西、西北、北、东北六个方向将盘踞在东京的完颜宗弼包围起来。北伐形势一片大好，岳飞不断上书朝廷增派援军、扩大战果。这时，与岳飞配合的另两支军队张俊和刘锜部却被调走。完颜宗弼获知这一消息后，怀着一举消灭岳家军指挥中枢的目的，以一万五千骑兵向驻扎在郾（yǎn）城的岳飞扑来，著名的偃城之战就此爆发。

绍兴十年（1140年）七月初八，金军与岳家军首次在郾城北对阵。完颜宗弼以金军精锐部队中的“铁浮图”和“拐子马”（即重甲骑兵），分别从正面和左右两侧进攻岳家军。岳飞一面派儿子岳云率领骑兵迎战金军，一面命步兵用麻扎刀、大斧上砍敌军、下砍马腿，令金军的“拐子马”威力顿失，进而大败金兵。两天后，岳家军和金兵在郾城进行了二次交战。岳飞指挥岳家军于偃城北的五里店大败金兵。岳飞部将杨再兴和张宪在小商桥与十二万金军激战。尽管杨再兴阵亡，却创下了三百骑兵歼灭两千多金军的战绩。此战的结局是金兵退出临颍（今属河南漯河）。

偃城之战中，岳家军在岳飞的指挥下。以少胜多，给金军以沉重打击，极大地鼓舞了南宋军民。紧接着的颍昌之战中，岳云率军浴血奋战，以八百骑兵与金兵十万步兵和三万骑兵对抗，最终杀得“人为血人，马为血马”，大败金军。

血战小汤河

金军铁浮图和拐子马复原图

偃城之战和颍昌之战的胜利，极大地鼓舞了士气，岳家军全线进击，将退守开封的完颜宗弼团团包围。在此，宋金之间展开了一场恶战。当时完颜宗弼率领十万金军驻扎在距离开封四十五里的朱仙镇，北上的岳家军驻军于同样距离朱仙镇四十五里的尉氏县。当岳家军中担当前哨的五百铁骑抵达朱仙镇和金军交锋时，金军竟然全面溃散。完颜宗弼唯一的选择就是放弃开封，渡河北逃。

全面胜利就在眼前，而岳飞却在同一天收到了十二道用金牌递发的班师诏令。这十二道诏书一道比一道措辞严厉，内容就是命令大军马上班师，岳飞本人立刻去临安朝见。面对如此荒唐的命令，尽管岳飞满怀愤懑，但君命难违，他不得不下达了班师的命令。岳家军离开时，当地百姓哭声震天。

大军南撤后，金军很快再度占据开封，随后攻取了被宋军收复的河南地区。得知消息的岳飞仰天长叹道：“十年之功，废于一旦”，“社稷江山，难以中兴”。心灰意冷的岳飞一到临安就提出解甲归田的请求，但宋高宗拒绝了他。

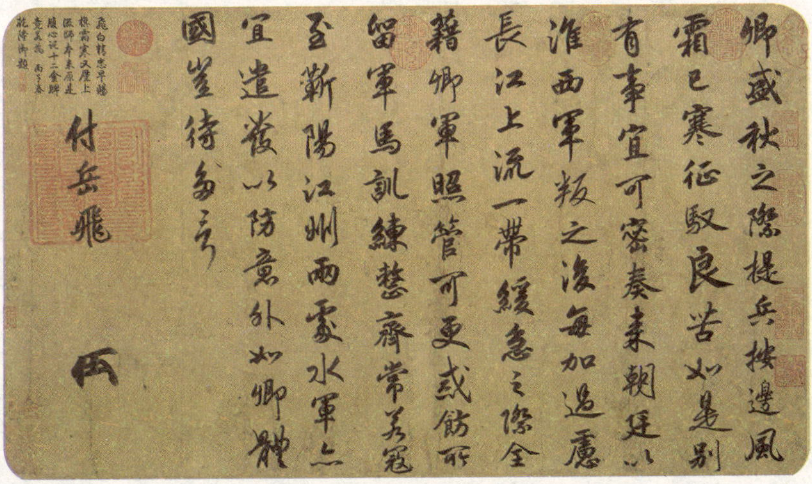
卿盛秋之際提兵按邊風霜已寒征馭良苦如是別有事宜可密奏來朝廷以淮西軍叛之後每加過慮長江上流一帶緩急之際全藉卿軍照管可更戒飭所留軍馬訓練整齊常若寇至蘄陽江州兩處水軍亦宜遣發以防意外如卿體國豈待多言

付岳飛

押

赵构赐岳飞手敕

早在岳飞第四次北伐的时候，以秦桧为首的投降派就在力劝宋高宗议和。岳飞的北伐让金国遭到了重创，金军也无力南征，终于决定接下南宋伸来的求和之枝，打算重启议和日程。为了永绝后患，金国要求南宋朝廷打击主战的武将。而杀掉岳飞，则是金人提出议和的重要条件。就这样，岳飞先是被调离军队到临安枢密院供职，继而遭到一连串的陷害。绍兴十一年（1141年）十月，岳飞与岳云一同被捕入狱。十二月，宋高宗赵构下达了处死岳飞的诏令。一代名将岳飞和儿子岳云一同遇害，当时岳飞年仅三十九岁。

名篇精选

宗泽，字汝霖，婺州[1]义乌人，泽自幼豪爽有大志，登元祐六年进士第。廷对极陈时弊，考恶其直，置末甲，调衢州龙游令。民未知学，泽为建庠序，设师儒，讲论经术，风俗一变，自此擢科者相继。通判登州。境内官田数百顷，皆不毛之地，岁输万余缗，率横取于民。泽奏免之。

朝廷遣使由登州结女真，盟海上，谋夹攻契丹，泽语所亲曰："天下自是多事矣。"退居东阳，结庐山谷间。靖康[2]元年，命知磁州[3]，时太原失守，官两河者率[4]托故不行，泽曰："食禄而避难，不可也。"即日单骑就道，从羸卒[5]十余人。磁经敌骑蹂躏之余，人民逃徙，帑廪枵然。

泽至，缮城壁，浚湟池，治器械，募义勇，始为固守不移之计。上言："邢、洺、磁、赵、相五州各蓄精兵二万人，敌攻一郡则四郡皆应，是一郡之兵常有十万人。"上嘉之。金人逼二帝北行，康王即帝位于南京，泽入见，涕泗交颐，陈兴复大计。金人谋攻汴京。自郑抵白沙，去汴京密迩，都人震恐。僚属入问计，泽方对客围棋，笑曰："何事张皇，刘衍等在外必能御敌。"乃选精锐数千，使绕出敌后，伏其归路。

——《宋史·宗泽传》，有删改

【注释】

①婺（wù）州：今浙江金华。②靖康：宋钦宗年号。③磁州：今河北磁县。④率：都。⑤羸（léi）卒：瘦弱的士兵。

【译文】

宗泽，字汝霖，婺州义乌人。宗泽从小就性格豪爽有大志向，元祐六年进士及第。殿试时极力陈述当时社会的弊病，考官厌恶他的直率，将他的排名列为最低一等。调任到衢州任龙游县令。当地百姓不知学习，宗泽为他们建立了学校，安排了儒学教师，讲解儒家经典学术，社会风气大为改变，从此以后登科中举的人源源不断。调到登州任通判。登州境内有几百顷官田，都是不长草木的地方，每年缴纳一万多缗，都是向老百姓横征暴敛来的。宗泽上奏请求免征其地的赋税。

朝廷派遣使臣在登州与女真讲和，结盟于海上，图谋夹攻契丹。宗泽与他的亲友说："天下从此多事了。"于是宗泽隐居东阳，在山谷间建造房屋。靖康元年，任命宗泽为磁州知州。这时，太原失守，出任两河一带的官员都借故不上任。宗泽说："拿着国家俸禄而避难，这不行。"当天就一个人骑匹马出发上任去了，跟从的疲弱兵卒有十多人。磁州经过敌兵铁骑践踏后，百姓都逃跑搬家了，国库粮仓空虚。

宗泽到任后，修缮城池，疏浚护城河，置办作战器械，招募义勇兵士，开始为固守城池不转移的战略做打算。上奏说："邢、洺、磁、赵、相五州各存蓄精锐士兵两万人，敌军攻打州时，其他四州都响应帮助，这样一州的兵力就常有十万之多。"皇上看后嘉奖了他。金人逼迫徽、钦二帝去北方，康王在南京登基，宗泽入朝面见皇帝，涕泪交加地陈述复兴国家的重要计策。金人谋划攻打汴京，从郑州发兵到达白沙，离汴京十分近了，京都里的人都害怕极了。同僚和部下入府询问计谋，宗泽正与客人下围棋，笑着说：“什么事这么慌张？刘衍等将领在外面一定能抵御敌人。”于是，他挑选了几千名精锐士兵，叫他们绕到敌人背后，在敌人的退路上伏击。

【词句撷英】

1. 不毛之地：不生长草木庄稼的荒地。形容某地荒凉、贫瘠。

2. 涕泗交颐：眼泪鼻涕流满脸颊。形容哀恸哭泣。

第五章

南宋的灭亡

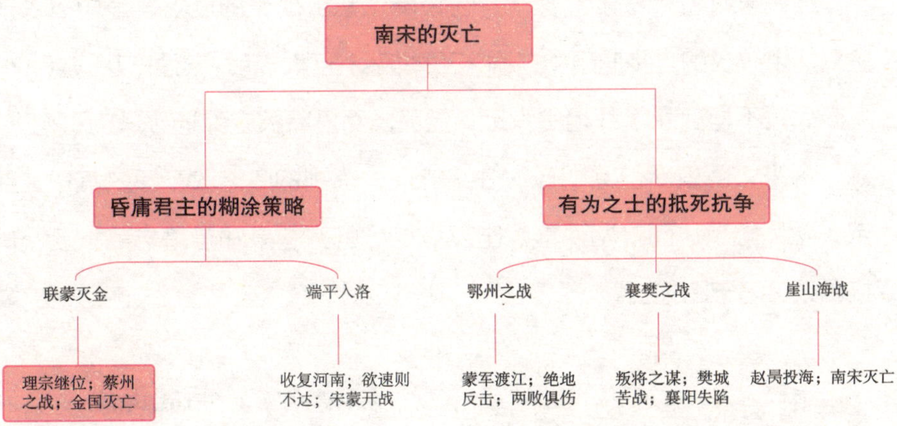

宋朝的灭亡，可以说是我国民族的文化一时未能急剧转变，以适应于竞争之故。原来游牧民族以掠夺为生产，而其生活又极适宜于战斗，所以其势甚强，文明民族，往往为其所乘，罗马的见轭（è，束缚、控制）于蛮族，和中国的见轭于五胡和辽、金、元、清，正是一个道理。两国国力的强弱，不是以其所有的人力物力的多少而定，而是看其能利用于竞争的共有多少而定……试看宋朝南渡以后，军政的腐败，人民的困苦，而一部分士大夫反溺于晏安酖（dān，同“耽”，沉溺）毒，歌舞湖山可知。

——吕思勉《中国通史》

昏庸君主的糊涂策略

在南宋几位帝王的治理下，在投降派和主战派的反复斗争中以及在金对北宋政权的步步紧逼中，南宋王朝偏安江南一隅。宋理宗赵昀（yún）主政后，不但剪除了奸相史弥远的党羽，而且将被史弥远排斥的真德秀、魏了翁等大臣重新召回朝廷，并实行了一系列的政治改革。这其中，他做了两件大事，而这两件事，出发点是好的，结果却是糟糕的，甚至间接导致了南宋的灭亡。

联蒙灭金，与虎谋皮

宋理宗

赵昀，原名赵与莒（jǔ），是赵匡胤的儿子赵德昭的九世孙。到了他的父亲赵希瓐（lú）这一代，与皇室血缘已经十分疏远，赵希瓐只不过做了一个县城的小官，过着平民生活。七岁时，父亲赵希瓐去世，他的母亲全氏带着他和弟弟回到了娘家，在舅舅的照顾下生活。

宋宁宗赵扩有九个儿子，但都在未成年时就夭折了。无奈之下，他只好从宗室子弟中另寻储嗣。于是，赵与莒就这样被这个巨大的“天降馅饼”砸中了，于嘉定十四年（1221年）被选入宫，继承了宋宁宗的弟弟沂王的王位。三年后，宋宁宗驾崩，宰相史弥远和杨皇后联手假传遗诏，立赵与莒为新帝（后改名赵昀）。

实际上，宋理宗赵昀和史弥远之间还有着极深的渊源。当初史弥远奉命为宋宁宗寻找合适的继承人。史弥远的手下余天锡在处理此事时途经绍兴，在赵与莒的舅舅全保长家避雨。当时，举止得体的赵与莒给他留下了深刻的印象，由此才有了赵与莒被举荐为沂王嗣子这件事。而在史弥远获知太子赵竑（hóng）有除掉自己的心思后，就联合当时的杨皇后（后来的杨太后）上演了假传遗诏的戏码。因此，细究起来，宋理宗赵昀还真得感谢史弥远。

宋理宗赵昀即位后，考虑到史弥远的拥戴之功，仍旧让史弥远担任宰相兼护国公。直到绍定六年（1233年）史弥远去世，宋理宗才亲政，重掌南宋朝廷的大权。

宋理宗亲政后，采取了一系列改革措施，企图振兴南宋。这其中就包括解决南宋面临的金朝的欺压，一雪“靖康之耻”。而这时，北方地区的蒙古族却快速崛起，成为又一个对南宋王朝构成巨大威胁的少数民族政权。

面对急剧变化的形势，朝堂在对外政策上出现了分歧，分歧的焦点就在对待蒙古的态度上。有人主张联蒙灭金，有人则吸取当初联金灭辽的教训，主张让金成为宋朝的挡箭牌。面对朝廷的争议，宋理宗一时难以定夺。作为赵家后人，他也希望赵氏江山得以传承，也希望一雪“靖康之耻”，迎回徽钦二帝的遗骨。但金朝太过强大，不是弱小的南宋可以与之抗衡的。现在金朝的威胁还没消除，又冒出一个蒙古，尽管离南宋还远，但身为帝王，一定要居安思危。

就在宋理宗不知如何定夺时，一件事改变了他的想法。绍定五年（1232年）十二月，蒙古国派使臣到南宋，想和南宋协商联手对付金朝。赵昀认为这是天赐良机，不但可以借此打败金国，还可以收复失地，建立不朽的功业。于是，南宋和蒙古口头约定，南宋配合蒙古灭金后，河南等地划归宋朝。

金朝获知这个消息后，金哀宗完颜守绪派使者前来说服宋理宗。金使将唇亡齿寒的道理讲给宋理宗听，力劝宋理宗和金国联手，共同灭掉蒙古国。但宋理宗拒绝了金哀宗完颜守绪的建议。结果，独木难支的金朝面对刚刚灭掉西夏的蒙古铁骑，根本无力回天。

绍定四年（1231年）秋，蒙古军三路并出，对金展开了激烈的进攻。其中四万蒙古军南下，借道南宋的兴元府（今陕西汉中），向金朝南部的金州（今陕西安康）发起进攻。金哀宗命三十万金军堵截。绍定五年（1232年）正月，西路蒙古军和驰援汴梁的金军主力十五万人在钧州（今河南禹州）以南的三峰山会战。当时恰逢天降大雪，一路转战的金军缺粮少食，有的部队竟连续三天粒米未进。相反，蒙古军由于准备充分，不但烤火吃肉，大喝马奶酒，还不断袭扰金兵。又累又饿又冷的金兵疲于奔命。

最后，蒙古军故意让出一个缺口让金军突围，松懈金军的斗志。原本天气突变和蒙古军的突袭就让金军的战斗力减弱，加之士气松懈，求生的本能让十五万金军无心恋战。最后，在蒙古军的追赶和伏击中，金军主力丧失殆尽，良将尽死，失去了和蒙古军抗衡的能力。三月，蒙古军包围汴梁，双方展开大规模的炮战。金军坚守将近一年后，由于汴梁城里瘟疫流行，死亡的人数以十万计，加之援绝粮尽，金哀宗不得不弃城出逃到蔡州（今河南汝南）。

就在这一年，宋军在孟珙（gǒng）的率领下配合蒙古军向金军出击，先是迫降了邓州、申州，后又在马镫山大败金军，俘虏了七万金兵。八月十三日，宋军攻克唐州，彻底切断了金哀宗西逃之路。

绍定六年（1233年）九月，南宋朝廷和蒙古军达成消灭金朝的协议，南宋负责提供士兵和粮草，以助蒙古军攻打蔡州。当年十月，宋将孟珙、江海率两万忠义军运送三十万石粮食北上到达蔡州城下和蒙古军会师，联合围攻蔡州，蔡州会战开始。

蔡州城四周平旷，无险可守，并非合适的据守之地。然而，守城的金军殊死战斗。因此，早在宋军到达之前，蒙古军就已经筑长墙包围蔡州城，发起了进攻。金军毫无畏惧地出城应战，大败蒙古军。随后，数百蒙古军精兵又进攻东城，也被金军打败。蒙宋联手后，内防金兵突围，外阻金兵入援，将蔡州城牢牢地包围起来。

端平元年（1234年）正月十二日，蔡州城里杀声震天。蒙宋联军攻入蔡州城，骁勇能战的金军几乎全部战死或自杀殉国，金哀宗也自缢而死。

蔡州之战是金朝与蒙古国、南宋进行的最后一场战役。经此一战，金军多次挫败，元气大伤，根本无法抵抗蒙古军。很快，金朝灭亡，蒙古的疆域扩张至河南地区。

端平入洛，招致亡国

所谓端平入洛，就是南宋在联合蒙古灭金朝之后，出兵收复位于河南的原北宋东京开封府（今河南开封）、西京河南府（今河南洛阳）和南京应天府（今河南商丘）三京的军事行动。

金国灭亡后，按照宋蒙双方的约定，宋军和蒙古军各自回撤。班师的宋将孟珙将金哀宗的遗骨运回临安城，宋理宗将金哀宗的遗骨送到太庙，以告慰那些被金兵欺侮过的先人。因为金国的灭亡，南宋举国上下欢呼一片，朝廷为此还举行了一系列的庆祝活动。随后，收回河南就列入了宋理宗议政的重点。

河南是北宋“三京”所在，因此南宋朝廷对这里格外看重。早在蒙古使者入南宋，协议双方联合时，宋蒙双方就口头约定，灭金后，河南归南宋。尽管当时双方并没签订书面协议，但由于灭金后蒙古大军考虑到粮草不足，天气转热，主动北撤到黄河以北，根本不提将河南归回南宋的事情。这样一来，河南就成了无人占领区。此时，沿江制置副使赵范和兵部侍郎赵葵两兄弟向南宋右丞相郑清之提出了“踞关守河”的建议。

所谓“踞关守河”，就是“西守潼关、北依黄河”，从而和蒙古形成对峙之势。而要形成这样的局势，就需要南宋将包括东京开封府、西京河南府和南京应天府在内的中原地带收复。这一提议遭到了多数大臣的反对。因为这样做，就等于为蒙古侵犯南宋提供了借口，必定会引发宋与蒙古之间的战争。而经过联蒙抗金，中原地区已经被战乱破坏殆尽，无力为大军提供粮草，加之南宋缺少骑兵，军队的灵活机动的战斗力不足，面对防御漫长的黄河防线根本无法突破。

然而，宋理宗急于夺回河南，对“踞关守河”予以采纳，不但在金灭亡后四个月内，先后三次派使者到河南拜谒祖陵。还于端平元年（1234年）五月，下诏出兵河南。宋军主力五万人在收复“三京”主帅赵葵的率领下从泗州（今江苏盱眙西北）渡过淮河北上。同时，赵范率军驻扎到光州（今河南潢川）、黄州（今湖北黄冈）一带。庐州知州全子才率领一万多淮西兵作为先头部队，北上直取开封。襄阳府、京西安抚副使杨恢负责为收复“三京”的部队运送军粮。

全子才率军从庐州（今安徽合肥）出发，两天后到达寿州（今安徽寿县），渡过淮河进入蒙古军的领地，又经过了蒙城县（今属安徽）、城父（今安徽亳州谯城区附近），最后在驻亳州的降宋金兵的引导下，于七月初到达汴京郊外。按原计划，全子才接着应该指挥军队向西直接攻打洛阳，但由于粮草不继，宋军一路走来，所过之地皆为空城，无法沿途进行粮草补给，导致大军不得不在开封滞留。半个月后，率五万宋军抵达开封的赵葵对全子才按兵不动相当愤怒，随即派遣先头部队将近三万人兵分两路继续向洛阳进军。然而，等待他们的除了近乎空城的洛阳，还有蒙古军的进攻。

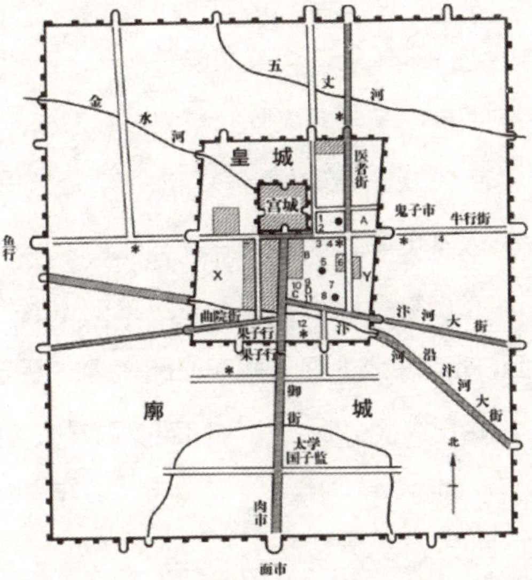

宋代都城东京示意图

当赵葵向洛阳派出第二支军队时，伺机而动的蒙古军向粮草无继的宋军出手了。塔察儿命令部将再次渡过黄河，到洛阳东边的龙门地区埋伏，准备伏击宋军。当宋军第二支部队的一万五千人经过五六天的长途行军，抵达洛阳城郊的龙门镇休憩进食时，蒙古骑兵从四处疾驰而来，对宋军进行击杀。宋兵面对猝不及防的攻击，根本来不及布阵，结果全军大溃，大部分人被赶入洛水溺死，仅主将杨义和少部分人员得以逃回洛阳城中。这场伏击战给宋军第二支部队以毁灭性打击，让身处洛阳城里的第一支部队处于孤立无援的地步。

然而，蒙古军的攻击更加猛烈。蒙古军前锋在洛阳城下安营扎寨，准备攻城。无援无粮的宋军第一支部队根本不可能守住洛阳城。最终，这支宋军在徐敏子的带领下，趁着蒙古军主力未到突围回师。这支宋军一面袭击蒙古军前锋掩护宋军主力的行动，一面渡过洛河，背水列阵。凶猛的蒙古军首先进攻宋军，多次向宋军阵营发起冲击。宋军也顽强作战，多次击退蒙古军。双方胜负相当。蒙古军见状，改变了作战策略，让手执盾牌的步兵再前进，宋军的阵势被切成三部分，再让骑兵随后发起冲击。英勇奋战的宋军借助于步兵大阵，与蒙古军激战，最终再次击退蒙古军的攻势。

然而，就算宋军再强悍，但架不住饿了四天，于是徐敏子率宋军向南方突围，蒙古军派骑射手在后面追杀。结果宋军战将几乎全部战死，徐敏子仅带三百残部狼狈地逃回了南宋光州境内。驻守在汴京的赵葵、全子才获悉战况，仓皇之间撤退，士兵们误以为是去增援洛阳，结果出城后才发现是撤退，顿时人心惶惶，军纪散乱，以至于将全部辎（zī）重遗弃，仓皇逃回淮西。

至此，端平入洛军事行动失败。宋军不仅没有收复三京，还损失了近三万军队和全部辎重装备，更为蒙古大举进攻南宋提供了借口。

名篇选读

赵葵，字南仲，京湖制置使方之子。初生时，或梦南岳神降其家。方在襄阳，命葵专督饮食共养之事。与兄范俱有志事功，方器之，聘郑清之、全子才为之师。又遣从南康李燔（fán）为有用之学。每闻警报，与诸将偕出，遇敌则深入死战，诸将惟恐失制置子，尽死救之，屡以此获捷。一日，方赏将士，恩不偿劳，军欲为变。葵时十二三，觉之，亟

呼曰："此朝廷赐也，本司别有赏赉。"军心赖一言而定，人服其机警[①]。

……

嘉熙元年，以宝章阁学士知扬州，依旧制置使。二年，以应援安丰捷，奏拜刑部尚书，进端明殿学士，特予执政恩例，复兼本路屯田使。葵前后留扬八年，垦田治兵，边备益饬[②]。淳祐二年，进大学士、知潭州、湖南安抚使，改福州。

三年，葬其母，乞追服终制，不允。葵上疏曰："移忠为孝，臣子之通谊[③]；教孝求忠，君父之至仁。忠孝一原[④]，并行不悖。故曰忠臣以事其君，孝子以事其亲，其本一也。臣不佞[⑤]，戒谨持循，惟恐先坠[⑥]。往岁叨[⑦]当事任，服在戎[⑧]行，偕同气以率先，冒万死而不顾，捐躯戡[⑨]难，效命守封，是以孝事君之充也。陛下昭示显扬，优崇宠数，使为人子者感恩，为人亲者知劝矣。臣昨于草土，被命[⑩]起家，勉从权制，先国家之急而后亲丧也。今释位去官，已追服居庐，乞从彝制[⑪]。"又不许。

——《宋史·列传第一百七十六》

【注释】

①机警：机警灵敏。②饬：整顿，有条理。③通谊：同"通义"，普遍适用的道理与法则。④原：同"源"，来源。⑤佞：有才能。⑥坠：落，掉下。⑦叨：没完没了地说。⑧戎：军事，军队。⑨戡（kān）：用武力平定（叛乱）。⑩被命：负着犯罪的名义。⑪彝（yí）制：一定的法制。

【译文】

赵葵，字南仲，（是）京湖制置使赵方的儿子。（赵葵）刚出生的时候，有人梦见南岳神降临在他的家里。赵方在襄阳，命令赵葵专门督查饮食供养的事情。他与哥哥赵范都有志于事业和功绩，赵方由此器重他，聘请郑清之、全子才作为他的老师。又遣送他跟随南康军的李燔修习有用的学问。每次听到军事警报，（赵葵）和各位将领一齐出阵，遇到敌人就深入死战到底，各位将领害怕失掉了制置使的儿子，全力冒死相救，多次因此而获得胜利。有一天，赵方奖赏将士，恩德不能抵偿功劳，将士们想发动变乱。赵葵当时十二三岁，察觉到这件事，急忙喊道：“这是朝廷赏赐的，本制置使司另外还有赏赐。”军心因这一句话而稳定，人们都佩服他的机警灵敏。

……

嘉熙元年（1237年），（赵葵）以宝章阁学士的身份任扬州知州，依旧是制置使。嘉熙二年（1238年），因为接应、援助安丰取得胜利，上奏后被任命为刑部尚书，又兼任晋升端明殿学士，特别给予他按执政的恩例，又兼任本路屯田使。赵葵前后留任扬州八年，开垦土地，整治军事，边备日益加强。淳祐二年（1242年），晋升大学士，任潭州知州、湖南安抚使，改任福州。

淳祐三年，（赵葵）安葬他的母亲，请求补服守满三年丧期，没有被批准。赵葵上奏疏说：“把忠视为孝，是臣、子相通的情谊；因孝求取忠，是君、父最仁义的表现。忠孝同源，彼此并不矛盾。所以说，忠臣以忠侍奉其君王，孝子以孝侍奉其亲长，其根本是一致的。过去几年念叨担当事任，在军队中任职，冒着万死的危险而不顾，舍身为国平定战乱，效命国家，驻守封疆，这是以孝侍奉君王的充分表现。我先前服丧，受命离家任职，努力服从临时任命，把国家的急难放在前头而把为母亲服丧放在后头。现在离任去职，已经补穿丧服，居住在草屋中，请求遵从通常的制度。”又没有被批准。

【词句撷英】

并行不悖：指同时进行而互相不违背。

有志之士的抵死抗争

端平入洛后，蒙古军找到了对南宋发起进攻的借口。从那时开始，无论是前期的蒙古军，还是后来的元军（1271年，忽必烈建立元朝），先后对南宋发动了三次战争。而在这三次战争中，南宋的有为之士不断抗争，努力挽救国家于危亡之中。然而，主弱臣强的南宋最终还是灭亡了。

下面，我们来看一看南宋王朝的有为之士在三次战争中的表现。

鄂州之战

鄂州位于现在的武昌，地处长江中游，扼汉水入口，“西可以援蜀，东可以援淮，北可以镇荆湖”，战略地位十分重要。南宋宝祐六年（1258年），当时在位的蒙古大汗蒙哥发动了一场全面侵宋战争，目的是将南宋彻底征服。其中，东路蒙古军就在这里和南宋军队展开激战，并最终被打败。

当时，蒙古军分东、西两路进攻南宋，西路军取道四川，东路军取道安徽，两路军计划于鄂州会师，最后直扑南宋都城临安（今浙江杭州）。为了确保战争的胜利，蒙哥汗亲率西路军，其弟忽必烈统领东路军。

宝祐六年（1258年）七月，蒙哥汗指挥蒙古军攻打重庆附近的钓鱼城时中飞石后死去。一年后，忽必烈率领的东路军正好攻打到汝南（今属河南），采取招降与进攻两手，继续向鄂州进发。八月，忽必烈率主力渡过淮河，抵长江北岸。九月初一，忽必烈获知了兄长蒙哥的死讯。于是他不顾请求其速速北归争夺汗位的消息，仍决定率军渡江，为兄长报仇。

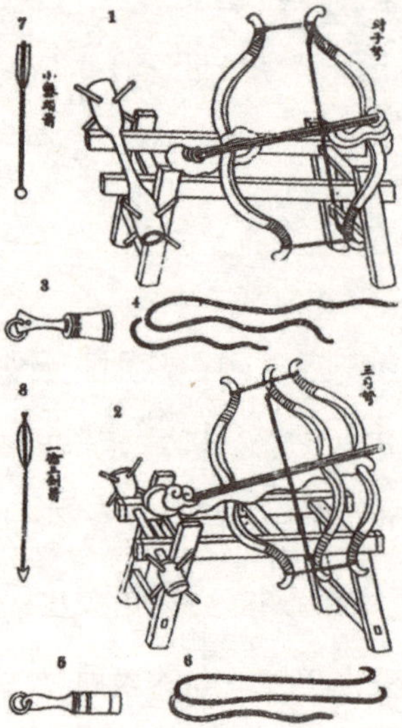

宋代弓弩

宋金钓鱼城之战

为了笼络南宋民心，忽必烈渡江后严令军士不得擅入民家，否则军法处置。接着，他又派人到鄂城招降。蒙使到达鄂州东门，遭到宋军的箭雨袭击。由此，忽必烈知道宋军有所准备，于是命人将鄂州团团围住。此时鄂州城的主事人是张胜，南宋大军此时都在支援长江上游，城内十分空虚。

忽必烈到处于鄂州城东北的压云亭上，仔细观察城中军情。当鄂州城内的宋军出战时，元军迎战，抓获两名宋军，于是并派人带俘虏的两名宋人到城下劝降。张胜命人将投降的宋人射杀，并派人攻击蒙古军，结果被蒙古军击败，不得不退回城中。为了给援军的到来赢得时间，张胜采用缓兵之计假装投降，条件是蒙古军向东撤离。当蒙古军按照他的要求撤离后，张胜趁机把鄂州城周围的民居烧毁，从而使鄂州城防连成一个整体。就在这时，宋将高达、邛应率领援军抵达鄂州，与蒙古军激战。高达以假装撤退的方式诱杀蒙古军，并活捉蒙古军首领。至此，宋、蒙双方处于相持状态。

鄂州被围的消息传送到南宋朝廷，宋理宗异常惊慌。他想迁都到宁海军（今浙江宁海）。这一想法遭到太后和众臣的反对，当时的宁海军节度判官文天祥更是强烈反对。在众人的反对下，宋理宗放弃了迁都的想法，开始组织义勇军，下诏让各制司进兵援助鄂州。

在鄂州之战爆发前，贾似道任枢密使（最高军政机构长官，地位略低于宰相）兼京西湖南北四川宣抚大使等众多职务。可以说，所有组织抗击蒙古军进犯的重任都在他身上。七月末，贾似道接到援助鄂州的诏令，马上组织江西、两广的兵马驰援鄂州。十月，贾似道从汉阳（今湖北汉阳）到达鄂州城内督师，亲自指挥鄂州保卫战。为了便于贾似道协调组织，宋理宗任命他为右丞相。

在南宋积极协调援助鄂州的兵力时，忽必烈指挥蒙古军将鄂州团团包围后，在城外建起一座五丈高的瞭望台。他每天在瞭望台上组织士兵攻城。由于久攻不下，加之闻听南宋援军就要到达，于是他提高了攻城的频度。蒙古军组织了敢死队，从鄂州城东南角攻城。由于久攻不下，忽必烈命人建造鹅车，挖洞入城，又派勇士登城。就这样，经过激烈的战斗，鄂州城东南角被攻破。城内的宋军奋力抗击，同时组织人力修城墙。最终，蒙古军没能进入鄂州城。

由于担心蒙古军故技重施，贾似道让宋军沿城墙内壁建造木栅，构成夹城。次日，蒙古军准备攻城时，发现一夜之间鄂州城形成了环城木栅工事。忽必烈气恼之余，不得不佩服贾似道的军事才干。因为鄂州城久攻不下，蒙古军将领的军心开始动摇。而此时，南宋各路援军在贾似道的指挥下纷纷向鄂州进发。其中吕文德率军从重庆沿江而下，将企图拦截的蒙古军击败，于十一月初到达鄂州城。于是鄂州城的防守更加坚固。

尽管鄂州一时之间得以保全，但此时的战场形势对宋朝并不乐观。绕道云南的蒙古军队在攻打柳州（今广西柳州）和静江府（今广西桂林）失败后，连夜疾驰攻到荆湖南路首府潭州（今湖南长沙）城下。而蒙古军骑兵对江西一带不断骚扰，从而形成了蒙古军出现在南方内陆地区。这一情况令南宋朝廷极为震惊。为了更好地指挥宋军全局作战，宋理宗再次下诏，让贾似道从鄂州城突围出来，到达黄州（今湖北黄冈），以便组织一道新的防线，不过，说起来容易做起来难，当时要想从鄂州到黄州，要突破蒙古军的重重防线，路上可谓异常危险。最后，在七百名南宋精兵的护送，贾似道经过一番波折，顺利到达黄州。贾似道率军到来大大鼓舞了两淮、江西一带守军的士气，宋军士气大增。

随着冬季的到来，蒙古军加紧了对鄂州的强攻。然而，季节的变换引发了疫病，加之缺粮少药，蒙古军减员十之四五。当然，宋军同样伤亡不少，其中就包括最初守卫鄂州城的将领张胜。就在忽必烈犹豫是回师争夺汗位还是继续在这里与南宋作战时，贾似道首先向蒙古军派出使者，力陈此次战役双方处于两败俱伤的地步，不如停战议和。

最终，蒙古方面，忽必烈迫于形势不得不接受停战协议，于十一月末开始撤军，回国争夺蒙古汗位。南宋方面，贾似道作为总指挥班师回朝，受到宋理宗的热情欢迎和表彰，并加封其为少傅、卫国公。从此，贾似道成为南宋末期的权臣。

襄樊之战的殊死抵抗

可以说，鄂州之战由于蒙古内部贵族的争斗，让南宋王朝获得了短暂的喘息之机，但战后贾似道专权误国，南宋王朝还是不可避免地走上了亡国之路。

此时，忽必烈成功夺权，于南宋景定元年（1260年）五月初五，继任为蒙古国大汗。此后，灭宋成为他军事目标中的重点，并将襄樊作为重点进攻目标，以便实现由川蜀战场向荆襄战场的转变。于是从咸淳三年（1267年）开始，襄樊逐渐成为战争的中心。

南宋时期的襄樊，是指处于南阳盆地南部的襄阳和樊城。这两座城市一南一北夹汉水互相依存，“跨连荆豫，控扼南北”，地理位置相当重要，自古以来就是兵家必争之地。因此，这里同样也是南宋抵抗蒙古军队的军事重镇。

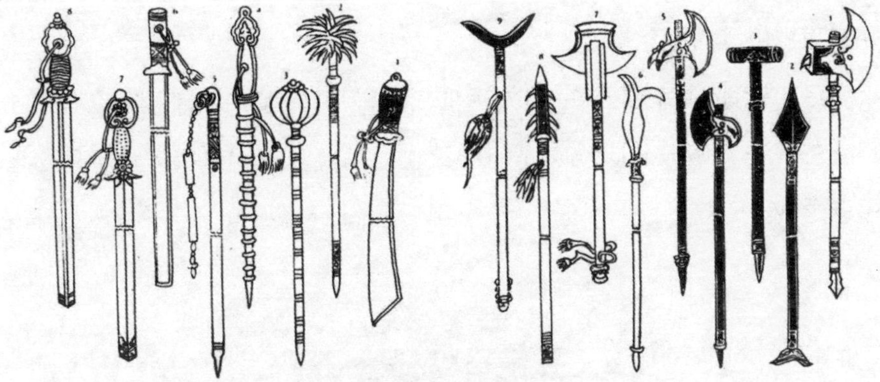

宋代短兵器

咸淳三年（1267年），投降蒙古军的原南宋将领刘整建议忽必烈首先攻打襄阳，让南宋失去可以依靠的屏障，随后进攻江南。忽必烈采纳了他的建议，分两步实施对襄阳的战略包围。

第一步：构筑堡垒，切断襄樊对外联系。在这一段时期内，蒙古军在襄樊外围共修筑了十多处城堡，建立起长期围困襄樊的据点，完成了对襄樊的战略包围。

第二步：建立水军，找到战胜南宋的战术优势。

咸淳三年秋天，蒙古军将领阿术率军攻打襄阳，抢掠大量人和物而归，南宋水军乘蒙古军回师时，在襄阳以西的安阳滩堵住其归路，同时南宋骑兵向蒙古军阵营冲去。水陆两军配合，让蒙古军队大乱，就连元帅阿术都险些被宋军活捉。蒙古将领怀都选那些善识水性的蒙古士兵泅水抢了宋军的战舰，从而让蒙古军队转败为胜。这次双方交火的结果，让蒙古人意识到己方水军的弱势。

咸淳六年（1270年），还是在刘整的提议下，忽必烈下令“造战船，习水军”。而这也是夺取襄阳的第二步战略计划。刘整奉命建造了五千艘战船，同时日夜操练水军，随后又从四川行省获得五百艘战舰。由此，蒙古人建立起一支规模不小的水军，进而弥补了其战术上的劣势，为战略进攻提供了必要条件。

经过这段时间的准备，蒙古军队对襄阳形成了完全包围，获得了战略上的优势。南宋政府当然不甘心灭亡，为挽救危局进行了反包围战和援襄之战。

唐宋时期的五牙战舰

第一阶段：你争我夺，败局已定

咸淳三年（1267年）冬，南宋朝廷任命吕文焕为襄阳府知府，同时兼任京西安抚副使。第二年十一月，吕文焕为了打破蒙古军对鹿门、白河的包围，命令襄阳守军向蒙古军发起进攻。结果宋军惨败，死伤严重。咸淳五年（1269年）三月，宋军再次和包围樊城的蒙古军作战，同样以惨败收场。当年七月，蒙古军伏击救援襄阳的沿江制置使夏贵率领的宋军，打死打伤宋军两千多人，夺得五十艘战舰。

咸淳六年（1270年）春，吕文焕又一次出兵襄阳，攻打万山堡。蒙古军采用诱敌深入的计策，利用宋军士气衰退的时机，大败宋军。当年九月，蒙古军水、陆两军联手迎战南宋殿前副都指挥使范文虎率领的增援襄阳的水军，宋军大败。咸淳七年（1271年），范文虎又一次率军援助襄阳，结果被蒙古军将领阿术率军迎击，在损失了一百多艘战舰后，惨败而归。

宋蒙两军在襄樊外围进行了三年的争夺战，但是由于蒙古军对襄樊的包围之势已经形成，所以南宋军队的数次援襄计划都失败了，而襄樊城中宋军的反包围战斗也未能取胜，不得不困守襄阳。

第二阶段：战争开始，元胜宋败

1271年，忽必烈建立元朝。咸淳八年（1272年）春，元军开始了对樊城的总攻，襄樊之战正式开始。当年三月，元军在将领阿术、刘整、阿里海牙的率领下进攻樊城。元军不断增加包围力量，缩小包围圈，迫使宋军退到内城坚守。四月，救援襄阳的三千多名襄阳府（今湖北襄樊）、郢州（今湖北钟祥）等地的民兵，在张顺、张贵的率领下前去救援襄阳。这支携带着百艘轻舟和大批物资的人马怀着必死的决心和斗志，于五月开始救援战斗。这支队伍在二张的指挥下，在高头港将安装着火枪、火炮、配备着强弓劲弩的轻舟连成方阵，一前一后突入元军重围。

在磨洪滩，船队被密密麻麻的元军船舰包围，将士们发起了强攻，用强弩射向敌舰，然后双方短兵相接，杀死、溺死元军无数。最终张顺战死，张贵率军历经艰难冲破封锁，胜利抵达襄阳城中。这支军队的胜利，让被围困五年之久的襄阳城军民获得了极大的动力。

宋代市井图

援军的到来给襄阳守军带来了短暂的希望。然而，处于元军严密封锁下的襄阳，形势依旧相当严峻。为了打通襄阳外围交通线，张贵与郢州的范文虎约定，对元军形成南北夹击的攻势。双方约定，范文虎率领五千精兵在龙尾洲接应，张贵率军与其会师。张贵率领三千士兵按约定日期顺汉水而下时发现计划泄露。他果断改变行动计划，乘夜放炮开船，杀出重围。随后，张贵率军且战且走，误入元军的包围圈。原来，当元军获知张贵突围后，就派数万人将江面堵死，在龙尾洲以逸待劳。张贵率军与堵截的元军在龙尾洲进行了一场遭遇战。最终，极度疲惫的宋军遭到重挫，张贵被俘后遇害。

咸淳八年（1272年）秋，为了尽快攻下襄樊，元军确定了分割围攻战术。咸淳九年（1273年）初，元军从东北、西南两个方向向樊城发起进攻，以切断襄阳的援助。元军将樊城与襄阳之间的江上浮桥烧毁，从而使襄阳城中的宋兵无法救援樊城。接着，元军用巨石炮打开樊城西南角，进入城内，樊城陷落。

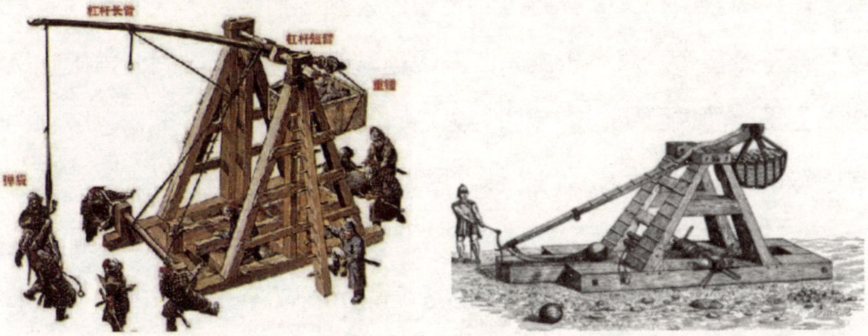

巨石炮现代复原图

樊城失陷后，襄阳的形势更加危急。尽管吕文焕多次向朝廷告急，但没能等来任何援兵。最终，襄阳城陷入绝境。咸淳九年（1273年）二月，元军从樊城攻打襄阳，炮轰襄阳城楼，城中将领出城投降，襄樊战役宣告结束。

襄樊之战以元胜宋败结束。这一结果给南宋以毁灭性的打击。襄樊的失守也破坏了南宋对元军形成的完整的防备体系，元军得以顺汉江而下，直达长江，直扑南宋统治的核心地区——都城临安。

难挽败局的崖山海战

崖山，位于今广东江门市新会区南约五十公里的崖门镇东侧，它和西侧的汤瓶山一起向南延伸入海，如同一道半掩的门户。此地曾发生了一场改变东西方历史的激烈海战，这就是南宋与元朝之间的最后一场大决战——崖山海战。

襄樊之战后，南宋军队大败，元军直逼临安（今浙江杭州）。德祐二年（1276年）南宋朝廷求和不成，五岁的小皇帝宋恭帝不得不向元朝投降。他的两个兄弟益王赵昰（shì）、广王赵昺（bǐng，以下称“二王”）则在国舅杨亮节的护卫下和母亲杨淑妃一起逃离临安，和大臣陆秀夫、张世杰、陈宜中、文天祥等人会合后，逃到了福州。不久，刚满七岁的赵昰登基做皇帝，就是宋端宗，其母杨淑妃被尊为杨太后，弟弟赵昺被封为卫王。而大臣张世杰被封为大将，陆秀夫被封为签书枢密院事，陈宜中做了丞相，文天祥获封少保、信国公。

“二王”的逃离让元军极为恼怒，元军统帅伯颜受命，对他们紧追不舍。当赵昰做了皇帝的消息传到大都后，元朝加紧了灭宋的步伐。宋端宗景炎二年（1277年），元军攻占福州，宋端宗的南宋流亡小朝廷不得不逃到泉州。张世杰去泉州市舶司、阿拉伯裔商人蒲寿庚那里借船，想带着小皇帝逃到海上。结果遭到对方拒绝。

实际上，蒲寿庚早就心存异心，投降了元朝。没办法，张世杰只得用抢的方式夺船出海，奔向广东。宋端宗一行原计划逃到雷州，结果天不遂人愿，中途遇到台风，船翻了，宋端宗险些被淹死，并因此患上重病。左丞相陈宜中看到大势已去，便提议宋端宗逃到占城（今越南南部）。劝说无果后，他就自告奋勇先行一步。没想到，陈宜中一走就杳无音信。而落水后的宋端宗病情越来越严重，最终病死。七岁的卫王赵昺登基，年号祥兴。

赵昺登基后，左丞相陆秀夫和赵昺的老师张世杰护卫他逃到崖山，并将这里当作据点，打算继续组织力量抗元。没过多久，在广东和江西二省抗元的文天祥由于得不到支援，被元军生擒后杀害，南宋在内陆的抗元势力彻底覆灭，崖山成为元军的最后一个目标。

崖山海战

祥兴二年（1279年）正月，浩浩荡荡的元军在张弘范的率领下陆续抵达崖山，对南宋形成三面包围之势。面对来势汹汹的元军，张世杰苦思对策。由于担心士兵逃亡，张世杰否决了幕僚提出的占领海湾出口、保护皇帝向西撤退的建议，下令将陆地上的宫殿、房屋、据点全部焚毁，打算与元军决一死战。他还让人将一千多艘军船用大绳索连贯在海湾内，将小皇帝赵昺的“龙舟”安置在军船中间。

元军先是用小船装着茅草和膏脂等易燃物品，借风力企图将宋军的船只烧毁。由于宋军的船只外面都涂着泥巴，而且每条船上都横放着一根长木，从而抵御了元军的火攻。元军又用水师将海湾封锁，陆军将宋军汲水和砍柴的道路阻绝，以断绝宋军的饮食。宋军在坚持吃了十多天干粮、饮用了海水后，士兵多腹泻，战斗力受到严重影响。

祥兴二年（1279年）二月六日，张弘范打算对宋军实施猛攻。在商讨战策时，有人建议先用火炮，张弘范认为火炮会将宋军的一字阵形打乱，利于宋军撤退。次日，张弘范采用了四面出击包围的方法。他把元军分成四个部分，分别针对东、南、北三面的宋军，他自己率领一支元军从与宋军相距一里多的地方开始进攻，并约定以奏乐作为发起总攻的信号。

战斗开始时，北面的元军趁着涨潮最先发起进攻，结果败于宋军之手，不得不撤退。接着，元军开始假装奏乐以迷惑宋军，结果宋军误以为元军正在宴会。到了正午，张弘范的水师带着埋伏的士兵从正面进攻，这些士兵都背着盾趴在船楼上，用布遮盖着。

当元军的战船冒着宋军的箭雨驶近宋船时，就在两边的船舰接近之际，元军的鸣金声响起，船楼上的布撤去，埋伏的士兵突然冒了出来，在短短的时间里连破七艘宋船。宋军大败，元军则一路追击宋军。张世杰看到败局已定，再难挽回，于是抽调精兵，打算让剩下的十多只船舰斩断大索突围。这时，八岁的小皇帝赵昺所在的船就在军队中间，陆秀夫一看情况不妙，又发现无法突围，干脆背着赵昺投海，随行的十多万军民也相继跳海。就这样，祥兴二年（1279年）三月十九日，惨烈的崖山海战结束，南宋王朝宣告灭亡。

名篇选读

陆秀夫，字君实，楚州盐城人。生三岁，其父徙家镇江。稍长，从其乡人孟先生学，孟之徒恒[1]百余，独指秀夫曰："此非凡儿也。"景定元年，登进士第。李庭芝镇[2]淮南，闻其名，辟[3]置幕中。时天下称得士多者，以淮南为第一，号"小朝廷"。

秀夫才思清丽，一时文人少能及之。性沉静，不苟求人知，每僚吏至阁，宾主交欢，秀夫独敛[4]焉无一语。或时宴集府中，坐尊俎[5]间，矜庄[6]终日，未尝少有希合[7]。

……

时君臣播越[8]海滨，庶事疏略，杨太妃垂帘，与群臣语犹自称奴。每时节朝会，秀夫俨然正笏立，如治朝，或时在行中，凄然泣下，以朝衣拭泪，衣尽浥[9]，左右无不悲动者。属井澳风，王以惊疾殂，群臣皆欲散去。秀夫曰："度宗皇帝一子尚在，将焉置之？古人有以一旅一成中兴者，今百官有司皆具，士卒数万，天若未欲绝宋，此岂不可为国邪？"乃与众共立卫王。时陈宜中往占城，以与世杰不协，屡召不至。乃以秀夫为左丞相，与世杰共秉政。时世杰驻兵崖山，秀夫外筹军旅，内调工役，凡有所述作，又尽出其手。虽匆遽流离中，犹日书《大学章句》以劝讲。

至元十六年二月，崖山破，秀夫走卫王舟，而世杰、刘义各断维去，秀夫度不可脱，乃杖剑驱妻子入海，即负王赴海死，年四十四。

——《宋史·陆秀夫传》

【注释】

①恒：平常；经常。②镇：镇守。③辟：帝王召见并授予官职。④敛：收敛，约束言行。⑤尊俎：古代盛酒肉的器皿。尊，盛酒器。俎，置肉之几。⑥矜庄：严肃庄重。⑦希合：迎合，投合。⑧播越：逃亡，流离失所。⑨浥：湿润。

【译文】

陆秀夫，字君实，楚州盐城人。在他三岁的时候，他的父亲就把家迁徙到了镇江。稍大以后，就跟随本乡的两位孟先生读书学习，孟先生的学生经常有百余人，但他单单指着陆秀夫说："这小家伙不一般。"景定元年（1260年），考上了进士。李庭芝镇守淮南时，听说了陆秀夫，就将他罗致到自己的幕府中。当时天下人称搜罗人才最多的，以淮南李庭芝为第一名，号称"小朝廷"。

陆秀夫才思清丽，在当时的文人中很少有能够赶得上他的。性格沉静，不苟求被别人知道，每当幕僚们到官署请见，宾主共欢同乐，只有陆秀夫一人默默地不发一言。有时在府中举行宴会，在宴席上，他总是正襟危坐，矜持庄重，很少与人交往。

……

当时君臣流亡海滨，大小政事都疏于治理，杨太妃垂帘听政，与臣下说话还自称为奴。每当群臣朝会的时候，陆秀夫仍端持着手板，俨然像过去上朝一样，有时在行程途中，凄然泪下，用朝服拭泪，衣服都湿透了，左右的人为他所感染都无不悲痛欲绝。因井澳大风，益王惊惧而死，群臣都想借此机会离开。陆秀夫说："度宗皇帝有一个儿子还在，把他怎么办呢？古人中曾有过仅凭借一旅即成就中兴的，而我们现今百官都在，还有数万军队，上天如果还没想灭绝大宋，难道就不能凭此振兴国家吗？"于是与众大臣共同拥立卫王。当时陈宜中前往占城去了，因为（他）和张世杰不合，所以屡次征召他都不到。于是就以陆秀夫为左丞相，和张世杰共同秉政。那时张世杰领兵驻守崖山，陆秀夫则既要筹措军旅，又要调集工役，而且凡是有什么需要写的，也都由他亲自动手。虽然在颠沛流离之中，事务繁多，时间匆忙，他每天都还要书写《大学章句》以劝诫别人。

至元十六年（1279年）二月，崖山被攻破，陆秀夫保护卫王的船一起逃走，而张世杰、苏刘义则各自逃生。陆秀夫考虑到难以逃脱，于是持剑将自己的妻子儿女赶下海去，自己背着卫王赴海而死。当时他年仅四十四岁。

【词句撷英】

播越海滨：逃亡到海边。

第六章 盛极一时的两宋文化

- 两宋文化传奇
  - 影响后世的文化大家
    - 传奇大家欧阳修：画荻教子；诗词革新；三度贬谪
    - 史学世匠司马光：年少有为；编撰《资治通鉴》
    - 一代宋师朱熹：格物致知；中和新说；编注《四书》
  - 泽被后世的词作散文
    - 心忧天下范仲淹：刚柔并济的词风
    - 豪放词人苏、辛：“以诗为词”的苏轼；热血词人辛弃疾
    - 抑郁不平陆放翁：壮志未酬的爱国词人
    - 千古才女李清照：婉约派代表；协助编撰《金石录》

在唐、宋之间，中国的文化，也确是有一个转变的。这个转变是怎样的呢？中国的文化，截至近世受西洋文化的影响以前，可以分做三个时期：第一期为先秦、两汉时代的诸子之学。第二期为魏、晋、南北朝、隋、唐时代的玄学和佛学。第三期为宋、元、明时代的理学。这三期，恰是一个正、反、合。

——吕思勉《中国通史》

影响后世的文化大家

两宋时期是中国文学从“雅”到“俗”的转变时期。在这一转变过程中，既有流传于上层社会的诗、文、词，也有流传于下层社会的小说、戏曲。这些雅俗共赏的文学作品的出现，代表着我国古代文学创作进入了高峰期。在这一过程中出现了许多文化大家，以其过人的文学才华影响着后世的文学发展。

传奇文学大家欧阳修

在北宋的文学家中，欧阳修堪称传奇，这是由欧阳修在当时北宋文坛上的影响决定的。欧阳修，字永叔，是北宋绵州（今四川绵阳）人。北宋景德四年（1007年）六月，已经五十六岁的绵州军事推官（审判官）欧阳观老来得子，这个男孩就是欧阳修。欧阳修四岁时，父亲去世，母亲郑氏带着他投奔在湖州的叔叔欧阳晔。由于为人正直廉洁自恃，不善于钻营，欧阳晔已经任随州推官达二十五年。由此可知，欧阳晔家中的经济条件一般，无力供欧阳修上学。所幸，母亲郑氏出身于江南名门望族，本身就知书达理，欧阳修就跟随母亲读书识字。为了省钱，郑氏用芦秆做笔，教欧阳修在沙地上读书写字，由此为后世留下了“画荻教子”的美谈。

欧阳修学习勤奋，尤其喜欢读书。由于家贫买不起书，他就向好友借书，然后抄下来。在抄书的过程中，天资聪颖的欧阳修往往书还没抄完，就能背下来了。或许是出于这个原因，少年时期的欧阳修文笔就极其老练，可以写不同体裁的文章。

十七岁时，欧阳修参加了科举考试。由于屡试不第，二十二岁时，他去京师洛阳的国子监学习。二十三岁后，欧阳修“连中三元”，名动一时。此后在殿试时虽然由于锋芒过于外露没能获得状元，但也获得了不错的名次，正式踏上仕途。

景祐三年（1036年），回京做了馆阁校勘的欧阳修，因受好友范仲淹牵连，贬官至夷陵（今湖北宜昌）县令。六年后，原本已经被召回京的欧阳修，再次因好友范仲淹主持庆历新政而受牵连，被贬为滁州（今安徽滁州）太守。在滁州期间，欧阳修不但政绩卓越，而且在文学艺术上获得突破，写下了不朽名篇《醉翁亭记》。这代表着他的古文创作达到成熟。

文苑图

后来，欧阳修不管是做扬州、颍州（今安徽阜阳）的知州，还是做应天府（今河南商丘）的府尹，他在努力工作、造福于民的同时，必定寄情诗酒，留下了许多脍炙人口的名作。尤其是他创作的散文和提出的古文理论相辅相成，开创了一代文风。

伴随着仕途的顺畅，官位越做越高，欧阳修的词作也随之流行开来。他的词作重在抒发自我的人生感受，体现了通俗化的特点，表现出他刚劲正直的性格特点，如《南歌子》（凤髻金泥带）、《玉楼春》（夜来枕上争闲事）、《渔家傲》（花底忽闻敲两桨）。

至和元年（1054年）八月，已经在京做了高官的欧阳修遭受人生的第三次贬谪。所幸，仁宗皇帝出于对他的欣赏和怜惜，让他留在京城做翰林学士，承担修撰史书的任务。自此，欧阳修以史官的身份，开始了史书的撰写工作。他除了和宋祁一起修订《新唐书》，还一个人修订了《五代史》（也就是《新五代史》）。在这些史书中，欧阳修将通达、简洁的写作风格表现得淋漓尽致。

史书记载，欧阳修在主持修撰《新唐书》时，发现有些人在修撰时，喜欢将文章写得生僻难懂，读来却无实际内容。尤其是资历和年龄都长于他的宋祁。史书是为了以鉴后人，这样写的结果就会导致许多人看不懂。后来，欧阳修故意在书局的门上写下“宵寐非祯，札闼洪休”八个字。宋祁看到了，琢磨了半天，终于明白了这是俗语“夜梦不详，题门大吉”，不由得笑了。欧阳修笑着说自己是模仿宋祁修《唐书》的笔法。宋祁一听就明白了欧阳修的意思，从此写文章的语言也就变得平易起来。

可以说，作为一位文学大家，他的写作风格不仅体现在他的作品创作上，还体现在他对北宋文风的影响上。嘉祐二年（1057年）二月，五十岁的欧阳修以翰林学士的身份主持进士考试，本着通达平易的文风标准，录取了苏轼、苏辙、曾巩等人。后来，他还赏识提拔了苏轼、苏辙的父亲苏洵，让苏氏一门三父子得以施展才华。可以说，唐宋八大家中的另四位（苏轼、苏辙、曾巩、王安石）均是在他的赏识、提拔下成长起来的。欧阳修凭着卓越的识人之明为北宋朝廷及整个中国文学史做出了突出的贡献。

文会图

治平四年（1067年），六十一岁的欧阳修第三次遭到弹劾，这让已经处在垂暮之年的他震惊不已，也失望不已。尽管最后真相大白，但是，欧阳修已经厌倦了官场中的互相倾轧（qīng yà，排挤打击），产生了退隐的念头。于是他三次上表请求辞官隐退。最后，他以观文殿学士、刑部尚书的身份出任亳州知州。此后，他又先后改任青州、蔡州的知州，直到六十六岁溘然长逝，再不曾回到都城。

纵观欧阳修的一生，称其为文学大家可谓实至名归，他在文学上取得的成就是有目共睹的。在文章写作上，他倡导诗文革新，他的散文内容充实，形式多样，有很强的感情色彩，不管是议论还是叙事，无不是有感而发。他的记叙文言之有物，不但内容丰富，而且描写细腻传神。在诗词创作上，欧阳修同样注重变革，将诗词创作与个人的经历、情感融合，词作不但注重通俗化，而且注意借鉴和汲取民歌“定格联章”等表现手法；诗作注重生活内容，提出“诗穷而后工”的诗歌理论，将清新流畅的语言和委婉平易的章法相结合，从而形成了流丽宛转的风格。

除此之外，欧阳修在经学、史学、农学和谱学方面，也给后世留下了许多文化财富。他撰写的《集古录跋尾》(共十卷四百多篇，简称《集古录》)，是今存最早的金石学著作。他参加修订《新唐书》二百五十卷，独立撰写《五代史记》(《新五代史》)。他撰写的《洛阳牡丹记》中包括《花品序》《花释名》《风俗记》三篇，列举了二十四种牡丹品种，是历史上第一部具有重要学术价值的牡丹专著。他写的《欧阳氏谱图序》，开创了民间家谱学之先河。这位著述繁富、成就斐然的文学大家，以自己传奇的一生，影响了中国文坛近千年。

史学巨匠司马光

两宋时期是中国文化的繁荣期。这一时期的史学成就格外引人注目。尤其是一大批大型通史的编修。作为我国现存第一部编年体通史的《资治通鉴》的编撰者司马光，更因其史学成就而青史留名。

司马光，字君实，北宋陕州夏县涑水（今山西夏县）人。他并非天赋过人，但他好学强识，七岁就能背诵《左氏春秋》，且能用自己的语言复述给长辈听，更是做出了“砸缸救人”的惊人之举。身为县令的父亲司马池格外注重对他的引导和教育，不管是出游还是与同僚密友交谈，都将司马光带在身边。在父亲的耳濡目染之下，司马光的知识和见识得到提升，小小年纪就“凛然如成人”。

十五岁之前，司马光跟随辗转于河南、陕西、四川各地为官的父亲，走过好多地方，在访古探奇、赋诗题壁的过程中，领略风土人情，丰富了社会见识，成为一个博学多才的人。二十岁时，司马光在会试中高中进士甲科，从此开始了仕途生涯。

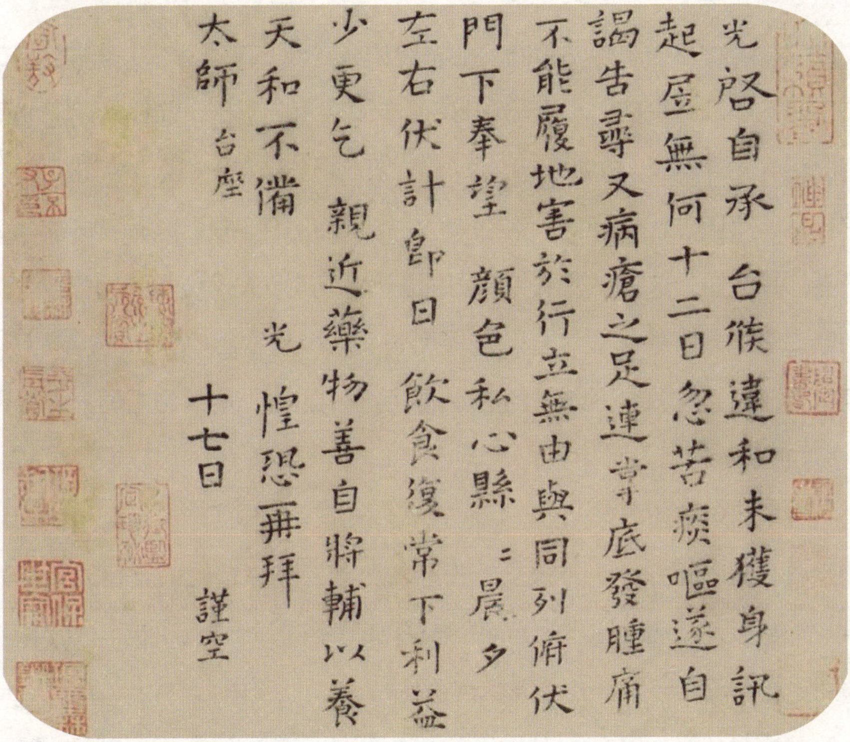
光啓自承 台候違和未獲身訊
起居無何十二日忽苦痰嘔遂自
謁告尋又病瘡之足連脚底發腫痛
不能履地害於行立無由與同列俯伏
門下奉望 顏色私心懸懸晨夕
左右伏計即日 飲食復常下利益
少更乞 親近藥物善自將輔以養
天和不備 光惶恐再拜
太師台座 十七日 謹空

司马光书法手迹

宝元二年（1039年），正当司马光仕途一片光明之际，母亲却病逝了，他辞官回家服丧三年。母丧期未过，父亲又病逝，司马光继续居丧。在这段时间，为了排遣失去双亲的悲伤和寂寞，他发奋读书写作，留下了《十哲论》《四豪论》《贾生论》等评论性文章，表达自己对一些古人古事的见解和感受，并且在评论中提出自己的见解。

服丧期结束后，司马光在各地做地方官。由于在居丧期间了解了相当多的下层劳动人民的疾苦，因此在为官期间，司马光更能体恤民情，在短时间内就取得了“政声赫然，民称之”的政绩。在为官之余，司马光仍然保持着读书写作的习惯，写下许多论文。

庆历六年（1046年），司马光调任大理评事、国子直讲，意气风发地进入了风云莫测的宦海。五年后，三十三岁的司马光出任馆阁校勘、同知太常礼院。在任职的两年间，他系统研究了《古文孝经》，撰写了《古文孝经指解》。两年后，司马光开始了专职史官的工作，从此开始潜心研究历史。治平三年（1066年），司马光把自己编成的《通志》进呈给英宗。所谓《通志》，是他以《史记》为主干编成的《周纪》五卷、《秦纪》三卷，共八卷。这部书记载了从周烈王二十三年韩、赵、魏三家分晋起，到秦二世三年秦朝灭亡为止的这段历史。宋英宗看后极为赞赏，不但明确指示司马光接着往下编《通史》，而且下诏设立书局，由司马光自择属官作为助手。

治平四年（1067年），宋英宗病逝，宋神宗赵顼即位。年轻气盛的宋神宗决心振兴祖业，于是接受王安石的改革方案，重用王安石为参知政事，开始实行变法。司马光因与王安石政见不同，于熙宁四年（1071年）愤而退居洛阳十五年，专注编撰《通鉴》。

元丰七年（1084年），六十六岁的司马光终于完成了《通鉴》的编撰。当年七月，他将全书呈给宋神宗。同年十一月，他又把《通鉴》的最后部分《唐纪》和《五代纪》修成，连同《通鉴考异》《通鉴目录》一起进呈宋神宗。宋神宗阅罢相当重视，为了强调该书“有鉴于往事，以资于治道”的目的，他为该书赐名《资治通鉴》，还亲自写了序。十二月，宋神宗以司马光“博学多闻，贯穿今古，上自晚周，下迄五代，成一家之书，褒贬去取，有所据依”为理由，降诏奖赏司马光，赏赐他银、绢、衣和马，同时提升他为资政殿学士。

元丰八年（1085年），宋神宗病逝，十岁的宋哲宗赵煦继位，皇太后当政，司马光受到重用，被正式拜为宰相。由此，司马光得以实现自己在政治方面的抱负。也是从这时开始，司马光在对《资治通鉴》进行最后的校定的同时，还辑录《国语》的精华内容编成《徽言》一书；并对《历年图》和《百官公卿表》加以增补，进而总辑成《稽古录》一书，形成一部“略存体要”的简明通史。

元祐元年（1086年）九月初一，六十八岁的司马光病逝，留给后人最大的遗产便是他主持编撰的编年体史书《资治通鉴》。

《资治通鉴》作为我国最大的一部编年史，共包括二百九十四卷。这部史书记载了从战国初期韩、赵、魏三家分晋（前403年），到五代（后梁、后唐、后晋、后汉、后周）末年赵匡胤（宋太祖）灭后周以前（959年），共一千三百六十二年的历史，可谓纵贯古今。全书以时代先后为纲，以年月为经，以史实为纬，顺序记写，清晰地介绍了重大的历史事件的前因后果及其与各方面的关联，将事件的史实发展交代得一清二楚。近代著名学者梁启超对这部史籍给予高度评价，称其“结构之宏伟，其取材之丰赡，使后世有欲著通史者，势不能不据以为蓝本，而至今卒未有能愈之者焉”，而司马光本人更是被梁启超评为“伟人”。

一代宗师朱熹

在中国文化史上，有这样的一个人，他一生开办各种书院二十八座，成为中国历史上开办书院之最；他的散文写作水准是其同代人中最好的；他的哲学思想在其后的时代也是无人能望其项背的——他就是南宋理学家朱熹（xī）。

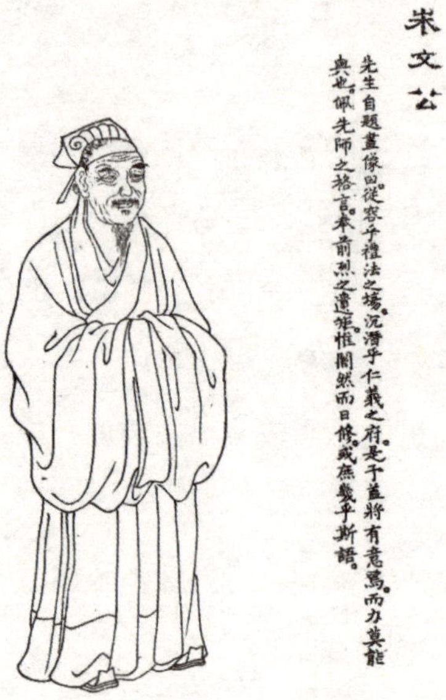

朱熹像〔清〕上官周绘

宋朝建炎四年（1130年），朱熹出生。朱家以儒传家，朱熹父亲朱松是个胸怀济世宏愿的士大夫。他一生对宋代新儒学理学充满景仰之情，尤其是理学的奠基者“二程”（程颢、程颐）。朱熹出生时，恰好朱松赋闲在家，对儒家思想心怀崇敬之情的朱松，以儒家圣贤的标准去教育自己的儿子。

朱熹两三岁时，朱松经常举着儿子的手，教他指认物体。朱熹聪明过人，不但能很快识记事物，而且经常有惊人之举。他四岁的时候，一天，父亲朱松指着天上的太阳告诉他这是太阳，没想到小小的朱熹竟然问父亲太阳依附于什么呢？朱松告诉他是依附天空。朱熹又问天空依附什么呢？这下子朱松答不出来了。这件事让朱松认识到朱熹的思考力之强。

在朱松的教育下，朱熹五岁入学的时候就能读懂《孝经》，十岁时就每天痴迷地攻读《论语》《孟子》，并以成为圣人为自己的人生目标。朱熹十三岁时，父亲朱松手把手地教他认真学习“二程”的《论语说》。

绍兴二十一年（1151年），已经是进士的朱熹任泉州同安县主簿。在同安任职五年期间，朱熹以儒家思想教化百姓，将自己的儒家思想首次付诸实践。同安任满后，朱熹不再汲汲追求功名，而是专注于教育和著述活动。他拜“二程”的三传弟子——学者李侗为师，从而得以承袭“洛学”正统。这就为他后来创立自己的学说打下了基础。

绍兴三十二年（1162年），宋孝宗对主流学派王安石新学及新兴的程朱理学持兼容并蓄共同发展的政策，自此，南宋出现了“百家争鸣”的学术环境。理学得以发展，朱熹向宋孝宗当面提出格物致知的学术思想，反对道、释等异端邪说，主战反和，提倡内修政事，反对宠信佞臣。但由于当时主和派的势力强大，朱熹的主张没有被采纳。

乾道五年（1169年）九月，朱熹因母逝修建寒泉精舍，开始了长达六年的为母守墓期。这段时间也是他的寒泉著述时期。也是在这段时期，朱熹和陆九龄、陆九渊进行了长达十天的心与理的辩论——这就是著名的鹅湖之会。这次辩论虽然没有让他们统一思想，但却让他们进一步认识了自己和对方的思想，从而对自己的思想进行反思。

结束守孝期后，朱熹重返朝堂，于淳熙五年（1178年），任南康军知州，同时兼管内劝农事。在这里，他重建了白鹿洞书院，而且自任洞主，到处延请名师，充实书院的图书，亲自订立著名的《白鹿洞书院教规》。这部教规是世界教育史上最早的教育规章制度之一，详细地阐述了修己治人的道理，明确地规定了教育目的、训练纲目、学习程序，明确了后世七百年的书院办学模式。

淳熙九年（1182年），五十二岁的朱熹将《大学章句》《中庸章句》《论语集注》《孟子集注》四书合刊，于是出现了经学史上著名的“四书”。这是朱熹为封建士子确定的修身准则，也是朱熹完整理学思想体系形成的标志。朱熹对“四书”进行修改，编撰《四书集注》，被后世作为治国之本，也成为人们思想行为的规范及封建科举的标准教科书。次年，他在位于武夷山九曲溪畔的武夷精舍潜心著书立说，聚众讲学。

从淳熙十二年（1185年）一直到去世，朱熹扩建了岳麓书院，不断从事着兴学校、广教化、督吏治、敦民风的工作。直到临终前，他还在双目几乎失明的情况下整理自己的著述。

作为一位博学多识的大学问家，朱熹一生不但著述颇丰，而且在思想和学术领域取得了极大的成就。他建立了庞大的理学体系，成为宋代理学之大成者。正是在他的这一哲学思想的基础上，明朝的王阳明提出了“知行合一”的思想；他一生从事教育工作，积极进行讲学活动，不但培养了众多人才，还提出了“大学”教育和“小学”教育的不同。

名篇精选

司马光，字君实，陕州夏县人也。父池，天章阁待制。光生七岁，凛然[1]如成人，闻讲《左氏春秋》，爱之，退为家人讲，即了其大指。自是手不释书。仁宗宝元初，中进士甲科，年甫冠。性不喜华靡[2]，闻喜宴独不戴花，同列语之曰：“君赐不可违。”乃簪[3]一枝。

除奉礼郎，时池在杭，求签苏州判官事以便亲，许之。丁内外艰，执丧累年，毁瘠[4]如礼。服除，签书武成军判官事，改大理评事，补国子直讲。枢密副使庞籍荐为馆阁校勘，同知礼院。

中官麦允言死，给卤簿。光言：“繁缨[5]以朝，孔子且犹不可。允言近习之臣，非有元勋大劳而赠以三公官，给一品卤簿，其视繁缨，不亦大乎。”夏竦（sǒng）赐谥文正，光言：“此谥之至美者，竦何人，可以当之？”改文庄。加集贤校理。

……

光常患历代史繁，人主不能遍鉴，遂为《通志》八卷以献。英宗悦之，命置局秘阁，续其书。至是，神宗名之曰《资治通鉴》，自制《序》授之，俾日进读。

——《宋史·司马光传》

【注释】

①凛然：形容令人敬畏的神态。②华靡：华丽奢靡。③簪：插，戴。④毁瘠：极度瘦弱。⑤繁缨：指古代天子、诸侯所用驾马的带饰。

【译文】

司马光，字君实，是陕州夏县人。他的父亲司马池，曾任天章阁待制。司马光七岁的时候，严肃如同成年人，听别人讲《左氏春秋》，他特别喜爱，回家后将所听到的讲给家人，竟能说出其中的大意。此后，他整天手不释卷。宋仁宗宝元初年，司马光考中进士，这年他刚二十岁。他不喜欢华丽，“闻喜宴”唯独司马光不戴花，一位同中进士的人告诉他说：“君王赏赐的花，不可违背。”于是司马光才戴上一枝。

司马光被任命为奉礼郎，当时司马池在杭州，于是司马光要求改任签苏州判官事以便侍亲，得到朝廷准许。遭逢母丧父丧，守丧多年，因过度悲伤，而使身体瘦弱，合乎礼仪。守丧期满后，任签书武成军判官事，改任大理评事，补任国子直讲。枢密院副使庞籍推荐他为馆阁校勘，同知礼院。

宦官麦允言去世，朝廷给以仪仗队。司马光说：“古时诸侯佩着马的带饰去朝见天子，孔子尚且认为不可。麦允言是帝王的亲信近臣，没有元勋那么大的功劳，而赠以三公的官职，给予一品官待遇的仪仗队，这与诸侯的马带饰相比较，不是大大超过了规格吗？”夏竦被赐谥号“文正”，司马光说：“这个谥号是最完美的，夏竦是什么人，怎么可以配得上它呢？”于是改谥“文庄”。司马光加官集贤校理。

……

司马光常常担心由于历代史籍浩繁，皇帝不能全部阅览，于是写了《通志》八卷呈献英宗。英宗很高兴，命令在秘阁设置机构，续修这部书。到这时，神宗给此书命名为《资治通鉴》，并亲自给此书写了《序》，让司马光每天进宫讲解。

【词句撷英】

手不释书：书本不离手。形容勤奋好学。

泽被后世的词作散文

宋词，在古代文学的阆苑里，如同一座芬芳绚丽的花圃，以其姹紫嫣红、千姿百态的风神和唐诗争奇，与后来的元曲斗艳，从而使两宋时期成为中国文学史上的诗词盛世。下面，我们一起来了解两宋时期杰出的词人及其作品。

忧心天下的范仲淹

在宋代的文学史上，范仲淹以其“居庙堂之高则忧其民，处江湖之远则忧其君”的忧国情怀，给后世留下了极深的印象。不过，范仲淹的词作同样不遑多让，有着极高的成就。可以说，他的词作是宋代豪放派创作的序曲。

范仲淹，字希文，其先祖是唐朝宰相范履冰，其父范墉（yōng）是吴越王钱俶（chù）的书记官。范仲淹出生的第二年，父亲就病逝了，无依无靠的母亲谢氏只好带着两岁的范仲淹改嫁。长大后，获知身世的范仲淹毅然辞别母亲，离乡求学。经过一番苦读，范仲淹通过科举走上了仕途，并在北宋历史上颇多建树，做出了一系列利国利民的政绩。

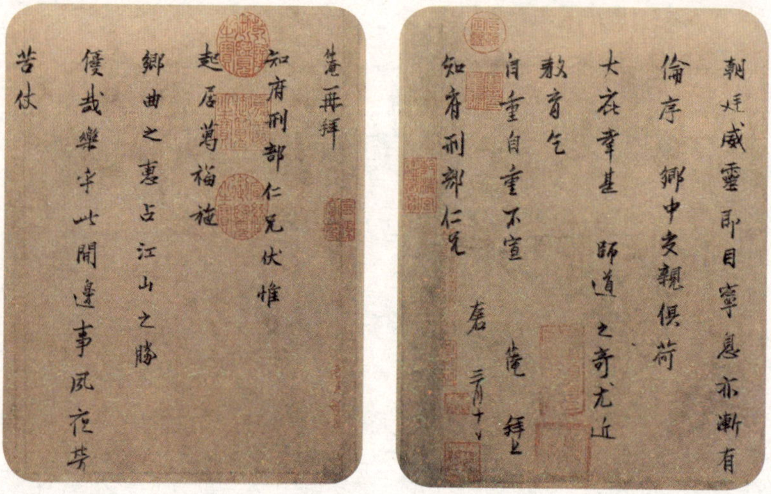

范仲淹书札《边事帖》

范仲淹不只在政治上“先天下之忧而忧”，而且是北宋文学改革的积极倡导者和实践者，其诗、文、词、赋均颇有建树，尤其是诗歌、散文和词的创作成就令世人瞩目。作为边塞词人，范仲淹的词尽管如今仅存五首，但却具有丰富的思想内容，表现了其词作刚柔相济的独特风格。可以说，范仲淹的词作豪放中有婉约的成分，有一种撼人心魄的节律感、音乐美。具体来说，范仲淹的词作大致可以分为边塞词、羁（jī）旅忧思词、抒怀词三类。

其边塞词大多作于戍边西北时期。当时的范仲淹临危受命，承担着抵御西夏的重任达四年之久，获得了“胸中有数万甲兵”“军中有一范，西贼闻之惊破胆”的赞誉。其著名词作《渔家傲》，就写于这一时期。

渔家傲·秋思

塞下秋来风景异，衡阳雁去无留意。四面边声连角起。千嶂里，长烟落日孤城闭。

浊酒一杯家万里，燕然未勒归无计。羌管悠悠霜满地。人不寐，将军白发征夫泪！

范仲淹的羁旅忧思词多写于贬谪期间，经常将功业、道德、人情结合在一起，抒发多种多样的情感。

御街行·秋日怀旧

纷纷坠叶飘香砌。夜寂静，寒声碎。真珠帘卷玉楼空，天淡银河垂地。年年今夜，月华如练，长是人千里。

愁肠已断无由醉，酒未到，先成泪。残灯明灭枕头欹，谙尽孤眠滋味。都来此事，眉间心上，无计相回避。

范仲淹的抒怀词多抒发身处逆境时的内心感受，尽管因失意惆怅而郁郁难平，却表现了“不以物喜，不以己悲”的阔达胸怀。

剔银灯·与欧阳公席上分题

昨夜因看蜀志，笑曹操孙权刘备。用尽机关，徒劳心力，只得三分天地。屈指细寻思，争如共、刘伶一醉？

人世都无百岁。少痴騃（dāi，同呆）、老成尪悴（wāng cuì，瘦弱憔悴）。只有中间，些子少年，忍把浮名牵系？一品与千金，问白发，如何回避？

范仲淹的词作表现出刚柔相济的艺术风格，无论是以悲凉苍茫的意境体现出壮美之感的边塞词作，还是表现传统离别情绪的羁旅忧思词、抒发不忿之情的抒怀词，均达到了刚柔相济的特点，感情的流露与写景状物结合得恰如其分。可以说，范词不但具有真挚的情感，而且其超迈的格局和卓越的才华形成了一种撼人心魄的艺术魅力。

豪放词人苏轼与辛弃疾

作为宋代的词学流派之一，豪放词作以其创作视野广阔，气象恢弘雄阔，喜用诗文的手法、句法，表现出一种气度超拔、不受拘束的特点。最早开始写豪放词的是北宋的范仲淹，北宋中期时苏轼开始大力提倡写壮词，从而为豪放词的写作奠定了基础。“靖康之变”则触发了豪放词的迅猛发展，进入了发展的巅峰，出现了以豪放词领袖辛弃疾为首的一批豪放词人。到了南宋后期，随着国势衰微，感伤气息渐趋浓郁，成为这一时期豪放词的主要特点。

北宋的豪放词主要体现为体制下受压抑个体的心灵解放，苏轼是这一时期豪放词派的代表人物。

苏轼，字子瞻，号东坡居士，北宋眉州眉山（今四川眉山）人。苏轼出生于一个书香之家，他的父亲苏洵属于大器晚成之人。或许正是由于苏洵自己的经历，在苏轼和弟弟苏辙很小的时候，苏洵就注重对他们的教育。少年时期，苏轼进入家乡的天庆观读书，道士张易简是他的启蒙老师。在这位启蒙老师的影响下，他一生对道教情有独钟，经常身着道袍游访名山。

二十一岁时，苏洵带着苏轼和苏辙一起进京应试，父子三人名动京师。尤其是苏轼在作品中表现出来的清新洒脱的文风，获得了主考官欧阳修和梅尧臣的赞誉，并认为“他日文章必独步天下”。就在他要大展身手之际，因母亲病故，苏轼不得不随父亲回乡奔丧。守丧期满后，苏轼正式步入仕途。

苏轼浇书 〔明〕陈洪绶绘

王安石变法期间，苏轼因上书谈论新法的弊病被贬出京，从此开始在地方任职。任职地方期间，每到一地，他都会有佳作问世，借以抒发自己的内心情感。四十三岁时，苏轼在任湖州知州时，在写给神宗的《湖州谢表》一文中，同样抒发了自己的真情实感，结果受到政敌攻击，被指责包藏祸心，讽刺政府，莽撞无礼，对皇帝不忠。于是，上任仅三个月的苏轼被御史台的吏卒逮捕，被解往京师，并因此牵连了数十人——这就是北宋历史上著名的"乌台诗案"。

"乌台诗案"的结果是苏轼被从轻发落，贬为黄州（今湖北黄冈）团练副使。这件事成为苏轼一生的转折点。他自此对仕途心灰意冷，开始寄情山水，在作品的书写中抒发自己的被贬之情，这其中就包括著名的《赤壁赋》《后赤壁赋》和《念奴娇·赤壁怀古》。

承天夜游 〔清〕任伯年绘

苏轼一生宦海沉浮，或谓起起落落。然而，或许正是由于这种起落，让他在词作上取得了非凡的成就。他不但变革词作，对词体进行了全面改革，突破了词为“艳科”的传统格局，并基于对人生、命运的思考，增强了词境的哲理意蕴，从而表现出奔放豪迈、倾荡磊落如天风海雨的新风格。

另外，他打破诗词的界限，以诗为词，开辟了词的境界，在词作中比较完整地表现出力求超脱自适而不断突破自我的心路历程和疏狂浪漫、多情善思的个性气质。

水调歌头·明月几时有

明月几时有？把酒问青天。不知天上宫阙，今夕是何年。我欲乘风归去，又恐琼楼玉宇，高处不胜寒。起舞弄清影，何似在人间。

转朱阁，低绮户，照无眠。不应有恨，何事长向别时圆？人有悲欢离合，月有阴晴圆缺，此事古难全。但愿人长久，千里共婵娟。

问月　〔明〕陈洪绶绘

他在词中对自己的日常交际、闲居读书及躬耕、射猎、游览等生活场景加以细致描写，进一步拓展了词的表现内容。

如梦令·其二

自净方能净彼，我自汗流呀气。寄语澡浴人，且共肉身游戏。但洗，但洗，俯为人间一切。

在词的创作手法中，他“以诗为词”，即将诗的表现手法移植到词中，这体现在他较成功地运用题序和典故上。前者便于交代词的写作时间、地点和创作缘起，丰富和深化了词的审美内涵。后者既是一种替代性、浓缩性的叙事方式，也是一种曲折深婉的抒情方式。这两种表现手法的运用，大大丰富、发展了词的表现手法，对后来词的发展产生了重大影响。

江城子·密州出猎

老夫聊发少年狂，左牵黄，右擎苍，锦帽貂裘，千骑卷平冈。为报倾城随太守，亲射虎，看孙郎。

酒酣胸胆尚开张，鬓微霜，又何妨！持节云中，何日遣冯唐？会挽雕弓如满月，西北望，射天狼。

这里的“左牵黄，右擎苍”一句，暗用《梁书·张充传》记张充年少喜好游猎，出猎时“左手臂鹰，右手牵狗”的典故。

在两宋词风的转变上，苏轼起到了至关重要的作用，他强化了词的文学性，弱化了词对音乐的依附性，为南宋时期的词作继续发展指明了路线。

继苏轼之后，辛弃疾是南宋豪放派的另一典型代表。他一生将收复失地、兴宋济民为己志，并以功业自许，然而命运多舛，壮志难酬，于是他不得不将满腔激情和对国家兴亡、民族命运的关切、忧虑全部寄寓于词作之中。

辛弃疾，字幼安，号稼轩，祖籍山东。他出生的时候，金人已经占领了宋朝的北方，因此他在青少年时代就立下了恢复中原、报国雪耻的志向。这种誓与金人斗争到底的决心，让他的身上具有燕赵奇士的侠义之气。

辛弃疾

二十一岁时，辛弃疾就曾组织两千人参加了由耿京领导的一支声势浩大的起义军，奋起反抗金人的压迫。绍兴三十二年（1162年），辛弃疾完成了和南宋朝廷联络的使命，归途中，他获知耿京被杀，起义军溃散，于是以五十多人对抗几万金人，成功擒拿起义军中的叛徒，将其交给南宋朝廷处置。在这一事件中，辛弃疾表现出来的勇敢和果断让其名噪一时。

辛弃疾二十五岁的时候，进入了南宋朝廷。对南宋朝廷现状不甚清楚的辛弃疾，在最初的时候表现得意气风发，因此不断提出北伐的建议，著名的《美芹十论》和《九议》就是在当时写的。

嘉泰三年（1203年），六十四岁的辛弃疾应主张北伐的韩侂胄号召，赴任绍兴府兼浙东安抚使一职。后又因官场的钩心斗角而失意消沉。他在任镇江府知州时，留下著名的《永遇乐·京口北固亭怀古》，表达自己报国无门的失望之情。

开禧三年（1207年）秋，他再次被起用。然而，此时的辛弃疾已经病入膏肓，并于同年病逝。

辛弃疾一生的经历，影响了他的词作内容和风格。他的词作多以国家、民族的现实问题为题材，抒发慷慨激昂的爱国之情。

破阵子·为陈同甫赋壮词以寄之

醉里挑灯看剑，梦回吹角连营。八百里分麾下炙，五十弦翻塞外声。沙场秋点兵。

马作的卢飞快，弓如霹雳弦惊。了却君王天下事，赢得生前身后名。可怜白发生！

由于一生经历的曲折，辛弃疾扩大了词作的内容，拓宽了词作的题材。他的词作内容选材范围极广，不但有政治内容，也有哲理，不但写朋友之情、恋人之情，也写田园风光、民俗人情，不但写日常生活，也写个人读书感受。可以说，当时能写入其他任何文学样式的东西，均在其词作中得到表现。而且，随着其词作内容、题材的变化和感情基调的变化，辛弃疾的词作艺术风格也发生着多种变化，在雄伟奔放、富于力度的同时，也有着传统词作婉媚的风格。

摸鱼儿

更能消、几番风雨，匆匆春又归去。惜春长怕花开早，何况落红无数！春且住。见说道，天涯芳草无归路。怨春不语。算只有殷勤，画檐蛛网，尽日惹飞絮。

长门事，准拟佳期又误。蛾眉曾有人妒。千金纵买相如赋，脉脉此情谁诉？君莫舞。君不见，玉环飞燕皆尘土！闲愁最苦。休去倚危栏，斜阳正在，烟柳断肠处。

这首词的上阕写惜春，下阕写宫怨，借一个女子的口吻，用曲折委婉的语气将一种落寞怅惘的心情一层层地细腻写来，读来令人荡气回肠。

除了以上情感和内容，辛弃疾往往在词作中表现出对洗雪国耻、收复失地的期望，以及壮志难酬、英雄失路的失望。而这些词作多以豪放为主，慷慨悲壮，笔力雄厚，因此辛弃疾与苏轼并称为“苏辛”。

抑郁难平陆放翁

在南宋的词人中，陆游和辛弃疾具有相当多的共同之处。二人都始终把洗雪国耻、收复失地作为自己的毕生事业，并在文学创作中表达了对于收复失地的热切和失望以及报国无门的怅惘与愤慨。不过，相比于辛弃疾，陆游喜欢写作诗歌，尤其是格式严谨的七言律诗。

陆游，字务观，号放翁。陆游出身于名门望族、江南藏书世家，其祖父陆佃官至右丞相，其父陆宰曾任京西路转运副使。陆游出生在父亲陆宰入朝述职的途中。也正是在那年冬天，金兵南下，陆家举家逃回老家山阴。直到陆游四岁时，陆家才得以安定下来。出生于两宋之交，成长于偏安的南宋，陆游早就感受到了家国破碎的不幸，并因此留下了深刻的印象。

随着年龄的增长，陆游表现出聪慧过人的特点，十二岁就能作诗作文，并因祖荫而被授予登仕郎（文职散官）之职。绍兴二十三年（1153

年），陆游在进京参加锁厅考试（现任官员及恩荫子弟的进士考试）时，因名次在秦桧的孙子秦埙（xūn）之上而得罪了秦桧。不但在第二年的礼部考试时没被录取，从此还被秦桧嫉恨，导致仕途不顺。

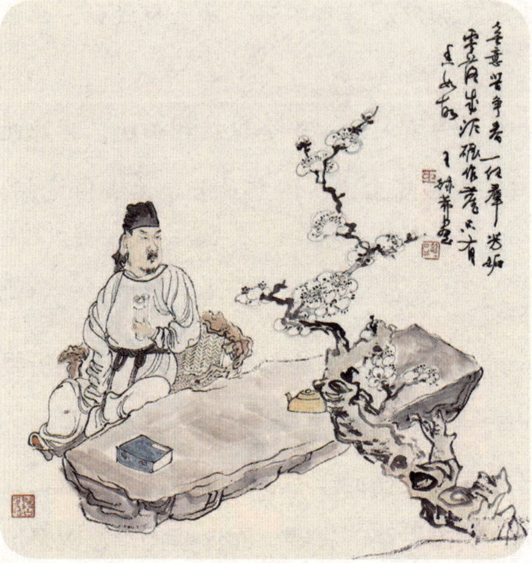

陆游诗意图

乾道七年（1171年），陆游因川陕宣抚使王炎所召，在王炎的南郑幕府任职八个月，不但帮助其草拟驱逐金人、收复中原的战略计划，而且得以经常巡视骆谷口、仙人原、定军山等前方据点和战略要塞，甚至到大散关巡逻。这是陆游一生中唯一的一次亲临抗金前线、力图实现爱国之志的军事实践。在此期间，他写出了《观大散关图有感》等大量诗作。

观大散关图有感（节选）

上马击狂胡，下马草军书。二十抱此志，五十犹臞（qú，瘦）儒。

大散陈仓间，山川郁盘纡（yū，弯曲），劲气锺义士，可与共壮图。

在这首诗中，陆游由大散关一带山河的雄壮、志士的忠义联想到尽复失地、北伐胜利的情景，进而描绘了一幅胜利后重建旧都、中兴大宋的蓝图，表达了激荡不平的内心情感。

从乾道八年（1172年）开始，陆游开始了宦游蜀中的生涯。八年的为官生涯，令他爱上了这块天府之地，也写出了许多流传后世的诗词佳作，为此他诗名日盛，并在淳熙五年（1178年）受到宋孝宗的召见，随后被任命为福州、江西提举常平茶盐公事。一年后，因遭到他人中伤，陆游愤而辞职，回家乡山阴闲居。五年后，陆游被重新起用为严州（今浙江省西部）知州，并在严州任职期间整理旧作，辑录为《剑南诗稿》。

《剑南诗稿》共八十五卷，收录诗词九千三百四十四首，旨在纪念当年在川陕的军旅生活。其中就包括《关山月》《书愤》《农家叹》《示儿》等为人熟知的诗歌佳作。

书愤五首·其一

早岁那知世事艰，中原北望气如山。

楼船夜雪瓜洲渡，铁马秋风大散关。

塞上长城空自许，镜中衰鬓已先斑。

出师一表真名世，千载谁堪伯仲间。

宋光宗即位后，陆游升任礼部郎中兼实录院检讨官，由于“喜论恢复”而再度遭到弹劾，被削职罢官，愤而离开京师，一去就是十三年。这十三年间，他在家乡闲居，并专注于诗词创作，进入诗歌创作的成熟期。这一时期，他诗风大变，其创作风格也由早期的以“藻绘为工”变为追求宏肆奔放，充满战斗气息及爱国激情。

嘉泰二年（1202年），朝廷诏被罢官十三年的陆游入京，安排他主持编修孝宗、光宗《两朝实录》和《三朝史》。第二年国史编撰完成，七十九岁的陆游致仕回到家乡山阴，以诗词来书写自己的内心和情怀。

这一时期，他的诗词作品表现出一种清旷淡远的田园风味，并不时流露着邈远苍凉的人生感慨。

嘉定二年（1209年）十二月，壮志难酬、未能看到平定中原的陆游，满怀遗憾地病逝了。他在病逝前留下了绝笔作《示儿》。

示　　儿

死去元知万事空，但悲不见九州同。
王师北定中原日，家祭无忘告乃翁。

作为历史上留下诗篇最多的诗人，陆游的诗词作品因其坚定的主战派的立场，表现为壮志未酬的遗憾、国破家亡的悲凉、国土沦丧的痛苦以及国势倾危的颓丧。他的诗作洋溢着慷慨雄浑的爱国激情，以强烈而直击人心的感情唤醒了当时偏安一隅的南宋军民麻木的心灵，让人们在诗句的诵读中看到了一位始终无法实现理想的爱国者的所思所想。

陆游的词作流传于世的仅一百四十多首。读他的这些词作，可以感受到不同于辛弃疾词作的艺术境界——集豪放婉约于一身的风格。一方面，他的一些词作表现出一种浓烈的爱国情怀以及壮志未酬的愤慨，同时将理想化成梦境，与悲凉的现实之间形成强烈的对比。另一方面，他的另一些词作语言清丽缠绵，感情真挚动人。可以说，陆游的词风格多样，集众家之长，但最能体现他的身世经历和个性特色的，还是如辛弃疾一样充满着爱国情怀的词作。

千古才女李清照

李清照，号易安居士，宋代婉约词派代表，有“千古第一才女”之称。她出生于爱好文学艺术的士大夫家庭。家中浓厚的文学艺术氛围，使得聪慧的李清照在耳濡目染之下培养了良好的文学素养。

少年时期，李清照随父亲生活在东京汴梁。无忧无虑的生活和繁华的景象使她灵感迸发，写出了许多佳作，尤其是词作。后世广为传诵的《如梦令》（昨夜雨疏风骤）就是当时写的。这首词让她名动京师。这段时期，她的词作色彩明丽，充满了欢乐。

李清照小像

如梦令·常记溪亭日暮

常记溪亭日暮，沉醉不知归路。

兴尽晚回舟，误入藕花深处。争渡，争渡，惊起一滩鸥鹭。

后来，十八岁的李清照和二十一岁的太学生赵明诚成婚。婚后，李清照在阅读赵家丰富藏书的同时，与赵明诚一起搜集名人书画，进一步提升了文化素养。这段时期，李清照的词作词境细腻、婉约，既有夫妻和谐、生活幸福美满的快乐，也有夫妻分别时的闺怨情伤。

一剪梅·红藕香残玉簟秋

红藕香残玉簟秋。轻解罗裳，独上兰舟。云中谁寄锦书来？雁字回时，月满西楼。

花自飘零水自流。一种相思，两处闲愁。此情无计可消除，才下眉头，却上心头。

宋徽宗崇宁元年（1102年）七月，李清照的父亲李格非因陷入新旧党之争而被罢官。崇宁二年（1103年），李清照因父亲牵连，不得不与丈夫分开，孤身一人返回原籍，投奔被遣归的家人。直到崇宁五年（1106年），皇帝大赦天下，李清照才随父亲返回京城，与赵明诚团聚。没想到，次年发生的政治灾难又降临到赵明诚家，赵明诚的父亲赵挺之被罢官后病逝，赵氏在京城的族人都被捕入狱。赵家难以留在京师，李清照不得不随赵家人回青州过起了乡居生活。

在乡居的这段时间里，李清照和赵明诚相互支持，治学创作，过了一段和美的时光。她帮助丈夫赵明诚辑集整理《金石录》，并于政和七年（1117年）大体上完成了这本书的写作。

“靖康之变”发生后，四十四岁的李清照不得不开始了逃亡生活。这一年三月，赵明诚因母丧南下，李清照押运着十五车书籍器物随同南下，并于建炎二年（1128年）春到达江宁府。在这里，她每逢下雪天就登城远眺，并留下不少的讽刺诗，表达对苟安的投降派的不满。

渔家傲·记梦

天接云涛连晓雾，星河欲转千帆舞。仿佛梦魂归帝所，闻天语，殷勤问我归何处。

我报路长嗟日暮，学诗漫有惊人句。九万里风鹏正举，风休住，蓬舟吹取三山去。

建炎三年（1129年）二月，李清照随夫南渡，当船经过乌江楚霸王自刎处处，她有感而作《夏日绝句》：“生当作人杰，死亦为鬼雄。至今思项羽，不肯过江东。”借西楚霸王的典故抒发胸怀，风格雄浑悲壮。

就在这一年，赵明诚染病身亡。李清照在大病一场后不得不继续仓皇南逃。这时，李清照的词作表现了身世之苦、故国之思以及孤寂难言的心情，情调低沉，凄苦悲凉，如不朽名作《声声慢》。

声声慢·寻寻觅觅

寻寻觅觅，冷冷清清，凄凄惨惨戚戚。乍暖还寒时候，最难将息。三杯两盏淡酒，怎敌他、晚来风急！雁过也，正伤心，却是旧时相识。

满地黄花堆积，憔悴损，如今有谁堪摘？守着窗儿，独自怎生得黑！梧桐更兼细雨，到黄昏、点点滴滴。这次第，怎一个愁字了得！

绍兴二年（1132年），李清照逃到达杭州。此时，她和赵明诚一起搜集的书画被盗，颠沛流离的逃亡生活，令她陷入走投无路的绝境。无奈之下，她选择嫁给了张汝舟。再婚后，张汝舟对她的家暴由语言谩（màn）骂发展到肉体伤害，李清照告发了张汝舟营私舞弊骗取官职的罪行，从而获准与其离婚。

依照宋代法律，李清照为此付出了入狱三年的代价，后经亲朋好友的大力营救，李清照在入狱九天后获释。这时，李清照虽然经历了所嫁非人、离异系狱的遭遇，但其诗词创作的热情却愈发高涨。这一时期，她的词作意境既雄浑壮阔又沉郁凄凉。她开始将目光从关注个人痛苦转为关注国家大事，写了许多表达爱国之情的词作。

绍兴二十五年（1155年），一代女词人李清照悄然离世。

李清照的词作因其生活境遇的变化，前后划分为三个不同的时期：少女时期、少妇时期和晚年漂泊时期，每一时期因其心境的不同，词作风格和意境也不同。尽管李清照词作颇丰，但流传到现在确切可查的作品不过四十五首。这些词作形成她独树一帜的风格，展示了其独特的“易安风神”。

名篇选读

初，仲淹以忤吕夷简，放逐者数年，士大夫持二人曲直[①]，交指为朋党，及陕西用兵，天子以仲淹士望所属，拔用之。及夷简罢，召还，倚以为治，中外想望其功业。而仲淹以天下为己任，裁削幸滥[②]，考覈官吏，日夜谋虑兴致太平。然更张无渐，规摹阔大，论者以为不可行。及按察使出，多所举劾，人心不悦。自任子之恩薄，磨勘[③]之法密，侥倖者不便，于是谤毁稍行，而朋党[④]之论浸闻上矣。

会边陲有警，因与枢密副使富弼请行边。于是，以仲淹为河东、陕西宣抚使，赐黄金百两，悉分遗边将。麟州新罹大寇，言者多请弃之，仲淹为修故砦[⑤]，招还流亡三千余户，蠲[⑥]其税，罢榷酤予民。又奏免府州商税，河外遂安。比去，攻者益急，仲淹亦自请罢政事，乃以为资政殿学士、陕西四路安抚使、知邠州。其在中书所施为，亦稍稍沮罢。

以疾请邓州，进给事中。徙荆南，邓人遮使者请留，仲淹亦愿留邓，许之。寻徙杭州，再迁户部侍郎，徙青州。会病甚，请颍州，未至而卒，年六十四。赠兵部尚书，谥文正。初，仲淹病，帝常遣使赐药存问，既卒，嗟悼久之。又遣使就问其家，既葬，帝亲书其碑曰“褒贤之碑”。

——《宋史·范仲淹传》

【注释】

①曲直：是非；善恶。②裁削：删改。幸滥：指依靠权幸而被滥授官职的人。③磨勘：古代政府通过勘察官员政绩，任命和使用

官员的一种考核方式。④朋党：指集团，派别，多为争夺权力、排斥异己互相勾结而成。⑤砦：同“寨”。守卫用的栅栏、营垒。⑥蠲(juān)：免除。

【译文】

当初，范仲淹因为触犯了吕夷简，被放逐在外多年，士大夫们各自坚持他们二人的是非曲直，互相指责对方是朋党。等陕西一带发生了军情，仁宗皇帝因为范仲淹众望所归，便开始提拔重用他。等到吕夷简罢官免职，朝廷召回范仲淹，依靠他来治理朝政，朝廷内外都希望他能建功立业。范仲淹自己也以治理天下为己任，裁抑侥幸，削减冗员，考核审查官吏，日夜谋划实现天下太平。但是他的改革措施没能逐渐推行，改革涉及面太大，评论的人认为无法实行。到按察使出巡时，许多问题被检举出来，引起人心不悦。自从任子恩荫的减少，磨勘制度的严密，希图侥幸的人深感不便。这样，诽谤范仲淹的言论就逐渐多起来，而指责范仲淹等是朋党的议论也传到了仁宗皇帝的耳朵里。

刚好遇到边境有军情，范仲淹就和枢密副使富弼巡视边防。于是范仲淹被任命为河东、陕西宣抚使，赐给黄金百两，但范仲淹把黄金全部分赠给守边的将领。麟州（今陕西神木）新近遭到了敌寇的大肆侵扰，进言的人多数主张放弃麟州，范仲淹却整修旧要塞，救回流亡百姓三千多户，免除他们的赋税，废除当地官府对酒类的专控权，允许百姓卖酒。又上奏朝廷免除府州的商税，黄河以外的地区于是得以安定下来。范仲淹离开朝廷后，反对他的人更加激烈地攻击他，在这种情况下，范仲淹自己也请求免除参知政事之职，于是朝廷任命他为资政殿学士、陕西四路安抚使、邠州知州。他任中书时所推行的政策，也就逐渐被废止了。

范仲淹因患病请求担任邓州知州，被升为给事中。当调任荆南时，邓州百姓拦住使者请求留任范仲淹，范仲淹本人也愿意留在邓州，朝廷答应了这一要求。不久调往杭州，又一次升为户部侍郎，调往青州。这时范仲淹的病情更加严重了，他请求调任颍州，还没有到任就死在路上，终年六十四岁。朝廷追赠他为兵部尚书，谥号“文正”。范仲淹生病时，仁宗皇帝经常派人送药、慰问。病逝后，仁宗皇帝嗟叹哀悼了很长时间，又派人去慰问其家人。待其埋葬后，仁宗皇帝亲自题写了墓碑，叫“褒贤之碑”。

【词句撷英】

中外：朝廷内外。

好看到放不下的中国史

动荡与奋发交织的元明清

6

派妈丽莎　李秀莲　编著

花山文艺出版社
河北·石家庄

目录
Contents

第三章 / 动荡不安的明朝中晚期

第四章 / 清军入关

第五章 / 清朝的内政

第六章 / 清朝的征战与外交

第一章

血与火铸就的元帝国

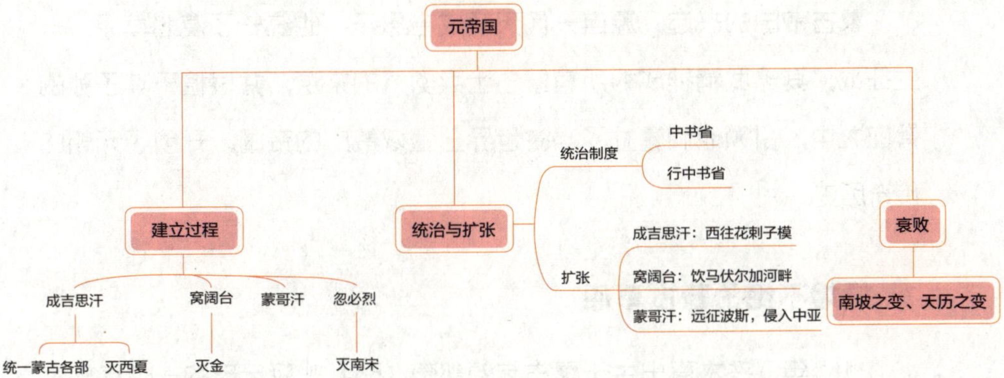

1279年，元将张宏范来攻。宋宰相陆秀夫，负帝赴海而死。大将张世杰收兵到海陵山，亦舟覆而死。中国至此，遂整个为蒙古所征服。汉族武力之不竞，至此可谓达于极点了。蒙古不但征服中国，当太宗时，又尝继续遣兵西征。再破钦察，入阿罗思。遂进规孛烈儿和马札剌（là）。入派特斯城。西抵威尼斯。欧洲全境震动。

——吕思勉《中国通史》

成吉思汗的扩张故事

蒙古帝国的兴起，源自一代天骄成吉思汗。他统一了漠北草原，一生征战，其勇武精神成为所有蒙古士兵勇气的来源，并根植于其子孙的骨血之中，引领他们建立了当时世界上疆域最广的帝国，开创了元朝的传奇历史。

烽烟不绝的蒙古草原

1162年，铁木真出生于蒙古乞颜部孛（bó）儿只斤氏的一个贵族家庭。当时，中原地区正处在女真族建立的金朝统治之下，而大漠的南北草原则是各自独立的部落。金朝对这些部落采取“分而治之”和屠杀掠夺的“减丁”政策。草原上的部落在这一政策的压制之下发展困难，他们组织了无数次的反抗斗争，各个部落之间也征战不已。铁木真就出生在动荡与战乱的环境中。

铁木真的父亲也速该是蒙古乞颜部的首领，他在斡（wò）难河畔打猎时，遇见了途经蒙古部驻地的诃额仑（铁木真之母）。诃额仑出身于草原上的另一个部落——弘吉剌（là）部，当时要与蔑儿乞人赤列都结婚。举行婚礼的时候，也速该正好途经蒙古部去往篾儿乞部的驻地，并对诃额仑一见钟情。依照当时草原上“抢亲”的习俗，也速该打败了篾儿乞部落，抢了诃额仑做自己的妻子，第二年便生下了铁木真。

铁木真出生的时候，也速该正好擒获了塔塔尔部首领铁木真兀格，为了庆祝这次胜利，他便给自己的儿子起名为“铁木真”，直译为“铁人”，意为刚毅、坚强。九年之后，尚年幼的铁木真迎来了人生变故——他的父亲也速该被铁木真兀格之子札邻不合毒死了。此时，泰赤兀部的塔里忽台煽动蒙古各部落，不许其接受铁木真母子的投靠和依附，否则就会招致祸患。

成吉思汗

自此，铁木真的生活发生了剧变，从部落首领的位置一下子跌落到苦难的深渊，乞颜部的部众也纷纷离他们而去。铁木真母子最终归附了塔儿忽台和札达兰部的首领札木合。札木合当时和铁木真关系很好，两人结为安答（义兄弟）。

1180年，因也速该抢亲而和乞颜部结下大仇的篾儿乞部采取了同样的报复手段，抢走了铁木真的妻子孛儿帖。铁木真盛怒之下向篾儿乞部开战，并在札木合的帮助下取得了胜利。札木合邀请铁木真一家和他们一起共同生活，但不甘于人下的铁木真还是在一年后悄悄离开了。

离开后的铁木真聚拢了很多有雄心壮志的年轻人，并带领他们一起训练，一起成长为勇敢的战士。他们刻意训练一种特殊的作战技巧，那就是如何在疾驰的马上向敌人射箭——这种作战技巧成为蒙古军队日后征战四方最强大的倚仗。铁木真出色的才干受到了部族人的肯定和推崇，1184年，他被推举为乞颜部可汗，恢复了父亲在世时的地位。此后，他带领乞颜部不断地发展壮大，五年后被推举为蒙古部可汗。

身份、地位的剧变，使得铁木真和儿时玩伴札木合的关系也发生了巨大的转变。铁木真被称为蒙古各部落的可汗，这使得向来野心勃勃的札木合非常忌恨。不久后，乞颜部的人又杀死了札木合的胞弟殆察儿，札木合大怒之下，联合塔塔尔、泰赤兀等十三个部落，共同向铁木真开战，这便是著名的“十三翼之战”——此战中铁木真战败，这是他一生经历的六十多场战争中唯一的一次失败。

获胜的札木合彻底展示了自己的残暴，他让人摆了七十口大锅，将抓到的俘虏扔进去煮熟，再强迫大家吃下。这件事引起了各部落的极大不满和厌恶，为这些人以后彻底倒向铁木真埋下了伏笔。

统一蒙古各部落

铁木真在“十三翼之战”中败北后，退避到斡难河上游继续积累实力，并向杀害自己祖父和父亲的仇人们寻仇。随着铁木真势力的不断扩张，草原各部落首领都害怕自己的既有利益受到影响。1201年，哈答斤、塔塔尔等十个部落会盟于犍河（今内蒙古根河），推举札木合为大汗，并组建了十二部落联军，借以攻打铁木真。

两军在阔亦田（今贝尔湖哈拉河上游处）发起决战，组织松散的盟军自然敌不过铁木真严格训练过的军队，不到一天就土崩瓦解了，札木合投降。铁木真和札木合之间争夺草原部落领导权的决战就这样结束了。

此后，铁木真进一步加快了统一蒙古草原的步伐。他很快击败了塔塔尔部和泰赤兀部，彻底扫除了统一蒙古的巨大障碍，并培养了神射手哲别、纳牙阿等著名将领。1203年，铁木真率部打败了蒙古草原最强大的部族——克烈部，占据了水草丰美的东部草原——呼伦贝尔草原。

此时，整个蒙古草原上能够和铁木真对抗的势力只剩下乃蛮部了。

曾经败于铁木真之手的各部族首领也陆续汇集到乃蛮部，希望借助这个部族的力量夺回自己的旧部、牛羊和牧场。但是乃蛮部的太阳汗所经战事少，军队战斗力很差，很快就被消灭了。

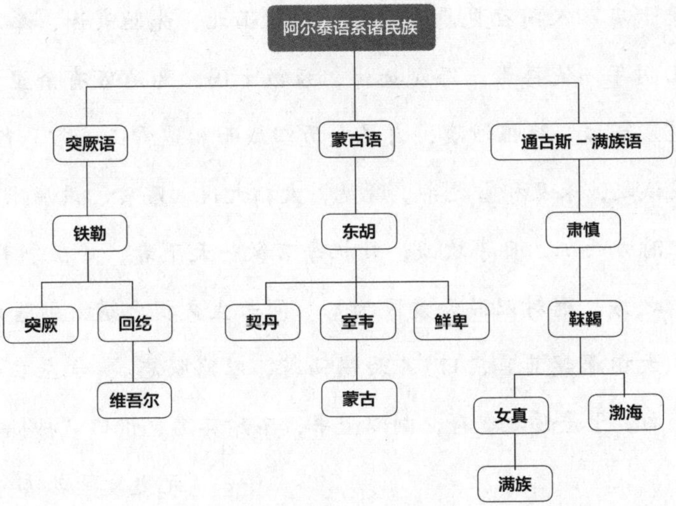

阿尔泰语系诸民族示意图

1206年春天，蒙古各部落的贵族们在斡难河源头召开大会，共同尊崇铁木真为“成吉思汗”（意为“拥有海洋四方的大酋长”），成立蒙古汗国（即大蒙古国），蒙古草原自此实现了大一统。

建立汗国之后，成吉思汗重赏了那些立下过战功的大臣和宗室们。同时，他还进一步完善了在战争中施行的千户制，创立了军政合一的新千户制，建立了一个层层隶属、指挥灵活、便于统治、能征善战的军政组织，由此奠定了蒙古汗国统治的基础——贵族共和制度。

此外，成吉思汗还命人用畏兀儿文字母拼写蒙古语，教导人们学习，这就是所谓的“畏兀字书”，也是蒙古文字的来源。有了文字后，他命人编制《成吉思汗法典》——这是世界上第一部应用范围最为广泛的成文法典（也是世界上最早的宪法性文件），也是蒙古帝国的根本大法。

名篇精选

岁己卯，太祖自乃蛮命近臣札八儿、刘仲禄持诏求之。处机一日忽语其徒，使促装，曰："天使来召我，我当往。"翌日，二人者至，处机乃与弟子十有八人同往见焉。明年，宿留山北，先驰表谢，拳拳以止杀为劝。又明年，使再至，乃发抚州，经数十国，为地万有余里。盖喋血战场，避寇叛域，绝粮沙漠，自昆仑历四载而始达雪山。常马行深雪中，马上举策试之，未及积雪之半。既见，太祖大悦，赐食、设庐帐甚饬[1]。

太祖时方西征，日事攻战，处机每言欲一天下者，必在乎不嗜杀人。及问为治之方，则对以敬天爱民为本。问长生久视之道，则告以清心寡欲为要。太祖深契其言，曰："天锡仙翁，以寤朕志。"命左右书之，且以训诸子焉。于是锡之虎符，副以玺书，不斥其名，惟曰"神仙"。

——《元史·释老传·丘处机》

【注释】

①饬（chì）：恭谨。

【译文】

乙卯年（1219年），元太祖成吉思汗从乃蛮国命令亲信札八儿、刘仲禄带着诏书来邀请丘处机。有一天，丘处机突然告诉自己的弟子，吩咐其赶紧整理行装，说："天子的使者来召见我，我应该去了。"第二天，果然来了两位使者，丘处机决定带着十八位弟子一同前去拜见成吉思汗。第二年，当一行人停歇在山北时，丘处机派人带上奏章先行奔赴成吉思汗那里表示感激，并诚恳地劝谏太祖停止杀戮。又过了一年，丘处机一行遇到了成吉思汗派来催促他们赶路的使者，于是从抚州出发，历经了几十个国家，行程一万多里。其间曾在战场上踏血而行，在叛乱地区躲避贼寇，在沙漠断绝粮食，从昆仑山跋涉了四年才到达雪山。一行人经常骑着马在深雪中前进，在马上举起鞭子抽打积雪测试深度，鞭痕还不到积雪的一半深。当丘处机拜见太祖成吉思汗后，成吉思汗非常高兴，很恭敬地赐给丘处机食物，并安排住宿。

太祖当时正率军西征，每天进军作战，丘处机常常对太祖说，想要统一天下，最重要的是少杀人。等到成吉思汗向丘处机询问治理天下的方略时，丘处机回答，应该把敬畏上天、爱护人民作为施政的根本。当成吉思汗询问起长生不老的道术时，丘处机就告诉他，关键在于保持心地清净、减少欲念。成吉思汗很认同丘处机的看法，说："上天将您这位仙翁赐予我，来使我认识到自己应有的志向。"成吉思汗命令随从将丘处机的话记录下来，并且用这些语录来教导自己的儿子。其后，成吉思汗把虎符以及诏书赏赐给丘处机，不直接称呼丘处机的名字，只尊称其为"神仙"。

【词句撷英】

1. 拳拳：本义为奉持之貌、紧握不舍，引申为赤诚、诚挚，形容诚恳、深厚、勤勉、忠谨。词义扩展：拳拳赤子心。

2. 敬天爱民：敬奉天命，爱护百姓。

蒙古汗国的扩张之路

自宋以来，中原地区一直处于各民族不断征伐的混乱之中，辽、西夏、金等国常年与宋朝对立，国家四分五裂。直到元朝横空出世，实现了国家的大一统，扩大了中国的版图，促进了社会经济的发展。

扫平西夏

成吉思汗建立蒙古汗国之后，致力于向外拓展疆域。当时，在北方地区，与蒙古汗国并立的有金朝和西夏等国。为了孤立国力较为强盛的金朝，成吉思汗决定先消灭和金朝联盟的西夏。

蒙古汗国正式建立后，1207年，成吉思汗正式发动对西夏的战争，率兵进攻斡罗孩城（今内蒙古乌拉特中后旗西境），西夏军队顽强抗击，最终蒙古军队败走。两年后，蒙古军占领高昌和回鹘，这使得西夏的河西地区毫无阻挡地暴露在蒙古军队的面前。蒙古军队再次入侵西夏，并逼近西夏都城中兴府（今宁夏银川市老城）的最终防线——克夷门。西夏大将嵬（wéi）名令公在此地进行伏击，却仍然败给蒙古军队。蒙古骑兵包围了中兴府。西夏襄宗李安全向金朝求援，金朝置之不理，坐视不救。最终，西夏襄宗和蒙古达成合议，给蒙古大量赔款，接受蒙古提出的“附蒙伐金”的条件，蒙古这才退兵。

西夏按照约定，开始攻击自己原本的盟友——金朝。然而，之前持续多年的战争大大地削弱了西夏的国力。西夏的经济因此大受影响，人民饱受劳役，生活困苦，军队因为长期征战而疲惫积弱。加之西夏襄宗昏庸无能，朝政腐败。1211年，西夏内部发生变乱，齐王李遵顼成功发动政变并夺权，登基为夏神宗。西夏神宗慑于蒙古之威，继续攻击金朝，使得境况更加不稳定，民变四起。

1223年，西夏献宗李德旺继位。此前的多次入侵已经让他意识到，蒙古的野心是无止境的，他决定再次和金朝结盟，并准备利用蒙古西征的机会，联合周边各国共同进攻蒙古。可惜这一计划被蒙古大将孛鲁发现了，他即刻率军攻打西夏，并占领了银州（今陕西米脂西北）。

蒙古将领复原像

1226年，成吉思汗决定彻底扫灭西夏，铺平南下的道路，随即以西夏违反合约为由再次进攻西夏。这次战争中，蒙古大军兵分两路，先后占领了黑水城、甘州、沙州、肃州等要地，一步步地逼近西夏都城。次年，西夏王朝灭亡。

攻灭金朝

在前后二十多年断断续续与西夏进行战争的过程中，蒙古国也从未间断过与金朝的交锋。

窝阔台

蒙古国一直以来都受着金朝残酷的民族政策的压迫，对于金朝早已恨之入骨，很早就想发动反抗金朝的战争，只是金朝国力强盛，不敢轻举妄动。成吉思汗在草原一统之后，用五年时间进行了充分的战争准备，一边攻打西夏，剪除金朝的羽翼，扫除自己在境外的残敌，进而保障后方安全；一边刺探金朝的政治、军事情报，策反和收买内应，招纳金朝守卫边境的汪古惕部，使得阴山以北地区成为进攻金国的战略基地。在这样的情势之下，金朝却从未把蒙古放在眼里，始终将主要兵力放在金宋边界，对蒙古疏于戒备，边关将领报告敌情反而会受到惩罚，可以说毫无战争准备。

1211年，成吉思汗率军正式进攻金朝。在接下来的十年时间里，成吉思汗不停地派兵进攻金朝，他派木华黎为主将，几乎每年都要南下。木华黎也一改以往的政策，一方面重用投降蒙古的汉人和契丹人，一方面改变了“夺地不守”的旧例，在河北、山西、山东和陕西的一些占领地区建立了政权，为后续持续进攻金朝创造了有利条件。

1227年，成吉思汗病逝。临终前，他留下遗命，命令蒙古大军借道南宋，绕过潼关灭金。1229年，成吉思汗的第三子窝阔台即大汗位。他率军全面对金朝开战，蒙古和金朝之间进入全面战争阶段。

1231年，窝阔台召集众将领商议灭金策略，决定兵分三路合围汴京（今河南开封）。第二年正月，金哀宗完颜守绪急调黄河沿岸的二十万守军到禹山（今河南邓州西）一带阻击蒙古军队。成吉思汗的小儿子拖雷率军避开金朝援军，兵分多路北上，又在金军必经之地钧州（今河南禹州）西南的三峰山一带设伏，一举消灭金军精锐十五万人。潼关守将闻讯投降，黄河以南的十几个州都被蒙古军所占。

蒙古士兵复原图

蒙古骑手示意图

几个月后，蒙古军队再次发动战争，在郑州附近歼灭十余万金兵。至此，金军主力所剩无几，南京城（今河南商丘）弹尽粮绝，金哀宗率一小部分人仓皇出逃。而后，蒙古军根据成吉思汗的遗命，联合南宋一起灭金。双方会师于蔡州城下，于1234年正月攻破蔡州城，金朝灭亡。至此，前后持续了二十四年的蒙金战争以蒙古军队的胜利告终。

灭亡南宋，统一全国

战争中没有永远的盟友，只有永恒的利益。在南宋和蒙古联合灭金之后，宋军趁蒙古军队北撤之机，派兵北上收复原来北宋时期的西京、东京、南京（今河南洛阳、开封、商丘），被蒙古军队发现并打败。

1234年6月，窝阔台汗以宋朝背弃双方盟约为借口，派兵分两路大举进攻南宋，此后的几年间，蒙古多次派兵进攻今天的湖北、四川、安徽等地，战线拉得特别长，且以劫掠为主，并未驻军守城。两淮和蜀地一带，山多水多，不利于骑兵发挥作战优势，因而每次撤军后，城池就又被南宋夺回了。直到窝阔台汗去世，蒙古对南宋的进攻也没能有实质性进展。

此后，蒙哥汗继位，继续发动对南宋的战争。蒙古军挟西征大胜的威视，兵分三路进攻南宋。蒙哥汗亲自率军进犯四川，兵临潼川府路合州钓鱼城（今重庆合川钓鱼城），被阻挡在城下，不得寸进。1259年7月，蒙哥汗被城上的火炮所伤，死在了战场上。

忽必烈继汗位后，南宋成为他南进路上的大敌。在总结了窝阔台汗、蒙哥汗攻宋得失的基础上，忽必烈制定了先取襄樊（今属湖北），实施中间突破，沿汉入江，直取临安（今浙江杭州）的灭宋方略。蒙古军队先后突破襄樊，渡过长江直取临安，占领长江沿线重点城市，攻占建康（今属江苏南京）、临安（今浙江杭州）等地，一步步蚕食南宋疆域，将仅剩的南宋军队逼到了崖山（今广东新会南）一带。

经历惨烈的海战后，蒙古军全歼宋军，南宋灭亡。1279年，中原自唐末以来三百七十多年的分裂局面结束。

元朝的统治制度

元朝建立大一统王朝之后，在忽必烈极力推行汉化的主张下，一改蒙古汗国时期草原贵族原有的统治体系，借鉴金朝的制度，在一些中原知识分子的参议下推行“汉法”。同时，保留能充分保障蒙古贵族特权地位的制度，重新确立了中央集权制统治体系以及相应的各种典章制度。

元世祖忽必烈

元世祖忽必烈皇后察必

朝廷设立中书省总理全国政务，也称都省。因为地域过于广泛，规定腹里地区（今河北、山东、山西、河南、内蒙古部分地区）直属于中书省。由宣政院掌管全国佛教事宜，并统辖西藏地区的军政事务。此外，其他各路重要都会设立十个行中书省，行中书省在当时主要作为军事管理分管各个地区的钱粮、兵甲、屯种、漕运及其他军政事务，即“都省握天下之机，十省分天下之治”。

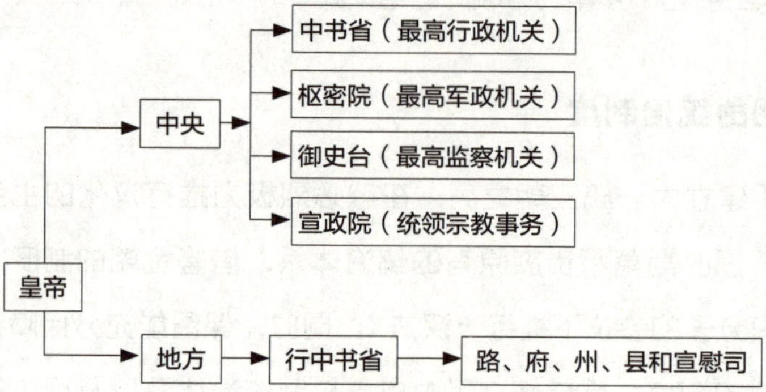

元代政治制度示意图

这十个“行中书省”开始时是作为中央政府的派出机构，带有中书省的职衔，在中央外行使“省”的职能，后来逐渐转变为一级地方行政组织，其最高长官也不再带有中书省的官衔，简称“行省”。

在国家律法方面，元朝正式建立前，很多案件诉讼使用的都是金代的《泰和律》。大元建立后，要求禁用《泰和律》，但是几次修订律法都没有完成，这便导致官员在判案时没有固定的依据，大多根据已断案例来类推解释。

虽然忽必烈推崇汉制，但他骨子里依然高高在上，认为蒙古贵族的地位无可撼动。当时，元朝政权是包含蒙古族在内多民族并立的，为了维护蒙古贵族的专治统治，元朝在全国推行“民分四等”的政策，将国人分成四等：一等蒙古人，二等色目人，三等汉人，四等南人，这种划分同时带着各种不平等的政策和规定。比如，杀死一个蒙古人需要偿命；杀死一个色目人需要罚黄金四十巴里失（一巴里失折合二两银币）；而杀死一个汉人，只需缴纳一头毛驴的价钱。这种民族歧视政策从开始之初就为国家的治理埋下了祸患。

名篇精选

德祐初，江上报急，诏天下勤王。天祥捧诏涕泣，发郡中豪杰，有众万人。事闻，以江西提刑安抚使召入卫。其友止之，天祥曰："第国家养育臣庶三百余年，一旦有急，征天下兵，无一人一骑入关者，吾深恨[①]于此，故不自量力，而以身徇之，庶[②]天下忠臣义士将有闻风而起者。"尽以家赀为军费。

明年正月，除知临安府，寻除右丞相兼枢密使，如军中请和，与大元丞相伯颜抗论[③]皋亭山。丞相怒拘之，北至镇江。天祥夜亡入真州，展转至高邮，泛海至温州。至元十五年十二月，趋南岭。天祥方饭五坡岭，张弘范兵突至，天祥仓皇出走，千户王惟义前执之。至潮阳，见弘范，左右命之拜，不拜，弘范遂以客礼见之，与俱入崖山，使为书招张世杰。天祥曰："吾不能捍父母，乃教人叛父母，可乎？"索之固，乃以所书《过零丁洋》诗与之。

——《宋史·文天祥传》

【注释】

①恨：遗憾。②庶：但愿，希望。③抗论：据理力争。

【译文】

德祐初年，元军进逼愈急，皇上下诏号召天下起兵救援，文天祥捧着诏书大哭，发动郡中豪杰，有民众万人。朝廷知道后，让文天祥以江西提刑安抚使的身份领兵抗敌。他的好友劝阻他，文天祥说："国家养育臣民三百多年，一旦国家有急难，向天下征集兵员，竟然没有一人一马响应入关，我对此非常遗憾，所以不自量力，而想到要以身殉国，但愿天下有一听到消息就立刻行动的忠臣义士。”于是倾尽家财充作军费。

第二年正月，担任临安府尹，不久又担任右丞相兼枢密使，朝廷派他到元军军营请求和好，跟元丞相伯颜在皋亭山，据理力争。元丞相伯颜大怒，扣押了他，文天祥随元军向北到了镇江。后来趁夜色逃到真州，辗转到了高邮，渡海到了温州。至元十五年十二月，逃到南岭。文天祥正在五坡岭吃饭，张弘范的军队突然到来，文天祥仓皇出逃，千户王惟义上前抓住了他。文天祥被押解到潮阳，带去见张弘范，张弘范身边的人命令文天祥下拜，文天祥不拜，张弘范于是用对待客人的礼节对待他，与他一起到崖山，让他写信去招降张世杰。文天祥说：“我不能护卫皇上，却教别人背叛皇上，能这样做吗？”张弘范坚持索要劝降信，文天祥就将他所写的《过零丁洋》的诗交给张弘范。

【词句撷英】

不自量力：不能正确估计自己的力量，多指做力不能及的事情。

欧亚大陆的扩张之路

马克思在谈到成吉思汗时曾说：“成吉思汗戎马倥偬（kǒng zǒng），征战终生，统一了蒙古，为中国统一而战，祖孙三代鏖（áo）战六七十年，先后征服民族多至720部……”的确，13世纪，蒙古军队铁蹄遍及欧亚大陆。

西征花剌子模

成吉思汗建立蒙古汗国后，就开始了蒙古人征战世界的步伐。1209年，蒙古人先后征服高昌、回鹘和西辽，西辽残部继续向西逃窜。自此，蒙古人西征的路途已经铺平，其疆域已与中亚最强大的国家花剌（là）子模王国接壤。

花剌子模原本是一个中亚小国，1200年，一位非常强势的国王——阿拉乌丁·摩诃末继位，在他的治理下，国家迅速发展强大起来，很快就向东夺取了西辽西部地区，又多次远征，吞并了波斯（今伊朗）、阿富汗等周围各国，达到全盛时期。他还企图远征蒙古，派出使节去探听蒙古国的虚实。此次蒙古西征，是这两大侵略性极强的政权直接对抗。

蒙古重甲骑兵复原图

1215年，成吉思汗限于金、西夏战事的影响，不想多面对敌，就派出使节到花剌子模王国，希望缔结通商贸易协定。成吉思汗派出四百五十人的商队，用五百头骆驼携带着大批金银珠宝和商品前往通商。商队走到讹答剌（在今哈萨克斯坦奇姆肯特西北）的时候，当地总督见财起意，诬陷商队为间谍，杀了他们，并侵吞了财物和骆驼。成吉思汗希望能和平解决此事，要求花剌子模国王摩诃末交出凶手。摩诃末拒绝了这一要求，并且杀害了成吉思汗派来的使臣。这使得成吉思汗异常愤怒，他将对金的战事全权交给木华黎，自己开始全力谋划征讨花剌子模之事。

1219年，成吉思汗亲率约二十万（号称六十万）大军西征。摩诃末命令各城坚壁清野，拒不出战。第二年中秋前后，成吉思汗率军向锡尔河进攻；并命令哲别率骑兵，取道进入阿姆河上游，从花剌子模国的东南部发动佯攻。摩诃末中计，派遣主力部队去迎战哲别。成吉思汗趁机率主力推进到锡尔河的讹答剌，并兵分四路，进攻各军政要地，切断王国主力部队向各地救援的要道。前后一年多时间里，蒙古军队就消灭了花剌子模国的三十万军队，攻占了花剌子模国本土和河中地区，并取得了具有战略决定性意义的河中战役的胜利，为灭亡花剌子模国打下了基础。

当成吉思汗率军打到花剌子模兴盛时新建立的都城撒马尔罕时，摩诃末开始时认为城池坚固，能够固守，结果没有几天就被蒙古军攻破，于是一路逃亡，哲别、速不台一路率军追击，俘虏了摩诃末的母后和妃嫔等。摩诃末听闻噩耗，又加上身患重病，就传位给札兰丁·明布尔努。

蒙古大军围攻花剌子模（壁画）

此时，成吉思汗命哲别、速不台率军北越高加索地区进行探察，而后又奉命扫荡阿姆河以西呼罗珊地区（今土库曼斯坦南部、伊朗东北部和阿富汗西北部地区）。成吉思汗自己则率军平定阿姆河以北的地区。札兰丁继位后，想在旧都玉龙杰赤抗击蒙古军队，当地守军不拥护札兰丁，起兵反叛，双方在巴鲁安（又作八米俺，今阿富汗喀布尔西北巴米安）交战。成吉思汗得报后，迅速急行军赶至巴鲁安，札兰丁仅率几十人逃往印度。花剌子模国自此覆灭。

西征欧洲

窝阔台继承汗位后，继续进行西征。当时也儿的石河（今新疆额尔齐斯河）以西、乌拉尔河以东全部都已被蒙古汗国所征服，但乌拉尔河以西的钦察、斡罗斯（今俄罗斯欧洲北部的基洛夫州和鞑靼自治共和国以西地区和乌克兰、白俄罗斯）等地还未被征服。

中世纪的莫斯科公国

1235年，窝阔台召集将领议事，决定攻打钦察、斡罗斯等还没有臣服的各国。消息传出，居住在伏尔加河和乌拉尔河之间的钦察部首领忽鲁速蛮惧怕蒙古军，准备投降。居住在伏尔加河下游的钦察部首领八赤蛮则坚决主张抗击。当时，斡罗斯和波兰、匈牙利等分为多个公国，各自为政，而西欧诸国则卷入十字军东征。这一局面对于蒙古西征是非常有利的。

欧洲十字军骑士复原像

1238年，蒙哥和贵由率军攻取铁门关（今乌兹别克斯坦南部杰尔宾特西），打通了高加索南北交通线。第二年渡过顿河，进入斡罗斯南部劫掠。随后，斡罗斯全境被蒙古军占领。

蒙古西征军与匈牙利骑士交战

蒙古骑兵大战条顿骑士

1240年初，蒙古军仅留下三万人镇守南斡罗斯，其余兵马分三路，向马札儿（今匈牙利）进军。北路军负责进攻马札儿的外援波兰；南路军绕过喀尔巴阡山脉，自南迂回前进；中路军则越过喀尔巴阡山脉直向都城佩斯（今匈牙利布达佩斯市附近）进军。南北两路大军先行出发，北路军分成数路，渡过维斯瓦河向波兰进军，击溃波兰及其附属的小封国。

在征战西里西亚（今波兰西南部）时，西里西亚国王亨利二世退守勒格尼兹（今德国萨克森州格尔利茨附近），并集结了波兰、条顿骑士团共三万军队准备迎战。蒙古军北路军统领拜答儿巧妙用计全歼联军，俘虏了其国王亨利（这就是著名的列格尼卡战役），而后乘胜南下，攻入莫拉维亚（今捷克南部摩拉维亚地区），然后向马札儿进军，并与中路军会合。

匈牙利国王贝拉四世

蒙古军攻城战复原图

马札儿国王贝拉四世闻讯后，从都城佩斯赶到帛思忒城，集结十万大军守城。蒙古军队到来后，攻城没能攻破，暂时撤兵，贝拉四世出城追击，双方在赛约河对峙。蒙古军队在夜间兵分两路，发动突袭，尽歼其军，贝拉四世逃入奥地利。蒙古军队随后进驻佩斯城。在这场战争中，蒙古军队也伤亡惨重。当年冬天，多瑙河封冻后，蒙古军队进攻匈牙利古都格兰城。这个城池周围有很深的壕沟，还修有戍楼。蒙古军队用三十门大炮猛烈攻城，又驱赶俘虏去填壕沟，最终才攻破城池。不久后，大汗窝阔台的死讯传来，蒙古军队撤军。

继续西征

蒙哥汗继位后，继续向西开疆拓土。当时，西边还有三个国家保持着独立：一个是建都马三德兰地区（今伊朗北部马赞德兰省）的木剌夷国（木剌夷人曾屡次劫掠蒙古商旅），一个是建都巴格达的大食王国，一个是叙利亚国。这三个王国之间彼此独立，相互之间没有联系。蒙哥汗决定远征波斯，希望在该地建立一个统一的政权。

1252年，蒙古军主帅旭烈兀派遣先锋开始西征前的探路。1256年，蒙古大军渡过阿姆河，正式向木剌夷国发起进攻。蒙古军主帅旭烈兀率军一直进攻撒瓦（今伊朗德黑兰西南萨韦）、徒思（今伊朗东北部马什哈德北）等地，在第二年初全部占领木剌夷国。

蒙古军继续西行千里，进攻至阿拉伯帝国，攻下一百多座城池，降服巴尔苏丹。1259年，蒙古军正式进攻叙利亚，于第二年春天全部占领叙利亚国。之后，继续进攻小亚细亚（今土耳其小亚细亚半岛），击败巴尔干诸国联军。同时蒙古军将领郭侃渡海，攻陷富浪国（即塞浦路斯岛），使得地中海诸国大为震动。东罗马朝廷和西欧的一些国家纷纷派遣使者来和蒙古军联络，希望结成联盟。蒙古军主力此时已经达到了亚洲的西南端，并且积极准备进攻埃及。正当此时，蒙哥汗去世，蒙古军主力东归，第三次西征结束。

建立了伊尔汗国的旭烈兀

蒙古骑兵刺杀欧洲骑士

在三次西征中，蒙古帝国的疆域不断拓展，汗国不断增加，各大王公先后征服了今咸海以西里海以北的钦察、花剌子模和东起阿尔泰山西至阿姆河的西辽、畏兀儿故地，建立察合台汗国；征服鄂毕河上游以西至巴尔喀什湖的乃蛮旧地，建立窝阔台汗国；征服伏尔加河流域的梁赞、弗拉基米尔、莫斯科、基辅等公国，建立钦察汗国；征服两河流域的伊朗、阿富汗、叙利亚，建立伊尔汗国，史称四大汗国。此时，整个欧亚大陆都笼罩在蒙古铁骑的威胁之下。

三次西征之后，蒙古再未发动大规模的扩张，并且逐渐衰落下去，但蒙古大军西征带给欧洲人的恐怖梦魇（yǎn），直到几个世纪后仍然挥之不去。

名篇精选

乙未，太宗命诸王拔都西征八赤蛮，且曰："闻八赤蛮有胆勇，速不台亦有胆勇，可以胜之。"遂命为先锋，与八赤蛮战。继又令统大军，遂虏八赤蛮妻子于宽田吉思海。八赤蛮闻速不台至，大惧，逃入海中。辛丑，太宗命诸王拔都等讨兀鲁思部主也烈班，为其所败，围秃里思哥城，不克。拔都奏遣速不台督战，速不台选哈必赤军怯怜口等五十人赴之，一战获也烈班。进攻秃里思哥城，三日克之，尽取兀鲁思所部而还。

——《元史·列传·卷八》

【译文】

七年，太宗（即元太宗，蒙古帝国可汗，史称“窝阔台汗”）命拔都西征八赤蛮，并且说：“听说八赤蛮有胆量，又勇猛，速不台同样勇猛过人，可以胜过他。”于是，以速不台为先锋。八赤蛮听说速不台领大军来战，恐惧万状，逃入海中地区。十三年，命拔都讨伐兀鲁思部酋长也烈班，蒙军战败；围秃里思哥城，亦未攻克。拔都奏请太宗派速不台督战。速不台挑选哈必赤军怯怜口等五十人来参战，俘虏了也烈班；进攻秃里思哥城，只经三日战斗，便攻下该城，兀鲁思部全部归附蒙古。

【词句撷英】

胆勇：胆量和勇气。词句扩展：胆勇过人。

元大都的兴建

元朝时，封建王朝已经进入了后期，北部边疆的地位越来越重要，政治中心北移，变得势在必行。长安和洛阳这两大都城，必须要让位于新兴的元大都（北京城）了。

蒙古汗国忽里台大会示意图

统治中心·南移的元朝

1259年，成吉思汗的孙子蒙哥汗去世，留下了一个巨大的问题。他的两个弟弟忽必烈和阿里不哥都非常有能力，也都很有野心，但是二人的政治主张却天差地别，忽必烈注重汉化，阿里不哥则激烈反对这一施政理念。

元世祖出猎图　〔元〕刘贯道绘

1260年，忽必烈在漠南宣布继承大汗之位，阿里不哥则在漠北宣布继承大汗之位，蒙古汗国分裂为忽必烈的元朝（元帝国）和西部的四大汗国。两大汗国之间展开了长达四年的内战，最终以忽必烈的胜利而告终。然而，他始终未能完全收复四大汗国的民心。阿里不哥死后，各个汗国纷纷宣布独立，不归于元朝统治，强大的蒙古帝国最终走向崩溃。

忽必烈在漠南宣布继承汗位之后，定都在上都（今内蒙古自治区锡林郭勒盟正蓝旗境内，多伦县西北闪电河畔）。但是，上都的位置太靠北方，对忽必烈控制中原地区非常不利，因而，在和阿里不哥的汗位之争结束后，他决定把都城南迁到燕京地区。

奠定北京城基本格局的元大都

当时的燕京地区有金朝的中都城（今北京），但是，经过历年的战争，宫殿早已经被焚烧或拆毁，供水水源也出现不足的问题，难以满足日常生活所需。因此，忽必烈在决定迁都之后，就下令改建燕京城。

经过三年的准备，1267年，燕京城开始整修。前后历经二十多年，终于完成了宫城、宫殿、皇城、都城、王府等工程的建造，形成新的帝都——大都。元大都的整体形制呈长方形，周长28.6公里，面积约50平方公里，相当于唐长安城面积的五分之三。

城内的所有布局都是围绕水源展开的，新城南侧受到旧城的限制，无法进行大的扩展，因而新城大面积地向北推移。全城共分为50坊，每个坊之间以街道作为界线。所有的街道宽度都经过严格计算，中轴线上的大街宽28米，其他主要街道宽25米，小街的宽度为12.5米，胡同的宽度为6.25米，整个城市显得格外壮观。

《马可·波罗游记》中记载道："全城的设计都用直线规划。大体上，所有街道都是笔直走向，直达城根。一个人若登城站在城门上，朝正前方远望，便可看见对面城墙的城门。城内公共街道两侧，有各种各样的商店和货摊……整个城市按四方形布置，如同一块棋盘。"

在密布的坊市中，各个城区的功能规划也是非常清楚的。东城区主要是政府办公的衙署和官僚贵族的住宅集中地，其中有东市、角市、文籍市、纸札市、靴市等众多商市，都是官员们日常消费所需的商品。北城区则因为通惠河的开通，海子（积水潭）就成了大运河的终点码头，形成了繁荣的商业区域。海子北岸的斜街，则集中了米市、面市、帽市、缎子市、皮帽市、金银珠宝市、铁器市、鹅鸭市等各种生活所需的市场。西城区的居民，其社会地位和层次整体低于东城区，集中着的商市则偏向骆驼市、羊市、牛市、马市、驴骡市等牲口买卖市场。南城区是金朝中都的旧城区，居住的居民较为穷困，商市则有蒸饼市、穷汉市（城市贫民出卖劳动力的市场）。可以说，元大都的这种居民区和商市的分布，既有着城市规划的制约，也有着居民生活和对外交通自发促成的因素。

此外，元大都还在城市的中心地区设置了高大的钟楼、鼓楼作为全城的报时机构，鼓楼上有铜壶滴漏、鼓角等计时和报时的工具，钟楼上有阁楼，内面放置有大钟，声响洪亮，钟声响起的时候，全城都可以听见声音。与以往的利用各里的里门、各商市的市楼单独报时不同，这在我国历史上尚属首次，属于城市规划方面的一大创新。

对此，《马可·波罗游记》中记载道：“新都的中央，耸立着一座高楼，上面悬着一口大钟，每夜鸣钟报时。第三次钟响后，任何人都不得在街上行走。除非遇有紧急事务，如孕妇分娩或有人生病，非出外请医生不可。但是，如果遇到这种情况，外出的人必须提灯。夜间，有三四十人一队的巡逻兵，在街头不断巡逻，随时查看有没有人在宵禁时间——即第三次钟响后——离家外出。被查获者立即逮捕监禁……”

元大都在建成后，布局几乎没有进行过更改，一直到元朝灭亡，进入明朝，才被拆除了一部分。今天，我们在北京北三环附近还能看到元大都城垣（yuán）遗址。

名篇精选

中统元年，世祖即位，问以治天下之大经、养民之良法，秉忠采祖宗旧典，参以古制之宜于今者，条列以闻。于是下诏建元纪岁，立中书省、宣抚司。朝廷旧臣、山林遗逸之士，咸见录用，文物粲然一新。

秉忠以天下为己任，事无巨细，凡有关国家大体者，知无不言，言无不听，帝宠任愈隆。燕闲顾问，辄推荐人物可备器使者，凡所甄拔，后悉为名臣。

至元初，帝命秉忠相[①]地于桓州东滦水北，建城郭于龙冈，三年而毕，名曰开平。继升为上都，而以燕为中都。四年，又命秉忠筑中都城，始建宗庙宫室。八年，奏建国号曰大元，而以中都为大都。他如颁章服，举朝仪，给俸禄，定官制，皆自秉忠发之，为一代成宪[②]。

——《元史·刘秉忠传》

【注释】

①相：审查、勘察。②宪：法令、制度。

【译文】

中统元年，元世祖即位，询问治理天下的关键、修养百姓的好方法，刘秉忠采纳祖宗的旧制，参照适合于今天的古代制度，一条条地列出来上报给他听。世祖于是下发诏令建立元，建立中书省、宣抚司。于是朝廷的旧臣、山林的隐逸之士，都被录用，人才济济，粲（同“灿”）然一新。

刘秉忠以天下为己任，事无大小，凡是有关于国家的大事，知道的没有不说的，说的皇上没有不听的，皇帝对他越来越宠爱信任。他空闲时帮着皇上参谋，推荐可以供重用的人才。凡是他甄别提拔的，后来都成了名臣。

至元初年，皇上命刘秉忠在桓州东滦水北面查勘土地，在龙冈建筑城池，历时三年完成，命名为开平。后来把开平改为上都，把燕改为中都。四年，皇上又命令刘秉忠建造中都城池，开始修建宗庙宫室。八年，刘秉忠奏请封建国号大元，把中都作为大都。其他像颁赐官服，订立朝廷礼仪，供给俸禄，确立官僚制度，都是由刘秉忠操办发起，最终成为既定的规章制度延续下去。

【词句撷英】

1. 粲然：粲的意思是露齿笑，然的意思是“……的样子”，用于词尾，表示状态。粲然，形容笑容灿烂的样子。词义扩展：粲然一笑。

2. 相地：原是中国勘选园林地域的通俗用语，包括园址的现场踏勘，环境和自然条件的评价，地形、地势和造景构图关系的设想，内容和意境的规划性考虑，直至基址的选择确定。

南坡之变与帝国的衰落

元朝经历了繁荣的巅峰，但自忽必烈之后，围绕帝位频繁发生政变，短短四十年时间里就换了十位帝王，朝政始终未能走上正轨。其中影响最大的一次政变，就是南坡之变。

政坛上冉冉升起的双子星

1312年，忽必烈的曾孙爱育黎拔力八达登上皇位，是为元仁宗。他前期时颇有作为，裁汰冗员，整顿朝政，编纂法典，推行“以儒治国”的政策，有历史学家评价他有汉文帝之风。但好景不长，仅仅几年时间，他就疏于朝政，政局越来越腐败。

元仁宗皇后阿纳失失里

元武宗皇后珍格

当时，元仁宗是继承哥哥元武宗的位置登上皇位的，他承诺过元武宗要“兄终弟及，叔侄相传”。也就是说，元武宗传位给弟弟元仁宗，元仁宗要传位给侄子（元武宗的儿子）。但是，元仁宗继位之后，没有信守这一约定，而是立了自己的儿子硕德八剌为皇太子，这就为皇位的更替埋下了隐患。

元仁宗仅仅当了八年皇帝就驾崩了，十八岁的皇太子硕德八剌登基为皇帝，就是元英宗。元英宗自幼接受良好的教育，热爱汉文化，推崇儒学，他希望找到一位志同道合、德才兼备的宰相来辅佐自己。很幸运地，他找到了一个叫拜住的年轻人。拜住是蒙古开国贵族木华黎的后人，祖父安童在元世祖忽必烈当政时曾经两度官拜宰相，治国才能和政绩都非常突出，拜住也颇有其祖父的风采。

元英宗和拜住——这两颗政坛上冉冉升起的新星互为臂助，先是用计扫清了朝堂上右丞相铁木迭（dié）儿和太皇太后答己的政治势力，彻底掌控了国家政权。而后，元英宗任命拜住担任右丞相，不再设置左丞相，二人放开手脚，锐意改革，全面整顿朝政。例如，大规模起用汉族儒臣，裁汰冗官，惩治腐败，关心民生疾苦，下诏将农民的徭役负担控制在百分之三以内……这些新政有利于从根本上维护元朝的统治，却没能持续下去，原因就在于一次政变的发生。

斩草不除根引起的南坡之变

元英宗一登基就清理了权倾朝野的铁木迭儿一党，处死了其子八思吉思和一些党羽，收缴了铁木迭儿的财产，却未彻底清理其他残余势力。当时，铁木迭儿的义子铁失担任御史大夫一职，兼领左右卫亲军。铁失担任御史大夫时并没有做好推荐贤才的本职工作，元英宗严厉地批评了他，他心中感到非常不安。再加上朝堂上爆发了官员贪污事件，牵扯出的一大批人纷纷被诛杀，这些官员大部分都是铁木迭儿的余党，还没有被牵扯进去的只剩下铁失。铁失急于摆脱困境，就怂恿（sǒng yǒng，鼓动）宫内的喇嘛（lǎ ma）向英宗进言大赦（shè）天下，被拜住制止。在铁失看来，自己被诛杀只是时间问题了。

狩猎图

与此同时，英宗和拜住在朝堂上推行的新政大大限制了蒙古贵族的种种特权，这引起了他们的强烈不满，自觉走投无路的铁失就和一部分蒙古贵族联合起来，准备发动政变，刺杀英宗。1323年8月，元英宗从上都起驾返回大都，途中驻扎在南坡。铁失等人发动政变，进入元英宗大帐，杀死了元英宗和拜住等人，并连夜赶到大都，将玉玺、中书省印信等收起来，遣人送到正在漠北的晋王也孙铁木儿（元英宗的堂叔）手中，也孙铁木儿在漠北即位，改元泰定。

也孙铁木儿即位后，出其不意地捕杀了谋杀元英宗的铁失等人，控制了朝廷形势，一方面执行忽必烈遗留下的政策，一方面保留了英宗的改革措施，使得国家维持了大体稳定。但经过这次政变，元朝已经进入多事之秋。

名篇精选

至治元年正月，帝欲结彩楼于禁中，元夕张灯设宴。时居先帝丧，参议张养浩上疏，拜住谓当进谏，即袖其疏入奏，帝悦而止，仍赐养浩帛，以旌直言。三月，从幸上都，帝以行宫亨丽殿制度卑隘，欲更广之。奏曰："陛下初登大宝，不求民瘼[1]，而遽兴大役以妨农务，恐失民望。"从之。帝尝谓拜住曰："朕委卿以大任者，以乃祖木华黎从太祖开拓土宇，安童相[2]世祖克成善治也。"

时右丞相铁木迭儿屡杀大臣，鬻狱[3]卖官，广立朋党，凡不附己者必以事去之。尤恶平章王毅，右丞高昉（fǎng）。因京诸仓粮储失陷，欲奏诛之，拜住密言于帝："论道经邦，宰相事也。以金谷细务责之，可乎？"帝然之，俱得不死。铁木迭儿复引参知政事张思明为左丞以助己。思明忌拜住方正，谋中害之。左右得其情，乘间以告，且请备之。拜住曰："大臣协和，国之利也。今以右相雠[4]我，我求报之，非特吾二人之不幸，亦国家之不幸。汝辈毋复言。"

——《元史·卷一百三十六·列传第二十三》

【注释】

①瘼（mò）：疾苦。②安童：拜住的祖父，著名政治家，曾出任宰相一职。相：辅助。③鬻（yù）狱：鬻，卖。借诉讼案件收贿。④雠(chóu)：同"仇"。

【译文】

至治元年正月，英宗想在宫中搭建彩楼，元宵节夜晚张灯设宴。当时英宗还处在为先帝服丧期间，参议张养浩上书劝谏，拜住认为应该进谏，便带着张养浩的奏疏向英宗上奏，英宗高兴地接受了劝谏，停止了喜庆活动，并赏赐锦帛给张养浩，以表彰他的敢于直言。三月，拜住跟随皇帝出巡上都，皇帝认为当地行宫亨丽殿规模狭小，想再加以扩建。拜住上奏说："陛下刚刚登上大位，不去了解民间疾苦，却急于大兴土木影响农业生产，恐怕会让老百姓失望。"英宗听取了拜住的意见。英宗曾对拜住说："我把重任委托给你，是因为你的先祖木华黎跟随太祖开拓疆土，你的祖父安童辅佐世祖能够很好地治理天下。"

当时右丞相铁木迭儿多次杀害大臣，借诉讼案件收贿，卖官位赚钱，大肆结党营私，凡是不肯依附自己的便借故除掉。尤其憎厌平章王毅和右丞高昉，以京城各粮仓储藏的粮食缺失为理由，上奏英宗要将二人杀掉。拜住私下对皇帝说："讨论治国大计，是丞相的职责，如果用钱粮上的小事来责罚他们，合适吗？"英宗认为他说得对，王毅和高昉得以活命。铁木迭儿又推荐参知政事张思明担任左丞来帮助自己。张思明忌恨拜住为人正直，阴谋中伤陷害拜住。拜住身边的人得知内情后，就找机会把这些情况告诉了拜住，并提请拜住防备他们。拜住说："大臣合作协调，是国家的幸事。现在因为右宰相仇视我，我便想法报复，这不只是我们二人的不幸，也是国家的不幸。你们不必再说了。"

【词句撷英】

鬻狱卖官：收受贿赂，出卖官爵，干涉司法。

天历之变

元朝末年，朝堂之上动荡不安，政变频发，上层贵族忙于争权夺利，底层人民生活困苦。最终，在声势浩大的农民起义和统治阶层的争权夺利中，元朝迅速走向了覆灭。

两位皇帝的两都之争

1328年，也孙铁木儿去世，控制朝政大权的倒喇沙迟迟不肯按照他生前的遗愿，扶持太子阿不吉八继位，这引起了朝中大臣的强烈不满。

此时，留守大都、手握重兵的元武宗旧臣燕铁木儿抢先一步，在大都立武宗之子图帖睦尔为帝——即元文宗。身处上都的倒喇沙不甘示弱，也在仓促间拥立阿不吉八继位。两个皇帝，两个都城，必然会有一番龙争虎斗。双方军队在昌平、古北口、密云一带展开大规模的激战，上都方面战败，阿不吉八趁乱逃跑，倒喇沙等人都被处死。而文宗即位后，因前一位皇帝也孙铁木儿也被认为是“自立”的非法君主，没有得到庙号、谥号与蒙古汗号，后人一般就以其年号称他为“泰定帝”。

兄弟相残的天历之变

两都之争后，元文宗巩固了自己的皇位，但他却忽然生出了禅位的想法。于是，他派使者去察合台汗国请自己的亲哥哥——周王和世㻋

(là) 回来即位称帝。和世瑓见弟弟情真意切，就答应了下来。1329年正月，和世瑓在和宁即位，史称元明宗。因为他还没有返回大都，因而朝政还掌握在元文宗手里。当年七月，元明宗来到了大都。但此时的元文宗却经历了禅位后地位的极大落差，他非常后悔自己的禅位行动，又想把皇帝的宝座夺回来。

元明宗

元文宗

但是，此事已经昭告天下，再也无法更改，元文宗就决定杀死自己的哥哥，重新夺回帝位。经过一番周密安排，趁元明宗醉酒熟睡的时候，元文宗派人用铁钉钉入了他的头部，这位当了一个月皇帝的可怜哥哥就这样被杀害了。史称“天历之变”。

元明宗死后，元文宗又再次坐上了皇帝的宝座。他隐瞒了自己杀害明宗的真相，对外宣称他是暴病而亡的。但是，这件事情让他在思想和精神上受到了极大的打击，内心的谴责和恐惧如影随形，仅仅三年时间，他就在惶惶不可终日中逝世了。

元文宗去世后，政局更加动荡不安，国力加速衰落，最终走向灭亡。

名篇精选

御史台臣言："近北兵夺紫荆关，官军溃走，掠保定之民。本路官与故平章张珪子景武五人，率其民击官军死，也先捏不俟奏闻，辄擅杀官吏及珪五子。珪父祖三世为国勋臣，设使珪子有罪，珪之妻女又何罪焉！今既籍[1]其家，又以其女妻也先捏，诚非国家待遇勋臣之意。"帝曰："卿等言是。"命中书革正之。命御史台择人充各道廉访司官。遣官赈（zhèn）良乡、涿州、定兴、保定驿户之被兵者[2]。

——《元史·卷三十二·本记第三十二·文宗一》

【注释】

①籍：抄没。②被兵者：遭受兵祸的人。

【译文】

御史台官员上言说："不久前北方兵马攻取紫荆关，官军溃败而逃，抢劫保定路百姓。本路长官和已故平章（地方高级官员）张珪的儿子张景武等五人率领百姓打死官军士兵，也先捏不经奏闻朝廷，便擅自杀害地方官员和张珪的五个儿子。张珪与父亲、祖父三代都是国家勋臣，即使张珪的儿子有罪，张珪的妻子女儿又有何罪？现在既已抄没其家资，又把其女赐予也先捏，这确实不是国家对待勋臣的做法。"文宗说："你们的话有道理。"命令中书省予以改正。命令御史台选择人员充任各道廉访司官员。派遣官员赈济良乡、涿州、定兴、保定等处驿户中遭受兵祸之人。

【词句撷英】

勋臣：指功臣。词义扩展：相似意思的词语有"勋贵"等。

第二章

大明王朝的建立

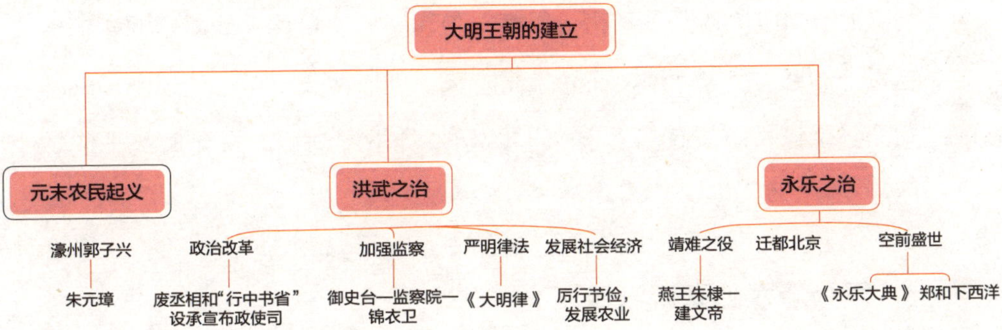

太祖初定天下，即下诏禁止胡服胡语，把腥羶（shān）之俗扫除。所定制度，亦颇详备。边防的规模，亦是很远的。然而专制的气焰太盛，私天下之心又太重。只要看其废除宰相，加重御史之权，及其所定的兵制，就可知道了。而其诒（yí，意为给予，带来）害尤巨的，则为封建之制。

——吕思勉《中国通史》

鄱阳湖之战

细数中国历代开国皇帝，只有一位真正出身贫民，他就是明朝的建立者——明太祖朱元璋。在元末席卷天下的农民起义中，涌现出了韩林儿、张士诚、陈友谅等多支义军队伍，几番混战后，朱元璋终于成功称帝。

声势浩大的元末农民起义

元朝末年时，朝廷腐败，横征暴敛，大肆扩大税收名目，提高税额，蒙古贵族又大量抢占土地，连年灾荒，使得百姓难以维持生计。从1325年开始，各地就陆续爆发小规模的农民起义，到1340年前后，小规模的农民起义和暴动已遍及全国，仅在京南一带爆发的农民起义就达到三百多起。

这些以汉人和南人为主的农民起义，使得元朝统治者对于汉人和南人更加仇视，当时的丞相伯颜等人就提出了要杀绝汉人张、王、刘、李、赵五姓的主张，又再三发布诏令，命令汉人不得执兵器，并且规定北人殴打南人，南人不许还手等。这些诏令的颁布和实施，更激发了各地民众反抗的浪潮。民间四处流传着反抗元朝统治的民谣。

1350年，黄河泛滥，中下游地区百姓受灾严重，无数灾民四处流亡，灾民中流传着一句民谣：“石人一只眼，挑动黄河天下反。”第二年，朝廷征发十五万人修治黄河，派兵两万沿河监工。监督修河的官兵们贪污腐败，克扣民工为数不多的工钱，使得很多民工饭都吃不上，导致群情激愤。白莲教出身的韩山童就预谋在这些服役的民工们中挑起起义。他派人事先在黄河底下埋了一个独眼的石人，民工们在施工时挖出了石人，觉得正如民谣所说，于是起来反抗官兵，元末农民大起义正式爆发。

1351年5月，韩山童、刘福通等人在颍州颍上县的白鹿庄聚集了三千多名白莲教教徒，宣布起义。随即，起义军遭到元朝军队的大力镇压，韩山童被害，其子韩林儿逃出，继续和刘福通等人组织起义力量，附近州县的人民纷纷响应。起义军顺利占领了颍州等地，并在朱皋开仓赈济贫民，起义队伍迅速扩大起来，达到数十万人之众，并陆续占领了罗山、真阳、确山、汝宁、息州、光州等地。因为他们头裹红巾，便被称为红巾军。

红巾军起义之后，各地纷纷起来响应，几个月后，黄河、长江、两淮之间，处处都有农民起义。其中规模较大的一支是活动在蕲州（今湖北蕲春）一带的徐寿辉、彭莹玉（即彭和尚）领导的以白莲教为基底的起义军，他们占领了武昌、安陆、沔（miǎn）阳、江州、饶州等地。这支起义军和韩林儿、刘福通领导的一支一样，都头裹红巾，也是红巾军的一部分。

与此同时，1348年，浙江的方国珍率众起义；1353年，泰州的盐商张士诚率众起义。这两支起义军在很大程度上牵制了元朝军队的攻势，使得红巾军的声势能够迅速扩展。

此外，全国各地还有很多以红巾军为号的起义队伍，有萧县芝麻李、南阳布王三、荆樊孟海马、濠州郭子兴等。红巾军势力不断扩大，使得元朝疲于应付，于是他们改变了以往歧视汉人的政策，利用仇视红巾军的汉族地主势力来镇压红巾军起义。同时，红巾军内部也是矛盾重重，形成很多派系，相互仇杀，势力逐渐被削弱。

1359年，红巾军主力被包围在汴梁（今河南开封）城中，情势危急。不久后，汴梁城破，韩林儿突围逃走，刘福通牺牲，中原地区的红巾军政权被彻底瓦解，红巾军起义基本上走向尾声。

明太祖朱元璋像

朱元璋的异军突起

在中原的红巾军势力正和元朝主力军队进行艰苦斗争的时候，朱元璋开始逐渐崭露头角。

年幼时，生活无以为继的朱元璋去皇觉寺剃度做了和尚，然而，由于饥荒严重，寺庙里得不到施舍，也无法养活更多人，就让和尚们下山云游化缘。朱元璋离开寺院，托钵流浪，一路从濠（háo）州（今安徽凤阳）向南到了合肥然后折向西进入河南，到了固始、信阳，又往北走到汝州、陈州等地，东经鹿邑、亳（bó）州。流浪的这三年间，他接触了各地风土人情，也看到了农民起义的风起云涌。

1352年，郭子兴在濠州发动起义，朱元璋投奔了他，成为红巾军中的一员。他作战勇敢，机智灵活，又认得字，很快就得到郭子兴的赏识，并将养女马氏嫁给了他。当时，濠州的红巾军中有五个元帅，他们之间矛盾重重，经常爆发冲突。朱元璋见此情况，决心依靠自己的力量开创新局面。他回乡募兵，招揽了少年时的伙伴徐达、周德兴、郭英等人，募兵七百多人，回到濠州后被郭子兴提拔做了镇抚。后来，由于濠州红巾军内部的矛盾冲突越来越多，朱元璋就带着心腹徐达、汤和等人离开了濠州。

在广阔的天地中，朱元璋迅速发展、壮大了自己的力量。在南下途中，他招降了驴牌寨的三千壮丁，带领他们夜袭横涧山的元军，收降精兵两万，随即进占滁（chú）州。1355年，朱元璋又进兵和阳，渡江攻下太平、溧（lì）水、溧阳等地。此时，红巾军大首领小明王韩林儿在亳州称帝，消息传来，朱元璋接受了韩林儿的册封，队伍开始以红巾裹头，成为红巾军的一部分。1356年，朱元璋率部占领了集庆路（今江苏南京），将之改名为应天，并以此为根据地不断扩展势力。

那时，他的北面是韩林儿、刘福通，西面是徐寿辉，东面是张士诚，而皖南、浙东一带元兵势力比较弱，也没有其他较大规模的农民军势力，于是他就决定朝这个方向发展。三年间，他派兵陆续占领了宁国、徽州、池州、婺（wù）州、衢（qú）州、处州、皖南以及浙东的东南部地区，势力迅速发展壮大起来。此外，他还接纳了浙东文人刘基、宋濂（lián）等人，取得了东南地区地主阶层的支持，巩固了在这一地区的统治基础。他又兴修水利，经营农田，减免田赋，使其辖下地区的农民生活较为安定，军粮供应充足。

鄱阳湖之战

在朱元璋占领浙东等地的过程中，北面的韩林儿、刘福通所领导的红巾军正遭到元军主力的猛烈攻击；西面的徐寿辉又被部将陈友谅杀死，正值将士离心之时；东面的张士诚和方国珍早已投降了元朝，在辖区内大肆圈占土地，腐化享乐，越来越不得民心。而这正是朱元璋势力进一步发展的大好时机。

1359年，陈友谅杀死徐寿辉后自立为汉王，并于第二年发兵讨伐朱元璋。他的十万大军攻占了太平和采石，并派人联系张士诚，希望东西夹击，一举消灭朱元璋。

朱元璋水军主力元代海舟复原图

陈友谅水军主力楼船复原图

1363年，张士诚派兵围攻小明王韩林儿最后的据点安丰（今江苏省东台市安丰镇），韩林儿向朱元璋求援。安丰地区是应天的屏障，保安丰就相当于保应天，朱元璋率主力渡江救援安丰，江南腹地一时间守卫薄弱。

趁此机会，陈友谅发兵围攻赣（gàn）江下游的军事要地洪都，并占领吉安、临江等地。但在洪都城下，陈友谅的军队猛攻了一个月也没有攻下来，此时，朱元璋已经回师应天，只不过军队主力仍由徐达率领围攻庐州。朱元璋认为，此时江水日益干涸，陈军的巨舰行动不便，再加上陈军缺粮，攻城不利，士卒多战死，正是消灭陈友谅的大好时机。随后，一场空前激烈的生死决战在鄱（pó）阳湖上展开。

当时，陈友谅的军队乘坐的都是巨舰，首尾相连，长达数十里，朱元璋抓住舰队不利于进退的特点，将自己的舰船编成二十队，每对都配备上大小火炮、火铳（chòng）、火箭、火蒺藜（jí li）、大小火枪、神机箭和弓弩，命令士卒在接近敌军时先发火器，等靠近敌舰时再用短兵器进行战斗。双方战斗非常激烈，死伤甚重，从早晨战斗到日落时分都不分胜负。

此时，朱元璋采纳了部将郭兴的建议，决定改用火攻。黄昏时分，当江面上刮起东南风时，士兵们驾驶七艘装满了火药和柴薪的渔船驶近敌舰，并顺风放火。大火迅速燃烧起来，很快就烧毁了陈军的数百艘巨舰，陈军死伤过半。朱元璋乘势发起猛攻，毙敌数千人。此后，陈友谅军又主动发起两轮攻势，但都大败而归。双方相持了一个多月，陈军军粮消耗殆尽，最终决定孤注一掷，冒死突围。但鄱阳湖已被团团围住，陈友谅战死。

第二年，朱元璋率军攻下武昌，陈友谅之子陈理率部投降。至此，原来陈友谅所辖的地盘全归朱元璋所有。

统一江南，北上伐元

之后，朱元璋将兵锋转向了张士诚、方国珍等江南的其他势力。他用了两年时间逐步攻占了被张士诚控制的高邮、淮安、湖州、嘉兴、杭州等地，歼灭其主力军队，然后进围苏州，苏州城破，张士诚被俘后自缢而死。方国珍归降，庆元、温州、台州一带也归于朱元璋之手。同年，他派兵攻打广东、福建，占据了江南的大部分地区。紧接着，他发布檄（xí，声讨）文，宣称白莲教是“妖术”，并派兵进攻瓜步（山名，今南京市六合区东南），杀死了小明王韩林儿，彻底统一了江南。

在红巾军的持续攻击下，元朝只占据了北方的部分地区，军力减弱，政治依旧腐败，各贵族势力之间连年交战，人民生活困苦不堪。朱元璋决意北伐。他发布檄文，提出要“驱除胡虏，恢复中华”，并宣布蒙古人、色目人只要愿意称臣归附，也都和汉人一样对待，以争取更多的支持。

1367年，朱元璋命令徐达、常遇春等人率军北伐，先后在汴梁、潼关等地打败扩廓帖木儿、李思齐、张思道的军队。第二年又攻下临清、德州、通州等地，元顺帝北逃，朱元璋军队进入大都，元朝统治终结。1368年，朱元璋正式建立了明朝，改元洪武。

这之后，他又花了二十年时间扫平了其他各地的农民军，击败了元朝残余的势力（北元），实现了全国统一。

名篇精选

孔克仁，句容人。由行省都事进郎中。尝偕宋濂侍太祖，太祖数与论天下形势及前代兴亡事。陈友谅既[1]灭，太祖志图中原，谓克仁曰：“元运既隳（huī），豪杰互争，其衅可乘，吾欲督两淮江南诸郡之民，及时耕种，加以训练，兵农兼资，进取退守，仍于两淮间馈运可通之处，储粮以俟②。兵食既足，中原可图。卿以为何如？”克仁对曰：“积粮训兵，观衅（xìn）待时，此长策也。”

当是时，江左兵势日盛，太祖以汉高自期③，尝谓克仁曰：“秦政暴虐，汉高帝起布衣，以宽大驭群雄，遂为天下主。今群雄蜂起，皆不知修法度以明军政，此其所以无成也。”因感叹久之。又曰：“江南则惟我与张士诚耳。士诚多奸谋，尚间谍，御众无纪律。我以数十万众，修军政，任将帅，相时而动，其势有不足平者。”克仁顿首曰：“主上神武，当定天下于一矣。”

——《明史·孔克仁传》

【注释】

①既：已经。②俟：等待。③自期：自己期许，自许，自认为。

【译文】

孔克仁，句容（今江苏句容）人。由行省都事晋升为郎中。曾和宋濂一同侍奉太祖，太祖多次和他讨论天下形势及前代兴亡的史实。陈友谅已被消灭，太祖志在中原，对克仁说：“元朝的国运已被摧毁，豪杰互争，有可乘之隙。我将督促两淮、江南诸郡的百姓，及时耕种，兵农兼资，进可攻退可守。再于两淮之间的可河运之处，储粮等候时机。兵粮充足，中原就可谋图，你认为怎样？”克仁回答说：“储备粮食，训练士兵，观望战事，等待时机，这是长久的策略。”

当时，江左的兵势日盛，太祖以汉高祖的标准来要求自己，曾对克仁说：“秦政暴虐，汉高祖起自布衣，以容大度驾驭群雄，于是成为天下之主。现群雄蜂拥而起，但都不知制定法度以严明军政，这就是他们难以成功的原因。”感叹良久之后又说：“江南则唯有我和张士诚。士诚多奸谋，崇尚间谍之术，治军无纪律。我率领十万之众，整肃军政，任用将帅，伺机而动，我们的势力将不可战胜。”克仁点头说：“主上神武，一定能一统天下。”

【词句撷英】

1. 布衣：麻布衣服。古代平民不能着锦绣布料的衣服，多穿布衣，故常用来借指平民。

2. 相时而动：观察时机，针对具体情况采取行动。

洪武之治

元末，由于天下混乱已久，经济状况十分糟糕，各地民生凋敝。建立明朝后，面对百废待兴的局面，朱元璋发布了一系列与民休息的措施，使得社会生产逐渐恢复和发展起来，出现了“洪武之治”的安定局面。

加强中央集权

朱元璋建立明朝之初，并未对政治进行重大改变，而是承袭了元朝中央和地方的很多制度。直到洪武十三年（1380年），国家经济有了一定的恢复以及局势平稳之后，才开始进行政治改革。

他先是以图谋不轨的名义诛杀了左丞相胡惟庸，罢中书省，将其权力直接分到六部，提升六部的地位，让六部尚书直接执行皇帝的命令，对皇帝负责。紧接着，朱元璋又下旨不再设置丞相一职，废除了自秦汉以来施行了一千多年的宰相制度，进一步加强了皇权。

废掉丞相后，为了政务处理的有效性，他挑选文臣，担任华盖殿、武英殿、文渊阁、东阁等殿阁大学士，协助他批阅奏章，充当国事顾问。

为了进一步加强皇权，防止权臣对皇权造成威胁，他严厉打击立国过程中立过赫赫战功的功臣们，告诫文武百官要吸取西汉时韩信、彭越的教训，后来又多次颁布诏令，规定功臣的权限，不允许他们私相接纳、豢（huàn）养军士，更不允许他们欺压民众、侵吞公私土地等。在胡惟庸案中，他以同伙的罪名，诛杀了韩国公李善长、列侯陆仲亨等人，株连达三万余人。后来，又以谋反的罪名诛杀了凉国公蓝玉、列侯张翼等人，株连上万人。

明太祖朱元璋晚年半身像

马皇后像

在地方上，朱元璋废除了“行中书省”，在全国设置十三个承宣布政使司，设置左右布政使各一人，主管当地的民政和财政；设置提刑按察使司，主管当地的刑法；设置都指挥使司管理当地的军政。这“三司”之间相互不统属，分别归中央部门管辖。后来又增设通政使司，负责向皇帝报告当地的各种状况。

设立锦衣卫

洪武初年，为了监察朝廷官员，朱元璋设置御史台，后来改为都察院，专门负责弹劾官员。都察院在全国各道设立十三道监察御史，纠察官员行止。监察御史虽然官职只有七品，但是权力却很大，外出巡查时，号称“代天子巡狩”。此外，还在六部之中，设立六科给事中，专职负责稽查各部，监察政务处理中的错误。

洪武十五年（1382年），出于监控朝廷百官的需要，朱元璋特意将管辖皇帝禁卫军的亲军都尉府改为锦衣卫，设锦衣卫指挥使，授予其侦察、缉捕、审判、处罚罪犯的权力。这个正式的军事特务机构由皇帝直接掌管，有自己的法庭和监狱（即“诏狱”），诏狱里酷刑无数，官员被投入诏狱后，大多难以活着出来。

除了明面上的特务机关——锦衣卫，朱元璋还秘密派出大量被称之为“检校”的特务人员，暗中监视官员的行止。有一次，学士宋濂上朝，朱元璋就询问他，昨天在家时有没有饮酒，请了什么人，宋濂一一照实回答。朱元璋听完之后满意地说：“果然没有骗我。”由此可见“检校”的无孔不入。

严明律法，惩处贪官

洪武六年（1373年），刑部尚书刘惟谦奉旨编定《大明律》，编纂完成后，朱元璋亲自审阅，又经三次修改，于洪武三十年（1397年）正式颁行天下。《大明律》共30卷460条，其中还包括对官员的行为、刑事犯罪、权贵犯罪等的处理办法，对于严肃法纪、规范官员行止、保护民众利益等起到了很大的作用。

严明法律之后，朱元璋还倡导“峻刑”，他说“吾治乱世，刑不得不重”。面对明朝初建之时严重的社会问题，朱元璋则“宽”“猛”并用——对老百姓“宽”，让他们休养生息；对待官员“猛”，采用严刑峻法，重点惩处贪污腐败。在洪武一朝，就有大批贪赃枉法的官员被处死，其中包括开国将领朱亮祖、驸马都尉欧阳伦等。这场雷厉风行的反贪行动历时久、措施严、手段狠、杀人多，在历代封建王朝中是极为罕见的。其后，在很长一段时间里，官员腐败的情况得到了有效遏制。

勤于政事发展社会经济

朱元璋可以说是历史上最为勤政的皇帝之一。据史书记载，在洪武十八年（1385年）九月十四日至二十一日的八天时间里，他批阅奏章1660件，处理国事3391件，足可见其勤奋。经历元末的乱世之后，朱元璋十分注重爱惜民力，提倡节俭。他在都城应天修建的宫室，只要求坚固耐用，不追求华丽的装饰，还让人在墙上画了很多关于节俭的历史故事，以警醒自己。

耕稼图　〔元〕任仁发绘

按照以往朝代的惯例，皇帝使用的车舆和器具等，都应该用黄金来装饰，朱元璋下令，全部用铜代替。主管官员说用不了太多黄金，朱元璋回复说，他不是吝惜这少量黄金，而是要自己作为典范，厉行节俭。他和马皇后每天的早餐都非常简单，“只用蔬菜，外加一道豆腐”，还在宫中开荒种菜，以节省开支，甚至将做衣服剩下来的布头缝制成被单使用。这在历代皇帝中也是十分罕见的。

为了使社会经济快速恢复，朱元璋将发展农业放在了首位，并颁布种种措施增加劳动力，如禁止蓄养奴婢，控制僧侣和尼姑的数量等，使得在战争中被抛荒的土地很快得到耕种，人口也逐渐稳定下来。此外，朝廷还兴修水利，发展屯田制度，减轻农民赋税，使得农业生产得到了迅速的恢复和发展。

除了农业之外，明初还特别注重发展棉纺织业、制瓷业、矿冶业和造船业等产业，手工业水平居世界先进地位。农业和手工业的发展，促进了商业和城市经济的繁荣。政府为鼓励经商，商税定位“三十而取一”，同时为了贸易方便，还决定发行纸币，造“大明宝钞”，使得各地间的贸易更加便捷，同时减少了民间用银，增加了国库中的金银储量。

名篇精选

宋学士濂，洪武中以文学承宠渥①最久，后以老致仕②，每值万寿节③则来京贺，上与宴，恩数犹洽④。一日，与登文楼，楼峻，陟级踬⑤焉。上曰：“先生老矣，明年可无来。”濂稽首⑥谢。至明年万寿节前数日，上曰：“宋先生其来乎？”盖忘前语也。久之不至，曰：“其阻风乎？”使使视之江口，不至。曰：“其有疾乎？”使使视之家，濂方与乡人会饮赋诗。上闻大怒，命即其家斩之。

已而，入宫。上食，孝慈⑦命左右置蔬膳于侧，上问：“后何为食蔬？”曰：“闻宋先生今日赐死，故为蔬食，以资冥福⑧。”上感悟，遽起，命驾前双马驰赦之，曰：“不及罪死。”会前使阻风钱塘江，稍得延，后使至则已绑至市矣，宣诏得免。久之，其孙慎⑨获罪，复执来京，将杀之。后复力救曰：“田舍翁请一先生尚有终始，濂教太子诸王，何无师傅之恩？且濂居家，必不知情。”乃免。

——《王文恪公笔记》，有删减

【注释】

①洪武：明太祖（朱元璋）年号。宠渥（wò）：皇帝的宠爱与恩泽。②致仕：交还官职，即辞官。③万寿节：古代君主的生日。④恩数犹洽：依然蒙受皇恩。⑤陟（zhì）：登。踬（zhì）：跌倒。⑥稽（qǐ）首：跪拜礼，常为臣子拜见君主时所用。⑦孝慈：孝慈马皇后，明太祖朱元璋的结发妻子。⑧冥福：迷信的人指死者在阴间所享之福。⑨慎：人名，指宋慎。

【译文】

宋濂学士，洪武年间凭借文学成就蒙受皇恩最为长久，后来（他）年老辞官回家，每年到了万寿节的时候都会来京城祝寿，皇上赐他筵席，所受恩宠还和以前一样。一天，（宋濂）和（皇上）登文楼，楼很高，（他）登台阶时跌倒了。皇上说：“先生老了，明年（万寿节）你不要来了。”宋濂跪拜谢恩。到了第二年万寿节前的几天，皇上说：“宋先生差不多到了吧？”（他）大概忘记以前说的话了。过了很久宋濂也没到，（皇上）说：“他是不是因为大风受阻？”（于是）派人到江边查看，（发现宋濂还是）没到。（皇上）又说：“他是不是生病了？”又派人去他家查看，（发现）宋濂正和同乡聚会喝酒赋诗。皇上听了大怒，命人去他家杀了他。

不久，（皇上）回宫了。吃饭的时候，孝慈皇后叫近侍把蔬菜放在自己身边。皇上问：“皇后为什么只吃蔬菜？”皇后答：“我听说宋先生今天要被赐死，所以只吃蔬菜，来增加宋先生的阴间之福。”皇上突然省悟，立刻起身，命人骑他的驾前双马快速前去赦免宋濂，说：“濂罪不及死。”恰好先派的使者因大风在钱塘江受阻，稍微耽搁了时间，后派的使者赶到的时候（宋濂）已被绑赴刑场，（在刑场上，后派的使者）宣读了赦免诏书，（宋濂）得以免死。又过了很久，宋濂的孙子宋慎犯了死罪，

（宋濂）又一次被抓到京城，（皇上）将要杀他。孝慈皇后又极力营救宋濂，（对皇上）说："种田人家为子孙请一个先生尚且有始有终，宋濂作为太子诸王的老师，怎能不感谢他的教导之恩呢？况且宋濂在家，一定不知实情。"于是皇上免去了宋濂的死罪。

【词句撷英】

田舍翁：年老的庄稼汉。可以代指普通人家、种田人。词义扩展：唐白居易《买花》一诗中有"有一田舍翁，偶来买花处"一句，此处的"田舍翁"就是指老农。

靖难之役

发生在明朝初年的“靖难之役”，是明代影响极为深远的一次政权争夺战，不仅改变了皇位归属，还直接影响了其后二百多年的政治走向。

分封藩王埋下的祸端

明朝建立后，为了确保王朝的长治久安，朱元璋就想尽方法增加皇族的力量。他将自己的二十三个儿子、一个侄子和一个孙子封为藩王，让他们分别驻扎在北部边境和全国各个要塞，想让他们成为皇室的屏障。

这些藩王在地方上拥有实权。他们在封地里建立王府，设置官署，又设立亲王护卫指挥使司，下辖三护卫。尤其是边塞之地的藩王，负责防御蒙古军队的侵扰，更是拥兵无数。例如，燕王朱棣（dì）就拥兵十万，其他藩王的兵士最多也就几万人而已。藩王在边塞负责筑城、屯田、训练兵士、督造兵器。尤其是燕王和晋王，多次打败了蒙古残余军队的袭扰，受到明太祖多次嘉奖和表彰，甚至允许他们“军中小事自断，大事才向朝廷报告”。

藩王势力的不断膨胀，势必会对中央政权构成威胁。朱元璋大封诸王时，就有人劝谏他，藩王势力过重，如果将来削藩，恐怕会酿成西汉时“七国之乱”的悲剧。但朱元璋并没有采纳这一建议，反而将劝谏的臣子下狱处死。

为了避免各个藩王之间相互串联，朱元璋规定，受封的藩王必须离开京城，去各个封地就藩，不允许各藩王相互往来，即使入朝觐见也不能同时来，一王离开之后，另一王才能来。但事实证明，这些措施并不管用。

如果明初中央朝廷的政权能够一直保持稳定，或许还能震慑诸藩王，让他们乖乖地待在边塞。但世事无常，洪武二十五年（1392年），性格仁慈宽厚、在诸王中极具威望的皇太子朱标因病去世。朱元璋悲痛万分，于是册封朱标之子朱允炆（wén）为皇太孙。但朱允炆为人“仁柔少断”，朱元璋十分不放心，在临终前仍然尽力为他铺路，命文武大臣同心辅政，又命各地藩王不得进京。尽管有朱元璋的遗诏，但是燕王朱棣仍然希望能为自己的父皇送葬。为此他不惜违反诏令，直奔京师奔丧，在半路被已经登基的建文帝朱允炆派人遣回，这令燕王朱棣十分恼火。

建文帝朱允炆

燕王朱棣

建文帝即位之后，对于边疆地区拥有极大权势的藩王们忧心忡忡，担心他们会对中央政权不利，就和兵部尚书齐泰、太常寺卿黄子澄等大臣商议，决定削藩，先后废除周王、齐王、湘王、代王、岷王等五王。朝廷的削藩举措使得各地藩王和朝廷的矛盾激化，各地藩王纷纷与朝廷决裂，其中实力最强的燕王成了众藩王之首。

燕王起兵清君侧

明太祖朱元璋分封诸王时，为了防止朝中权臣篡权，明文规定藩王有向中央索取奸臣和举兵清君侧的权力（在皇帝召唤之时）。此时，燕王朱棣就以此为借口，指斥齐泰、黄子澄为奸臣，要进行诛讨，称自己要“清君侧，靖国难”。

建文元年（1399年）七月，朱棣举兵杀死北平布政使（地方最高行政长官）张昺（bǐng）、都指挥使（地方最高军事长官）谢贵，攻占北平九门，彻底控制了北平城。并在不到一个月的时间里，扫平周围的通州、密云、怀来、永平府等地，燕军实力大增。其周围的藩王实力并不强，有的被朝廷召回，有的想要起兵呼应，都没能成功，因而燕王起兵可以说是孤立无援，中央朝廷则在各方面具有压倒性优势。因此，朝廷想要以强大的兵力分兵合击，一举将燕王围歼在北平。

但中央朝廷却面临着一个非常尴尬的局面——明太祖朱元璋大肆杀戮功臣宿将之后，朝廷已经无将可用。建文帝只能起用已年近古稀的老将耿炳文为大将军，率军十三万讨伐燕军。

耿炳文首战告败的消息传到京师，建文帝恼怒之下，任命曹国公李文忠之子李景隆为大将军，代替耿炳文出任主帅，又命令辽东江阴侯吴高等领兵围攻永平（今河北昌黎西北）。李景隆不通军事，他调动各路人马进驻河间。燕王朱棣侦知了他军中的部署后，就笑着说，兵法有“五败”，他全犯了，肯定必败无疑，于是放心地让世子朱高炽留守北平，并让谋士姚广孝留下辅佐。他告诉朱高炽，李景隆来进攻时不需要应战，只需坚守，还撤掉了卢沟桥的守卫，而他本人则亲自率领大军去救援被辽东军围攻的永平府。李景隆听说朱棣率领大军离开北平，欣喜万分，就带兵直奔北平城下，却因指挥失当，几次攻城都无功而返。

燕王朱棣回军后，和李景隆率领的大军在郑村坝会战。燕军左右冲击，连破七营，李景隆大败，轻装逃跑，在匆忙之中没有通知围困北平的军队，使得他们在毫无防备之下被燕军所袭，前后伤亡达十几万人。

朱棣回军北平后，再次上书朝廷，指责齐泰、黄子澄构陷宗藩，希望将他们治罪，建文帝没有给予回应。建文元年（1399年）十二月，燕军攻打大同，大同是代王的封地，军事地位十分重要，李景隆不得不发兵救援。李景隆出兵后，收到消息的燕军却从另一条路悄悄地返回了北平，朝廷军队在冰天雪地中白跑一趟，兵力、装备、士气均受到重创。

此后几个月时间里，双方又交战几次，李景隆一败再败，建文帝就撤掉了他的主帅之位，换上了盛庸。盛庸屯兵济南，燕军攻打了几个月都没打下来，就决定用大炮攻城，城中渐渐守不住，主将铁铉为了阻止燕军的攻势，就命人在很多木牌上写了“高皇帝神牌”（即朱元璋的灵位）几个字，挂在城头各处，燕军只得停止用大炮攻击。朱棣进攻不得，只得退回了北平。

到建文三年（1401年）底时，双方又发生了东昌之战、夹河之战等多次战役，朝廷军队损失惨重。燕军虽然屡战屡胜，却因兵力不足，无法巩固取得的城池，无法扩大战果，仅仅能占据北平、保定、永平三地。

建文四年（1402年）六月初，燕军从瓜州（今扬州）渡江，驻扎在龙潭（距京师金陵东约三十公里），朝廷大为震动，建文帝派人几次谈判，都无功而返。几天后，守卫城门的朱櫘（huì）和李景隆开门投降，燕王进入京城。此后，宫中发生大火，建文帝失踪。至此，历时四年之久的靖难之役结束，燕王朱棣在群臣的拥戴下继位，改元永乐，就是明成祖。建文帝从此下落不明，这也成为明史上的一大悬案。

名篇精选

及惠帝即位，召为翰林侍讲。明年迁侍讲学士，国家大政事辄咨之。临朝奏事，臣僚面议可否，或命孝孺就扆①前批答。时修《太祖实录》及《类要》诸书，孝孺皆为总裁。燕兵起，廷议讨之，诏檄皆出其手。

建文三年，燕兵掠大名。孝孺曰：“燕兵久顿②大名，天暑雨，当不战自疲。今其奏事适至，宜且与报书，往返逾月，使其将士心懈。我谋定势合，进而蹴之，不难矣。”帝以为然，命孝孺草诏，遣大理寺少卿薛嵓（yán）驰报燕。比至，燕王不奉诏。

明年五月，燕兵至江北，帝下诏征四方兵，命诸将集舟师江上。而陈瑄以战舰降燕，燕兵遂渡江。帝忧惧，或劝帝他幸，图兴复。孝孺力请守京城以待援兵，即事不济，当死社稷。乙丑，燕兵入，帝自焚。是日，孝孺被执③下狱。

——《明史·方孝孺传》，有删减

【注释】

①扆（yǐ）：宫殿内设在门和窗之间的大屏风。②顿：驻扎。③执：逮捕。

【译文】

等到惠帝即位，征召方孝孺担任翰林侍讲。第二年又升他做侍讲学士，国家重大的政事皇帝常常向他询问。朝廷讨论事情，官员们难以作出决断时，有时皇帝就让方孝孺坐在自己的御座前拟写批复。编纂《太祖实录》和《类要》等书，方孝孺都担任着主要负责人。燕兵作乱，朝廷商量讨伐他们，诏书和檄文都出自他的手。

建文帝三年，燕兵侵占大名府（今河北邯郸大名县）。方孝孺说：“燕兵长时间在大名停留，暑天下雨，他们就会不战而疲惫。现在正好他们的奏书到了，应该暂且给他们回复，诏书来往超过一个月，就会使他们将士的战心松懈。等我们商议好形成合围之势，再进兵攻击他们，就不难取胜了。”惠帝认为他说的很有道理，就命方孝孺草拟诏书，派大理寺少卿薛嵓驰报燕王。薛嵓到了以后，燕王没有接受诏书。

第二年五月，燕兵到了江北，皇帝下诏征集四方军队，命令各将领将战船集中到长江上。但是陈瑄却率领战舰投降了燕兵，燕兵就这样毫无抵抗地渡过了长江。皇帝非常忧惧，有人劝皇帝到其他地方去避难，图谋复兴。方孝孺则竭力请求坚守京城等待救兵，如果事情不成功，就决心为社稷而死。乙丑这一天，燕兵入城，建文帝（即惠帝）自焚，方孝孺被捕入狱。

【词句撷英】

总裁：总负责人，后逐步演变为政府、商业组织机构中的一种职位，一般是组织中某一事务的主要负责人或行政领导人。

迁都北京

在我国历史上，迁都之事非常多，有主动迁都，也有被动迁都，有的迁都很成功，也有的迁都很失败。而明成祖朱棣从南京迁都到北平，就是一次主动且成功的迁都。

逐渐转变的南北局势

明朝初建之时，定都南京，但是明太祖朱元璋觉得南京不是整个国家的中心地区，太靠东南了，加上当时北方还有元朝的残余势力，直接迁都北方较为不妥，就决定采用“两京制”，即在北方再建一座都城。洪武二年（1369年），朱元璋与群臣商议迁都之事，提出了以凤阳、关中、洛阳、开封四地作为新都城的备选之地。当时，朝臣们都同意在朱元璋的老家凤阳兴建都城，耗时六年，新建的中都基本已成规模，朱元璋前往视察，却发现新都城存在严重的水患问题，无法迁都于此。其他几个地方中，开封饱经战乱，已破败不堪。

有的朝臣就建议，在元大都的基础上修建北平，迁都于此，朱元璋考虑到控制北方的战略因素就同意了，但是后来又觉得元朝灭于北平，不祥，又反悔不想迁都北平，而是将其分封给了燕王朱棣。

当时的京都南京城是填湖建造而成，没过几年，地表就开始下沉，形成了南高北低的态势。洪武二十四年（1391年），明太祖朱元璋派遣太子朱标去考察关中地区，打算等朱标考察完之后，就为迁都关中做准备。然而，次年朱标就病逝了。这一沉重打击让朱元璋不再提迁都之事。

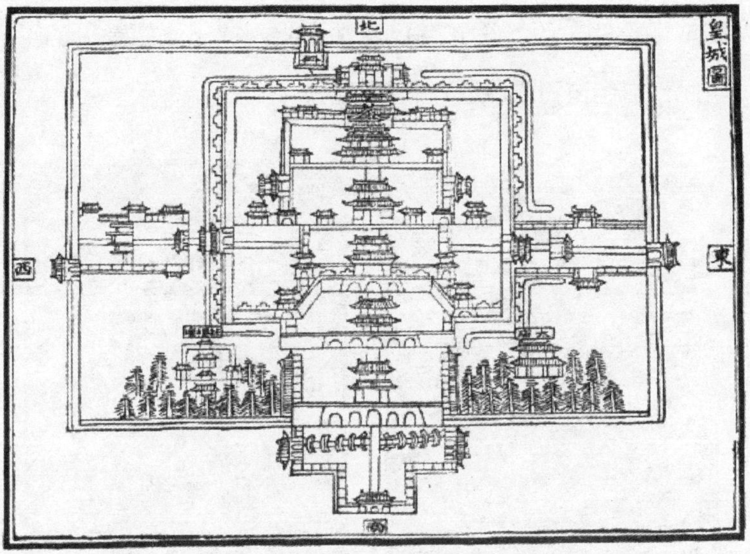

《洪武京城图志》载南京皇城图

一直到靖难之役后，明成祖朱棣登基，迁都一事才又提上日程。当时，明成祖在南京对于建文帝一朝的旧臣进行了大规模的清洗，同时也失去了南方士族的拥戴，加之北御边防的需要，朱棣便决意迁都北平。

兴建北平城和北平皇宫

明成祖永乐元年（1403年），礼部尚书李至刚等人上奏表示，北平是皇帝的“龙兴之地”，应当效仿明太祖皇帝对凤阳的做法，作为陪都。这也正和了明成祖之意，他立即下诏，在北平建北平府，改名为顺天府，称为“行在”，同时从各地迁移人口充实北平。

永乐四年（1406年），明成祖又下诏以南京皇宫为蓝本，在北平兴建皇宫和城池。永乐七年（1409年），又以北平为大后方进行北征，并在北平附近的昌平修建长陵，这些都表明了他要迁都的决心。永乐八年（1410年），北征结束后，明成祖下令开凿会通河，打通南北漕运。五年后，会通河开凿完成，从此，南北物资能够更顺畅、更便宜地进行运输。次年，明成祖召集群臣，正式商议迁都北平，提出反对意见的臣子都被革职。自此，再也没有人敢反对迁都。

明成祖朱棣

明成祖徐皇后

永乐十五年（1417年），以南京皇城为模板的北平紫禁城开始动工修建，三年后建成。整个皇宫以南京的皇城为蓝本，只是规模更为宏大，周长达四十五里，呈方形。明成祖下诏书正式迁都，改北平顺天府为京师，但仍以南京为留都，也在南京设立六部等中央机构。刚刚迁都几个月后，永乐十九年（1421年）的夏天，紫禁城的奉天、华盖、谨身三大殿便遭到雷击。朝野上下议论纷纷，有大臣认为迁都后诸事不宜，有违天意，被成祖处死。在强权压制下，朝中大臣再也没人敢议论此事。

名篇精选

李时勉，名懋，以字行，安福人。成童时，冬寒，以衾裹足纳桶，诵读不已。永乐二年进士。性刚鲠，慨然以天下为己任。十九年，三殿灾[①]，诏求直言。条上时务十五事。成祖决计都北京，时方招徕远人。而时勉言营建之非，及远国入贡人不宜使群居辇下。忤帝意。已，观其他说，多中时病，抵之地；复取视者再，卒多施行。寻被谗下狱。岁余得释，杨荣荐复职。

洪熙元年复上疏言事。仁宗怒甚，召至便殿，对不屈。命武士扑以金瓜，肋折者三，曳出几死。明日，改交阯道御史，命日虑一囚，言一事。章三上，乃下锦衣卫狱。时勉于锦衣千户某有恩，千户适莅狱，密召医，疗以海外血竭，得不死。仁宗大渐[②]，谓夏原吉曰："时勉廷辱我。"言已，勃然怒，原吉慰解之。其夕，帝崩。

——《明史·李时勉传》，有删节

【注释】

①三殿灾：指永乐十九年四月八日，故宫三大殿因遭雷击引起火灾，火势凶猛，三大殿完全被毁。②渐：加剧。

【译文】

李时勉，名懋，凭字号行于世，安福人。少年时，由于冬日寒冷，他常用被子裹着脚放在桶中，依然诵读不止。他性格刚正耿直，慷慨激昂地把治理天下当作自己的责任。永乐十九年，三大殿遭火灾，成祖皇帝下诏征求大臣的直言之谏。李时勉上奏章列举十五件时事的弊端。明成祖决定迁都北京，正在招徕各地的百姓到北京居住。然而李时勉却说了许多营建北京的不利之处，违背了成祖的心意。他的建议被搁置下来，成祖又阅读他的其他进言，发现有很多都切中时弊，把他的奏疏丢在地上，又两次拿来细读，最终他的许多建议都得到了施行。不久，李时勉被构陷下狱。一年多后才得以释放，经杨荣举荐，李时勉才官复原职。

洪熙元年，他又上疏谈论政事。仁宗非常愤怒，把他召到便殿，李时勉对答不屈服。仁宗命令武士用金瓜打他，李时勉被打断了三根肋骨，拖出去时差点就死了。第二天，李时勉被改任交阯道御史，仁宗让他每天审理一名囚犯，上奏一件事。他上了三次奏章，就被关入锦衣卫的诏狱。李时勉曾对一个锦衣卫千户有恩，恰好这位锦衣卫千户到监狱时遇到他。此人秘密找来医生，用海外的疗伤药血竭治疗他，李时勉才得以不死。仁宗病重，对夏原吉说：“李时勉在朝廷上侮辱我。”说完，勃然大怒，夏原吉劝慰了半天才消除了仁宗的怒气。这天晚上，仁宗皇帝就驾崩了。

【词句撷英】

招徕：吸引招揽。词义扩展：招徕有识之士。意思相近的词语有“招揽”等。

永乐之治

《剑桥中国明代史》一书这样评价明成祖朱棣："他留给明代后来的君主们一项复杂的遗产。他们继承了一个对远方诸国负有义务的帝国、一条沿着北方边境的漫长的防线、一个具有许多非常规形式的复杂的文官官僚机构和军事组织、一个需要大规模的漕运体制以供它生存的宏伟的北京"。

文官官僚机构和军事组织的建立

朱棣继位之后，首先着手解决各藩国问题。他采取"欲夺先予"的策略，在永乐元年，先恢复被建文帝削去的几位藩王的爵位，而后"温水煮青蛙"般地削减各藩王下属的护卫和官署。到永乐二十年（1422年）前后，他完全收回了掌握在各藩王手中的兵权，而没有引起大的反抗和动乱，较为平稳地实现了军权过渡。

在中央方面，明成祖继承明太祖朱元璋的做法，并且继续扩大内阁，完善文官制度。他任命七位年轻有为的学者（解缙、黄淮、胡俨、胡广、杨荣、杨士奇、金幼孜）担任翰林院高级官员，这些翰林学士们成为皇帝的主要顾问，也经常和六部主要官员们一起开会审议国事。渐渐地，因为非常容易接近皇帝，他们在六部中的权力越来越大。不过，这些翰林学士虽然拥有很大的权力，官职却不高，最高的才正五品。

为了维护皇权，朱棣进一步加重监察权，不仅依靠文官制度中的监察和司法官员来监督朝政，也开始倚重锦衣卫和宦官势力。他重建锦衣卫，赋予他们秘密调查之权，又派宦官去执行各种不同寻常的任务。很多宦官被派去刺探情报，也有的被派去进行调查、执行判决。永乐十八年（1420年），正式成立了东厂这一特殊调查机构。由于东厂不受司法机构的辖制，最终声名狼藉。

在军事制度方面，除了削去藩王的护卫之外，明成祖还把大部分驻扎在南京的军队调到北方，把北方的一些边防军提到亲军的位置上，使得驻守北京的京卫成为最大的一支武装力量。为了保证士兵的战斗力，京营的士兵要定期轮换到边境地方部队去服役或进行征战，这有效地保障了军队的战斗力。

出警入跸（bì）图局部（明代宦官）

出警入跸图局部（明代武将）

沿北方防线的建立

明成祖虽然延续了明太祖和平为主的外交思想，但是他更倾向于在武力保障下的和平外交。永乐一朝，对外征战不少，主要集中在内陆方向上。

永乐四年（1406年），朝廷设哈密卫，统领西部诸番，拱卫西陲。

永乐七年（1409年），朝廷在东北黑龙江下游地区设奴儿干都司，下辖一百三十多个卫所，管辖今天的黑龙江、乌苏里江、松花江流域和库页岛等地区。

为了解决残余的蒙元势力，永乐八年（1410年），朱棣亲自率军进行北伐，在此后的十五年时间里五次发动对蒙古的战争，使得蒙古势力在受到连番打击后，数十年内都无法对明朝构成威胁。

据《明史·地理志第十六》记载，明成祖时，明朝的疆域范围“东起朝鲜，西据吐蕃，南包安南，北距大碛（qì，沙漠），东西一万一千七百五十里，南北一万零九百四里”，极盛时期的国土面积达到了1100万平方公里。

对于周边的少数民族，明成祖朱棣则从多方面入手，在军事上，剿（jiǎo）抚并行；在经济上，减免税负，加强贸易往来的同时实施屯田；在文化上，积极推广中华文明，安抚四方，使得边境地区在很长一段时间内都保持了安定局势。

修复运河疏通河道

在元朝时期，大运河遭到极大的破坏，大段的淤塞导致无法通航。为了保障从南方到京师（北平）的粮食运输，朱棣下令重修运河、疏浚河道。黄河以北的河道疏浚（jùn）工作从永乐九年（1411年）开始，征发三十万民工，用了将近四个月时间疏通漕渠130里，并建造了38座船闸。黄河以南的河道疏浚工作于永乐十三年（1415年）完工，从此，船只可以从长江下游直通北平，大运河也重新成为南北交通、商业、文化交流的主要通道。

此外，永乐年间还疏浚了黄浦江，开浚吴淞江，水道直通大海，连接太湖，这大大地便利了苏、松等地区的农业生产。

编纂《永乐大典》

永乐元年七月，明成祖朱棣命令解缙、姚广孝、王景、邹辑等人开始主持纂修大型类书，到第二年冬天时编成《文献大成》，也就是《永乐大典》。

这部《永乐大典》，是我国古代编纂的一部大型类书，收录了经、史、子、集、释庄、道经、戏剧、平话、工技、农艺、医卜、文学等各个方面，共七八千种重要典籍，正文分22877卷，目录60卷，总字数达3.7亿字，囊括了上至先秦下到明初的中国古代重要图书。并且，其所收录的图书均未删改，成为中华民族珍贵的文化遗产，也是当时世界上最大的百科全书，比18世纪中叶出版的《大英百科全书》和《法国百科全书》要早三百多年。

名篇精选

仁宗为太子，曾侍侧，成祖顾①问讲官："今日说何书？"对曰："《论语》君子小人和同章。"问："何以君子难进易退，小人易进难退？"对曰："小人逞才而无耻，君子守道②而无欲。"问："何以小人之势常胜？"对曰："此系上之人好恶，如明主在上，必君子胜矣。"又问："明主在上，都不用小人乎？"曰："小人果有不可弃者，须常警饬③之，不使有过可也。"

——《典故纪闻·卷八》

【注释】

①顾：看。②道：道义，真理。③警饬：警告，告诫。

【译文】

仁宗做太子的时候，曾经在明成祖旁边侍奉，（一次）成祖回头问讲官：“今天要讲什么文章？”讲官回答说：“讲《论语》里面的小人和同章。”明成祖问：“为什么君子难以晋级而却容易被罢免，小人容易晋升却难以被罢免呢？”讲官回答说：“（是因为）小人喜欢显示自己的才能又无耻，君子恪守道义又没有什么欲望。”明成祖又问：“为什么小人却往往得势呢？”讲官回答说：“这要看上面的人的好恶，如果执政的是个明君，那么必定是君子胜过小人了。”明成祖又问：“明君都不用小人吗？”讲官回答说：“小人如果真的有才是不能舍弃的，必须常常去警告提醒他，不让他有过错就可以。”

【词句撷英】

无欲：没有欲望，通常指人性格淡泊，对权力、金钱方面没有追求。词义扩展：无欲无求。

郑和七下西洋

郑和下西洋，是中国古代规模最大、时间最久的海上航行，也是15世纪末欧洲“地理大发现”之前，世界历史上规模最大的海上探险活动。

强盛的国力奠定远航之基

明朝建立之后，遵循着积极、主动与藩国发展外交的原则，主张以和平为主，不侵占周边国家，希望在武力后盾的基础上，以不动兵戈的方式，威慑众邦。从明太祖朱元璋到明成祖朱棣，一直都坚持着这一原则。

当时国内农业经济发展繁荣，手工业发展迅速，矿冶、纺织、陶瓷、造纸、印刷等各方面的技艺都有了很大程度的提高，尤其是造船业，更是发展出了规模庞大的官营造船业。除南京宝船厂外，在苏州、松江、镇江等地都设有官办造船厂。造船技术发达，出现了福船、沙船、广船三种著名的船型。在海船方面，采用“鱼鳞式”结构，使得船壳板之间联结紧密严实，整体强度高，不易进水，船舶载重量可达万石以上，可以载客千人，并且能配置齐全的生活设施，这为郑和船队出海远航奠定了坚实的基础。

明成祖朱棣继位后，锐意沟通外邦。永乐元年（1403年），他派遣尹庆出使古里（今印度喀拉拉邦的卡利卡特）、满剌加（今译马六甲，今属马来西亚的马六甲州），次年出使爪哇（即今印度尼西亚的爪哇岛）和苏门答腊（今印度尼西亚苏门答腊岛），又发动战争南征安南（今越南），将安南设为大明的一个郡。占据了这一要塞之后，明朝在南海上拥有更为超然的地位，“近可制占城，远可控满剌加”，也为远洋航行扫清了阻碍。

郑和画像

宝船复原图

七下西洋，宣扬大明国威

永乐三年（1405年）六月十五日，三宝太监（也称三保太监）郑和第一次受命下西洋。船队途经麻喏巴歇国（又称满者伯夷国，古代东爪哇的一个王国）时，遇到该国东西两王交战，西王误杀了船队成员，后来赶紧遣使谢罪。郑和见西王态度良好，谢罪诚恳，就没有多加追究。船队继续航行，到达三佛齐（即室利佛逝，是东南亚古代最强大的王国之一，是第一个势力遍及整个马来群岛的王国）旧港时，当地海盗陈祖义意图袭击船队，被击败，郑和俘虏了陈祖义等三人，烧毁敌船十艘，俘获敌船七艘。在率船队离开前，郑和代为任命广东华侨施进卿为旧港之主。永乐五年（1407年），郑和船队携各国使者押陈祖义等俘虏还朝。明成祖非常高兴，下令斩杀陈祖义等三人，宽恕了谢罪的西王，对船队成员多有赏赐。

郑和回国后不久，很快就进行了第二次远航，这次主要是为了送外国使节回国，规模较小。船队一路访问占城（今越南中南部）、暹（xiān）罗（今泰国）、爪哇和苏门答剌北部，然后驶进印度洋，到达柯枝（今印度科钦）和古里。明朝使节正式册封古里王，并在古里刻石立碑纪念这一盛事。船队返航时经过锡兰（今斯里兰卡），向当地佛寺布施了金、银、丝绢、香油等，并立《布施锡兰山佛寺碑》，记述了布施之物，这个石碑现在被收藏在科伦坡博物馆。

郑和航海图

永乐七年（1409年）九月，郑和船队开始第三次远航。这次远航规模极大，驾驶48艘大海船，率兵2.7万余人。船队从太仓刘家港启航，一路经过占城、真腊（为中南半岛古国，在今柬埔寨境内）、暹罗、爪哇、古里、满剌加、苏门答剌、阿鲁（古国名，故地在今印度尼西亚苏门答腊岛东岸）、锡兰、苏禄（以菲律宾苏禄群岛为统治中心的古国）等国。

永乐十年（1412年），进行第四次远航，在前有路线的基础上，首次绕过阿拉伯半岛，航行到了东非的麻林迪（今肯尼亚的马林迪）。返航时，麻林迪等国使者随船返回明廷，进献“麒麟”等瑞兽。

永乐十四年（1416年），郑和第五次远航，主要护送古里、爪哇、满剌加、占城、锡兰山、苏门答剌等十几个国家使者及旧港宣慰使（明朝行政建置，政府驻地位于今印度尼西亚苏门答腊巨港，是明政府当时驻西洋最高行政机构，首任旧港宣慰使为施进卿）归国。路过的各国使节很多都随船来访，进贡了很多当地特有的珍奇动物等。

永乐十九年（1421年），郑和第六次远航，最远到达了幔八萨（今肯尼亚的蒙巴萨）。此次之后，因明成祖去世，继位的明仁宗宣布停止下西洋活动。

一直到宣德五年（1431年），明宣宗朱瞻基才再次命郑和出使西洋。船队到达非洲的竹步（今索马里朱巴河）之后，继续向西，最远到达非洲南端，接近莫桑比克海峡。

在这七次远航中，郑和曾到达了西太平洋和印度洋的三十多个国家和地区，最远时到达东非和红海地区，极大地展示了大明王朝的政治和军事优势，提高了明朝的国际地位，郑和也被认为是明朝的和平使者。

名篇精选

郑和，云南人，世所谓三保太监者也。初事燕王于藩邸，从起兵有功。累擢太监。成祖疑惠帝亡海外，欲踪迹[1]之，且欲耀兵异域，示中

国富强。永乐三年六月，命和及其侪（chái）王景弘等通使西洋，将士卒二万七千八百余人，多赍（jī）金币[②]。造大舶，修四十四丈、广十八丈者六十二。自苏州刘家河泛海至福建，复自福建五虎门扬帆，首达占城，以次遍历诸番国，宣天子诏，因给赐其君长，不服则以武慑之。五年九月，和等还，诸国使者随和朝见。和献所俘旧港酋长。帝大悦，爵赏有差。旧港者，故三佛齐国也，其酋陈祖义，剽掠商旅。和使使招谕，祖义诈降，而潜谋邀劫[③]。和大败其众，擒祖义，献俘，戮于都市。

……

和经事三朝，先后七奉使，所历凡三十余国。所取无名宝物，不可胜计，而中国耗废亦不赀。自宣德以还，远方时有至者，要不如永乐时，而和亦老且死。自和后，凡将命海表者，莫不盛称和以夸外番，故俗传三保太监下西洋，为明初盛事云。

——《明史·郑和传》

【注释】

①踪迹：追踪探访。②金币：泛指钱币财物。③邀劫：拦路抢劫。

【译文】

郑和，云南人，就是世人所说的三保太监。起初在明成祖（朱棣）还是燕王的时候在燕王府侍奉他，跟随燕王起兵夺权有功，多次提拔到太监。明成祖怀疑明惠帝（朱允炆）逃亡到海外，打算追踪探访他的下落，而且想向外国炫耀大明朝的武力，显示中国的富强。永乐三年六月，命令郑和与侪王朱景弘等出使西洋，带领士卒二万七千八百多人，携带了很多金银财物。建造了大船，长四十四丈、宽十八丈的船有六十二艘。

从苏州刘家河渡海到福建，又从福建五虎门扬帆出发，首先到达了占城（今越南中南部），依次走遍了各国，向他们宣读天子的诏书，并赏赐和馈赠当地的君主、首领，有不降服的就用武力镇压。永乐五年九月，郑和等人回到明朝，各国使者也跟随郑和的船只来朝见明成祖。郑和献上俘虏的旧港酋长，明成祖非常高兴，对出海者都不同程度地进行了封赏、赐爵。旧港，就是从前的三佛齐国（今印度尼西亚苏门答腊岛巨港），这里的酋长陈祖义常常抢掠过往的商客。郑和派人去宣读口谕招抚他，陈祖义佯装投降，却暗地策划拦路抢劫。郑和打败了他们，生擒了陈祖义，将之献给朝廷，在京城的集市处死了。

……

郑和历经三朝，先后七次奉命出使，所经历的国家共有三十多个，得到的不知其名的宝物不计其数，而朝廷耗费的财物也不可计数。从宣德年间以来，远方各国不时也有来中原的，但终究也不能与永乐时期相比，而郑和也年老将死。自郑和死后，凡是奉命出使海外的，没有谁不极力称赞郑和来向外国夸耀的，所以世人把三保太监下西洋传为明朝初年的盛事。

【词句撷英】

1. 耀兵：炫耀兵威。

2. 不可胜计：不能全部计算完，形容数量极多。

“太平天子”朱瞻基

明宣宗朱瞻基在位的时期，是明史中一个非常特殊的时期。这段时期，政府平稳有效地运行，民众生活安稳和乐，造就了一段中国历史上的黄金时代。

去年皇孙，今年皇帝

明成祖朱棣去世后，太子朱高炽继位，是为明仁宗。仁宗在位仅一年时间就暴病去世了，他的儿子朱瞻基登基成为皇帝，就是明宣宗。

明仁宗

明宣宗

朱瞻基幼年的时候就受到明成祖朱棣的亲自教导，并且为他延请名师教授儒家学说，又要求他习武，朱瞻基逐渐成长为一个文武双全的人。

他受到明成祖朱棣的宠爱，使得皇叔朱高煦和朱高燧（suì）对他分外不满，这两位皇叔也成为朱瞻基登上皇位后首先要面对的强大的藩王势力。

朱高煦在靖难之役中就获得了赫赫战功，一直都对哥哥朱高炽被立为太子非常不满，心中从未放弃过武力夺取政权的野心。朝廷帝王连番变更，他自认为造反的好时机已经来临，就扯起“清君侧”的大旗，矛头直指五朝老臣夏原吉。对此早有预料的明宣宗御驾亲征，在声势上一下子就压倒了叛军。而之前同意和朱高煦共同起兵的其他几路兵马也都按兵不动，明军很快就包围了朱高煦的封地乐安城，朱高煦弃城投降。另一个藩王朱高燧慑于朝廷的权势，也乖乖地交出了自己的兵马。

至此，困扰了明初中央朝廷半个世纪的藩王问题最终全部解决了。此次藩王之乱的迅速解决，使得朝廷和社会经济都没有受到影响，为之后国家的平稳发展提供了条件。

“三杨”“蹇夏”

明宣宗登上皇位后，任命大批贤臣处理朝政，他们为国家政治、经济、社会的安稳发展做出了很大的贡献，其中最为著名的大臣有五位：杨士奇、杨荣、杨溥、夏原吉、蹇（jiǎn）义，前三人合称“三杨”，后两人合称“蹇夏”。

这几位大臣各有长处，相互补充，明宣宗对这几位重臣也十分信任，对于他们提出的建议总是虚心接纳，君臣关系融洽，国事处理得非常顺利。据记载，当时宣宗皇帝喜欢仿效古代君臣的游乐故事，每年年初，都会给朝廷官员们放十天假。就连他巡幸西苑的万岁山时，也带着诸位学士，让他们赋诗、游览，有时候还会询问政事。

在朝廷制度方面，明宣宗还改革都察院，继位之初就罢免了不称职的都察院官员四十三人，严格选拔新官员担任御史，让他们去视察军屯、建设项目和京营的情况，监督各地征税和漕运情况。宣宗一朝，御史们在监督行政工作的运转和向皇帝进行政策进谏方面发挥了非常重要的作用。据史料记载，他们上呈了二百四十七份弹劾奏折，至少揭发六百五十九名官员和其他十七人，同时还呈上二百五十一份其他内容的奏议，向皇帝提出忠告和劝谏。

出警入跸图局部（明代文官）

在地方行政方面，宣宗任命官员们到各地担任巡抚，协助三司去安抚军民，处理地方的民政、司法和军事工作，在长期的发展过程中，实际上已经把巡抚的职务制度化了。在宣德五年（1430年）时，朝廷又派官员去地方监督征税、漕粮运输等，并采用了“总督”这一官职名称，意为“监督”，并在明英宗时得以制度化，成为明朝行政体系中的重要组成部分。

在外交方面，宣宗一朝仍然维持着万国来朝的威望，周边的哈密、满剌撒丁、占城、琉球、爪哇等数十国几乎每年都前来朝贡明朝。明宣宗也设法改善和朝鲜、日本等国的关系，又从安南撤军，允许当地自立，成立安南国（即后来的交趾国），朝贡不断。

宣宗虽然仅仅在位十年，却极有作为，政治清明，社会和谐，经济

稳步发展，且边防稳固，出现了被称为“仁宣之治”的盛世局面，

名篇精选

士奇奉职甚谨，私居不言公事，虽至亲厚[①]不得闻。在帝前，举止恭慎，善应对，亩事辄中。人有小过，尝为揜覆之。广东布政使徐奇载岭南土物馈廷臣，或得其目籍以进。帝阅无士奇名，召问。对曰：“奇赴广时，群臣作诗文赠行，臣适病弗预，以故独不及。今受否未可知，且物微，当无他意。”帝遽命毁籍。

仁宗即位，擢礼部侍郎兼华盖殿大学士。时有上书颂太平者，帝以示，诸大臣皆以为然。士奇独曰：“陛下虽泽被天下，然流徙尚未归，疮痍（chuāng yí）尚未复，民尚艰食，更[②]休息数年，庶几[③]太平可期。”帝曰：“然。”因顾蹇义等曰：“朕待卿等以至诚，望匡弼，惟士奇曾五上章，卿等皆无一言。岂果朝无阙政，天下太平耶？”诸臣惭谢。

——《明史·杨士奇传》

【注释】

①至亲厚：至亲至厚。指关系最近的亲戚和最要好、感情最深的人。②更：再。③庶几：也许，大概。

【译文】

杨士奇奉行职事非常谨慎，在家里从不说公事，即使是至亲都不得听闻。他在明成祖面前举止恭敬谨慎，善于对答，议政总能合皇帝的心意。他人有过失，杨士奇都为之掩盖。当时广东布政使徐奇统领西南时，带当地土特产赠送给内廷官员，有人得到馈赠名单呈给皇帝。明成祖看后发现其中没有杨士奇的名字，于是召见杨士奇询问。杨士奇回答道：

“徐奇奔赴广东时，群臣作诗文赠行，我恰逢得病未参与，所以唯独没有我的名字。现在各位大臣接受与否还不知道，况且赠礼都是小东西，应当没有其他意思。”明成祖于是命令毁掉了那份名单。

明仁宗即位，提拔杨士奇做礼部侍郎兼任华盖殿大学士。当时有大臣上书歌颂太平盛世，明仁宗拿它让各位大臣看，群臣皆以为然。唯独杨士奇称：“陛下虽然泽被天下，但是靖难所牵连的流徙之人尚未归乡，战争所导致的创痛尚未恢复，百姓仍然为温饱担忧。国家应当继续休养生息数年，太平盛世才差不多可以期至。”明仁宗表示赞同，于是对蹇义等人说：“我对你们至诚，是希望你们匡正辅佐、纠正错误。但只有杨士奇曾经五次上书，你们等人均无一言。难道朝廷政事真的毫无缺漏，难道天下真的太平了吗？”群臣听后惭愧道歉。

【词句撷英】

1. 泽被天下：被，通“披”，覆盖。意思是福泽惠及所有人。
2. 疮痍：创伤，伤口，也比喻战争或自然灾害后凋敝的景象。

第三章

动荡不安的明朝中晚期

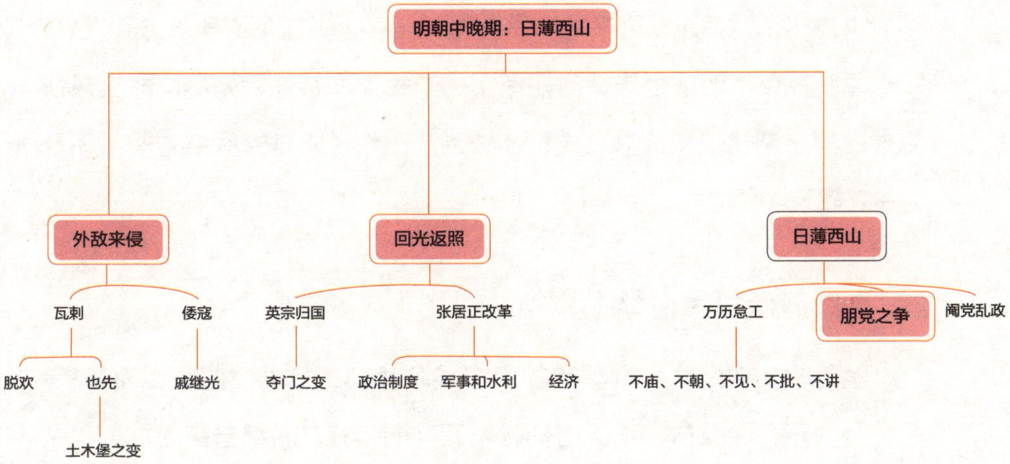

明朝当世宗之时，万事废弛，本已成不能复振之局。世宗崩后，穆宗立，在位六年而崩。神宗立，时为1572年。穆宗时，张居正、高拱，相继为相。神宗立，年幼，拱复罢，居正辅政。居正有综核之才。史称其当国之时，一纸文书，“虽万里之外，无敢不奉行维谨”的。

——吕思勉《中国通史》

土木堡之变

1449年，明朝北部边境爆发了与瓦剌（wǎ là）部的战争，遭到惨败，不仅皇帝被俘，明成祖朱棣时期留下的精锐大军被消耗殆尽，而且通往京师的门户洞开，文武官员大量被杀害，出现了人才断层，大明王朝开始由盛转衰。

瓦剌的兴起与南征

随着明朝对退回大漠草原的蒙古残余势力的扫荡，他们逐渐势衰，并分裂为东、西蒙古，东蒙古称为鞑靼（dá dá），西蒙古称为瓦剌。两部之间互相争斗，内乱不止，但也从未停止过对北部边境的袭扰和掠夺。

在永乐初年的时候，明成祖朱棣曾经遣使和谈，希望能修好双方关系。当时，瓦剌首领马哈木为了更好地对付鞑靼，希望给自己找个盟友，于是选择向明朝称臣，明成祖封他为顺宁王。经过多次战争之后，鞑靼的势力被逐渐削弱，瓦剌变得强大起来。到永乐十六年（1418年），马哈木之子脱欢继承了父亲顺宁王的爵位，经过几年征战，终于兼并了鞑靼部，雄视漠北草原。

随后，脱欢立成吉思汗的后裔脱脱不花为可汗，自己受明朝赐封，当了太师，掌握瓦剌部实权。明英宗继位之后的第四年，脱欢去世，他的儿子也先继位。也先继续加速扩张，征服了漠南草原各部，东临朝鲜，西略哈密，大半个草原都被瓦剌部所控制。

瓦剌武士

实力大增之后，瓦剌部与明朝的关系也开始变得不和谐起来。也先每年冬天派遣使臣去明朝朝贡，起初时只有五十人，后来见明朝的赏赐丰盛，就将使团人数增加至上千人，并经常向朝廷索要贵重之物。稍不遂心，就到处制造事端，朝廷则选择了息事宁人，每年所赐的财物都有所增加。

王振专权与英宗亲政

当时，宣宗之子，明英宗朱祁镇在位，年号正统。在太皇太后张氏和“三杨”（杨荣、杨溥、杨士奇）等重臣的维持下，朝政安稳，呈现出欣欣向荣之态。然而，从正统五年（1440年）开始，到正统十一年（1446

年），“三杨”和太皇太后张氏陆续去世，朝政逐渐被宦官王振所掌控。

明英宗

明代宗

王振看到瓦剌部连年要求大额的赏赐，非常不满。正统十四年（1449年）时，瓦剌部太师也先又派遣使臣两千人，诈称三千人，向朝廷要求赏赐。王振不肯多给，只严格按照实际人数给出赏赐，并且减去了马价的五分之四。瓦剌部的胃口早已被撑大，这当然不能满足他们的贪欲，于是也先蓄意制造事端。他统率草原各部，兵分四路大举袭扰内陆地区：东路进攻辽东（军镇名，辖境相当于今辽宁大部），西路进攻甘州（今甘肃张掖），中路分成两支：一支进攻宣府（今张家口宣化一带），一支由也先亲自率领进攻大同（今山西大同）。大同守军不敌，随后陷落。

消息传到朝廷，年轻气盛的皇帝正想一展拳脚，看到瓦剌部如此放肆，非常气愤，在王振的鼓动下打算御驾亲征。朝中大臣劝阻不了，太后孙氏也劝阻不了。明英宗执意亲征，为了说服孙太后，他甚至把年仅两岁的皇子朱见深立为太子，并且让异母弟郕（chéng）王朱祁钰监国。

当时，朝廷的军队主力都分散在外地，不在京城周围，仓促之下难以集结到位，于是，担心延误战机、急于出征的英宗皇帝就从京师周边临时抽调、拼凑了二十万人，号称五十万大军，浩浩荡荡北上亲征。

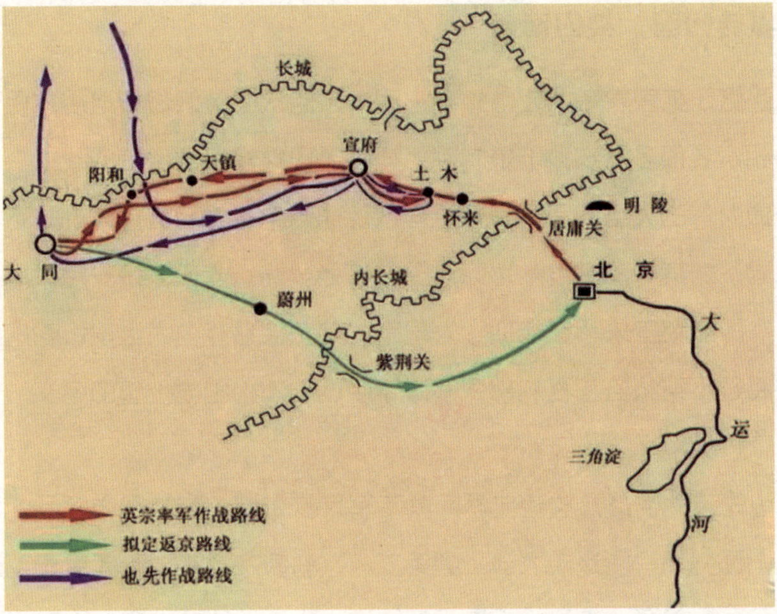

土木堡之战示意图

大军出征后，天气一直不好，连绵大雨，快到大同附近时，已经粮草供应不足，军心动荡。英宗皇帝有心撤军回朝，但是王振私心想带皇帝到自己的家乡蔚州（今河北蔚县）去炫耀一番，就建议皇帝绕道蔚州。这个建议遭到了随军大臣们的强烈反对，因为蔚州距离大同非常近，瓦剌部大军驻地就在附近，危险性太高。但英宗最终还是同意去蔚州。大军开拔后一段时间，王振又心血来潮，担心大军过处会踩踏到家乡的庄稼，就又建议原路撤军。就这样来回折腾，等大军行进至怀来附近时，后方的辎（zī）重部队没有赶上来，王振就下令大军原地驻扎等候。

此时，瓦剌大军一路追击而来，将明军困在怀来城外的土木堡。瓦剌军掐断了水源，明军断水断粮，陷入死地，军心动荡不安。瓦剌军趁机发动攻击，一举打败了明军，俘虏了英宗皇帝，王振被杀，英国公张辅、兵部尚书邝埜（yě，同“野”）等大臣战死，这就是著名的“土木堡之变”。

辗转回国，被囚南宫

俘虏了英宗皇帝，让也先喜出望外，他认为英宗奇货可居，用他能向明朝索要很多财物，于是向明朝提出了用财物换回皇帝的要求。朝中以于谦为首的大臣们都不同意这样做，他们向孙太后进言，说国不可一日无君，尤其是国家危难之际，更应该尽早确立君王，好安定人心。很快，监国的郕王朱祁钰被拥立为皇帝，英宗被遥尊为太上皇。朝廷严令边关将领不得私自和瓦剌部联系，即使瓦剌部抬出太上皇的名义，也不用在意。

也先见此情形，恼羞成怒，就率军攻打京城，却被于谦领导的明军打败，瓦剌部只能退走大漠。到第二年，新皇帝登基，改元景泰。这一年间，瓦剌部多次南下，都被明军打败，也先无法从英宗身上获得想要的利益，就派使臣南下求和，说是愿意放英宗皇帝回国。

皇帝即使内心并不愿意，也还是派大臣李实、杨善等前去瓦剌部探查情况，杨善趁机迎回了太上皇。朱祁镇回国之后被关在南宫中，由锦衣卫严密看管，不让朝中大臣与之联络，甚至把南宫附近的树木都砍伐殆尽，防止有人藏在树林中密会太上皇。

夺门之变，英宗复位

景泰皇帝登上皇位之后，重用于谦等人治理朝政，政局较为平稳，但是，他想让自己这一脉世代为君，就在景泰三年（1452年）执意废掉原来的太子朱见深（英宗之子），换成自己的儿子朱见济。然而，朱见济很快就夭折了，景泰皇帝也没有再立皇储，储位空悬。景泰八年（1457年），皇帝突发疾病，卧病不起。朝中大臣人心惶惶，不知道下一任皇帝会是谁。

此时，武清侯石亨、都督张軏（zhé）、太常卿许彬、左副都御史徐有贞、原王振门下太监曹吉祥等人开始密谋拥立太上皇复位。他们率兵控制了长安门和东华门，从南宫中迎出了被囚八年之久的太上皇。在第二天早朝时分，他们直接在朝堂上宣布太上皇已经复辟（bì，复位），改元天顺。成功复辟的明英宗做的第一件事就是下令逮捕并处死兵部尚书于谦和吏部尚书王文二人。几天之后，英宗才想起来景泰帝还活着，于是下诏废其为郕王，将其软禁在西苑。

复位之后的英宗皇帝再不复当年北伐时的热血冲动，沉稳冷静了很多，失而复得的皇位让他倍加珍惜。他任用李贤、王翱等贤臣，勤于国事，又平定了石曹之乱，显现了一派英明君王的风采。明英宗前后两次在位，共计二十二年。他短短三十七年的一生做了七年太子，十四年皇帝，八年幽禁，最后八年又当皇帝，其经历之波折终明一朝也是罕有的。

名篇精选

于谦，字廷益，钱塘人。生七岁，有僧奇之曰：“他日救时宰相也。”举永乐十九年进士。宣德初，授御史。奏对，音吐鸿畅，帝为倾听。顾佐为都御史，待寮属甚严，独下谦，以为才胜己也。扈跸乐安，高煦出降，帝命谦口数其罪。谦正词崭崭，声色震厉。高煦伏地战栗，称万死。帝大悦。师还，赏赉与诸大臣等。

出按江西，雪冤囚数百。疏奏陕西诸处官校为民害，诏遣御史捕之。帝知谦可大任，会增设各部右侍郎为直省巡抚，乃手书谦名授吏部，超迁兵部右侍郎，巡抚河南、山西。谦至官，轻骑遍历所部，延访父老，察时事所宜兴革，即俱疏言之。一岁凡数上，小有水旱，辄上闻。

正统六年疏言：“今河南、山西积谷各数百万。请以每岁三月，令府州县报缺食下户，随分支给。先菽秫，次黍麦，次稻。俟秋成偿官，而免其老疾及贫不能偿者。州县吏秩满当迁，预备粮有未足，不听[1]离任。仍令风宪官以时稽察。”诏行之。河南近河处，时有冲决。谦令厚筑堤障，计里置亭，亭有长，责以督率修缮（shàn）。并令种树凿井，榆柳夹路，道无渴者。大同孤悬塞外，按山西者不及至，奏别设御史治之。尽夺镇将私垦田为官屯，以资边用。威惠流行，太行伏盗皆避匿。在官九年，迁左侍郎，食二品俸。

——《明史·于谦传》

【注释】

①听：允许。

【译文】

于谦，字廷益，钱塘人。七岁的时候，有个和尚惊奇于他的相貌，说：“这是将来救世的宰相呀。”永乐十九年，于谦考中了进士。宣德初年，任命于谦为御史。奏对的时候，他声音洪亮，语言流畅，使皇帝很用心听。顾佐任都御使，对下属很严厉，只有对于谦客气，认为他的才能胜过自己。护从皇帝驻扎在乐安时，朱高煦出来投降，皇帝让于谦口头数说他的罪行。于谦义正词严，声色俱厉。朱高煦伏在地上，战栗不已，自称罪该万死。皇帝很高兴。回京后，给于谦的赏赐和其他大臣一样。

于谦外出巡按江西，昭雪了被冤枉的几百个囚犯。他上疏奏报陕西各处军官骚扰百姓，诏令派御史逮捕他们。皇帝知道于谦可以承担重任，恰逢当时增设各部右侍郎为直接派驻省的巡抚，于是亲手写了于谦的名字交给吏部，越级提升为兵部右侍郎，巡抚河南、山西。于谦到任后，轻装骑马走遍了所管辖的地区，访问父老，考察当时各项应该兴办或者革新的事，并立即上疏提出。一年上疏几次，稍有水旱灾害，马上上报。

正统六年，于谦上疏说：“现在河南、山西各自储存了数百万谷物。请于每年三月，令各府州县上报缺粮的贫困户，把谷物分发给他们。先给菽秫，再给黍麦，再次给稻。等秋收后还给官府，而年老有病和贫穷无力的，则免予偿还。州县吏员任满应该提升时，储存预备粮达不到指标的，不准离任。并命令监察官员经常稽核视察。”下诏令照此执行。河南靠近黄河的地方，常因涨水冲缺堤岸。于谦令加厚防护堤，计里数设置亭，亭有亭长，负责督促修缮堤岸。又下令种树、打井，于是榆树夹道，路上没有干渴的行人。大同单独远在边塞之外，巡按山西的人难于前往，奏请另设御史管理。把镇守将领私自开垦的田全部收为官屯，用以资助边防经费。他的威望恩德遍布于各地，在太行山的盗贼都逃跑或隐藏起来。在职九年，升任左侍郎，领二品官的俸禄。

【词句撷英】

1. 声色震厉：形容声音威猛严厉。

2. 孤悬塞外：孤立在要塞之外，无所依靠。类似词语还有“孤悬海外”。

戚继光抗倭

中日两国一衣带水。从很早以前，两国就保持着友好交往的关系。但到了明朝，日本国内形势发生变化，导致倭（wō，古代对日本人及其国家的称呼）寇多次侵扰中国沿海地区，形成为祸甚巨的“倭患”。

东南沿海的倭寇之患

自朱元璋建立明朝以来，倭寇之患就一直存在着。当时，日本正处在封建割据的南北朝时期，除了南、北两个朝廷政权之外，地方各藩还有很多割据势力——大名。他们相互征战，掠夺财富。一些在战争中失败了的封建主们无法在国内生存，就组织了一些落魄武士、商人和浪人来到中国沿海地区进行武装走私和抢劫烧杀，当时称之为“倭寇”。在明朝，从辽东，山东到广东的漫长的海岸线上到处都有倭寇出没，他们四处劫掠，沿海居民深受其害。

明太祖朱元璋曾经几次派遣使者前往日本，希望恢复两国关系，消弭倭患，但是，处于分裂状态下的日本割据政权根本无力解决这一问题。后来，明朝就在海边修筑了十六座海防城，征召当地居民当兵，抵御倭寇，取得了一定的成果。

中世纪日本武士

倭寇复原图

室町幕府时期的日本海上贸易

明成祖时，幕府将军足利义满统一了日本，他力图肃清南朝的残余势力，打击盗贼，就和明朝恢复了邦交关系，从贸易中获取了丰厚的利润，也主动派兵剿灭倭寇，我国沿海地区迎来了一段时间的太平。但是，很快日本就进入了战国时代，足利幕府日渐衰弱，双方贸易关系受到破坏，大名们相互争夺，希望能得到与明朝进行贸易的权力。那些抢夺不到贸易权的大名，就私下进行海盗活动。

嘉靖年间，明朝东南沿海一带的商品经济进一步发展起来，对外贸易非常发达，为了谋求暴利，沿海的一些海商大贾、浙闽大姓不顾朝廷的海禁命令，在海上多次进行私人经营的海上贸易。他们和“番舶夷商”们勾结在一起，贩卖货物，形成了海上武装走私集团，有的甚至在朝廷的打击下亡命海外，和日本各岛的倭寇勾结在一起，在我国沿海地区四处劫掠。像汪直、徐海这样的海盗商人有很多，他们一边倭寇勾结，一边买通朝廷官员，倭患愈演愈烈，给沿海人民造成了深重的灾难。各地方纷纷组织起来进行自卫斗争，其中最著名的是戚继光领导的抗倭斗争。

戚继光抗倭

戚继光的祖上是明朝开国将领戚祥，曾经担任朱元璋的亲兵，被授世袭明威将军。父亲戚景通死后，戚继光继承父职，负责山东御倭事宜。因为其“留心韬略，奋迹武闱”，备受首辅张居正的信任和重视。嘉靖三十四年（1555年），戚继光被调到浙江担任参将，组织当地军民抗御倭寇。

他视察卫所士兵后，发现他们不习战阵，配合作战能力很差，就申请重新招募一支新军。获准后，他亲自到义乌去招募彪悍的农民和矿工，组织了一支三千人的队伍。戚继光用严明的军纪约束他们，并且通过严格的训练让士兵们掌握了自己创制的配合性极强的军阵阵法——“鸳鸯阵”。

戚继光平倭寇　李耕绘

鸳鸯阵以十一人作为一队，包含一个队长，两个盾牌兵，两个狼筅（xiǎn）兵，四个长枪兵（或长矛兵）、两个短兵。这个阵法可以随机应变，纵队的时候是基本阵法，变成横队，就是两仪阵，又能够稍加改变，变成三才阵，三才阵攻防均可，适合于山林、道路、田埂等各种各样狭窄的地形。这一战阵在戚家军的征战中发挥了重要作用。

嘉靖四十年（1561年），倭寇袭击浙江台州、桃渚、圻头等地，戚继光率领戚家军在当地民众的配合下九战九捷，歼灭大量倭寇，取得了决定性的胜利，浙东一带的倭寇被消灭干净。

嘉靖四十二年（1563年）四月，戚家军再次进入福建，作为中军从正面进攻，俞大猷（yóu）为右军，刘显为左军，从两翼配合发起攻击。倭寇三面受敌，狼狈逃窜，明军乘胜追击，团团围困敌人，并借风火攻，将倭寇修建的老巢几乎夷平。歼灭倭寇两千多人，收复兴化城。此后，戚继光率领戚家军，辗转各地抗击倭寇，先后大败倭寇于仙游城下，并和俞大猷一起扫清了福建境内残余的倭寇，基本平定了福建的倭患。

在平定倭患的过程中，朝廷一些有识之士认识到了“海禁”的弊端，其既无法限制私人海上贸易，也不能阻止倭寇，反而会驱使沿海居民武装走私，进而和倭寇勾结，于是纷纷上书朝廷，建议解除海禁，发展海上贸易。终于，在明穆宗隆庆朝时取消了海禁，允许对外通商，这一措施促进了正常的海上贸易和东南沿海地区商品经济的蓬勃发展。

名篇精选

戚继光，字元敬，世登州卫指挥佥事[①]。家贫，好读书，通经史大义。

继光至浙时，见卫所[②]军不习战，而金华、义乌俗称剽悍[③]，请召募三千人，教以击刺法，长短兵迭用，由是继光一军特精。又以南方多薮泽[④]，不利驰逐，乃因地形制阵法，审步伐便利[⑤]，一切战舰、火器、兵械精求而更置之。“戚家军”名闻天下。

继光为将号令严，赏罚信，士无敢不用命。与大猷[⑥]均为名将。（继光）操行不如，而果毅过之。大猷老将务持重，继光则飙发电举[⑦]，屡摧大寇，名更出大猷上。

继光更历南北，并著声[⑧]。在南方战功特盛，北则专主守。所著《纪效新书》《练兵纪实》，谈兵者遵用焉。

——《明史·戚继光传》，有删节

【注释】

①卫指挥佥（qiān）事：官名。②卫所：明代在京师和各地设卫所，数府合设一卫，下设千户所和百户所。③剽悍：矫捷勇猛。④薮（sǒu）泽：湖泽。⑤审步伐便利：从行进便利的角度考虑。⑥大猷：明朝名将俞大猷。⑦飙（biāo）发电举：办事如暴风闪电般迅猛。⑧并著声：都有

突出的声誉。

【译文】

戚继光，字元敬，家中历代担任登州卫指挥佥事。家穷，喜爱读书，通晓经史的要旨。

戚继光到浙江时，见防区的军队不习惯战斗，而金华、义乌民俗素有剽悍之称，于是请准招募三千人，教他们攻击、刺杀的方法，长短兵器轮番使用，从此戚继光这支部队特别精锐。又因为南方沼泽地很多，不利于骑马追逐，便按照地形制成阵法，考虑步行作战的方便，所有战舰、火药武器、兵械，都精心研制然后加以更换。“戚家军”驰名天下。

戚继光作为将领，赏罚有信，作战中，士卒没有人敢不出死力。他与俞大猷都是名将。戚继光在操守方面不如俞大猷，但比俞大猷果敢刚毅。俞大猷是老将，处事讲求稳重，戚继光办事如暴风闪电般迅猛，屡次击败重要的倭寇，名声更在俞大猷之上。

戚继光经历了南北征战，都有突出的声誉。在南方的战功特别大，在北方则专心致力于防守。他著有《纪效新书》《练兵纪实》，谈论军事的人都遵从运用。

【词句撷英】

因地形制阵法：依照地形，制定军事阵法。后精简为词语“因地制胜”。

万历革新

在明末暮气沉沉的政治环境中，唯有一段时期被明史评价为“中外乂安，海内殷阜”，让行将就木的大明王朝奇迹般地转危为安——这要从万历年间张居正主持的改革说起。

张居正改革

1572年，明朝的第十三位皇帝，年仅十岁的朱翊钧继位，年号万历——即明神宗。明神宗继位后，因为年龄幼小，太后李氏临朝听政，朝廷大权都在内阁首辅张居正手中。

明神宗

张居正

张居正认为，当时的五大积弊，如宗室骄恣、吏治因循、边备不修、财政紧张等，他对此展开了全面改革。

在朝廷政治制度方面，他创制了“考成法”，严格考察中央及地方各级官吏对朝廷诏令的贯彻情况，要求地方官员定期向内阁报告政事情况，使得内阁权力不断扩大。通过这一方法的考核，他罢免了很多因循守旧、反对变革的顽固派官吏，选拔出支持变法的新生力量担任官职，为持续推行新法做准备。

在军事方面，他派出戚继光、李成梁等著名将领镇守边关，又在东起山海关、西至居庸关的长城上加筑了三千多个瞭望台用以观察敌情，还和鞑靼的俺达汗进行茶马互市贸易，巩固了北方边境。此后的二三十年间，双方一直没有发生大的战争，农业生产得以发展。

在水利方面，他起用曾经总理河道的都御史潘季驯治理黄河、淮河和运河。潘季驯坚持“筑堤束沙，以水攻沙”的原则兴修水利，使黄河和淮河分流，使得两岸作物得到灌溉，保障了农业生产。

在经济方面，他重点整顿赋役制度，借以扭转朝廷面临的财政危机。他认为，因为土地隐没问题导致了赋税不均和大量欠额，进而导致国家财政问题。因此，首要问题就是勘（kān）核各类土地。于是万历八年（1580年）十一月，张居正下令清查全国土地。在此基础上，第二年下诏全国，全面推行“一条鞭法”——这是我国赋税史上的一次重大改革，废除了自唐以来实行的“两税法”，把原来的多项徭役合并在一起，一律征收税银。普通民众不再像以前一样需要被征发服徭役，而是改为交税银，官府需要劳力时就花钱雇人来做工……

这一制度的实行，使得明朝政府的财政收入有了极大增加，国库储备的粮食多达一千三百多万石，够五六年用，比之嘉靖年间国家存粮不够一年用的情况有了很大的改观。此时的大明王朝一度出现了“中兴”的气象。

万历十年（1582年），张居正去世。朝廷中再也找不出一个如张居正一般能力卓越又受皇帝信任的大臣来主持变革，于是很多变革措施都未能继续有效落实，变法效果因此大打折扣。

二十八年不上朝的万历皇帝

万历十四年（1586年），明神宗一改年幼时的好学和勤奋，开始沉迷于酒色之中，后期更是很少上朝。他通过谕旨的形式向朝臣们传达政令，即使在发动西北边疆、西南边疆、朝鲜的三次大的战争中（即万历三大征），万历皇帝也没有经常召见大臣，还是继续用谕旨来处理政事。这使得太监们得以掌握更大的权柄。

明神宗王皇后像

朱常洛生母恭妃

三大征结束之后，对于国事，万历皇帝更加不感兴趣，也就从这一年开始，他和内阁大臣们在皇太子的册立人选上产生了分歧，双方争执不下，演变成了旷日持久的“国本之争”。

当时，朝廷中官员党派林立，门户之争非常激烈，有东林党、宣党、昆党、齐党、浙党等名目众多的党派，相互之间无休止地争权夺利。

朝中大臣们希望按照长子继承制的原则，册立皇长子朱常洛为太子，而万历皇帝十分不喜欢这个由宫女所生的大儿子，想要立自己宠爱的郑贵妃的儿子朱常洵为太子，双方各执一词，互不退让，储位一度空悬。争论了十五年之后，万历皇帝最终退让，册立长子朱常洛为太子，朱常洵被封为福王。但是，他又迟迟不让福王离京就藩。直到“梃（tǐng）击案”爆发，郑贵妃一脉的势力受到极大打击，福王才最终离京。

在和大臣们旷日持久的对峙、争执中，万历皇帝觉得自己这个皇帝当得非常不自由，还要受到朝臣的辖制，更是对朝政失去了最后一丝兴趣，索性再也不出宫门，不理朝政，国家朝政几乎停摆。

名篇精选

张居正，字叔大，江陵人。少颖敏绝伦。十五为诸生。巡抚顾璘奇其文，曰：“国器也。”未几，居正举于乡，璘解犀带以赠。嘉靖二十六年，居正成进士，改庶吉士。徐阶辈皆器重之。

居正为政，以尊主权、课吏职、信赏罚、一号令为主，虽万里外，朝下而夕奉行。黔国公沐朝弼数犯法，当逮，朝议难之。居正擢用其子，驰使缚之，不敢动。既至，请贷其死，锢之南京。

漕河通，太仓粟充盈，可支十年。互市饶马，乃减太仆种马，而令民以价纳，太仆金亦积四百余万。又为考成法以责吏治。初，部院覆奏行抚按勘者，尝稽不报。居正令以大小缓急为限，误者抵罪。自是，一切不敢饰非，政体为肃。居正喜建竖，能以智数驭下，人多乐为之尽力。

俺答[①]款塞，久不为害。独小王子部众十余万，东北直辽左，以不获通互市，数入寇。居正用李成梁镇辽，戚继光镇蓟门。成梁力战却敌，功多至封伯，而继光守备甚设。居正皆右之，边境晏然。浙江兵民再作乱，用张佳胤往抚即定，故世称居正知人。

——《明史·张居正传》，有删节

【注释】

①俺答：明时鞑靼部落的首领。

【译文】

张居正，字叔大，江陵人。年少时聪明才思敏捷，十五岁就做了秀才。当地的巡抚顾璘认为他的文章不同寻常，说：“张居正是国家的栋梁。”不久，张居正在乡试中中举，顾璘解下自己的犀牛皮腰带赠送给他。嘉靖二十六年，张居正考中进士，改任庶吉士，徐阶等人都非常器重他。

张居正执政，把尊崇主权、考核吏职、信守赏罚、统一号令作为主要措施。即使远在万里之外，早上下达政令而晚上就要执行。黔国公沐朝弼屡次犯法，当逮捕法办，朝廷大臣议论感到为难。张居正便提拔任用他的儿子，又派人飞快前往逮捕沐朝弼，他不敢动弹。押到朝廷后，请求宽免死罪，便把他押到南京监禁。

漕粮运道开通以后，太仓粮食充足，可以支用十年。通过边界互市贸易，马匹增多了，便减少太仆寺所养的种马，而按一定价格从民间买马，太仆寺马政费用也积累到了四百多万。又制订考成法考核官吏政绩。开始，部院审核奏报抚按调查处理意见，往往扣压拖延而不上报。张居正命令按事情大小缓急规定期限，超过了期限而没有审批上报，当事者要判罪处罚。从此以后，这些官员都不敢文过饰非，延误公事，政治风气整肃一新。张居正喜欢建功立业，以智谋权术驾驭下属，人们大多乐意为他尽力。

俺答汗和明朝在边境互市通好以后，很长时间没有入侵为害。只有小王子部众十多万人，由东北直至辽东，因为没有获准互市贸易，多次侵入边地劫掠。张居正用李成梁镇守辽东，戚继光镇守蓟（jì）门。李成梁奋力作战，打败了敌人，因战功多，被封为伯爵，而戚继光的守备设施也很齐备。张居正很支持他们，边境于是安然无事。浙江士兵、民众两次叛乱时，张居士派张佳胤前去安抚，乱局立即得以平定，所以当时的人都称赞张居正知人善任。

【词句撷英】

1. 饰非：粉饰、掩盖错误。词义扩展：文过饰非。

2. 知人：指通过平时的言行，真正了解一个人，有知人、识人之明。词义扩展：知人善任。

东林党争与阉党乱政

明朝末年，朝廷政治越来越腐败，皇帝昏庸，宦官专权，党争不断。大明王朝在风雨飘摇中一步步走向末路。

东林党争

明朝末年，朝堂上派系林立，争斗不已。其中东林党几乎与其他所有党派都为敌，掀起了长达数十年的东林党争。东林党的出现始于东林书院。万历三十二年（1604年），吏部郎中顾宪成被革职，他回到老家无锡，和高攀龙、钱一本等人一起建立了东林书院。在讲学之余，他们往往议论朝政得失，品评人物行为。士林中的很多人都赞同他的这一做法，并纷纷效仿，逐渐形成了一个在野的政治团体，即“东林党”。

东林党人主张放开言路，改良时政，他们的这一号召得到了越来越多人的认同，同时也得到了在朝权臣和宦官的大力支持。然而，很多东林党人都是谨守道德准则的“君子”，他们更多看重的是个人声名而非国家利益，经常发生意气之争而不辨是非。与万历皇帝产生国本之争的大臣们多属东林党人。

为此，在朝中任职的宁波人沈一贯纠集了一批浙江籍官僚，结成了反对派“浙党”。以后，陆陆续续地又出现了楚党、齐党、宣党、昆党等，共同反对东林党。

明代君臣

万历三十三年（1605年），东林党人杨时乔与左都御史温纯借机贬谪了很多浙党官员。万历三十九年（1611年），徐绍吉、周永春等人计划重点打击东林党，被吏部官员制止。在这之后很多年，内阁人数不够，长久缺员，万历皇帝都置之不理，吏部尚书举荐一些东林党人入阁，也都被搁置。万历四十五年（1617年），隶属于浙党的吏部尚书郑继之主持官员考核，大肆驱除朝堂上的东林党人。朋党之争愈演愈烈。

此后，朋党之争更是与明末三大案交织在一起，形成了明末动荡不安的政治局面。

明末三大迷案

万历四十三年（1615年）五月初四，一个叫张差的男子手持木棍闯入太子宫中，并打伤守门的宦官。很快，这个男子就被逮捕了，经过审讯，官员发现郑贵妃与这个案子有所牵连。当时参与审案的官员都是江浙籍的，而浙党领袖方从哲与郑贵妃交好，因此审讯结果颇受人质疑。后来，万历皇帝让其他官员再次审讯，仍然得出同样的结果。在郑贵妃的哀求下，此事迅速了结，行凶者被处死，一些主张继续追查的东林党人都受到了轻重不同的处分。此事后，郑贵妃不得不放弃与太子为敌，迅速让福王去封地就藩，太子的地位得到了巩固。这就是明末三大案之一的“梃（tǐng，木棍）击案”。

出警入跸图局部（明世宗与宦官、武将）

万历四十八年（1620年），万历皇帝病死，太子朱常洛继位，改年号为泰昌，就是明光宗，后人习惯称之为泰昌帝。泰昌帝继位之后，很快发布诏令，征发一百万两白银犒赏辽东等地的边防将士，又罢免矿税、榷（què，交易、卖卖）税，撤回矿税使，增补阁臣，呈现出一番大有作为的迹象。谁料想，很快皇帝就一病不起，他服药后病情没有好转，反而开始腹泻起来。过了半个月左右，皇帝的病情还是没有什么起色，他召集阁臣，询问他们之前上书想要进奉神药的鸿胪寺（古代官署名，主掌外宾、朝会仪节之事）丞是否可信。阁臣们希望皇帝慎重用药，但泰昌帝已经被病情折磨得失去了耐心，催促赶快用药，鸿胪寺丞李可灼就献上了一颗“红丸”。皇帝服用之后，身体状况有所好转，就又催促着再进献一颗，结果这颗服用后，第二天泰昌帝就驾崩了，在位仅仅一个月。

皇帝驾崩的噩耗传到朝堂上，朝臣们议论纷纷。其实，泰昌帝的病情是因为他身体虚弱、天气不和引起的急性腹泻，结果东林党人胡乱干扰治疗，导致病情延误，最终去世。但此时东林党人却说泰昌帝之死是因为服用了“红丸”，又说是郑贵妃收买了泰昌帝的宠妃李选侍，被其下药害死的。其他大臣自然不赞同这种说法，东林党人和以魏忠贤为首的阉党（当时其他党派势力很多都归附了阉党）为此吵吵嚷嚷了八年，最终也没有定论，只能将献药的鸿胪寺丞李可灼发配成边结案。这就是“红丸案”。

泰昌帝还在世时非常宠信李选侍，让她抚养长子朱由校，完全掌握了后宫的实权。泰昌帝登基之后，更是让她一起住进了属于皇帝的寝宫乾清宫，还想封她为皇贵妃。但她不满足，还想当皇后。由于泰昌帝突然得病，事情自然不了了之。泰昌帝去世后，李选侍依然霸占着乾清宫，不肯搬出，并在心腹太监魏忠贤的支持下将太子朱由校扣在了乾清宫，希望凭借掌控皇帝进而掌控朝政。

朝中大臣们见此状况，自然猜到了她的意图，就“营救”出了太子朱由校，拥立他登基。大臣们奏请让李选侍搬出乾清宫，朱由校开始时犹豫不已，但大臣们劝说他，如果李选侍不搬走，那皇上登基后要住哪里？在杨涟等大臣的坚持要求下，朱由校终于下旨，明令李选侍搬出乾清宫，住到仁寿殿去，并且逮捕了她身边的几个亲信太监。势单力孤的李选侍还是敌不过皇命，最终移宫。这就是“移宫案”。

明熹宗

随后，太子朱由校继位，这就是明熹宗。他重用魏忠贤，致使朝政愈加腐败，阉党独揽大权，魏忠贤自称“九千九百岁”，控制着锦衣卫和东厂等特务机构，爪牙遍地，对反抗他的人一概血腥镇压。他还派人拆毁各地的书院，迫害东林党人，朝廷上的忠良之士基本都被他铲除。此后，东林党一蹶（jué）不振，虽然在崇祯初年有所抬头，但仍敌不过宦官势力。

纷纷攘攘的三大案，预示着明末的纷乱和衰亡正式开始。

崇祯治乱

天启七年（1627年），明熹宗朱由校不慎落水重病，救治无效驾崩，他的弟弟朱由检登上了皇位，改元崇祯，就是明思宗。

崇祯皇帝登基之后，锐意铲除阉党，改革朝政，他很快清除了魏忠贤一党的势力，扫清了他留在朝堂上的余孽，巩固了自己的皇位，使得朝野上下顿时一片清明。然而，扫除阉党之后，越来越庞大的文官势力几乎独霸朝政，崇祯皇帝非常不满这一状况，他想尽办法，力图与文官势力相抗衡。他勤勉敬业，着意改革朝政。但此时的大明王朝已时日无多，这种温吞的改革措施根本于事无补。在越来越激烈的农民起义和清军入关的威胁下，大明亡国在即。

名篇精选

宪成姿性绝人，幼即有志圣学。暨（jì）削籍里居，益覃精研究，力辟王守仁“无善无恶心之体”之说。邑故有东林书院，宋杨时讲道处也，宪成与弟允成倡修之，常州知府欧阳东凤与无锡知县林宰为之营构。落成，偕同志高攀龙、钱一本、薛敷教、史孟麟、于孔兼辈讲学其中，学者称泾阳先生。

当是时，士大夫抱道忤时[①]者，率退处林野，闻风响附，学舍至不能容。其讲习之余，往往讽议朝政，裁量人物。朝士慕其风者，多遥相应和。由是东林名大著，而忌者亦多。

——《明史·顾宪成传》

【注释】

①忤（wǔ）时：不合时宜。

【译文】

顾宪成天性不凡，聪明过人，幼年就有志于圣人之学。被削籍在家后，更加集中精力深入研究，力主驳斥王守仁“无善无恶心之体”的学说。无锡旧有东林书院，是宋代杨时讲学论道的地方，顾宪成与其弟顾允成倡导修复它，常州知府欧阳东凤与无锡知县林宰为之营建。落成后，顾宪成带领志同道合的高攀龙、钱一本、薛敷教、史孟麟、于孔兼等人在其中讲学，求学的人称他为泾阳先生。

当时，抱有远大志向而又不合时宜、无法施展才华的士大夫，大多退处于山野林下，听到顾宪成办书院的消息后，纷纷响应前来归附，以致学舍容纳不下。他在讲学之余，常常议论朝政，品评人物。朝中官员仰慕他的风范，多和他遥相呼应。由此东林党人名声大噪，而忌恨他们的人也多。

【词句撷英】

1. 闻风响附：一听到风声，就纷纷起来响应。词义扩展：类似的词语还有“闻风而动”。

2. 遥相应和：遥：远远地；应：照应。远远地互相联系，互相配合。

第四章

清军入关

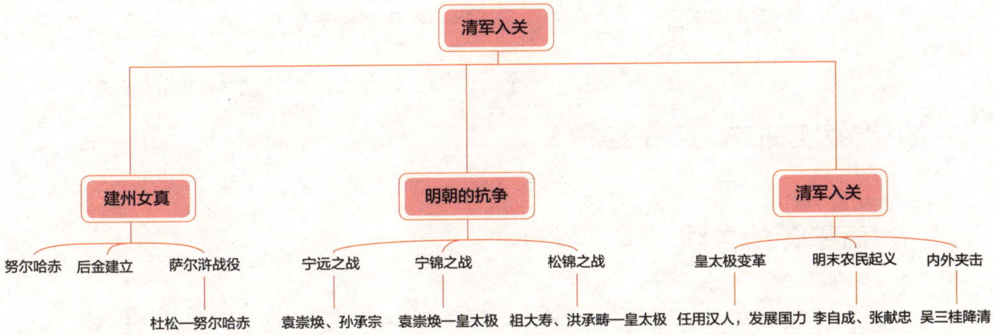

清朝能入关，也并非全靠自己的兵力。占据北京，已为非望，如何会有吞灭全中国的心理呢？所以世祖入关后给南方的檄文，还有“明朝嫡胤（dí yìn，正统继承人）无遗，势难孤立，用移大清，宅此北土。其不忘明室，辅立贤藩，戮（lù，合力）力同心，共保江左，理亦宜然，予不汝禁”之语。然而南都既不能自立，清朝就落得进取。

——吕思勉《中国通史》

萨尔浒战役

一个王朝的衰落，往往伴随着另一个王朝的兴起。在大明逐渐走向灭亡的时候，北部边境地区一个名为“后金”的新兴势力迅速崛起，并向明朝发起进攻，意图逐鹿中原。

海东青的灵魂

女真族，是一个非常古老的少数民族，源于三千多年前的肃慎。女真人居住在今天的长白山以北，西至松嫩平原，北至黑龙江中下游的广大地区内。传说中，在舜、禹的时代，肃慎就已经和中原建立了联系。大禹定九州后前来朝贡的周边各少数民族——“东北夷”——中就有肃慎。唐朝时，“女真”之名正式出现。

12世纪初，完颜阿骨打彻底统一了女真各部，建立了金朝，这是女真人第一次走上政治的舞台。蒙古灭金之后，女真散居于关东地区，分为建州、海西、野人等部。女真人的图腾是海东青，这是一种大型的猛禽，飞得极高、极快，有“万鹰之神”的美誉。它们捕猎时动作迅猛，神俊异常。海东青的神勇精神，也刻印在了女真人的血脉中。

努尔哈赤开基立业

到明朝初年时，女真各部逐渐融合、统一，形成了建州女真、海西女真、东海女真三大部。面对日益发展壮大的女真部落，明朝担心他们会对边境地区造成大的威胁，就采取“分其枝，离其势”的政策，使得女真各部之间彼此牵制，相互之间混战不断。长期的争斗，使得女真的势力得不到发展，民众也渴望安稳的生活，内部统一渐渐成为人心所向。

骑射图

万历十一年（1583年），在建州女真和明朝的冲突中，世袭建州左卫指挥使的努尔哈赤的祖父、父亲在混战中被杀。消息传来后，年轻的努尔哈赤本想起兵为祖父、父亲报仇，但是考虑到势单力薄，难以与大明军队交锋，就将祖父、父亲之死怪罪到建州左卫图伦城主尼堪外兰身上，指责他唆（suō）使明兵杀害祖父、父亲，奏请明朝将其交出。但明朝驻边将领认为这一请求是无理取闹，断然拒绝，并且将尼堪外兰封为“满洲国主”，使其威望大增。尼堪外兰俨然以建州国君自居，周边的部族都纷纷归附了他，唯独努尔哈赤不同意，起兵反抗。在他的强硬态度及几番上书陈辞下，明朝归还了其祖父、父亲的遗体，并给他赏赐，封他做龙虎将军。

就在此时，努尔哈赤收整旧部，并在额亦都等人的拥戴下，以祖父、父亲遗留的十三副甲胄（zhòu，头盔）起兵，开始了统一建州女真各部的战争。

清太祖努尔哈赤

清代军服

自此之后五年的时间里，努尔哈赤率军先后打败了苏克苏浒部、董鄂部、哲陈部等建州五部，统一了建州女真。此后十几年间，努尔哈赤相继征服了哈达部、辉发部等海西女真部落以及渥集部、库尔喀部、瓦尔喀部等东海女真部落，又招抚野人女真各部，基本实现了女真各部的统一。万历四十四年（1616年），努尔哈赤在赫图阿拉（今辽宁省抚顺市新宾县）正式建国，国号“大金”（史称后金），年号天命。

萨尔浒战役

后金天命三年（1618年）四月十三日，努尔哈赤在盛京发布讨明檄文，以“七大恨”之名誓师，率领步骑兵共两万人向明朝发起进攻。努尔哈赤率军攻占了抚顺城、清河后，意图进攻沈阳和辽阳，但是由于兵力不足，侧翼又有海西女真叶赫部的威胁，在探知明朝打算增援辽东后就主动撤兵了。

在抚顺等地失陷后，崇祯皇帝派遣兵部左侍郎杨镐经略（筹划治理）

辽东，并且打算出兵后金，“教训”一下这个胆敢捋（luō）虎须的“小弟”。但是，已日薄西山的明王朝兵力短缺、饷（xiǎng）银匮乏，经过半年多的筹备，才终于从川、甘、浙、闽等省抽调出了八万兵力增援辽东，同时又通知朝鲜、叶赫出兵进行策应。

杨镐坐镇沈阳，兵分四路围剿后金。当时，努尔哈赤为了更好地防御明军，在吉林崖（今辽宁抚顺市东）筑城屯兵，加强了防御设施。明军的作战企图很快就被后金侦知。在综合比较了双方态势之后，努尔哈赤制定了集中兵力、逐路击破的作战方针，将己方十万兵力集结于都城赫图阿拉附近，准备迎战。

崇祯帝

当时，明朝主力大军（西路军）由杜松率领，出抚顺关东进，一路行军速度很快，到达了萨尔浒（今辽宁抚顺东大伙房水库附近），兵分两路，主力驻扎在萨尔浒，自己率军进攻吉林崖，而此时其他几路大军则进展迟缓。努尔哈赤看到杜松孤军深入，兵力分散，意识到这是一个绝好的战争时机，就一面派兵增援吉林崖，一面亲率大军进攻驻扎在萨尔浒的杜松军。双方大战一日，明军全军覆没。很快，努尔哈赤又北上迎战马林率领的北路军，几乎将其全歼。准备增援的叶赫部听闻明军大败，大惊之下，赶紧撤军回了自己的部落。

此时，刘綎所率的南路军因为山路崎岖，行动困难，并没有按时行军至赫图阿拉，也没有收到西路军和北路军败北的消息，仍然按照原定计划向北行进。努尔哈赤在消灭中路的马林军后，率军迎击南路军。他事先在赫图阿拉南部的阿布达里岗设下埋伏，明军一头扎进了后金军队的包围圈，遭到伏击，全军覆没。

坐镇沈阳的杨镐收到消息后，急忙命令最后一路的李如柏军回师。李如柏军行动迟缓，在撤退时误以为被后金主力攻击，惊恐溃逃，死伤无数。应明朝邀请前来助阵的朝鲜军队也向后金投降。

随即，努尔哈赤又率军智取开原和铁岭。至此，明朝在辽东地区防御后金的屏障完全被打破，军事实力也遭到毁灭性打击，明朝边境已经对后金失去了防御能力。腾出手的努尔哈赤又亲自率领军队围攻叶赫部，一举攻克东西二城，杀掉叶赫部首领，彻底实现了女真部族的统一。

名篇精选

李永芳，辽东铁岭人。在明官抚顺所游击。太祖克乌喇，乌喇贝勒布占泰走叶赫。太祖伐叶赫，叶赫愬（shuò）于明。明使告太祖，诚毋侵叶赫、太祖以书与明，言叶赫渝盟悔婚，复匿（nì）布占泰，不得已而用兵，躬诣抚顺所，永芳迎三里外、导入教场，太祖出书畀（bì）永芳，乃引师还。

后三岁，为天命元年，又三岁，始用兵于明，师至抚顺所，遂合围，使持书谕永芳曰："明发兵疆外卫叶赫，我乃以师至。汝一游击耳，战亦岂能胜？汝多才智，识时务，我国方求才，况如汝者，有不加以宠荣与我一等大臣同列者乎？汝若欲战，我矢岂能识汝？若我师入城，男妇老弱必且惊溃。勿谓我恫喝①，汝思区区一城且不能下②，安用兴师？"

——《清史稿·列传十八》

【注释】

①谓：以为。恫（dòng）喝：吓唬。②下：攻下。

【译文】

李永芳，是辽东铁岭人。曾经担任明朝抚顺千户所游击（武职官名）。太祖努尔哈赤攻克乌喇部，乌喇部贝勒布占泰逃往叶赫部。太祖征讨叶赫部，叶赫部向明朝求援。明朝遣使告诫努尔哈赤，不许他侵犯叶赫部。努尔哈赤修书给明朝，表示叶赫部背弃盟约，撕毁婚书，又藏匿布占泰，自己是不得已而用兵，并亲自前往抚顺千户所。李永芳出迎三里，将努尔哈赤引入教场。努尔哈赤将回复的书信交给李永芳，才率军返回。

过了三年，是后金天命元年，又过了三年，努尔哈赤入侵明朝，军队到达了抚顺所，将抚顺围困起来，派使者送书信给李永芳道：“明朝发兵帮助叶赫部，我才率军来攻，你只是一个游击，能够战胜我吗？你很有才智，识时务，我们的国家正需人才，像你这种人才，怎能不和我们的一等大臣一样加以重用呢？你要是想开战的话，我军弓箭可不认识你。如果我的军队攻入城中，城中的百姓定将受到惊吓而溃逃。你不要以为我在吓唬你，你想如果连这区区一座小城都打不下，还出什么兵？”

【词句撷英】

识时务：能认清形势或潮流。词义扩展：识时务者为俊杰。

宁远之战

袁崇焕像

随着后金的国力越来越强，对于明朝政权的威胁越来越大。后金军队日渐南下，明军几次与之交战都大败而归。在宁远之战中，明军首次取得了对后金军队的胜利，稳定了岌岌可危的形势。

袁崇焕经营辽东

后金天命六年（1621年），后金军队取得了辽沈之战的胜利后，又攻占了广宁（今辽宁北镇）等四十多座城堡，兵锋直指山海关。

广宁失陷的消息传到朝中，朝廷大为震惊，朝中官员分成两派，一派以辽东经略（官职名）王在晋为代表，主张退守山海关；另一派以宁前兵备佥事袁崇焕为代表，主张“保关内必守关外，保关外必守宁远”。这一主张得到了东阁大学士、兵部尚书孙承宗的支持。不久，朝廷下令，命孙承宗主理辽东事务，孙承宗命袁崇焕和副总兵满桂率兵驻防宁远。

宁远位于山海关外一百公里左右，只是一个小城，其军事力量和防御能力比之关外重镇沈阳、辽阳等相去甚远。袁崇焕到达宁远后，抓紧时间练兵屯田，并且提出“以台护铳、以铳护城、以城护民”的原则，将宁远城修得坚固异常，新修建完成的城堡也成为屏卫山海关的重要军镇。为了加强防御力量，袁崇焕还在宁远城中增加了十一座红衣大炮，每座火炮都可以随时调转方向，能用火力覆盖城墙外二百七十度的范围；相邻敌台之间的大炮还可以相对射击城下的敌军，弥补了火炮的射击死角。

1625年，在袁崇焕的建议下，孙承宗下令派兵驻守锦州、松山、杏山、右屯及大、小凌河等城，把军事防线向前推进二百里，使宁远也有了屏障。就在局势一片大好之时，朝廷派了阉党党羽高第取代了孙承宗。高第胆小如鼠，一到任就要撤除锦州、右屯等地的防御器械，把守军前部迁回关内，并且还想进一步放弃宁远和前屯两座城堡。在袁崇焕的据理力争下，高第只给他留下了一小部分兵马，让他据守宁远，而将之前增设的锦州、松山、杏山、右屯及大、小凌河等城的防御全部撤除。由于撤退的命令下得特别匆忙，也缺乏严密的组织，军民乱作一团，连之前囤积的十多万石军粮也丢弃了，百姓怨愤，军心动荡，此时唯有袁崇焕还决心死守宁远。

后金攻城，大败而归

趁明朝军防发生变动之际，努尔哈赤亲自率六万大军渡过辽河，直逼宁远。宁远仅有袁崇焕带领的不到两万人，失去了其他所有的支援，情势万分危急。袁崇焕召集将领们商议后，决定采用“坚壁清野”的策略，动员外城的百姓入城，烧毁城外的房屋等，让后金军队只能露宿于严寒的野外。同时，在全城严查奸细，派兵日夜巡守街巷路口，还动员百姓们配合士兵搜捕奸细，并且发动百姓给军队供给饮食、运输矢石和火药，在城池外墙上泼水成冰，以阻止敌军登城。

宁远攻防战复原图

十天后，后金军队抵达宁远，在城外五里安营布阵，在城北设大营，切断了宁远和关内的联系。努尔哈赤派人劝降，被袁崇焕严词拒绝，并且向城北大营发射火炮，以示警告，后金在突然的炮火攻击下死伤惨重，只得将大营西移。努尔哈赤大怒之下命令发动进攻，双方激战三日，明军在城上施放炮火，杀伤大量后金骑兵，但防守薄弱处的城墙几乎被后金战车凿穿。在矢石炮火之下，后金军队难以发挥骑战的特长，死伤无数，只能被迫撤军。

后金撤军途中，突袭觉华岛（明朝当时在关外的重要后勤基地），守城军队全员战死，物资等都被后金军劫掠走。不久后，努尔哈赤身患毒沮（jū），只得退军。宁远之战彻底挫败了努尔哈赤攻占辽西和山海关的企图，是明朝对后金作战的一次重大胜利。战胜的消息传出后，明朝军队抗击后金的信心又被重新树立起来。

然而，由于袁崇焕曾被阉党首领魏忠贤记恨，屡次被魏忠贤余党以各种罪名弹劾，皇太极则趁机施以反间计。崇祯三年（1630年）八月，袁崇焕在北京被凌迟处死。

名篇精选

袁崇焕，字元素，东莞人。万历四十七年进士，授邵武知县。为人慷慨负[①]胆略，好谈兵。遇老校退卒，辄与论塞上事，晓其厄[②]塞情形，以边才自许。

天启二年正月，御史侯恂请破格用之，遂擢兵部职方主事。无何，广宁师溃，廷议扼山海关，崇焕即单骑出阅关内外。部中失袁主事，讶之，家人亦莫知所往。已，还朝，具言关上形势。曰："予我军马钱谷，我一人足守此。"廷臣益称其才，遂超擢佥事，监关外军，发帑金二十万，俾[③]招募。

寻令赴前屯安置辽人之失业者，崇焕即夜行荆棘虎豹中，以四鼓入城，将士莫不壮其胆。在晋深倚重之，然崇焕薄[④]在晋无远略，不尽遵其令。

……

崇焕初议和，中朝不知。及奏报，优旨许之，后以为非计，频旨戒谕。崇焕欲藉是修故疆，持愈力。而朝鲜及文龙被兵，言官因谓和议所致。文龙既死，甫逾三月，大清兵数十万分道入龙井关、大安口。崇焕甫闻变即千里赴救，自谓有功无罪，然都人骤遭兵怨，谤纷起，谓崇焕纵敌拥兵。朝士因前通和议，诬其引敌胁和，将为城下之盟。帝颇闻之，不能无惑。会我大清设间，谓崇焕密有成约，令所获宦官知之，阴纵使去。其人奔告于帝，帝信之不疑。十二月朔，再召对，遂缚下诏狱。法司坐崇焕谋叛，三年八月。遂磔（zhé）崇焕于市。兄弟妻子流三千里，籍其家。崇焕无子，家亦无余赀（zī），天下冤之。

——《明史·袁崇焕传》

【注释】

①负：具有。②厄：阻塞，险要的。③俾：使。④薄：轻视。

【译文】

袁崇焕，字元素，东莞人。万历四十七年进士，授官邵武知县。为人正气凛然有胆略，喜欢谈论军事。遇到老兵和退伍的士卒，就与他们谈论边塞上的事，通晓那里要塞的情形，以有处理边防事务的才能自诩。

天启二年正月，御史侯恂请求破格任用他，提升他为兵部职方主事。没有多久，广宁的军队溃败，朝廷商议扼守山海关，崇焕单骑出朝巡视关内外。部中失去袁主事，很惊讶，家中人也不知他到什么地方去了。不久，回到朝廷，详细陈说关上的形势。说：“给我军马钱粮，我一个人就足以守住这个地方。”朝廷官员更加称赞他的才能，就越级提升为佥事，监督关内外的军队，调发官库金钱二十万，让他招募士兵。

不久，王在晋命袁崇焕前往前屯安置辽东的失业人群，袁崇焕当即于夜间出发，冒着被虎豹袭击的危险穿梭于荆棘之间。四更天入城后，将士们都夸赞袁崇焕有胆量。王在晋非常倚重袁崇焕，但是袁崇焕看不起王在晋，认为他没有长远的战略目标，所以不是事事都遵从他。

……

袁崇焕起初议和，朝中不知道，等到上奏报告，皇上下优旨表示准许，后来认为不是办法，频频降旨劝阻禁止。袁崇焕想借着议和兴复原来的疆域，坚持更为有力。而朝鲜及毛文龙遭清军进攻，谏议官因此说是和议所招致的。毛文龙既已死去，才过了三个月，清军数十万人分路进入龙井关、大安口，而袁崇焕刚听到变故就奔赴千里救援，自认为有功无罪。然而，京城突然遭到敌人进攻，埋怨诽谤纷纭而起，说袁崇焕纵容敌人拥兵自重。朝中人士因为以前袁崇焕提过通和的建议，诬蔑他勾引敌人胁迫议和，将在敌军临城时签订盟约。皇上听到很多，不能没有疑惑。适逢大清实施离间计，说与袁崇焕秘密订有条约，让被抓获的宦官知道，暗地放他逃走。那个人奔回告诉皇上，皇上毫不怀疑地相信了。十二月初一再次召对，于是袁崇焕被捆绑起来关入大牢。司法部门判他图谋叛逆。崇祯三年的八月，在闹市把袁崇焕凌迟处死，其兄弟妻儿流放三千里，抄没他的家产。袁崇焕没有儿子，家里也没有多余的财产，天下人都为他感到冤屈。

【词句撷英】

城下之盟：意思是在敌人的武力威胁下被迫签订的屈辱性盟约。

皇太极新政

皇太极像

努尔哈赤去世后，其第八子皇太极在代善（努尔哈赤次子）等人的拥戴下继位为汗，改元天聪。此时，明朝正因为宁远之战的胜利而开始变得强硬起来，于是皇太极致函明朝，希望“彼此和好”，但仍然不断加紧备战。

联蒙抗清，发起变革

天聪元年（1627年），皇太极亲自率领大军，攻打锦州、宁远，发动了宁锦之战。在袁崇焕的指挥下，后金军队战死无数，持续攻打了十几天，依然毫无寸进，皇太极只能退兵。

此时，向西进攻辽西，势必要过山海关，过关无望，皇太极就决定另走一条路，从别的地方进入中原，他选择了从蒙古人的地方走。当时，后金已经与蒙古的喀尔喀、科尔沁等部结盟，前进道路上还有蒙古察哈尔部及其附属的很多小部落。皇太极就在天聪二年（1628年），率兵出征察哈尔，大败察哈尔部，也巩固了对已经归服的蒙古诸部的统治，稳定了后方。

征服察哈尔后，皇太极率兵从此路进入内地，兵分三路从龙井关、洪山口、大安口进入关内，攻占了遵化（今属河北），直逼北京城。明朝命各路兵马紧急驰援。袁崇焕则率领各路援军，阻击后金军于广渠门和德胜门外。皇太极深感袁崇焕对其威胁甚重，于是实施反间计，中伤袁崇焕。崇祯帝临时换将，更使得军心动摇，来增援的总兵祖大寿彻底对朝廷失望，率军回师宁远。

皇太极感觉到短期内后金根本无法拿下明王朝，于是改变计划，分兵驻守遵化、滦（luán）州（今河北滦州）、永平（今河北卢龙）、迁安（今属河北），自己则率主力返回都城盛京（今辽宁沈阳）。回到盛京后，皇太极致力于发展内战，提高自身实力。他一改以往屠杀文人的政策，推行满汉一体和振兴文教的政策，并在天聪三年（1629年）首次进行考试，选取了满、汉、蒙古生员两百人，并且下令，从天聪六年（1632年）开始，所有的贝勒大臣子弟，只要年龄在八至十五岁之间的都必须去读书。

为了消除各阶级、各民族之间的矛盾，发展农业生产，他派人丈量土地，将“各处余地”收归国家，并且发给民户耕种，不允许八旗旗主、贵族扩大自己的庄田。同时，又把辖地内汉人编为民户，让他们到各地去屯田，将部分奴隶解放为平民。

天聪六年（1632年）正月，皇太极废除了已经在后金施行多年的三大贝勒共理朝政的旧制，改为自己“南面独坐”，地位独尊。并且消除异己，铲除了三大贝勒的势力，巩固了大汗的权势。此后，他仿照明朝政治制度，设立内三院和六部、都察院和理藩院等，建立起较为完备的国家机构。

从天聪七年（1633年）开始，皇太极给予新归降的将领优厚的待遇，吸引了一大批明朝将领归附。孔有德、耿仲明、尚可喜等都在此时归降了后金。孔有德和耿仲明不仅带了一万多明朝官兵归降，还带来了红衣大炮，极大地增强了后金军队的实力。后来，马光远也率兵归降，他们逐渐形成了一个汉军旗。在此之前，蒙古旗也已形成。到了天聪八年（1634年），皇太极在沈阳举行阅兵，后金军队已经有了成建制的满洲八旗、蒙古二旗、旧汉兵一旗，共十一旗——这就是后来清朝满、蒙、汉八旗的雏形。

数次南征，奠定清朝基业

天聪十年（1636年），在诸贝勒、汉官儒臣等人的支持下，皇太极称帝，定国号“大清”，改元崇德，改族名为满洲。崇德元年（1636年），皇太极发兵朝鲜，迅速攻灭朝鲜，俘虏了其国王，将朝鲜变成了自己的藩属国，解决了清朝进攻关内时的后顾之忧。

此时，清军南下依然要面对山海关的阻隔，因而皇太极对明朝的作战大致可以分为入口之战和关外之战。入口之战，就是从之前已经占领的遵化、滦州、永平、迁安等地出兵。整个崇德年间，皇太极一共发动了三次入口之战，劫掠、俘虏了大量人口。

八旗军复原图

明代军服

皇太极深知，要想取山海关，必须要先取关外四城（松山、杏山、锦州、宁远），而锦州更是首当其冲。明朝也意识到了这一点，增派重兵驻守，并且加固城池。锦州的战略地位越来越重要，皇太极决定发兵锦州。

皇太极吸取了过去强攻宁远、锦州的教训，制定了长围久困、迫其出降的作战计划，下令在广宁和锦州之间的大凌河畔修筑义州城。这里地势开阔，土地肥沃，在这里筑城屯田，能够成为攻打锦州的前沿阵地，同时也是绝佳的后勤补给基地。崇德五年（1640年）六月开始，皇太极率兵开始了围城的持久战，他将兵士分成两班，轮番驻守，同时将锦州城外的庄稼全部抢收，扫荡明军在外围的据点，切断了锦州同外部的联系。一直到第二年，又在锦州城外安营扎寨，在营寨外挖了深深的壕沟，立起栅栏，将锦州彻底围得水泄不通。在长久的围困中，锦州城内军心动荡，一部分蒙古籍军士与清军联系，内外夹攻，清军攻占了锦州外城，祖大寿率军退入内城。此后，清军填平了护城河，毁坏了城墙，使得城内的明军没有了粮草供给的渠道，余粮只够坚持一个月。

值此危急之时，朝廷终于派洪承畴（chóu）率领八大总兵领兵十三万增援宁远，以解锦州之围。洪承畴到达宁远后，不敢冒进，但在朝廷的几番催促下，率兵抵达锦州城南的乳峰山一带，双方在此胶着。开始时，清军作战失利，死伤甚多。皇太极收到消息时，不顾有病在身，带兵昼夜兼行五百多里，到达锦州城北的戚家堡（今辽宁凌海齐家堡）。他观察了洪承畴的排兵布阵后，发现其有首尾不能相顾的特点，于是想出了“掘壕围困，断敌粮道”的方法。

眼看粮道断绝，明军将领和士兵们都丧失了斗志。洪承畴想要决战突围，但八大总兵不愿死战，想着逃回宁远。军心不一，很多人趁夜突围逃跑。骑兵和步兵相互践踏，死伤无数。洪承畴无法有效地组织起突围之战，被困多日，兵败被俘。救援无望的情况下，祖大寿开城投降。随后清军又攻占了松山和杏山。至此，松锦大战结束。

经此一战，明朝元气大伤，辽东的防御体系完全崩溃，只剩下了山海关的吴三桂部还在苦苦支撑，清军进取中原的道路已基本打通。令人诧异的是，皇太极却在此时猝死。

名篇精选

太宗即位，召直左右。天聪三年，明围我师大安口，文程以火器进攻，围解。太宗自将略永平，留文程守遵化，敌掩①至，文程率先力战，敌败走。五年，师围大凌河，降其城，而蒙古降卒有阴戕其将叛去者，上怒甚，文程从容进说，贷死者五百余人。时明别将壁西山之巅，独负险坚守，未下，文程单骑抵其垒，谕以利害，乃请降。上悦，以降人尽赐文程。

……

世祖即位，命隶镶黄旗。睿亲王多尔衮（gǔn）帅师伐明，文程上书言："中原百姓蹇离丧乱，备极荼（tú）毒，思择令主，以图乐业。曩者弃遵化，屠永平，两次深入而复返。彼必以我为无大志，惟金帛子女是图，因怀疑贰。今当申严纪律，秋毫勿犯，宣谕进取中原之意：官仍其职，民复其业，录贤能，恤②无告。大河以北，可传檄定也。"顺治二年，江南既定，文程上疏言："治天下在得民心，士为秀民。士心得，则民心得矣。请再行乡、会试，广其登进。"从之。

——《清史稿·范文程传》

【注释】

①掩：掩杀，袭击。②恤：体恤，救济。

【译文】

清太宗继位后，召命范文程在身边助理朝中政务。天聪三年，明军包围大安口的清兵，范文程率军使用火器反攻，解除明军围攻。清太宗亲自率军攻打永平，留下范文程守卫遵化，明军前来偷袭，范文程率兵迎战，敌兵战败逃跑。天聪五年，清军围攻大凌河，守城明朝官兵投降，但投降的蒙古士卒中却有暗中杀害部将叛逃的，此事令清太宗勃然大怒。范文程从容前去劝说，使五百名将被处死的士卒得到宽赦。当时另有明将据西山之险坚守，攻之不下，范文程又以单骑至其营垒，陈说利害，于是也投降了。皇太极非常高兴，把所有这些投降之兵都赐给了范文程。

……

清世祖即位后，诏命范文程家族隶属于镶黄旗。睿亲王多尔衮统率清军讨伐明朝，范文程上书说："中原百姓遭受分离和丧乱之苦，饱受战乱的毒害，思考选择新的君主，以期望能够安居乐业。我清军从前放弃遵化，屠戮永平，两次深入明境折回。中原百姓一定认为我大清没有远大志向，仅仅是图谋得到金帛子女，于是对我大清心存疑虑，怀有二心。清军现在出征，应当申严纪律，秋毫不犯，明白告谕百姓我大清攻夺中原的意图：为官的仍照原职录用，为民的恢复家业生产，任用贤能之才，救济无家可归的贫苦人。这样做的话，黄河以北的地区只要发布公文就可以不战而得。"顺治二年，清军平定江南后，范文程上疏说："治理天下在于取得民心，士为百姓的佼佼者，得到士心，就能取得民心。请求恢复乡试、会试，广开士人登科及第的出路。"清世祖采纳了他的意见。

【词句撷英】

1. 秋毫勿犯：指军纪严明，丝毫不侵犯人民的利益。同"秋毫无犯"。

2. 治天下在得民心：治理天下（的要义）在于取得民心。

明末农民起义

一个王朝的末期，往往伴随着范围广泛的农民起义和外部强敌的入侵，以及统治阶层内部的争权夺利，最终在内忧外患之下覆灭。明王朝也是如此。

波澜壮阔的明末农民起义

明朝末年，伴随着清军不断南下侵略的是国内频发的各种灾荒。为了节省开支，朝廷开始对驿站进行改革，这使得消息的传达越来越不顺畅。在陕北地区，因为土地贫瘠（jí），加上连年灾荒，田地里几乎没有任何收成，又要面对高额赋税和繁重的徭役，农民已经无力维生。

天启七年（1627年），陕西澄城的饥民王二带领数百饥民冲进县城，攻占县衙，揭开了明末农民起义的序幕。此后，各地纷纷爆发起义。天启八年（1628年），陕西府谷王嘉胤、汉南王大梁、安塞高迎祥等农民起义都爆发开来。但是各地的起义军没有统一指挥，各自为战，力量相对较弱。

陕北爆发的这一大规模农民起义震惊了明朝统治者，此时刚刚登基的崇祯皇帝采用剿、抚并用的策略，集中兵力进攻陕西的农民军。不少起义军接受了招安，时降时叛，局面比较复杂。此时，张献忠在陕西米脂领导了农民起义，李自成也加入了闯王高迎祥的起义军。

崇祯四年（1631年）开始，为了避开明军主力，起义军领袖王嘉胤率军进入山西，各地的起义军也逐渐联合起来。不久后，王嘉胤战死，王自用联合高迎祥、张献忠等各部起义军二十多万人，在山西继续战斗，一度攻破大宁、泽州、寿阳等城。崇祯六年（1633年），王自用战死，起义军在高迎祥领导下继续与明军展开激烈战斗，但是损失较大。在各部起义军首领商议后，决定分兵突围，转移到明军力量相对薄弱的豫西楚北，明军不得不分兵把守各要塞。

崇祯七年（1634年），洪承畴继任五省总督，统一指挥陕晋豫川及湖广官军，围剿（jiǎo）农民军。洪承畴以重兵包围起义的中西地区，率兵进行重点进攻，高迎祥率领的起义军在朱仙镇等地连连受挫，转道进入河南。在明朝重点打击的策略下，连续兵败，兵力损失过半，残部退回陕西，闯王高迎祥被俘而死。此时，清军入关，负责在中原地区围剿的五省总督卢象昇率军驰援，起义军在中原地区面对的压力大减，势力有所恢复，逐渐形成了两支强大的队伍：一支由张献忠领导，在湖北、安徽、河南一带活动；一支由李自成率领，在甘肃、宁夏、陕西一带活动。

一直到崇祯十三年（1640年），经过十几年的流动作战，起义军队伍逐渐成熟起来，尤其是李自成，他采纳了文人的建议，开始实施“行仁义，收民心”“免粮”“安民”等举措，打下了良好的民众基础，并向一些军镇要地进行机动进攻。

陈圆圆像

崇祯十四年（1641年），李自成率兵攻破洛阳，他收缴了一大批武器辎重，改善了农民军的装备，没收了权贵府中的金银财宝和大量粮食物资，开仓赈济灾民。而张献忠此时也起兵攻占了襄阳城。到崇祯十六年（1643年）时，李自成已经占领了秦、陇全境及晋西山区，张献忠也占领了汉阳、武昌等地。

吴三桂降清，清军入关

崇祯十七年（1644年），李自成在西安宣布建立大顺政权，随即向京师进军，一路势如破竹，很快就攻占了太原、大同、宣府等地，逼近京师。李自成围困京师后，守城官兵和内城守宫太监先后打开城门和宫门投降，崇祯皇帝在景山自缢，大明王朝的统治结束。

清军重甲骑兵

睿亲王多尔衮像

李自成进京后，面临着的最大问题就是消灭明朝的残余势力，其中力量最强的就是盘踞在山海关的宁远总兵吴三桂。吴三桂看到国内战争形势的发展，本想归降李自成，但获知大顺军在京师逮捕了一批勋贵大臣，追缴他们的财物作为军饷，自己的爱妾陈圆圆也被抢走后，大怒之下，向关外的清军投降，以报夺妻之恨。

收到吴三桂降清的消息，李自成率兵进攻，双方在山海关发生激战，却不敌吴三桂和清军联军，兵败后撤回京师，并且很快就带兵撤出了京师。

清军就此南下占领了京师。进入京师之后，清军统帅多尔衮严令部下不许抢掠，又为上吊自缢的崇祯皇帝发丧，赢得了汉族士绅的好感。安稳京师局面后，多尔衮迎立年仅六岁的皇子福临入京，并登基称帝，这就是顺治皇帝。出于统一中原的野心，清廷正式定都北京。

入关后，清军强力镇压各地的农民起义军和残余的明军。李自成领导的大顺军和张献忠等部以及明朝的湖广总督等联合起来共同抗清，但各派之间仍然争夺不断，农民军备受排挤，以至于无法团结抗敌，这使得清军在入关之后得到了宝贵的喘息时机。顺治二年（1645年），李自成兵败被杀；顺治三年（1646年），张献忠被杀，轰轰烈烈的明末农民起义进入尾声。

在李自成进入北京之后，逃到南方的大明朝廷残余势力建立了南明政权。他们在面临清军和农民军的双重威胁时，选择将防御重点放在农民军身上，而对于真正威胁南明的清军则不以为意，他们以为可以和清人议和，“联虏击寇”。殊不知，清军当时已在京师枕戈待旦，随时准备南下。

清军在扫除了李自成势力后，很快挥师攻打南明，并在顺治二年（1645年）四月围困了扬州城。督师江北的兵部尚书史可法率领明军和城中百姓共同抵御清军。五天后，扬州城沦陷，清军恼怒于城内居民的激烈反抗，在扬州进行了长达十天的屠杀，史称“扬州十日”。一个多月后，这个南明小朝廷彻底瓦解，皇帝朱由崧（sōng）被拘禁。

此后，东南地区先后又出现了两个明朝政权，都有一定的地盘和兵力，但是政治腐败，内部分裂，无力协同作战，很快就被清军一一击溃。

其部分残余势力逃到海上，此后陆陆续续与清军进行了长达十多年的战争，但已无力回天。

名篇精选

卫景瑗（yuàn），字仲玉，韩城人。天启五年进士，授河南推官。崇祯四年征授御史，劾（hé）首辅周延儒纳贿行私数事，复劾吏部侍郎曾楚卿邪佞（nìng）。帝不纳。出按真定诸府。父丧，不俟命竟归，服阕①，起故官，疏救给事中傅朝佑李汝璨（càn）以论温体仁下吏，故帝不怿②，左迁行人司正。历高宝、大理丞，进少卿。十五年春，擢右佥都御史，巡抚大同。岁饥疫，疏乞振济。搜军实，练火器，戢（jí）豪宗，声绩甚著。

十七年正月，李自成将犯山西，宣大总督王继谟（mó）檄大同总兵官姜瓖（xiāng）扼之河上，瓖潜使纳款而还。景瑗不知其变也，及山西陷，景瑗邀瓖歃（shà）血守。瓖出告人曰："卫巡抚，秦人也，将应贼矣。"代王疑之，不见景瑗，永庆王射杀景瑗仆。会景瑗有足疾，不时出，兵事，瓖主之。

——《明史·卫景瑗传》

【注释】

①服阕（què）：指守丧期满除服。②怿（yì）：欢喜，高兴。

【译文】

卫景瑗，字仲玉，韩城县人。天启五年进士，初任河南推官。崇祯四年授山西道监察御史，弹劾首辅周延儒贪污受贿之事，又揭发吏部侍郎曾楚卿行事不正，皇帝不采纳。皇帝任命他为巡按，巡察真定府。后遭父丧，未等朝廷准假即归故里。服孝期满后，任河南道御史。卫景瑗上疏朝廷营救给事中傅朝佑、李汝璨，此二人因弹劾温体仁触怒皇帝而被交付司法部门审讯。卫景瑗替他们讼冤，因而令皇帝恼怒，卫景瑗被贬为行人司正。后调尚宝局丞，又调大理寺丞，晋升少卿。十五年春，调景瑗任右佥都御史，巡视并安抚大同。当时，晋北一带遭灾，百姓饥寒交迫，疾病流行。景瑗到任后，上疏朝廷请求赈济灾民，加强战备，铸造火器，打击豪强，政绩显著。

十七年正月，李自成率义军渡黄河进军山西，宣大总督王继谟晓谕大同总兵官姜瓖在黄河边据守，姜瓖偷偷地派人（与义军联络），归顺义军后返回。景瑗不知其变，等到山西沦陷，景瑗邀姜瓖歃血盟誓共同守卫。姜瓖在外告诉别人："卫巡抚是陕西人，早已与李自成暗中勾结，将要叛变投敌等。"代王对此有所怀疑，故不肯见景瑗。加之永庆王射杀景瑗仆从，更加深了二人间的矛盾。又适逢景瑗患足疾，不能时常出外理事，于是大同军权被姜瓖独揽。

【词句撷英】

歃血：指的是古代举行盟会时，微饮牲血，或含于口中，或涂于口旁，以示信守誓言的诚意的行为。词义扩展：歃血为盟。

第五章

清朝的内政

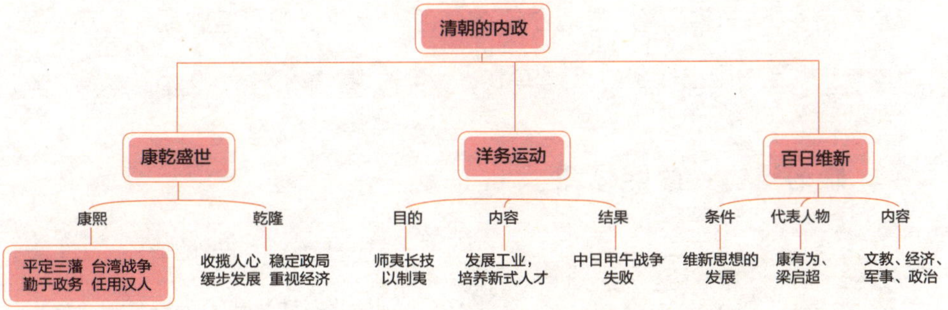

清朝的盛衰，当以乾隆时为关键。从世祖入关，到三藩平定，这四十年，算是清朝开创之期。自此至雍正之末，五十余年，为乾隆一朝，表面上看似极盛，实则衰机潜伏于其中。至其末年，内乱一起，就步步入于否（pǐ，坏，不好）运了。

——吕思勉《中国通史》

康乾盛世

清军入关后，几任皇帝都励精图治，社会稳定，经济快速发展，国家综合实力快速提高，出现了长达一百三十四年的繁盛时期，即康乾盛世——也是中国古代封建王朝的最后一个盛世。

顺治退位，康熙临朝

顺治皇帝

清军入关后的第一任皇帝，是当时年仅六岁的顺治皇帝。由于年幼无法掌握朝政，朝政大权都交给了摄政王多尔衮。当时，全国各地出现了大规模的抗清浪潮，为了稳固统治，在多尔衮意外去世后提前亲政的顺治皇帝采取了“抚重于剿”的策略，又重用洪承畴等降臣，使得局面逐渐好转起来。为了维护统治基础，顺治皇帝推行屯田、鼓励垦荒、减轻赋税等政策，使得多年战争中濒临绝境的农业生产开始恢复。

整个顺治一朝，清军及国家政治的主要方面，还在于四处征战，实现全国一统，到顺治十六年（1659年）时，除了东南沿海的一些地方，全国领土基本都归于清朝统治之下。两年后，二十四岁的顺治皇帝驾崩，年仅八岁的皇子玄烨（yè）继承了皇位——他就是康熙帝。

康熙帝登基之后，同样由于年幼无法亲政，就由索尼、苏克萨哈、遏必隆、鳌（áo）拜等四大臣辅政。四大臣联合辅政的局面并没有维持太久，他们之间的矛盾和斗争日益激烈。尤其是鳌拜，他居功自傲，骄横专权，先是擅自杀害了同为辅政大臣的苏克萨哈，又和遏必隆勾结在一起，索尼则装出毫无主见的模样，丝毫不发表意见，导致鳌拜权倾朝野。

康熙皇帝便装写字像

康熙皇帝逐渐成长后，为了夺回大权，便谋划诛杀鳌拜。他召集了十几个少年护卫，以练习布库（满语：摔跤）为名，带着他们在宫中嬉戏，实则是练武。而自诩（xǔ）为“清朝第一勇士”的鳌拜丝毫不将这些“小孩子的把戏”放在眼里，因而也就没有防备。在一次鳌拜进宫奏事时，康熙皇帝突然命这些少年护卫发力抓住了鳌拜，将其投入大狱，并以迅雷不及掩耳之势议定罪名，迅速诛杀了鳌拜的亲随和党羽，遏必隆也被罢职查办。从此，康熙帝完全夺回了朝政大权，开始亲政。这一年是康熙八年（1669年）。

康熙亲政之后，发布的第一条诏令就是宣布停止圈地，不允许满洲贵族再侵占田地，将土地还给农民去耕种；又鼓励垦荒，增加了农田面积，促进了农业生产的发展，从根本上保障了清朝的统治基础。

在恢复经济、发展民生的同时，康熙皇帝面临的最重要问题，就是要解决“三藩”问题。当时，在清朝统一中原过程中立下汗马功劳的原明朝降臣吴三桂、耿精忠、尚可喜三人分别被封为平西王、靖南王、平南王，镇守云南、福建、广东三地。经过多年的发展，“三藩”在各自辖地内握有重兵，几乎成为一个个独立的小王国，对于中央朝廷的诏令时有不听，已成尾大不掉之势。此时，“削藩”已成当务之急。

康熙行猎图

康熙十二年（1673年），康熙皇帝决定撤藩，引起了“三藩”的激烈反弹。当年11月，吴三桂宣布起兵反清，并在第二年率军攻打湖南，攻陷常德、长沙等地。他四处散布檄文，福建耿精忠、广西将军孙延龄、四川巡抚罗森等许多地方大员纷纷响应。短短几个月时间，云南、贵州、湖南、广西、福建、四川六省落入叛军之手。随后，陕西提督王辅臣、广东尚之信（尚可喜之子）等也纷纷反叛，叛乱扩大到广东、江西和陕西、甘肃等多个省份，建立不久的大清王朝危在旦夕。

面对这一危亡之局，康熙皇帝决定坚决打击吴三桂势力，对其他势力则大开招抚之门，以此分化敌军，孤立吴三桂，并且重用汉八旗和汉将。在这一策略下，康熙十五年（1676年），王辅臣部、耿精忠部先后投降，第二年，尚之信部也投降了，陕西、福建、广东、江西都先后平定。吴三桂被孤立于湖南境内，清军团团围困长沙，失败已成必然，三藩之乱就此平定。

平定三藩后，康熙皇帝又将目光对准了明朝残余势力占据的台湾。当时，郑成功、郑经父子已相继去世，其孙郑克塽（shuǎng）继任，内部政局不稳，官员离心，正是进攻台湾的好时机。于是，康熙皇帝任命施琅为福建水师提督，率军攻打台湾。康熙二十二年（1683年），台湾郑氏集团投降。次年，清朝在台湾设立一府三县，隶属于福建省。

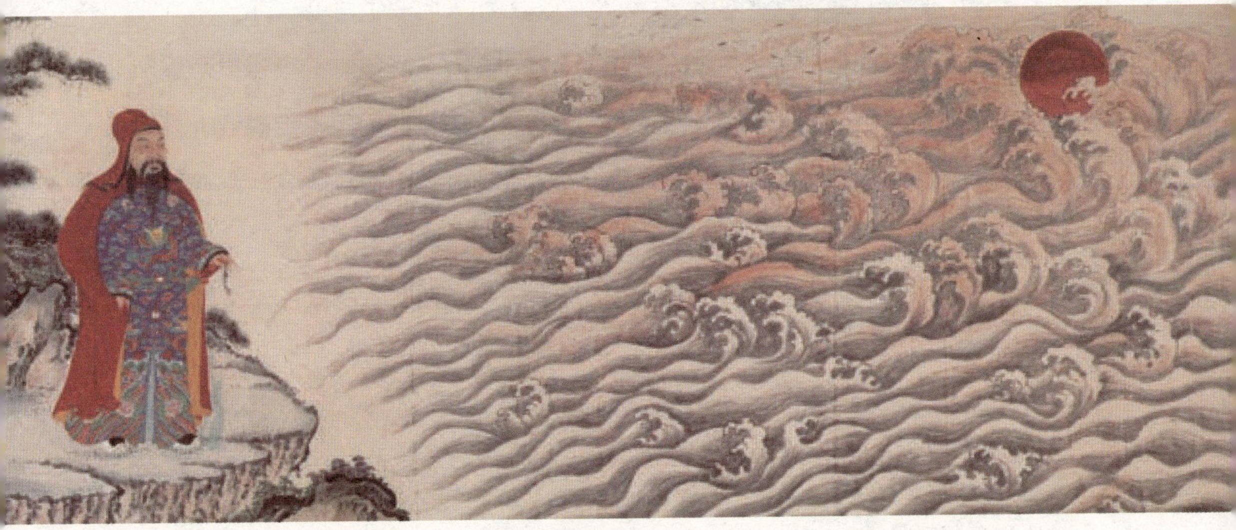

郑成功像

三藩之乱和收复台湾战争结束后，清朝国内恢复了稳定，除去边境地区，内陆很长时间内都没有战事发生，社会安稳，经济迅速恢复起来。为了加强中央集权，更方便处理政事，康熙皇帝设立南书房，选择政治才干和学识优异的文人进入其中，让他们参与国事讨论，草拟圣旨。大量的汉族士大夫，如高士奇、陈廷敬、李光地、张廷玉、朱彝尊、王士禛、徐乾学、王鸿绪、查慎行、胡渭、熊赐履、方苞等人先后进入南书房任职。他们中有一些还成为皇子的老师，使得康熙皇帝和诸皇子们更多受到汉文化的熏陶，也削弱了满洲议政王大臣会议和内阁的权力，进而增强了皇权。

康帝皇帝读书像

为了考察各地吏治情况，防止被外地的臣子蒙蔽，康熙皇帝经常出京巡视，深入民间。他进行了六次南巡、三次东巡、一次西巡，以及数百次巡查京畿和蒙古，其勤于政务和关心民生可见一斑。

然而，晚年时的康熙皇帝逐渐倦怠下来，在朝政上更喜欢听粉饰太平之词，导致官吏贪污腐化，吏治败坏，而众皇子也为了争夺储位大肆结党营私，国家在繁荣的表象下已是危机重重。比如，朝中官员向国库借款数额巨大，开支又多，导致国库空虚，仅有八百万两白银。康熙皇帝于是向大臣们催缴欠款，这也使得众皇子借机拉拢朝臣，朝政越发混乱起来。

康熙六十一年（1722年），康熙皇帝病重逝世，临终前，他选定了最合适的接班人——以清缴欠款出名的“铁面皇子”雍亲王胤禛（zhēn）。

康熙皇帝深知国家吏治腐败的状况，因而选定了一个手段强硬、实心任事的继承人。

康熙南巡图局部（京师午门卤簿仪仗）

海晏河清，乾隆盛世

雍正皇帝继位后，针对康熙朝晚年出现的种种弊端，采取了多种补救措施，他任用精明干练的张廷玉、鄂尔泰、田文镜、李卫等人处理朝政，自己也每日批阅奏折到很晚。他在康熙朝的基础上，设置军机处作为权力中枢，将其完全掌握在自己手中，极大地加强了皇权。同时，雍正皇帝设立密折制度，并派出特务监察天下各地，掌控官员言行，保障统治，并提出用火耗归公、设置“养廉银”等方式提高官员收入，从制度上控制官员贪污。

雍正皇帝朝服像

雍正皇后乌喇那拉氏

在经济方面，他实施“摊丁入亩”政策，减轻农民负担，使得农业生产得以更快发展，全国的田地面积从康熙末年的七百三十五万顷增至八百九十万顷，国库存银达六千多万两。虽然在位只有短短十三年，但是雍正皇帝致力于整顿吏治、改善民生，纠正了康熙朝末年的积弊，为乾隆盛世的到来打下了坚实的基础。

雍正十三年（1735年），雍正皇帝暴病而亡，皇四子弘历继位，这就是乾隆皇帝。乾隆皇帝登基之初，用宽缓代替了雍正一朝的严苛，集中力量纠正前两朝的一些弊政，如摊丁入亩中的一些过当之举。他还调整了皇室内部失调的关系，将雍正一朝严厉处置的曾参与夺嫡的宗室或释放或恢复爵位，借以稳定内部局势。

在乾隆帝继位之初，两位辅政大臣张廷玉和鄂尔泰都手握重权，不利于皇帝的专制统治。于是，乾隆皇帝慢慢提拔一些没有根基的新人，用十几年的时间，逐渐消解了两大辅臣的影响。

乾隆皇帝十分重视社会稳定和经济发展，曾五免天下钱粮，三免八省漕粮，以减轻农民负担，保护农业生产。到乾隆中期时，全国的农业、手工业和商业都取得了极大发展，耕地面积扩大，人口激增，国库充实，整个社会经济得到了空前的发展。乾隆三十一年（1766年），已开垦土地达到7.8亿亩；人口从乾隆初年的1.4亿人增加到乾隆末年的近3亿人；国库存银长期保持在七千万两左右，几乎相当于全国每年赋税总收入的两倍，经济空前繁荣。

乾隆皇帝朝服像

乾隆皇帝戎装像 〔清〕郎世宁绘

在这一基础上，康熙皇帝重视文化，儒学得到大的发展，并以国家机构的名义编纂了《四库全书》，收录3462种图书，共计79338卷，36000余册，约8亿字，其规模是《永乐大典》的三倍还多。这是我国古代最大的文化工程，也是对中国古典文化进行的一次最系统、最全面的总结。但与此相对的是，乾隆皇帝也沿袭其先祖的做法，大兴文字狱，加强对民众的思想和文化控制。

康乾盛世发展到乾隆中期以后，出现了种种问题，皇帝本人逐渐变得好大喜功，喜爱奢侈享乐。他曾六下江南巡游，使得国库一时间缩水严重，吏治败坏状况再度抬头，出现了和珅专权、各地盐政腐败等案件，国家统治逐渐走了下坡路，而广大民众的生活也因土地高度集中和地主的残酷剥削而变得越来越困难。甚至在乾隆末年，全国已经有多处爆发了农民起义。

名篇精选

于成龙，字北溟（míng），山西永宁人。顺治十八年，授广西罗城知县，年四十五矣。罗城居万山中，盛瘴疠（zhàng lì），民犷悍。方兵后，遍地榛莽（zhēn mǎng），县中居民仅六家，无城郭廨（xiè）舍。成龙到官，召吏民拊循之，申明保甲。盗发即时捕治，请于上官，谳实即处决，民安其居。邻瑶岁来杀掠，成龙集乡兵将捣其巢，瑶惧，誓不敢犯罗山境。民益得尽力耕耘。居罗山七年，与民相爱如家人父子。牒①上官请宽徭役，建学宫，创设养济院，凡所当兴罢者，次第举行，县大治。总督卢兴祖等荐卓异。

康熙六年，迁四川合州知州。四川大乱后，州中遗民裁百余，而供役繁重。成龙请革宿弊，招民垦田，贷以牛种，期月户增至千。迁湖广黄冈同知，驻岐亭。岐亭故多盗，白昼行劫，莫敢谁何。成龙抚其渠彭百龄，令捕盗自赎。尝察知盗所在，伪为丐者，入其巢，与杂处十余日，尽得其平时行劫状。乃出呼役械诸盗，他盗皆远窜。尝微行村堡，周访闾里情伪，遇盗及他疑狱，辄踪迹得之，民惊服。

——《清史稿·于成龙传》

【注释】

①牒（dié）：文书，此处指“给……写报告”。

【译文】

于成龙，字北溟，山西永宁人。顺治十八年，被任命为广西罗城知县时已经四十五岁了。罗城县处在万山之中，流行瘴气瘟疫，民风粗犷凶悍。又正处于战争之后，遍地荒草荆棘，县城中仅有六家居民，县城也没有城墙和官署。于成龙到任以后，召集官吏百姓安抚他们，明确保甲制度。有强盗出现，就立即抓捕治理，向上级请示，审判清楚后就处决，百姓得以安居乐业。周边的少数民族每年来侵犯，于成龙召集民兵要捣毁其巢穴，他们害怕了，发誓再不敢侵犯罗城。老百姓于是全力以赴地耕作土地。在罗山过了七年，于成龙和百姓相亲相爱，如同家人和父子一样。他向上级写文书请求放宽徭役制度，又兴建学舍，创立养济院，凡是应当兴办和去除的事情，都按次序一件一件实行，全县治理得很好。总督卢兴祖等人以政绩“卓异”为理由把他推荐给朝廷。

康熙六年，于成龙升任四川合州知州。四川在明末大乱之后，合州剩下的百姓只有一百多人，可是赋税和劳役却很繁重。于成龙请求革除旧弊，招揽百姓开垦荒地，借给百姓耕牛和种子，满一个月后，户口增加到上千。又升任湖广黄冈的知州，官署设在岐亭。岐亭原来有很多盗贼，他们在光天化日之下行窃，没有谁敢过问。于成龙安抚贼首彭百龄，让他逮捕盗贼自我赎罪。他曾经通过调查得知盗贼所在的地方，于是伪装成乞丐，打入他们内部，跟他们相处了十几天，详细地了解了他们平时行窃的情况。然后，他召集官兵抓捕这些盗贼，其他盗贼闻风而逃。他曾经到村落中去微行私访，遍访民间隐情，遇到盗贼以及其他可疑案件，就按其踪迹抓到案犯，百姓非常惊叹佩服。

【词句撷英】

微行：指帝王或高管微服私访。词义扩展：意思相近的词语还有“白龙鱼服”。

洋务运动与救亡图存

清朝末年，西方列强开始大举入侵，内外交困的局面，让一向自视甚高的清朝统治者开始认识到现代工业文明下的坚船利炮的威力。于是，一部分人希望通过学习西方的先进技术实现富国强兵。

师夷长技以制夷

15世纪以来，世界局势发生了很大的变化，西方资本主义萌芽并得到迅速发展，纺织、冶金等行业出现了机器生产。经过新航路的开辟、文艺复兴、宗教改革运动、资产阶级革命、工业革命等几次大变革，到19世纪60、70年代时，世界资本主义体系已经初步形成。英国、法国、意大利、荷兰、葡萄牙、西班牙等国为了完成血腥的资本积累和扩张，掀起了殖民战争狂潮。特别是完成了工业革命的英国，意图建立遍布全球的“日不落帝国”殖民体系。于是，亚洲就成了其殖民扩张的重要目标。

在认识到新的世界形势之后，一些学者提出了学习西方国家的先进知识以强大自身的思想。例如，魏源主张“师夷长技以制夷”，冯桂芬主张“以中国之伦常名教为原本，辅以诸国富强之术”。在两次鸦片战争的失利之后，以恭亲王奕䜣（xīn）为首的一些开明官员也认识到了学习西方的重要性。为了维护统治，实现富国强兵，他们开始学习西方的先进文化和技术，这些官员就被称为“洋务派”。

洋务派在中央以恭亲王奕䜣和文祥为代表，在各省则以张之洞、左宗棠、李鸿章、曾国藩、崇厚、张謇（jiǎn）等为代表，掀起了一场旨在“自强”“求富”的洋务运动。

近代军事和民用企业的兴建

从19世纪60年代开始，洋务派致力于发展近代军事工业，他们先后创办了安庆军械所、江南制造总局、福州船政局、天津机器局等一批近代军事工业。在短短几年的时间里，这些工厂迅速发展，已经具备了铸铁、炼钢以及运用机器生产军工产品的能力，能够生产大炮、枪支、弹药、水雷、蒸汽轮船等。

曾国藩

李鸿章

为了培养出能使用这些武器、适应新时代战争需要的人才，他们还创办了北洋水师学堂、广州鱼雷学堂、威海水师学堂等一批军事学校。这些人才和武器装备最终成为北洋水师的基石——这是洋务运动在军事方面取得的最大成果。

在军事工业迅速发展的过程中，为了解决持续不断的原料供应、资金来源、运输渠道问题，洋务派兴办民用工业、矿业和交通运输业，以达到“求富”的目的。轮船招商局、开平煤矿、汉阳铁厂、湖北织布局等都是此时兴建的。

这些军事工业和民用企业，都是官办性质的，在管理上存在着官僚衙门的恶习。例如，福州船政局中，内部人员的“薪水工食”竟然占到了全部经费的百分之八十，管理水平极低，而民用企业依靠官办拨款迅速发展起来，其获利却往往进入私人腰包。1873—1893年这二十年间，轮船招商局获利六百多万两白银，大部分进入了李鸿章等人的私囊，因此民间有了“宰相合肥天下瘦”的说法。这对于企业的长久发展是非常不利的，同时这也说明了洋务派官员并未真正将兴办实业视为核心要务。

新式学堂和文化交流的扩大

为了适应中外交流和开展洋务运动的需要，洋务派开办新式学堂，注重培养新式人才，如北洋水师学堂等专门的军事学堂，上海机械学堂等专门的技术学堂。而1862年创立的京师同文馆则属于外语性质的培训学校，以培养外语翻译和外交人才为主要方向。和传统的官学相比，这些学堂更注重实用技能的培养，侧重教西学，培养出了一大批实用型人才。

为了学习到更先进的西方科技，洋务派还发起留学运动，这在中国历史上属于首次。1872—1875年，清政府先后四次共派遣一百二十名幼童赴美留学。1877—1897年，先后四次派遣福州船政学堂等院校的学生赴欧留学。

清末留美幼童

在洋务运动发展的三十多年间，文化出版事业也取得了很大的发展，京师同文馆、上海广方言馆、江南制造局的译书馆翻译了很多西方科技著作、人文著作，逐渐打破了东西方文化的壁垒，使得更多人能够了解西方，促进了中西文化交流。这一时期，惠顿的《万国公法》、福赛特的《富国策》等都被翻译成中文。

1894年，中日甲午战争中，北洋舰队全军覆没，标志着洋务运动彻底失败。前后三十五年间，这场旨在维护封建统治的运动并没有使中国真正富强起来，正如李鸿章在自我反省时曾说的：“我办了一辈子事，练兵也，海军也，都是纸糊的老虎……不过勉强涂饰，虚有其表。”

名篇精选

李鸿章，字少荃（quán），安徽合肥人，道光二十七年进士。从曾国藩游，讲求经世之学。同治元年，遂命鸿章召募淮勇七千人，特起一军，

是为淮军。外国人见其衣装朴陋，辄笑之，鸿章曰："军贵能战，非徒饰观美。迨吾一试，笑未晚也。"旋诏署①江苏巡抚。美国华尔慕洋兵数千，号南路军；学启等将湘、淮人，号北路军。四月，贼②悉众战败南路军，华尔弃青浦走保松江。学启将③千五百人屯新桥，鸿章亲督军援，贼大奔。外国军见其战，皆惊叹。七年，西捻平，入觐，赐紫禁城内骑马。

国家旧制，相权在枢府。鸿章与国藩为相，皆总督兼官，非真相。然中外系望，声出政府上，政府亦倚以为重。其所经画，皆防海交邻大计。思以西国新法导中国以求自强，先急兵备，尤加意育才。

初，与国藩合疏选幼童送往美国就学，岁百二十人。期以二十年学成岁归为国效用，乃未及终学而中辍。初在上海奏设外国学馆，及莅天津，奏设武备海陆军，又各立学堂，是为中国讲求兵学之始。尝议制造轮船，疏言："西人专恃（shì）其炮轮之精利，横行中土。于此而曰攘（rǎng）夷，固虚妄之论。即欲保和局，守疆土，亦非无具而能保守之也。士大夫囿于章句之学，苟安目前，遂有停止轮船之议。臣愚以为国家诸费皆可省，惟养兵设防、练习枪炮、制造兵轮之费万不可省。求省费则必屏除一切，国无与立，终无自强之一日矣。"

——《清史稿·李鸿章传》

【注释】

①署：代理，暂代。②贼：指太平军。③将：率领。

【译文】

李鸿章，字少荃，是安徽合肥人，道光二十七年进士。起初，他跟着曾国藩游学，追求治世的学问。同治元年，朝廷命令李鸿章招募淮勇七千人，特别编成一支军队，就是淮军。外国人看见淮军衣着简陋，就笑话他们。李鸿章说：“军队重要的是能打仗，不只是着装美观。等我试一试，你们再笑不迟。”不久，朝廷下诏让李鸿章担任江苏巡抚。美国人华尔招募洋兵几千人，号称南路军；学启等人率领由湘人、淮人组成的军队，号称北路军。四月，贼人（指太平军）打败南路军，华尔舍弃青浦逃到松江。学启率领一千五百人驻扎在新桥，李鸿章亲自率军队支援，太平军被打跑。外国军队看见湘军、淮军作战，都很惊讶叹服。同治七年，平定西捻军，（李鸿章）入朝觐见，被特赐在紫禁城内骑马。

按照清朝旧有的制度，相权在枢府。李鸿章和曾国藩担任宰相，都是凭总督的身份兼任的，不是真当宰相。可是，他们在朝廷内外的声望却远远高出政府，朝廷也依靠他们。他所经营筹划的，都是设立海防、结交邻国的大事，希望能以西方的新方法引导中国走自强之路。其中最关键的是加强兵备，培养专业人才。

一开始，李鸿章和曾国藩一道上疏，选送幼童到美国学习，每年一百二十人。期望这些孩子二十年后学成归国，为国家出力。可是，这些幼童没有完成学业，计划中途便停止了。此外，他们还在上海设立外国学馆，在天津设立武备海陆军学堂。李鸿章曾经想着制造轮船，上疏说：“西方人专门依靠船坚炮利，横行中国，在这种情况说攘夷，本就是不实际的。即使想保住和平的局面，守护疆土，也不是没有武器就能办到的。士大夫们局限于书本，苟且现状，于是都说要停止造轮船。我认为国家各种费用都可以省，唯有训练军队、巩固边防、练习枪炮、制造战舰的费用万万不可省。要省掉这些费用，国家不能立足，最终也没有自强的一天。”

【词句撷英】

经世之学：指中国儒学中讲求治国利民之道的学问，兴起于明末清初和晚清。

百日维新与救亡图存

19世纪中后期以来，西方列强对中国发动了数次战争，为了救亡图存，清朝发起了一场维新变法运动，倡导学习西方、改革政治和教育制度等，传播新思想——这就是著名的戊戌（wù xū）变法。这次变法维新历时仅一百零三天，却是中国近代史上非常重要的一次变革，对中国近代社会的进步起到了重要的推动作用，是晚清难得一见的一抹亮色。

维新思想的发展和公车上书

19世纪末，英、法、美、德、俄、奥、意、日等国，先后进入帝国主义阶段，对世界上的落后国家和地区展开了越来越密集的侵略。中国则成为各国列强眼中的肥肉，在一次次侵略狂潮中，中国被列强分割成一块块势力范围。与此同时，亡国灭种的危机也促使一大批仁人志士寻求救国救民的道路。

经历了洋务运动的失败，早期资产阶级维新派中的很多人意识到，单纯学习西方的机器制造技术是不够的，更重要的是学习西方的先进思想文化和政治制度，这一维新思潮的兴起产生了广泛的影响，康有为、梁启超等知识分子都受其影响，形成了自己独特的认知。康有为以“托古改制”为旗号，将西方资本主义的政治学说和中国传统的儒家思想结合；梁启超则进一步扩大了维新思想的影响；严复则通过翻译西方著作、发表文章，提出“鼓民力”“开民智”“新民德”等主张。

中日甲午战争后，日本逼迫中国签订《马关条约》的消息传到北京，群情激愤。正在参加科举考试的康有为和梁启超组织当时正在京城参加科考的一千三百多名各省举人，联名上书光绪皇帝，反对和日本议和，痛陈民族危亡的严峻局势，请求变法图强，这一事件称为“公车上书”。然而，在顽固派的阻挠下，这封上书并没有能送到光绪皇帝手中。

光绪皇帝像

慈禧太后画像

此后，康有为和梁启超共同创办了《万国公报》，介绍资本主义国家的政治经济情况，继续宣传维新变法的主张。他们又联合朝中的一些进步大臣在北京组织强学会定期讲演，形成了维新派的政治团体。

这一时期，维新派和以李鸿章为代表的顽固派围绕三个“要不要”，进行了思想上的激烈交锋，即以“要不要实行维新变法，要不要改封建君主专制制度为君主立宪制度，要不要改革封建教育制度”开始大论战。这场维新与守旧、变法与反变法的争论，是中国资本主义思想和封建主义思想的第一次正面交锋。这次论战中，维新派广泛宣传了自己的主张，使得越来越多的知识分子受到启发，一大批人倒向了维新变法的阵营。

昙花一现的戊戌变法

公车上书失败后，康有为三次上书光绪皇帝，指出维新变法是大清唯一的出路。光绪皇帝看到这些上书后，大为震动，接见了康有为，支持康有为开始全面筹划变法。

1898年6月11日，光绪皇帝正式颁布“明定国是”诏书，维新变法正式开始。此后，光绪皇帝陆续发布上百道变法诏令，除旧布新。

在文教方面，国家创办京师大学堂，兼学中西学；各省会设立高等学堂，各郡设立中等学堂，各州县设立小学堂；鼓励私人开办翻译、医学、农务、商学、茶务等实务速成学堂；废除八股取士制度；奖励科学发明。

在经济方面，鼓励民办企业的发展，设立铁路矿务总局、农工商总局，并在各省设立分局，刊印农报，购买农具，提高生产效率；保护商务，允许八旗经商，发展口岸商埠。

在军事方面，裁减绿营兵，改用西洋的军事训练方法；各地实行团练制度，征召民兵；兴造枪炮，武举中不再靠骑术和射箭，改考枪炮。

在政治方面，主张开放言路，允许报纸发表时事评论；任用维新派人士杨锐、刘光第、谭嗣同等参与政事等。

维新派的种种举措大大触动了顽固守旧派官僚的利益——当时的国家大权其实并不掌握在光绪皇帝手中，而是在以慈禧太后为首的王公大臣手中。慈禧太后最初时也指示：“今宜专讲西学”，但当变法触及自身利益时，就开始对其进行遏制和镇压。而维新派也缺乏坚实的民众基础，只将变法成功的希望寄托在没有实权的皇帝和少数官员身上，甚至对于帝国主义国家抱有不切实际的幻想，指望其伸手搭救，这种堪称幼稚的政治举措，使得变法在守旧派的攻击下很快就失败了。

九月，慈禧太后发动政变，将光绪皇帝囚禁在中南海的瀛台（yíng），并下令逮捕维新人士，康有为和梁启超逃往国外，谭嗣同、杨锐、康广仁、林旭、杨深秀、刘光第等六人为变法而牺牲，变法失败。这场染血的变法前后只持续了一百零三天，因此也被称之为“百日维新”。

光绪帝与康有为、梁启超

虽然变法失败，但是其中的一些政策却保留了下来，在1900年八国联军入侵之后，慈禧太后也意识到变法的迫切性，再次下令实行新政，如编练新军、废科举、建学堂、奖励民办工厂，派五大臣出洋考察并预备立宪等。这些举措很多沿袭于维新变法，但又有所超越。

维新变法的失败，使得一部分知识分子认识到：维新的方法已经不足以救国，转而走上了革命道路，为十多年后爆发的辛亥革命打下了思想基础。

名篇精选

二十四年，有为立保国会于京师，尚书李端棻（fēn），学士徐致靖、张百熙，给事中高燮曾等，先后疏荐有为才，至是始召对。有为极陈：“四夷交侵，覆亡无日，非维新变旧，不能自强。变法须统筹全局而行之，遍及用人行政。”上叹曰：“奈掣（chè）肘何？”有为曰：“就皇上现有之权，行可变之事，扼要以图，亦足救国。唯大臣守旧，当广召小臣，破格擢用；并请下哀痛之诏，收拾人心。”上皆韪（wěi）之。自辰入，至日昃[①]始退，命在总理衙门章京上行走，特许专摺言事。旋召侍读杨锐、中书林旭、主事刘光第、知府谭嗣同参预新政。

——《清史稿·康有为传》

【注释】

①日昃（zè）：太阳偏西。

【译文】

光绪二十四年，康有为领导的保国会在北京成立，尚书李瑞棻，大学士徐致靖、张百熙，给事中高燮曾等人，都先后向光绪帝力荐康有为，这时康有为才被光绪帝召见询问。康有为极力陈述："四边的外夷交替入侵，国家形势危急，如果不实行新政变更旧法，就不能自强。变更法制的推行要统筹全局，遍及用人行政等各个方面。"光绪帝感叹道："怎奈我在做事时处处有人牵制啊！"康有为说："凭皇上现在手中的权力就可以实行变法的事情，抓住要点加以谋划，必能力挽狂澜。只是朝廷的大臣们都很守旧，应当广泛召见职位低的官员，破格提拔任用，另外请求陛下下诏表示哀痛，可以收拢人心。"光绪帝认为他说的很有道理。康有为从上午辰时入见，离开时已是太阳西斜。光绪帝命令康有为在总理衙门章京上行走，特别准许他可以专门上奏折谈事情。不久，侍读杨锐、中书林旭、主事刘光第、知府谭嗣同也被光绪帝征召参与新政。

【词句撷英】

1. 奈掣肘何：掣肘原意指拉着胳膊，比喻有人从旁牵制，工作受干扰。

2. 收拾人心：整顿、整理人心。

第六章

清朝的征战与外交

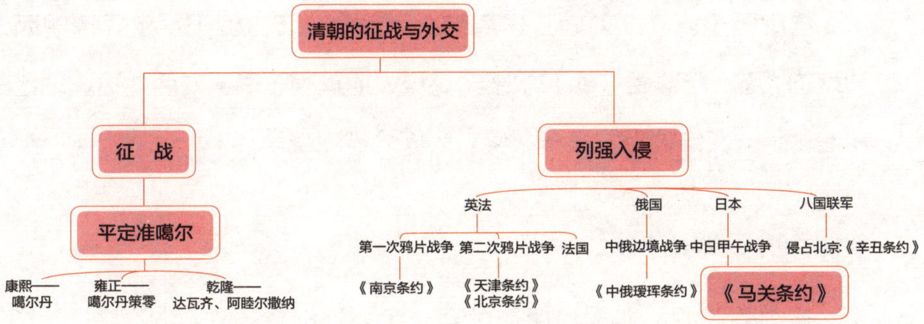

清初的外交，是几千年以来外交的一个变局，因为所交的国和前此不同了。但是所遇的事情变，而眼光手段，即随之而变，在人类是无此能力的。新事情来，总不免沿用旧手段对付，而失败之根，即伏于此。不过当此时，其失败还潜伏着罢了。

——吕思勉《中国通史》

三朝平定准噶尔

自康熙至乾隆，前后三任皇帝，历经七十年，终于平定了清朝西北边境的大敌——准噶（gá）尔部。这极大地巩固了清朝对西北边疆地区的统治，是一次维护祖国统一、反对民族分裂的战争。

准噶尔部的崛起

在明朝时期，北部边境地区有一个强悍的蒙古部族瓦剌部。后来，在不断崛起的鞑靼部的打击下，瓦剌部不断向西迁移，并且逐渐发生分裂，分为准噶尔部、和硕特部、土尔扈（hù）特部和杜尔伯特部四部，也被称为漠西蒙古（或厄鲁特蒙古）。

准噶尔部起先生活在额尔齐斯河中上游到霍博克河、萨里山一带，后来逐渐以伊犁河流域为中心发展了起来。进入17世纪之后，准噶尔部和漠西蒙古的其他部落之间不断发生冲突，准噶尔部发展势头强劲，部落实力雄厚，一直将土尔扈特部向西驱赶，赶到了伏尔加河下游地区；又向东夺取了杜尔伯特部的领地，逼得这一部落内附清朝。经过不断发展，准噶尔部基本统一了漠西蒙古各部，建立起了强大的准噶尔汗国。

顺治三年（1646年），清军占领了中原大部分地区，包括准噶尔部在内的北部少数民族政权都奉表朝贡，遵清朝为主。顺治皇帝赐给他们甲胄、弓矢，青藏高原和新疆地区由此正式纳入清朝的版图内。其后几年间，准噶尔部不断扩张，在博克塞里（今和布克赛尔蒙古自治县）建城；两次打败沙俄的入侵，迫使其承认了准噶尔汗国，两国互通贸易；根据蒙古文创造了“托沁”文字，作为准噶尔的统一文字。但其仍然与清朝保持着地方与中央的隶属关系，每年都派使朝贡，清政府每年也赐其大量财物。

康熙三征准噶尔

顺治十年（1653年）到康熙十年（1671年），准噶尔部因为汗位继承问题多次爆发内战。最终，噶尔丹以其强大的实力继承汗位，自立为准噶尔汗。噶尔丹是个很有野心的人，他继位后四处发动征战。

康熙十六年（1677年），噶尔丹杀死了和清政府关系最为密切的漠西蒙古首领车臣汗鄂齐尔图，强占了河套和硕特部，并准备侵犯青海地区。第二年，他出兵天山南路，占领了天山南北的广大地区。为了实现自己的野心，噶尔丹一反其父兄抵抗外来侵略的立场，和沙俄勾结在一起，把兵锋转向了东方，首先对准了喀尔喀蒙古。

平定西域图 〔清〕郎世宁绘

康熙二十七年（1688年），正当喀尔喀蒙古正面抗击沙俄侵略军时，噶尔丹从后方大举进攻喀尔喀部的土谢图汗，使得喀尔喀部腹背受敌，大败而归，被迫南迁。他还继续追击，劫掠喀尔喀蒙古各部的人口和牲畜，并公然向朝廷提出“圣上君南方，我长北方”的分裂要求。康熙皇帝予以坚决拒绝，由此拉开了西征准噶尔的序幕。

康熙二十九年（1690年），清朝两路大军出击，进攻准噶尔部。康熙皇帝亲临博洛和屯（今内蒙古正蓝旗南）指挥战役。当时，右路军行进至乌珠穆沁时遇到噶尔丹军，因为急功冒进，结果吃了败仗，一路向南撤退，最终抵达乌兰布通（今内蒙古翁牛特旗西南）。噶尔丹一路追击而至，此时，左路军也行进到了乌兰布通南，康熙皇帝就命令双方在此会合，合击噶尔丹于乌兰布通。双方在此发生了激烈的战斗，噶尔丹将上万头骆驼绑在前方，背上放木箱，又用湿毡盖起来，摆出一条像垛口一样的“驼城”防线，士兵们躲在骆驼后面，依托箱垛放枪射箭。清军则大规模运用火炮，猛烈攻击这道防线，又让步兵正面进攻，骑兵左右迂回攻击。噶尔丹被打得大败，只率领残部几千人逃回科布多（今蒙古国吉尔嘎朗图）。

此战后，噶尔丹依然不肯消停，他一方面集合残部，一方面派人联络沙俄，希望获得更多的军事和武器支援，同时又煽动蒙古科尔沁等部作乱，骚扰边境地区。在康熙三十四年（1696年）时，噶尔丹率军又一次卷土重来，向东进犯，到达了巴颜乌兰一带。此次，康熙皇帝发兵十万，率诸皇子大臣亲征。噶尔丹得知康熙皇帝亲自率军已经到达克鲁伦河时，吓得不敢迎战，乘夜西逃。康熙皇帝立即命人率领精兵轻骑穷追不舍，又给西路军统帅费扬古下令，命他堵截噶尔丹的逃跑之路，最终将噶尔丹堵在了昭莫多。双方发生激烈的战斗，噶尔丹仅率领数十人逃跑。这一战基本上消灭了噶尔丹的主力，使他无力再组织起大规模的军队。为了彻底消灭噶尔丹势力，康熙皇帝在昭莫多之战后，命令费扬古、马恩哈分别率军进剿噶尔丹残部。各部落纷纷归附清朝，噶尔丹走投无路，被迫自尽。

策零继位，雍正西征

噶尔丹死后，他的侄子策妄阿拉布坦继任准噶尔部首领，经过一段时期的养精蓄锐后，又开始逐渐强大起来，康熙五十四年（1715年）时，策妄阿拉布坦在沙俄的支持下发动叛乱，侵扰西藏等地。康熙皇帝任命十四子允禵（tí）为抚远大将军，驻守西宁，指挥各路大军进入西藏平叛。用了两年时间，清军终于将准噶尔军赶出了西藏，策妄阿拉布坦逃回伊犁。

雍正五年（1727年），策妄阿拉布坦死，其子噶尔丹策零继任。他依旧没有放弃向东攻打喀尔喀蒙古的打算。雍正七年（1729年），雍正皇帝派领侍卫内大臣傅尔丹和川陕总督岳钟琪兵分两路进攻准噶尔。策零闻讯，急忙派遣使臣前往朝廷，希望能缓兵一年。雍正皇帝同意了这一要求，可就在缓兵的这一年中，准噶尔突然出兵袭击清军大营，清军猝不及防下损失惨重。雍正皇帝大为震怒，对准噶尔展开了大规模军事报复，从雍正七年（1729年）开始的四年间，一共发动了科舍图之战、和通泊之战、鄂登楚勒之战和光显寺之战等四次大的战役，准噶尔部元气大伤。雍正十二年（1734年），噶尔丹策零向清廷请求议和。

乾隆平定准、回部

乾隆十年（1745年），噶尔丹策零去世，准噶尔内部因为继承权的问题，几年间数次发生军事政变，局势动荡不安。乾隆十九年（1754年），在争夺领导权过程中失败的阿睦尔撒纳率领两万多人前往内地投奔清朝。乾隆皇帝觉得这正是个彻底消灭准噶尔部的好时机，就调集军队，分两路向准噶尔进攻。沿途的漠西蒙古各部族以及西域各族人民早已不满准噶尔的不断内讧和残暴统治，都积极拥护清军，纷纷拿着奶酪、牵着羊马前来劳军。

当时，取得了准噶尔部领导权的达瓦齐因部下不战而降导致阵脚大乱，又因为战争准备不足，仅带着几十个亲信逃亡，结果被其他部落的人抓住并交给了清军。

消灭达瓦齐势力之后，清朝决定在漠西蒙古地区分封四汗，按照功勋进行奖励。其中，阿睦尔撒纳被封为辉特汗，但他并不满足，因为他的归附本来就只是权宜之计，是想借清朝之手来消灭达瓦齐，现在达瓦齐已灭，他当然不甘心只当“四汗”之一，而是将统治整个漠西蒙古作为了自己的目标。他常常以四部的总汗自居，并且调兵至布鲁特、哈萨克边境，拥兵自重。

《乾隆大阅图》中的镶黄旗骁骑营士兵

对于阿睦尔撒纳的这些行为，清朝早有察觉，就督促他早日入朝觐见。阿睦尔撒纳察觉情况有异，就一再拖延，在半路上公开宣布反叛，并逃跑到伊犁，率军包围了镇守当地的定北将军班第的军营。当时军营中只有五百人，结果清军全军覆没。

乾隆皇帝下旨重新任命漠西蒙古的四部汗王，稳定各部，让他们不至于归附叛逆，同时发兵远征伊犁。阿睦尔撒纳的这次反叛并没有如他预期的一般有很多追随者，很多部族首领即使开始时和他一起反叛，但很快就倒戈相向，整个准噶尔部再次陷入混战之中。乾隆二十二年（1757年），朝廷派成衮扎布、兆惠等为新的统帅，又增调人马进军准噶尔，几乎兵不血刃就到达了伊犁。阿睦尔撒纳逃到沙俄，却染上了天花，很快就病死了。清军又平定了支持阿睦尔撒纳作乱的大和卓波罗尼都和小和卓霍集占兄弟的叛乱，完全平定了天山南路地区，结束了西北地区长期以来的分裂、战争局面。

吕思勉对此评价说：“清朝的武功，以此时为极盛。天山南北路既定，葱岭以西之国，敖罕、哈萨克、布鲁特、乾竺特、博罗尔、巴达克山、布哈尔、阿富汗等，都朝贡于清，仿佛唐朝盛时的规模。”

名篇精选

庚午，抚远大将军伯费扬古疏言，西路兵甚众，如一处[①]行走，春草必致踏坏。为此，臣领自京发来大兵前行，将右卫大兵留一日程使接续而来，于三月十三日可至汛界。至时，询明喀尔喀之向导计到翁金、土喇日期再奏。疏入，上以示议政大臣。

辛未，上驻跸滚诺尔地方[②]，雨雪交作。上以军士未即安营，雨服露立，俟众军士结营毕，始入行宫。营中皆炊饭，然后进膳。又遣御前侍卫海青以骆驼载帐房及食物、柴炭，赐挽车未至之人，令栖息举爨[③]。

——《清圣祖实录》

【注释】

①一处：一起，在一个地方。②驻跸（bì）：帝王出行时开路清道，禁止通行。泛指跟帝王行止有关的事情。滚诺尔地方：今内蒙古正蓝旗

上都镇阿尔善图一带，意为“深井之地”。③爨（cuàn）：烧火做饭。

【译文】

三月十三日，抚远大将军、伯爵费扬古向皇帝发来禀报：西路兵人数众多，如在一个地方行走，春草必然导致踏坏。鉴于此，臣率领从京师发来的大部队前行一步，让右卫发来的大兵停留一天的日程，再让他们按着原路跟随而来，于三月十三日可到达军队驻防的地界。到时，问明白喀尔喀的向导计算到翁金河、土喇河的日期，再向皇上禀奏。这时有臣子上书启奏，皇上给左右议政大臣看。

三月十四日，康熙帝暂住在滚诺尔。雨雪交加，因为军官、士兵还没有搭好帐篷，皇上披着蓑衣、斗笠站在雪地里，等到全体将士完全安营扎寨，才进入行宫之中。军营中将士都开始烧饭，皇上才开始进餐。皇上又派遣御前侍卫海青用骆驼驮上帐篷、食物、柴火、木炭，赏给赶车未到的马夫，就地休息并搭灶烧火做饭。

【词句撷英】

雨雪交作：形容天气又下雨又下雪的，引申为路途困难、挫折。也作“雨雪交加”。

列强入侵与中国人民的反抗

中国近代史的开端，起于西方列强的入侵。自此，清朝末年国家封闭的大门被侵略军的坚船利炮敲开。中国开始进入多灾多难的半殖民地半封建社会时期，继而丧失了独立自主的地位，人民经受着愈发深重的苦难。

禁烟引起的第一次鸦片战争

19世纪上半期，英国成为世界上最强大的资本主义国家，意图在世界范围内建立“日不落”帝国的统治秩序。为了开辟国外市场、推销工业革命的产品、掠夺廉价的原料，英国在亚洲范围内，将侵略的矛头对准了仍然处在自给自足的自然经济时期的中国。

当时，英国和中国也进行双边贸易。中国的茶叶、丝绸、瓷器等奢侈品在欧洲大受欢迎，而英国的羊毛、呢绒等工业制品在中国却无人问津，因而大量白银流入中国，出现庞大的贸易逆差。为了解决这一贸易逆差，英国人找到了一种特别的商品——鸦片。自此，英国商人大肆向中国走私鸦片，这给他们带来了惊人的暴利，逆转了长期以来的贸易地位，大量白银流向英国。而中国受此影响，财政枯竭。鸦片泛滥还极大地摧残了人民的身心健康，引发了一系列严重的危害。

英国在印度的鸦片储存库

沉迷于吸食鸦片的清代民众

清朝政府于1821年到1834年间八次颁布禁烟令，并在1838年任命林则徐为钦差大臣，前往广东查禁鸦片。林则徐抵达广东后，严令各国烟贩交出所有鸦片，并且保证以后不再夹带鸦片。他缉拿烟贩，强迫他们交出二百多万斤鸦片，并且在虎门海滩当众销毁鸦片。经过了二十多天，才将收缴的鸦片全部销毁完毕。

眼看鸦片走私受到中国人的抵制，英国人自然不甘这样一条“钱路”受阻，蓄意发动战争来报复中国，最终实现其经济目的。

1840年6月，英国商务总监义律率领舰船四十余艘（士兵四千人）在广东沿海蓄意挑衅，第一次鸦片战争正式开始。林则徐在沿海组织积极防御，英军见无机可乘，就沿海北上。当时，除了广东有所防备之外，沿海的其余地方都没有任何战争准备，防备松弛。英国舰队以惊人的速度攻占了定海（今舟山市），又一路北上，到达了天津。本来主张战争的道光皇帝眼看着英国舰队逼近，开始畏战。他派遣琦善和英军谈判，答应了通商等条件，又将林则徐撤职查办。

英军舰队撤离之后，清廷下令沿海各省加强海防和战备，并派两江总督伊里布率兵到达浙东，准备收复定海。这一时间，琦善仍然在谈判桌上和英国人扯皮，希望为军事行动拖延时间。但是义律已经失去了耐心，于1841年1月7日突然攻占了虎门的大角和沙角炮台，清军死伤近千人，舰船被毁十多艘。琦善被迫在谈判中让步，签订《穿鼻草约》，将香港岛割给英国。第二天，英国就出兵占领了香港岛。

英国人描绘的鸦片战争图景（第二次穿鼻海战）

但是这一条约并没有经过皇帝的批准，琦善也没有盖上关防印，并不具有法律效力。道光皇帝对这一条约的签订大为震怒，将琦善抄家革职，宣布对英作战，又派将领去前线指挥作战。英军也不满足取得的成果，先下手为强，出兵攻打虎门，先后攻破虎门炮台、大虎山炮台等，沿珠江而上，直接逼近广州。双方在广州大战，清军溃败，主将奕（yì）山竖白旗求和，接受英方条件，签订了《广州和约》。英军又在广州城内向商家勒索六百万银元赎城费，这激起了民间轰轰烈烈的抗英斗争。

英国政府不满于义律在广州获得的“微小”的侵略权益，就改派璞鼎查为全权代表来华，意图扩大侵略。1841年8月，璞鼎查来华后，率军北上，攻破了福建厦门，占据鼓浪屿，又进兵浙江，再次攻陷定海、镇海、宁波。而道光皇帝也调兵遣将，准备收复各地。抗英战争再次失利，道光皇帝几乎丧失了抵抗之心，派遣耆英赶赴江南，准备与英军议和。

当时，英军陈兵南京城下，扬言进攻南京城。在坚船利炮的威慑下，者英等人妥协退让，委曲求全，最终签订了中英《南京条约》。这是中国近代史上第一个不平等条约，条约规定：割让香港岛给英国；开放广州、厦门、福州、宁波、上海为通商口岸，允许英国人在通商口岸设驻领事馆；中国向英国赔款两千一百万银元；英国在中国的进出口货物纳税，中国与英国共同议定；英国商人可以自由地与中国商人交易，不受“公行”的限制。

不久后，英军又强迫清政府订立了《五口通商章程》和《虎门条约》作为《南京条约》的附约，增加了领事裁判权、片面最惠国待遇等条款。

这一条约的签订，使得中国丧失了领土主权、贸易主权、关税主权，大量白银外流，也使得各国列强纷纷眼红不已，相继逼迫清政府签订更多不平等条约，中国的主权进一步遭到破坏。政治、经济上原本独立自主的中国，逐渐成为世界资本主义列强的商品市场和原料供给地，中国也沦为半殖民地半封建社会。

英法联军与火烧圆明园

尝到了第一次鸦片战争带来的甜头，西方列强更加紧了侵犯中国主权，进行经济掠夺。

1854年，《南京条约》签订满十二年后，英国向清政府提出全面修改《南京条约》的要求，要求全境开放通商、鸦片贸易合法化等，法、美两国也同时提出要修改对应的条约。清朝政府对这一修约要求断然拒绝，几次交涉无果，于是西方列强决心再次发动对中国的侵略战争。

当时，中国国内正爆发太平天国运动，清政府的主要兵力都投入到了镇压起义上。各列强都认为，这是从中国攫取利益的大好时机，就制造了“亚罗号事件”和“马神甫事件”，以此为借口，组成英法联军再次发动侵略战争。

1856年12月，英法两国联军在珠江口集结，准备大举进攻。美国和俄国公使也到达香港，与英法合谋。英法联军向两广总督叶名琛发出通牒，要求其投降，叶名琛不予答复。十天后，英法联军炮轰广州城，并登陆作战。尽管守城官兵进行了顽强抵抗，但是广州依然在第二天失守。次年4月，四国公使集结军舰，北上天津，抵达了大沽口外，他们照会清政府，要求六天内指派大臣前来谈判。当时在位的咸丰皇帝一方面命令天津、大沽的清军严密防守，一方面派出直隶总督谭廷襄为钦差大臣前去交涉，并把谈判成功的希望寄托在俄、美公使的所谓“调停”上。然而，英法联军根本无意谈判，只是在拖延时间，等战备完成后，就在5月底炮轰大沽炮台，谭廷襄等将领毫无斗志，大沽炮台守军虽然拼死抵抗，但是炮台设施陈旧，孤立无援，很快失陷。英法联军进入天津城，扬言进攻北京。

清朝统治者被吓坏了，派大学士桂良等为钦差大臣，前往天津议和，分别与四国签订了《天津条约》，条约规定：各国公使常驻北京，增开十个通商口岸，允许外籍传教士进入内地传教，外国商船可以在长江各口岸往来等。《天津条约》签订后，英法联军从天津撤军。咸丰皇帝对条约内容大为震怒，于是命令桂良等人去交涉修改条约，被英法联军断然拒绝，并且坚持要前往北京换约。

1859年6月，在拒绝了桂良提出的在上海换约的建议后，英法两国公使各率领一支舰队到达大沽口外，企图武力威慑清政府答应在北京换约。清政府在大沽设防，并且照会英、法公使，指定他们从北塘登陆，经天津去北京换约，随员不得超过二十人，不能携带武器。英法两国公使断然拒绝清政府的安排，坚持要率领舰队从大沽口沿白河进京。双方谈崩之后，英法联军再次进攻大沽炮台。在清军的奋勇抵抗下，联军惨遭失败——这也是鸦片战争以来清军取得的第一次胜利。

大清官员和英法联军

英法联军战败的消息传回国内，两国政府叫嚷着要实施大规模报复。1860年2月，两国分别派遣额尔金和葛罗为全权代表，率军扩大侵华战争。当他们逼近大沽口时，清军主将僧格林沁专守大沽，放弃了对北塘的防守，使得英法联军很轻松地就从北塘登陆，进占天津。清政府派出的谈判队伍赶到天津议和，但是英法联军提出，除了要全部接受《天津条约》的内容外，还要增开天津为通商口岸，增加赔款，允许带兵两千人进入北京换约。遭到清政府的拒绝后，英法联军一路向北京进犯，很快攻陷了通州。咸丰帝逃到了热河避暑山庄，英法联军从安定门攻入北京，占领了北京城，并抢劫焚毁了西郊的大片皇家园林。圆明园、清漪园、静明园（玉泉山）、静宜园（香山）、畅春园等均被焚毁殆尽。圆明园的大火烧了三天三夜，这座华丽无比的“万园之园”化为一片焦土。

紧接着，英法联军以焚毁紫禁城作为威胁，迫使恭亲王奕䜣同意了《天津条约》的全部内容，并订立了《北京条约》作为补充。中国丧失了更多的主权和领土，在半殖民地的深渊中越滑越远。

“不败而败”的中法战争

对于中国周边的一些国家西方列强也没有放过。在英法联军共同发起第二次鸦片战争期间，法国还同时武力侵占越南南部，使得南部六省成为其殖民地，而后又转向越南北部，企图以红河为通道，进而入侵中国云南。1873年11月，越南国王阮福时请求驻扎在中越边境的清朝将领刘永福率黑旗军协助抵抗法军侵略。随后，刘永福大败法军，迫使其退回了南部。到1881年时，法国已经实际上控制了越南的很多军政要地，进军越南中部，逼迫越南政府签订了《顺化条约》，取得对越南的“保护权”，形成了与清朝的直接对峙。

黑旗军将领刘永福

法国殖民军

1883年12月，法军开始进攻山西（今河内直辖市下辖的山西市）。当时驻扎在山西的都是清军，主要是黑旗军、桂军和滇军。法军依靠装备优势取胜，占领了山西。而后又陆续进犯北宁、兴化，进一步对越南和中国进行政治胁迫。

清朝派出李鸿章进行谈判，签订《中法会议简明条约》，但是李鸿章没有同意法国代表提出的两国军队“接防”的事宜。

1884年6月，法军突然到北黎地区“接防”，蛮横无理地要求清军立即退回中国境内，清军没有接到撤军的命令，双方发生军事冲突。法军以此为扩大战争的借口，在和清军谈判无果后，很快就诉诸武力，将战火扩大到了中国东南沿海地区。

随即，法军舰队开进福州和基隆，炮轰基隆，并想强行登陆。清军在台湾巡抚刘铭传的指挥下顽强抵抗，逼迫法军退回了海上。而后法军炮轰马尾船厂（即福州船政局），击毁船厂。到1884年10月，法军再次进攻基隆和淡水，刘铭传兵力不足，只能放弃基隆，坚守淡水，法军占领了基隆一隅，但是遭到顽强的抵抗，无法深入内地，转而退回海上，对台湾实施海上封锁。

中法马尾海战

在海战进行的同时，法军也在中越边境和越南境内与清军进行了惨烈的陆上战争。1885年2月，法军进攻镇南关（今友谊关）。清朝守军在老将冯子材的率领下，在镇南关隘口抢筑了一条高七尺、长三里的长墙，狠狠地打退了法军的进攻，取得了镇南关大捷。

在军事上无法取得更多的战果，法国开始偏向于从外交上达成目的，最终在英国等国的调停下签订了停战协定及《越南条约》。清朝承认法国吞并越南，从此西南门户大开。此役，中国军民取得的军事胜利成果被葬送，中国不败而败，法国不胜而胜。

中俄边境战争

早在英法联军发动第二次鸦片战争时，沙皇俄国（简称沙俄）就派遣公使随军，几次以调停的名义介入战争，并强迫清政府签订《中俄瑷珲（ài huī）条约》等不平等条约，割占了中国东北和西北一百五十多万平方千米的领土。此后，沙俄不断通过各种方式侵略中国，其中就有通过支持阿古柏侵占新疆之事。

从19世纪60、70年代开始，我国新疆地区发生了多起农民起义，陆续出现了伊犁、库车、乌鲁木齐、喀什噶尔、和阗等五个割据政权，相互之间征伐不断，新疆陷入一片混乱之中。英国和沙俄都对新疆地区虎视眈眈。

1865年，中亚浩罕国派陆军司令阿古柏率兵入侵新疆南部地区，占领了喀什噶尔和天山南路的很多城池，吞并了喀什噶尔、和阗两个政权，并擅自宣布在此建国，自立为汗。此后又陆续攻占了乌鲁木齐、吐鲁番等地，兵锋指向北疆地区。英国和沙俄都希望通过控制阿古柏政权进而控制新疆。

沙俄继之前割占中国大片领土之后，在北部展开了规模更大的侵略战争。阿古柏政权建立后，开始并没有与沙俄建交，沙俄为了扩大在新疆的利益地区，于1871年出兵伊犁，对阿古柏政权形成压迫之势。第二年，沙俄和阿古柏政权建交，和英国一起支持阿古柏政权，与其签订贸易条约，还提供军火武器，将他培养成了两国侵占新疆的傀儡。

西北地区如此危急的形势，使得朝廷上下争斗不已。直隶总督李鸿章认为东南沿海更为重要，主张放弃西北；而陕甘总督左宗棠则认为，“东则海防，西则塞防，二者并重”，不能“扶起东边倒掉西边”。他提出“重新疆者，所以保蒙古，保蒙古者，所以卫京师”，坚决主张收复新疆。

最终，朝廷决定采纳左宗棠的建议，并且在1875年任命左宗棠为钦差大臣，督办新疆军务。

左宗棠画像

早在正式任命下达之前，左宗棠已经对新疆局势了然于胸，制定了“缓进急战，先北后南”的战略方针，积极筹集军饷、采买军粮、整顿军队，完成了前期的作战准备。

1876年4月，左宗棠按照既定的方针，准备先收复乌鲁木齐。阿古柏得知清军西进的消息后，急忙布置防御措施。经过古牧地之战、乌鲁木齐之战、玛纳斯之战等战役，清军收复了除伊犁之外的北疆所有地区。由于天寒难以行军，左宗棠决定暂停进攻，休整部队，等待第二年春天再进军南疆。

清军进军新疆

第二年，左宗棠率军分三路南下，北路由乌鲁木齐南下攻达坂城；东路由哈密西进；东北路出木垒河，翻过天山南下。东路和东北路会师后，合力攻打吐鲁番，打开了通往南疆的门户。清军一路势如破竹，在当地各族人民的支持下，很快就攻下了南疆的八个重镇：喀喇沙尔（今焉耆回族自治县）、库车、阿克苏、乌什、叶尔羌（后改名“莎车县”，2014年又改回“叶尔羌市”）、英吉沙尔（今英吉沙县）、和阗（今和田）、喀什噶尔（今喀什），阿古柏势力迅速溃散。此时，除伊犁外，新疆已经全部被收复。

1881年，中俄双方签订《伊犁条约》，沙俄同意归还特克斯河谷和通往南疆的穆扎尔山口，虽归还伊犁，但仍占有霍尔果斯河以西地区，又索要了高额战争赔款。此后，在左宗棠的建议下，清廷在新疆设立行省，加强了对西北边疆的管理和防务。

中日甲午海战

日本很早就有侵略中国的企图。朝鲜，则是其发动战争的桥头堡。1894年，朝鲜发生起义，在朝鲜王的请求下，清朝派兵帮助朝鲜政府镇压起义。日本也趁机打着帮助朝鲜的名义出兵。在起义被完全镇压之后，日本不仅不退兵，反而继续增兵，意图挑战并扩大战争。

1894年7月，日军进攻驻守朝鲜的中国军队，并在牙山口外袭击了中国的运兵船，清廷对日宣战。1894年9月，日本攻陷平壤，正式将兵锋对准中国。北洋水师也在此时执行护航任务，回程途中，在黄海的大东沟遭到日本舰队的袭击。双方在海面展开激战。北洋舰队的将士们顽强战斗，重创日本舰队。致远舰管带邓世昌在船舰受损、弹药用尽的情况下，开着致远舰全速撞向日舰吉野号，要和对方同归于尽。吉野号慌忙躲避，同时开炮击沉了致远舰。邓世昌和船上二百多名官兵壮烈牺牲。

甲午中日海战

经过五个多小时的激战，双方各有死伤，北洋舰队“致远”“经远”“超勇”“扬威”“广甲”等舰损毁，日军舰队“松岛”“吉野”“比睿”“赤城”“西京丸”等舰受到重创。日舰率先脱离战场，北洋海军追击了一段后也返航回国。

这一战中，北洋舰队虽然没有取得胜利，但主力仍在，可李鸿章为了保存实力，命令舰队不许再出海迎敌，眼睁睁地看着日军夺取了黄海的制海权。之后，日军兵分两路入侵中国。一路是陆军，渡过鸭绿江后占领了九连城等地，逼近辽阳。另一路是海军，从辽东半岛登陆，直逼大连、旅顺，两地很快失守。日军占领旅顺后，因为攻城时遭到了顽强抵抗，于是在城内连续进行了四天的大屠杀，杀害了两万多平民，其罪行令人发指。

1895年初，日军两路合兵，进攻北洋舰队的基地——山东威海卫，北洋舰队陷入绝境。在毫无援兵的情况下，水师提督丁汝昌自杀殉国，舰队全军覆没。收到消息后，清廷大为震动，慈禧太后匆忙派李鸿章前往日本议和，并签订了《马关条约》，使得外国侵略势力进一步深入到了中

国腹地。

波澜壮阔的义和团运动

在列强瓜分中国的狂潮中，德国占领了山东的胶州湾和胶澳（今青岛）地区，并对敢于反抗的军民进行血腥镇压，这使得山东人民的反抗情绪日益高涨。

当时，在山东和直隶一带，民间就一直有义和拳等结社练拳习武的组织，以“反清复明”为目标，在帝国主义的侵略加剧之时，这一民间组织逐渐转变成具有广泛群众基础的反帝斗争组织。清政府为安稳局势，提出“民可用，团应抚，匪必剿”，对义和拳采用招抚的办法，将其招安纳入民团中，承认其合法地位。从此，义和拳成了“义和团”。

从此，义和团迅速扩大起来，他们在山东、直隶等地迅速发展起来，并进入天津、北京。在所到之处，义和团张贴布告，揭露帝国主义的侵略罪行，又用捣毁教堂、拆毁铁路、剪断电线等方式“报仇”，吸引了越来越多的人加入。到1900年夏天时，义和团已经在实际上控制了京津地区，其斗争矛头直指帝国主义侵略者。

义和团在发展的过程中，提出了“扶清灭洋”的口号，对于清政府的本质认识不清，对其抱有幻想，排斥和洋人有关的一切，包括先进技术和武器。这些落后性为清政府控制、利用和镇压义和团提供了便利条件。

八国联军侵占北京

义和团运动的迅速发展，引起了帝国主义侵略者的密切关注。他们以镇压义和团运动为名，于1900年6月组织了英、美、俄、日、法、德、意、奥八国联军，在英国海军司令西摩尔的率领下从天津向北京

进犯。

八国联军攻占北京

义和团为了阻击八国联军北上，沿路破坏铁路，并在廊坊、落垡、杨村一带包围了敌人，打死打伤三百多人。西摩尔被迫率军沿北运河退回了天津。而后，八国联军夺取了大沽口炮台，天津门户洞开，援军源源不断地进入天津，威胁北京。慈禧太后见势不妙，派人求和，遭到拒绝后，同时又收到了各国列强要求她归政给光绪皇帝的电报，她气急败坏地向各国“宣战”，依然让义和团充当排头兵。

在北京，清政府鼓励义和团围攻西什库教堂和东交民巷使馆区；在天津，义和团联合清军在老龙头火车站和侵略者激烈交战。一个月后，天津沦陷，八国联军一路沿运河北上进逼北京。8月中旬，北京失陷，慈禧太后和光绪皇帝狼狈西逃，义和团被迫退出北京，转往外地继续抗击侵略者。八国联军在北京烧杀抢掠，无恶不作，他们洗劫了皇宫、国库、皇家园林，将各种珍宝运送回国。联军统帅瓦德西曾说：“中国此次所受毁损及抢劫之损失，其详数将永远不能查出。”

在西逃途中，慈禧太后任命李鸿章为议和代表，同时发布了剿灭义和团的命令，并且厚颜无耻地请求八国联军“助剿”。在中外反动势力的

联合打击下，义和团运动宣布失败，但也沉重打击了帝国主义瓜分中国的野心，让他们认识到，中国“尚含有无限蓬勃生机”。

随后，李鸿章代表清政府和八国签订了丧权辱国的《辛丑条约》，赔偿给各国战争赔款4.5亿两白银，允许各国派兵驻扎在北京到山海关铁路沿线。慈禧太后见各国列强没有追究她的责任，就欣然同意了全部条款，并保证日后要“量中华之物力，结与国之欢心”。自此，清政府彻底成为帝国主义统治中国的工具。

名篇精选

八国联军入京，两宫西狩。诏鸿章入朝，充议和全权大臣，有“此行为安危存亡所系，勉为其难”之语。鸿章闻警兼程进，先以兵剿畿甸匪，孑身入京，左右前后皆敌军，日与其时辰将帅争盟约，卒定和约十二款。大乱之后，公私荡然。鸿章奏陈善后诸务。开市肆，通有无，施粥散米，中外帖然。并奉诏行新政，积劳呕血薨（hōng），年七十有九。事闻，两宫震悼，赐祭葬，赠太傅，晋封一等侯，谥文忠。并命于京师特建专祠。汉臣祀京师，盖异数也。

鸿章长躯疏髯，性恢廓，时以诙笑解纷难。及八国定盟，其使臣大将多后进，视鸿章皆丈人①行也。闻其薨，咸集吊唁，曰：“公所定约不敢渝。”自壮至老，未尝一日言退，马关定约还，论者未已，或劝之归。鸿章则言：“于国实有不能恝②然之谊，今事败求退，更谁赖乎？”

——《清史稿·李鸿章传》

【注释】

①视：对待，看待。丈人：古今异义。古代指拄着拐杖的人，也就是年纪比较大的人，是对老人的尊称。②恝（jiá）：忽视，不在意。

【译文】

八国联军入京，太后与皇帝往西逃跑。下诏让李鸿章入朝，担任议和全权大臣，（李鸿章曾）说过“这一去关系到国家的安危存亡，我只好勉为其难”的话。李鸿章闻警讯后，日夜兼程，先派兵清剿京城周围的匪徒，又只身入京，左右前后都是敌军，每天与其使臣将帅争论盟约，最终定下和约十二款。大乱之后，公私财物荡然无存。李鸿章又奏请善后各项事宜。开通市场，施粥散米，京城内外秩序井然。又奉诏施行新政，积劳成疾，吐血而死，享年七十九岁。得知此事，太后与皇帝大为震惊，深切哀悼，下旨厚葬，追赠太傅，晋封一等侯，谥号文忠。并下令于京师特地建立专祠。汉臣在京师被祭祀，实在少见。

李鸿章身材高大，胡须少，秉性宽宏博大，常常在谈笑中解决纷争。等到签订和约时，那些外国使臣多是年轻人，都把他看成长辈。听说李鸿章去世了，使节们都赶来吊唁，说：“李公所定的盟约我们不敢违背。”李鸿章从年轻到老，没有一天说过要引退，签订《马关条约》后，议论他的人不少，有人劝他退隐，李鸿章说：“对于国家，绝对不能有任何轻视的意思，如今局势颓败，我请求引退，国家还能依靠谁呢？”

【词句撷英】

安危存亡：形容在关键时刻起了决定作用，也作“存亡安危”。